여러분의 합격을 응원하는
해커스공무원의 특별 혜택

FREE 공무원 행정법 **특강**

해커스공무원(gosi.Hackers.com) 접속 후 로그인 ▶ 상단의 [무료강좌] 클릭 ▶
[교재 무료특강] 클릭하여 이용

📄 **OMR 답안지**(PDF)

해커스공무원(gosi.Hackers.com) 접속 후 로그인 ▶
상단의 [교재·서점 → 무료 학습 자료] 클릭 ▶ 본 교재의 [자료받기] 클릭

▲ 바로가기

🎟 해커스공무원 온라인 단과강의 **20% 할인쿠폰**

445CFD72FC5BC7G5

해커스공무원(gosi.Hackers.com) 접속 후 로그인 ▶ 상단의 [나의 강의실] 클릭 ▶
좌측의 [쿠폰등록] 클릭 ▶ 위 쿠폰번호 입력 후 이용

* 등록 후 7일간 사용 가능(ID당 1회에 한해 등록 가능)

✉ 합격예측 **온라인 모의고사 응시권 + 해설강의 수강권**

863BB58EAC8E224Z

해커스공무원(gosi.Hackers.com) 접속 후 로그인 ▶ 상단의 [나의 강의실] 클릭 ▶
좌측의 [쿠폰등록] 클릭 ▶ 위 쿠폰번호 입력 후 이용

* ID당 1회에 한해 등록 가능

쿠폰 이용 관련 문의 1588-4055

단기 합격을 위한
해커스공무원 커리큘럼

입문

탄탄한 기본기와 핵심 개념 완성!

누구나 이해하기 쉬운 개념 설명과 풍부한 예시로 부담없이 쌩기초 다지기

 TIP 베이스가 있다면 **기본 단계**부터!

▼

기본+심화

필수 개념 학습으로 이론 완성!

반드시 알아야 할 기본 개념과 문제풀이 전략을 학습하고
심화 개념 학습으로 고득점을 위한 응용력 다지기

▼

기출+예상 문제풀이

문제풀이로 집중 학습하고 실력 업그레이드!

기출문제의 유형과 출제 의도를 이해하고 최신 출제 경향을 반영한
예상문제를 풀어보며 본인의 취약영역을 파악 및 보완하기

▼

동형문제풀이

동형모의고사로 실전력 강화!

실제 시험과 같은 형태의 실전모의고사를 풀어보며 실전감각 극대화

▼

최종 마무리

시험 직전 실전 시뮬레이션!

각 과목별 시험에 출제되는 내용들을 최종 점검하며 실전 완성

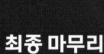 **PASS**

단계별 교재 확인 및
수강신청은 여기서!

gosi.Hackers.com

* 커리큘럼 및 세부 일정은 상이할 수 있으며,
자세한 사항은 해커스공무원 사이트에서 확인하세요.

해커스공무원

함수민
행정법총론

진도별 모의고사

해커스

: 들어가며

공무원 난이도에 딱 맞는 모의고사

해커스가 공무원 행정법총론 시험의 난이도·경향을 완벽 반영하여 만들었습니다.

얼마 남지 않은 시험까지 모의고사를 풀며 실전 감각을 유지하고 싶은 수험생 여러분을 위해, 공무원 행정법총론 시험의 최신 출제 경향을 완벽 반영한 교재를 만들었습니다.

『해커스공무원 함수민 행정법총론 진도별 모의고사』를 통해 16회분 모의고사로 행정법총론 실력을 완성할 수 있습니다.

실전 감각은 하루아침에 완성할 수 있는 것이 아닙니다. 실제 시험과 동일한 형태의 모의고사를 여러 번 풀어봄으로써 정해진 시간 안에 문제가 요구하는 바를 정확하게 파악하는 연습을 해야 합니다. 『해커스공무원 함수민 행정법총론 진도별 모의고사』는 실제 시험과 동일하게 회차별 20문항으로 구성된 진도별 모의고사 16회를 수록하였습니다. 이를 통해 실제 시험과 가장 유사한 형태로 실전에 철저히 대비할 수 있으며, 단원별로 문제를 배치하여 학습시 부족한 부분을 스스로 점검할 수 있습니다. 또한 상세한 해설을 통해 공무원 행정법총론의 핵심 출제포인트를 확인할 수 있습니다.

『해커스공무원 함수민 행정법총론 진도별 모의고사』는 공무원 행정법총론 시험에 최적화된 교재입니다.

제한된 시간 안에 문제 풀이는 물론 답안지까지 작성하는 훈련을 할 수 있도록 OMR 답안지를 수록하였습니다. 시험 직전, 실전과 같은 훈련 및 최신 출제 경향의 파악을 통해 효율적인 시간 안배를 연습하고 효과적으로 학습을 마무리할 수 있습니다.

공무원 합격을 위한 여정, 해커스공무원이 여러분과 함께 합니다.

실전 감각을 키우는 모의고사

진도별 모의고사

01회	진도별 모의고사	8	**09회**	진도별 모의고사	48
02회	진도별 모의고사	13	**10회**	진도별 모의고사	53
03회	진도별 모의고사	18	**11회**	진도별 모의고사	58
04회	진도별 모의고사	23	**12회**	진도별 모의고사	63
05회	진도별 모의고사	28	**13회**	진도별 모의고사	69
06회	진도별 모의고사	33	**14회**	진도별 모의고사	75
07회	진도별 모의고사	38	**15회**	진도별 모의고사	80
08회	진도별 모의고사	43	**16회**	진도별 모의고사	86

약점 보완 해설집 [책 속의 책]

 OMR 답안지 추가 제공

해커스공무원(gosi.Hackers.com) ▶
사이트 상단의 '교재·서점' ▶ 무료 학습 자료

모바일 자동 채점 + 성적 분석 서비스

해커스공무원(gosi.Hackers.com) ▶
모바일 자동 채점 + 성적 분석 서비스 바로가기

문제집 구성

11회 진도별 모의고사

제한시간: 15분 시작 시 분 ~ 종료

지문의 내용에 대해 학설의 대립 등
다툼이 있는 경우 판례에 의함

01 다음 중 공공기관의 정보공개에 대한 법령의 내용에 대한 설명으로 옳지 않은 것은?

ㄱ. 정보의 공개 및 우송 등에 소요되는 비용은 공개를 청구하는 정보의 사용 목적이 공공복리의 유지 증진을 위하여 필요하다고 인정되는 경우에는 그 비용을 감면할 수 있다.

ㄴ. 정보공개에 대한 정책 수립 및 제도 개선에 대한 사항을 심의·조정하기 위하여 국무총리 소속으로 정보공개위원회를 둔다.

ㄷ. 학술·연구를 위하여 일시적으로 체류하는 외국인은 정보공개청구를 할 수 있다.

ㄹ. 불기소처분기록 중 피의자신문조서 등에 기재된 피의자 등의 인적사항 이외의 진술내용이 개인의 사생활의 비밀 또는 자유를 침해할 우려가 인정된다면 비공개 대상에 해당한다.

ㅁ. 공무원이 직무와 관련 없이 개인적인 자격으로 행사에 참석하고 금품을 수령한 정보는 '공개하는 것이 공익을 위하여 필요하다고 인정되는 정보'에 해당한다.

① ㄱ, ㄹ
② ㄴ, ㅁ
③ ㄹ, ㅁ
④ ㄷ, ㄹ, ㅁ

02 「공공기관의 정보공개에 대한 법률」상 정보공개에 대한 설명으로 옳지 않은 것은?

① 「교육공무원승진규정」이 근무성적평정 결과를 공개하지 아니한다고 규정하고 있는 경우 동 규정을 근거로 정보공개청구를 거부할 수 있다.

② 의사결정과정에 제공된 회의관련자료나 의사결정과정이 기록된 회의록은 의사가 결정되거나 의사가 집행된 경우에도 비공개대상정보에 포함될 수 있다.

③ 정보를 취득 또는 활용할 의사가 전혀 없이 사회통념상 용인될 수 없는 부당이득을 얻으려는 목적의 정보공개청구는 권리남용행위로서 허용되지 않는다.

④ 국민생활에 매우 큰 영향을 미치는 정책에 대한 정보 등 공개를 목적으로 작성되고 이미 정보통신망 등을 통하여 공개된 정보는 해당 정보의 소재(所在) 안내의 방법으로 공개한다.

03 「공공기관의 정보공개에 대한 법률」상 정보공개에 대한 설명으로 가장 옳은 것은?

① 공개 청구한 정보가 비공개 대상에 해당하는 부분과 공개 가능한 부분이 혼합되어 있는 경우로서 공개 청구의 취지에 어긋나지 아니하는 범위에서 두 부분을 분리할 수 있는 경우라도 비공개대상에 해당하는 부분을 제외하고 공개할 수 없다.

② 공공기관은 정보공개청구를 거부할 경우에도 대상이 된 정보의 내용을 구체적으로 확인 검토하여 어느 부분이 어떠한 법익 또는 기본권과 충돌되어 정보공개법 제9조 제1항 몇 호에서 정하고 있는 비공개사유에 해당하는지를 주장 입증하여야 하며 그에 이르지 아니한 채 개괄적인 사유만 들어 공개를 거부하는 것은 허용되지 아니한다.

③ 정보비공개결정 취소소송에서 공공기관이 청구정보를 증거로 법원에 제출하여 법원을 통하여 그 사본을 청구인에게 교부되게 하여 정보를 공개하게 된 경우에는 비공개결정의 취소를 구할 소의 이익이 소멸한다.

④ 「공직자윤리법」상의 등록의무자가 구 「공직자윤리법 시행규칙」 제2조에 따라 제출한 '자신의 재산등록사항의 고지를 거부한 직계존비속의 본인과의 관계, 성명, 고지거부사유, 서명'이 기재되어 있는 문서는 정보공개법상의 비공개 대상정보에 해당한다.

04 정보공개에 대한 판례의 내용으로 가장 옳지 않은 것은?

① 한·일 군사정보보호협정 및 한·일 상호군수지원협정과 관련하여 각종 회의자료 및 회의록 등의 정보는 정보공개법상 공개가 가능한 부분과 공개가 불가능한 부분을 쉽게 분리하는 것이 불가능한 비공개정보에 해당하지 아니한다.

② 직무를 수행한 공무원의 성명·직위는 비공개 대상 정보가 아니다.

③ 외국 기관으로부터 비공개를 전제로 정보를 입수하였다는 이유만으로, 이를 공개할 경우 업무의 공정한 수행에 현저한 지장을 받을 것이라 단정할 수 없다.

④ 정보공개를 청구한 목적이 손해배상소송에 제출할 증거자료를 획득하기 위한 것이었고 그 소송이 이미 종결되었다 하더라도 그러한 정보공개청구는 권리남용에 해당하지 않는다.

상세한 해설

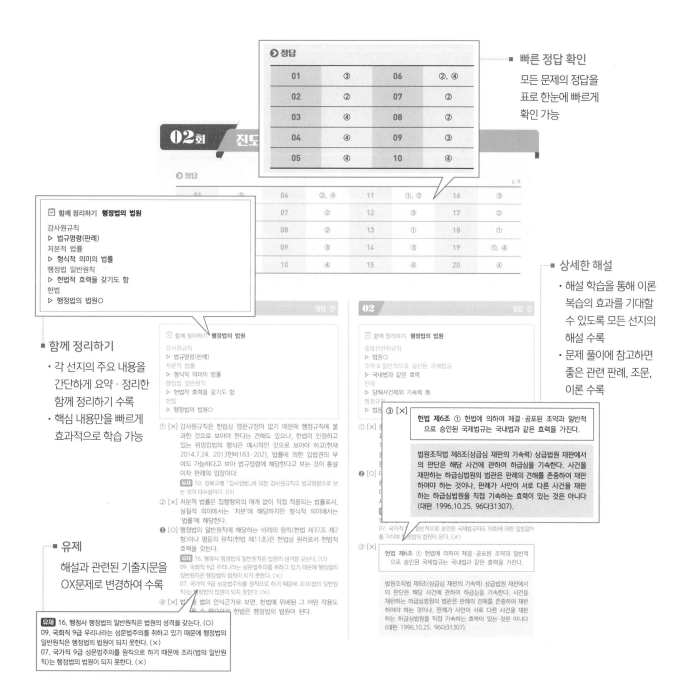

■ 빠른 정답 확인

모든 문제의 정답을
표로 한눈에 빠르게
확인 가능

❯ 정답			
01	③	06	②, ④
02	②	07	②
03	④	08	②
04	④	09	③
05	④	10	④

02회 진도

❯ 정답
p. 8

01		06	②, ④	11	①, ②	16	③
		07	②	12	③	17	②
		08	②	13	①	18	①
		09	③	14	④	19	①, ④
		10	④	15	④	20	④

☑ 함께 정리하기 **행정법의 법원**

감사원규칙
▷ 법규명령(판례)
처분적 법률
▷ 형식적 의미의 법률
행정법 일반원칙
▷ 헌법적 효력을 갖기도 함
헌법
▷ 행정법의 법원○

■ 함께 정리하기

· 각 선지의 주요 내용을
간단하게 요약 · 정리한
함께 정리하기 수록
· 핵심 내용만을 빠르게
효과적으로 학습 가능

■ 상세한 해설

· 해설 학습을 통해 이론
복습의 효과를 기대할
수 있도록 모든 선지의
해설 수록
· 문제 풀이에 참고하면
좋은 관련 판례, 조문,
이론 수록

01 정답 ③

☑ 함께 정리하기 **행정법의 법원**

감사원규칙
▷ 법규명령(판례)
처분적 법률
▷ 형식적 의미의 법률
행정법 일반원칙
▷ 헌법적 효력을 갖기도 함
헌법
▷ 행정법의 법원○

① [×] 감사원규칙은 헌법상 명문규정이 없기 때문에 행정규칙에 불
과한 것으로 보아야 한다는 견해도 있으나, 헌법이 인정하고
있는 위임입법의 형식은 예시적인 것으로 보아야 하고(헌재
2014.7.24. 2013헌바183·202), 법률에 의한 입법권의 부
여도 가능하다고 보아 법규명령에 해당한다고 보는 것이 통설
이자 판례의 입장이다.
[유제] 10. 경북교행「감사원법」에 의한 감사원규칙도 법규명령으로 보
는 것이 다수설이다. (○)

② [×] 처분적 법률은 집행행위의 매개 없이 직접 적용되는 법률로서,
실질적 의미에서는 '처분'에 해당하지만 형식적 의미에서는
'법률'에 해당한다.

❸ [○] 행정법의 일반원칙에 해당하는 비례의 원칙(헌법 제37조 제2
항)이나 평등의 원칙(헌법 제11조)은 헌법상 원리로서 헌법적
효력을 갖는다.
[유제] 16. 행정사 행정법의 일반원칙은 법원의 성격을 갖는다. (○)
09. 국회직 9급 우리나라는 성문법주의를 취하고 있기 때문에 행정법의
일반원칙은 행정법의 법원이 되지 못한다. (×)
07. 국가직 9급 성문법주의를 원칙으로 하기 때문에 조리(법의 일반원
칙)는 행정법의 법원이 되지 못한다. (×)

④ [×] 법원을 법의 인식근거로 보면, 헌법에 위배된 그 어떤 작용도
    될 수 없으므로, 헌법은 행정법의 법원이 된다.

■ 유제

해설과 관련된 기출지문을
OX문제로 변경하여 수록

[유제] 16. 행정사 행정법의 일반원칙은 법원의 성격을 갖는다. (○)
09. 국회직 9급 우리나라는 성문법주의를 취하고 있기 때문에 행정법의
일반원칙은 행정법의 법원이 되지 못한다. (×)
07. 국가직 9급 성문법주의를 원칙으로 하기 때문에 조리(법의 일반원
칙)는 행정법의 법원이 되지 못한다. (×)

02 정답 ②

☑ 함께 정리하기 **행정법의 법원**

중앙선관위규칙
▷ 법원○
조약 & 일반적으로 승인된 국제법규
▷ 국내법과 같은 효력
판례
▷ 당해사건외 기속력 無
행정규칙
▷ 법원○

① [×] 중앙선

❷ [○] 다

헌법 제6조 ① 헌법에 의하여 체결·공포된 조약과 일반적
으로 승인된 국제법규는 국내법과 같은 효력을 가진다.

법원조직법 제8조(상급심 재판의 기속력) 상급법원 재판에서
의 판단은 해당 사건에 관하여 하급심을 기속한다. 사건을
재판하는 하급심법원의 법관은 판례의 견해를 존중하여 재판
하여야 하는 것이나, 판례가 사안이 서로 다른 사건을 재판
하는 하급심법원을 직접 기속하는 효력이 있는 것은 아니다
(대판 1996.10.25. 96다31307).

07. 국가직 일반적으로 승인된 국제법규라도 의회에 의한 입법절차
를 거쳐야 행정법의 법원이 된다. (×)

③ [×]
헌법 제6조 ① 헌법에 의하여 체결·공포된 조약과 일반적
으로 승인된 국제법규는 국내법과 같은 효력을 가진다.

법원조직법 제8조(상급심 재판의 기속력) 상급법원 재판에서
의 판단은 해당 사건에 관하여 하급심을 기속한다. 사건을
재판하는 하급심법원의 법관은 판례의 견해를 존중하여 재판
하여야 하는 것이나, 판례가 사안이 서로 다른 사건을 재판
하는 하급심법원을 직접 기속하는 효력이 있는 것은 아니다
(대판 1996.10.25. 96다31307).

진도별 모의고사

01회 | 진도별 모의고사   **02회** | 진도별 모의고사   **03회** | 진도별 모의고사

04회 | 진도별 모의고사   **05회** | 진도별 모의고사   **06회** | 진도별 모의고사

07회 | 진도별 모의고사   **08회** | 진도별 모의고사   **09회** | 진도별 모의고사

10회 | 진도별 모의고사   **11회** | 진도별 모의고사   **12회** | 진도별 모의고사

13회 | 진도별 모의고사   **14회** | 진도별 모의고사   **15회** | 진도별 모의고사

16회 | 진도별 모의고사

잠깐! 진도별 모의고사 전 확인사항

진도별 모의고사도 실전처럼 문제를 푸는 연습이 필요합니다.

✔ 휴대전화는 전원을 꺼주세요.

✔ 연필과 지우개를 준비하세요.

✔ 제한시간 15분 내 최대한 많은 문제를 정확하게 풀어보세요.

매 회 진도별 모의고사 전, 위 사항을 점검하고 시험에 임하세요.

01회 진도별 모의고사

행정법의 의의와 행정상 법률관계

제한시간: 15분 시작 시 분 ~ 종료 시 분 점수 확인 개/ 20개

지문의 내용에 대해 학설의 대립 등
다툼이 있는 경우 판례에 의함

01 다음 중 실질적 의미의 행정에 해당하는 것을 모두 고르면?

> ㄱ. 비상계엄의 선포
> ㄴ. 집회의 금지통고
> ㄷ. 행정심판의 재결
> ㄹ. 등기사무
> ㅁ. 조례의 제정

① ㄱ, ㄴ   ② ㄴ, ㄹ
③ ㄴ, ㅁ   ④ ㄷ, ㄹ

02 실질적 의미의 행정에는 속하나 형식적 의미의 행정이 아닌 것은?

① 법규명령의 제정
② 일반법관의 임명
③ 이의신청에 대한 재결, 통고처분
④ 토지의 수용

03 행정법의 대상인 행정에 대한 설명으로 가장 옳지 않은 것은?

① 행정법의 대상이 되는 행정은 실질적 행정에 한한다.
② 토지수용재결, 통고처분은 형식적 의미에서는 행정이지만, 실질적 의미에서는 사법에 해당한다.
③ 국가행정과 자치행정은 행정주체를 기준으로 행정을 구분한 것이다.
④ 행정은 그 법 형식을 기준으로 하여 공법형식의 행정과 사법형식의 행정으로 구분할 수 있다.

04 통치행위에 대한 설명으로 옳지 않은 것은?

① 고도의 정치적 성격을 지니는 남북정상회담 개최과정에서 정부에 신고하지 아니하거나 협력사업 승인을 얻지 아니한 채 북한 측에 사업권의 대가 명목으로 송금한 행위 자체는 사법심사의 대상이 된다.
② 외국에의 국군 파견결정은 그 성격상 국방 및 외교에 관련된 고도의 정치적 결단을 요하는 문제로서, 헌법과 법률이 정한 절차가 지켜진 것이라면 대통령과 국회의 판단은 존중되어야 하고 사법적 기준만으로 이를 심판하는 것은 자제되어야 한다.
③ 대통령이 한미연합 군사훈련의 일종인 2007년 전시증원 연습을 하기로 한 결정은 국방에 관련되는 고도의 정치적 결단에 해당하여 사법심사를 자제하여야 하는 통치행위에 해당한다.
④ 대통령의 긴급재정경제명령은 국가긴급권의 일종으로서 고도의 정치적 결단에 의하여 발동되는 행위이고 그 결단을 존중하여야 할 필요성이 있는 행위라는 의미에서 이른바 통치행위에 속한다.

05 통치행위에 대한 판례의 입장으로 옳지 않은 것은?

① 대법원은 통치행위 인정을 지극히 신중하게 하여야 하지만 그 판단은 오로지 사법부만에 의하여 이루어져야 하는 것은 아니라고 보았다.
② 헌법재판소는 사면이 사법부의 판단을 변경하는 제도로서 권력분립의 원리에 대한 예외가 된다고 보았다.
③ 비상계엄의 선포와 그 확대행위가 국헌문란의 목적을 달성하기 위하여 행하여진 경우에는 법원은 그 자체가 범죄 행위에 해당하는지의 여부에 관하여 심사할 수 있다.
④ 헌법재판소는 고도의 정치성을 띠는 행위일지라도 기본권 침해와 직접 관련되는 경우에는 당연히 헌법재판소의 심판대상이 된다고 보았다.

06 사법심사의 대상에 해당하지 않는 것은?

① 대통령의 긴급조치권 행사는 통치행위에 속하나 사법심사의 대상이 된다.
② 대통령의 서훈취소는 고도의 정치성을 띤 통치행위라고 볼 수 없으므로 사법심사의 대상이 된다.
③ 남북정상회담의 개최는 고도의 정치적 성격을 지니고 있는 행위이지만 사법심사의 대상이 된다.
④ 수도이전의 문제가 정치적 성격을 가지고 있는 것은 인정할 수 있지만 사법심사의 대상이 된다.

07 통치행위에 대한 설명으로 옳지 않은 것은?

① 통치행위에 대한 사법자제설은 사법심사가 가능함에도 사법의 정치화를 방지하기 위하여 법원 스스로 자제한다는 견해이다.
② 우리나라 헌법에는 명문으로 사법심사의 대상에서 제외시키고 있는 것이 있다.
③ 통치행위의 주체는 통상 정부가 거론되나 국회와 사법부에 의한 통치행위를 인정하는 것이 일반적이다.
④ 통치행위의 개념을 인정하더라도 과도한 사법심사의 자제가 기본권을 보장하고 법치주의 이념을 구현하여야 할 법원의 책무를 태만히 하거나 포기하는 것이 되지 않도록 그 인정을 지극히 신중하게 하여야 한다.

08 행정의 주체·대상·상대방에 대한 효과·수단 또는 형식 등에 의한 분류에 있어서 같은 분류기준에 의한 종류끼리만 묶인 것은?

① 복효(적) 행정 - 위임(적) 행정 - 공법(적) 행정
② 질서(적) 행정 - 자치(적) 행정 - 위임(적) 행정
③ 권력(적) 행정 - 공과(적) 행정 - 국고(적) 행정
④ 수익(적) 행정 - 침익(적) 행정 - 복효(적) 행정

09 공법과 사법의 구별기준에 대한 설명으로 옳지 않은 것은?

① 이익설은 법이 규율하는 목적에 기준을 두어 전적으로 또는 우선적으로 공익에 봉사하는 법을 공법이라 하고 사익에 봉사하는 법을 사법이라 한다.

② 신주체설은 국가나 지방자치단체 등의 행정주체가 관련되는 법률관계를 공법관계로 보고 사인 간의 법률관계는 사법관계로 본다.

③ 종속설은 법률관계의 당사자들의 관계가 상하관계(지배복종관계)인가, 대등관계인가에 따라 공·사법을 구별하는데 상하관계에 적용되는 법을 공법이라 하고 대등관계에 적용되는 법을 사법이라고 한다.

④ 생활관계설은 국민으로서의 생활관계와 사인으로서의 생활관계로 나누어 전자를 규율하는 것을 공법, 후자를 규율하는 것을 사법이라 한다.

10 공법과 사법의 구별에 대한 설명으로 옳지 않은 것은?

① 대법원은 국가나 지방자치단체가 당사자가 되는 공공계약(조달계약)은 상대방과 대등한 관계에서 체결하는 공법상의 계약으로 본다.

② 공법관계와 사법관계는 1차적으로 관계법령의 규정 내용과 성질 등을 기준으로 구별한다.

③ 대법원은 지방자치단체가 공공조달계약 입찰을 일정 기간 동안 제한하는 부정당업자 제재를 처분으로 본다.

④ 지방자치단체를 당사자로 하는 계약에 관하여는 그 계약의 성질이 공법상 계약인지 사법상 계약인지와 상관없이 원칙적으로 지방계약법의 규율이 적용된다.

11 다음 중 공법관계로 인정되는 것은?

① 구 「예산회계법」에 의한 입찰보증금의 국고귀속조치

② 「도시 및 주거환경정비법」상 관리처분계획안에 대한 조합 총회 결의의 효력을 다투는 소송

③ 「징발재산정리에 대한 특별조치법」 제20조 소정의 환매권의 행사

④ 구 「종합유선방송법」상 종합유선방송위원회 직원의 근무관계, 한국조폐공사 직원의 근무관계

12 공법관계에 해당하는 것은?

① 국가의 부가가치세 환급세액 지급관계

② 국유일반재산에 대한 대부료의 납부고지

③ 재개발조합과 조합임원사이의 해임에 대한 법률관계

④ 서울특별시 지하철공사 사장의 소속 직원에 대한 징계처분

13 공법관계와 사법관계에 대한 설명으로 옳지 않은 것은?

① 국유재산의 관리청이 그 무단점유자에 대하여 하는 변상금부과처분은 관리청이 공권력을 가진 우월적 지위로 행한 것으로서 행정소송의 대상이 되는 행정처분이라고 보아야 한다.

② 재단법인 한국연구재단이 A대학교 총장에게 연구개발비의 부당집행을 이유로 과학기술기본법령에 따라 '두뇌한국(BK)21 사업' 협약의 해지를 통보한 것은 행정처분에 해당한다.

③ 기부자가 기부채납한 공유재산을 일정기간 무상사용한 후에 한 사용허가기간 연장신청을 거부한 행정청의 행위는 단순한 사법상 행위이다.

④ 공익사업의 시행으로 인하여 건축허가 등 관계법령에 의한 절차를 진행 중이던 사업이 폐지되는 경우 그 사업 등에 소요된 비용 등의 손실에 대한 쟁송은 민사소송절차에 의해야 한다.

14 국가와 사인 간의 관계에 대한 공법적 규율과 사법적 규율에 대한 판례의 설명으로 옳지 않은 것은?

① 국립의료원 부설주차장에 대한 위탁관리용역운영계약은 공법관계로서 이와 관련한 가산금지급채무부존재에 대한 소송은 행정소송에 의해야 한다.

② 개발부담금 부과처분이 취소된 경우, 그 과오납금에 대한 부당이득반환청구의 법률관계는 사법관계이다.

③ 서울특별시립무용단 단원의 위촉은 공법상의 계약이므로, 그 단원의 해촉에 대하여는 공법상의 당사자소송으로 그 무효확인을 청구할 수 있다.

④ 「초·중등교육법」상 사립중학교에 대한 중학교 의무교육의 위탁관계는 사법관계에 속한다.

15 행정의 법률적합성의 원칙에 대한 설명으로 옳지 않은 것은?

① 법률의 우위원칙은 행정의 법률에의 구속성을 의미하는 것으로 제한 없이 행정의 모든 영역에 적용된다.

② 법률유보원칙에서 요구되는 법적 근거는 작용법적 근거를 의미하며, 조직법적 근거는 모든 행정권 행사에 있어서 당연히 요구된다.

③ 납세의무자에게 조세의 납부의무뿐만 아니라 스스로 과세 표준과세액을 계산하여 신고하여야 하는 의무까지 부과하는 경우에 신고의무불이행에 따른 납세의무자가 입게 될 불이익은 법률로 정하여야 한다.

④ 법률의 우위원칙은 행정의 법률에의 구속성을 의미하는 적극적인 성격의 것인 반면에 법률유보의 원칙은 행정은 단순히 법률의 수권에 의하여 행해져야 한다는 소극적 성격의 것이다.

16 법률유보의 원칙에 대한 설명으로 옳지 않은 것은?

① 법률유보의 원칙에 있어서 법률은 형식적 의미의 법률만을 의미하는 것이 아니라 관습법을 포함하는 개념이다.

② 예산은 국회의 의결을 거쳐 제정되나 국가기관만을 구속할 뿐 일반국민을 구속하지 않으므로 법률유보원칙에서 말하는 법률에 포함되지 않는다.

③ 기본권 제한에 대한 법률유보원칙은 '법률에 근거한 규율을 요청하는 것이므로, 그 형식이 반드시 법률일 필요는 없다 하더라도 법률상의 근거는 있어야 한다는 것이 헌법재판소의 입장이다.

④ 행정청이 재량권이 인정되는 영역에서 재량권 행사의 기준이 되는 지침을 제정하는 것은 법률의 근거 규정 없이도 할 수 있다.

17 법률유보에 대한 설명으로 옳지 않은 것은?

① 수신료금액 결정은 수신료에 대한 본질적인 사항이 아니므로 국회가 반드시 스스로 행하여야 할 필요는 없다.

② 법률유보의 원칙은 국민의 기본권실현과 관련된 영역에 있어서는 입법자가 그 본질적 사항에 대해서 스스로 결정하여야 한다는 요구까지 내포하고 있다.

③ 헌법재판소는 한국방송공사의 수신료 징수업무를 제3자에게 위탁할 것인지 등은 국민의 기본권 제한에 대한 본질적인 사항이 아니라고 보았다.

④ 대법원은 지방의회의원에 대하여 유급보좌인력을 두는 것은 지방의회의원의 신분·지위 및 그 처우에 대한 현행 법령상의 제도에 중대한 변경을 초래하는 것으로서, 이는 개별 지방의회의 조례로써 규정할 사항이 아니라 국회의 법률로써 규정하여야 할 입법사항이라고 한다.

18 행정의 법률적합성에 대한 설명으로 옳지 않은 것을 모두 고르면?

① 헌법재판소는 법률이 공법적 단체 등의 정관에 자치법적 사항을 위임하는 경우에는 의회유보원칙이 적용될 여지가 없다고 한다.

② 국회가 형식적 법률로 직접 규율하여야 하는 필요성은 규율대상이 기본권 및 기본적 의무와 관련된 중요성을 가질수록 그에 대한 공개적 토론의 필요성 또는 상충하는 이익 사이의 조정 필요성이 클수록 더 증대된다.

③ 「도로교통법」상 도로 외의 곳에서의 음주운전·음주측정거부 등에 대해서는 형사처벌은 가능하나 운전면허의 취소·정지처분은 부과할 수 없다.

④ 조합의 사업시행인가 신청 시의 토지 등 소유자의 동의요건은 토지 등 소유자의 재산상 권리·의무에 대한 본질적인 사항으로 법률유보의 원칙이 반드시 지켜져야 하는 영역이라는 것이 대법원의 입장이다.

19 법치행정의 원칙에 대한 설명으로 옳지 않은 것은?

① 개인택시운송사업자의 운전면허가 아직 취소되지 않았더라도 운전면허 취소사유가 있다면 행정청은 명문 규정이 없더라도 개인택시운송사업면허를 취소할 수 있다.

② 법률의 우위원칙에 위반된 행정작용의 법적 효과는 행위 형식에 따라 상이하여 일률적으로 말할 수 없다.

③ 토지 등 소유자가 도시환경정비사업을 시행하는 경우 사업시행인가 신청에 필요한 토지 등 소유자의 동의정족수를 토지 등 소유자가 자치적으로 정하여 운영하는 규약에 정하도록 한 것은 법률유보원칙에 위반된다.

④ 노동조합법 시행령 제9조 제2항의 법외노조 통보 규정은 법률이 정하고 있지 아니한 사항에 관하여 법률의 구체적이고 명시적인 위임도 없이 헌법이 보장하는 노동3권에 대한 본질적인 제한을 규정한 것으로서 법률유보원칙에 반한다.

20 법치행정의 원칙에 대한 설명으로 옳지 않은 것을 모두 고르면?

① 헌법재판소는 중학교 의무교육 실시의 시기, 범위 등 구체적 실시에 필요한 세부사항은 법률로 정하여야 하는 기본사항으로서 법률유보사항이나 그 실시 여부 자체는 법률유보사항이 아니라고 하였다.

② 국토 및 자연의 유지와 환경의 보전이라는 중대한 공익상 필요가 있다고 인정될 때에는 산림훼손허가를 거부할 수 있고 이 경우 법규에 명문의 근거가 있어야만 하는 것은 아니다.

③ 법률유보의 범위는 법적 규율이 국민 일반 및 개인에 대하여 가지는 중요도 등에 따라 구체적으로 결정되어야 한다고 보는 중요사항유보설은 행정작용에 법률의 근거가 필요한지 여부에 그치지 않고 법률의 규율 정도에 대해서도 설명하는 이론이다.

④ 법령의 규정보다 더 침익적인 조례는 법률유보의 원칙에 위반되어 위법하며 무효이다.

02회 진도별 모의고사

~ 행정법의 일반원칙

제한시간: 15분 **시작** 시 분 ~ 종료 시 분 점수 확인 개/ 20개

지문의 내용에 대해 학설의 대립 등
다툼이 있는 경우 판례에 의함

---

01 행정법의 법원(法源)에 대한 설명으로 옳은 것은?

① 헌법재판소 판례에 의하면 감사원규칙은 헌법에 근거가 없으므로 법규명령으로 인정되지 않는다.

② 처분적 법률은 실질적 의미의 법률에 해당한다.

③ 행정법의 일반원칙은 다른 법원(法源)과의 관계에서 보충적 역할에 그치지 않으며 헌법적 효력을 갖기도 한다.

④ 행정법의 기본적인 사항이 헌법에 의해 정해지지만 헌법은 행정법에 대해 상위규범이라는 점에서 행정법의 직접적 법원은 아니다.

---

02 행정법의 법원에 대한 설명으로 가장 옳은 것은?

① 중앙선거관리위원회 규칙은 행정법의 법원이 아니다.

② 헌법에 의하여 체결·공포된 조약과 일반적으로 승인된 국제법규는 국내법과 같은 효력을 가진다.

③ 대법원의 판례는 사안이 서로 다른 사건을 재판하는 하급심 법원을 직접 기속하는 효력이 있다.

④ 행정규칙은 법규성을 가지는 경우에도 법원성을 인정할 수 없다.

---

03 행정법의 법원에 대한 설명으로 가장 옳은 것은?

① 헌법은 행정법의 법원 중 최고·최상위의 법원이므로 행정법의 가장 중요한(중추적) 법원이 된다.

② 인간다운 생활을 할 권리와 같은 헌법상의 추상적인 기본권에 대한 규정은 행정법의 법원이 되지 못한다.

③ 관습법의 성립에 국가의 승인을 요한다.

④ 헌법재판소는 신행정수도의 건설을 위한 특별법의 위헌확인사건에서 관습헌법은 성문헌법과 같은 헌법 개정절차를 통해서 개정될 수 있다고 판시하였다.

---

04 행정법의 법원에 대한 설명으로 가장 옳지 않은 것은?

① 대법원은 초·중·고등학교의 학교급식을 위해 지방자치 단체에서 생산되는 우수 농산물을 사용하여 식재료를 만드는 자에게 식재료 구입비의 일부를 지원하는 지방자치단체의 조례안이 「1994년 관세 및 무역에 대한 일반 협정(GATT)」에 위반되어 무효라고 판시한 바 있다.

② 헌법재판소에 의한 법률의 위헌결정은 국가기관과 지방자치단체를 기속한다는 「헌법재판소법」 제47조에 의해 법원으로서의 성격을 가진다.

③ 「수산업법」은 민중적 관습법인 입어권의 존재를 명문으로 인정하고 있다.

④ 판례는 국세행정상 비과세의 관행을 일종의 행정선례법으로 인정하지 아니한다.

05 다음 중 행정법의 법원에 대한 설명으로 옳지 않은 것을 모두 고르면?

> ㄱ. '관습법'이란 사회의 거듭된 관행으로 생성한 사회생활규범이 사회의 법적 확신과 인식에 의하여 법적 규범으로 승인 강행되기에 이른 것을 말한다.
> ㄴ. 하위법령이 상위법령에 합치되는 것으로 해석하는 것이 가능하다면 쉽게 무효를 선언할 것은 아니다.
> ㄷ. 여러 종류의 가산세를 함께 부과하면서 그 종류와 세액의 산출근거를 구분하여 밝히지 않고 가산세의 합계세액만을 기재한 오랜 관행이 비록 적법절차의 원칙에서 문제가 있더라도, 법률에서 가산세의 납세고지에 관하여 특별히 규정하지 않은 이상 그 관행은 행정관습법으로 통용될 수 있다.
> ㄹ. 일반적으로 관습법은 성문법에 대하여 개폐적 효력을 가진다.

① ㄱ, ㄷ   ② ㄱ, ㄹ
③ ㄴ, ㄹ   ④ ㄷ, ㄹ

06 행정법의 법원(法源)에 대한 설명으로 옳지 않은 것을 모두 고르면?

① 지방자치행정의 중요한 법원으로 조례와 규칙이 있고, 그 밖에 교육감이 정하는 교육규칙이 있다.
② 성문법원 상호간의 관계에 있어서 구법인 특별법과 신법인 일반법 사이에 법규범 상호간의 충돌이 있을 경우에는 원칙적으로 구법인 특별법보다 신법인 일반법이 우선하여 적용된다.
③ 평등원칙은 일체의 차별적 대우를 부정하는 절대적 평등을 의미하는 것이 아니라 입법과 법의 적용에 있어서 합리적인 근거가 없는 차별을 배제하는 상대적 평등을 뜻한다.
④ 일반적으로 승인된 국제법규라도 의회에 의한 입법절차를 거쳐야 행정법의 법원이 된다.

07 행정법의 법원(法源)에 대한 설명으로 옳은 것은?

① '남북사이의 화해와 불가침 및 교류협력에 대한 합의서'는 국내법과 동일한 효력이 있는 국가 간의 조약이다.
② 사회의 기듭된 관행으로 생성된 사회생활규범이 관습법으로 승인되었다고 하더라도 사회 구성원들이 그러한 관행의 법적 구속력에 대하여 확신을 갖지 않게 되었다면 그러한 관습법은 법적 규범으로서의 효력이 부정될 수 밖에 없다.
③ 위법한 행정처분이라 하더라도 수차례에 걸쳐 반복적으로 행해져 행정관행이 되었다면 행정청에 대하여 자기구속력을 갖는다.
④ 행정의 자기구속의 원칙은 처분청이 아닌 제3자 행정청에 대해서도 적용된다.

08 비례원칙에 대한 설명으로 옳지 않은 것은?

① 침해행정인가 급부행정인가를 가리지 아니하고 행정의 전 영역에 적용된다.
② 행정지도를 함에 있어서 명문의 규정은 없지만 비례원칙이 적용된다.
③ 수익적 행정행위를 취소 또는 철회하는 경우 비례원칙이 적용된다.
④ 비례의 원칙은 급부행정의 영역에서는 과잉급부금지의 원칙으로 나타난다.

09 비례원칙에 대한 설명으로 옳지 않은 것은?

① 비례원칙은 적합성의 원칙, 필요성의 원칙, 상당성의 원칙(협의의 비례원칙)으로 구성된다고 보는 것이 일반적이며 헌법재판소는 과잉금지원칙과 관련하여 위 세가지에 목적의 정당성을 더하여 판단하고 있다.

② 기본권을 제한하는 규정은 기본권행사의 '방법'에 대한 규정과 기본권행사의 '여부'에 대한규정으로 구분할 수 있는데, 공익실현을 위하여 기본권을 제한하는 경우 입법자는 침해의 최소성의 관점에서, 기본권을 보다 적게 제한하는 단계인 기본권행사의 '방법'에 대한 규제로써 공익을 실현할 수 있는가를 먼저 시도하여야 한다.

③ 노후된 건축물을 개수하여 붕괴위험을 충분히 방지할 수 있다면 스스로 원하지 않는다는 한도에서 철거명령을 내려서는 안되는데, 비례의 원칙 중 상당성의 원칙이 적용된 결과이다.

④ 청소년유해대체물로 결정·고시된 만화인 사실을 모르고 있던 도서대여업자가 그 고시일로부터 8일 후에 청소년에게 그 만화를 대여한 것을 사유로 그 도서대여업자에게 금 700만 원의 과징금이 부과된 경우, 그 과징금부과처분은 비례의 원칙에 반한다.

10 비례원칙에 대한 판례의 태도로 옳지 않은 것은?

① 자동차를 이용하여 범죄행위를 한 경우 범죄의 경중에 상관없이 반드시 운전면허를 취소하도록 한 규정은 비례의 원칙을 위반한 것이다.

② 「도로교통법」 제148조의2 제1항 제1호의 '도로교통법 제44조 제1항을 2회 이상 위반한' 것에 구 「도로교통법」 제44조 제1항 위반 음주운전 전과도 포함된다고 해석하는 것은 비례원칙에 위배되지 않는다.

③ 주유소 영업의 양도인이 등유가 섞인 유사휘발유를 판매한 바를 모르고 이를 양수한 석유판매업자(양수인)에게 양도인의 위법사유를 들어 사업정지기간 중 최장기인 6월의 사업정지에 처한 영업정지처분은 재량권을 일탈한 것으로 위법하다.

④ 회분힘량이 기준치를 0.5% 초과하였다는 이유로 수입 녹용 전부에 대하여 전량 폐기 또는 반송처리를 지시한 것은 재량권을 일탈한 것으로서 위법하다.

11 신뢰보호의 원칙에 대한 설명으로 옳지 않은 것을 모두 고르면?

① 신뢰보호의 원칙이 적용되기 위한 요건인 행정권의 행시에 관하여 신뢰를 주는 선행조치가 되기 위해서는 반드시 처분청 자신의 적극적인 언동이 있어야만 한다.

② 행정청이 공적인 의사표명을 하였다면 이후 사실적·법률적 상태의 변경이 있더라도 행정청이 이를 취소하지 않는 한 여전히 공적인 의사표명은 유효하다.

③ 행정청의 공적견해표명이 있었는지의 여부를 판단하는 데 있어 반드시 행정조직상의 형식적인 권한분장에 구애될 것이 아니라 담당자의 조직상의 지위와 임무, 당해 언동을 하게 된 구체적인 경위 및 그에 대한 상대방의 신뢰가능성에 비추어 실질에 의하여 판단하여야 한다.

④ 행정청은 공익 또는 제3자의 이익을 현저히 해칠 우려가 있는 경우를 제외하고는 행정에 대한 국민의 정당하고 합리적인 신뢰를 보호하여야 한다.

12 신뢰보호원칙에 대한 설명으로 옳은 것은?

① 행정청이 단순한 착오로 어떠한 처분을 계속한 경우, 신뢰보호원칙상 행정청이 그와 배치되는 조치를 할 수 없는 행정관행이 성립하므로, 행정청이 추후 오류를 발견하여 합리적인 방법으로 변경하더라도 신뢰보호원칙에 위배된다.

② 행정규칙인 재량준칙의 공표만으로 신청인이 보호가치 있는 신뢰를 갖게 되었다고 볼 수 있다.

③ 「행정절차법」과 「국세기본법」에서는 법령 등의 해석 또는 행정청의 관행이 일반적으로 국민에게 받아들여졌을 때와 관련하여 신뢰보호의 원칙을 규정하고 있다.

④ 정구장시설 설치의 도시계획결정을 청소년수련시설 설치의 도시계획으로 변경한 경우, 사업시행자로 지정받을 것을 예상하고 정구장 설계비용 등을 지출한 자의 신뢰이익을 침해한 것이다.

13 신뢰보호원칙의 요건 중 공적인 견해표명에 대한 설명으로 옳은 것은?

① 헌법재판소의 위헌결정은 행정청이 개인에 대하여 신뢰의 대상이 되는 공적인 견해를 표명한 것이라고 할 수 없으므로 그 결정에 관련한 개인의 행위에 대하여는 신뢰보호의 원칙이 적용되지 아니한다.

② 보건복지부장관은 권한분장관계상 재산세를 부과할 권한이 없으므로 보건복지부장관이 의료취약지 병원설립운영자 신청공고를 하면서 국세 및 지방세를 비과세하겠다고 한 발표는 신뢰보호원칙의 요건인 행정청의 공적견해표명에 해당하지 않는다.

③ 신뢰보호의 대상인 행정청의 선행조치에는 법적행위만이 포함되며, 행정지도 등의 사실행위는 포함되지 아니한다.

④ 개발이익환수에 대한 법률에서 정한 개발사업을 시행하기 전에, 예식장을 건축하는 것이 관계 법령상 가능한지를 질의하는 민원예비 심사에 대하여 행정청이 관련부서 의견으로 개발이익환수에 대한 법률에 '저촉사항 없음'이라고 기재한 것은, 이후의 개발부담금부과처분에 관하여 신뢰보호의 원칙상 신뢰의 대상이 되는 공적 견해표명을 한 것으로 볼 수 있다.

14 신뢰보호원칙에 대한 판례의 태도로 옳지 않은 것은?

① 처분의 하자가 당사자의 사실은폐나 기타 사위의 방법에 의한 신청행위에 기인한 것이라면 당사자는 그 처분에 의한 이익이 위법하게 취득되었음을 알아 그 취소가능성도 예상하고 있었다고 할 것이므로, 그 자신이 위 처분에 대한 신뢰이익을 원용할 수 없다.

② 병무청 담당부서의 담당공무원에게 공적 견해의 표명을 구하는 정식의 서면질의 등을 하지 아니한 채 총무과 민원 팀장에 불과한 공무원이 민원봉사차원에서 상담에 응하여 안내한 것을 신뢰한 경우, 신뢰보호원칙이 적용되지 아니한다.

③ 일반적으로 행정청이 폐기물처리업 사업계획에 대한 적정통보를 한 경우 이는 토지에 대한 형질변경신청을 허가하는 취지의 공적 견해표명까지도 포함한다.

④ 국회에서 일정한 법률안을 심의하거나 의결한 적이 있다고 하더라도, 법률로 확정되지 아니한 이상 국가가 이해관계자들에게 위 법률안에 관련된 사항을 약속하였다고 볼 수 없으며, 이러한 사정만으로 어떠한 신뢰를 부여하였다고 볼 수도 없다.

15 신뢰보호의 원칙과 관련한 판례의 설명으로 옳지 않은 것은?

① 과세관청이 비과세대상에 해당하는 것으로 잘못 알고 일단 비과세결정을 하였으나, 그 후 과세표준과 세액의 탈루 또는 오류가 있는 것을 발견한 때에는, 이를 조사하여 경정할 수 있다.

② 비과세관행의 성립을 위해서는 과세관청 스스로 과세할 수 있음을 알면서도 어떤 특별한 사정 때문에 과세하지 않는다는 의사가 있고, 이와 같은 의사는 명시적 또는 묵시적으로 표시되어야 한다.

③ 과세관청의 의사표시가 일반론적인 견해표명에 불과한 경우라면 신뢰보호원칙의 적용을 부정하여야 한다.

④ 충전소 설치예정지로부터 100미터 내에 있는 건물주의 동의를 얻지 못하였음에도 불구하고 이를 갖춘 양 허가 신청을 하여 그 허가를 받아낸 경우에도 허가처분에 대한 상대방의 신뢰는 보호된다.

16 신뢰보호원칙의 한계와 관련하여 판례의 입장으로 옳지 않은 것은?

① 법인이 재외공무원 자녀들을 위한 기숙사 건물을 신축하면서, 과세관청과 내무부장관에게 취득세 등 지방세 면제 의견을 제출하자, 내무부장관이 취득세가 면제된다고 회신한 것은 공적 견해표명에 해당한다.

② 택시운전사가 운전면허정지기간 중의 운전행위를 하다가 적발되어 형사처벌을 받았으나 행정청으로부터 아무런 행정조치가 없어 안심하고 계속 운전업무에 종사하고 있던 중 행정청이 위 위반행위가 있은 이후에 장기간에 걸쳐 아무런 행정조치를 취하지 않은 채 방치하고 있다가 3년여가 지나 운전면허를 취소하는 행정처분을 하였다면 이는 신뢰보호의 원칙에 반한다.

③ 판례에 의하면 교통사고가 일어난 지 1년 10개월이 지난 뒤 그 교통사고를 일으킨 택시에 대하여 운송사업면허를 취소한 경우, 택시운송사업자로서는 「자동차운수사업법」의 내용을 잘 알고 있어 교통사고를 낸 택시에 대하여 운송사업면허가 취소될 가능성을 예상할 수 있었다고 하더라도 별다른 행정조치가 없을 것으로 자신이 믿고 있었다면 신뢰의 이익을 주장할 수 있다.

④ 한려해상국립공원지구 인근의 자연녹지지역에서의 토석 채취허가가 법적으로 가능할 것이라는 행정청의 언동을 신뢰한 개인이 많은 비용과 노력을 투자하였다가 불허가 처분으로 상당한 불이익을 입게 된 경우에도 신뢰보호원칙 위반이 아니다.

17 행정법의 일반원칙에 대한 설명으로 옳지 않은 것은?

① 폐기물처리업에 대하여 사전 적정통보를 받고 막대한 비용을 들여 허가요건을 갖춘 다음 허가신청을 하였음에도 청소업자의 난립을 이유로 한 불허가처분은 재량권을 남용한 위법한 처분이다.

② 판례에 의하면 도시계획구역 내 생산녹지로 답(畓)인 토지에 대하여 종교회관건립을 이용목적으로 하는 토지거래계약의 허가를 받으면서 담당공무원이 관련 법규상 허용된다고 하여 이를 신뢰하고 건축준비를 하였으나 그 후 토지형질변경허가신청을 불허가한 것은 신뢰보호의 원칙에 위반되는 것이 아니다.

③ 법률에 따른 개인의 행위가 국가에 의하여 일정 방향으로 유인된 신뢰의 행사가 아니라 단지 법률이 부여한 기회를 활용한 것인 경우에는, 신뢰보호의 이익이 인정되지 않는다.

④ 행정청이 지구단위계획을 수립하면서 권장용도를 숙박시설로 하였다 해도, 항상 숙박시설에 대한 건축허가가 가능하리라는 공적 견해를 표명한 것으로 볼 수는 없다.

18 신뢰보호의 원칙에 대한 설명으로 옳지 않은 것은?

① 공적 견해표명에 대한 사실은 공적 견해표명을 한 행정청에게 입증책임이 있다.

② 신뢰보호의 원칙이 적용되기 위한 요건 중 귀책사유의 유무는 상대방과 그로부터 신청행위를 위임받은 수임인등 관계자 모두를 기준으로 판단하여야 한다.

③ 법령 개폐에 있어서 신뢰보호원칙의 위반 여부는 한편으로는 침해받은 신뢰이익의 보호가치, 침해의 중한 정도, 신뢰침해의 방법 등과 다른 한편으로는 새 입법을 통해 실현코자 히는 공익목적을 종합적으로 비교·형량하여 판단하여야 한다.

④ 행정처분이 신뢰보호원칙의 요건을 충족하는 경우라고 하더라도 행정청이 앞서 표명한 공적인 견해에 반하는 행정처분을 함으로써 달성하려는 공익이 행정청의 공적견해표명을 신뢰한 개인이 그 행정처분으로 인하여 입게 되는 이익의 침해를 정당화할 수 있는 정도로 강한 경우에는 신뢰보호의 원칙을 들어 그 행정처분이 위법하다고 할 수는 없다.

19 행정법의 일반원칙에 대한 설명으로 옳지 않은 것을 모두 고르면?

① 문화관광부(현 문화체육관광부)장관의 지방자치단체장에게 한 사업승인가능성에 대한 회신은 사업신청자인 민원인에 대한 공적견해표명이다.

② 법치국가원리의 파생원칙인 신뢰보호원칙은 법률이나 그 하위법규뿐만 아니라 국가관리의 입시제도와 같이 국·공립대학의 입시전형을 구속하여 국민의 권리에 직접 영향을 미치는 제도운영지침의 개폐에도 적용된다.

③ 국가가 국민의 생명·신체의 안전에 대한 보호의무를 다하지 않았는지 여부를 헌법재판소가 심사할 때에는 국가가 이를 보호하기 위하여 적어도 적절하고 효율적인 최소한의 보호조치를 취하였는가 하는 '과소보호금지원칙'의 위반 여부를 기준으로 삼는다.

④ 건축설계를 위임받은 건축사가 건축한계선의 제한이 있다는 사실을 간과한 채 건축설계를 하고 이를 토대로 건축물의 신축허가를 받은 경우, 신축허가에 대한 건축주의 신뢰는 보호되어야 한다.

20 행정법의 일반원칙에 대한 설명으로 옳지 않은 것은?

① 음주운전자에 대한 운전면허의 취소 여부는 행정청의 재량행위이나, 음주운전으로 인한 교통사고의 증가와 그 결과의 참혹성 등에 비추어 보면 운전면허의 취소에서는 일반의 수익적 행정행위의 취소와는 달리 취소로 인하여 입게 될 당사자의 불이익보다는 이를 방지하여야 하는 일반예방적 측면이 더욱 강조되어야 한다.

② 운전면허 취소사유에 해당하는 음주운전을 적발한 경찰관의 소속 경찰서장이 사무착오로 위반자에게 운전면허정지 처분을 한 상태에서 위반자의 주소지 관할 지방경찰청장이 위반자에게 운전면허취소처분을 한 것은 선행처분에 대한 당사자의 신뢰 및 법적 안정성을 저해하는 것으로서 허용될 수 없다.

③ 보세운송면허세의 부과근거이던 「지방세법 시행령」이 폐지될 때까지 4년 동안 그 면허세를 부과할 수 있는 정을 알면서도 처분청이 '수출확대'라는 공익상 필요에서 한 건도 이를 부과한 일이 없었다면, 납세자는 그것을 믿을 수밖에 없고 그로써 비과세의 관행이 이루어졌다고 보아도 무방하다.

④ 신뢰보호의 원칙과 행정의 법률적합성의 원칙이 충돌하는 경우 법률적합성의 원칙이 우선한다.

03회 진도별 모의고사 ~행정법령의 적용과 행정법관계의 내용

제한시간: 15분 | 시작 시 분 ~ 종료 시 분 | 점수 확인 ▮▮▮ 개/ 20개

지문의 내용에 대해 학설의 대립 등
다툼이 있는 경우 판례에 의함

---

01 평등원칙에 대한 판례의 태도로 옳지 않은 것을 모두 고르면?

① 불출석 또는 증언거부를 한 증인의 사회적 신분이나 지위에 따라 미리부터 과태료의 액수에 차등을 두고 있는 조례안은 평등의 원칙에 위반되어 무효이다.

② 평등의 원칙에 의할 때, 위법한 행정처분이 수차례에 걸쳐 반복적으로 행하여졌다면 설령 그러한 처분이 위법하더라도 행정청에 대하여 자기구속력을 갖게 된다.

③ 구 「국유재산법」 제5조 제2항이 잡종재산에 대하여까지 시효취득을 배제하고 있는 것은 국가만을 우대하여 합리적 사유 없이 국가와 사인을 차별하는 것이므로 평등원칙에 위반된다.

④ 청원경찰의 인원감축을 위한 면직처분대상자 선정에서 초등학교 졸업 이하 학력 소지자 집단과 중학교 중퇴 이상 학력소지자 집단으로 나누어 각 집단별로 같은 감원 비율을 적용한 것은 평등의 원칙에 위반되어 무효이다.

---

02 평등의 원칙에 대한 설명으로 가장 옳지 않은 것은?

① 동일한 사항을 다르게 취급하는 것은 합리적 이유가 없는 차별이므로, 같은 정도의 비위를 저지른 자들은 비록 개전의 정이 있는지 여부에 차이가 있다고 하더라도 징계 종류의 선택과 양정에 있어 동일하게 취급받아야 한다.

② 법관의 정년을 직위에 따라 차등을 설정한 것은 합리적인 이유가 있어 평등권을 침해하였다고 볼 수 없다.

③ 미신고 집회의 주최자를 미신고 시위 주최자와 동등하게 처벌하는 구 「집회 및 시위에 관한 법률」 제19조 제2항은 평등원칙에 위반되지 않는다.

④ 일반직 직원의 정년을 58세로 규정하면서 전화교환 직렬 직원만은 정년을 53세로 규정하여 5년간의 정년차등을 둔 것은 사회통념상 합리성이 있어 평등원칙에 위반되지 않는다.

---

03 평등의 원칙에 대한 설명으로 옳지 않은 것은?

① 법령이 정신병원 등의 개설에 관하여는 허가제로, 정신과의원 개설에 관하여는 신고제로 각각 규정하고 있는 것은 헌법상 평등원칙에 위배된다.

② 변호사, 공인회계사 등 다른 직종에 대하여 법인을 구성하여 업무를 수행할 수 있도록 하면서, 약사에게만 법인을 구성하여 약국을 개설할 수 없도록 하는 것은 합리적 이유 없이 차별하는 것으로 평등권을 침해하는 것이다.

③ 국가유공자 등과 그 가족에 대한 공무원 임용시험 가산점 제도는 입법정책상 전혀 허용될 수 없는 것은 아니다.

④ 당직근무 대기 중 심심풀이로 돈을 걸지 않고 점수 따기 화투놀이를 한 사실에 대해, 함께 화투놀이를 한 3명은 견책에 처하고 원고에 대해서만 파면에 처한 것은 평등의 원칙에 위반된다.

---

04 자기구속의 원칙에 대한 설명으로 옳지 않은 것은?

① 재량준칙이 공표된 것만으로는 행정의 자기구속의 원칙이 적용될 수 없고, 재량준칙이 되풀이 시행되어 행정관행이 성립한 경우에 행정의 자기구속의 원칙이 적용될 수 있다.

② 행정의 자기구속의 원칙은 법적으로 동일한 사실관계, 즉 동종의 사안에서 적용이 문제되는 것으로 주로 재량의 통제법리와 관련된다.

③ 대법원과 헌법재판소는 평등의 원칙과 신뢰보호의 원칙을 행정의 자기구속의 원칙의 근거로 삼고 있다.

④ 행정기관이 재량준칙에 위반하여 처분을 행하는 때에는 자기구속의 법리에 위반하더라도 당사자는 당해 처분의 위법을 이유로 취소쟁송을 제기할 수 없다.

---

05 신의성실의 원칙에 대한 설명으로 옳지 않은 것은?

① 판례에 따를 때 실권의 법리는 신의성실원칙에서 파생된 원칙으로서 공법관계 가운데 권력관계뿐 아니라 관리관계에도 적용된다.

② 국가 산하 '진실·화해를 위한 과거사정리위원회'가 피해자 등의 진실규명신청에 따라 진실규명신청 대상자를 희생자로 확인 또는 추정하는 진실규명결정을 하고 피해자 등이 그 결정에 기초하여 상당한 기간 내에 권리행사를 한 경우, 국가가 소멸시효의 완성을 주장하는 것은 신의성실 원칙에 반하는 권리남용에 해당하여 허용될 수 없다.

③ 근로복지공단의 요양불승인처분의 적법 여부는 사실상 휴업급여청구권 발생의 전제가 되기에 근로자가 요양불승인 취소소송의 판결확정시까지 근로복지공단에 휴업급여를 청구하지 않았던 것은 이를 행사할 수 없는 사실상의 장애 사유가 있었기 때문이므로, 근로복지공단의 그 소멸시효 항변은 신의성실의 원칙에 반하여 허용될 수 없다.

④ 지방공무원 임용신청 당시 잘못 기재된 호적상 출생연월일을 근거로 한 공무원인사기록카드의 생년월일 기재에 대해 처음 임용된 후 약 36년 동안 전혀 이의를 제기하지 않다가, 정년을 1년 3개월 앞두고 호적상 출생연월일을 정정한 후 그 출생연월일을 기준으로 정년의 연장을 요구하는 것은 신의성실의 원칙에 반한다.

06 행정법의 일반원칙에 대한 설명으로 옳지 않은 것은?

① 실제의 공원구역과 다르게 경계측량 및 표지를 설치한 십수년 후 착오를 발견하여 지형도를 수정한 조치가 신뢰보호의 원칙에 위배되거나 행정의 자기구속의 법리에 반하는 것이라 할 수 없다.

② 국가가 공무원임용결격사유가 있는 자에 대하여 결격사유가 있는 것을 알지 못하고 공무원으로 임용하였다가 사후에 결격사유가 있는 자임을 발견하고 공무원임용행위를 취소함은 당사자에게 원래의 임용행위가 당초부터 당연무효이었음을 통지하여 확인시켜 주는 행위에 지나지 아니하는 것이므로, 그러한 의미에서 당초의 임용처분을 취소함에 있어서는 신의칙 내지 신뢰의 원칙을 적용할 수 없다.

③ 처분청이 착오로 행정서사업 허가처분을 한 후 20년이 다 되어서야 취소사유를 알고 행정서사업 허가를 취소한 경우, 그 허가취소처분은 실권의 법리에 저촉되는 것으로 보아야 한다.

④ 과세관청이 납세의무자에게 부가가치세 면세사업자용 사업자등록증을 교부하거나 고유번호를 부여한 행위 부가가치세를 과세하지 아니함을 시사하는 언동이나 공적인 견해표명에 해당하지 않는다.

07 행정법의 일반원칙에 대한 판례의 태도로 옳지 않은 것은?

① 고속국도 관리청이 고속도로 부지와 접도구역에 송유관 매설을 허가하면서, 상대방과 체결한 협약에 따라 송유관 시설을 이전하게 될 경우 그 비용을 상대방에게 부담하도록 한 부관은 부당결부금지의 원칙에 반하지 않는다.

② 제1종 보통면허로 운전할 수 있는 차량을 음주운전한 경우 제1종 보통면허의 취소 외에 동일인이 소지하고 있는 제1종 대형면허와 원동기장치자전거면허까지 취소할 수 있다.

③ 12인승 승합자동차를 운전한 자에 대하여 운전면허를 취소할 경우 제1종 보통면허와 대형면허는 취소할 수 있으나 특수면허는 취소할 수 없다.

④ 甲이 혈중알콜농도 0.140%의 주취상태로 배기량 125cc의 이륜자동차를 운전한 것을 이유로 지방경찰청장이 甲의 제1종 대형면허, 제1종 보통면허, 제1종 특수면허를 취소하는 처분은 위법하다.

08 부당결부금지의 원칙에 대한 설명으로 옳지 않은 것을 모두 고르면?

① 「행정기본법」은 비례의 원칙을 규정하고 있지만, 부당결부금지의 원칙에 관하여는 명문의 규정을 두고 있지 않다.

② 지방자치단체장이 사업자에게 주택사업계획승인을 하면서 그 주택사업과는 아무런 관련이 없는 토지를 기부채납 하도록 하는 부관은 부당결부금지의 원칙에 위반되어 위법하고, 당연무효에 해당한다.

③ 건축물에 인접한 도로의 개설을 위한 도시계획사업 시행허가처분은 건축물에 대한 건축허가처분과는 별개의 행정처분이므로 사업시행허가를 함에 있어 조건으로 내세운 기부채납의무를 이행하지 않았음을 이유로 한 건축물에 대한 준공거부처분은 「건축법」에 근거 없이 이루어진 것으로서 위법하다.

④ 행정행위의 철회사유가 특정의 면허에 대한 것이 아니고, 다른 면허와 공통된 것이거나 운전면허를 받은 사람에 대한 것일 경우에는 여러 면허를 전부 철회할 수도 있다.

09 행정법의 일반원칙에 대한 설명으로 옳은 것은?

① 주택사업계획을 승인하면서 입주민이 이용하는 진입도로의 개설 및 확장과 이의 기부채납의무를 부담으로 부과하는 것은 부당결부금지의 원칙에 반한다.

② 행정청이 착오로 인하여 국적이탈을 이유로 주민등록을 말소한 행위는 법령에 따라 국적이탈이 처리되었다는 견해를 표명한 것으로 볼 수는 없으며, 상대방이 이러한 주민등록말소를 통하여 자신의 국적이탈이 적법하게 처리된 것으로 신뢰하였다고 하더라도 이는 보호할 가치 있는 신뢰에 해당하지 않는다.

③ 비위사실로 파면처분을 받은 피징계자가 징계처분에 중대하고 명백한 흠이 있음을 알면서도 퇴직시 지급되는 퇴직금 등 급여를 받은 후 5년이 지나 그 비위사실의 공소시효가 완성된 후에 징계처분의 흠을 내세워 그 징계처분의 무효확인을 구하는 것은 신의칙에 반하지 않는다.

④ 수익적 행정행위인 주택건설사업계획 승인처분에는 법령에 특별한 근거 규정이 없다고 하더라도 그 부관으로서 부담을 붙일 수 있으나, 그러한 부담은 비례의 원칙, 부당결부금지의 원칙에 위반되지 않아야 적법하다.

10 행정법령의 공포 및 효력발생에 대한 설명으로 옳지 않은 것은?

① 국민의 권리 제한 또는 의무 부과와 직접 관련되는 법령은 긴급히 시행하여야 할 특별한 사유가 있는 경우를 제외하고는 공포일부터 적어도 30일이 경과한 날부터 시행되도록 하여야 한다.

② 법령의 공포시점은 관보 또는 공보가 판매소에 도달하여 누구든지 이를 구독할 수 있는 상태가 된 최초의 시점으로 보는 것이 판례의 입장이다.

③ 관보의 내용 해석 및 적용 시기는 종이관보를 우선으로 하며, 전자관보는 부차적인 효력을 가진다.

④ 대통령령, 총리령 및 부령은 특별한 규정이 없는 한 공포한 날로부터 20일이 경과함으로서 효력을 발생한다.

11 행정법령의 적용에 대한 설명으로 옳은 것은?

① 「소득세법」이 개정되어 세율이 인상된 경우, 법 개정 전부터 개정법이 발효된 후에까지 걸쳐 있는 과세기간(1년)의 전체 소득에 대하여 인상된 세율을 적용하는 것은 재산권에 대한 소급적 박탈이 되므로 위법하다.

② 과거에 완성된 사실에 대하여 당사자에게 불리하게 제정 또는 개정된 신법을 적용하는 것은 당사자의 법적 안정성을 해치는 것이므로 어떠한 경우에도 허용될 수 없다.

③ 「개발이익 환수에 대한 법률」의 부칙 제2조는 동법 시행 당시 개발이 진행 중인 사업에 대하여 장차 개발이 완료되면 개발부담금을 부과하려는 것이므로 이는 진정소급입법에 해당하는 것이어서 원칙적으로 헌법상 허용될 수 없다.

④ 행정법규 위반자에 대한 제재처분을 하기 전에 처분의 기준이 행위시보다 불리하게 개정되었고 개정법에 경과규정을 두는 등의 특별한 규정이 없다면, 행위시의 법령을 적용하여야 한다.

12 행정법의 효력에 대한 설명으로 옳지 않은 것은?

① 친일재산은 취득·증여 등 원인행위 시에 국가의 소유로 한다고 규정하고 있는 「친일반민족행위자 재산의 국가귀속에 대한 특별법」 제3조 제1항 본문은 진정소급입법으로서 헌법에 위배된다.

② 부진정소급입법은 원칙적으로 허용되지만 소급효를 요구하는 공익상의 사유와 신뢰보호의 요청 사이의 형량과정에서 신뢰보호의 관점이 입법자의 형성권에 제한을 가하게 된다.

③ 장해등급 결정에 있어서는 등급결정시가 아니라 장해급여 지급사유 발생시의 법령을 적용히는 것이 원칙이다.

④ 어떠한 법률조항에 대하여 헌법재판소가 헌법불합치 결정을 하여 그 법률조항을 합헌적으로 개정 또는 폐지하는 임무를 입법자의 형성 재량에 맡긴 이상, 그 개선입법의 소급적용 여부와 소급적용의 범위는 원칙적으로 입법자의 재량이다.

13 행정법의 효력에 대한 설명으로 옳지 않은 것은?

① 법령이 전문 개정된 경우 특별한 사정이 없는 한 종전의 법률 부칙의 경과규정도 모두 실효된다.

② 법령은 지역적으로 대한민국의 영토전역에 걸쳐 효력을 가지는 것이 원칙이나 예외적으로 일부지역에만 적용될 수 있다.

③ 조례는 해당 지방자치단체의 관할영역에서만 효력을 가지는 것이 원칙이므로, 하나의 지방자치단체의 조례가 다른 지방자치단체의 구역 내에서도 효력을 갖는 경우는 없다.

④ 한시법은 그 유효기간이 경과하면 별도의 법령폐지행위가 없더라도 자동적으로 효력이 소멸된다.

14 행정법관계의 당사자에 대한 설명으로 옳지 않은 것을 모두 고르면?

① '행정주체'란 행정을 행하는 법주체로서, 행정을 실제로 행하는 것은 행정주체가 아니라 행정주체의 기관이므로 이들 기관이 한 행위의 법적 효과는 기관 자신에게 귀속된다.

② 지방법무사회는 법무사 감독 사무를 수행하기 위하여 법률에 의하여 설립과 법무사의 회원 가입이 강제된 공법인으로서 법무사 사무원 채용승인에 대한 공권력 행사의 주체라고 보아야 한다.

③ 대한변호사협회는 공법상의 사단법인이다.

④ 「도시 및 주거환경정비법」에 따른 주택재건축정비조합은 공법인으로서 행정주체의 지위를 가진다고 보기 어렵다.

15 행정상 법률관계의 당사자에 대한 설명으로 옳지 않은 것을 모두 고르면?

① 국가는 시원적 행정주체로서 국가의 행정기관을 통해 직접 국가행정을 시행하지만, 국가행정의 일부가 지방자치단체의 장에게 위임되어 행하여지는 경우 그 행정의 법적 효과는 수임자에게 귀속된다.

② 법인격 없는 단체도 공무수탁사인이 될 수 있다.

③ 공무수탁사인은 행정주체성이 인정되므로 공무수탁사인을 상대로 국가배상청구권을 행사할 수 있다.

④ 국·공립도서관이나 교도소는 영조물이고 영조물법인이 아니므로 행정주체가 될 수 없지만, 한국방송공사, 한국토지주택공사, 서울대학교는 영조물법인에 해당되어 행정주체이다.

16 행정상 법률관계의 당사자에 대한 설명으로 옳지 않은 것은?

① '공법상 재단'이란 국가나 지방자치단체가 공공목적을 위하여 출연한 재산을 관리하기 위하여 설립된 공법상의 재단법인으로 한국연구재단이 이에 해당한다.

② 경찰과의 사법상 용역계약에 의해 주차위반차량을 견인하는 민간사업자와 생활폐기물의 수집·운반 및 처리의 대행업자는 공무수탁사인이 아니다.

③ 행정권한의 위탁은 행정행위의 형식으로 할 수 있고, 공법상 계약의 형식으로도 할 수 있다.

④ 지방자치단체와 국가는 행정주체이지 행정권 발동의 상대방인 행정객체는 될 수 없다.

17 다음 중 공무수탁사인에 대한 설명으로 옳은 것을 모두 고르면?

> ㄱ. 공무수탁사인은 행정주체이면서 동시에 행정청의 지위를 갖는다.
> ㄴ. 국가가 공무수탁사인의 공무수탁사무수행을 감독하는 경우 수탁사무수행의 합법성뿐만 아니라 합목적성까지도 감독할 수 있다.
> ㄷ. 「민영교도소 등의 설치운영에 대한 법률」상 교정업무를 수행하는 민영교도소는 공무수탁사인에 해당한다.
> ㄹ. 「소득세법」에 의한 원천징수의무자의 원천징수행위는 법령에서 규정된 징수 및 납부의무를 이행하기 위한 것에 불과한 것이지, 공권력의 행사로서의 행정처분에 해당되지 아니한다고 보는 것이 판례의 입장이다.

① ㄱ, ㄷ
② ㄱ, ㄹ
③ ㄱ, ㄴ, ㄹ
④ ㄱ, ㄴ, ㄷ, ㄹ

18 공무수탁사인에 대한 설명으로 옳지 않은 것은?

① 국가가 자신의 임무를 스스로 수행할 것인지 아니면 그 임무의 기능을 민간부문으로 하여금 수행하게 할 것인지에 대하여 입법자에게 광범위한 입법재량 내지 형성의 자유가 인정된다고 보는 것이 판례의 입장이다.
② 법령에 의하여 공무를 위탁받은 공무수탁사인이 행한 처분에 대하여 항고소송을 제기하는 경우 피고는 위임행정청이 된다.
③ 「공익사업을 위한 토지 등의 취득 및 보상에 대한 법률」상 토지수용권을 행사하는 사인은 공무수탁사인에 해당한다.
④ 공무수탁사인은 수탁받은 공무를 수행하는 범위 내에서 행정주체이고, 「행정절차법」이나 「행정소송법」에서는 행정청이다.

19 행정법 관계의 내용에 대한 설명으로 옳지 않은 것은?

① 개인적 공권이라 함은 개인이 자기의 이익을 위하여 행정주체에게 작위·부작위 등을 요구할 수 있는 법적인 힘을 말하며, 행정상 법률관계에 있어 개인적 공권이 인정되는 경우에는 「행정소송법」상 원고적격이 인정된다.
② 개인적 공권이 성립하려면 공법상 강행법규가 국가 기타 행정주체에게 행위의무를 부과해야 한다. 과거에는 그 의무가 기속행위의 경우에만 인정되었으나, 오늘날에는 재량행위에도 인정된다고 보는 것이 일반적이다.
③ 일반적인 개인적 공권의 성립요건인 사익보호성은 무하자재량행사청구권이나 행정개입청구권에는 적용되지 않는다.
④ 공무원연금수급권은 국가에 대하여 적극적으로 급부를 요구하는 것이므로 헌법규정만으로는 이를 실현할 수 없어 법률에 의한 형성이 필요하다.

20 개인적 공권에 대한 설명으로 옳은 것은?

① 무하자재량행사청구권이 인정되면 행정청은 특정한 처분을 행하여야 할 의무를 지게 된다.
② 무하자재량행사청구권은 수익적 행정행위뿐만 아니라 부담적 행정행위에도 적용될 수 있다.
③ 행정개입청구권은 개인이 자기의 이익을 위하여 자기에 대한 행정권의 발동을 청구할 수 있는 권리이다.
④ 공법상 계약을 통해서는 개인적 공권이 성립할 수 없다.

04회 진도별 모의고사
~ 행정법상의 법률요건과 법률사실

제한시간: 15분 **시작** 시 분 ~ **종료** 시 분 점수 확인 개/ 20개

> 지문의 내용에 대해 학설의 대립 등
> 다툼이 있는 경우 판례에 의함

01 개인적 공권에 대한 설명으로 옳지 않은 것은?

① 환경영향평가대상지역 밖의 주민이라 할지라도 수인 한도를 넘는 환경피해를 받거나 받을 우려가 있는 경우에는 환경상 이익에 대한 침해나 우려를 입증함 으로써 공유수면 매립면허처분을 다툴 수 있다.

② 행정처분에 있어서 불이익처분의 상대방은 직접 개 인적 이익의 침해를 받은 자로서 취소소송의 원고적 격이 인정되지만 수익처분의 상대방은 그의 권리나 법률상 보호되는 이익이 침해되었다고 볼 수 없으므 로 달리 특별한 사정이 없는 한 취소를 구할 이익이 없다.

③ 담배일반소매인으로 지정되어 영업을 하고 있는 기 존업자의 신규 구내소매인에 대한 이익은 반사적 이 익이다.

④ 규제권한발동에 관해 행정청의 재량을 인정하는 「건 축법」의 규정은 소정의 사유가 있는 경우 행정청에 건축물의 철거 등을 명할 수 있는 권한을 부여한 것 일뿐만 아니라, 행정청에 그러한 의무가 있음을 규정 한 것이다.

02 개인적 공권에 대한 설명으로 옳은 것은?

① 주거지역 내에서 법령상의 제한면적을 초과하는 연 탄공장의 건축허가처분으로 불이익을 받고 있는 인 근주민은 당해 처분의 취소를 소구할 법률상 자격이 없다.

② 구 「해상운송사업법」에 근거한 신규선박운항사업면허 허가처분에 대해 해당 항로에 취항하고 있는 기존업 자는 그 면허의 취소를 구할 법률상 이익이 있다.

③ 헌법상의 기본권 규정으로부터는 개인적 공권이 바 로 도출될 수 없다.

④ 국가유공자 또는 유족으로서 누리는 권리는 양도· 압류·상속의 대상이 될 수 있다.

03 특별행정법관계(특별권력관계)에 대한 설명으로 가장 옳지 않은 것은?

① 특별권력관계에서도 헌법 제37조 제2항의 기본권제 한의 원칙에 따라 법률의 근거 하에 기본권 제한이 인정된다.

② 특별권력관계의 성립은 직접 법률에 의거하는 경우 와 상대방의 동의에 의하는 경우가 있는데, 상대방의 동의는 자유로운 의사에 기한 자발적인 동의만을 인 정한다.

③ 국립교육대학 학생에 대한 퇴학처분은 국립대학교의 내부 질서유지를 위해 학칙 위반자인 재학생에 대한 구체적 법 집행으로서 「행정소송법」상의 처분에 해 당한다.

④ 특별권력관계에서는 특별권력에 따른 명령권과 징계 권이 인정된다.

04 행정법상 시효제도에 대한 설명으로 옳은 것은?

① 조세에 대한 소멸시효가 완성된 후에 부과된 조세부 과처분은 위법한 처분이지만 당연무효라고 볼 수는 없다.

② 공법의 특수성으로 인해 소멸시효의 중단·정지에 관하여는 「민법」의 규정이 적용될 수 없다.

③ 「국가재정법」상 5년의 소멸시효가 적용되는 '금전의 급부를 목적으로 하는 국가의 권리'에는 국가의 사법 (私法)상 행위에서 발생한 국가에 대한 금전채무도 포함되지 않는다.

④ 국유재산 중 시효취득의 대상이 되는 것은 일반재산 뿐이며 공용재산, 공공용재산, 보존용재산 등의 행정 재산은 시효취득의 대상이 아니다.

05 공법상 시효제도에 대한 설명으로 옳은 것을 모두 고르면?

① 판례는 '다른 법률에 특별한 규정'이란 「국가재정법」이외의 모든 법률에서 5년보다 단기로 규정하고 있는 경우라고 판시하고 있다.

② 국세징수권자의 납입고지에 의하여 발생한 시효중단의 효력은 그 부과처분이 행정쟁송에 의하여 취소되었다면 소멸되는 것이다.

③ 행정에 대한 기간의 계산에 관하여는 행정기본법 또는 다른 법령등에 특별한 규정이 있는 경우를 제외하고는 「민법」을 준용한다.

④ 「국유재산법」상 변상금 부과처분에 대한 취소소송이 진행되는 동안에는 그 부과권의 소멸시효가 진행되지 않는다.

06 공법상 사건에 대한 설명으로 옳은 것은?

① 사법(私法)상의 원인에 기한 국가채권의 경우에 납입고지에 있어 민법상 최고보다 더 강한 시효중단의 효력을 인정한 것은 평등권을 침해한다.

② 국유재산의 무단점유와 관련하여 「국유재산법」에 의한 변상금 부과·징수가 가능한 경우에는 변상금 부과·징수의 방법에 의해서만 국유재산의 무단 점유·사용으로 인한 이익을 환수할 수 있으므로, 그와 별도로 민사소송의 방법으로 부당이득반환청구를 하는 것은 허용되지 않는다.

③ 제3자가 「국세징수법」에 따라 체납자의 명의로 체납액을 완납한 경우 국가에 대하여 부당이득반환을 청구할 수 있다.

④ 신고납부방식의 조세에 있어서 납세의무자의 신고행위가 당연무효로 되지 않는 한, 납세의무자가 납세의무가 있는 것으로 오인하고 신고 후 조세납부행위를 하였다 하더라도 그것이 곧 부당이득에 해당한다고 할 수 없다.

07 사인의 공법행위에 대한 설명으로 옳지 않은 것은?

① 사인의 공법행위에는 행정행위에 인정되는 공정력, 존속력, 집행력 등이 인정되지 않는다.

② 공무원이 한 사직의사표시의 철회나 취소는 그에 터 잡은 의원면직처분이 있을 때까지 할 수 있는 것이고, 일단 면직처분이 있고 난 이후에는 철회나 취소할 여지가 없다.

③ 「민법」상 비진의의사표시의 무효에 대한 규정은 그 성질상 영업재개신고나 사직의 의사표시와 같은 사인의 공법행위에 적용된다.

④ 구 「의료법」에 따른 의원개설신고에 대하여 신고필증의 교부가 없더라도 의원개설신고의 효력을 부정할 수는 없다.

08 사인의 공법행위에 대한 설명으로 옳지 않은 것을 모두 고르면?

① 「건축법」에 따른 착공신고를 반려하는 행위는 당사자에게 장래의 법적 불이익이 예견되지 않아 이를 법적으로 다툴 실익이 없으므로 항고소송의 대상이 될 수 없다.

② 「유통산업발전법」상 대규모점포의 개설 등록은 이른바 '수리를 요하는 신고'로서 행정처분에 해당한다.

③ 사인의 공법행위가 행정행위의 단순한 동기에 불과한 경우에는 그 하자는 행정행위의 효력에 아무런 영향을 미치지 않는다는 것이 일반적인 견해이다.

④ 장기요양기관의 폐업신고 자체가 효력이 없음에도 행정청이 이를 수리한 경우, 그 수리행위가 당연무효로 되는 것은 아니다.

09 사인의 공법행위로서의 신고에 대한 설명으로 옳지 않은 것을 모두 고르면?

① 건축신고는 자기완결적 신고이므로 신고반려행위 또는 수리거부행위는 항고소송의 대상이 되지 않는다.

② 식품접객업 영업신고에 대해서는 「식품위생법」이 「건축법」에 우선 적용되므로, 영업신고가 「식품위생법」상의 신고요건을 갖춘 경우라면 그 영업신고를 한 해당 건축물이 「건축법」상 무허가건축물이라도 적법한 신고에 해당된다.

③ 주민등록전입신고는 수리를 요하는 신고에 해당하지만, 이를 수리하는 행정청은 거주의 목적에 대한 판단 이외에 부동산투기 목적 등의 공익상의 이유를 들어 주민등록전입신고의 수리를 거부할 수는 없다.

④ 숙박업을 하고자 하는 자가 법령이 정하는 시설과 설비를 갖추고 행정청에 신고를 하면 행정청은 공중위생관리법령의 규정에 따라 원칙적으로 이를 수리하여야 하므로, 새로 숙박업을 하려는 자가 기존에 다른 사람이 숙박업 신고를 한 적이 있는 시설 등의 소유권 등 정당한 사용권한을 취득하여 법령에서 정한 요건을 갖추어 신고하였다면, 행정청으로서는 특별한 사정이 없는 한 이를 수리하여야 하고, 기존의 숙박업 신고가 외관상 남아있다는 이유로 이를 거부할 수 없다.

10 신고에 대한 설명으로 옳지 않은 것은?

① 법령 등에서 행정청에 대하여 일정한 사항을 통지함으로써 의무가 끝나는 신고는 그 기재사항에 흠이 없고, 필요한 구비서류가 첨부되어 있으며, 기타 법령 등에 규정된 형식상의 요건에 적합할 때에는 신고서가 접수기관에 도달된 때에 신고의 의무가 이행된 것으로 본다.

② 인·허가의제 효과를 수반하는 건축신고는 일반적인 건축신고와는 달리, 특별한 사정이 없는 한 행정청이 그 실체적 요건에 대한 심사를 한 후 수리하여야 하는 이른바 '수리를 요하는 신고'에 해당한다.

③ 유료노인복지주택의 설치신고를 받은 행정관청은 그 유료 노인복지주택의 시설 및 운용기준이 법령에 부합하는지와 설치신고 당시 부적격자들이 입소하고 있는지 여부를 심사할 수 있다.

④ 「행정절차법」상 신고 요건으로는 신고서의 기재사항에 흠이 없고 필요한 구비서류가 첨부되어 있어야 하며, 신고의 기재사항은 그 진실함이 입증되어야 한다.

11 다음 중 신고에 대한 판례의 태도로 옳은 것을 모두 고르면?

ㄱ. 「수산업법」 제4조 소정의 어업의 신고는 행정청의 수리에 의하여 비로소 그 효과가 발생하는 수리를 요하는 신고이다.

ㄴ. 납골당 설치신고는 이른바 '수리를 요하는 신고'이므로 납골당 설치신고가 관련 법령 규정의 모든 요건을 충족하는 신고라 하더라도 행정청의 수리처분이 있어야만 그 신고한 대로 납골당을 설치할 수 있다.

ㄷ. 「부가가치세법」상의 사업자등록은 소관 세무서장에게 사업자등록신청서를 제출한 사실만으로 성립되는 것은 아니고 별도로 행정청의 수리가 있어야만 성립한다.

ㄹ. 행정관청은 제출된 노동조합 설립신고서와 규약의 내용만을 기준으로 심사하여야 하며, 설립신고서와 규약 내용 외의 사항에 대한 실질적 심사를 할 수 없다.

① ㄱ, ㄴ   ② ㄱ, ㄷ

③ ㄴ, ㄹ   ④ ㄷ, ㄹ

12 신고에 대한 설명으로 옳지 않은 것은?

① 적법한 요건을 갖추어 당구장업 영업신고를 한 경우 행정청이 그 신고에 대한 수리를 거부하였음에도 영업을 하면 무신고영업이 된다.

② 허가대상 건축물의 양수인이 구 「건축법 시행규칙」에 규정되어 있는 형식적 요건을 갖추어 시장·군수 등 행정관청에 적법하게 건축주의 명의변경을 신고한 경우, 행정관청은 그 신고를 수리하여야지 실체적인 이유를 내세워 신고의 수리를 거부할 수는 없다.

③ 건축물의 소유권을 둘러싸고 소송이 계속 중이어서 판결로 소유권의 귀속이 확정될 때까지 건축주명의변경신고의 수리를 거부함은 상당하다.

④ 건축주명의변경신고의 수리거부는 구체적인 법적 이익의 침해로서 취소소송의 대상이 되는 처분이다.

13 사인의 공법행위로서 신고에 대한 설명으로 옳지 않은 것은?

① 가설건축물 존치기간을 연장하려는 건축주 등이 법령에 규정되어 있는 제반 서류와 요건을 갖추어 행정청에 연장신고를 한 경우, 행정청으로서는 법령에서 요구하고 있지도 아니한 '대지사용승낙서' 등의 서류가 제출되지 아니하였거나, 대지소유권자의 사용승낙이 없다는 등의 사유를 들어 가설건축물 존치기간 연장신고의 수리를 거부하여서는 아니 된다.

② 구 「체육시설의 설치·이용에 대한 법률」에 의한 골프장이용료 변경신고서는 행정청에 제출하여 접수된 때에 신고가 있었다고 볼 것이고, 행정청의 수리행위가 있어야만 하는 것은 아니다.

③ 불특정 다수인을 대상으로 학습비를 받고 정보통신매체를 이용하여 원격평생교육을 실시하고자 하는 경우에는 누구든지 관계 법령에 따라 이를 신고하여야 하나 신고서의 기재사항에 흠결이 없고 소정의 서류가 구비된 때에는 이를 수리하여야 한다.

④ 「의료법」에 따라 정신과의원을 개설하려는 자가 법령에 규정되어 있는 요건을 갖추어 개설신고를 한 경우라도 관할 시장·군수·구청장은 법령에서 정한 요건 이외의 사유를 들어 의원급 의료기관 개설신고의 수리를 거부할 수 있다.

14 영업자의 지위승계에 대한 판례의 태도로 옳지 않은 것은?

① 공매 등의 절차로 영업시설의 전부를 인수함으로써 영업자의 지위를 승계한 자가 관계행정청에 이를 신고하여 관계행정청이 그 신고를 수리하는 처분에 대해 종전 영업자는 제3자로서 그 처분의 취소를 구할 법률상 이익이 인정되지 않는다.

② 대물적 영업양도의 경우, 명시적인 규정이 없는 경우에도 양도 전에 존재하는 영업정지 사유를 이유로 양수인에 대해서도 영업정지처분을 할 수 있다.

③ 영업양도에 따른 지위승계신고를 수리하는 허가관청의 행위는 영업허가자의 변경이라는 법률효과를 발생시키는 행위로서 항고소송의 대상이 될 수 있다.

④ 법령상 채석허가를 받은 자의 명의변경제도를 두고 있는 경우, 명의변경신고를 할 수 있는 양수인은 관할 행정청이 양도인의 허가를 취소하는 처분에 대해 취소를 구할 법률상 이익이 인정된다.

15 행정입법에 대한 판례의 입장으로 옳지 않은 것은?

① 법률의 시행령 내용이 모법 조항의 취지에 근거하여 이를 구체화하기 위한 것인 때에는 모법에 직접 위임하는 규정을 두지 않았더라도 이를 무효라고 볼 수 없다.

② 경찰공무원 채용시험에서의 부정행위자에 대한 5년간의 응시자격제한을 규정한 「경찰공무원 임용령」 제46조 제1항은 행정청 내부의 사무처리기준을 규정한 재량준칙에 불과하다.

③ 구 「청소년보호법 시행령」 제40조 [별표 6]의 위반행위의 종별에 따른 과징금 처분기준은 법규명령에 해당하지만 그 과징금의 액수는 정액이 아니라 최고한도액이다.

④ 위임입법의 형태로 대통령령, 총리령 또는 부령 등을 열거하고 있는 헌법규정은 예시규정이다.

16 행정입법에 대한 설명으로 옳은 것은?

① 헌법에서 채택하고 있는 조세법률주의의 원칙상 과세요건과 징수절차에 대한 사항을 명령·규칙 등 하위법령에 구체적·개별적으로 위임하여 규정할 수 없다.

② 행정규칙에 근거한 처분이라도 상대방의 권리·의무에 직접 영향을 미치는 경우에는 항고소송의 대상이 되는 행정처분에 해당한다.

③ 하위 행정입법의 제정 없이 상위 법령의 규정만으로 집행이 이루어질 수 있는 경우에도 상위 법령의 명시적 위임이 있다면 하위 행정입법을 제정하여야 할 작위의무는 인정된다.

④ 구법에 위임의 근거가 없어 법규명령이 무효였다면 사후에 법개정으로 위임의 근거가 부여되었다 할지라도 무효이다.

17 행정입법에 대한 설명으로 옳지 않은 것은?

① 법령의 위임이 없음에도 법령에 규정된 처분 요건에 해당하는 사항을 부령에서 변경하여 규정한 경우에는 그 부령의 규정은 행정청 내부의 사무처리 기준 등을 정한 것으로서 행정조직 내에서 적용되는 행정명령의 성격을 지닐 뿐이다.

② 법규명령의 위임근거가 되는 법률에 대하여 위헌결정이 선고되면 그 법규명령은 효력을 상실하고 별도의 폐지행위를 요하는 것은 아니다.

③ 법률조항의 위임에 따라 대통령령으로 규정한 내용이 헌법에 위반되는 경우에는 그로 인하여 모법인 해당 수권 법률조항도 위헌으로 된다.

④ 「금융위원회의 설치 등에 대한 법률」 제60조의 위임에 따라 금융위원회가 고시한 '금융기관 검사 및 제재에 대한 규정' 제18조 제1항은 대외적으로 구속력이 있는 법규명령의 효력을 가진다.

18 행정입법에 대한 설명으로 옳지 않은 것은?

① 명령·규칙 그 자체에 의하여 직접 기본권이 침해되었을 경우에는 그것을 대상으로 하여 헌법소원심판을 청구할 수 있다.

② 법률에서 위임받은 사항을 하위법규명령에 다시 위임하기 위해서는 위임받은 사항의 대강을 정하고 그중 특정사항을 범위를 정하여 하위의 법규명령에 다시 위임하는 경우에만 재위임이 허용된다.

③ 전면적 재위임의 금지는 조례가 「지방자치법」 제22조 단서에 따라 주민의 권리제한 또는 의무부과에 대한 사항을 법률로부터 위임받은 후, 이를 다시 지방자치단체장이 정하는 '규칙'이나 '고시' 등에 재위임하는 경우에 적용되지 않는다.

④ 처벌법규나 조세법규는 다른 법규보다 구체성과 명확성의 요구가 강화되어야 한다.

19 행정입법에 대한 설명으로 옳은 것은?

① 판례는 조례가 집행행위의 개입 없이도 그 자체로서 직접 국민의 구체적인 권리의무나 법적이익에 영향을 미치는 법률상의 효과가 발생하는 경우에도 그 조례는 항고소송의 대상이 되는 행정처분이 아니라고 하였다.

② 법률이 공법적 단체 등의 정관에 자치법적 사항을 위임한 경우 헌법 제75조가 정하는 포괄적인 위임입법의 금지는 원칙적으로 적용되지 않는다.

③ 집행명령은 상위법령의 개정에 의하여 당연히 실효된다.

④ 자치조례의 경우에도 위임조례와 같이 국가법에 적용되는 일반적인 위임입법의 한계가 적용된다.

20 행정입법에 대한 설명으로 옳지 않은 것은?

① 위임입법의 한계인 예측가능성은 법률에서 이미 하위법규에 규정될 내용 및 범위의 기본사항이 구체적으로 규정되어 있어서 누구라도 당해 법률로부터 하위법규에 규정될 내용의 대강을 예측할 수 있으면 족하다.

② 법률이 대통령령으로 정하도록 규정한 사항을 부령으로 정했다면 그 부령은 무효이다.

③ 행정소송에 대한 대법원판결에 의하여 총리령이 법률에 위반된다는 것이 확정된 경우에는 대법원은 지체 없이 그 사유를 국무총리에게 통보하여야 한다.

④ 헌법재판소는 적극적 행정입법은 물론 행정입법의 부작위에 대하여서도 헌법소원심판의 대상성을 인정한다.

05회 진도별 모의고사

~ 행정입법

제한시간: 15분 시작 시 분 ~ 종료 시 분 점수 확인 개/ 20개

지문의 내용에 대해 학설의 대립 등
다툼이 있는 경우 판례에 의함

01 행정입법에 대한 설명으로 옳지 않은 것은?

① 고시가 상위법령과 결합하여 대외적인 구속력이 있는 법규명령으로서의 효력을 가지는 경우에도 그 자체가 법령은 아니고 행정규칙에 지나지 않으므로 적당한 방법으로 이를 일반인 또는 관계인에게 표시 또는 통보함으로써 그 효력이 발생한다.

② 헌법재판소는 국회입법에 의한 수권이 입법기관이 아닌 행정기관에게 법률 등으로 구체적인 범위를 정하여 위임한 사항에 관하여는 당해 행정기관에게 법정립의 권한이 부여된다고 보고 있다.

③ 헌법재판소는 헌법이 인정하고 있는 위임입법의 형식을 예시적인 것으로 보고 있다.

④ 위임명령이 위임 내용을 구체화하는 단계를 벗어나 새로운 입법을 한 것으로 평가할 수 있다 하더라도 이는 위임의 한계를 일탈한 것이 아니다.

02 다음 중 행정입법에 대한 설명으로 옳지 않은 것을 모두 고르면?

ㄱ. 법령의 위임에 의해 제정된 조례가 위임의 한계를 준수하고 있는지는 당해 법령 규정의 입법 목적과 규정 내용 등을 종합적으로 살펴야 한다.

ㄴ. 자치조례에 대한 위임 등 자치법적 사항의 위임에 있어서도 포괄위임금지원칙이 적용되므로 포괄적인 위임은 허용될 수 없다.

ㄷ. 교육에 대한 조례에 대한 항고소송을 제기함에 있어서는 그 의결기관인 시·도 지방의회를 피고로 하여야 한다.

ㄹ. 산업자원부장관이 공업배치 및 공장설립에 대한 법률 제8조의 위임에 따라 공장입지의 기준을 구체적으로 정한 고시는 법규명령으로서 효력을 가진다.

① ㄱ, ㄷ   ② ㄱ, ㄹ
③ ㄴ, ㄷ   ④ ㄴ, ㄹ

03 다음 중 법규명령 형식의 처분기준에 대한 판례의 입장으로 옳은 것을 모두 고르면?

ㄱ. 제재적 처분기준의 형식이 부령으로 정립된 경우에는 행정조직 내부에 있어서의 행정명령에 지나지 않는 것과는 달리, 대통령령의 경우에는 대외적으로 국민이나 법원을 구속한다.

ㄴ. 구 「식품위생법 시행규칙」 제53조가 정한 [별표 15]의 행정처분기준은 구 「식품위생법」 제58조에 따른 영업허가의 취소 등에 대한 행정처분의 기준을 정한 것으로 대외적 구속력이 없다.

ㄷ. 구 「총포·도검·화약류 등 단속법 시행규칙」에서 정한 총포 등의 소지허가의 구체적인 요건은 구 「총포·도검·화약류 등 단속법 시행령」의 위임을 받아 제정된 행정규칙으로서 대외적 구속력이 없다.

ㄹ. 「공익사업을 위한 토지 등의 취득 및 보상에 대한 법률」 제68조 제3항은 협의취득의 보상액 산정에 대한 구체적 기준을 시행규칙에 위임하고 있고, 위임 범위 내에서 동법(同法) 시행규칙 제22조는 토지에 건축물 등이 있는 경우에는 건축물 등이 없는 상태를 상정하여 토지를 평가하도록 규정하고 있는데, 이는 대외적 구속력이 없다.

① ㄱ, ㄴ   ② ㄷ, ㄹ
③ ㄱ, ㄴ, ㄹ   ④ ㄴ, ㄷ, ㄹ

04 행정입법에 대한 설명으로 옳지 않은 것은?

① 조례가 대통령령이 정한 산정기준의 범위를 벗어난다면 대통령령이 정한 산정기준에 따른 상한의 범위 내에서 유효하다.

② 구 「여객자동차 운수사업법」 제11조 제4항의 위임에 따라 시외버스운송사업의 사업계획변경에 대한 절차, 인가기준 등을 구체적으로 규정한 구 「여객자동차 운수사업법 시행규칙」 제31조 제2항 제1호, 제2호, 제6호는 행정청 내부의 사무처리준칙을 규정한 행정규칙에 불과한 것이 아니라 대외적 구속력이 있는 법규명령에 해당한다.

③ 법원에 의한 명령·규칙의 위헌·위법심사는 그 위헌 또는 위법의 여부가 재판의 전제가 된 경우에 비로소 가능하다.

④ 집행명령은 상위법령의 집행을 위하여 필요한 사항을 법률 또는 상위명령의 위임에 의해 직권으로 발하는 명령이다.

05 행정입법에 대한 설명으로 옳지 않은 것은?

① 고시가 법령에 근거를 둔 것이라면 그 규정 내용이 법령의 위임 범위를 벗어난 것일 경우라고 하더라도 법규명령으로서의 대외적 구속력을 인정할 수 있다.

② "가공품의 원료로 가공품이 사용될 경우 원산지표시는 원료로 사용된 가공품의 원료 농산물의 원산지를 표시하여야 한다."는 농림부고시는 법규명령으로서의 대외적 구속력을 인정할 수 없다.

③ 구 「도로교통법 시행규칙」 제53조 제1항이 정한 [별표 16]의 운전면허행정처분기준은 부령의 형식으로 되어 있으나, 그 규정의 성질과 내용이 운전면허의 취소처분 등에 대한 사무처리기준과 처분절차 등 행정청 내부의 사무처리준칙을 규정한 것에 지나지 아니하므로 대외적 구속력이 없다.

④ 설정된 재량기준이 객관적으로 합리적이 아니라거나 타당하지 않다고 볼 만한 다른 특별한 사정이 없다면 행정청의 의사는 존중되어야 한다.

06 행정규칙에 대한 설명으로 옳지 않은 것은?

① 행정규칙도 행정작용의 하나이므로 하자가 있으면 하자의 정도에 따라 무효 또는 취소할 수 있는 행정규칙이 된다.

② 행정처분이 법규성 없는 시행규칙(부령)에 위배된다 하더라도 곧바로 위법하게 되는 것이 아니라 대외적 구속력을 갖는 관계법령을 기준으로 판단하여야 한다.

③ 구 「지방공무원 보수업무 등 처리지침」 [별표1] '직종별 경력환산율표 해설'이 정한 민간근무경력의 호봉 산정에 대한 부분은 상위법의 단계적 위임에 따라 행정자치부장관이 행정규칙의 형식으로 정한 안전행정부 예규로서 상위법과 결합하여 대외적인 구속력이 있는 법규명령으로서의 효력을 가진다.

④ 대법원은 교육부장관이 내신성적산정지침을 시·도 교육감에게 통보한 것은 행정조직 내부에서 내신성적평가에 대한 심사기준을 시달한 것에 불과하다고 보아 위 지침을 행정처분으로 볼 수 없다고 판단하였다.

07 행정규칙 형식의 법규명령에 대한 설명으로 옳지 않은 것은?

① 행정규칙인 고시가 법령의 수권에 의해 법령을 보충하는 사항을 정하는 경우에는 법령보충적 고시로서 근거법령규정과 결합하여 대외적으로 구속력 있는 법규명령의 효력을 갖는다.

② 대법원은 행정적 편의를 도모하기 위해 법령의 위임을 받아 제정된 절차적 규정을 법령보충적 행정규칙으로 본다.

③ 2014년도 건물 및 기타물건 시가표준액 조정기준은 「건축법」 및 지방세법령의 위임에 따른 것으로서 법규명령의 성격을 가진다.

④ 법령보충적 행정규칙이라도 그 자체로서 직접적으로 대외적 구속력을 갖는 것은 아니다.

08 다음 사례를 읽고 판례의 태도와 가장 부합하지 않는 것은?

> 甲은 「도로교통법 시행규칙」 제91조 [별표 28]에서 정한 운전면허행정처분기준에 따라 2016.8.28. 안전운전의무 위반으로 인하여 중상 1명의 인적피해를 입힌 교통사고를 일으켜 벌점 25점을, 같은 해 10.16. 차로에 따른 통행위반으로 벌점 10점을 각 받았음에도 또 다시 2017.5.31. 혈중알콜농도 0.056%의 주취상태에서 적재량 2.5t짜리 화물트럭을 운전하다가 적발되어 벌점 100점을 받아 1년간의 누산점수가 135점이 되어 운전면허취소기준을 초과함으로써 운전면허가 취소되었다.

① 「도로교통법 시행규칙」 제91조 [별표 28]에서 정한 행정처분 기준의 법적 성질은 행정규칙이다.

② 甲의 법규 위반 정도가 가볍지 않을뿐만 아니라 단 기간에 걸쳐 반복된 점 등에 비추어 볼 때 자동차운전면허취소처분은 재량권의 일탈·남용이 없다.

③ 벌점의 배점 자체는 국민의 권리·의무에 변동을 가져오는 행정처분에 해당하지 않는다.

④ 위 [별표 28]의 운전면허행정처분기준은 대외적 효력이 없어 국민을 구속하지 않지만 법원은 이에 기속된다.

09 행정규칙에 대한 설명으로 옳지 않은 것은?

① 대법원은 제재적 처분의 기준이 부령형식으로 규정되어 있더라도 그것은 행정청 내부의 사무처리준칙을 정한 것에 지나지 아니하여 대외적으로 국민이나 법원을 기속하는 효력이 없고, 당해 처분의 적법여부는 위 처분기준뿐만 아니라 관계 법령의 규정내용과 취지에 따라야 한다고 판단하였다.

② 상급행정기관이 하급행정기관에 대하여 업무처리지침이나 법령의 해석작용에 대한 기준을 정하여서 발하는 이른바 행정규칙은 일반적으로 행정조직 내부에서의 효력뿐만 아니라 대외적인 구속력도 갖는다.

③ 삼권분립의 원칙, 법치행정의 원칙을 당연한 전제로 하고 있는 우리 헌법하에서 행정권의 행정입법 등 법집행의무는 헌법적 의무라고 보아야 한다.

④ 보건복지부 고시인 구「약제급여·비급여목록 및 급여상한 금액표」는 그 자체로서 국민건강보험가입자, 국민건강보험공단, 요양기관 등의 법률관계를 직접 규율하는 성격을 가지므로 항고소송의 대상이 되는 행정처분에 해당한다.

10 X법률 및 같은 법 시행령은 65세 이상의 자에게 노령수당의 지급을 규정하고 있다. 같은 법 시행령은 노령수당의 지급수준을 노인복지 등을 참작하여 매년 예산의 범위 안에서 보건복지부장관이 정하도록 규정하고 있다. 이에 따라 보건복지부장관은 70세 이상의 국민기초 생활수급대상 노인에게만 노령수당을 지급하도록 노인복지지침을 정하였고, 이러한 지침에 따라 69세인 노인 甲은 관할행정청으로부터 노령수당지급대상에서 제외되는 처분을 받았다. 이 사례와 관련하여 제시될 수 있는 견해로서 타당한 것은?

①「행정규제기본법」제4조 제2항 단서는 "법령이 전문적·기술적 사항이나 경미한 사항으로서 업무의 성질상 위임이 불가피한 사항에 관하여 구체적으로 범위를 정하여 위임한 경우에는 고시 등으로 정할 수 있다."고 규정하고 있는데, 이는 행정규칙형식의 법규명령을 명문으로 인정한 것으로 평가할 수 없다.

② 위 노인복지지침은 X법률 및 같은 법 시행령의 규정 내용을 보충하는 기능을 지니면서 그것과 결합하여 대외적으로 구속력이 있는 법규명령의 성질을 가지므로, 위 노인복지지침에 따른 제외처분은 적법하다.

③ 판례에 따르면 법령의 위임에 근거한 국세청장훈령인 재산제세사무처리규정은 행정규칙에 불과하다.

④ 법령의 규정이 특정 행정기관에게 그 법령 내용의 구체적인 사항을 정할 수 있는 권한을 부여하면서 그 권한행사의 절차나 방법을 특정하지 아니한 경우에는 수임행정기관이 행정규칙의 형식으로 그 법령 내용을 구체적으로 정할 수 있다.

11 행정입법의 통제에 대한 설명으로 옳지 않은 것은?

① 헌법재판소는 법령자체에 의한 직접적인 기본권침해 여부가 문제가 되었을 경우 그 법령의 효력을 직접 다투는 것을 소송물로 하여 일반 법원에 구제를 구할 수 있는 절차는 존재하지 아니하므로 바로 헌법소원의 대상이 된다고 하였다.

②「국회법」에 의하면 중앙행정기관의 장은 법률에서 위임한 사항이나 법률을 집행하기 위하여 필요한 사항을 규정한 대통령령·총리령·부령·훈령·예규·고시 등이 제정·개정 또는 폐지되었을 때에는 10일 이내에 이를 국회 소관 상임위원회에 제출하여야 한다.

③ 헌법 제107조 제2항의 규정에 따르면 행정입법의 심사는 일반적인 재판절차에 의하여 구체적 규범통제의 방법에 의하도록 하고 있으므로, 원칙적으로 당사자는 구체적 사건의 심판을 위한 선결문제로서 행정입법의 위법성을 주장하여 법원에 대하여 당해 사건에 대한 적용 여부의 판단을 구할 수 있을 뿐 행정입법 자체의 합법성의 심사를 목적으로 하는 독립한 신청을 제기할 수는 없다.

④ 사법적 통제에 있어 우리나라는 추상적 규범통제 제도를 취하고 있기 때문에 행정청의 '처분 등'에 의하지 않는 일반적인 법규명령에 대해서도 규범통제를 할 수 있다.

12 행정입법의 통제에 대한 설명으로 옳지 않은 것은?

① 의회에 의한 통제로는, 법규명령의 성립·발효에 대한 동의 또는 승인권이나 일단 유효하게 성립한 법규명령의 효력을 소멸시키는 권한을 의회에 유보하는 방법에 의한 통제인 직접적 통제와 의회가 법규명령의 성립이나 효력발생에 직접적으로 관여하는 것이 아니라 국정감사권과 같은 방법을 이용한 간접적 통제가 있다.

② 법률이 군법무관의 보수의 구체적 내용을 시행령에 위임했음에도 불구하고 행정부가 정당한 이유 없이 시행령을 제정하지 않은 것은 불법행위에 해당한다.

③ 행정청이 행정처분 단계에서 당해 처분의 근거가 되는 법률이 위헌이라고 판단하여 그 적용을 거부하는 것은 허용된다.

④ 법규명령의 근거법령이 소멸된 경우에는 법규명령도 소멸함이 원칙이나, 근거법령이 개정됨에 그친 경우에는 집행명령은 여전히 그 효력을 유지할 수 있다.

13 행정입법에 대한 설명으로 옳은 것은?

① 상급행정청의 감독권의 대상에는 하급행정청의 행정
입법권 행사도 포함되지만 상급행정청은 하급행정청
의 법규명령을 스스로 폐지할 수는 없다.

② 행정입법에 대해서 헌법재판소는 헌법소원을 통하여
통제할 수 있으나 시행명령을 제정할 의무가 있음에
도 명령제정을 거부하거나 입법부작위가 있는 경우
에는 헌법소원의 대상이 되지 않는다.

③ 수범자에 대한 행위규범으로서의 법령이 명확하여야
한다는 것은 누구나 그 뜻을 명확히 알게 하여야 한
다는 것을 의미하므로 일정한 직업에 종사하는 사람
들에게만 적용되는 법령의 명확성 여부도 평균적 일
반인을 기준으로 판단하여야 한다.

④ 중앙행정기관의 장은 법률에서 위임한 사항이나 법
률을 집행하기 위하여 필요한 사항을 규정한 대통령
령·총리령·부령 등이 제정 또는 개정된 때에는 14
일 이내에 이를 국회에 송부하여 국회에 의한 통제
를 받게 된다.

14 행정입법에 대한 사법적 통제에 대한 설명으로 가장 옳
은 것은?

① 추상적 법령 제정의 여부 등은 그 자체로서 국민의
구체적인 권리의무에 직접적인 변동을 초래하는 것
이 아니어서 부작위위법확인소송이라는 행정소송의
대상이 될 수 없다.

② 법규명령은 행정입법의 일반·추상성으로 인해 항고
소송의 대상이 될 여지가 없다.

③ 행정입법부작위에 대한 국가배상은 인정되지 않으
며, 실무적으로 무명항고소송을 통해 해결하고 있다.

④ 헌법이나 법률에 반하는 시행령 규정이 대법원에 의
해 위헌 또는 위법하여 무효라고 선언하는 판결이
나오기 전이라도 하자의 중대성으로 인하여 그 시행
령에 근거한 행정처분의 하자는 무효사유에 해당하
는 것으로 취급된다.

15 행정행위에 대한 설명으로 옳지 않은 것은?

① 행정행위는 공법상의 행위이므로, 행정청이 특정인
에게 어업권과 같이 사권의 성질을 가지는 권리를
설정하는 행위는 행정행위가 아니다.

② 불특정 다수인을 대상으로 하는 일반처분도 행정행
위에 해당한다.

③ 행정행위는 국민에 대하여 법적 효과를 발생시키는
행위이므로, 행정청이 귀화신청인에게 귀화를 허가
하는 행위는 행정행위이다.

④ 행정행위는 구체적인 법집행행위이어야 하므로, 집
행행위의 전단계인 내부적 결정행위는 행정행위가
아니다.

16 행정소송에 있어 기속행위와 재량행위의 구별에 대한
설명으로 옳지 않은 것은?

① 재량행위의 경우 법원은 독자의 결론을 도출함이 없
이 당해 행위에 재량권의 일탈·남용이 있는지 여부
만을 심사하게 된다.

② 기속행위에 대한 사법심사는 그 법규에 대한 원칙적
인 기속성으로 인하여 법원이 사실인정과 관련 법규
의 해석·적용을 통하여 일정한 결론을 도출한 후 그
결론에 비추어 행정청이 한 판단의 적법 여부를 독
자의 입장에서 판정하는 방식에 의한다.

③ 기속행위의 경우에는 절차상의 하자만으로 독립된
취소사유가 될 수 없으나, 재량행위의 경우에는 절차
상의 하자만으로도 독립된 취소사유가 된다.

④ 과징금 감경 여부는 과징금 부과 관청의 재량에 속
하는 것이므로, 과징금 부과 관청이 이를 판단함에
있어서 재량권을 일탈·남용하여 과징금 부과처분이
위법하다고 인정될 경우, 법원으로서는 법원이 적정
하다고 인정되는 부분을 초과한 부분만 취소할 수는
없다.

17 기속행위와 재량행위에 대한 설명으로 옳지 않은 것은?

① 기속행위와 재량행위의 구분은 당해 행위의 근거가 된 법규의 체재·형식과 그 문언, 당해 행위가 속하는 행정 분야의 주된 목적과 특성, 당해 행위 자체의 개별적 성질과 유형 등을 모두 고려하여 판단하여야 한다.

② 주택재건축사업시행의 인가는 상대방에게 권리나 이익을 부여하는 효과를 가진 이른바 수익적 행정처분으로서 법령에 행정처분의 요건에 관하여 일의적으로 규정되어 있지 아니한 이상 행정청의 재량행위에 속한다.

③ 「여객자동차운수사업법」에 의한 개인택시운송사업면허는 특정인에게 권리나 이익을 부여하는 행정행위로서 법령에 특별한 규정이 없는 한 재량행위이다.

④ 「사회복지사업법」상 사회복지법인의 정관변경을 허가할 것인지 여부는 주무관청의 정책적 판단에 따른 재량에 맡겨져 있는 것이 아니다.

18 재량행위에 대한 판례의 입장으로 옳지 않은 것은?

① 재량권의 일탈·남용여부에 대한 심사는 사실오인, 비례·평등원칙 위배, 당해 행위의 목적 위반이나 동기의 부정 유무 등을 그 판단대상으로 한다.

② 토지형질변경허가는 금지요건이 불확정개념으로 규정되어 있어 그 금지요건의 판단에 행정청의 재량이 있기 때문에 토지형질변경행위를 수반하는 건축허가는 결국 재량행위에 속한다.

③ 일반음식점영업허가는 관계법령이 정하는 제한사유 이외에 공익적 요소를 감안하여 그 허가를 거부할 수 있는 재량행위로 볼 것이다.

④ 개발제한구역 내에서의 건축물의 건축 등에 대한 예외적 허가는 재량행위에 속하는 것이며, 그에 대한 행정청의 판단이 비례·평등의 원칙 위배, 목적위반 등에 해당하지 아니하는 이상 이를 재량권의 일탈·남용에 해당한다고 할 수 없다.

19 재량행위에 대한 설명으로 옳지 않은 것은?

① 징계처분시 징계권자에게 재량이 인정되나, 징계권자의 징계처분이 사회통념상 현저하게 타당성을 잃은 경우 징계처분은 위법하다.

② 제재처분에 대한 임의적 감경규정이 있는 경우 감경여부는 행정청의 재량에 속하므로 존재하는 감경사유를 고려하지 않았거나 일부 누락시켰다 하더라도 이를 위법하다고 할 수 없다.

③ 개인의 신체, 생명 등 중요한 법익에 급박하고 현저한 침해의 우려가 있는 경우 재량권이 영으로 수축된다.

④ 공정거래위원회는 시정조치를 받은 사실의 공표를 명할 수 있는바, 이는 재량행위로의 성질을 지닌다.

20 재량행위에 대한 설명으로 옳은 것은?

① 재량행위라도 부주의로 재량행위를 기속행위로 오인하여 재량권을 행사하지 아니하거나 재량을 해태한 경우에 그 행정행위는 재량권을 일탈 또는 남용한 위법한 처분이다.

② 재량권의 행사가 재량이 주어진 목적과 한계 내의 것이라 하더라도 법원은 당해 재량권 행사가 위법하다고 선언할 수 있다.

③ 재량은 무엇이 법인지를 판단하는 기속재량과 무엇이 합목적적인가를 판단하는 자유재량으로 나뉘고, 이들은 모두 법원이 통제할 수 없다.

④ 판단여지설을 취하는 경우 재량은 요건규정뿐만 아니라 효과의 선택에서도 인정된다.

06회 진도별 모의고사

~ 행정행위

제한시간: 15분 시작 시 분 ~ 종료 시 분 점수 확인 개/ 20개

지문의 내용에 대해 학설의 대립 등
다툼이 있는 경우 판례에 의함

01 재량행위에 대한 설명으로 옳은 것은?

① 재외동포에 대한 사증발급은 행정청의 재량행위에 속한다고 할 수 없다.

② 야생동·식물보호법령에 따른 용도변경승인의 경우 용도변경이 불가피한 경우에만 용도변경을 할 수 있도록 제한하는 규정을 두고 있으므로 환경부장관의 용도변경승인처분은 기속행위이다.

③ 재량행위가 위법하다는 이유로 소송이 제기된 경우 법원은 그 일탈·남용 여부를 심사하여 그에 해당하지 않으면 각하하여야 한다.

④ 장래에 발생할 불확실한 상황과 파급효과에 대한 예측이 필요한 요건에 관해서는 원칙적으로 행정청의 재량적 판단이 폭넓게 존중되어야 하며, 이러한 사항은 건설폐기물처리 사업계획서에 대한 적합 여부 결정에 관하여 재량권의 일탈·남용 여부를 심사할 때도 적용된다.

02 다음 중 판례가 기속재량행위에 속한다고 판단하지 않은 것은?

① 사설납골시설의 설치신고수리

② 산림형질변경허가

③ 「지방재정법」에 의한 변상금부과처분

④ 산림 내에서의 토석채취허가

03 판단여지에 대한 설명으로 옳지 않은 것은?

① 판례는 재량행위와 판단여지를 구분하지 않고 판단여지가 인정될 수 있는 경우에도 재량권이 인정되는 것으로 본다.

② 판단여지와 재량을 구분하는 견해에 의하면 재량은 법률효과의 선택의 문제를 대상으로 하고, 판단여지는 법률요건에 대한 인식의 문제를 대상으로 하므로 양자는 성질이 다른 것이라고 한다.

③ 공무원 임용을 위한 면접전형에서 임용신청자의 능력이나 적격성 등에 대한 판단은 면접위원의 자유재량에 속한다.

④ 판단여지가 인정되는 범위 내에서 내려진 행정청의 판단은 절차규정을 준수하지 않은 경우라도 법원의 통제대상이 되지 않는다.

04 제3자효 행정행위에 대한 설명으로 옳지 않은 것은?

① 제3자효 행정행위에 의하여 권리 또는 이익을 침해받은 제3자가 처분이 있음을 안 경우에는 안 날부터 90일 이내에 취소소송을 제기하여야 한다.

② 제3자효 행정행위를 취소하거나 무효를 확인하는 확정판결은 제3자에 대해서 효력을 미치지 않는다.

③ 행정처분의 직접상대방이 아닌 제3자는 「행정심판법」 제27조 제3항 소정의 심판청구의 제척기간 내에 처분이 있었음을 알았다는 특별한 사정이 없는 한 그 제척기간의 적용을 배제할 같은 조항 단서 소정의 정당한 사유가 있는 때에 해당한다.

④ 제3자에 의해 항고소송이 제기된 경우에 제3자효 행정행위의 상대방은 소송참가를 할 수 있다.

05 행정행위에 대한 설명으로 옳지 않은 것은?

① 사전결정은 단계화된 행정절차에서 최종적인 행정결정을 내리기 전에 이루어지는 행위이지만, 그 자체가 하나의 행정행위이기도 하다.

② 가행정행위는 잠정적 성질을 갖는 것 외에는 통상의 행정행위와 다를 바 없으므로 권리구제절차도 통상의 행정행위에 따른다.

③ 원자로 및 관계시설의 부지사전승인처분은 그 자체로서 독립한 행정처분은 아니므로 이의 위법성을 직접 항고소송으로 다툴 수는 없고 후에 발령되는 건설허가처분에 대한 항고소송에서 다투어야 한다.

④ 폐기물처리업의 허가에 앞서 행하는 사업계획서에 대한 적정·부적정 통보는 행정처분에 해당하고, 나중에 허가 단계에서는 나머지 허가요건만을 심사한다.

06 단계별 행정행위에 대한 설명으로 옳지 않은 것을 모두 고르면?

① 부지사전승인처분은 건설허가처분이 있게 되면 그 건설허가처분에 흡수되어 독립된 존재가치를 상실하게 되므로, 건설허가처분 이후에는 부지사전승인처분의 취소를 구하는 소는 소의 이익을 잃게 된다.

② 부지사전승인처분은 원자로 및 관계시설 건설허가의 사전적 부분허가의 성격을 가지고 있으므로, 원자로 및 관계시설의 건설허가기준에 대한 사항은 건설허가의 기준이 됨은 물론 부지사전승인의 기준이 된다.

③ 부분허가(부분승인)는 본허가 권한과 분리되는 독자적인 행정행위이기 때문에 부분허가를 위해서는 본허가 이외에 별도의 법적 근거를 필요로 한다.

④ 구 「주택건설촉진법」에 의한 주택건설사업계획 사전결정이 있는 경우 주택건설계획 승인처분은 사전결정에 기속되므로 다시 승인 여부를 결정할 수 없다.

07 행정행위로서의 하명에 대한 설명으로 옳지 않은 것은?

① 하명은 대부분 개별적·구체적 규율로서 행하여지나 일반처분으로도 행하여진다.

② 하명의 대상은 법률행위뿐만 아니라 사실행위일 수도 있다.

③ 하명의 효과는 원칙적으로 행정 상대방에게만 미치나 대물적 하명의 경우에는 승계인에게 그 효과의 승계가 가능하다.

④ 하명에 위반한 법률행위의 효과는 무효이다.

08 강학상 허가에 대한 설명으로 옳은 것은?

① 허가처분은 원칙적으로 허가신청 당시의 법령과 허가기준에 의하여 처리되어야 한다.

② 허가의 취소사유가 발생하면 취소가 가능하지만 일부취소는 불가능하다.

③ 종전의 허가가 기한의 도래로 실효되었다고 하여도 종전 허가의 유효기간이 지나서 기간연장을 신청하였다면 그 신청은 종전 허가의 유효기간을 연장하여 주는 행정처분을 구한 것으로 보아야 한다.

④ 유료직업소개사업의 허가갱신 후에도 갱신 전 법위반사실을 근거로 허가를 취소할 수 있다.

09 허가에 대한 설명으로 옳지 않은 것은?

① 건축허가는 원칙상 기속행위이지만 중대한 공익상 필요가 있는 경우 예외적으로 건축허가를 거부할 수 있다.

② 국가공무원이 「식품위생법」상 영업허가를 받으면 「국가공무원법」상의 영리업무금지까지 해제된다.

③ 일반적으로 행정처분에 효력기간이 정하여져 있는 경우에는 그 기간의 경과로 그 행정처분의 효력은 상실되고, 다만 허가에 붙은 기한이 그 허가된 사업의 성질상 부당하게 짧은 경우에는 이를 그 허가 자체의 존속기간이 아니라 그 허가조건의 존속기간으로 볼 수 있다.

④ 허가기간이 연장되기 위하여는 그 종기가 도래하기 전에 그 허가기간의 연장에 대한 신청이 있어야 하며, 만일 그러한 연장신청이 없는 상태에서 허가기간이 만료하였다면 그 허가의 효력은 상실된다.

10 허가에 관련된 판례의 입장으로 옳지 않은 것은?

① 토지의 형질변경행위를 수반하는 건축허가처럼 기속행위 인·허가가 재량행위인 허가를 포함하는 경우에는 재량행위가 된다.

② 건축허가를 받은 자가 법정 착수기간이 지나 공사에 착수한 경우, 허가권자는 착수기간이 지났음을 이유로 건축허가를 취소할 수 없다.

③ 건축허가시 건축허가서에 건축주로 기재된 자는 당연히 그 건물의 소유권을 취득하며, 건축 중인 건물의 소유자와 건축허가의 건축주는 일치하여야 한다.

④ 「식품위생법」상 대중음식점영업허가는 성질상 일반적 금지에 대한 해제에 불과하므로 허가권자는 허가신청이 법에서 정한 요건을 구비한 때에는 허가하여야 하고 관계법규에서 정하는 제한사유를 들어 허가신청을 거부할 수 있다.

11 예외적 승인(예외적 허가)에 대한 설명으로 옳지 않은 것은?

① 재단법인의 정관변경허가는 예외적 승인에 해당한다.

② 일반적·추상적 법률의 적용에 있어서 비정형적 사태에 대한 효과적 규율을 가능케 한다.

③ 예외적 승인은 억제적 금지를 전제로 한다.

④ 개발제한구역 내에서의 개발행위허가는 재량행위이다.

12 다음 중 (가)그룹과 (나)그룹에 대한 설명으로 옳지 않은 것은?

> (가) • 일반음식점 영업허가
> • 주거지역 내 건축허가
> (나) • 치료목적의 아편사용 허가
> • 개발제한구역 내 건축허가

	(가) 그룹	(나) 그룹
①	기속행위	재량행위
②	허가	예외적 승인
③	예방적 금지의 해제	억제적 금지의 해제
④	법률행위적 행정행위	준법률행위적 행정행위

13 허가에 대한 설명으로 가장 옳지 않은 것은?

① 건축주가 토지소유자로부터 토지사용승낙서를 받아 그 토지 위에 건축물을 건축하는 대물적 성질의 건축허가를 받았다가 착공에 앞서 건축주의 귀책사유로 토지를 사용할 권리를 상실한 경우, 토지에 대한 소유권 행사에 지장을 받을 수 있는 토지소유자로서는 그 건축허가의 철회를 신청할 수 있다.

② 석유판매업 허가는 소위 대인적 허가의 성질을 갖는 것이어서 양도인의 귀책사유는 양수인에게 그 효력이 미치지 않는다.

③ 주류제조업면허는 제조장 단위의 이전성이 인정되는 소위 대물적 허가로서 허가받은 자의 인격 변동이 당연히 허가취소사유에 해당하는 것은 아니다.

④ 주류판매업면허는 강학상 허가이므로 「주세법」에 열거된 면허제한사유에 해당하지 아니하는 한 면허관청으로서는 임의로 그 면허를 거부할 수 없다.

14 행정처분에 의한 제재를 받을 사유가 있는 영업자가 영업을 양도하거나 이미 행정처분에 의해 제재를 받은 자가 그 제재나 제재의 효과를 피하기 위하여 영업을 양도하는 경우에 대한 설명으로 옳은 것은?

① 대법원은 영업정지 등의 제재처분에 있어서는 양도인에게 발생한 책임이 양수인에게 승계되는 것을 인정하지만 과징금의 부과에 대해서는 이를 인정하지 않고 있다.

② 행정청은 개인택시 운송사업의 양도·양수에 대한 인가가 있은 후에는 그 양도·양수 이전에 있었던 양도인에 대한 운송사업면허 취소사유를 들어 양수인의 운송사업면허를 취소할 수 없다.

③ 대법원은 양도인 양수인 사이에 책임의 승계는 인정하지만 법적 책임을 부과하기 이전 단계에서의 제재사유의 승계는 현재까지 부정하고 있다.

④ 「식품위생법」 제78조나 「먹는물관리법」 제49조는 명문규정으로 책임의 승계를 인정하고 있는데, 양수인이 양수할 때에 양도인에 대한 제재처분이나 위반 사실을 알지 못하였음을 입증하였을 때에는 책임의 승계를 부인하고 있다.

15 다음 중 강학상 특허에 해당하는 것을 모두 고르면?

ㄱ. 재개발조합설립인가
ㄴ. 도지사의 의료유사업자 자격증 갱신발급행위
ㄷ. 공유수면매립면허
ㄹ. 「여객자동차운수사업법」에 따른 개인택시운송사업 면허
ㅁ. 「출입국관리법」상 체류자격 변경허가
ㅂ. 사립학교법인 임원에 대한 취임승인행위
ㅅ. 운전면허

① ㄱ, ㄴ, ㅁ   ② ㄴ, ㅂ, ㅅ
③ ㄷ, ㄹ, ㅁ   ④ ㄱ, ㄷ, ㄹ, ㅁ

16 허가 및 특허에 대한 설명으로 옳지 않은 것은?

① 한약조제시험을 통하여 약사에게 한약조제권을 인정함으로써 한의사들의 영업상 이익이 감소되었다고 하더라도 이러한 이익은 사실상의 이익에 불과하다.

② 특허는 허가와 달리 직접 법규에 의해서 내려지는 법규특허가 가능하다.

③ 허가와 특허의 상대방은 특정인 혹은 불특정 다수인이 된다.

④ 관할 행정청은 공유수면매립면허를 함에 있어서 부관을 붙일 수 있다.

17 「여객자동차 운수사업법」에 근거한 개인택시운송사업면허·일반택시운송사업면허에 대한 설명으로 옳지 않은 것은?

① 일반택시 운송사업의 양도·양수에 대한 신고를 수리하는 행위는 「행정절차법」의 적용대상이 된다.

② 일반택시 운송사업의 양도·양수계약이 무효이더라도 이에 대한 신고의 수리가 있게 되면 사업양도의 효과가 발생한다.

③ 개인택시 운송사업 면허에 필요한 기준을 정하는 것은 법령에 특별한 규정이 없는 한 행정청의 재량에 속하는 것이다.

④ 해당 지역에서 일정기간 거주하여야 한다는 요건 이외에 해당 지역 운수업체에서 일정기간 근무한 경력이 있는 경우에만 개인택시운송사업면허신청 자격을 부여한다는 개인택시운송사업면허업무규정은 합리적인 제한이다.

18 강학상 인가에 대한 설명으로 옳지 않은 것은?

① 인가의 대상이 되는 기본행위는 법률적 행위일 수도 있고, 사실행위일 수도 있다.

② 공유수면매립면허로 인한 권리의무의 양도·양수약정은 이에 대한 면허관청의 인가를 받지 않은 이상 법률상 효력이 발생하지 않는다.

③ 인가처분에 하자가 없는 경우, 기본행위의 하자를 이유로 행정청의 인가처분의 취소 또는 무효확인을 구할 법률상 이익이 인정되지 않는다.

④ 토지거래계약허가는 규제지역 내 토지거래의 자유를 일반적으로 금지하고 일정한 요건을 갖춘 경우에만 그 금지를 해제하여 계약체결의 자유를 회복시켜 주는 성질의 것이 아니다.

19 인가에 대한 설명으로 옳지 않은 것은?

① 인가는 보충적 행위이므로 신청을 전제로 한다.

② 인가의 대상인 법률행위에는 공법상 행위도 있고 사법상 행위도 있다.

③ 기본행위에 하자가 있는 경우에 그 기본행위의 하자를 다툴 수 있고, 기본행위의 하자를 이유로 인가처분의 취소 또는 무효확인도 소구할 수 있다.

④ 인가가 필요한 행위를 인가받지 않고 한 행위는 무효이나 처벌의 대상이 되지는 않는다.

20 다음 중 강학상 인가에 해당하는 것을 모두 고르면?

> ㄱ. 건축물 준공검사처분
> ㄴ. 토지거래허가
> ㄷ. 공유수면 점용·사용허가
> ㄹ. 조합설립추진위원회 구성승인처분

① ㄱ, ㄴ   ② ㄱ, ㄹ
③ ㄴ, ㄹ   ④ ㄷ, ㄹ

07회 진도별 모의고사

~ 행정행위

제한시간: 15분 **시작** 시 분 ~ **종료** 시 분 점수 확인 개/ 20개

지문의 내용에 대해 학설의 대립 등
다툼이 있는 경우 판례에 의함

---

01 특허와 인가에 대한 판례의 태도로 옳지 않은 것은?

① 도로점용의 허가는 특정인에게 일정한 내용의 공물
사용권을 설정하는 설권행위이다.

② 「도시 및 주거환경정비법」상 도시환경정비사업조합이
수립한 사업시행계획인가는 인가의 성격을 갖는다.

③ 재단법인 정관변경에 대한 인가처분 자체에만 하자
가 있다면 그 인가를 대상으로 다툴 수 있다.

④ 사업시행인가는 단순 인가에 해당하며, 이는 토지소
유자들이 조합을 따로 설립하지 않고 직접 시행하는
도시환경 정비사업에서의 사업시행인가의 경우에도
마찬가지이다.

02 인가에 대한 설명으로 옳지 않은 것을 모두 고르면?

① 인가의 대상이 되는 기본행위는 인가를 받아야 효력
이 발생하므로, 인가를 받지 않았다면 기본행위는 법
률상 효력이 발생하지 않는다.

② 무효인 기본행위를 인가한 경우 그 기본행위는 유효
한 행위로 전환된다.

③ 유효한 기본행위를 대상으로 인가가 행해진 후에 기
본행위가 취소되거나 실효된 경우에는 인가도 실효
된다.

④ 학교환경위생정화구역의 금지행위해제는 강학상 인
가에 해당한다.

03 다음 중 행정행위의 내용과 구체적 사례의 연결로 옳은
것은?

ㄱ. 제3자가 해야 할 일을 행정청이 대신 행하는 행위
ㄴ. 행정청이 타자의 법률행위를 동의로써 보충하여 그
행위의 효력을 완성시켜 주는 행위

A. 당사자 간의 협의가 이루어지지 않는 경우의 수용재결
B. 조합장명의변경에 대한 시장등의 인가처분
C. 「사립학교법」상 학교법인의 임원취임승인행위
D. 체납처분절차에서의 압류재산의 공매처분

① ㄱ - A, C   ② ㄴ - A, C
③ ㄱ - A, D   ④ ㄴ - B, D

04 재개발·재건축정비조합에 대한 설명으로 옳은 것은?

① 재개발조합설립인가신청에 대하여 행정청의 조합설
립인가처분이 있은 이후에 조합설립동의에 하자가
있음을 이유로 재개발조합설립의 효력을 부정하려면
민사소송으로 다투어야 한다.

② 조합설립추진위원회 구성승인처분과 조합설립인가
처분은 재개발조합의 설립이라는 동일한 법적 효과
를 목적으로 하는 것으로, 조합설립추진위원회 구성
승인처분에 하자가 있는 경우에는 특별한 사정이 없
는 한 조합설립인가처분은 위법한 것이 된다.

③ 「도시 및 주거환경정비법」에 기초하여 주택재건축정
비사업조합이 수립한 사업시행계획은 인가·고시를
통해 확정되어도 이해관계인에 대한 직접적인 구속
력이 없는 행정계획으로서 독립된 행정처분에 해당
하지 아니한다.

④ 도시환경정비사업을 직접 시행하려는 토지 등 소유
자들이 사업시행인가를 받기 전에 작성한 사업시행
계획은 항고소송의 대상이 되는 독립된 행정처분에
해당하지 아니한다.

05 행정행위에 대한 설명으로 옳지 않은 것을 모두 고르면?

① 구 「수도권대기환경개선에 대한 특별법」상 대기오염물질 총량관리사업장 설치의 허가는 특허로서 재량행위에 해당한다.

② 전기·가스 등의 공급사업이나 철도·버스 등의 운송사업에 대한 허가는 강학상의 특허로 보는 것이 일반적이다.

③ 특허기업의 사업양도허가는 특허에 해당한다.

④ 제소기간이 이미 도과하여 불가쟁력이 생긴 행정처분에 대하여는 관계법령의 해석상 그 변경을 요구할 신청권이 인정될 수 있는 경우라 하더라도 국민에게 그 행정처분의 변경을 구할 신청권이 없다.

06 인·허가의제에 대한 설명으로 가장 옳은 것은?

① 주된 인·허가인 건축불허가처분을 하면서 그 처분사유로 의제되는 인·허가에 해당하는 형질변경불허가 사유를 들고 있다면, 그 건축불허가처분을 받은 자는 형질변경불허가처분에 관해서도 쟁송을 제기하여 다툴 수 있다.

② 인·허가의제는 의제되는 행위에 대하여 본래적으로 권한을 갖는 행정기관의 권한행사를 보충하는 것이므로 법령의 근거가 없는 경우에도 인정된다.

③ 신청된 주된 인·허가절차만 거치면 되고, 의제되는 인·허가를 위하여 거쳐야 하는 주민의견청취 등의 절차를 거칠 필요는 없다.

④ 주된 인·허가에 대한 사항을 규정하고 있는 A법률에서 주된 인·허가가 있으면 B법률에 의한 인·허가를 받은 것으로 의제한다는 규정을 둔 경우, B법률에 의하여 인·허가를 받았음을 전제로 하는 B법률의 모든 규정이 적용된다.

07 인·허가의제에 대한 설명으로 옳지 않은 것은?

① 「국토의 계획 및 이용에 대한 법률」상의 개발행위허가로 의제되는 건축신고가 동법(同法)상의 개발행위허가기준을 갖추지 못한 경우 행정청으로서는 이를 이유로 그 수리를 거부할 수 있다.

② 소방서장의 건축부동의 사유가 일시적인 사정에 기한 것이고 보완이 가능한 것임에도 시장이 보완을 요구하지 않고 바로 건축불허가처분을 하였어도 이는 적법하다.

③ 가설건축물 신고와 관련하여서는 「국토의 계획 및 이용에 대한 법률」에 따른 개발행위허가 등 인·허가 의제 내지 협의에 대한 규정을 전혀 두고 있지 아니하므로, 행정청은 특별한 사정이 없는 한 개발행위허가 기준에 부합하지 않는다는 점을 이유로 가설건축물 축조신고의 수리를 거부할 수는 없다.

④ 인·허가의제 제도에서의 협의는 자문을 구하라는 것일 뿐 그 의견에 구속되는 것은 아니다.

08 인·허가의제에 대한 설명으로 옳지 않은 것은?

① 허가에 타법상의 인·허가가 의제되는 경우 의제된 인·허가는 통상적인 인·허가와 동일한 효력을 가질 수 없으므로 '부분 인·허가 의제'가 허용되는 경우라도 그에 대한 쟁송취소는 허용될 수 없다.

② 관계행정청의 협의를 생략한 처분은 절차상 하자가 있어 위법하다.

③ 협의를 거치지 않은 승인처분은 취소사유에 해당하는 하자가 있다.

④ 소방서장의 건축부동의로 인한 건축불허가처분이 있는 경우 건축불허가처분을 대상으로 쟁송을 제기해야 한다.

09 「건축법」에는 건축허가를 받으면 「국토의 계획 및 이용에 대한 법률」에 의한 토지의 형질변경허가도 받은 것으로 보는 조항이 있다. 이 조항의 적용을 받는 甲이 토지의 형질을 변경하여 건축물을 건축하고자 건축허가신청을 하였다. 이에 대한 설명으로 옳은 것은?

① 甲은 건축허가절차 외에 형질변경허가절차를 별도로 거쳐야 한다.

② 건축불허가처분을 하면서 건축불허가 사유 외에 형질변경 불허가 사유를 들고 있는 경우, 甲은 건축불허가처분 취소청구소송에서 형질변경불허가 사유에 대하여도 다툴 수 있다.

③ 건축불허가처분을 하면서 건축불허가 사유 외에 형질변경 불허가 사유를 들고 있는 경우, 그 건축불허가처분 외에 별개로 형질변경불허가처분이 존재한다.

④ 甲이 건축불허가처분에 대한 쟁송과는 별개로 형질변경불허가처분 취소소송을 제기하지 아니한 경우 형질변경불허가 사유에 관하여 불가쟁력이 발생한다.

10 행정행위에 대한 설명으로 옳은 것을 모두 고르면?

① 확인행위는 특정한 사실 또는 법률관계의 존부(存否) 또는 정부(正否)에 대하여 다툼이 있는 경우에 행정청이 공권적으로 판단하는 행위로 각종 증명서 발급이 이에 속한다.

② 공증행위는 특정한 사실 또는 법률관계의 존재를 공적으로 증명하는 행위로서 발명특허가 이에 해당한다.

③ 감독청에 의한 공법인의 임원 임명은 공법상 대리에 해당한다.

④ 수리행위의 대상인 기본행위가 존재하지 않거나 무효인 때에는 그 수리행위는 당연무효가 된다.

11 다음 중 준법률행위적 행정행위의 강학상 구분으로 옳은 것은?

> ㄱ. 납세의무의 확정
> ㄴ. 교과서 검정
> ㄷ. 부동산등기부의 등기
> ㄹ. 여권의 발급

① ㄱ – 확인   ② ㄴ – 공증
③ ㄷ – 통지   ④ ㄹ – 수리

12 다음 중 준법률행위적 행정행위에 대한 설명으로 옳은 것은?

> (가) • 일반음식점 영업허가
>   • 주거지역 내 건축허가
> (나) • 치료목적의 아편사용 허가
>   • 개발제한구역 내 건축허가

① 「친일반민족행위자 재산의 국가귀속에 대한 특별법」에 따른 친일재산은 친일반민족행위자 재산조사위원회가 국가귀속결정을 하여야 비로소 국가의 소유로 된다.

② 서울특별시장의 의료유사업자 자격증 갱신발급은 의료유사업자의 자격을 부여 내지 확인하는 행위의 성질을 가진다.

③ 건축물대장의 용도는 건축물의 소유권을 제대로 행사하기 위한 전제요건으로서 건축물 소유자의 실체적 권리관계에 밀접하게 관련되어 있으므로, 소관청이 건축물대장상의 용도변경신청을 거부한 행위는 국민의 권리관계에 영향을 미치는 것으로서 항고소송의 대상이 되는 행정처분에 해당한다.

④ 신고의 수리는 타인의 행위를 유효한 행위로 받아들이는 행정행위를 말하며, 이는 강학상 법률행위적 행정행위에 해당한다.

13 준법률행위적 행정행위에 대한 설명으로 옳지 않은 것은?

① 정년에 달한 공무원에 대한 정년퇴직 발령은 정년퇴직 사실을 알리는 이른바 관념의 통지에 불과하여 행정소송의 대상이 될 수 없다.
② 법무법인의 공정증서 작성행위는 항고소송의 대상이 되는 행정처분이라고 볼 수 없다.
③ 고속도로 건설공사에 편입되는 토지소유자들을 대위하여 토지면적등록 정정신청을 하였으나 행정청이 이를 반려하였다면 이는 항고소송 대상이 되는 행정처분에 해당한다.
④ 기간제로 임용된 국공립대학의 조교수에 대해 임용기간의 만료를 이유로 재임용을 거부한 임용기간만료의 통지는 행정소송의 대상이 되는 처분에 해당하지 않는다.

14 다음 행정청의 행위 중 판례에 의해 처분성이 인정되는 것을 모두 고른 것은?

ㄱ. 토지분할신청 거부행위
ㄴ. 무허가건물관리대장 등재·변경·삭제행위
ㄷ. 자동차운전면허대장 등재행위
ㄹ. 지목변경신청 반려행위
ㅁ. 건축물대장 직권말소행위

① ㄱ, ㄷ, ㄹ
② ㄱ, ㄹ, ㅁ
③ ㄴ, ㄹ, ㅁ
④ ㄷ, ㄹ, ㅁ

15 행정행위의 부관에 대한 설명으로 옳지 않은 것은?

① 부관은 행정을 수행함에 있어서 유연성 및 탄력성을 보장하는 기능을 가진다.
② 부관은 당해 행정행위의 일체적인 내용을 이루는 것이므로 외부에 표시되어야 한다.
③ 행정처분과 실제적 관련성이 없어서 부관으로는 붙일 수 없는 부담을 사법상 계약의 형식으로 행정처분의 상대방에게 부과하였더라도 이는 법치행정의 원리에 반하는 것은 아니다.
④ 행정행위의 부관은 법령이 직접 행정행위의 조건이나 기한 등을 정한 경우와 구별되어야 한다.

16 행정행위의 부관에 대한 판례의 태도로 옳지 않은 것은?

① 부담은 행정청이 일방적으로 부가할 수는 있으나, 상대방과의 협약의 형식으로는 부가할 수 없다.
② 법률에 사후부관의 유보가 있는 경우 사후감차명령 부관의 부가가 가능하다.
③ 행정청이 종교단체에 대하여 기본재산전환인가를 함에 있어 인가조건을 부가하고 그 불이행시 인가를 취소할 수 있도록 한 경우, 그 인가조건의 의미는 철회권유보이다.
④ 행정처분에 붙은 부담이 제소기간의 도과로 불가쟁력이 발생한 경우라도 그 부담의 이행으로 행한 법률행위의 유효 여부를 별도로 다툴 수 있다.

17 다음 중 행정행위의 부관에 대한 설명으로 옳지 않은 것을 모두 고르면?

> ㄱ. 기속행위 행정처분에 부담인 부관을 붙인 경우 그 부관은 무효이므로 그 처분을 받은 사람이 그 부담의 이행으로서 하게 된 증여의 의사표시 자체도 당연히 무효가 된다.
> ㄴ. 토지소유자가 토지형질변경행위허가에 붙은 기부채납의 부관에 따라 토지를 기부채납(증여)한 경우, 기부채납의 부관이 당연무효이거나 취소되지 않은 상태에서 그 부관으로 인하여 증여계약의 중요 부분에 착오가 있음을 이유로 증여계약을 취소할 수 없다.
> ㄷ. 부담부 행정행위는 부담을 이행하여야 주된 행정행위의 효력이 발생한다.
> ㄹ. 부담과 조건의 구분이 명확하지 않을 경우, 조건이 당사자에게 부담보다 유리하기 때문에 원칙적으로 조건으로 추정해야 한다.
> ㅁ. 부담의 위법성 판단은 처분 당시 법령을 기준으로 하며, 이후 근거 법령이 개정되어도 부담의 효력이 소멸하지 않는다.

① ㄱ, ㄷ, ㄹ
② ㄴ, ㄷ, ㄹ
③ ㄴ, ㄹ, ㅁ
④ ㄷ, ㄹ, ㅁ

18 다음 중 행정행위의 부관의 가능성과 한계에 대한 설명으로 옳은 것을 모두 고르면?

> ㄱ. 행정행위에 부가된 허가기간은 그 자체로서 항고소송의 대상이 될 수 없을뿐만 아니라 그 기간의 연장 신청의 거부에 대하여도 항고소송을 청구할 수 없다.
> ㄴ. 기속행위에는 부관을 붙일 수 없는 것이 원칙이며, 기속재량 행위에도 부관을 부가할 수 없는 것이 원칙이다.
> ㄷ. 철회권이 유보된 경우 상대방은 이후의 철회가능성을 예견하고 있으므로 원칙적으로 신뢰보호원칙에 근거하여 철회의 제한을 주장할 수 없다.
> ㄹ. 도로점용허가의 점용기간은 행정행위의 본질적인 요소에 해당한다고 볼 것이어서 부관인 점용기간에 위법사유가 있다면 이로써 도로점용허가처분 전부가 위법하게 된다.

① ㄱ, ㄴ
② ㄴ, ㄹ
③ ㄱ, ㄷ, ㄹ
④ ㄴ, ㄷ, ㄹ

19 다음 중 행정행위에 부담이 부가되었으나 사후에 그 부담을 변경할 수 있는 경우로 옳은 것을 모두 고르면?

> ㄱ. 법률에 명문의 규정이 있는 경우
> ㄴ. 부관의 변경이 미리 유보되어 있는 경우
> ㄷ. 행정청의 동의가 있는 경우
> ㄹ. 사정변경으로 인하여 당초에 부담을 부가할 목적을 달성할 수 없게 된 경우

① ㄱ, ㄴ, ㄷ
② ㄱ, ㄴ, ㄹ
③ ㄱ, ㄷ, ㄹ
④ ㄴ, ㄷ, ㄹ

20 행정행위의 부관에 대한 판례의 내용으로 옳지 않은 것은?

① 법률행위적 행정행위에는 원칙적으로 부관을 붙일 수 있으므로 귀화허가와 같은 신분설정행위에도 부관을 붙일 수 있다.
② 도매시장법인으로 지정하면서 지정기간 중 지정취소 또는 폐쇄지시에도 일체의 소송을 청구할 수 없다는 부관을 붙이는 것은 허용되지 아니한다.
③ 행정청이 수익적 행정처분을 하면서 사전에 상대방과 체결한 협약상의 의무를 부담으로 부가하였는데 부담의 전제가 된 주된 행정처분의 근거 법령이 개정되어 부관을 붙일 수 없게 된 경우라도, 위 협약의 효력이 소멸하는 것은 아니다.
④ 허가에 붙은 기한이 그 허가된 사업의 성질상 부당하게 짧아 이 기한을 그 허가 조건의 존속기간으로 해석할 수 있더라도, 그 후 당초의 기한이 상당 기간 연장되어 연장된 기간을 포함한 존속기간 전체를 기준으로 보면 더 이상 허가된 사업의 성질상 부당하게 짧은 경우에 해당하지 않게 된 때에는, 관계법령상 허가여부의 재량권을 가진 행정청은 허가조건의 개정만을 고려하여야 하는 것은 아니고, 재량권의 행사로서 더 이상의 기간 연장을 불허가하여 허가 의 효력을 상실시킬 수 있다.

08회 진도별 모의고사

~ 행정행위

제한시간: 15분 **시작** 시   분 ~ 종료   시   분   점수 확인 ███ 개/ 20개

지문의 내용에 대해 학설의 대립 등
다툼이 있는 경우 판례에 의함

01 부관에 대한 행정쟁송에 대한 설명으로 옳지 않은 것은?

① 행정행위의 부관 중에서도 행정행위에 부수하여 그 행정행위의 상대방에게 일정한 의무를 부과하는 행정청의 의사표시인 부담은 독립하여 행정쟁송의 대상이 될 수 있다.

② 위법한 부관에 대하여 신청인이 부관부행정행위의 변경을 청구하고, 행정청이 이를 거부한 경우 동 거부처분의 취소를 구하는 소송을 제기할 수 있다.

③ 부담 이외의 부관에 대하여는 진정일부취소소송을 제기하여 다툴 수 없으나, 부진정일부취소소송의 형식으로는 다툴 수 있다.

④ 행정청이 공유수면매립준공인가처분을 하면서 일부 공유수면매립지에 대해 국가로의 귀속처분을 한 경우, 공유수면매립준공인가처분 중 매립지 일부에 대한 귀속처분만의 취소를 구하는 소송을 청구할 수 없다.

02 부관에 대한 설명으로 옳지 않은 것은?

① 철회권 유보의 경우 유보된 사유가 발생하였더라도 철회권을 행사함에 있어서는 이익형량에 따른 제한을 받게 된다.

② 전기공사 도중 도로를 훼손한 전기회사에 도로보수 공사비를 부담시키는 것은 행정행위의 부관이 아니다.

③ 기부채납은 기부자가 그의 소유재산을 지방자치단체의 공유재산으로 증여하는 의사표시를 하고 지방자치단체는 이를 승낙하는 채납의 의사표시를 함으로써 성립하는 증여계약이다.

④ 행정청이 관리처분계획에 대한 인가 여부를 결정할 때에는 그 관리처분계획에 구 「도시 및 주거환경정비법」 및 구 「도시 및 주거환경정비법 시행령」에 규정된 사항이 포함되어 있는지, 그 계획의 내용이 구 「도시 및 주거환경정비법」의 기준에 부합하는지 여부 등을 심사·확인하여 그 인가 여부를 결정할 수 있고, 기부채납과 같은 다른 조건도 붙일 수 있다.

03 행정행위의 성립요건과 효력요건에 대한 설명으로 옳지 않은 것은?

① 공고에 의한 송달은 효력발생시기를 달리 정하여 공고한 경우나 다른 법령 등에 특별한 규정이 있는 경우를 제외하고는 공고일부터 14일이 지난 때에 그 효력이 발생한다.

② 정보통신망을 이용한 송달을 할 경우 행정청은 송달받을 자의 동의를 얻어 송달받을 전자우편주소 등을 지정하여야 한다.

③ 납세고지서의 교부송달 및 우편송달에 있어서 반드시 납세의무자 또는 그와 일정한 관계에 있는 사람의 현실적인 수령행위를 전제로 하고 있다고 보아야 하며, 납세자가 과세처분의 내용을 이미 알고 있는 경우에도 납세고지서의 송달이 불필요하다고 할 수 없다.

④ 처분서가 처분상대방의 주소지에 송달되어 처분상대방이 알 수 있는 상태에 놓인 때에는 처분이 있음을 알았다고 추정할 수 있다.

04 행정행위의 성립과 효력발생에 대한 설명으로 옳지 않은 것은?

① 상대방 있는 행정처분이 상대방에게 고지되지 아니한 경우에도 상대방이 다른 경로를 통해 행정처분의 내용을 알게 되었다면 행정처분의 효력이 발생한다고 볼 수 있다.

② 일반적으로 행정처분이 주체·내용·절차와 형식이라는 내부적 성립요건과 외부에 대한 표시라는 외부적 성립요건을 모두 갖춘 경우에는 행정처분이 존재한다.

③ 행정처분의 외부적 성립은 행정의사가 외부에 표시되어 행정청이 자유롭게 취소·철회할 수 없는 구속을 받게 되는 시점을 확정하는 의미를 가진다.

④ 법무부장관이 입국금지에 대한 정보를 내부 전산망인 출입국관리정보시스템에 입력한 것만으로는 법무부상관의 의사가 공식적인 방법으로 외부에 표시된 것이 아니어서 위 입국 금지결정은 항고소송의 대상인 처분에 해당되지 않는다.

05 행정행위의 공정력에 대한 설명으로 옳지 않은 것은?

① 처분의 효력 유무가 민사소송의 선결문제로 되어 당해 소송의 수소법원이 이를 심리·판단하는 경우 수소법원은 필요하다고 인정할 때에는 직권으로 증거조사를 할 수 있고, 당사자가 주장하지 아니한 사실에 대하여도 판단할 수 있다.

② 세관장의 수입면허에 중대하고 명백한 하자가 있는 경우가 아닌 한, 무면허수입죄는 성립되지 않는다.

③ 「특정범죄 가중처벌 등에 대한 법률」 위반으로 운전면허취소처분을 받은 자가 자동차를 운전하였다고 하더라도 그 후 피의사실에 대하여 무혐의 처분을 받고 이를 근거로 행정청이 운전면허 취소처분을 철회하였다면, 위 운전행위는 무면허운전에 해당하지 않는다.

④ 법무부장관이 A에게 귀화허가를 준 경우 그 귀화허가가 무효가 아니라면, 귀화허가가 모든 국가기관을 구속하여 각 부 장관이 A를 국민으로 보아야 하는 효력은 행정의사의 존속력에서 나온다.

06 행정행위의 효력과 선결문제의 관계에 대한 설명으로 옳은 것은?

① 처분 등의 효력 유무 및 위법 여부 또는 존재 여부가 민사소송의 선결문제로 되어 당해 민사소송의 수소법원이 이를 심리·판단하는 경우에 대하여 「행정소송법」은 명시적인 규정을 두고 있다.

② 위법한 행정대집행이 완료되면 그 처분의 무효확인 또는 취소를 구할 소의 이익은 없다 하더라도, 미리 그 행정처분의 취소판결이 있어야만 그 처분의 위법임을 이유로 한 손해배상청구를 할 수 있다.

③ 조세의 과오납으로 인한 부당이득반환청구소송에서 행정행위가 당연무효가 아닌 경우 민사법원은 그 처분의 효력을 부인할 수 없다.

④ 구 「주택법」에 따른 시정명령이 위법하더라도 당연무효가 아닌 이상 그 시정명령을 따르지 아니한 경우에는 동법상의 시정명령위반죄가 성립한다.

07 다음 사안에 대한 설명으로 옳지 않은 것은?

甲이 국세를 체납하자 관할 세무서장은 甲 소유가옥에 대한 공매절차를 진행하여 낙찰자 乙에게 소유권이전등기가 경료되었다. 그런데 甲은 그로부터 1년이 지난 후에야 위 공매처분에 하자 있음을 발견하였다.

(가) 甲이 공매처분의 하자를 이유로 乙을 상대로 하여 소유권이전등기의 말소등기절차의 이행을 구하는 민사소송을 제기하였다.
(나) 甲이 가옥의 소유권을 상실하는 손해를 입었음을 이유로 바로 국가를 상대로 민사법원에 손해배상청구소송을 제기하였다.

① (가)의 경우 공매처분의 하자가 취소사유라면 민사법원 공매처분의 효력을 부인할 수 없으므로 甲의 등기말소청구는 기각될 것이다.

② (가)의 경우 공매처분의 하자가 무효사유라면 민사법원은 공매처분의 효력유무에 대해서 판단이 가능하며, 甲의 등기말소청구는 인용될 수 있다.

③ (나)의 경우 공매처분에 대한 취소소송의 제기기간인 1년이 지난 후에 제기한 손해배상청구소송이므로 민사법원은 甲의 청구를 각하해야 할 것이다.

④ (나)의 경우 甲의 소송제기는 관할 위반의 위법이 없고, 민사법원은 공매처분의 하자에 대해 그 위법성을 심사하여 甲의 손해배상청구를 인용할 수 있다.

08 다음 중 행정행위의 효력에 대한 설명으로 옳지 않은 것을 모두 고르면?

ㄱ. 행정행위의 불가변력은 당해 행정행위에 대하여서만 인정되는 것이고, 동종의 행정행위라 하더라도 그 대상을 달리할 때에는 이를 인정할 수 없다.

ㄴ. 일반적으로 행정처분이나 행정심판 재결이 불복기간의 경과로 확정될 경우 그 확정력은, 처분으로 법률상 이익을 침해받은 자가 당해 처분이나 재결의 효력을 더 이상 다툴 수 없다는 의미일 뿐, 판결과 같은 기판력이 인정되는 것은 아니다.

ㄷ. 건축허가도 불가변력이 발생하는 행정행위이다.

ㄹ. 과세처분에 대한 이의신청절차에서 과세관청이 이의 신청 사유가 옳다고 인정하여 과세처분을 직권으로 취소한 이상 그 후 특별한 사유 없이 이를 번복하고 종전 처분을 되풀이하는 것은 허용되지 않는다.

① ㄷ
② ㄱ, ㄷ
③ ㄱ, ㄹ
④ ㄴ, ㄹ

09 행정행위의 효력에 대한 설명으로 옳은 것은?

① 공정력은 행정청의 권력적 행위뿐 아니라 비권력적 행위, 사실행위, 사법행위에도 인정된다.

② 제소기간이 이미 도과하여 불가쟁력이 생긴 행정처분에 대하여는 특별한 사정이 없는 한 국민에게 그 행정처분의 변경을 구할 신청권이 있다고 할 수는 없다.

③ 행정행위에 불가변력이 발생한 경우 행정청은 당해 행정행위를 직권으로 취소할 수 없으나 철회는 가능하다.

④ 불가쟁력이 생긴 행정처분에 대하여도 헌법재판소의 위헌결정의 소급효가 미친다.

10 행정행위의 하자에 대한 설명으로 옳지 않은 것은?

① 구 「국세기본법」 제26조의2 제1항은 국세부과의 제척기간을 정하고 있는데, 이와 같은 국세부과의 제척기간이 지난 다음에 이루어진 부과처분은 무효이다.

② 적법한 권한 위임 없이 세관출장소장에 의하여 행하여진 관세부과처분은 당연무효에 해당한다.

③ 통설에 의하면 취소할 수 있는 행정행위에 대해서는 사정판결이 인정되나 무효인 행정행위에 대해서는 인정되지 아니한다.

④ 단순한 계산의 착오만으로는 법규에 특별한 규정이 없는 한 행위의 효력에 영향이 없다.

11 다음 중 무효인 행정행위와 취소할 수 있는 행정행위를 구별하는 실익으로 가장 옳지 않은 것을 모두 고르면?

> ㄱ. 불가쟁력의 발생
> ㄴ. 위법성의 판단기준
> ㄷ. 하자의 승계
> ㄹ. 사정판결 및 사정재결
> ㅁ. 간접강제
> ㅂ. 국가배상청구

① ㄱ, ㄴ   ② ㄴ, ㅂ
③ ㄷ, ㄹ   ④ ㄷ, ㅂ

12 행정행위의 하자에 대한 판례의 태도로 옳지 않은 것은?

① 청문절차를 결여한 행정처분은 그 하자가 중대하고 명백하므로 무효사유에 해당한다.

② 환경영향평가의 내용이 다소 부실하더라도 그 부실로 인하여 당연히 처분이 위법하게 되는 것은 아니다.

③ 과세예고 통지 후 과세전적부심사 청구나 그에 대한 결정이 있기도 전에 행한 과세처분은 무효인 행정행위이다.

④ 공무원 임용당시 공무원임용결격사유가 있었다면 그 임용행위는 당연무효로 보아야 한다.

13 행정행위의 하자의 치유에 대한 설명으로 옳지 않은 것은?

① 행정청이 청문서 도달기간을 다소 어겼다 하더라도 당사자가 이에 대하여 이의하지 아니한 채 스스로 청문일에 출석하여 방어의 기회를 충분히 가졌다면 청문서 도달기간을 준수하지 아니한 하자는 치유된다.

② 징계처분이 중대하고 명백한 하자로 인해 당연 무효의 것이라도 징계처분을 받은 원고가 이를 용인하였다면 그 하자는 치유된다.

③ 행정행위의 위법이 치유된 경우에는 그 위법을 이유로 당해 행정행위를 직권취소할 수 없다.

④ 처분 당시 이유제시를 결한 중대한 절차상의 하자는 치유가 불가능하다.

14 행정행위의 하자의 치유에 대한 판례의 태도로 옳지 않은 것은?

① 행정행위의 하자의 치유는 원칙적으로 허용될 수 없고, 예외적으로 행정행위의 무용한 반복을 피하고 당사자의 법적 안정성을 위해 허용하는 때에도 국민의 권리나 이익을 침해하지 않는 범위에서 인정될 수 있다.

② 하자의 치유는 늦어도 행정처분에 대한 불복 여부의 결정 및 불복신청을 할 수 있는 상당한 기간 내에 해야 하므로, 소가 제기된 이후에는 하자의 치유가 인정될 수 없다.

③ 토지소유자 등의 동의율을 충족하지 못했다는 주택재건축 정비사업조합설립인가처분 당시의 하자는 후에 토지소유자 등의 추가 동의서가 제출되었다면 치유된다.

④ 경원관계에 있는 자가 제기한 허가처분의 취소소송에서 허가처분을 받은 자가 사후 동의를 받은 경우에 하자의 치유를 인정하는 것은 원고에게 불이익하게 되므로 이를 허용할 수 없다.

15 하자 있는 행정행위의 전환에 대한 설명으로 옳지 않은 것은?

① 하자 있는 행정행위의 전환은 무효인 행정행위에 대해서만 인정된다.

② 전환 전의 행위와 전환 후의 행위는 본질적인 면에서 목적과 효과가 동일하여야 한다.

③ 귀속재산을 불하받은 자가 사망한 후에 불하처분 취소처분을 수불하자의 상속인에게 송달한 때에는 그 상속인에 대하여 다시 그 불하처분을 취소한다는 새로운 행정처분을 한 것으로 본다.

④ 소송 계속 중 행정행위의 전환이 이루어진다 하더라도 처분변경으로 인한 소의 변경은 불가능하다.

16 하자의 승계에 대한 설명으로 옳지 않은 것은?

① 「국토의 계획 및 이용에 대한 법률」상 도시·군계획시설결정과 실시계획인가는 별개의 법률효과를 목적으로 하는 것이므로 선행처분인 도시·군계획시설결정의 하자는 실시계획인가에 승계되지 않는다.

② 선행행위에 무효의 하자가 존재하더라도 선행행위와 후행행위가 결합하여 하나의 법적 효과를 목적으로 하는 경우에는 하자의 승계에 대한 논의의 실익이 있다.

③ 선행처분인 업무정지처분과 후행처분인 중개사무소의 개설등록취소처분은 그 내용과 효과를 달리하는 독립된 행정처분이므로 선행처분의 하자가 후행처분에 승계되지 아니한다.

④ 선행행위와 후행행위가 서로 독립하여 별개의 법률효과를 목적으로 하는 경우라도 선행행위의 불가쟁력이나 구속력이 그로 인하여 불이익을 입는 자에게 수인한도를 넘는 가혹함을 가져오고 그 결과가 예측가능한 것이 아닌 때에는 하자의 승계를 인정할 수 있다.

17 다음 중 판례가 행정행위의 하자의 승계를 인정한 것을 모두 고르면?

> ㄱ. 행정대집행에서의 계고와 대집행영장의 통지
> ㄴ. 개별공시지가결정과 과세처분
> ㄷ. 공무원의 직위해제처분과 면직처분
> ㄹ. 사업인정과 수용재결
> ㅁ. 표준지공시지가결정과 수용보상금결정
> ㅂ. 보충역편입처분과 공익근무요원소집처분

① ㄱ, ㄴ, ㅁ
② ㄱ, ㄷ, ㅁ
③ ㄴ, ㅁ, ㅂ
④ ㄷ, ㄹ, ㅂ

18 관할 세무서장 A는 주택건설업을 하고 있는 甲회사에게 관련 법률에 근거하여 법인세를 부과하였으나, 甲회사가 이를 체납하자 甲회사 명의의 예금채권을 압류처분하였다. 그런데 위 과세처분 후 압류처분이 있기 이전에 헌법재판소가 과세처분의 근거조항을 위헌으로 결정하였다. 이에 대한 설명으로 옳은 것을 모두 고르면?

> ㄱ. 헌법재판소의 위헌결정으로 甲회사에 대한 과세처분은 법률의 근거가 없이 행하여진 것과 마찬가지가 되어 하자 있는 처분이라 할 것이며, 특별한 사정이 없는 한 이러한 하자는 과세처분의 취소사유에 해당한다.
> ㄴ. 위 과세처분에 대한 취소소송의 제기기간이 경과되어 과세처분에 확정력이 발생한 경우에는 위헌결정의 소급효가 미치지 않는다.
> ㄷ. 위 사안에서 조세채권의 집행을 위해 A가 행한 압류처분의 하자는 취소사유에 해당한다.

① ㄴ
② ㄱ, ㄴ
③ ㄴ, ㄷ
④ ㄱ, ㄴ, ㄷ

19 행정행위의 취소에 대한 설명으로 옳지 않은 것은?

① '행정행위의 취소'란 하자 없이 성립한 행정행위에 대해 효력을 존속시킬 수 없는 새로운 사정이 발생하였음을 이유로 장래에 향하여 그 효력을 소멸시키는 행정행위를 말한다.

② 국세감액결정 처분은 이미 부과된 과세처분에 하자가 있음을 이유로 사후에 이를 일부 취소하는 처분이고, 취소의 효력은 판결 등에 의한 취소이거나 과세관청의 직권에 의한 취소이거나에 관계없이 그 부과처분이 있었을 당시로 소급하여 발생한다.

③ 과세처분을 직권취소한 경우 그 취소가 당연무효가 아닌 한 과세처분은 확정적으로 효력을 상실하므로, 취소처분을 직권취소하여 원과세처분의 효력을 회복시킬 수 없다.

④ 위법한 행정행위에 대하여 불가쟁력이 발생한 이후에도 당해 행정행위의 위법을 이유로 직권취소할 수 있다.

20 행정행위의 직권취소에 대한 판례의 태도로 옳지 않은 것은?

① 수익적 행정행위의 직권취소는 공익상의 필요가 당사자의 기득권 침해 등 불이익보다 강한 경우에 가능하다.

② 선행부과처분에 대한 취소소송이 진행 중이더라도 과세관청인 피고로서는 위법한 선행처분을 스스로 취소하거나 그 절차상의 하자를 보완하여 다시 적법한 부과처분을 할 수 있다.

③ 광업권 취소처분 후 광업권설정의 선출원이 있는 경우에도 취소처분을 취소하여 광업권을 복구시키는 조치는 적법하다.

④ 지방병무청장이 현역병입영대상편입처분을 보충역편입처분이나 제2국민역편입처분으로 변경하거나 보충역편입처분을 제2국민역편입처분으로 변경하는 경우, 그 후 새로운 병역처분의 성립에 하자가 있었음을 이유로 하여 이를 취소한다고 하더라도 종전의 병역처분의 효력이 되살아난다고 볼 수 없다.

09회 진도별 모의고사

~ 행정절차

제한시간: 15분 시작 시 분 ~ 종료 시 분 점수 확인 개/ 20개

지문의 내용에 대해 학설의 대립 등
다툼이 있는 경우 판례에 의함

01 다음 중 행정행위의 철회 및 철회권 행사의 제한에 대한 판례의 내용으로 옳지 않은 것을 모두 고르면?

ㄱ. 부담부 행정처분에 있어서 처분의 상대방이 부담을 이행하지 아니한 경우 처분행정청은 부담불이행을 이유로 당해 처분을 철회할 수 있다.

ㄴ. 행정청이 평가인증이 이루어진 이후에 새로이 발생한 사유를 들어 「영유아보육법」 제30조 제5항에 따라 평가인증을 철회하는 처분을 하면서도, 평가인증의 효력을 과거로 소급하여 상실시키기 위해서는, 특별한 사정이 없는 한 「영유아보육법」 제30조 제5항과는 별도의 법적근거가 필요하다.

ㄷ. 행정처분을 한 처분청은 그 처분의 성립에 하자가 있는 경우 이를 취소할 별도의 법적 근거가 없다고 하더라도 직권으로 이를 취소할 수 있다.

ㄹ. 행정청이 행한 공사중지명령의 상대방은 그 명령 이후에 그 원인사유가 소멸하였음을 들어 행정청에게 공사중지 명령의 철회를 요구할 수 있는 조리상의 신청권이 없다.

ㅁ. 「국민연금법」상 연금 지급결정을 취소하는 처분과 그 처분에 기초하여 잘못 지급된 급여액에 해당하는 금액을 환수하는 처분이 적법한지를 판단하는 경우 비교·교량할 각 사정이 상이하다고는 할 수 없으므로, 연금 지급결정을 취소하는 처분이 적법하다면 환수처분도 적법하다고 판단하여야 한다.

① ㄹ, ㅁ
② ㄱ, ㄴ, ㄷ
③ ㄱ, ㄷ, ㅁ
④ ㄴ, ㄹ, ㅁ

02 행정행위의 실효에 대한 설명으로 옳지 않은 것은?

① 신청에 의한 허가처분을 받은 자가 그 영업을 폐업한 경우에는 그 허가도 당연히 실효된다 할 것이고, 이 경우 허가 행위의 허가취소처분은 허가가 실효되었음을 확인하는 것에 불과하다.

② 「식품위생법」상 유흥주점 영업허가를 받은 후 경기 부진을 이유로 2015.8.3. 자진폐업하고 관련 법령에 따라 폐업신고를 하였고 이에 관할 시장이 자진폐업을 이유로 2015.9.10. 위 영업허가를 취소하는 처분을 하였다면 유흥주점 영업허가의 효력은 2015.9.10.자 영업허가취소처분에 의해서 소멸된다.

③ 행정행위의 직권취소는 별개의 행정행위에 의하여 원행정행위의 효력을 소멸시키는 것인데 반하여, 행정행위의 실효는 일정한 사유의 발생에 따라 당연히 기존의 행정행위의 효력이 소멸하는 것이다.

④ 자진폐업시 영업허가는 자동적으로 실효되므로 그 후 다시 영업허가 신청을 하였다 하더라도 종전의 영업허가가 그 효력을 회복하는 것은 아니다.

03 확약에 대한 설명으로 가장 옳지 않은 것은?

① 확약을 행한 행정청은 확약의 내용인 행위를 하여야 할 자기구속적 의무를 지며, 상대방은 행정청에 그 이행을 청구할 권리를 갖게 된다.

② 확약을 허용하는 명문의 규정이 없더라도 다수설은 본처분 권한에 확약에 대한 권한이 포함되어 있다고 보아 별도의 명문의 규정이 없더라도 확약을 할 수 있다는 입장이다.

③ 확약이 있은 후 사실적·법률적 상태가 변경된 경우에는 그 확약은 행정청의 별다른 의사표시를 기다리지 않고 실효된다.

④ 판례는 어업권면허에 선행하는 우선순위결정의 처분성을 인정하고 있다.

04 행정계획에 대한 설명으로 옳지 않은 것은?

① 확정된 행정계획에 대하여 사정변경을 이유로 조리상 변경신청권이 인정된다.

② 행정계획의 수립에 있어서 행정청에게 인정되는 광범위한 형성의 자유, 즉 계획재량에 대한 통제법리는 도시관리계획변경신청에 따른 도시관리계획시설변경결정에도 적용된다.

③ 문화재보호구역 내에 있는 토지소유자 등으로서는 위 보호구역의 지정해제를 요구할 수 있는 법규상 또는 조리상의 신청권이 있다.

④ 구속력 없는 행정계획안이라도 국민의 기본권에 직접적으로 영향을 끼치고 법령의 뒷받침에 의하여 그대로 실시될 것이 틀림없을 것으로 예상되는 때에는 예외적으로 헌법소원의 대상이 된다.

05 행정계획에 대한 설명으로 옳지 않은 것은?

① 4대강 살리기 마스터플랜은 행정기관 내부에서 사업의 기본방향을 제시하는 것일 뿐 행정처분에 해당하지 않는다.

② 구 「도시계획법」상 도시기본계획은 도시계획입안의 지침이 되는 것으로서 일반 국민에 대한 직접적 구속력이 없다.

③ 도시계획의 입안에 있어 해당 도시계획안 내용의 공고 및 공람 절차에 하자가 있는 도시계획결정은 위법하다.

④ 후행도시계획을 결정하는 행정청이 선행도시계획의 결정·변경에 대한 권한을 가지고 있지 아니한 경우 선행도시계획과 양립할 수 없는 후행도시계획결정은 취소사유에 해당한다.

06 행정계획에 대한 설명으로 옳은 것은?

① 환지계획은 그 자체가 직접 토지소유자 등의 법률상 지위를 변동시키므로 환지계획은 항고소송의 대상이 되는 처분에 해당한다.

② 행정계획은 법률의 형식으로 수립되어야 한다.

③ 장기 미집행 도시계획시설결정의 실효는 헌법상 재산권으로부터 당연히 도출되는 것은 아니며, 법률의 근거가 필요하다.

④ 이익형량을 전혀 하지 않았다면 위법하다고 볼 수 있으나, 이익형량의 고려사항을 일부 누락한 것만으로는 위법하다고 볼 수 없다.

07 공법상 계약에 대한 설명으로 옳지 않은 것은?

① 위법한 공법상 계약은 무효이므로 공법상 계약에는 원칙적으로 공정력이 인정되지 않는다.

② 공법상 계약에는 법률우위의 원칙이 적용되지 않는다.

③ 공법상 채용계약에 대한 해지의 의사표시는 공무원에 대한 징계처분과 달라서 「행정절차법」에 의하여 그 근거와 이유를 제시하여야 하는 것은 아니다.

④ 「행정절차법」은 공법상 계약의 체결 절차에 대해서는 규율하고 있지 않다.

08 공법상 계약에 대한 설명으로 가장 옳지 않은 것은?

① 구 「중소기업 기술혁신 촉진법」상 중소기업 정보화지원사업의 일환으로 중소기업기술정보진흥원장이 甲주식회사와 중소기업 정보화지원사업에 대한 협약을 체결한 후 甲주식회사의 협약불이행으로 인해 사업실패가 초래된 경우, 중소기업기술진흥원장이 협약에 따라 甲에 대해 행한 협약의 해지 및 지급받은 정부지원금의 환수통보는 행정처분에 해당하지 않는다.

② 구 「산업집적활성화 및 공장설립에 대한 법률」에 따른 산업단지 입주계약의 해지통보는 행정청인 관리권자로부터 관리업무를 위탁받은 한국산업단지공단이 우월적 지위에서 그 상대방에게 일정한 법률상 효과를 발생하게 하는 것으로서 항고소송의 대상이 되는 행정처분에 해당한다.

③ 광주광역시립합창단원으로서 위촉기간이 만료되는 자들의 재위촉 신청에 대하여 광주광역시문화예술회관장이 실기와 근무성적에 대한 평정을 실시하여 재위촉을 하지 아니한 것은 항고소송의 대상이 되는 불합격처분에 해당한다.

④ 채용계약상 특별한 약정이 없는 한 지방계약직공무원에 대하여 「지방공무원법」, 「지방공무원 징계 및 소청 규정」에 정한 징계절차에 의하지 않고서는 보수를 삭감할 수 없다.

09 공법상 계약에 대한 설명으로 옳지 않은 것을 모두 고르면?

① 행정청이 자신과 상대방 사이의 법률관계를 일방적인 의사표시로 종료시켰다면 그 의사표시는 공법상 계약관계의 일방 당사자로서 대등한 지위에서 행하는 의사표시가 아니라 공권력 행사로서 행정처분에 해당한다.

② 「국가를 당사자로 하는 계약에 대한 법률」에 따른 입찰절차에서의 낙찰자의 결정은 「행정소송법」상 처분에 해당한다.

③ 「사회기반시설에 대한 민간투자법」상 민간투자사업의 사업시행자 지정은 공법상 계약이 아니라 행정처분에 해당한다.

④ 공법상 계약 해지의 의사표시에 대한 다툼은 공법상의 당사자소송으로 무효확인을 청구할 수 있다.

11 행정지도에 대한 설명으로 옳지 않은 것을 모두 고르면?

① 위법한 행정지도에 따라 행한 사인의 행위는 법령에 명시적으로 정함이 없는 한 위법성이 조각된다고 할 수 없다.

② 행정지도는 상대방인 국민의 임의적 협력을 구하는 비권력적 행위이므로 「국가배상법」상의 직무행위에 해당하지 않는다.

③ 행정지도의 한계 일탈로 인해 상대방에게 손해가 발생한 경우라 하더라도 행정기관은 손해배상책임이 없다.

④ 구속력을 갖지 않는 행정지도의 경우에도 「행정절차법」상의 비례원칙이 적용된다.

10 공법상 계약에 대한 설명으로 옳지 않은 것을 모두 고르면?

① 행정주체가 체결하는 계약은 모두 공법상 계약이다.

② 법령상의 요건과 절차를 거치지 않고 체결한 지방자치단체와 사인 사이에 사법상 계약은 무효이다.

③ '서울특별시 시민감사옴부즈만 운영 및 주민감사청구에 대한 조례'에 따라 계약직으로 구성하는 옴부즈만 공개채용과정에서 최종합격자로 공고된 자에 대해 서울특별시장이 인사위원회의 심의결과에 따라 채용하지 아니하겠다고 통보한 경우, 그 불채용통보는 항고소송을 통해 다툴 수 없다.

④ 재단법인 한국연구재단이 A대학교 총장에게 연구개발비의 부당집행을 이유로 과학기술기본법령에 따라 '두뇌한국(BK)21 사업' 협약의 해지를 통보한 것은 공법상 계약을 계약당사자의 지위에서 종료시키는 의사표시에 해당한다.

12 행정지도에 대한 설명으로 옳지 않은 것은?

① 「행정절차법」은 행정지도가 문서의 형식에 의하여 이루어져야 한다고 명문으로 규정하고 있다.

② 행정지도는 비권력적 사실행위로서 상대방에게 법적 의무가 부과되지 않는다.

③ 행정지도의 상대방은 해당 행정지도의 방식·내용 등에 관하여 행정기관에 의견제출을 할 수 있다.

④ 행정기관은 행정지도의 상대방이 행정지도에 따르지 아니하였다는 것을 이유로 불이익한 조치를 하여서는 안 된다.

13 행정지도에 대한 설명으로 가장 옳지 않은 것은?

① 행정지도는 그 목적 달성에 필요한 최소한도의 조치를 할 수 있으나, 다만 행정지도의 상대방의 의사에 반하여 부당하게 강요하여서는 아니 된다.
② 주무부처 장관의 대학총장들에 대한 학칙시정요구는 규제적·구속적 성격이 강하기 때문에 헌법소원의 대상이 된다.
③ 행정지도를 하는 자는 그 상대방에게 그 행정지도의 취지 및 내용을 밝혀야 하나, 신분에 관하여는 명문의 규정이 없으므로 상대방의 요구가 없는 경우 신분을 밝힐 필요는 없다.
④ 행정지도가 말로 이루어지는 경우에 상대방이 행정지도의 취지 및 내용, 행정지도를 하는 자의 신분에 대한 사항을 적은 서면의 교부를 요구하면 그 행정지도를 하는 자는 직무 수행에 특별한 지장이 없으면 이를 교부하여야 한다.

14 행정지도에 대한 설명으로 옳지 않은 것은?

① 행정지도는 그에 따를 것인지 여부가 상대방의 임의적 결정에 달려있는 것이므로 반드시 명시적인 법적 근거를 요하는 것은 아니다.
② 세무당국이 주류거래를 일정기간 중지하여 줄 것을 요청한 행위는 항고소송의 대상이다.
③ 다수인을 대상으로 하는 행정지도의 경우에는 공통되는 내용이 되는 사항을 공표하여야 한다.
④ 공정거래위원회의 표준약관 사용권장행위는 행정처분으로서 항고소송의 대상이 된다.

15 다음 중 행정절차에 대한 설명으로 옳지 않은 것을 모두 고르면?

ㄱ. 처분상대방이 이미 행정청에 위반사실을 시인하였다는 사정은 사전통지의 예외가 적용되는 '의견청취가 현저히 곤란하거나 명백히 불필요하다고 인정될 만한 상당한 이유가 있는 경우'에 해당한다.
ㄴ. 행정청은 「식품위생법」 규정에 의하여 영업자지위 승계 신고 수리처분을 함에 있어서 종전의 영업자에 대하여 「행정절차법」상 사전통지를 하고 의견제출 기회를 주어야 한다.
ㄷ. 퇴직연금의 환수결정은 당사자에게 의무를 과하는 처분이므로 퇴직연금의 환수결정에 앞서 당사자에게 의견진술의 기회를 주지 아니하였다면 위법하다.
ㄹ. 처분의 사전통지가 적용되는 제3자는 '행정청이 직권 또는 신청에 따라 행정절차에 참여하게 한 이해관계인'으로 한정된다.

① ㄱ, ㄷ
② ㄱ, ㄹ
③ ㄴ, ㄷ
④ ㄷ, ㄹ

16 「행정절차법」상의 행정절차에 대한 설명으로 옳지 않은 것은?

① 공정거래위원회의 시정조치 및 과징금납부명령에 「행정절차법」 소정의 의견청취절차 생략사유가 존재한다고 하더라도, 공정거래위원회는 「행정절차법」을 적용하여 의견청취절차를 생략할 수 없다.
② 가산세 부과처분에 관해서는 「국세기본법」이나 개별 세법 어디에도 그 납세고지의 방식 등에 관하여 따로 정한 규정이 없으므로, 가산세의 종류와 세액의 산출근거 등을 전혀 밝히지 않고 가산세의 합계액만을 기재한 경우 그 부과처분은 위법하지 않다.
③ 공기업사장에 대한 해임처분과정에서 처분내용을 사전에 통지받지 못했고 해임처분시 법적근거 및 구체적 해임사유를 제시받지 못하였다면 그 해임처분은 위법하지만 당연무효는 아니다.
④ 생도에 대한 퇴학처분과 같이 신분을 박탈하는 징계처분은 「행정절차법」의 적용이 제외되는 공무원 인사관계 법령에 의한 처분에 대한 사항에 해당한다고 볼 수 없다.

17 다음 중 「행정절차법」상 규정이 없는 것을 모두 고르면?

> ㄱ. 신고절차
> ㄴ. 공법상 계약
> ㄷ. 확약
> ㄹ. 행정조사
> ㅁ. 행정지도절차
> ㅂ. 행정상 입법예고절차

① ㄱ, ㄹ   ② ㄴ, ㄹ
③ ㄴ, ㅁ   ④ ㄷ, ㅂ

19 「행정절차법」상 사전통지에 대한 설명으로 옳지 않은 것은?

① 부담적 처분의 경우에 예외적으로 사전통지를 하지 않을 수 있다.
② 행정지도의 방식에 의한 사전고지기 이루어진 지하수개발·이용신고수리 취소는 사전통지의 대상에 해당한다.
③ 군인사법령에 의하여 진급예정자명단에 포함된 자에 대하여 사전통지를 하지 아니하거나 의견제출의 기회를 부여하지 아니한 채 진급선발을 취소하였다고 하여 그것만으로 위법하다고 할 수는 없다.
④ 처분의 전제가 되는 사실이 법원의 재판등에 의하여 객관적으로 증명된 경우에는 행정정이 당사자에게 의무를 부과하거나 권익을 제한하는 처분을 하는 경우에도 사전통지를 하지 아니할 수 있다.

18 「행정절차법」을 적용하지 않는 사항으로 볼 수 없는 것은?

① 헌법재판소의 심판을 거쳐 행하는 사항
② 각급 선거관리위원회의 의결을 거쳐 행하는 사항
③ 감사원이 감사위원회의 결정을 거쳐 행하는 사항
④ 대통령의 승인을 얻어 행하는 사항

20 다음 중 「행정절차법」상 처분의 이유제시에 대한 설명으로 옳지 않은 것을 모두 고르면?

> ㄱ. 이유제시의 원칙은 상대방에게 부담을 주는 행정처분의 경우뿐만 아니라 수익적 행정행위의 거부에도 적용된다.
> ㄴ. 이유제시는 처분의 상대방에게 제시된 이유에 대해 방어할 기회를 보장하기 위해 처분에 앞서 사전에 함이 원칙이다.
> ㄷ. 세무서장이 주류도매업자에 대하여 일반주류도매업 면허취소통지를 하면서 그 위반사실을 구체적으로 특정하지 아니한 것은 위법하다는 것이 판례의 입장이다.
> ㄹ. 거부처분을 하면서 이유제시에 구체적 조항 및 내용을 명시하지 않았어도 상대방이 그 근거를 알 수 있을 정도로 상당한 이유가 제시된 경우에는 그로 말미암아 그 처분이 위법하게 되는 것은 아니다.

① ㄴ   ② ㄱ, ㄹ
③ ㄴ, ㄷ   ④ ㄴ, ㄹ

10회 진도별 모의고사

~ 행정정보공개와 개인정보 보호

제한시간: 15분 **시작** 시 분 ~ **종료** 시 분 점수 확인 개 / 20개

지문의 내용에 대해 학설의 대립 등
다툼이 있는 경우 판례에 의함

---

01 「행정절차법」상 처분의 사전통지 혹은 의견제출의 기회를 부여할 사항이 아닌 것은?

① 공무원시보임용이 무효임을 이유로 정규임용을 취소하는 경우
② 공사중지명령을 하기 전에 사전통지를 하게 되면 많은 액수의 보상금을 기대하여 공사를 강행할 우려가 있는 경우
③ 수익적 처분을 바라는 신청에 대한 거부처분
④ 무단으로 용도변경된 건물에 대해 건물주에게 시정명령이 있을 것과 불이행시 이행강제금이 부과될 것이라는 점을 설명한 후, 다음날 시정명령을 한 경우

02 행정절차에 대한 판례의 태도로 옳지 않은 것은?

① 명예전역 선발을 취소하는 처분은 전역을 취소하고 명예 전역수당의 지급 결정 역시 취소하는 것으로서 임용에 준하는 처분이므로 문서로 하여야 한다.
② 「행정절차법」제24조의 문서주의를 위반하여 행해진 처분은 원칙적으로 무효이다.
③ 청문통지서의 반송 또는 불출석을 이유로 청문을 실시하지 않은 침해적 행정처분은 적법하다.
④ 공무원 인사 관계 법령에 따른 징계와 그 밖의 처분에 대한 사항 전부가 「행정절차법」 적용의 예외가 되는 것은 아니다.

03 「행정절차법」에 대한 설명으로 옳은 것은?

① 행정청의 관할이 분명하지 아니하고 해당 행정청을 공통으로 감독하는 상급 행정청이 없는 경우 법원이 그 관할을 정한다.
② 행정청은 법령상 청문실시의 사유가 있는 경우에도 당사자가 의견진술의 기회를 포기한다는 뜻을 명백히 표시한 경우에는 의견청취를 하지 않을 수 있다.
③ 행정청은 청문을 실시하고자 하는 경우에 당사자등에게는 시작되는 날부터 7일 전까지 일정한 사항을, 청문주재자에게는 10일 전까지 청문과 관련한 필요한 자료를 미리 통지하여야 한다.
④ 행정청이 법인이나 조합 등의 설립허가 취소처분을 할 때에는 당사자등의 신청이 있어야 청문을 할 수 있다.

04 「행정절차법」에서 규정하는 '당사자등'에 대한 설명으로 가장 옳은 것은?

① 행정청이 직권으로 행정절차에 참여하게 한 이해관계인은 당사자 등에 해당하지 않는다.
② 법인이 아닌 재단은 당사자등이 될 수 없다.
③ 다수의 대표자가 있는 경우 그 중 1인에 대한 행정청의 통지는 모든 당사자등에게 효력이 있다.
④ 당사자등은 당사자등의 형제자매를 대리인으로 선임할 수 있다.

05 다음 중 행정절차에 대한 판례의 입장으로 옳지 않은 것을 모두 고르면?

ㄱ. 처분의 처리기간에 대한 규정은 강행규정이므로 행정청이 처리기간이 지나 처분을 하였다면 이는 처분을 취소할 절차상 하자로 볼 수 있다.

ㄴ. 「국가공무원법」상 직위해제처분에도 처분의 사전통지 및 의견청취 등에 대한 「행정절차법」의 규정이 별도로 적용된다.

ㄷ. 행정청이 처분기준 사전공표 의무를 위반하여 미리 공표하지 아니한 기준을 적용하여 처분을 하였다고 하더라도, 그러한 사정만으로 곧바로 해당 처분에 취소사유에 이를 정도의 흠이 존재한다고 볼 수는 없다.

ㄹ. 행정청이 구 「학교보건법」상 학교환경위생정화구역 내에서 금지행위 및 시설의 해제 여부에 대한 행정처분을 하면서 학교환경위생정화위원회의 심의를 누락한 흠이 있더라도 행정처분의 효력에 아무런 영향을 주지 않는다.

① ㄱ, ㄴ
② ㄴ, ㄹ
③ ㄱ, ㄴ, ㄹ
④ ㄴ, ㄷ, ㄹ

06 「행정절차법」의 처분절차에 대한 설명으로 옳은 것(○)과 옳지 않은 것(×)을 올바르게 연결한 것은?

ㄱ. 행정청이 신청내용을 모두 그대로 인정하는 처분을 하는 경우 당사자에게 그 근거와 이유를 제시하여야 한다.

ㄴ. 민원사항의 신청서류에 실질적인 요건에 대한 흠이 있더라도 그것이 민원인의 단순한 착오나 일시적인 사정 등에 기한 경우에는 행정청은 보완을 요구할 수 있다.

ㄷ. 행정청은 처분을 함에 있어서 당사자 등이 제출한 의견이 상당한 이유가 있다고 인정하는 때에는 이를 반영하여야 한다.

ㄹ. 신청에 따른 처분이 이루어지지 않은 경우에는 아직 당사자에게 권익이 부과되지 않았으므로 특별한 사정이 없는 한 신청에 대한 거부처분이라고 하더라도 직접 당사자의 권익을 제한하는 것은 아니라 할 것이므로 처분의 사전통지 대상이 되지 않는다.

① ㄱ(×), ㄴ(○), ㄷ(○), ㄹ(○)
② ㄱ(○), ㄴ(×), ㄷ(×), ㄹ(×)
③ ㄱ(○), ㄴ(○), ㄷ(×), ㄹ(×)
④ ㄱ(×), ㄴ(×), ㄷ(○), ㄹ(○)

07 행정절차에 대한 설명으로 옳은 것은?

① 항만시설 사용허가신청에 대하여 거부처분을 하는 경우, 사전에 통지하여 의견제출 기회를 주어야 한다.

② 행정청은 행정처분으로 인하여 권익을 침해받게 되는 제3자에 대하여 처분의 원인이 되는 사실과 처분의 내용 및 법적 근거를 미리 통지하여야 한다.

③ 징계심의대상자가 선임한 변호사가 징계위원회에 출석하여 징계심의대상자를 위하여 필요한 의견을 진술하는 것은 방어권 행사의 본질적 내용에 해당하므로, 행정청은 특별한 사정이 없는 한 이를 거부할 수 없다.

④ 지방의회의 의결을 거치거나 동의 또는 승인을 받아 행하는 사항에 대해서 「행정절차법」이 적용된다.

08 행정절차에 대한 설명으로 가장 옳지 않은 것은?

① 입법예고기간은 예고할 때 정하되, 특별한 사정이 없으면 40일(자치법규는 20일) 이상으로 한다.

② 「행정절차법」상 당사자등은 처분 전에 그 처분의 관할 행정청에 서면이나 정보통신망을 이용하여 의견을 제출할 수 있으나, 말로는 할 수 없다.

③ 「행정절차법」은 절차적 규정뿐만 아니라 신뢰보호원칙과 같이 실체적 규정을 포함하고 있다.

④ 행정응원에 드는 비용은 응원을 요청한 행정청이 부담하며, 그 부담금액 및 부담방법은 응원을 요청한 행정청과 응원을 하는 행정청이 협의하여 결정한다.

09 행정절차에 대한 설명으로 옳지 않은 것은?

① 단순·반복적인 처분 또는 경미한 처분으로서 당사자가 그 이유를 명백히 알 수 있는 경우라 하더라도 처분 후 당사자가 요청하는 경우에는 행정청은 그 근거와 이유를 제시하여야 한다.

② 행정청이 토지형질변경허가신청을 불허하는 근거규정으로 「도시계획법 시행령」 제20조를 명시하지 아니하고 「도시계획법」이라고만 기재하였으나, 신청인이 자신의 신청이 개발제한구역의 지정목적에 현저히 지장을 초래하는 것이라는 이유로 구 「도시계획법 시행령」 제20조 제1항 제2호에 따라 불허된 것임을 알 수 있었던 경우에는 그 불허 처분이 위법하지 않다.

③ 이유제시를 결한 부담적 행정행위의 하자는 상대방이 처분당시 그 취지를 알고 있었거나 그 후 알게 되었다고 하더라도 치유될 수 없다.

④ 별정직 공무원에 대한 직권면직의 경우에는 징계처분과 달리 「행정절차법」상 사전통지나 의견제출의 기회를 부여하지 않았다고 하더라도 그 직권면직 처분은 적법하다.

10 행정절차 및 「행정절차법」에 대한 설명으로 옳지 않은 것은?

① 행정청은 처분에 오기, 오산이 있을 때에는 직권으로 또는 신청에 따라 정정하고 그 사실을 당사자에게 통지하면 된다.

② 협약이 체결되었다고 하여 청문의 실시에 대한 규정의 적용이 배제된다거나 청문을 실시하지 않아도 되는 예외적인 경우에 해당한다고 할 수 없다.

③ 처분에 행정절차상 하자가 있을 경우 기속행위인지 재량행위인지를 불문하고 독자적 위법사유성이 인정되어 법원에 의한 취소의 대상이 되는 것은 아니다.

④ '고시'등 불특정 다수인을 상대로 의무를 부과하거나 권익을 제한하는 처분은 성질상 상대방을 특정할 수 없으므로, 이와 같은 처분에 있어서는 그 상대방에게 의견제출의 기회를 주지 않았다고 하여 위법하다고 볼 수는 없다.

11 행정절차에 대한 설명으로 옳지 않은 것은?

① 「행정절차법 시행령」 제2조 제8호는 '학교·연수원 등에서 교육·훈련의 목적을 달성하기 위하여 학생·연수생들을 대상으로 하는 사항'을 「행정절차법」이 적용되지 않는 경우로 규정하고 있으나 생도의 퇴학처분과 같이 신분을 박탈하는 징계처분을 여기에 해당한다고 할 수 없다.

② 처분 당시 당사자가 어떠한 근거와 이유로 처분이 이루어진 것인지를 충분히 알 수 있어서 그에 불복하여 행정구제절차로 나아가는 데 별다른 지장이 없었던 것으로 인정되는 경우에는 처분서에 처분의 근거와 이유가 구체적으로 명시되어 있지 않았더라도 이를 처분을 취소하여야 할 절차상 하자로 볼 수 없다.

③ 대형마트 영업시간 제한 등 처분의 대상인 대규모점포 중 개설자의 직영매장 외에 개설자로부터 임차하여 운영하는 임대매장이 병존하는 경우, 전체 매장에 대하여 법령상 대규모점포 등의 유지·관리 책임을 지는 개설자만이 그 처분상대방이 되므로, 임대매장의 임차인들을 상대로 별도의 사전통지 등 절차를 거칠 필요가 없다.

④ 민원사무를 처리하는 행정기관이 민원 1회 방문 처리제를 시행하는 절차의 일환으로 민원사항의 심의·조정등을 위한 민원조정위원회를 개최하면서 민원인에게 회의일정 등을 사전에 통지하지 아니하였다면 절차상 하자로서 취소사유에 해당한다.

12 행정절차에 대한 설명으로 옳은 것은?

① 행정절차에는 당사자주의가 적용되므로 행정청은 당사자가 제출한 증거나 당사자의 증거신청에 구속된다.

② 묘지공원과 화장장의 후보지를 선정하는 과정에서 추모공원건립추진협의회가 후보지 주민들의 의견을 청취하기 위하여 그 명의로 개최한 공청회는 「행정절차법」에서 정한 절차를 준수하여야 하는 것은 아니다.

③ 청문은 원칙적으로 당사자가 공개를 신청하면 공개하여야 한다.

④ 구 「광업법」에 근거하여 처분청이 광업용 토지수용을 위한 사업인정을 하면서 토지소유자와 토지에 대한 권리를 가진 자의 의견을 들은 경우 처분청은 그 의견에 기속된다.

13 행정절차에 대한 설명으로 옳은 것은?

① 「병역법」에 따라 지방병무청장이 산업기능요원에 대하여 산업기능요원 편입취소처분을 할 때에는 「행정절차법」에 따라 처분의 사전통지를 하고 의견제출의 기회를 부여하여야 한다.

② 변상금부과처분을 하면서 그 납부고지서 또는 적어도 사전통지서에 그 산출근거를 제시하지 아니하였다면 위법이지만 그 산출근거가 법령상 규정되어 있거나 부과통지서 등에 산출근거가 되는 법령을 명기하였다면 이유제시의 요건을 충족한 것이다.

③ 예산의 편성에 절차적 하자가 있으면 그 예산을 집행하는 처분은 위법하게 된다.

④ 외국인의 출입국에 대한 사항은 「행정절차법」이 적용되지 않으므로, 미국 국적을 가진 교민에 대한 사증거부처분에 대해서도 처분의 방식에 대한 「행정절차법」 제24조는 적용되지 않는다.

14 「공공기관의 정보공개에 대한 법률」에 따른 정보공개에 대한 설명으로 옳지 않은 것은?

① 공공기관은 정보공개의 청구를 받으면 그 청구를 받은 날부터 10일 이내에 공개 여부를 결정하여야 하나 부득이한 사유로 이 기간 이내에 공개 여부를 결정할 수 없는 때에는 그 기간이 끝나는 날의 다음 날부터 기산하여 10일의 범위에서 공개 여부 결정기간을 연장할 수 있다.

② 사립대학교는 「공공기관의 정보공개에 대한 법률 시행령」에 따른 공공기관에 해당하나, 국비의 지원을 받는 범위 내에서만 공공기관의 성격을 가진다.

③ 한국증권업협회는 「공공기관의 정보공개에 대한 법률 시행령」 제2조 제4호에 규정된 '특별법에 따라 설립된 특수법인'에 해당하지 아니한다.

④ 정보공개 청구권자의 권리구제 가능성 등은 정보의 공개여부결정에 아무런 영향을 미치지 못한다.

15 정보공개에 대한 설명으로 옳지 않은 것은?

① 「공공기관의 정보공개에 대한 법률」상 공개청구의 대상이 되는 정보는 반드시 원본일 필요는 없고 사본도 가능하다.

② 공개를 구하는 정보를 공공기관이 한때 보유·관리하였으나 후에 그 정보가 담긴 문서들이 폐기되어 존재하지 않게 된 것이라면 그 정보를 더 이상 보유·관리하고 있지 아니하다는 점에 대한 입증책임은 공공기관에 있다.

③ 전자적 형태로 보유·관리되는 정보의 경우 그 정보가 청구인이 구하는 대로 되어 있지 않다면, 그 공공기관이 공개청구대상 정보를 보유·관리하고 있는 것으로 볼 수 없다.

④ 정보공개청구권을 가지는 국민에는 자연인은 물론 법인, 권리능력 없는 사단·재단도 포함되고, 법인, 권리능력 없는 사단·재단 등의 경우에는 설립목적을 불문한다.

16 다음 중 「공공기관의 정보공개에 대한 법률」에 따른 정보공개에 대한 설명으로 옳지 않은 것을 모두 고르면?

ㄱ. 청구인이 공공기관에 대하여 정보공개를 청구하였다가 거부처분을 받은 것 자체가 법률상 이익의 침해에 해당한다고 할 것이고, 거부처분 받은 것 이외에 추가로 어떤 법률상의 이익을 가질 것을 요구하는 것은 아니다.

ㄴ. 공개청구의 대상이 되는 정보가 이미 다른 사람에게 공개되어 널리 알려져 있다거나 인터넷 등을 통하여 공개되어 인터넷검색 등을 통하여 쉽게 알 수 있는 경우에는 비공개 결정이 정당화될 수 있다.

ㄷ. 정보공개제도는 공공기관이 보유·관리하는 정보를 그 상태대로 공개하는 제도로서, 공공기관이 그 정보를 보유·관리하고 있지 아니한 경우에는 특별한 사정이 없는 한 정보공개거부처분의 취소를 구할 법률상의 이익이 없다.

ㄹ. 「공공기관의 정보공개에 대한 법률」 제9조 제1항 제4호의 '진행 중인 재판에 관련된 정보'에 해당한다는 사유로 정보공개를 거부하기 위해서는 그 정보가 진행 중인 재판의 소송기록 그 자체에 포함된 내용이어야 한다.

① ㄱ, ㄴ   ② ㄱ, ㄹ
③ ㄴ, ㄷ   ④ ㄴ, ㄹ

17 정보공개에 대한 설명으로 옳지 않은 것은?

① 정보공개청구에 대하여 공공기관이 비공개결정을 한 경우 청구인이 이에 불복한다면 이의신청 절차를 거치지 않고 행정심판을 청구할 수 있다.

② 판례는 특별법에 의하여 설립된 특수법인이라는 점만으로 정보공개의무를 인정하고 있으며, 다시금 해당 법인의 역할과 기능에서 정보공개의무를 지는 공공기관에 해당하는지 여부를 판단하지 않는다.

③ 공공기관이 공개청구대상 정보를 신청한 공개방법 이외의 방법으로 공개하는 결정을 한 경우, 정보공개청구 중 정보 공개방법 부분에 대하여 일부 거부처분을 한 것이다.

④ 행정소송의 재판기록 일부의 정보공개청구에 대한 비공개결정은 전자문서로 통지할 수 있다.

18 행정상 정보공개청구에 대한 설명으로 옳지 않은 것은?

① 국가안전보장·국방·통일·외교관계 분야 업무를 주로 하는 국가기관의 정보공개심의회 구성 시 최소한 3분의 1이상은 외부 전문가로 위촉하여야 한다.

② 법무부령으로 제정된 「검찰보존사무규칙」상의 기록의 열람·등사의 제한규정은 구 「공공기관의 정보공개에 대한 법률」 제9조 제1항 제1호의 '다른 법률 또는 법률에 의한 명령에 의하여 비공개사항으로 규정된 경우'에 해당한다.

③ 공개될 경우 부동산 투기 등으로 특정인에게 이익을 줄 우려가 있다고 인정되는 정보는 공개하지 아니할 수 있다.

④ 형사재판확정기록의 공개에 관하여는 「형사소송법」의 규정이 적용되므로 「공공기관의 정보공개에 대한 법률」에 의한 공개청구는 허용되지 아니한다.

19 「공공기관의 정보공개에 대한 법률」상 정보공개에 대한 판례의 입장으로 옳지 않은 것은?

① 비공개대상인 '법인 등의 경영·영업상 비밀'은 '타인에게 알려지지 아니함이 유리한 사업활동에 대한 일체의 정보'또는 '사업활동에 대한 일체의 비밀사항'을 말한다.

② 학교폭력대책자치위원회가 피해학생의 보호를 위한 조치, 가해학생에 대한 조치, 학교폭력과 관련된 분쟁의 조정 등에 관하여 심의한 결과를 기재한 회의록은 「공공기관의 정보공개에 대한 법률」 소정의 비공개대상정보에 해당한다.

③ '독립유공자서훈 공적심사위원회의 심의·의결 과정 및 그 내용을 기재한 회의록'은 공개될 경우에 업무의 공정한 수행에 현저한 지장을 초래한다고 인정할 만한 상당한 이유가 있는 정보에 해당한다.

④ 「보안관찰법」에 따른 보안관찰 관련 통계자료는 공개될 경우 국가안전보장·국방·통일·외교관계 등 국가의 중대한 이익을 해할 우려가 있는 정보라고는 볼 수 없으므로 비공개대상정보에 해당하지 않는다.

20 甲은 행정청 A가 보유·관리하는 정보 중 乙과 관련이 있는 정보를 사본 교부의 방법으로 공개하여 줄 것을 청구하였다. 다음 중 이에 대한 설명으로 옳은 것을 모두 고르면?

> ㄱ. A가 정보의 주체인 乙로부터 의견을 들은 결과, 乙이 정보의 비공개를 요청한 경우에는 A는 정보를 공개할 수 없다.
>
> ㄴ. A는 甲이 청구한 사본 교부의 방법이 아닌 열람의 방법으로 정보를 공개할 수 있는 재량이 없다.
>
> ㄷ. 甲이 공개청구한 정보가 甲과 아무런 이해관계가 없는 경우라면, 정보공개가 거부되더라도 甲은 이를 항고소송으로 다툴 수 있는 법률상 이익이 없다.
>
> ㄹ. A가 내부적인 의사결정 과정임을 이유로 정보공개를 거부하였다가 정보공개거부처분 취소소송의 계속 중에 개인의 사생활침해 우려를 공개거부사유로 추가하는 것은 허용되지 않는다.

① ㄱ, ㄴ ② ㄱ, ㄹ
③ ㄴ, ㄹ ④ ㄷ, ㄹ

11회 진도별 모의고사

~ 행정강제

제한시간: 15분 **시작** 시 분 ~ **종료** 시 분 점수 확인 개/ 20개

지문의 내용에 대해 학설의 대립 등
다툼이 있는 경우 판례에 의함

---

01 다음 중 공공기관의 정보공개에 대한 법령의 내용에 대한 설명으로 옳지 않은 것을 모두 고르면?

> ㄱ. 정보의 공개 및 우송 등에 소요되는 비용은 공개를 청구하는 정보의 사용 목적이 공공복리의 유지·증진을 위하여 필요하다고 인정되는 경우에는 그 비용을 감면할 수 있다.
> ㄴ. 정보공개에 대한 정책 수립 및 제도 개선에 대한 사항을 심의·조정하기 위하여 국무총리 소속으로 정보공개위원회를 둔다.
> ㄷ. 학술·연구를 위하여 일시적으로 체류하는 외국인은 정보공개청구를 할 수 있다.
> ㄹ. 불기소처분기록 중 피의자신문조서 등에 기재된 피의자 등의 인적사항 이외의 진술내용이 개인의 사생활의 비밀 또는 자유를 침해할 우려가 인정된다면 비공개 대상에 해당한다.
> ㅁ. 공무원이 직무와 관련 없이 개인적인 자격으로 행사에 참석하고 금품을 수령한 정보는 '공개하는 것이 공익을 위하여 필요하다고 인정되는 정보'에 해당한다.

① ㄱ, ㄹ   ② ㄴ, ㅁ
③ ㄹ, ㅁ   ④ ㄷ, ㄹ, ㅁ

---

02 「공공기관의 정보공개에 대한 법률」상 정보공개에 대한 설명으로 옳지 않은 것은?

① 「교육공무원승진규정」이 근무성적평정 결과를 공개하지 아니한다고 규정하고 있는 경우 동 규정을 근거로 정보공개청구를 거부할 수 있다.
② 의사결정과정에 제공된 회의관련자료나 의사결정과정이 기록된 회의록은 의사가 결정되거나 의사가 집행된 경우에도 비공개대상정보에 포함될 수 있다.
③ 정보를 취득 또는 활용할 의사가 전혀 없이 사회통념상 용인될 수 없는 부당이득을 얻으려는 목적의 정보공개청구는 권리남용행위로서 허용되지 않는다.
④ 국민생활에 매우 큰 영향을 미치는 정책에 대한 정보 등 공개를 목적으로 작성되고 이미 정보통신망 등을 통하여 공개된 정보는 해당 정보의 소재(所在) 안내의 방법으로 공개한다.

---

03 「공공기관의 정보공개에 대한 법률」상 정보공개에 대한 설명으로 가장 옳은 것은?

① 공개 청구한 정보가 비공개 대상에 해당하는 부분과 공개 가능한 부분이 혼합되어 있는 경우로서 공개 청구의 취지에 어긋나지 아니하는 범위에서 두 부분을 분리할 수 있는 경우라도 비공개대상에 해당하는 부분을 제외하고 공개할 수 없다.
② 공공기관은 정보공개청구를 거부할 경우에도 대상이 된 정보의 내용을 구체적으로 확인 검토하여 어느 부분이 어떠한 법익 또는 기본권과 충돌되어 정보공개법 제9조 제1항 몇 호에서 정하고 있는 비공개사유에 해당하는지를 주장 입증하여야 하며 그에 이르지 아니한 채 개괄적인 사유만 들어 공개를 거부하는 것은 허용되지 아니한다.
③ 정보비공개결정 취소소송에서 공공기관이 청구정보를 증거로 법원에 제출하여 법원을 통하여 그 사본을 청구인에게 교부되게 하여 정보를 공개하게 된 경우에는 비공개결정의 취소를 구할 소의 이익이 소멸한다.
④ 「공직자윤리법」상의 등록의무자가 구 「공직자윤리법 시행규칙」 제2조에 따라 제출한 '자신의 재산등록사항의 고지를 거부한 직계존비속의 본인과의 관계, 성명, 고지거부사유, 서명'이 기재되어있는 문서는 정보공개법상의 비공개 대상정보에 해당한다.

---

04 정보공개에 대한 판례의 내용으로 가장 옳지 않은 것은?

① 한·일 군사정보보호협정 및 한·일 상호군수지원협정과 관련하여 각종 회의자료 및 회의록 등의 정보는 정보공개법상 공개가 가능한 부분과 공개가 불가능한 부분을 쉽게 분리하는 것이 불가능한 비공개정보에 해당하지 아니한다.
② 직무를 수행한 공무원의 성명·직위는 비공개 대상 정보가 아니다.
③ 외국 기관으로부터 비공개를 전제로 정보를 입수하였다는 이유만으로, 이를 공개할 경우 업무의 공정한 수행에 현저한 지장을 받을 것이라 단정할 수 없다.
④ 정보공개를 청구한 목적이 손해배상소송에 제출할 증거자료를 획득하기 위한 것이었고 그 소송이 이미 종결되었다 하더라도 그러한 정보공개청구는 권리남용에 해당하지 않는다.

---

05 다음 중 정보공개제도에 대한 설명으로 옳은 것을 모두 고르면?

> ㄱ. 정보공개가 결정되고 공개에 오랜 시간이 걸리지 않는 정보는 구술로도 공개할 수 있다.
> ㄴ. 지방자치단체의 업무추진비 세부항목별 집행내역 및 증빙서류에 포함된 개인에 대한 정보는 '공개하는 것이 공익을 위하여 필요하다고 인정되는 정보'에 해당된다.
> ㄷ. 국가의 시책으로 시행하는 공사 등 대규모의 예산이 투입되는 사업에 대한 정보에 대해서는 공개의 구체적 범위, 주기, 시기 및 방법 등을 미리 정하여 정보통신망 등을 통하여 알리고, 정기적으로 공개하여야 한다.
> ㄹ. 정보공개 청구 후 20일이 경과하도록 정보공개 결정이 없는 때에는 정보공개 청구 후 20일이 경과한 날부터 30일 이내에 해당 공공기관에 문서로 이의신청을 할 수 있다.
> ㅁ. 공공기관은 청구인이 사본 또는 복제물의 교부를 원하는 경우에는 이를 교부하여야 한다. 다만, 공개 대상 정보의 양이 너무 많아 정상적인 업무수행에 현저한 지장을 초래할 우려가 있는 경우에는 정보의 사본·복제물을 나누어 제공하거나 열람과 병행하여 제공할 수 있다.

① ㄴ, ㄹ, ㅁ ② ㄱ, ㄷ, ㄹ, ㅁ
③ ㄴ, ㄷ, ㄹ, ㅁ ④ ㄱ, ㄴ, ㄷ, ㄹ, ㅁ

06 다음 중 「공공기관의 정보공개에 대한 법률」상 제3자의 비공개요청 등에 대한 설명으로 옳은 것을 모두 고르면?

> ㄱ. 공공기관은 공개청구된 공개대상정보의 전부 또는 일부가 제3자와 관련이 있다고 인정되는 때에는 그 사실을 제3자에게 지체 없이 통지하여야 한다.
> ㄴ. 공공기관은 제3자의 비공개요청에도 불구하고 공개결정을 하는 때에는 공개결정일과 공개실시일의 사이에 최소한 20일의 간격을 두어야 한다.
> ㄷ. 제3자의 비공개요청에도 불구하고 공공기관이 공개결정을 하는 때에는 공개결정이유와 공개실시일을 명시하여 지체 없이 문서로 통지하여야 한다.
> ㄹ. 제3자는 공개 청구된 사실의 통지를 받은 날부터 7일 이내에 해당 공공기관에 대하여 공개하지 아니할 것을 요청할 수 있다.
> ㅁ. 자신과 관련된 정보에 대한 제3자의 비공개요청에도 불구하고 공공기관이 공개결정을 하는 때에는 제3자는 당해 공공기관에 문서로 이의신청을 하거나 행정심판 또는 행정소송을 제기할 수 있다.

① ㄱ, ㅁ ② ㄱ, ㄷ, ㄹ
③ ㄱ, ㄷ, ㅁ ④ ㄴ, ㄹ, ㅁ

07 다음 중 개인정보의 보호에 대한 설명으로 옳은 것을 모두 고르면?

> ㄱ. 개인정보자기결정권의 보호대상이 되는 개인정보는 반드시 개인의 내밀한 영역이나 사사(私事)의 영역에 속하는 정보에 국한되지 않고 공적 생활에서 형성되었거나 이미 공개된 개인정보까지 포함한다.
> ㄴ. 시장·군수 또는 구청장이 개인의 지문정보를 수집하고, 경찰청장이 이를 보관·전산화하여 범죄수사 목적에 이용하는 것은 모두 개인정보자기결정권을 침해하는 것이다.
> ㄷ. 헌법 제21조에서 보장하고 있는 표현의 자유는 개인이 인간으로서의 존엄과 가치를 유지하고 국민주권을 실현하는 데 필수불가결한 자유로서, 자신의 신원을 누구에게도 밝히지 않은 채 익명 또는 가명으로 자신의 사상이나 견해를 표명하고 전파할 익명표현의 자유도 그 보호영역에 포함된다.
> ㄹ. 헌법재판소는 개인정보자기결정권을 사생활의 비밀과 자유, 일반적 인격권 등을 이념적 기초로 하는 파생적 기본권으로서 헌법에 명시되지 않은 기본권으로 보고 있다.

① ㄴ, ㄷ ② ㄴ, ㄹ
③ ㄱ, ㄴ, ㄷ ④ ㄱ, ㄷ, ㄹ

08 개인정보 보호제도에 대한 설명으로 옳지 않은 것은?

① 개인정보처리자는 그의 정당한 이익을 달성하기 위하여 필요한 경우에 명백히 정보주체의 권리보다 우선하는 경우에는 정보주체의 동의 없이 정보주체의 개인정보를 제3자에게 제공할 수 없다.
② 전기통신사업자가 검사 또는 수사관서의 장의 요청에 따라 이용자의 통신자료를 제공한 것은 이용자의 개인정보자기결정권이나 익명표현의 자유 등을 침해한 것이 아니다.
③ 법률정보 제공 사이트를 운영하는 甲 주식회사가 乙 대학교 법학과 교수로 재직 중인 丙의 개인정보를 별도 동의없이 위 법학과 홈페이지 등을 통해 수집하여 위 사이트 내 법조인 항목에서 유료로 제공하더라도 위법하다고 할 수 없다.
④ 단체소송을 제기하려는 자는 변호사를 선임하여 소송을 진행하여야 한다.

09 「개인정보 보호법」에 대한 설명으로 가장 옳은 것은?

① 공공기관의 장이 개인정보파일을 운용하는 경우에는 개인정보파일의 명칭, 운용목적, 처리 방법, 보유기간 등을 행정안전부장관에게 등록하여야 한다.

② 개인정보처리자는 통계작성, 과학적 연구, 공익적 기록보존 등을 위하여 정보주체의 동의 없이도 가명(假名)정보를 처리할 수 있다.

③ 개인정보처리자는 당초 수집 목적과 합리적으로 관련된 범위에서 정보주체에게 불이익이 발생하는지 여부, 암호화 등 안전성 확보에 필요한 조치를 하였는지 여부 등을 고려하더라도 정보주체의 동의 없이는 개인정보를 제3자에게 제공할 수 없다.

④ 개인정보처리자는 법령에서 민감정보의 처리를 요구 또는 허용하는 경우에도 정보주체의 동의를 받지 못하면 민감정보를 처리할 수 없다.

10 「개인정보 보호법」의 내용으로 옳지 않은 것은?

① 개인정보 분쟁조정위원회의 조정을 분쟁당사자가 수락하는 경우, 조정의 내용은 재판상 화해와 동일한 효력을 갖는다.

② 불특정 다수가 이용하는 목욕실, 화장실, 발한실(發汗室), 탈의실 등에의 고정형 영상정보처리기기 설치는 대통령령으로 정하는 바에 따라 안내판 설치 등 필요한 조치를 취하는 경우에만 허용된다.

③ 개인정보처리자의 「개인정보 보호법」 위반행위로 손해를 입은 정보주체는 개인정보처리자에게 손해배상을 청구할 수 있고, 그 개인정보처리자는 고의 또는 과실이 없음을 입증하지 않으면 책임을 면할 수 없다.

④ 개인정보처리자가 이 법에 따라 최소한의 개인정보를 수집한 경우, 최소필요성 요건의 충족 여부에 대한 입증책임은 개인정보처리자에게 있다.

11 「개인정보 보호법」에 대한 내용으로 옳지 않은 것은?

① 개인정보처리자는 만 14세 미만 아동의 개인정보를 처리하기 위하여 「개인정보 보호법」에 따른 동의를 받아야 할 때에는 그 법정대리인의 동의를 받아야 하며, 법정대리인이 동의하였는지를 확인하여야 한다. 이 경우 법정대리인의 동의를 받기 위하여 필요한 최소한의 정보로서 대통령령으로 정하는 정보는 법정대리인의 동의 없이 해당 아동으로부터 직접 수집할 수 있다.

② 「개인정보 보호법」의 대상정보의 범위에는 공공기관·법인 단체에 의하여 처리되는 정보가 포함되고, 개인에 의해서 처리되는 정보는 포함되지 않는다.

③ 고정형 영상정보처리기기 운영자는 고정형 영상정보처리기기의 설치 목적과 다른 목적으로 고정형 영상정보처리기기를 임의로 조작하거나 다른 곳을 비춰서는 아니 되며, 녹음기능은 사용할 수 없다.

④ 개인정보는 살아 있는 개인에 대한 정보로서 성명, 주민등록번호 및 영상 등을 통하여 개인을 알아볼 수 있는 정보이며, 해당 정보만으로는 특정 개인을 알아볼 수 없더라도 다른 정보와 쉽게 결합하여 그 개인을 알아볼 수 있는 경우라면 개인정보라 할 수 있다.

12 「개인정보 보호법」상 분쟁해결에 대한 내용으로 옳지 않은 것은?

① 개인정보 단체소송을 허가하거나 불허가하는 법원의 결정에 대하여는 즉시항고를 할 수 있다.

② 개인정보와 관련한 분쟁의 조정을 원하는 자는 개인정보 분쟁조정위원회에 분쟁조정을 신청할 수 있다.

③ 「소비자기본법」에 따라 공정거래위원회에 등록한 소비자 단체가 개인정보 단체소송을 제기하려면 그 단체의 정회원수가 1천명 이상이어야 한다.

④ 개인정보 단체소송에 관하여 「개인정보 보호법」에 특별한 규정이 없는 경우에는 「행정소송법」을 적용한다.

13 개인정보 보호제도에 대한 설명으로 옳지 않은 것을 모두 고르면?

① 개인정보처리자의 고의 또는 중대한 과실로 인하여 개인정보가 분실·도난·유출·위조·변조 또는 훼손된 경우로서 정보주체에게 손해가 발생한 때에는 법원은 그 손해액의 5배를 넘지 아니하는 범위에서 손해배상액을 정할 수 있다.

② 개인정보처리자는 법령상 의무를 준수하기 위하여 불가피한 경우에는 개인정보를 수집할 수 있으며 그 수집 목적의 범위 내에서 이용할 수 있다.

③ 정보주체의 열람·정정 및 삭제청구권의 대리는 인정되지 아니한다.

④ 개인정보 보호위원회는 대통령 직속 기관으로 대통령이 직접 지휘·감독한다.

14 「개인정보 보호법」에 대한 설명으로 옳지 않은 것은?

① 개인정보처리자로부터 개인정보를 제공받은 자는 정보주체로부터 별도의 동의를 받은 경우나 다른 법률에 특별한 규정이 있는 경우를 제외하고는 개인정보를 제공받은 목적 외의 용도로 이용하거나 이를 제3자에게 제공하여서는 아니 된다.

② 개인정보처리자가 이 법에 따라 최소한의 개인정보를 수집한 경우, 최소 필요성 요건의 충족 여부에 대한 입증책임은 개인정보처리자에게 있다.

③ 공공기관은 법령 등에서 정하는 소관업무의 수행을 위하여 불가피한 경우 정보주체의 동의를 받지 않은 경우에도 개인정보를 수집할 수 있다.

④ 개인정보처리자는 정보주체로부터 개인정보처리의 정지요구를 받았을 때에는 법령상 의무를 준수하기 위하여 불가피한 경우라도 이를 거절할 수 없다.

15 행정상 대집행에 대한 설명으로 옳지 않은 것은?

① 대집행계고를 함에 있어서는 의무자가 스스로 이행하지 않는 경우에 대집행할 행위의 내용 및 범위가 구체적으로 특정되어야 하는데 그 내용과 범위는 대집행 계고서뿐만 아니라 계고처분 전후에 송달된 문서나 기타 사정 등을 종합하여 특정될 수 있다.

② 관계 법령상 행정대집행의 절차가 인정되어 행정청이 행정대집행의 방법으로 건물의 철거 등 대체적 작위의무의 이행을 실현할 수 있는 경우에도 따로 민사소송의 방법으로 그 의무의 이행을 구할 수 있다.

③ 건물의 점유자가 철거의무자일 때에는 건물철거의무에 퇴거의무도 포함되어 있는 것이어서 별도로 퇴거를 명하는 집행권원이 필요하지 않다.

④ 의무자는 대집행의 실행행위에 대해서 수인의무를 지며, 대집행의 실행행위는 권력적 사실행위로서의 성질을 갖는다.

16 대집행에 대한 설명으로 옳지 않은 것을 모두 고르면?

① 대집행의 계고는 문서에 의한 것이어야 하고, 구두에 의한 계고는 무효가 된다.

② 건물철거명령 및 철거대집행계고를 한 후에 이에 불응하자 다시 제2차, 제3차의 계고를 하였다면 철거의무는 처음에 한 건물철거명령 및 철거대집행계고로 이미 발생하였고 그 이후에 한 제2차, 제3차의 계고는 새로운 철거의무를 부과한 것이 아니라 대집행기한을 연기하는 통지에 불과하다.

③ 의무를 명하는 행정행위가 불가쟁력이 발생하지 않는 경우에는 그 행정행위에 따른 의무의 불이행에 대하여 대집행을 할 수 없다.

④ 구 「공공용지의 취득 및 손실보상에 대한 특례법」에 따른 토지 등의 협의취득시 건물소유자가 철거의무를 부담하겠다는 약정을 한 경우, 그 철기의무는 「행정대집행법」상 대집행의 대상이 되는 대체적 작위의무이다.

17 행정대집행에 대한 설명으로 옳은 것은?

① 행정대집행에 있어 대집행계고, 대집행영장에 의한 통지, 대집행실행, 비용징수의 일련의 절차 중 대집행계고와 대집행영장에 의한 통지 간에는 하자의 승계가 인정되나, 대집행계고와 비용징수 간에는 하자의 승계가 인정되지 않는다.

② 건물의 용도에 위반되어 장례식장으로 사용하는 것을 중지할 것을 명한 경우, 이 중지의무는 대집행의 대상이 된다.

③ 계고처분을 하려면 다른 방법으로는 이행의 확보가 어렵고 불이행을 방치함이 심히 공익을 해하는 것으로 인정될 때에 한하여 허용되고 이러한 요건의 주장·입증책임은 처분 행정청에 있다.

④ 관계 법령에서 금지규정 및 그 위반에 대한 벌칙규정은 두고 있으나 금지규정 위반행위에 대한 시정명령의 권한에 대해서는 규정하고 있지 않은 경우에 그 금지규정 및 벌칙 규정은 당연히 금지규정 위반행위로 인해 발생한 유형적 결과를 시정하게 하는 것도 예정하고 있다고 할 것이어서 금지규정 위반으로 인한 결과의 시정을 명하는 권한도 인정하고 있는 것으로 해석된다.

18 행정대집행에 대한 설명으로 옳은 것은?

① 자진철거에 필요한 상당한 이행기간을 정하고 있다면 계고와 철거명령을 하나의 문서로 할 수 있다.

② 퇴거의무 및 점유인도의무의 불이행은 행정대집행의 대상이 된다.

③ 대집행의 실행이 완료된 경우에도 계고처분의 취소를 구할 법률상의 이익은 인정된다.

④ 계고시 상당한 기간을 부여하지 않은 경우 대집행영장으로 대집행의 시기를 늦추었다면 대집행계고처분은 상당한 이행기간을 정하여 한 것으로 볼 수 있다.

19 「행정대집행법」상 대집행에 대한 설명으로 옳지 않은 것은?

① 행정대집행을 함에 있어 비상시 또는 위험이 절박한 경우에 당해 행위의 급속한 실시를 요하여 절차를 치할 여유가 없을 때에는 계고 및 대집행영장 통지 절차를 생략할 수 있다.

② 의무자에게 부과된 의무는 행정청에 의해서 행해진 명령뿐만 아니라 법률에 의해 혹은 법률에 근거하여 행해진 명령도 포함된다.

③ 대집행에 소용된 비용을 납부하지 아니할 때에는 국세징수의 예에 의하여 징수할 수 있다.

④ 위법한 건물의 공유자 1인에 대한 계고처분은 다른 공유자에 대하여도 그 효력이 있다.

20 대집행에 대한 설명으로 옳지 않은 것은?

① 「국유재산법」상 일반재산에 불법시설물을 설치한 경우 「행정대집행법」에 의하여 철거를 할 수 있다.

② 제3자가 아무런 권원 없이 국유재산에 설치한 시설물에 대해 해당 국유재산에 대한 사용청구권을 가진 사인은 일정한 경우에는 국가를 대위하여 민사소송으로 해당 시설물의 철거를 구할 수 있다.

③ 한국토지주택공사가 구 「대한주택공사법」 및 같은 법 시행령에 의해 대집행 권한을 위탁받아 대집행을 실시한 경우 그 비용은 민사소송절차에 의해 징수할 수 있다.

④ 행정청이 행정대집행의 방법으로 건물철거의무의 이행을 실현할 수 있는 경우에는 건물철거 대집행 과정에서 부수적으로 건물의 점유자들에 대한 퇴거조치를 할 수 있고, 점유자들이 적법한 행정대집행을 위력을 행사하여 방해하는 경우 「경찰관직무집행법」에 근거한 위험발생 방지조치 또는 「형법」상 공무집행방해죄의 범행방지 내지 현행범체포의 차원에서 경찰의 도움을 받을 수도 있다.

12회 진도별 모의고사

~ 행정벌

제한시간: 15분 **시작** 시 분 ~ **종료** 시 분 점수 확인 개 / 20개

지문의 내용에 대해 학설의 대립 등
다툼이 있는 경우 판례에 의함

01 행정상 강제집행에 대한 설명으로 옳지 않은 것은?

① 사망한 건축주에 대하여 「건축법」상 이행강제금이 부과된 경우 그 이행강제금 납부의무는 상속인에게 승계된다.

② 「건축법」상 위법 건축물에 대하여 행정청은 대집행과 이행강제금을 선택적으로 활용할 수 있으며, 이러한 선택적 활용이 중첩적 제재에 해당한다고 볼 수 없다.

③ 사용자가 이행하여야 할 행정법상 의무의 내용을 초과하는 것을 '불이행 내용'으로 기재한 이행강제금 부과예고서에 의하여 이행강제금 부과 예고를 한 다음 이를 이행하지 않았다는 이유로 이행강제금을 부과하였다면, 초과한 정도가 근소하다는 등의 특별한 사정이 없는 한 이행강제금 부과 예고는 이행강제금 제도의 취지에 반하는 것으로서 위법하고, 이에 터 잡은 이행강제금 부과처분 역시 위법하다.

④ 이행강제금은 일정한 금액의 부과라는 심리적 압박에 의하여 장래에 향하여 행정상 의무이행을 확보하려는 강제집행 수단의 일종이다.

02 이행강제금에 대한 설명으로 옳은 것은?

① 「부동산 실권리자명의 등기에 대한 법률」상 장기미등기자가 등기신청의무의 이행기간이 지나서 등기신청을 한 경우에도 이행강제금을 부과할 수 있다.

② 이행강제금은 비대체적 작위의무 위반에만 부과될 뿐 대체적 작위의무의 위반에는 부과될 수 없다.

③ 위법 건축물이 개정 「건축법」 시행 이전에 건축된 것이라면, 행정청이 개정 「건축법」 시행 이후에 시정명령을 하였더라도 이행강제금을 부과할 수 없다.

④ 이행강제금은 장래의 의무이행을 심리적으로 강제하기 위한 것으로서 의무이행이 있을 때까지 반복하여 부과할 수 있다.

03 「건축법」상 이행강제금 부과에 대한 설명으로 옳지 않은 것을 모두 고르면?

① 제1차 시정명령을 이행하지 않았더라도 이행강제금의 부과를 위해서는 다시 그 시정명령의 이행에 필요한 상당한 이행기한을 정하여 그 기한까지 이행할 수 있는 기회를 주어야 하고, 그렇지 않은 경우에는 이행강제금을 부과할 수 없다.

② 시정명령을 받은 의무자가 시정명령에서 정한 기간을 지나서 시정명령을 이행한 경우, 이행강제금이 부과되기 전에 그 이행이 있었다 하더라도 시정명령상의 기간을 준수하지 않은 이상 이행강제금을 부과하는 것은 정당하다.

③ 의무자가 이행기간이 지난 후에라도 의무를 이행한 경우에는 '새로운 이행강제금'의 부과는 즉시 중지하고, 이미 부과된 이행강제금도 징수할 수 없다.

④ 건물완공 후 위법건축물임을 알게 된 경우라도 시정명령 및 불이행에 대한 이행강제금 부과가 가능하다.

04 이행강제금에 대한 권리구제에 대한 설명으로 옳지 않은 것은?

① 이행강제금 부과에 대한 특별한 불복절차 규정이 있는 경우에는 항고소송의 대상으로서 처분성이 부정된다.

② 이행강제금의 부과처분에 대한 불복방법에 관하여 아무런 규정을 두고 있지 않는 경우에는 이행강제금 부과처분은 행정행위이므로 행정심판 또는 행정소송을 제기할 수 있다.

③ 「농지법」상 이행강제금 부과처분에 대한 불복은 「비송사건절차법」에 따른 재판절차뿐만 아니라 「행정소송법」상 항고소송절차에 따를 수 있다.

④ 현행 「건축법」은 이행강제금 부과처분에 대한 불복방법에 관하여 「비송사건절차법」에 의한다는 별도의 규정을 두고 있지 않으므로 그 부과처분에 관하여 행정소송으로 다툴 수 있다.

05 행정상 강제집행에 대한 설명으로 옳지 않은 것은?

① 행정상의 강제집행수단은 비금전적 의무에 대한 수단으로 대집행, 금전적 의무에 대한 수단으로 이행강제금 등이 있다.

② 공유 일반재산의 대부료 지급은 사법상 법률관계이므로 행정상 강제집행절차가 인정되더라도 따로 민사소송으로 대부료의 지급을 구하는 것이 허용된다.

③ 행정상 강제집행은 행정법상 개별·구체적인 의무의 불이행을 전제로 그 불이행한 의무를 장래에 향해 실현시키는 것을 목적으로 한다는 점에서 과거의 의무위반에 대한 제재로써 가하는 행정벌과 구별된다.

④ 현행법상 이행강제금에 대한 일반적인 규정은 존재하지 않으나, 개별법률에서 인정되고 있다.

06 다음 사례에 대한 설명으로 옳지 않은 것은?

> 행정청 A는 2006년 10월 12일에 甲에게 서울 소재 지상 건물에 관하여 건축허가를 받지 않았다는 이유로 그 철거를 명하는 시정명령을 하고, 2006년 11월 22일에 그 이행을 다시 명한 후 2007년 11월 9일경 甲에게 이행강제금 284,255,000원을 부과하였다. 그 후 甲에 대하여 이 사건 시정명령의 이행을 요구하지 않다가 2011년 3월 8일에 이행기한을 2011년 6월 30일까지로, 2011년 6월 30일 이행기한을 2011년 8월 30일까지, 또다시 2011년 11월 9일 이행기한을 2011년 12월 10일까지로 정하여 이 사건 시정명령을 이행하라고 각 통지하였으며, 2011년 12월 22일에 이르러 甲에게 2011년 기준 이행강제금 327,692,500원 이외에 2008년, 2009년, 2010년분 이행강제금 합계 887,515,000원까지 포함한 합계 1,215,207,500원의 이행강제금을 부과하였다.

① 「건축법」상 이행강제금은 시정명령을 이행하지 않고 있는 건축주 등에 대하여 기한 안에 시정명령을 이행하지 않으면 이행강제금이 부과된다는 사실을 고지함으로써 시정명령에 따른 의무의 이행을 간접적으로 강제하는 행정상의 간접강제 수단에 해당한다.

② 「건축법」상 시정명령 불이행에 대한 이행강제금 부과의 경우 허가권자는 최초의 시정명령이 있었던 날을 기준으로 하여 1년에 2회 이내의 범위에서 그 시정명령이 이행될 때까지 반복하여 이행강제금을 부과·징수할 수 있다.

③ 시정명령의 이행 기회가 제공되지 아니하였다가 뒤늦게 시정명령의 이행 기회가 제공된 경우라면, A는 甲에게 시정명령의 이행 기회가 제공되지 아니한 과거의 기간에 대한 이행강제금까지 한꺼번에 부과할 수는 없다.

④ A가 甲에게 시정명령의 이행 기회가 제공되지 않은 과거의 기간에 대해 이행강제금을 부과한 것은 위법하지만, 그 하자가 중대하다고 볼 수 없어 취소사유에 해당한다.

07 행정상 강제집행에 대한 설명으로 옳지 않은 것은?

① 체납자는 공매처분취소소송에서 다른 권리자에 대한 공매 통지의 하자를 이유로 공매처분의 취소를 구할 수 없다.

② 「국세징수법」상 독촉은 체납처분의 전제요건을 충족시키며, 시효중단의 효과를 발생하게 한다.

③ 과세관청의 체납자 등에 대한 공매통지는 공매절차에 있어서 체납자 등의 권리 내지 재산상 이익을 보호하기 위하여 규정한 것이므로 그 통지를 하지 아니한 채 공매처분을 하였다면 그 공매처분은 무효가 된다.

④ 공매대행사실을 통지하지 않았다는 이유만으로 매각처분이 위법하게 되는 것은 아니다.

08 행정상 강제징수에 대한 설명으로 옳지 않은 것은?

① 세무서장은 한국자산관리공사로 하여금 공매를 대행하게 할 수 있으며, 이 경우 공매는 세무서장이 한 것으로 본다.

② 압류처분 후 과세처분의 근거법률이 위헌으로 결정된 경우에 체납자의 압류해제신청을 거부한 행정청의 행위는 위법하다.

③ 선행행위인 조세 등 부과처분이 무효이거나 취소되어 그 효력을 상실한 경우에도 후행행위인 체납처분이 당연무효가 되는 것은 아니다.

④ 「국세징수법」상 압류재산의 매각에 있어서 공매는 공법상의 행정처분의 성질을 가지지만 체납자에게 행하는 공매통지는 공매의 절차적 요건으로서 행정처분이라고 볼 수 없다.

09 행정상 즉시강제에 대한 설명으로 가장 옳지 않은 것은?

① 즉시강제에서 영장주의가 적용되는가의 여부에 대하여 판례는 국민의 권익보호를 위하여 예외 없이 영장주의가 적용되어야 한다는 영장필요설의 입장을 취하고 있다.

② 「재난 및 안전관리 기본법」에 의한 응급조치는 행정상 즉시강제에 해당한다.

③ 손실발생의 원인에 대하여 책임이 없는 자가 경찰관의 적법한 보호조치에 자발적으로 협조하여 재산상의 손실을 입은 경우, 국가는 손실을 입은 자에 대하여 정당한 보상을 하여야 한다.

④ 과도한 실력행사로 인해 즉시강제가 위법한 것으로 평가되는 경우에는 발생한 손해에 대하여 국가배상책임이 인정될 소지가 있다.

10 다음 중 행정상 즉시강제에 대한 설명으로 옳지 않은 것을 모두 고르면?

> ㄱ. 행정상 즉시강제는 그 본질상 행정 목적 달성을 위하여 불가피한 한도 내에서 예외적으로 허용되는 것이므로, 「경찰관직무집행법」 제6조 경찰관의 범죄의 제지조치 역시 그러한 조치가 불가피한 최소한도 내에서만 행사되도록 그 발동·행사 요건을 신중하고 엄격하게 해석하여야 한다.
>
> ㄴ. 즉시강제로써 행정상 장해를 제거하여 보호하고자 하는 공익과 즉시강제에 따른 권익침해 사이에는 비례관계가 있어야 한다.
>
> ㄷ. 불법게임물을 발견한 경우 관계공무원으로 하여금 영장 없이 이를 수거하여 폐기할 수 있도록 규정한 「음반·비디오물 및 게임물에 대한 법률」의 조항은 헌법상 영장주의에 위배된다.
>
> ㄹ. 즉시강제에 앞서 사전통지나 의견제출의 기회를 부여하지 않았다고 하여 적법절차 원칙에 위반되는 것으로는 볼 수 없다.
>
> ㅁ. '즉시강제'란 법령 또는 행정처분에 의한 선행의 구체적 의무의 불이행으로 인한 목전의 급박한 장해를 제거할 필요가 있는 경우에 행정기관이 즉시 국민의 신체 또는 재산에 실력을 행사하여 행정상의 필요한 상태를 실현하는 작용을 말한다.

① ㄱ, ㄹ   ② ㄴ, ㅁ

③ ㄷ, ㄹ   ④ ㄷ, ㅁ

11 행정조사에 대한 설명으로 옳지 않은 것은?

① 조사대상자의 동의가 있는 경우 해가 뜨기 전이나 해가 진 뒤에도 현장조사가 가능하다.

② 세무조사가 동일기간, 동일세목에 대한 것인 한 내용이 중첩되지 않아도 중복조사에 해당한다.

③ 행정조사는 처분성이 인정되지 않으므로 세무조사결정이 위법하더라도 이에 대해서는 항고소송을 제기할 수 없다.

④ 자발적인 협조를 얻어 실시하는 행정조사의 경우가 아닌 한 행정기관은 다른 법령 등에서 따로 행정조사를 규정하고 있지 않은 경우 「행정조사기본법」을 근거로 행정조사를 실시할 수 없다.

12 행정조사에 대한 설명으로 옳지 않은 것은?

① 행정기관의 장이 조사대상자의 자발적인 협조를 얻어 행정조사를 실시하고자 하는 경우 조사대상자는 문서·전화·구두 등의 방법으로 당해 행정조사를 거부할 수 있다.

② 조사원이 현장조사 중에 자료·서류·물건 등을 영치하는 경우에 조사대상자의 생활이나 영업이 사실상 불가능하게 될 우려가 있는 때에는 조사원은 증거인멸의 우려가 있는 경우가 아니라면 사진촬영 등의 방법으로 영치에 갈음할 수 있다.

③ 위법한 세무조사를 통하여 수집된 과세자료에 기초하여 과세처분을 하였더라도 그러한 사정만으로 그 과세처분이 위법하게 되는 것은 아니다.

④ 우편물 통관검사절차에서 압수·수색영장 없이 우편물의 개봉, 시료채취, 성분분석 등의 검사가 진행되었다면 특별한 사정이 없는 한 위법하지 않다.

13 「행정조사기본법」에 대한 설명으로 옳지 않은 것은?

① 조사대상자와 조사원은 조사과정을 방해하지 아니하는 범위 안에서 행정조사의 과정을 녹음하거나 녹화할 수 있다.

② 「행정조사기본법」에 의히면 조사대상자의 자발적인 협조를 얻어 실시하는 행정조사의 경우에는 법령 등의 근거 없이도 행할 수 있으며, 이러한 행정조사에 대하여 조사대상자가 조사에 응할 것인지에 대한 응답을 하지 아니하는 경우에는 법령 등에 특별한 규정이 없는 한 그 조사를 거부한 것으로 본다.

③ 행정기관의 장은 당해 행정기관이 이미 조사를 받은 조사대상자에 대하여 위법행위가 의심되는 새로운 증거를 확보하는 경우에는 재조사할 수 있다.

④ 행정기관이 유사하거나 동일한 사안이라고 하여 공동조사 등을 실시하는 것은 국민의 권익을 침해할 수 있으므로 허용되지 않는다.

14 「행정조사기본법」에 대한 설명으로 옳지 않은 것은?

① 조사대상자는 법률·회계 등에 대하여 전문지식이 있는 관계 전문가로 하여금 행정조사를 받는 과정에 입회하게 하거나 의견을 진술하게 할 수 있다.

② 조사대상자가 행정조사의 실시를 거부하거나 방해하는 경우 조사원은 「행정조사기본법」상의 명문규정에 의하여 조사대상자의 신체와 재산에 대해 실력을 행사할 수 있다.

③ 조사대상자가 조사대상 선정기준에 대한 열람을 신청한 경우에 행정기관은 그 열람이 당해 행정조사업무를 수행할 수 없을 정도로 조사활동에 지장을 초래한다는 이유로 열람을 거부할 수 있다.

④ 「행정조사기본법」에 따르면, 행정조사를 실시하는 경우 조사개시 7일 전까지 조사대상자에게 출석요구서, 보고요구서·자료제출요구서, 현장출입조사서를 서면으로 통지하여야 하나, 조사대상자의 자발적인 협조를 얻어 행정조사를 실시하는 경우에는 행정조사의 개시와 동시에 이를 조사대상자에게 제시할 수 있다.

15 다음 중 행정벌에 대한 설명으로 옳은 것을 모두 고르면?

> ㄱ. 죄형법정주의원칙 등 형벌법규의 해석원리는 행정
> 형벌에 대한 규정을 해석할 때에도 적용되어야 하
> 고, 법률의 위임이 있는 경우 행정벌은 명령이나 조
> 례로도 부과할 수 있다.
> ㄴ. 양벌규정에 의한 영업주의 처벌은 금지위반행위자
> 인 종업원의 처벌에 종속하는 것이 아니라 독립하여
> 그 자신의 종업원에 대한 선임감독상의 과실로 인하
> 여 처벌되는 것이므로 종업원의 범죄성립이나 처벌
> 이 영업주 처벌의 전제조건이 될 필요는 없다.
> ㄷ. 지방자치단체 소속 공무원이 지방자치단체 고유의
> 자치사무를 수행하던 중 「도로법」 규정을 위반한 경
> 우 지방자치단체는 「도로법」상의 양벌규정에 따라
> 처벌대상이 되는 법인에 해당한다.
> ㄹ. 「도로교통법」상 통고처분에 대하여 이의가 있는 자
> 는 통고처분에 따른 범칙금의 납부를 이행한 후에
> 행정쟁송을 통해 통고처분을 다툴 수 있다.
> ㅁ. 경찰서장이 범칙행위에 대하여 통고처분을 하더라
> 도 통고처분에서 정한 납부기간까지는 검사가 공소
> 를 제기할 수 있다.

① ㄱ, ㄴ, ㄷ   ② ㄱ, ㄴ, ㅁ
③ ㄱ, ㄷ, ㄹ   ④ ㄴ, ㄹ, ㅁ

16 사업주 甲에게 고용된 종업원 乙이 영업행위 중 행정법
규를 위반한 경우 행정벌의 부과에 대한 설명으로 옳은
것은?

① 乙의 위반행위가 과태료 부과대상인 경우에 乙이 자
신의 행위가 위법하지 아니한 것으로 오인하였다면
乙에 대해서 과태료를 부과할 수 없다.
② 甲의 처벌을 규정한 양벌규정이 있는 경우에도 乙이
처벌을 받지 않는 경우에는 甲만 처벌할 수 없다.
③ 행위자 외에 사업주를 처벌한다는 명문의 규정이 없
더라도 관계규정의 해석에 의해 과실 있는 사업주도
벌할 뜻이 명확한 경우에는 乙 외에 甲도 처벌할 수
있다.
④ 위 위반행위에 대해 내려진 시정명령에 따르지 않았
다는 이유로 乙이 과태료 부과처분을 받고 이를 납
부하였다면, 당초의 위반행위를 이유로 乙을 형사처
벌할 수 없다.

17 질서위반행위와 과태료처분에 대한 설명으로 옳은 것은?

① 신분에 의하여 성립하는 질서위반행위에 신분이 없
는 자가 가담한 때에는 신분이 없는 자에 대하여도
질서위반행위가 성립한다.
② 지방자치단체의 조례상의 의무를 위반하여 과태료를
부과하는 행위는 질서위반행위에 해당되지 않는다.
③ 과태료에는 소멸시효가 없으므로 행정청의 과태료처
분이나 법원의 과태료재판이 확정된 이상 일정한 시
간이 지나더라도 그 처벌을 면할 수는 없다.
④ 과태료의 부과 징수, 재판 및 집행 등의 절차에 관하
여 「질서위반행위규제법」과 타 법률이 달리 규정하
고 있는 경우에는 후자를 따른다.

18 「질서위반행위규제법」상 과태료에 대한 내용으로 옳지
않은 것을 모두 고르면?

① 하나의 행위가 둘 이상의 질서위반행위에 해당하는
경우에는 각 질서위반행위에 대하여 정한 과태료를
각각 부과한다.
② 과태료는 행정형벌이 아닌 행정질서벌이므로 「질서
위반행위규제법」은 행위자의 고의 또는 과실이 없더
라도 과태료를 부과하도록 하고 있다.
③ 법률에 따르지 아니하고는 어떤 행위도 질서위반행
위로 과태료를 부과하지 아니한다.
④ 2인 이상이 질서위반행위에 가담한 때에는 각자가
질서위반행위를 한 것으로 본다.

19 다음 중 「질서위반행위규제법」상 과태료에 대한 설명으로 옳은 것을 모두 고르면?

> ㄱ. 과태료는 당사자가 과태료 부과처분에 대하여 이의를 제기하지 아니한 채 「질서위반행위규제법」에 따른 이의제기기한이 종료한 후 사망한 경우에는 그 상속재산에 대하여 집행할 수 있다.
>
> ㄴ. 「질서위반행위규제법」에 의하면 과태료 재판에 대한 검사의 즉시항고는 당사자가 제기하는 즉시항고와는 달리 집행정지의 효력을 가지지 않는다.
>
> ㄷ. 질서위반행위가 있은 후 법률이 변경되어 그 행위가 질서위반행위에 해당하지 않게 된 경우에는 법률에 특별한 규정이 없는 한 과태료를 부과할 수 없다.
>
> ㄹ. 행정기관의 과태료부과처분에 대하여 상대방이 이의를 제기하여 그 사실이 「비송사건절차법」에 의한 과태료의 재판을 하여야 할 법원에 통지되더라도 당초의 행정기관의 부과처분은 그 효력을 상실하지 않는다.

① ㄱ, ㄴ   ② ㄱ, ㄷ
③ ㄱ, ㄹ   ④ ㄴ, ㄷ

20 과태료에 대한 설명으로 옳은 것은?

① 「질서위반행위규제법」에 따른 과태료부과처분은 항고소송의 대상인 행정처분에 해당한다.

② 대법원은 행정형벌과 행정질서벌은 그 성질이나 목적을 달리하는 별개의 것이므로 행정질서벌인 과태료를 납부한 후에 형사처벌을 한다면 이를 일사부재리의 원칙에 반하는 것으로 본다.

③ 헌법재판소는 행정형벌과 행정질서벌은 서로 다른 성질의 행정벌이므로 동일 법규 위반행위에 대하여 형벌을 부과하면서 행정질서벌인 과태료까지 부과하였다 하더라도 이중처벌금지의 기본정신에 배치되는 것은 아니라고 보고 있다.

④ 행정청이 질서위반행위에 대하여 과태료를 부과하고자 하는 때에는 미리 당사자에게 대통령령으로 정하는 사항을 통지하고, 10일 이상의 기간을 정하여 의견을 제출할 기회를 주어야 한다.

13회 진도별 모의고사

~ 행정소송

제한시간: 15분 시작 시 분 ~ 종료 시 분 점수 확인 개/ 20개

지문의 내용에 대해 학설의 대립 등
다툼이 있는 경우 판례에 의함

01 행정의 실효성확보수단에 대한 설명으로 옳은 것은?

① '질서위반행위'란 법률(조례를 포함한다)상의 의무를 위반하여 과태료를 부과하는 행위를 말하고, 이에는 대통령령으로 정하는 사법(私法)상·소송법상 의무를 위반하여 과태료를 부과하는 행위가 포함된다.

② 행정청은 질서위반행위가 발생하였다는 합리적 의심이 있어 그에 대한 조사가 필요하다고 인정할 때에는 법정조사권을 가진다.

③ 과태료 사건은 다른 법령에 특별한 규정이 있는 경우를 제외하고는 과태료를 부과한 행정청의 소재지를 관할하는 행정법원의 관할로 한다.

④ 공급거부, 행정상 명단공표는 행정법상의 의무위반자에 대한 직접적 강제수단이다.

02 다음 중 행정의 실효성확보수단으로서 금전상 제재에 대한 설명으로 옳지 않은 것을 모두 고르면?

ㄱ. 세법상 가산세는 납세자가 정당한 이유 없이 법에 규정된 신고·납세의무 등을 위반한 경우에 부과되는 행정상 제재로서, 납세의무자가 세무공무원의 잘못된 설명을 믿고 그 신고납부의무를 이행하지 아니한 경우에는 그것이 관계 법령에 어긋나는 것임이 명백하다고 하더라도 정당한 사유가 있는 경우에 해당한다.

ㄴ. 가산세는 형벌이 아니므로 행위자의 고의 또는 과실·책임능력·책임조건 등을 고려하지 아니하며, 조세의 부과절차에 따라 과징할 수 있다.

ㄷ. 가산금은 세법상의 의무의 성실한 이행을 확보하기 위하여 세법에 의하여 산출된 세액에 가산하여 징수하는 금액을 말한다.

ㄹ. 구 「독점규제 및 공정거래에 대한 법률」 제24조의2에 의한 부당내부거래행위에 대한 과징금은 부당내부거래 억지라는 행정목적을 실현하기 위하여 그 위반행위에 대한 행정상의 제재금으로서의 기본적 성격에 부당이득환수적 요소도 부가되어 있는 것으로, 이는 헌법 제13조 제1항에서 금지하는 국가형벌권의 행사로서의 '처벌'에 해당하지 아니한다.

① ㄱ, ㄴ   ② ㄱ, ㄷ
③ ㄱ, ㄹ   ④ ㄷ, ㄹ

03 행정법상 의무의 위반이나 불이행에 대한 과징금 부과처분에 대한 설명으로 옳지 않은 것은?

① 공정거래위원회의 과징금 납부명령이 재량권 일탈남용으로 위법한지는 다른 특별한 사정이 없는 한 과징금 납부명령이 행하여진 '의결일' 당시의 사실상태를 기준으로 판단하여야 한다.

② 전형적 과징금은 원칙적으로 행정법상의 의무를 위반한 자에 대하여 위반행위로 얻게 된 경제적 이익을 박탈하기 위한 목적으로 부과하는 금전적인 제재이다.

③ 영업정지에 갈음하는 과징금을 변형된 과징금이라 하며 변형된 과징금제도는 일반공중의 이용편의를 도모하기 위한 것이다.

④ 전형적 과징금의 경우 실정법에서 통상 '위반행위의 내용·정도, 위반행위의 기간·횟수 이외의 위반행위로 인해 취득한 이익의 규모 등'을 고려요소로 규정하기 때문에 법령 위반으로 취득한 이익이 없는 경우에는 부과할 수 없다.

04 과징금에 대한 설명으로 옳지 않은 것은?

① 위법한 과징금의 부과행위는 행정처분으로 볼 수 없으므로 행정소송을 통하여 취소 등을 구할 수 없다.

② 과징금 부과에는 고의·과실을 요하지 않으나, 의무해태를 탓할 수 없는 정당한 사유가 있는 경우 이를 부과할 수 없다.

③ 「부동산 실권리자명의 등기에 대한 법률」상 실권리자명의 등기의무에 위반하여 부과된 과징금채무는 대체적 급부가 가능한 의무이므로 과징금을 부과받은 자가 사망한 경우 그 상속인에게 포괄승계된다.

④ 변형된 과징금의 경우 영업정지에 갈음하는 과징금을 부과할 것인가 영업정지처분을 내릴 것인가는 통상 행정청의 재량에 속한다.

05 행정의 실효성확보수단에 대한 설명으로 옳지 않은 것은?

① 행정법규 위반에 대하여 가하는 제재조치(영업정지처분)는 반드시 현실적인 행위자가 아니라도 법령상 책임자로 규정된 자에게 부과되고, 특별한 사정이 없는 한 위반자에게 고의나 과실이 없더라도 부과할 수 있다.

② 부과관청이 추후에 부과금 산정 기준이 되는 새로운 자료가 나올 경우 과징금액이 변경될 수도 있다고 유보하며 과징금을 부과했다 하더라도 새로운 자료가 나온 것을 이유로 새로이 부과처분을 할 수 없다.

③ 여러 개의 위반행위에 대하여 외형상 하나의 과징금 납부명령을 하였으나 그 중 일부에 대한 과징금 부과만이 위법하고 소송상 그 일부의 위반행위를 기초로 한 과징금액을 산정할 수 있는 자료가 있는 경우에도 법원은 그 전부를 취소하여야 한다.

④ 자동차운수사업면허조건 등을 위반한 사업자에 대한 과징금부과처분이 법이 정한 한도액을 초과하여 위법한 경우 법원은 그 처분 전부를 취소하여야 한다.

06 행정의 실효성확보수단에 대한 설명으로 옳지 않은 것은?

① '명단의 공표'란 행정법상의 의무 위반 또는 불이행이 있는 경우 그 위반자의 성명, 위반사실 등을 일반에게 공개하여 명예 또는 신용에 침해를 가함으로써 심리적인 압박을 가하여 행정법상 의무이행을 확보하는 수단을 말한다.

② 조세체납자의 관허사업 제한을 명시하고 있는 구 「국세징수법」 관련규정은 부당결부금지원칙에 반하여 위헌이라는 것이 판례의 입장이다.

③ 행정법상 의무위반자에 대한 명단의 공표는 법적인 근거가 없다면 허용되지 않는다.

④ 공표로 타인의 명예를 훼손한 경우에도 국가기관이 공표 당시 이를 진실이라고 믿었고 또 그렇게 믿을 만한 상당한 이유가 있다면 위법성이 조각된다.

07 다음 중 행정의 실효성 확보에 대한 설명으로 옳은 것을 모두 고르면?

> ㄱ. 한국전력공사가 전기공급의 적법여부를 조회한 데 대하여, 관할구청장이 해당 위법건물에 대한 전기공급이 불가하다는 내용의 회신을 한 경우, 그 회신은 항고소송의 대상이 되는 행정처분이다.
>
> ㄴ. 대법원은 국세청장이 부동산투기자의 명단을 언론사에 공표함으로써 명예를 훼손한 사건에서 손해배상책임을 인정하였다.
>
> ㄷ. '시정명령'이란 행정법령의 위반행위로 초래된 위법상태의 제거 내지 시정을 명하는 행정행위를 말하는 것으로서, 그 위법행위의 결과가 더 이상 존재하지 않는다면 시정명령을 할 수 없다.
>
> ㄹ. 행정청은 시정명령으로 과거의 위반행위에 대한 중지를 명할 수 있을 뿐 가까운 장래에 반복될 우려가 있는 동일한 유형의 행위의 반복금지까지 명할 수는 없다.

① ㄱ, ㄴ   ② ㄱ, ㄹ
③ ㄴ, ㄷ   ④ ㄷ, ㄹ

08 「행정소송법」상 행정소송에 해당하지 않는 것은?

① 국가나 지방자치단체에 근무하는 청원경찰의 징계처분에 대한 소송
② 행정편의를 위하여 사법상의 금전급부의무의 불이행에 대하여 「국세징수법」상 체납처분에 대한 규정을 준용하는 규정에 따른 체납처분을 다투는 소송
③ 명예퇴직한 법관이 미지급 명예퇴직수당액의 지급을 구하는 소송
④ 국세환급결정이나 그 결정을 구하는 신청에 대한 환급거부결정 등을 다투는 소송

09 행정소송의 대상에 대한 판례의 입장으로 옳지 않은 것은?

① 「수도법」에 의하여 지방자치단체인 수도사업자가 그 수돗물의 공급을 받는 자에게 하는 수도료 부과·징수와 이에 따른 수도료 납부관계는 사법상의 권리의무 관계이므로, 이에 대한 분쟁은 민사소송의 대상이다.
② 구 「예산회계법」상 입찰보증금의 국고귀속조치는 손해배상예정의 성질을 갖는다는 점에서, 이를 다투는 소송은 민사소송에 해당한다.
③ 「도시 및 주거환경정비법」상 주택재건축정비사업조합을 상대로 관리처분계획안에 대한 조합 총회결의의 효력 등을 다투는 소송은 「행정소송법」상 당사자소송에 해당한다.
④ 공익사업을 위한 토지 등의 취득 및 보상에 대한 법령에 의한 협의취득은 사법상의 법률행위이므로, 이에 대한 분쟁은 민사소송의 대상이다.

10 행정소송의 한계에 대한 설명으로 옳지 않은 것은?

① 신축건물의 준공처분을 하여서는 아니 된다는 내용의 부작위를 청구하는 행정소송은 허용되지 않는다.
② 「행정소송법」 제26조는 행정소송에서 직권심리주의가 적용되도록 하고 있지만, 행정소송에서도 당사자주의나 변론주의의 기본구도는 여전히 유지된다.
③ 행정처분이 불복기간의 경과로 확정되었다면 누구도 당해 처분의 효력을 더 이상 다툴 수 없으므로, 당사자들과 법원은 당해 처분에 모순되는 주장이나 판단을 할 수 없다.
④ 재량행위도 행정소송의 대상이 될 수 있으나, 일탈·남용의 정도가 아닌 부당한 정도에 불과한 경우에는 법원이 재량행위를 취소할 수 없다.

11 취소소송에 대한 설명으로 옳지 않은 것을 모두 고르면?

① 자연물인 도롱뇽 또는 그를 포함한 자연 그 자체로서는 소송을 수행할 당사자능력을 인정할 수 없다.

② 취소소송에서 처분의 위법성은 소송요건에 해당한다.

③ 취소소송의 법적성질은 항고소송, 형성소송, 주관적 소송이다.

④ 취소소송의 소송물을 처분의 위법성 일반으로 보게 되면, 어떠한 처분에 대한 청구기각의 확정판결이 있는 경우에도 후에 제기되는 취소소송에서 그 처분의 위법성을 주장할 수 있다.

12 처분에 대한 설명으로 옳지 않은 것은?

① 「행정소송법」상 처분의 개념과 강학상 행정행위의 개념이 다르다고 보는 견해는 처분의 개념을 강학상 행정행위의 개념보다 넓게 본다.

② 항고소송의 대상이 되는 행정처분이라 함은 원칙적으로 행정청의 공법상 행위로서 특정 사항에 대하여 법규에 의한 권리의 설정 또는 의무의 부담을 명하거나 기타 법률상 효과를 발생하게 하는 등으로 일반 국민의 권리·의무에 직접 영향을 미치는 행위를 가리킨다.

③ 어떤 행위가 상대방의 권리를 제한하는 행위라 하더라도 행정청 또는 그 소속기관이나 권한을 위임받은 공공단체 등의 행위가 아닌 한 이를 행정처분이라고 할 수 없다.

④ 어떠한 처분이 상대방에게 권리의 설정 또는 의무의 부담을 명하거나 기타 법적인 효과를 발생하게 하는 등으로 그 상대방의 권리의무에 직접 영향을 미치는 행위라도 그 처분의 근거가 행정규칙에 규정되어 있다면, 이 경우에 그 처분은 항고소송의 대상이 되는 행정처분에 해당하지 않는다.

13 다음 중 행정소송의 대상인 행정처분에 해당하는 것을 모두 고르면?

ㄱ. 국민건강보험공단의 직장가입자 자격상실 및 자격변동 안내 통보

ㄴ. 말소된 상표권에 대한 회복등록신청의 거부행위

ㄷ. 「표시·광고의 공정화에 대한 법률」 위반을 이유로 한 공정거래위원회의 경고

ㄹ. 상훈대상자를 결정할 권한이 없는 국가보훈처장이 기포상자에게 훈격재심사계획이 없다고 한 회신

ㅁ. 불법유출을 이유로 한 주민등록번호 변경신청에 대한 구청장의 거부행위

① ㄱ, ㄴ, ㄹ   ② ㄱ, ㄹ, ㅁ

③ ㄴ, ㄷ, ㅁ   ④ ㄷ, ㄹ, ㅁ

14 행정처분에 대한 판례의 태도로 옳은 것은?

① 행정청이 무허가건물관리대장에서 무허가건물을 삭제하는 행위는 항고소송의 대상이 되는 행정처분에 해당한다.

② 거부처분이 있은 후 당사자가 다시 신청을 한 경우에는 신청의 제목 여하에 불구하고 그 내용이 새로운 신청을 하는 취지라면 관할 행정청이 이를 다시 거절하는 것은 새로운 거부처분이 아니다.

③ 교도소장이 수형자를 '접견내용 녹음·녹화 및 접견 시 교도관 참여대상자'로 지정하는 행위는 행정처분에 해당하지 않는다.

④ 구청장의 건축물 착공신고 반려행위는 항고소송의 대상이 되는 행정처분에 해당한다.

15 항고소송의 대상인 행정처분에 대한 설명으로 옳지 않은 것은?

① 병무청장이 하는 병역의무 기피자의 인적사항 등을 인터넷 홈페이지에 게시한 것은 병역의무 이행을 간접적으로 강제하려는 목적이 있지만 행정처분에는 해당하지 않는다.

② A시장이 감사원으로부터 소속 공무원 甲에 대하여 징계의 종류를 정직으로 정한 징계 요구를 받게 되자 감사원에 징계 요구에 대한 재심의를 청구하였고 감사원이 재심의청구를 기각한 경우, 감사원의 징계 요구와 재심의결정은 항고소송의 대상이 되는 행정처분에 해당하지 않는다.

③ 중소기업기술정보진흥원장이 A주식회사와 체결한 중소기업 정보화지원사업 지원대상인 사업의 지원협약을 甲의 책임 있는 사유로 해지하고 협약에서 정한 대로 지급받은 정부지원금을 반환할 것을 통보한 경우, 협약의 해지 및 그에 따른 환수통보는 행정청이 우월한 지위에서 행하는 공권력의 행사로서 행정처분에 해당하지 않는다.

④ 지방자치단체 등이 건축물을 건축하기 위해 건축물 소재지 관할 허가권자인 지방자치단체의 장과 건축협의를 하였는데 허가권자인 지방자치단체의 장이 그 협의를 취소한 경우, 건축협의 취소는 항고소송의 대상인 행정처분에 해당한다.

16 다음 중 판례가 항고소송의 대상인 처분성을 긍정한 것을 모두 고르면?

ㄱ. 「병역법」상의 신체등위판정
ㄴ. 국가인권위원회의 성희롱결정 및 시정조치권고
ㄷ. 한국마사회의 기수면허 취소
ㄹ. 지목변경신청 반려행위
ㅁ. 행정재산의 사용료 부과
ㅂ. 농지개량조합의 직원에 대한 징계처분

① ㄱ, ㄴ, ㅁ, ㅂ
② ㄱ, ㄷ, ㄹ, ㅁ
③ ㄴ, ㄷ, ㅁ, ㅂ
④ ㄴ, ㄹ, ㅁ, ㅂ

17 항고소송의 대상이 되는 처분에 대한 설명으로 옳은 것은?

① 지방계약직공무원의 보수삭감행위는 대등한 당사자 간의 계약관계와 관련된 것이므로 처분성은 인정되지 아니하며 공법상 당사자소송의 대상이 된다.

② 공정거래위원회의 표준약관 사용권장행위는 비록 그 통지를 받은 해당 사업자등에게 표준약관을 사용할 경우 표준약관과 다르게 정한 주요내용을 고객이 알기 쉽게 표시하여야 할 의무를 부과하고 그 불이행에 대해서는 과태료에 처하도록 되어있으나, 이는 어디까지나 구속력이 없는 행정지도에 불과하므로 행정처분에 해당되지 아니한다.

③ 검사의 공소에 대하여는 형사소송절차에 의하여서만 다툴 수 있고 행정소송의 방법으로 공소의 취소를 구할 수는 없다.

④ 기존의 행정처분을 변경하는 후속처분의 내용이 종전처분의 유효를 전제로 내용 중 일부만을 추가·철회·변경하는 것이고 추가·철회·변경된 부분이 내용과 성질상 나머지 부분과 불가분적인 것이 아닌 경우라 할지라도 후속 처분이 항고소송의 대상이 된다.

18 항고소송의 대상이 되는 행정처분에 대한 판례의 입장으로 옳지 않은 것은?

① 「국가유공자법」상 이의신청을 받아들이지 않는 결정은 항고소송의 대상이 되는 행정처분에 해당한다.

② 금융감독원장으로부터 문책경고를 받은 금융기관의 임원이 일정기간 금융업종 임원선임의 자격제한을 받도록 관계법령에 규정되어 있는 경우, 금융기관 임원에 대한 문책경고는 상대방의 권리·의무에 직접 영향을 미치는 행위이므로 행정처분에 해당한다.

③ 공무원시험승진후보자명부에 등재된 자에 대하여 이전의 징계처분을 이유로 시험승진후보자명부에서 삭제하는 행위는 행정처분에 해당하지 않는다.

④ 정부의 수도권 소재 공공기관의 지방이전시책을 추진하는 과정에서 도지사가 도 내 특정시를 공공기관이 이전할 혁신도시 최종입지로 선정한 행위는 항고소송의 대상이 되는 행정처분에 해당하지 않는다.

19 항고소송 대상적격에 대한 설명으로 옳지 않은 것은?

① 민주화운동관련자 명예회복 및 보상심의위원회의 보상금 등의 지급대상자에 대한 결정은 국민의 권리·의무에 직접 영향을 미치는 행정처분에 해당하지 않는다.

② 구청장이 사회복지법인에 특별감사 결과 지적사항에 대한 시정지시와 그 결과를 관계서류와 함께 보고하도록 지시한 경우, 그 시정지시는 항고소송의 대상이 되는 처분에 해당한다.

③ 대학교원의 신규채용에 있어서 유일한 면접심사 대상자로 선정된 임용지원자에 대한 교원신규채용 중단조치는 임용지원자에 대한 신규임용을 사실상 거부하는 종국적인 조치로서 항고소송의 대상이 되는 처분 등에 해당한다.

④ 청소년유해매체물 결정 및 고시처분은 일반 불특정 다수인을 상대방으로 하여 일률적으로 표시의무, 포장의무, 청소년에 대한 판매·대여 등의 금지의무를 발생시키는 일반처분이다.

20 항고소송의 원고적격에 대한 설명으로 옳지 않은 것은?

① 사단법인인 대한의사협회는 「국민건강보험법」상 요양급여 행위, 요양급여비용의 청구 및 지급과 관련하여 직접적인 법률관계를 갖고 있지 않으므로, 보건복지부 고시인 '건강 보험요양행위 및 그 상대가치점수 개정'의 취소를 구할 원고적격이 없다.

② '법률상 보호되는 이익'이라 함은 당해 처분의 근거 법규에 의하여 보호되는 개별적·구체적 이익뿐만 아니라 관련 법규에 의하여 보호되는 개별적·구체적 이익까지 포함한다는 것이 판례의 입장이다.

③ 절대보전지역 변경처분에 대해 지역주민회와 주민들이 항고소송을 제기한 경우에는 절대보전지역 유지로 지역주민회·주민들이 가지는 주거 및 생활환경상 이익은 지역의 경관 등이 보호됨으로써 누리는 법률상 이익이다.

④ 기존의 한정면허를 받은 시외버스운송사업자는 일반면허 시외버스운송사업자에 대한 사업계획변경인가처분의 취소를 구할 법률상의 이익이 있다.

지문의 내용에 대해 학설의 대립 등
다툼이 있는 경우 판례에 의함

01 항고소송의 원고적격에 대한 설명으로 옳은 것은?

① 국가 역시 원고적격이 인정되므로 기관위임사무에 대해 해당 지방자치단체장을 상대로 취소소송을 제기할 수 있다.

② 국가기관인 시·도 선거관리위원회 위원장은 국민권익위원회가 그에게 소속 직원에 대한 중징계요구를 취소하라는 등의 조치 요구를 한 것에 대해서 취소소송을 제기할 원고적격을 가진다고 볼 수 없다.

③ 법령이 특정한 행정기관 등으로 하여금 다른 행정기관을 상대로 제재적 조치를 취할 수 있도록 하면서, 그에 따르지 않으면 과태료를 부과하거나 형사처벌을 할 수 있도록 정하는 경우 상대방 행정기관에게 원고적격을 인정할 수 있다.

④ 교육부장관이 사학분쟁조정위원회의 심의를 거쳐 이사와 임시이사를 선임한 데 대하여 대학 교수협의회와 총학생회는 제3자로서 취소소송을 제기할 자격이 없다.

02 취소소송의 원고적격에 대한 판례의 입장으로 옳지 않은 것은?

① 고등학교졸업은 대학입학자격이나 학력인정으로서의 의미밖에 없으므로, 퇴학처분을 받은 자가 고등학교졸업학력검정고시에 합격하였다면 더 이상 퇴학처분의 취소를 구할 소송상의 이익이 없다.

② 채석허가를 받은 자로부터 영업양수 후 명의변경신고 이전에 양도인의 법위반사유를 이유로 채석허가가 취소된 경우, 양수인은 수허가자의 지위를 사실상 양수받았으므로 그 처분의 취소를 구할 법률상 이익을 가진다.

③ 사증발급의 법적 성질, 「출입국관리법」의 입법목적, 사증발급 신청인의 대한민국과의 실질적 관련성, 상호주의원칙 등을 고려하면, 우리 「출입국관리법」의 해석상 외국인에게는 사증발급 거부처분의 취소를 구할 법률상 이익이 인정되지 않는다.

④ 예탁금회원제 골프장에 가입되어 있는 기존 회원 甲은 그 골프장 운영자가 당초 승인을 받을 때 정한 예정인원을 초과하여 회원을 모집하는 내용의 회원모집계획서에 대한 시·도지사의 검토결과통보의 취소를 구할 법률상 이익이 있다.

03 항고소송에 있어서 소의 이익에 대한 설명으로 옳지 않은 것은?

① 행정청이 직위해제 상태에 있는 공무원에 대하여 새로운 직위해제사유에 기한 직위해제처분을 한 경우 그 이전에 한 직위해제처분의 취소를 구할 소의 이익이 없다.

② 원자로 시설부지 인근 주민들은 방사성물질 등에 의한 생명·신체의 안전침해를 이유로 부지사전승인처분의 취소를 구할 소의 이익이 있다.

③ 개발제한구역 중 일부 취락을 개발제한구역에서 해제하는 내용의 도시관리계획 변경결정에 대하여, 개발제한구역 해제대상에서 누락된 토지의 소유자는 위 결정의 취소를 구할 소의 이익이 없다.

④ 경원관계에서 허가처분을 받지 못한 사람은 자신에 대한 거부처분이 취소되더라도, 그 판결의 직접적 효과로 경원자에 대한 허가처분이 취소되거나 효력이 소멸하는 것은 아니므로 자신에 대한 거부처분의 취소를 구할 소의 이익이 없다.

04 다음 중 판례가 원고적격을 인정하고 있는 것은 모두 몇 개인가?

> ㄱ. 학과에 재학 중인 대학생들이 전공이 다른 교수의 임용으로 인해 학습권을 침해당하였다는 이유를 들어 교수 임용처분의 취소를 구할 때
> ㄴ. 제약회사가 보건복지부 고시인 약제급여·비급여목록 및 급여상한금액표의 취소를 구할 때
> ㄷ. 담배 일반소매인인 기존업자가 신규 담배 구내소매인 지정처분에 대한 취소를 구할 때
> ㄹ. 주택재개발정비사업 조합설립추진위원회 구성에 동의하지 아니한 정비구역 내의 토지 등 소유자가 설립승인처분에 대한 취소를 구할 때

① 1개 ② 2개
③ 3개 ④ 4개

05 취소소송의 원고적격에 대한 설명으로 옳지 않은 것은?

① 행정처분의 직접 상대방이 아닌 제3자라도 당해 행정처분의 취소를 구할 법률상의 이익이 있는 경우에는 원고적격이 인정된다.
② 행정처분의 취소를 구할 이익은 불이익처분의 상대방뿐만 아니라 수익처분의 상대방에게도 인정되는 것이 원칙이다.
③ 재단법인인 수녀원은 소속된 수녀 등이 쾌적한 환경에서 생활할 수 있는 환경상 이익을 침해받는다 하더라도 매립 목적을 택지조성에서 조선시설용지로 변경하는 내용의 공유수면매립목적 변경승인처분의 무효확인을 구할 원고적격이 없다.
④ 검사의 임용에 있어서 임용권자는 적어도 재량권의 일탈이나 남용이 없는 위법하지 않은 응답을 할 의무가 있고, 이에 대응하여 임용신청자는 적법한 응답을 요구할 수 있는 응답신청권을 가지며 나아가 이를 바탕으로 재량권 남용의 임용거부처분에 대하여 항고소송으로 그 취소를 구할 수 있다.

06 제3자에게 법률상의 이익을 인정한 판례가 아닌 것은?

① 공설화장장 설치의 금지를 구하는 인근주민들의 소송
② 한정면허시외버스사업자의 일반면허시외버스사업자에 대한 사업계획변경인가처분의 취소소송
③ 한약조제권을 인정받은 약사들에 대한 합격처분의 무효확인을 구하는 한의사의 소송
④ 기존 약종상허가업자의 자신의 영업허가지역에 대한 타 약종상업허가업자의 영업소이전허가처분의 취소소송

07 다음 중 처분에 관하여 이해관계가 있는 제3자의 법적 지위에 대한 설명으로 옳지 않은 것을 모두 고르면?

> ㄱ. 행정청이 처분을 서면으로 하는 경우 상대방과 제3자에게 행정심판을 제기할 수 있는지 여부와 제기하는 경우의 행정심판절차 및 청구기간을 직접 알려야 한다.
> ㄴ. 행정소송의 결과에 따라 권리 또는 이익의 침해 우려가 있는 제3자는 당해 행정소송에 참가할 수 있으며, 이때 참가인인 제3자는 실제로 소송에 참가하였던 경우에만 판결의 효력을 받는다.
> ㄷ. 처분을 취소하는 판결에 의하여 권리의 침해를 받는 제3자는 자기에게 책임 없는 사유로 인하여 소송에 참가하지 못함으로써 판결의 결과에 영향을 미칠 공격 또는 방어방법을 제출하지 못한 때에는 이를 이유로 확정된 종국 판결에 대하여 재심의 청구를 할 수 있다.
> ㄹ. 이해관계가 있는 제3자는 자신의 신청 또는 행정청의 직권에 의하여 행정절차에 참여하여 처분 전에 그 처분의 관할 행정청에 서면으로만 의견제출을 할 수 있다.

① ㄱ, ㄴ ② ㄷ, ㄹ
③ ㄱ, ㄴ, ㄹ ④ ㄱ, ㄴ, ㄷ, ㄹ

08 판례 중 협의의 소의 이익이 인정되지 않는 것은?

① 원상회복이 불가능하게 보이는 경우라 하더라도 위법한 처분이 반복될 위험성이 있어 행정처분의 위법성 확인 내지 불분명한 법률문제에 대한 해명이 필요하다고 판단되는 경우 그 처분의 취소를 구할 이익이 있다.

② 현역입영대상자로서 현실적으로 입영을 한 자가 입영 이후의 법률관계에 영향을 미치고 있는 현역병입영통지처분 등을 한 관할 지방병무청장을 상대로 위법을 주장하여 그 취소를 구하는 경우

③ 행정청이 영업허가신청 반려처분의 취소를 구하는 소의 계속 중 사정변경을 이유로 위 반려처분을 직권취소함과 동시에 위 신청을 재반려하는 내용의 재처분을 한 경우 당초의 반려처분의 취소를 구하는 경우

④ 도시개발사업의 공사 등이 완료되고 원상회복이 사회통념상 불가능하게 된 경우 도시개발사업의 시행에 따른 도시계획변경결정처분과 도시개발구역지정처분 및 도시개발사업 실시계획인가처분의 취소를 구하는 경우

09 다음 중 협의의 소의 이익이 인정되는 것을 모두 고르면?

ㄱ. 법인세 과세표준과 관련하여 과세관청이 법인의 소득처분 상대방에 대한 소득처분을 경정하면서 증액과 감액을 동시에 한 결과 전체로서 소득처분금액이 감소된 때

ㄴ. 취임승인이 취소된 학교법인의 정식이사들에 대해 원래 정해져 있던 임기가 만료된 때

ㄷ. 수형자의 영치품에 대한 사용신청 불허처분 후 수형자가 다른 교도소로 이송된 경우

ㄹ. 건축사 업무정지처분을 받은 후 새로운 업무정지처분을 받음이 없이 1년이 경과하여 실제로 가중된 제재처분을 받을 우려가 없게 된 때

① ㄱ, ㄴ
② ㄱ, ㄹ
③ ㄴ, ㄷ
④ ㄴ, ㄹ

10 다음 중 옳지 않은 것은?

① 구 「도시 및 주거환경정비법」상 조합설립추진위원회 구성 승인처분을 다투는 소송 계속 중에 조합설립인가처분이 이루어졌다면 조합설립추진위원회 구성승인처분의 취소를 구할 법률상 이익은 없다.

② 가중요건이 부령인 시행규칙상 처분기준으로 규정되어 있는 경우(「식품위생법 시행규칙」 제89조 [별표 23] 행정 처분기준), 처분에서 정한 제재기간이 경과한 때에도 그 처분의 취소를 구할 소의 이익이 인정된다.

③ 개발제한구역 안에서의 공장설립을 승인한 처분이 위법하다는 이유로 쟁송취소되었다고 하더라도 그 승인처분에 기초한 공장건축허가처분이 잔존하는 이상, 인근 주민들은 여전히 공장건축허가처분의 취소를 구할 법률상 이익이 있다.

④ 위법한 행정처분의 취소를 구하는 소는 위법한 처분에 의하여 발생한 위법상태를 배제하여 원상으로 회복시키고 그 처분으로 침해되거나 방해받은 권리와 이익을 보호·구제하고자 하는 소송이므로, 그 취소판결로 인한 권리구제의 가능성이 확실한 경우에만 소의 이익이 인정된다.

11 다음 중 판례에 의할 때, 소의 이익이 부정된 것은 모두 몇 개인가?

ㄱ. 최초 과징금 부과처분을 한 뒤, 자진신고 등을 이유로 감면처분을 한 경우, 선행처분의 취소

ㄴ. 지방의료원 폐업결정 후 지방의료원이 해산된 경우, 그 폐업결정의 취소

ㄷ. 진급처분을 행하지 아니한 상태에서 예비역으로 편입하는 처분을 한 경우, 진급처분부작위를 이유로 한 예비역편입처분의 취소

ㄹ. 지방의회의원의 제명의결 취소소송 계속 중 임기 만료로 지방의원으로서의 지위를 회복할 수 없는 때

① 0개
② 1개
③ 2개
④ 3개

12 소의 이익에 대한 설명으로 옳은 것은?

① 「건축법」 소정의 이격거리를 두지 않고 건축물이 완료된 경우에 건축허가의 취소를 구할 소의 이익이 인정된다.

② 배출시설에 대한 설치허가가 취소된 후 그 배출시설이 철거되어 다시 가동할 수 없는 상태라도 그 취소처분이 위법하다는 판결을 받아 손해배상청구소송에서 이를 원용할 수 있다면 배출시설의 소유자는 당해 처분의 취소를 구할 법률상 이익이 있다.

③ 원자로건설허가처분이 있게 되면 원자로부지사전승인처분에 대한 취소소송은 소의 이익을 잃게 된다.

④ 건축물에 대한 사용검사처분이 취소되면 사용검사 전의 상태로 돌아가 건축물을 사용할 수 없게 되므로 구 「주택법」상 입주자나 입주예정자가 사용검사처분의 무효확인 또는 취소를 구할 법률상 이익이 있다.

13 행정소송의 피고적격에 대한 설명으로 옳은 것은?

① 대리권을 수여받은 데 불과하여 그 자신의 명의로는 행정처분을 할 권한이 없는 행정청의 경우 대리관계를 밝힘이 없이 그 자신의 명의로 행정처분을 하였다면 그에 대하여는 처분명의자인 당해 행정청이 항고소송의 피고가 되어야 하는 것이 원칙이다.

② 대외적으로 의사를 표시할 수 없는 내부기관이라도 행정처분의 실질적인 의사가 그 기관에 의하여 결정되는 경우에는 그 내부기관에게 항고소송의 피고적격이 있다.

③ 행정권한을 위탁받은 공공단체 또는 사인이 자신의 이름으로 처분을 한 경우에도 위임한 행정청이 항고소송의 피고가 된다.

④ 행정처분을 행할 적법한 권한이 있는 상급행정청으로부터 내부위임을 받은 데 불과한 하급행정청이 권한 없이 자신의 이름으로 행정처분을 한 경우에는 상급행정청이 항고소송의 피고가 된다.

14 항고소송의 피고에 대한 설명으로 옳은 것은?

① 중앙노동위원회의 재심판정에 대한 취소소송에 있어서 그 피고는 중앙노동위원회가 되어야 한다.

② 조례가 항고소송의 대상이 되는 경우 피고는 지방자치단체의 의결기관으로서 조례를 제정한 지방의회이다.

③ 대통령에 의하여 망인에 대한 독립유공자서훈취소가 결정되고, 훈장 등을 환수조치하여 달라는 행정안전부장관의 요청에 의하여 국가보훈처장이 망인의 유족에게 독립유공자서훈취소결정을 통보한 경우, 독립유공자서훈취소결정에 대한 취소소송에서의 피고적격이 있는 자는 국가보훈처장이다.

④ 항고소송에서 원고가 피고를 잘못 지정하였다면 법원은 석명권을 행사하여 피고를 경정하게 하여 소송을 진행하여야 한다.

15 다음 중 행정소송의 피고적격에 대한 설명으로 옳지 않은 것을 모두 고르면?

ㄱ. 당사자소송은 국가·공공단체 그 밖의 권리주체가 피고가 된다.

ㄴ. 처분 등이 있은 뒤에 그 처분 등에 관계되는 권한이 다른 행정청에 승계된 때라도 그 처분 등을 행한 행정청을 피고로 한다.

ㄷ. 대통령이 행한 공무원에 대한 불이익 처분의 경우 소속장관이 피고가 된다.

ㄹ. 개별법령에 합의제 행정청의 장을 피고로 한다는 명문규정이 없는 경우에도 합의제 행정청 명의로 한 행정처분의 취소소송의 피고적격자는 합의제 행정청의 장이다.

① ㄱ, ㄹ ② ㄴ, ㄷ
③ ㄴ, ㄹ ④ ㄷ, ㄹ

16 항고소송의 피고적격에 대한 설명으로 옳지 않은 것은?

① 원고가 피고를 잘못 지정한 때에는 법원은 원고의 신청에 의하여 결정으로써 피고의 경정을 허가할 수 있다.

② 피고경정은 사실심변론종결까지만 허용된다는 것이 판례의 입장이다.

③ 근로복지공단의 권한이 국민건강보험공단으로 이관된 경우 이관 받은 국민건강보험공단이 피고가 된다.

④ 7급 지방공무원 신규임용시험 불합격결정에 대한 소송의 피고는 시·도 인사위원회이다.

17 다음 설명 중 옳은 것은?

① 피고경정 결정이 있은 때에는 새로운 피고에 대한 소송은 처음에 소를 제기한 때에 제기된 것으로 본다.

② 피고경정의 신청을 각하한 결정에 대하여는 불복할 수 없다.

③ 납세의무부존재확인의 소를 제기하는 경우 그 납세의무를 부과한 과세관청이 피고적격을 가진다.

④ 취소소송의 피고적격에 대한 규정은 부작위위법확인소송에 준용되지 않는다.

18 행정소송에서의 제소기간에 대한 설명으로 옳은 것은?

① 제소기간은 불변기간이므로 소송행위의 보완은 허용되지 않는다.

② '처분이 있음을 안 날'이란 통지, 공고 기타의 방법에 의하여 당해 처분이 있었다는 사실을 현실적으로 안 날을 의미하고 구체적으로 그 행정처분의 위법 여부를 판단한 날을 의미한다.

③ 청구취지를 변경하여 종전의 소가 취하되고 새로운 소가 제기된 것으로 변경되었다면 새로운 소에 대한 제소기간 준수여부는 원칙적으로 소의 변경이 있은 때를 기준으로 한다.

④ 제소기간의 준수 여부는 법원의 직권조사사항에 해당하지 않는다.

19 「행정소송법」상 제소기간에 대한 설명으로 옳지 않은 것은?

① 처분의 불가쟁력이 발생하였고 그 이후에 행정청이 당해 처분에 대해 행정심판청구를 할 수 있다고 잘못 알렸다면, 그 처분의 취소소송의 제소기간은 행정심판의 재결서를 받은 날부터 기산한다.

② 행정청이 행정심판청구를 할 수 있다고 잘못 알린 경우에 행정심판청구가 있은 때의 기간은 재결서의 정본을 송달 받은 날부터 기산한다.

③ 무효인 처분에 대하여 무효선언을 구하는 취소소송을 제기하는 경우 제소기간을 준수하여야 한다.

④ 상대방이 있는 행정처분에 대하여 행정심판을 거치지 아니하고 바로 취소소송을 제기하는 경우 '처분이 있음을 안 날'이란 통지, 공고 기타의 방법에 의해 당해 행정처분이 있었다는 사실을 현실적으로 안 날을 의미한다.

20 행정소송의 제소기간에 대한 판례의 입장으로 옳은 것은?

① 「산업재해보상보험법」상 보험급여의 부당이득 징수결정의 하자를 이유로 징수금을 감액하는 경우 감액처분으로도 아직 취소되지 않고 남아 있는 부분이 위법하다 하여 다툴 때에는, 제소기간의 준수 여부는 감액처분을 기준으로 판단해야 한다.

② 고시에 의하여 행정처분을 하는 경우 그 고시의 효력 발생 여부를 불문하고 당사자가 고시가 있음을 현실로 안 날이 제소기간의 기산일이 된다.

③ 제3자효 행정행위의 경우 제3자가 어떠한 경위로든 행정처분이 있음을 안 이상 그 처분이 있음을 안 날로부터 90일 이내에 제기하여야 한다.

④ 특정인에 대한 행정처분을 송달할 수 없어 관보 등에 공고한 경우에는 상대방이 당해 처분이 있었다는 사실을 현실적으로 알았다하더라도 공고가 효력을 발생하는 날에 상대방이 그 처분이 있음을 알았다고 보아야 한다.

15회 진도별 모의고사

제한시간: 15분 시작 시 분 ~ 종료 시 분 점수 확인 개/ 20개

지문의 내용에 대해 학설의 대립 등
다툼이 있는 경우 판례에 의함

01 행정심판과 행정소송의 관계에 대한 설명으로 옳은 것을 모두 고르면?

① 행정심판전치주의가 적용되는 경우에 행정심판을 거치지 않고 소제기를 하였더라도 사실심변론종결 전까지 행정심판을 거친 경우 하자는 치유된 것으로 볼 수 있다.

② 기간경과 등의 부적법한 심판제기가 있었고, 행정심판위원회가 각하하지 않고 기각재결을 한 경우는 심판전치의 요건이 구비된 것으로 볼 수 있다.

③ 하천구역의 무단 점용을 이유로 부당이득금 부과처분과 그 부당이득금 미납으로 인한 가산금 징수처분을 받은 사람이 가산금 징수처분에 대하여 행정청이 안내한 전심절차를 거치지 않았다 하더라도 부당이득금 부과처분에 대하여 전심절차를 거쳤다면 가산금 징수처분에 대하여는 부당이득금 부과처분과 함께 행정소송으로 다툴 수 있다.

④ 행정처분의 상대방에게 행정심판전치주의가 적용되는 경우라도, 제3자가 제기하는 행정소송의 경우 제3자는 행정처분의 존재를 알지 못하고 행정심판에 대한 고지도 받지 못하게 되므로 행정심판전치주의가 적용되지 않는다.

02 취소소송의 소송요건 및 심리에 대한 설명으로 옳지 않은 것을 모두 고르면?

① 세종특별자치시에 위치한 해양수산부의 장관이 한 처분에 대한 취소소송은 서울행정법원에 제기할 수 있다.

② 주된 청구와 병합하는 관련청구는 각각 소송요건을 모두 적법하게 갖추어야 하고, 주된 청구가 소송요건을 갖추지 못하여 부적법한 경우 그에 병합된 관련 민사상의 청구도 각하하여야 한다.

③ 취소소송의 직권심리주의를 규정하고 있는 「행정소송법」 제26조의 규정을 고려할 때, 행정소송에 있어서 법원은 원고의 청구범위를 초월하여 그 이상의 청구를 인용할 수 있다.

④ 과세처분취소소송에서 과세처분의 위법성 판단시점은 처분시이므로 과세행정청은 처분 당시의 자료만에 의하여 처분의 적법여부를 판단하고 처분 당시의 처분사유만을 주장할 수 있다.

03 처분사유의 추가·변경에 대한 설명으로 옳은 것은?

① 추가 또는 변경된 사유가 당초의 처분시 그 사유를 명기하지 않았을 뿐 처분시에 이미 존재하고 있었고 당사자도 그 사실을 알고 있었다면 당초의 처분사유와 동일성이 인정된다.

② 외국인 甲이 법무부장관에게 귀화신청을 하였으나 법무부장관이 '품행미단정'을 불허사유로 「국적법」상의 요건을 갖추지 못하였다며 신청을 받아들이지 않는 처분을 하였는데, 법무부장관이 甲을 '품행미단정'이라고 판단한 이유에 대하여 제1심 변론절차에서 「자동차관리법」 위반죄로 기소유예를 받은 전력 등을 고려하였다고 주장한 후 제2심 변론절차에서 불법체류전력 등의 제반사정을 추가로 주장할 수 있다.

③ 이동통신요금 원가 관련 정보공개청구에 대해 행정청이 별다른 이유를 제시하지 아니한 채 통신요금과 관련한 총괄원가액수만을 공개한 후, 정보공개거부처분 취소소송에서 원가 관련 정보가 법인의 영업상 비밀에 해당한다는 비공개사유를 주장하는 것은 그 기본적 사실관계가 동일하다고 볼 수 있는 사유를 추가하는 것이다.

④ 처분청은 원고의 권리방어가 침해되지 않는 한도 내에서 당해 취소소송의 대법원 확정판결이 있기 전까지 처분사유의 추가·변경을 할 수 있다.

04 「행정소송법」상 집행정지제도에 대한 설명으로 옳지 않은 것은?

① 처분의 취소가능성이 없음에도 처분의 효력이나 집행의 정지를 인정한다는 것은 집행정지제도의 취지에 반하므로 집행정지사건 자체에 의하여도 신청인의 본안청구가 이유 없음이 명백하지 않아야 한다는 것도 집행정지의 요건이다.

② 행정처분 자체의 적법여부는 집행정지신청의 요건이 아니지만, 신청인의 본안청구 자체는 적법한 것이어야 한다.

③ 집행정지결정 후 본안소송이 취하되더라도 집행정지결정이 당연히 소멸되는 것은 아니다.

④ 보조금 교부결정 취소처분에 대하여 법원이 효력정지결정을 하면서 주문에서 그 법원에 계속 중인 본안소송의 판결 선고 시까지 처분의 효력을 정지한다고 선언하였을 경우, 본안소송의 판결선고에 의하여 정지결정의 효력은 소멸하고 이와 동시에 당초의 보조금 교부결정 취소처분의 효력이 당연히 되살아난다.

05 사정판결에 대한 설명으로 옳지 않은 것은?

① 법원이 사정판결을 함에 있어서는 미리 원고가 그로 인하여 입게 될 손해의 정도와 배상방법, 그 밖의 사정을 조사하여야 한다.

② 법원은 당사자의 명백한 주장이나 신청이 없는 경우에도 직권으로 사정판결을 할 수 있다.

③ 당연무효의 행정처분을 대상으로 하는 행정소송에서도 사정판결을 할 수 있다.

④ 사정판결의 대상이 되는 처분의 위법 여부에 대한 판단은 처분시를 기준으로 하고, 사정판결의 필요성 판단은 판결시를 기준으로 하는 것이 일반적 견해이다.

06 취소소송의 판결 효력에 대한 설명으로 옳은 것을 모두 고르면?

① 취소 확정판결의 기판력은 판결에 적시된 위법사유에 한하여 미치므로 행정청이 그 확정판결에 적시된 위법사유를 보완하여 행한 새로운 행정처분은 확정판결에 의하여 취소된 종전처분과는 별개의 처분으로서 확정판결의 기판력에 저촉되지 않는다.

② 징계처분의 취소를 구하는 소에서 징계사유가 될 수 없다고 취소 확정판결을 한 사유와 동일한 사유를 내세워 다시 징계처분을 하는 것은 확정판결에 저촉되는 행정처분으로 허용될 수 없다.

③ 행정청은 취소판결에서 위법하다고 판단된 처분사유와 기본적 사실관계의 동일성이 없는 사유이더라도 처분시에 존재한 사유를 들어 종전의 처분과 같은 처분을 다시 할 수 없다.

④ 공사중지명령의 상대방이 제기한 공사중지명령취소소송에서 기각판결이 확정된 경우 특별한 사정변경이 없더라도 그 후 상대방이 제기한 공사중지명령해제신청 거부처분취소소송에서는 그 공사중지명령의 적법성을 다시 다툴 수 있다.

07 「행정소송법」상 판결의 효력에 대한 설명으로 옳지 않은 것을 모두 고르면?

① 취소판결의 기판력은 소송의 대상이 된 처분의 위법성 존부에 대한 판단 그 자체에만 미치기 때문에 기각판결의 원고는 당해 소송에서 주장하지 아니한 다른 위법사유를 들어 다시 처분의 효력을 다툴 수 있다.

② 취소된 처분의 사유와 기본적 사실관계에서 동일하지 않다 하더라도, 종전 처분 당시에 이미 존재하고 있었고 당사자가 이를 알고 있었던 사유라면 그러한 사유로 동일한 재처분을 할 수 없다.

③ 행정청이 판결 확정 이후 상대방에 대해 재처분을 하였다면 그 처분이 기속력에 위반되는 경우 간접강제의 대상이 된다.

④ 간접강제결정에서 정한 의무이행기한이 경과한 후에라도 확정판결의 취지에 따른 재처분의 이행이 있으면 처분상대방이 더 이상 배상금을 추심하는 것은 특별한 사정이 없는 한 허용되지 않는다.

08 다음 중 「행정소송법」상의 소의 변경에 대한 설명으로 옳지 않은 것을 모두 고르면?

ㄱ. 행정청이 소송의 대상인 처분을 소가 제기된 후 변경한 때에는 법원은 원고의 신청에 의하여 결정으로써 청구의 취지 또는 원인의 변경을 허가할 수 있으며, 이 경우 원고의 신청은 처분의 변경이 있음을 안 날로부터 60일 이내에 하여야 한다.

ㄴ. 법원은 소의 변경의 필요가 있다고 판단될 때에는 원고의 신청이 없더라도 사실심의 변론종결시까지 직권으로 소를 변경할 수 있다.

ㄷ. 소의 변경은 당사자소송을 항고소송으로 변경하는 경우에도 인정된다.

ㄹ. 처분변경으로 인한 소변경의 경우, 변경되는 청구가 필요적 행정심판전치의 대상인 경우에는 행정심판을 거쳐야 한다.

① ㄱ, ㄷ
② ㄱ, ㄹ
③ ㄴ, ㄷ
④ ㄴ, ㄹ

09 다음 중 「행정소송법」상 취소소송에 대한 사항으로 무효등확인소송의 경우에 준용되는 것을 모두 고르면?

ㄱ. 관련청구소송의 이송 및 병합
ㄴ. 제소기간
ㄷ. 피고경정
ㄹ. 행정심판전치주의
ㅁ. 사정판결
ㅂ. 소송대상

① ㄱ, ㄷ, ㅂ
② ㄱ, ㄹ, ㅂ
③ ㄴ, ㄷ, ㅁ
④ ㄴ, ㄹ, ㅁ

10 무효등확인소송에 대한 설명으로 옳지 않은 것은?

① 행정처분의 근거 법률에 의하여 보호되는 직접적이고 구체적인 이익이 있는 경우에는 「행정소송법」제35조에 규정된 '무효확인을 구할 법률상 이익'이 있다고 보아야 하고, 이와 별도로 무효확인소송의 보충성이 요구되는 것은 아니므로 행정처분의 무효를 전제로 한 이행소송 등과 같은 직접적인 구제수단이 있는지 여부를 따질 필요가 없다.

② 거부처분에 대해서 무효확인판결이 내려진 경우에는 당해 행정청에 판결의 취지에 따른 재처분의무가 인정되지만 간접강제는 인정되지 않는다.

③ 무효확인을 구하는 소에는 원고가 그 처분의 취소를 구하지 아니한다고 밝히지 아니한 이상 그 처분이 만약 당연무효가 아니라면 그 취소를 구하는 취지도 포함되어 있는 것으로 보아야 한다.

④ 동일한 처분에 대하여 무효확인청구와 취소청구를 선택적으로 병합할 수 있다.

11 부작위위법확인소송에 대한 설명으로 옳지 않은 것은?

① 부작위위법확인소송은 원칙적으로 제소기간의 제한을 받지 않지만, 행정심판을 거친 경우에는 「행정소송법」 제20조가 정한 제소기간 내에 부작위위법확인의 소를 제기하여야 한다.

② 부작위위법확인소송의 대상인 부작위가 성립하기 위해서는 당사자의 신청이 있어야 하며, 당사자의 신청은 법규상 또는 조리상 신청권에 의한 것이어야 한다.

③ 행정청이 행한 공사중지명령의 상대방이 그 명령 이후에 그 원인사유가 소멸하였음을 들어 공사중지명령의 철회를 신청하였으나 행정청이 아무런 응답을 하지 않고 있는 경우 행정청의 부작위는 그 자체로 위법하다.

④ 법원은 단순히 행정청의 방치행위의 적부에 대한 절차적 심리만 하는 게 아니라, 신청의 실체적 내용이 이유 있는지도 심리하며 그에 대한 적정한 처리방향에 대한 법률적 판단을 해야 한다.

12 당사자소송에 대한 설명으로 옳지 않은 것을 모두 고르면?

① 「도시 및 주거환경정비법」상 주택재개발정비사업조합은 공법인에 해당하기 때문에, 조합과 조합장 또는 조합임원 사이의 선임, 해임 등을 둘러싼 법률관계는 공법상 법률관계로서, 그 조합장 또는 조합임원의 지위를 다투는 소송은 공법상 당사자소송에 의하여야 한다.

② 공무원연금법령상 급여를 받으려고 하는 자는 구체적 권리가 발생하지 않은 상태에서 곧바로 공무원연금공단을 상대로 한 당사자소송을 제기할 수 있다.

③ 「행정소송법」 제8조 제2항에 의하면 행정소송에도 「민사소송법」의 규정이 일반적으로 준용되므로 법원으로서는 공법상 당사자소송에서 재산권의 청구를 인용하는 판결을 하는 경우 가집행선고를 할 수 있다.

④ 당사자소송을 본안으로 하는 가처분에 대하여는 「행정소송법」상 집행정지에 대한 규정이 준용되지 않고, 「민사집행법」상 가처분에 대한 규정이 준용된다.

13 행정심판에 대한 설명으로 옳지 않은 것은?

① 처분의 취소 또는 변경을 구하는 취소심판의 경우에 변경의 의미는 소극적 변경뿐만 아니라 적극적 변경까지 포함한다.

② 행정심판의 재결에 고유한 위법이 있는 경우에는 재결에 대하여 다시 행정심판을 청구할 수 있다.

③ 행정심판위원회는 당사자의 권리 및 권한의 범위에서 당사자의 동의를 받아 행정심판 청구의 신속하고 공정한 해결을 위하여 조정을 할 수 있으나, 그 조정이 공공복리에 적합하지 아니하거나 해당 처분의 성질에 반하는 경우에는 그러하지 아니하다.

④ 법령의 규정에 의하여 공고한 처분이 재결로써 취소된 때에는 처분청은 지체 없이 그 처분이 취소되었음을 공고하여야 한다.

14 행정심판의 재결에 대한 설명으로 옳지 않은 것은?

① 행정심판위원회는 사정재결을 함에 있어서 청구인에 대하여 상당한 구제방법을 취하거나 피청구인에게 상당한 구제방법을 취할 것을 명할 수 있으나, 재결 주문에 그 처분 등이 위법 또는 부당함을 명시할 필요는 없다.

② 행정심판위원회는 피청구인이 처분이행명령재결에도 불구하고 처분을 하지 아니하는 경우에는 당사자가 신청하면 기간을 정하여 서면으로 이행을 명하고 그 기간에 이행하지 아니하면 직접처분을 할 수 있다.

③ 행정심판위원회가 직접처분을 한 경우에는 그 사실을 해당 행정청에 통보하여야 하며, 통보를 받은 행정청은 행정심판위원회가 한 처분을 자기가 한 처분으로 보아 관계 법령에 따라 관리·감독 등 필요한 조치를 하여야 한다.

④ 「행정심판법」은 의무이행심판이나 거부처분취소심판의 실효성 확보수단으로서 간접강제를 규정하고 있다.

15 「행정심판법」에 대한 내용으로 옳지 않은 것은?

① 위원회는 의무이행심판의 청구가 이유 있다고 인정할 때에는 지체 없이 신청에 따른 처분을 하거나 이를 할 것을 명한다.

② 재결에 의하여 취소되거나 무효 또는 부존재로 확인되는 처분이 당사자의 신청을 거부하는 것을 내용으로 하는 경우에는 그 처분을 한 행정청은 재결의 취지에 따라 다시 이전의 신청에 대한 처분을 하여야 한다.

③ 처분의 상대방이 아닌 제3자가 심판청구를 한 경우 위원회는 재결서의 등본을 지체 없이 처분의 상대방에게 송달하여야 한다. 이 경우 피청구인을 거쳐 처분의 상대방에게 송달하여야 한다.

④ 재결은 청구인의 권리구제 차원에서 신속을 요하므로, 피청구인 또는 위원회가 심판청구서를 받은 날부터 60일 이내에 하여야 하고 연장은 불가능하다.

16 「국가배상법」 제2조에 대한 설명으로 옳지 않은 것은?

① 국가가 일정한 사항에 관하여 헌법에 의하여 부과되는 구체적인 입법의무를 부담하고 있음에도 불구하고 그 입법에 필요한 상당한 기간이 경과하도록 고의·과실로 입법 의무를 이행하지 아니하는 경우, 국가배상책임이 인정될 수 있다.

② 「부동산등기 특별조치법」상 보증인은 「국가배상법」 제2조에 따른 공무원에 해당하지 않는다.

③ 지방자치단체가 '교통할아버지 봉사활동 계획'을 수립한 후 관할동장으로 하여금 '교통할아버지'를 선정하게 하여 어린이 보호, 교통안내, 거리질서 확립 등의 공무를 위탁하여 집행하게 하던 중 '교통할아버지'로 선정된 노인이 위탁받은 업무 범위를 넘어 교차로 중앙에서 교통정리를 하다가 교통사고를 발생시킨 경우, 지방자치단체가 「국가배상법」 제2조 소정의 배상책임을 부담한다.

④ 전투경찰, 동원 중인 향토예비군, 시 청소차 운전수, 통장(統長), 의용소방대원은 판례에 따르면 「국가배상법」 제2조에 따른 공무원에 해당한다고 본다.

17 「국가배상법」에 대한 설명으로 옳은 것을 모두 고르면?

① 공무원의 직무집행이 법령이 정한 요건과 절차에 따라 이루어진 것이라면 특별한 사정이 없는 한 공무원의 행위는 법령에 적합한 것이나, 그 과정에서 개인의 권리가 침해된 경우에는 법령적합성이 곧바로 부정된다.

② 헌법재판소 재판관이 청구기간 내에 제기된 헌법소원심판청구 사건에서 청구기간을 오인하여 각하결정을 한 경우, 이에 대한 불복절차 내지 시정절차가 없는 때에는 배상책임의 요건이 충족되는 한 국가배상책임을 인정할 수 있다.

③ 국가 또는 지방자치단체가 공무원의 위법한 직무집행으로 발생한 손해에 대해 「국가배상법」에 따라 배상한 경우에 당해 공무원에게 구상권을 행사할 수 있는지에 대해 「국가배상법」은 규정을 두고 있지 않으나, 판례에 따르면 당해 공무원에게 고의 또는 중과실이 인정될 경우 국가 또는 지방자치단체는 그 공무원에게 구상권을 행사할 수 있다.

④ 공무원의 직무상 의무는 명문의 규정이 없는 경우에도 관련규정에 비추어 조리상 인정될 수 있다.

18 「국가배상법」에 대한 설명으로 옳지 않은 것을 모두 고르면?

① 행위 자체의 외관을 객관적으로 관찰하여 공무원의 직무행위로 보여진다 하더라도 그것이 실질적으로 직무행위에 해당하지 않는다면 그 행위는 '직무를 집행하면서' 행한 것으로 볼 수 없다.

② 국가배상청구권의 소멸시효기간이 지났으나, 국가가 소멸시효완성을 주장하는 것이 신의성실의 원칙에 반하는 권리남용으로 허용될 수 없어 배상책임을 이행한 경우에는, 그 소멸시효 완성 주장이 권리남용에 해당하게 된 원인행위와 관련하여 해당 공무원이 그 원인이 되는 행위를 적극적으로 주도하였다는 등의 특별한 사정이 없는 한, 국가의 해당 공무원에 대한 구상권 행사는 신의칙상 허용되지 않는다.

③ 식품의약품안전청장이 구 「식품위생법」상의 규제권한을 행사하지 않아서 미니컵젤리가 수입·유통되어 이를 먹던 아동이 질식사 하였다면 국가는 이에 대한 손해배상책임을 부담해야 한다.

④ 경찰공무원인 피해자가 구 「공무원연금법」의 규정에 따라 공무상 요양비를 지급받는 것은 「국가배상법」 제2조 제1항 단서에서 정한 '다른 법령의 규정'에 따라 보상을 지급받는 것에 해당하지 않는다.

19 「국가배상법」에 대한 설명으로 옳지 않은 것은?

① 실질적으로 직무행위가 아니거나 또는 직무행위를 수행한다는 행위자의 주관적 의사가 없는 공무원의 행위라도 「국가배상법」상 공무원의 직무행위가 될 수 있다.

② 공무원에게 부과된 직무상 의무의 내용이 전적으로 또는 부수적으로 사회구성원 개인의 안전과 이익을 보호하기 위하여 설정된 것이라면, 그와 같은 의무를 위반함으로 인하여 피해자가 입은 손해에 대하여는 상당인과관계가 인정되는 범위 내에서 배상책임이 성립한다.

③ 어떠한 행정처분이 후에 항고소송에서 위법한 것으로서 취소되었다면, 그로써 곧 당해 행정처분은 공무원의 고의 또는 과실에 의한 불법행위를 구성한다고 보아야 한다.

④ 직무집행과 관련하여 공상을 입은 군인 등이 먼저 「국가배상법」에 따라 손해배상금을 지급받은 다음 구 「국가유공자법」이 정한 보상금 등 보훈급여금의 지급을 청구하는 경우 「국가배상법」에 따라 손해배상을 받았다는 사정을 들어 보상금 등 보훈급여금의 지급을 거부할 수 없다.

20 다음 제시문을 전제로 한 설명으로 옳지 않은 것은?

> 甲이 A시에 공장을 설립하였는데 그 공장이 들어선 이후로 공장 인근에 거주하는 주민들에게 중한 피부질환과 호흡기 질환이 발생하였다. 환경운동실천시민단체와 주민들은 역학조사를 실시하였고 그 결과에 따라 甲의 공장에서 배출되는 매연물질과 오염물질이 주민들에게 발생한 질환의 원인이라고 판단하고 있다. 주민들은 규제권한이 있는 A시장에게 甲의 공장에 대해 개선조치를 해줄 것을 요청하였으나, A시장은 상당한 기간이 지나도록 아무런 조치를 취하지 않고 있다.

① 甲의 공장에서 배출된 물질 때문에 피해를 입은 주민이 A시장의 부작위를 원인으로 하여 국가배상을 청구한 경우에 국가배상책임이 인정되기 위해서는 A시장의 작위의무 위반이 인정되면 충분하고, A시장이 그와 같은 결과를 예견하여 그 결과를 회피하기 위한 조치를 취할 수 있는 가능성까지 인정되어야 하는 것은 아니다.

② 부작위위법확인소송에서 A시장의 부작위가 위법하다고 확인한 인용판결이 확정되어도 A시장의 부작위를 원인으로 한 국가배상소송에서 A시장의 부작위가 고의 또는 과실에 의한 불법행위를 구성한다는 점이 곧바로 인정되는 것은 아니다.

③ 관계 법령에서 A시장에게 일정한 조치를 취하여야 할 작위의무를 규정하고 있지 않더라도 甲의 공장에서 나온 매연물질과 오염물질로 인해 질환을 앓게 된 주민들이 많고 그 정도가 심각하여 주민들의 생명, 신체에 가해지는 위험이 절박하고 중대하다고 인정된다면 A시장에게 그러한 위험을 배제하는 조치를 하여야 할 작위의무를 인정할 수 있다.

④ 개선조치를 요청한 주민이 A시장을 상대로 개선조치를 해달라는 행정쟁송을 하고자 할 때 가능한 쟁송유형으로 의무이행심판은 가능하나 의무이행소송은 허용되지 않는다.

16회 진도별 모의고사

~ 국가배상과 손실보상

제한시간: 15분 시작 시 분 ~ 종료 시 분 점수 확인 개/ 20개

지문의 내용에 대해 학설의 대립 등
다툼이 있는 경우 판례에 의함

01 다음 사안에 대한 설명으로 가장 옳은 것은?

> 甲은 공중보건의로 근무하면서 乙을 치료하였는데 그
> 과정에서 乙은 패혈증으로 사망하였다. 유족들은 甲을
> 상대로 손해배상청구의 소를 제기하였고, 甲의 의료상
> 경과실이 인정된다는 이유로 甲에게 손해배상책임을 인
> 정한 판결이 확정되었다. 이에 甲은 乙의 유족들에게 판
> 결금 채무를 지급하였고, 이후 국가에 대해 구상권을 행
> 사하였다.

① 공무원의 직무수행 중 불법행위로 인한 배상과 관련
하여, 피해자가 공무원에 대해 직접적으로 손해배상
을 청구할 수 있는지 여부에 대한 명시적 규정이
「국가배상법」상으로 존재한다.

② 공중보건의 甲이 직무수행 중 불법행위로 乙에게 손
해를 입힌 경우 국가 등이 국가배상책임을 부담하는
외에 甲 개인도 고의 또는 중과실이 있다고 한다면
민사상 불법행위로 인한 손해배상책임을 진다.

③ 乙의 유족에게 손해를 직접 배상한 경과실이 있는
공중보건의 甲은 국가에 대하여 자신이 변제한 금액
에 대하여 구상권을 취득할 수 없다.

④ 공중보건의 甲은 「국가배상법」상의 공무원에도 해당
하지 않는다.

02 해양수산부 소속 선박검사담당공무원 甲은 기관의 노후
등으로 화재의 위험이 있는 선박에 대하여 「선박안전
법」에 의거 선박검사증서를 교부하였고, 그 후 이 선박
은 항해 도중 기관과열로 인하여 화재가 발생하여 승객
여러명이 사망하게 되었다. 이에 대한 설명으로 옳은 것
을 모두 고르면?

> ㄱ. 국가가 손해배상책임을 부담하기 위해서는 공무원
> 의 권한행사의 해태로 인하여 침해된 이익이 법률상
> 보호 되는 이익이어야 한다는 것이 대법원의 입장이
> 고 위 사건에서 선박안전검사는 공공의 안전 외에
> 일반인의 인명과 재화의 안전보장도 그 목적으로 하
> 는 것이라고 할 것이어서 국가의 손해배상책임이 인
> 정될 수 있다는 것이 판례의 입장이다.
>
> ㄴ. 공무원의 책임과 관련하여 대법원은 공무원의 위법
> 행위가 고의·중과실에 기한 경우라도 공무원의 민
> 사상의 손해배상책임과 구상책임을 모두 인정하는
> 입장이지만, 이에 따르면 위 사건에서 공무원의 중
> 과실이 인정되는 경우, 유가족은 국가와 공무원에
> 대해서 선택적으로 배상청구를 할 수 있는 것은 아
> 니다.
>
> ㄷ. 국가는 당해 공무원의 직무내용, 불법행위의 상황,
> 손해에 대한 기여정도 등 제반사정을 참작하여 신의
> 칙상 상당하다고 인정되는 한도 내에서만 구상권을
> 행사할 수 있다.
>
> ㄹ. 사망승객의 유가족들이 「국가배상법」에 따른 손해
> 배상청구소송을 제기하기 위해서는 먼저 배상심의
> 회의 결정을 반드시 거쳐야 하는 것은 아니다.

① ㄱ, ㄴ, ㄷ   ② ㄱ, ㄴ, ㄹ

③ ㄱ, ㄷ, ㄹ   ④ ㄴ, ㄷ, ㄹ

03 공공의 영조물의 설치·관리의 하자로 인한 국가배상책임에 대한 판례의 입장으로 옳지 않은 것은?

① 국가배상청구소송에서 공공의 영조물에 하자가 있다는 입증책임은 피해자가 지지만, 관리주체에게 손해발생의 예견가능성과 회피가능성이 없다는 입증책임은 관리주체가 진다.

② 영조물의 설치·관리상의 하자로 인한 손해의 원인에 대하여 책임을 질 사람이 따로 있는 경우에는 국가·지방자치단체는 그 사람에게 구상할 수 있다.

③ 고등학교 3학년 학생이 교사의 단속을 피해 담배를 피우기 위하여 3층 건물 화장실 밖의 학생들이 출입할 수 없는 난간을 지나다가 실족하여 사망한 경우 학교시설의 설치·관리상의 하자는 인정되지 않는다.

④ '공공의 영조물'이라 함은 강학상 공물을 뜻하므로 국가 또는 지방자치단체가 사실상의 관리를 하고 있는 유체물은 포함되지 않는다.

04 다음 행정상 손해배상과 관련된 사례에 대한 설명으로 옳은 것은?

> (가) 甲은 자동차로 겨울철 눈이 내린 직후에 산간지역에 위치한 국도를 달리던 중 도로에 생긴 빙판길에 미끄러져 상해를 입었다.
> (나) 乙은 자동차로 좌로 굽은 내리막 국도 편도 1차로를 달리던 중 커브 길에서 앞선 차량을 무리하게 추월하기 위하여 중앙선을 침범하여 반대편 도로를 벗어나 도로 옆 계곡으로 떨어져 중상해를 입었다.

① (가)와 (나) 사례에서 국가가 甲과 乙에게 손해배상책임을 부담할 것인지 여부는 위 도로들이 모든 가능한 경우를 예상하여 고도의 안전성을 갖추었는지 여부에 따라 결정될 것이다.

② (가) 사례에서 甲은 산악지역의 특성상 빙판길 위험경고나 위험표지판이 설치되었다면 주의를 기울여 운행하여 상해를 입지 않았을 것이므로 그 미설치만으로도 국가에 대한 손해배상책임을 묻기에 충분하다.

③ (나) 사례에서 만약 반대편 갓길에 차량용 방호울타리가 설치되었다면 乙이 상해를 입지 않았거나 경미한 상해를 입었을 것이므로 그 방호울타리 미설치만으로도 손해배상을 받기에 충분한 요건을 갖추었다고 볼 수 있다.

④ (가)와 (나) 사례에서 만약 도로의 관리상 하자가 인정된다면 비록 그 사고의 원인에 제3자의 행위가 개입되었더라도 甲과 乙은 국가에 대하여 손해배상책임을 물을 수 있다.

05 「국가배상법」 제5조에 대한 설명으로 옳지 않은 것은?

① 편도 2차로 도로의 1차로 상에 교통사고의 원인이 될 수 있는 크기의 돌멩이가 방치되어 있었고 이로 인하여 사고가 발생하였다면, 이를 도로의 점유·관리자의 관리 가능성과 무관하게 도로 관리·보존상의 하자에 해당한다고 볼 수는 없다.

② 하자의 해석과 관련하여 객관설이 주관설보다 피해자의 구제에 유리하다.

③ 지방자치단체장으로부터 교통신호기의 관리권한을 위임받은 기관 소속의 공무원이 위임사무 처리에 있어 고의 또는 과실로 타인에게 손해를 가하였거나 위임사무로 설치·관리하는 영조물의 하자로 타인에게 손해를 발생하게 한 경우에는 권한을 위임받은 국가가 「국가배상법」 제2조 또는 제5조에 의한 배상책임을 부담한다.

④ 동조의 영조물은 「민법」 제758조의 공작물의 개념보다 넓다.

06 다음 사례에 대한 설명으로 옳은 것은?

> A시 소유의 임야에 있는 주택가 주변 공터를 두르고 있는 암벽에 붕괴 위험이 있었다. 甲을 포함한 지역주민들은 이 암벽에 붕괴 위험이 있으므로 이를 보수해달라는 민원을 수차례 제기하였으나, A시는 아무런 조치를 취하지 않았다. 그런데 해빙기에 얼었던 암벽이 붕괴되어 이 공터에서 놀던 어린이 3명이 사망하였다. 사고 후 사망한 어린이의 부모 甲 등은 A시를 상대로 「국가배상법」 제2조에 근거한 배상청구소송을 제기하였다.
> * 지방자치단체가 붕괴 위험이 있는 암벽에 대한 안전관리조치를 취하여야 한다는 명시적인 법령규정은 존재하지 않는다.

① 만약 甲을 포함한 주민들의 암벽보수에 대한 신청이 없었다면 A시의 배상책임을 인정하기 어렵다.

② 공무원이 그 권한을 행사하지 아니한 것이 직무상 의무를 위반하여 위법한 것으로 되는 경우에도 특별한 사정이 없는 한 과실을 인정하는 것은 아니다.

③ 「국가배상법」 제2조의 배상책임과 관련하여 A시의 부작위에 의한 배상책임이 문제될 수 있다.

④ 위 사안의 경우 암벽 붕괴로 인한 국민의 생명, 신체에 대한 중대한 위험상태가 발생할 우려가 있는 경우에 해당하지만 판례에 따를 때 A시 또는 A시 공무원의 위험방지 작위의무를 인정할 수 있는 것은 아니다.

07 행정상 손해배상에 대한 설명으로 옳지 않은 것은?

① 헌법재판소는 일반 국민이 공동불법행위자로서 피해자인 군인의 유족에게 전액 손해배상한 후에 군인인 다른 공동불법행위자의 부담부분에 대해 국가에 구상청구하는 것을 부인하는 것은 헌법상 국가배상청구권 규정과 평등의 원칙을 위반하는 것이며, 비례의 원칙에 위배하여 재산권을 침해하는 것이라고 판시하였다.

② 대법원은 공무원의 직무상 불법행위로 인하여 직무집행과 관련하여 피해를 입은 군인 등에 대하여 그 불법행위와 관련하여 공동불법행위책임을 지는 일반 국민은 자신의 귀책 부분에 한하여 손해배상의무를 부담하며, 이를 전부 배상한 경우 다른 공동불법행위자인 군인의 부담부분에 관하여 국가를 상대로 구상권을 행사할 수 없다고 판단하였다.

③ 50년 만의 최대강우량을 기록한 집중호우로 인한 제방도로 유실로 보행자가 익사한 경우라면 불가항력적 사고에 해당되어 국가배상은 인정되지 않는다.

④ 공무원 개인이 지는 손해배상책임에서 중과실이란 공무원에게 통상 요구되는 정도의 상당한 주의를 하지 않더라도 약간의 주의를 한다면 손쉽게 위법·유해한 결과를 예견할 수 있는 경우임에도 만연히 이를 간과한 경우와 같이, 거의 고의에 가까운 현저한 주의를 결여한 상태를 의미한다.

08 영조물책임에 대한 설명으로 옳지 않은 것은?

① 피해자는 자동차를 운전하여 가던 중 가변차로에 설치된 두 개의 신호기에서 서로 모순되는 신호가 들어오는 바람에 반대방향에서 오던 승용차와 충돌하여 부상을 입었다. 위 신호기는 적정전압보다 낮은 저전압이 원인이 되어 위와 같은 오작동이 발생하였던 것인데, 그 고장은 현재의 기술수준상 예방할 방법이 없다고 하더라도 배상책임이 인정된다.

② 영조물의 설치·관리 하자로 인한 손해배상의 경우 피해자의 위자료청구는 포함되지 않는다.

③ 광역시와 국가 모두가 도로의 점유자 및 관리자, 비용부담자로서의 책임을 중첩적으로 지는 경우 광역시와 국가 모두 「국가배상법」에 따라 궁극적으로 손해를 배상할 책임이 있는 자가 된다.

④ 밤중에 낙뢰로 신호기에 고장이 발생하여 보행자신호기와 차량신호기에 동시에 녹색등이 표시되게 되었는데 이러한 고장 사실이 다음날 3차례에 걸쳐 경찰청 교통정보센터에 신고되었다. 교통정보센터는 수리업체에 연락하여 수리하도록 하였으나 수리업체 직원이 고장난 신호등을 찾지 못하여 위 신호기가 고장난 채 방치되어 있던 중 보행자신호기의 녹색등을 보고 횡단보도를 건너던 피해자가 차량신호기의 녹색등을 보고 도로를 주행하던 승용차에 치여 교통사고를 당하였다면 배상책임이 인정된다.

09 다음 중 ( ) 안에 들어갈 말이 옳게 연결된 것은?

> 광역시인 A시의 구역 내에 A시장이 교통신호기를 설치하였는데 그 관리권한은 「도로교통법」 관련규정에 의하여 A시 관할 지방경찰청장에게 기관위임되어 있다. A시 관할 지방경찰청 소속 공무원이 교통종합관제센터에서 그 관리 업무를 담당하던 중 위 신호기가 고장난 채 방치되어 교통사고가 발생하였다. 이 경우 배상책임은 사무귀속주체로서 (ㄱ)에게, 비용부담자로서 (ㄴ)에게 귀속된다.

> 「도로교통법」 제3조 【신호기 등의 설치 및 관리】 ① 특별시장·광역시장·제주특별자치도지사 또는 시장·군수(광역시의 군수는 제외한다. 이하 "시장등"이라 한다)는 도로에서의 위험을 방지하고 교통의 안전과 원활한 소통을 확보하기 위하여 필요하다고 인정하는 경우에는 신호기 및 안전표지(이하 교통안전시설이라 한다)를 설치 관리하여야 한다. (이하 생략)
> 제147조 【위임 및 위탁 등】 ① 시장 등은 이 법에 따른 권한 또는 사무의 일부를 대통령령으로 정하는 바에 따라 지방경찰청장이나 경찰서장에게 위임 또는 위탁할 수 있다.

① ㄱ - 지방경찰청, ㄴ - A시
② ㄱ - A시, ㄴ - 국가
③ ㄱ - 국가, ㄴ - A시
④ ㄱ - 지방경찰청, ㄴ - 국가

10 「국가배상법」 제2조 제1항 단서는 "군인·군무원·경찰공무원 또 는 향토예비군대원이 전투·훈련 등 직무집행과 관련하여 전사·순직하거나 공상을 입은 경우에 본인이나 그 유족이 다른 법령에 따라 재해보상금·유족연금·상이연금 등의 보상을 지급받을 수 있을 때에는 이 법 및 「민법」에 따른 손해배상을 청구할 수 없다."고 규정하고 있다. 이에 대한 내용으로 옳지 않은 것은?

① 경비교도나 전투경찰순경은 「국가배상법」 제2조 제1항 단서의 적용대상에 해당하지 아니하나, 공익근무요원은 「국가배상법」 제2조 제1항 단서의 적용대상에 해당한다.

② 보상청구에 대한 권리가 발생한 이상 실제로 그 권리를 행사하였는지 여부에 관계없이 그 권리가 시효로 소멸된 경우에는 국가배상을 청구할 수 없다.

③ 군 복무 중 사망한 군인 등의 유족이 「국가배상법」에 따른 손해배상금을 지급받은 경우 그 일실손해 보전을 위한 손해배상금 상당 금액에 대해서는 「군인연금법」에서 정한 사망보상금을 지급받을 수 없다.

④ 이중배상이 배제되는 군인 및 경찰공무원 등의 경우에도 다른 법령에 의하여 재해보상금·유족연금·상이연금 등의 보상을 지급받을 수 없을 때에는 「국가배상법」에 의하여 배상을 청구할 수 있다.

11 국가배상책임에 대한 설명으로 옳지 않은 것은?

① 배상청구권의 시효와 관련하여 '가해자를 안다는 것'은 피해자나 그 법정대리인이 가해공무원의 불법행위가 그 직무를 집행함에 있어서 행해진 것이라는 사실까지 인식함을 요구한다.

② 「국가배상법」이 정한 손해배상청구의 요건인 '공무원의 직무'에는 국가나 지방자치단체의 권력적 작용뿐만 아니라 비권력적 작용으로서 단순한 사경제의 주체로서 하는 작용도 포함된다.

③ 「국가배상법」 제5조 제1항에 정하여진 '영조물의 설치 또는 관리의 하자' 요건에서 안전성을 갖추지 못한 상태의 의미에는 그 영조물이 공공의 목적에 이용됨에 있어 그 이용상태 및 정도가 일정한 한도를 초과하여 제3자에게 사회통념상 수인할 것이 기대되는 한도를 넘는 피해를 입히는 경우까지 포함된다.

④ 외국인이 피해자인 경우에는 해당 국가와 상호보증이 있을 때에만 「국가배상법」이 적용되는데, 이때 상호보증의 요건 구비를 위해 반드시 당사국과의 조약이 체결되어 있을 필요는 없다.

12 행정상 손실보상에 대한 설명으로 옳지 않은 것은?

① 대법원은 구 「하천법」 부칙 제2조와 이에 따른 「특별조치법」에 의한 손실보상청구권의 법적 성질을 사법상의 권리로 보아 그에 대한 쟁송은 행정소송이 아닌 민사소송절차에 의하여야 한다고 판시하고 있다.

② 헌법 제23조 제1항의 규정이 재산권의 존속을 보호하는 것이라면 제23조 제3항의 수용제도를 통해 존속보장은 가치보장으로 변하게 된다.

③ 헌법 제23조 제3항의 재산권의 수용·사용·제한규정과 보상규정을 불가분조항으로 볼 경우, 보상규정을 두지 아니한 수용법률은 헌법위반이 된다.

④ 공공용물에 관하여 적법한 개발행위 등이 이루어져 일정 범위의 사람들의 일반사용이 종전에 비하여 제한받게 되었다 하더라도 특별한 사정이 없는 한 이는 특별한 손실에 해당한다고 할 수 없다.

13 甲은 개발제한구역 내 소재한, 지목은 대지이나 건축되지 아니한 토지(나대지)의 소유자이다. 甲은 당해 토지가 개발제한구역으로 지정됨으로써 건축을 할 수 없게 되어 사용 및 수익이 불가능하게 되었다. 이 사례에 대한 설명으로 옳지 않은 것은?

① 개발제한구역 지정으로 인하여 토지를 종래의 목적으로도 사용할 수 없거나 또는 더 이상 법적으로 허용된 토지이용의 방법이 없기 때문에 실질적으로 토지의 사용·수익의 길이 없는 경우에는 토지소유자가 수인해야 하는 사회적 제약의 한계를 넘는 것으로 보아야 한다.

② 헌법재판소의 판례이론에 의할 경우 사례의 근거법률에 손실보상에 대한 규정이 없음에도 불구하고 행정청이 甲에게 손실보상을 하는 것은 국회 입법권의 침해이다.

③ 헌법재판소는 재산권의 제한이 특별한 희생에 해당하는 경우에 보상규정을 두지 않는 것은 위헌이라고 하면서도 단순위헌이 아닌 헌법불합치결정을 하였다.

④ 헌법재판소의 판례이론에 의할 경우 甲은 개발제한구역의 지정에 대한 취소소송과 손해배상청구소송을 통하여 재산권 침해의 구제를 받을 수 있다.

14 손실보상에 대한 설명으로 가장 옳은 것은?

① 재산권의 사회적 제약에 해당하는 공용제한에 대해서는 보상규정을 두지 않아도 된다.

② 「공익사업을 위한 토지 등의 취득 및 보상에 대한 법률」상 손실보상은 원칙적으로 토지 등의 현물로 보상하여야 하고, 현금으로 지급하는 것은 다른 법률에 특별한 규정이 있는 경우에 예외적으로 허용된다.

③ 「공익사업을 위한 토지 등의 취득 및 보상에 대한 법률」상 환매권의 존부에 대한 확인 및 환매금액의 증감을 구하는 소송은 행정소송이다.

④ 당해 공익사업으로 인한 개발이익을 손실보상액 산정에서 배제하는 것은 헌법상 정당보상의 원칙에 위배된다.

15 행정상 손실보상에 대한 설명으로 옳지 않은 것은?

① 잔여지 수용청구를 받아들이지 않은 토지수용위원회의 재결에 불복하여 제기하는 소송은 보상금증감청구소송이다.

② 「공익사업을 위한 토지 등의 취득 및 보상에 대한 법률」상 잔여건축물가격 손실보상청구는 재결절차 후 보상금증감청구소송을 제기해야 한다.

③ 「공익사업을 위한 토지 등의 취득 및 보상에 대한 법률」상 사업시행자에 의한 이주대책수립·실시 및 이주대책의 내용에 대한 규정은 당사자의 합의에 의하여 적용을 배제할 수 있다.

④ 보상규정이 없다고 하여 당연히 보상이 이루어질 수 없는 것이 아니라 헌법해석론에 따라서는 특별한 희생에 해당하는 재산권 제약에 대해서는 손실보상이 이루어질 수도 있다.

16 다음 중 개발제한구역지정으로 해당 토지를 전혀 사용·수익 못하는 경우에 대한 설명으로 옳은 것을 모두 고르면?

> ㄱ. 대법원의 판례이론에 의할 경우 법률에 손실보상에 대한 규정이 없는 때에도 관련 법률의 유추해석 등을 통하여 손실보상이 주어질 수 있다.
> ㄴ. 손실보상규정이 없으나 수인한도를 넘는 침해가 이루어진 경우 헌법소원으로 이를 다툴 수 있다.
> ㄷ. 헌법재판소는 구 「도시계획법」상 개발제한구역의 지정으로 일부 토지소유자에게 사회적 제약의 범위를 넘는 가혹한 부담이 발생하는 경우에 보상규정을 두지 않은 것은 위헌성이 있는 것이고, 보상의 구체적 기준과 방법은 입법자가 입법정책적으로 정할 사항이라고 결정하였다.
> ㄹ. 헌법재판소는 개발제한구역제도를 공용침해가 아니라 재산권의 내용과 한계에 대한 문제로 본다.

① ㄱ
② ㄱ, ㄴ
③ ㄱ, ㄴ, ㄷ
④ ㄱ, ㄴ, ㄷ, ㄹ

17 「공익사업을 위한 토지 등의 취득 및 보상에 대한 법률」에 대한 설명으로 옳은 것은?

① 어떤 보상항목이 공익사업을 위한 토지 등의 취득 및 보상에 대한 법령상 손실보상 대상에 해당함에도 관할 토지수용위원회가 사실을 오인하거나 법리를 오해함으로써 손실보상 대상에 해당하지 않는다고 잘못된 내용의 재결을 한 경우에는, 피보상자는 관할 토지수용위원회를 상대로 재결취소소송을 제기하여야 한다.

② 사업시행자, 토지소유자 또는 관계인은 토지수용위원회의 수용재결에 불복할 때에는 재결서를 받은 날부터 60일 이내에, 이의신청을 거쳤을 때에는 이의신청에 대한 재결서를 받은 날부터 30일 이내에 각각 행정소송을 제기할 수 있다.

③ 공익사업에 필요한 토지 등의 취득 또는 사용으로 인하여 토지소유자나 관계인이 입은 손실은 사업시행자가 보상하여야 한다.

④ 동일한 사업지역에 보상시기를 달리하는 동일인 소유의 토지 등이 여러개 있는 경우 토지소유자나 관계인이 한꺼번에 지급할 것을 요구하더라도 토지별로 각각 보상금을 지급하도록 하여야 한다.

18 행정상 손실보상에 대한 설명으로 옳지 않은 것은?

① 토지가 가지는 문화적·학술적 가치는 특별한 사정이 없는 한, 토지의 부동산으로서의 경제적·재산적 가치를 높여주는 것이 아니므로 손실보상의 대상이 될 수 없다.

② 표준지공시지가 결정에 위법이 있는 경우 수용보상금의 증액을 구하는 소송에서 수용대상 토지 가격 산정의 기초가 된 비교 표준지공시지가 결정의 위법을 독립된 사유로 주장할 수 없다.

③ 구 「하천법」에 의한 하천수 사용권은 「공익사업을 위한 토지 등의 취득 및 보상에 대한 법률」이 손실보상의 대상으로 규정하고 있는 '물의 사용에 대한 권리'에 해당한다.

④ 주거용 건물의 거주자에 대하여는 주거 이전에 필요한 비용과 가재도구 등 동산의 운반에 필요한 비용을 보상하여야 한다.

19 손실보상에 대한 설명으로 옳은 것은?

① 재결에 의한 토지취득의 경우 보상액 산정은 수용재결 당시의 가격을 기준으로 함이 원칙이나, 보상액을 산정할 경우에 해당 공익사업으로 인하여 수용대상 토지의 가격이 변동되었을 때에는 이를 고려하여야 한다.

② 수용재결에 대해 이의재결을 거친 경우 항고소송의 대상은 이의재결이 된다.

③ 「공익사업을 위한 토지 등의 취득 및 보상에 대한 법률」 및 동법 시행규칙에 따른 사업폐지 등에 대한 보상청구권에 대한 쟁송은 행정소송이 아닌 민사소송절차에 의하여야 한다.

④ 공익사업으로 인하여 영업을 폐지하거나 휴업하는 자는 「공익사업을 위한 토지 등의 취득 및 보상에 대한 법률」상의 재결절차를 거치지 않은 채 곧바로 사업시행자를 상대로 손실보상을 청구하는 것은 허용되지 않는다.

20 다음 중 행정상 손실보상에 대한 설명으로 옳은 것을 모두 고르면?

> ㄱ. 수용·재결에 대해 항고소송으로 다투려면 우선적으로 이의재결을 거쳐야만 한다.
>
> ㄴ. 「공익사업을 위한 토지 등의 취득 및 보상에 대한 법률」에 의한 보상합의는 공공기관이 공행정주체로서 행하는 공법상 계약의 실질을 갖는다.
>
> ㄷ. 공공사업의 시행으로 인하여 사업지구 밖에서 수산제조업에 대한 간접손실이 발생하리라는 것을 쉽게 예견할 수 있고 그 손실의 범위도 구체적으로 특정할 수 있는 경우라면, 그 손실의 보상에 관하여 구 「공공용지의 취득 및 손실보상에 대한 특례법 시행규칙」의 간접보상 규정을 유추적용할 수 있다.
>
> ㄹ. 헌법 제23조 제3항의 규정은 보상청구권의 근거에 관하여서 뿐만 아니라 보상의 기준과 방법에 관하여서도 법률의 규정에 유보하고 있는 것으로 보아야 한다.

① ㄱ, ㄴ   ② ㄴ, ㄷ

③ ㄷ, ㄹ   ④ ㄴ, ㄷ, ㄹ

해커스공무원 진도별 모의고사 답안지

컴퓨터용 흑색사인펜만 사용

회차

[필적감정용 기재]
*아래 예시문을 옮겨 적으시오
본인은 OOO(응시자성명)임을 확인함

기재란

성명	
자필성명	본인 성명 기재
응시직렬	
응시지역	
시험장소	

응시번호

생년월일

※ 시험감독관 서명 (성명을 정자로 기재할 것)

감독관 확인 사용

제1과목

문번				
1	①	②	③	④
2	①	②	③	④
3	①	②	③	④
4	①	②	③	④
5	①	②	③	④
6	①	②	③	④
7	①	②	③	④
8	①	②	③	④
9	①	②	③	④
10	①	②	③	④
11	①	②	③	④
12	①	②	③	④
13	①	②	③	④
14	①	②	③	④
15	①	②	③	④
16	①	②	③	④
17	①	②	③	④
18	①	②	③	④
19	①	②	③	④
20	①	②	③	④

제2과목

문번				
1	①	②	③	④
2	①	②	③	④
3	①	②	③	④
4	①	②	③	④
5	①	②	③	④
6	①	②	③	④
7	①	②	③	④
8	①	②	③	④
9	①	②	③	④
10	①	②	③	④
11	①	②	③	④
12	①	②	③	④
13	①	②	③	④
14	①	②	③	④
15	①	②	③	④
16	①	②	③	④
17	①	②	③	④
18	①	②	③	④
19	①	②	③	④
20	①	②	③	④

제3과목

문번				
1	①	②	③	④
2	①	②	③	④
3	①	②	③	④
4	①	②	③	④
5	①	②	③	④
6	①	②	③	④
7	①	②	③	④
8	①	②	③	④
9	①	②	③	④
10	①	②	③	④
11	①	②	③	④
12	①	②	③	④
13	①	②	③	④
14	①	②	③	④
15	①	②	③	④
16	①	②	③	④
17	①	②	③	④
18	①	②	③	④
19	①	②	③	④
20	①	②	③	④

제4과목

문번				
1	①	②	③	④
2	①	②	③	④
3	①	②	③	④
4	①	②	③	④
5	①	②	③	④
6	①	②	③	④
7	①	②	③	④
8	①	②	③	④
9	①	②	③	④
10	①	②	③	④
11	①	②	③	④
12	①	②	③	④
13	①	②	③	④
14	①	②	③	④
15	①	②	③	④
16	①	②	③	④
17	①	②	③	④
18	①	②	③	④
19	①	②	③	④
20	①	②	③	④

제5과목

문번				
1	①	②	③	④
2	①	②	③	④
3	①	②	③	④
4	①	②	③	④
5	①	②	③	④
6	①	②	③	④
7	①	②	③	④
8	①	②	③	④
9	①	②	③	④
10	①	②	③	④
11	①	②	③	④
12	①	②	③	④
13	①	②	③	④
14	①	②	③	④
15	①	②	③	④
16	①	②	③	④
17	①	②	③	④
18	①	②	③	④
19	①	②	③	④
20	①	②	③	④

해커스공무원 진도별 모의고사 답안지

컴퓨터용 흑색사인펜만 사용

성명	
자필성명	본인 성명 기재
응시직렬	
응시지역	
시험장소	

[필적감정용 기재]
*아래 예시문을 옮겨 적으시오
본인은 OOO(응시자성명)임을 확인함

기 재 란

회차	

※ 시험감독관 서명
(성명을 정자로 기재할 것)

적색 볼펜만 사용

응시번호

생년월일

제1과목

문번				
1	①	②	③	④
2	①	②	③	④
3	①	②	③	④
4	①	②	③	④
5	①	②	③	④
6	①	②	③	④
7	①	②	③	④
8	①	②	③	④
9	①	②	③	④
10	①	②	③	④
11	①	②	③	④
12	①	②	③	④
13	①	②	③	④
14	①	②	③	④
15	①	②	③	④
16	①	②	③	④
17	①	②	③	④
18	①	②	③	④
19	①	②	③	④
20	①	②	③	④

제2과목

문번				
1	①	②	③	④
2	①	②	③	④
3	①	②	③	④
4	①	②	③	④
5	①	②	③	④
6	①	②	③	④
7	①	②	③	④
8	①	②	③	④
9	①	②	③	④
10	①	②	③	④
11	①	②	③	④
12	①	②	③	④
13	①	②	③	④
14	①	②	③	④
15	①	②	③	④
16	①	②	③	④
17	①	②	③	④
18	①	②	③	④
19	①	②	③	④
20	①	②	③	④

제3과목

문번				
1	①	②	③	④
2	①	②	③	④
3	①	②	③	④
4	①	②	③	④
5	①	②	③	④
6	①	②	③	④
7	①	②	③	④
8	①	②	③	④
9	①	②	③	④
10	①	②	③	④
11	①	②	③	④
12	①	②	③	④
13	①	②	③	④
14	①	②	③	④
15	①	②	③	④
16	①	②	③	④
17	①	②	③	④
18	①	②	③	④
19	①	②	③	④
20	①	②	③	④

제4과목

문번				
1	①	②	③	④
2	①	②	③	④
3	①	②	③	④
4	①	②	③	④
5	①	②	③	④
6	①	②	③	④
7	①	②	③	④
8	①	②	③	④
9	①	②	③	④
10	①	②	③	④
11	①	②	③	④
12	①	②	③	④
13	①	②	③	④
14	①	②	③	④
15	①	②	③	④
16	①	②	③	④
17	①	②	③	④
18	①	②	③	④
19	①	②	③	④
20	①	②	③	④

제5과목

문번				
1	①	②	③	④
2	①	②	③	④
3	①	②	③	④
4	①	②	③	④
5	①	②	③	④
6	①	②	③	④
7	①	②	③	④
8	①	②	③	④
9	①	②	③	④
10	①	②	③	④
11	①	②	③	④
12	①	②	③	④
13	①	②	③	④
14	①	②	③	④
15	①	②	③	④
16	①	②	③	④
17	①	②	③	④
18	①	②	③	④
19	①	②	③	④
20	①	②	③	④

해커스공무원 진도별 모의고사 답안지

컴퓨터용 흑색사인펜만 사용

성명	
자필성명	본인 성명 기재
응시직렬	
응시지역	
시험장소	

책형

[필적감정용 기재]
*아래 예시문을 옮겨 적으시오
본인은 OOO(응시자성명)임을 확인함

기재란

※ 시험감독관 서명
(성명을 정자로 기재할 것)

적색 볼펜만 사용

응시번호

생 년 월 일

제1과목

문번				
1	①	②	③	④
2	①	②	③	④
3	①	②	③	④
4	①	②	③	④
5	①	②	③	④
6	①	②	③	④
7	①	②	③	④
8	①	②	③	④
9	①	②	③	④
10	①	②	③	④
11	①	②	③	④
12	①	②	③	④
13	①	②	③	④
14	①	②	③	④
15	①	②	③	④
16	①	②	③	④
17	①	②	③	④
18	①	②	③	④
19	①	②	③	④
20	①	②	③	④

제2과목

문번				
1	①	②	③	④
2	①	②	③	④
3	①	②	③	④
4	①	②	③	④
5	①	②	③	④
6	①	②	③	④
7	①	②	③	④
8	①	②	③	④
9	①	②	③	④
10	①	②	③	④
11	①	②	③	④
12	①	②	③	④
13	①	②	③	④
14	①	②	③	④
15	①	②	③	④
16	①	②	③	④
17	①	②	③	④
18	①	②	③	④
19	①	②	③	④
20	①	②	③	④

제3과목

문번				
1	①	②	③	④
2	①	②	③	④
3	①	②	③	④
4	①	②	③	④
5	①	②	③	④
6	①	②	③	④
7	①	②	③	④
8	①	②	③	④
9	①	②	③	④
10	①	②	③	④
11	①	②	③	④
12	①	②	③	④
13	①	②	③	④
14	①	②	③	④
15	①	②	③	④
16	①	②	③	④
17	①	②	③	④
18	①	②	③	④
19	①	②	③	④
20	①	②	③	④

제4과목

문번				
1	①	②	③	④
2	①	②	③	④
3	①	②	③	④
4	①	②	③	④
5	①	②	③	④
6	①	②	③	④
7	①	②	③	④
8	①	②	③	④
9	①	②	③	④
10	①	②	③	④
11	①	②	③	④
12	①	②	③	④
13	①	②	③	④
14	①	②	③	④
15	①	②	③	④
16	①	②	③	④
17	①	②	③	④
18	①	②	③	④
19	①	②	③	④
20	①	②	③	④

제5과목

문번				
1	①	②	③	④
2	①	②	③	④
3	①	②	③	④
4	①	②	③	④
5	①	②	③	④
6	①	②	③	④
7	①	②	③	④
8	①	②	③	④
9	①	②	③	④
10	①	②	③	④
11	①	②	③	④
12	①	②	③	④
13	①	②	③	④
14	①	②	③	④
15	①	②	③	④
16	①	②	③	④
17	①	②	③	④
18	①	②	③	④
19	①	②	③	④
20	①	②	③	④

해커스공무원 진도별 모의고사 답안지

컴퓨터용 흑색사인펜만 사용

성명	
자필성명	본인 성명 기재
응시직렬	
응시지역	
시험장소	

[필적감정용 기재]
*아래 예시문을 옮겨 적으시오

본인은 OOO(응시자성명)임을 확인함

기재란

회차

※ 시험감독관 서명
(성명을 정자로 기재할 것)

책형 표기란 확인

생 년 월 일

응 시 번 호

문번	제1과목
1	① ② ③ ④
2	① ② ③ ④
3	① ② ③ ④
4	① ② ③ ④
5	① ② ③ ④
6	① ② ③ ④
7	① ② ③ ④
8	① ② ③ ④
9	① ② ③ ④
10	① ② ③ ④
11	① ② ③ ④
12	① ② ③ ④
13	① ② ③ ④
14	① ② ③ ④
15	① ② ③ ④
16	① ② ③ ④
17	① ② ③ ④
18	① ② ③ ④
19	① ② ③ ④
20	① ② ③ ④

문번	제2과목
1	① ② ③ ④
2	① ② ③ ④
3	① ② ③ ④
4	① ② ③ ④
5	① ② ③ ④
6	① ② ③ ④
7	① ② ③ ④
8	① ② ③ ④
9	① ② ③ ④
10	① ② ③ ④
11	① ② ③ ④
12	① ② ③ ④
13	① ② ③ ④
14	① ② ③ ④
15	① ② ③ ④
16	① ② ③ ④
17	① ② ③ ④
18	① ② ③ ④
19	① ② ③ ④
20	① ② ③ ④

문번	제3과목
1	① ② ③ ④
2	① ② ③ ④
3	① ② ③ ④
4	① ② ③ ④
5	① ② ③ ④
6	① ② ③ ④
7	① ② ③ ④
8	① ② ③ ④
9	① ② ③ ④
10	① ② ③ ④
11	① ② ③ ④
12	① ② ③ ④
13	① ② ③ ④
14	① ② ③ ④
15	① ② ③ ④
16	① ② ③ ④
17	① ② ③ ④
18	① ② ③ ④
19	① ② ③ ④
20	① ② ③ ④

문번	제4과목
1	① ② ③ ④
2	① ② ③ ④
3	① ② ③ ④
4	① ② ③ ④
5	① ② ③ ④
6	① ② ③ ④
7	① ② ③ ④
8	① ② ③ ④
9	① ② ③ ④
10	① ② ③ ④
11	① ② ③ ④
12	① ② ③ ④
13	① ② ③ ④
14	① ② ③ ④
15	① ② ③ ④
16	① ② ③ ④
17	① ② ③ ④
18	① ② ③ ④
19	① ② ③ ④
20	① ② ③ ④

문번	제5과목
1	① ② ③ ④
2	① ② ③ ④
3	① ② ③ ④
4	① ② ③ ④
5	① ② ③ ④
6	① ② ③ ④
7	① ② ③ ④
8	① ② ③ ④
9	① ② ③ ④
10	① ② ③ ④
11	① ② ③ ④
12	① ② ③ ④
13	① ② ③ ④
14	① ② ③ ④
15	① ② ③ ④
16	① ② ③ ④
17	① ② ③ ④
18	① ② ③ ④
19	① ② ③ ④
20	① ② ③ ④

함수민

약력
제56회 사법시험 합격
제32회 법원행정고등고시 합격
현 | 해커스공무원 행정법 강의
전 | 노량진 윌비스고시학원 전임교수

저서
해커스공무원 함수민 행정법총론 기본서
해커스공무원 함수민 행정법총론 단원별 기출문제집
해커스공무원 함수민 행정법총론 실전동형모의고사
해커스공무원 함수민 행정법총론 진도별 모의고사

2025 최신판

해커스공무원
함수민
행정법총론 진도별 모의고사

초판 1쇄 발행 2025년 1월 2일

지은이	함수민 편저
펴낸곳	해커스패스
펴낸이	해커스공무원 출판팀
주소	서울특별시 강남구 강남대로 428 해커스공무원
고객센터	1588-4055
교재 관련 문의	gosi@hackerspass.com
	해커스공무원 사이트(gosi.Hackers.com) 교재 Q&A 게시판
	카카오톡 플러스 친구 [해커스공무원 노량진캠퍼스]
학원 강의 및 동영상강의	gosi.Hackers.com
ISBN	979-11-7244-647-5(13360)
Serial Number	01-01-01

2025 최신판

해커스공무원
함수민
행정법총론
진도별 모의고사

약점 보완 해설집

해커스공무원

해커스공무원

함수민
행정법총론

진도별 모의고사

약점 보완 해설집

해커스

▶ 정답

p. 8

01	②	06	③	11	②	16	①
02	②	07	③	12	①	17	①
03	①	08	④	13	④	18	①, ④
04	③	09	②	14	④	19	①
05	①	10	①	15	④	20	①, ④

01 정답 ②

> **☑ 함께 정리하기 실질적 의미의 행정**
>
> 비상계엄의 선포×
> 집회의 금지통고○
> 행정심판의 재결×
> 등기사무○
> 조례의 제정×

실질적 의미의 행정이란 국가가 법질서 아래서 국가목적을 실현하기 위하여 행하는 작용이므로 공익상 필요한 결과를 실현함을 목적으로 하는 기술적·정신적·법률적 사무의 전체를 의미한다(결과실현설).
ㄱ. [×] 통치행위에 해당한다.

> **유제** 15. 지방직 7급 비상계엄의 선포는 통치행위에 해당한다. (○)

ㄴ. [○] 실질적 의미의 행정, 형식적 의미의 행정에 해당한다.
ㄷ. [×] 실질적 의미의 사법, 형식적 의미의 행정에 해당한다.

> **유제** 15. 지방직 7급 행정심판의 재결은 실질적 의미의 사법, 형식적 의미의 행정에 해당한다. (○)

ㄹ. [○] 실질적 의미의 행정, 형식적 의미의 사법에 해당한다.
ㅁ. [×] 실질적 의미의 입법, 형식적 의미의 행정에 해당한다.

02 정답 ②

> **☑ 함께 정리하기 형식적·실질적 의미의 행정**
>
> 대통령령의 제정
> ▷ 형식○/실질×
> 일반법관의 임명
> ▷ 형식×/실질○
> 통고처분
> ▷ 형식○/실질×
> 토지수용
> ▷ 형식○/실질○

형식적 의미의 행정이란 국가기관이 분장하고 있는 권한을 기준으로 행정부에 의하여 행하여지는 일체의 작용을 의미하고, 실질적 의미의 행정이란 국가가 법질서 아래서 국가목적을 실현하기 위하여 행하는 작용이므로 공익상 필요한 결과를 실현함을 목적으로 하는 기술적·정신적·법률적 사무의 전체를 의미한다(결과실현설).
① [×] 실질적 의미의 입법, 형식적 의미의 행정에 해당한다.
❷ [○] 실질적 의미의 행정, 형식적 의미의 사법에 해당한다.
③ [×] 실질적 의미의 사법, 형식적 의미의 행정에 해당한다.
④ [×] 실질적 의미의 행정, 형식적 의미의 행정에 해당한다.

03 정답 ①

> **☑ 함께 정리하기 행정의 의의**
>
> 행정법의 대상으로서의 행정
> ▷ 실질적○, 형식적○
> 토지수용재결, 통고처분
> ▷ 형식적 의미의 행정, 실질적 의미의 사법
> 행정주체에 따른 분류
> ▷ 국가행정, 자치행정
> 법적 형식에 따른 분류
> ▷ 공법행정, 사법행정

❶ [×] 실질적 의미의 입법에 속하는 행정입법 및 성질상 실질적 의미의 사법에 속하는 행정심판도 행정법의 연구대상이 된다. 따라서 행정법의 연구대상은 실질적 의미의 행정을 중심으로 하면서도 아울러 형식적 의미의 행정을 포함한다고 할 것이다.
② [○] 행정심판의 재결, 토지수용재결·이의재결, 통고처분은 형식적 의미에서는 행정이지만, 실질적 의미에서는 사법에 해당한다.
③ [○] 행정은 행정의 주체에 따라 국가행정과 지방자치행정으로 구분할 수 있다.
④ [○] 행정은 행정작용의 근거가 되는 법과 관련하여 공법상의 행정과 사법상의 행정으로 구분할 수 있다. 공법행정이란 공법의 규율을 받아 공법의 형식에 따라 이루어지는 행정을 말하고, 사법행정은 사법(私法)의 규율을 받아 사법의 형식에 따라 이루어지는 행정을 말한다.

04

정답 ③

📋 **함께 정리하기 통치행위**

남북정상회담 대북송금
▷ 사법심사 可
외국에의 국군 파견결정
▷ 사법심사 자제
2007년 전시증원연습결정
▷ 사법심사 可
대통령의 긴급재정경제명령
▷ 사법심사 可

① [O] 남북정상회담의 개최는 고도의 정치적 성격을 지니고 있는 행위라 할 것이므로 특별한 사정이 없는 한 그 당부를 심판하는 것은 사법권의 내재적·본질적 한계를 넘어서는 것이 되어 적절하지 못하지만, 남북정상회담의 개최과정에서 재정경제부장관에게 신고하지 아니하거나 통일부장관의 협력사업 승인을 얻지 아니한 채 북한측에 사업권의 대가 명목으로 송금한 행위 자체는 헌법상 법치국가의 원리와 법 앞에 평등원칙 등에 비추어 볼 때 사법심사의 대상이 된다(대판 2004.3.26. 2003도7878).

　유제 15. 국가직 9급 남북정상회담 개최는 고도의 정치적 성격을 지니고 있는 행위로서 사법심사의 대상으로 하는 것은 적절치 못하므로 그 개최과정에서 당국에 신고하지 아니하거나 승인을 얻지 아니한 채 북한 측에 송금한 행위는 사법심사의 대상이 되지 않는다. (×)
　11. 경찰 남북정상회담의 개최는 고도의 정치적 성격을 지니고 있는 행위라 할 것이므로 특별한 사정이 없는 한 그 당부를 심판하는 것은 사법권의 내재적·본질적 한계를 넘어서는 것이 되어 적절하지 못하고, 그 과정에서 기획재정부장관에게 신고하지 아니하거나 통일부장관의 협력사업승인을 얻지 아니한 채 북한측에 사업권의 대가 명목으로 송금한 행위 자체는 사법심사의 대상이 될 수 없다. (×)

② [O] 외국에의 국군 파병결정은 대통령이 파병의 정당성뿐만 아니라 북한 핵 사태의 원만한 해결을 위한 동맹국과의 관계, 우리나라의 안보문제, 국·내외 정치관계 등 국익과 관련한 여러 가지 사정을 고려하여 파병부대의 성격과 규모, 파병기간을 국가안전보장회의의 자문을 거쳐 결정한 것으로, 그 후 국무회의의 심의·의결을 거쳐 국회의 동의를 얻음으로써 헌법과 법률에 따른 절차적 정당성을 확보했음을 알 수 있다. 그렇다면 이 사건 파병결정은 그 성격상 국방 및 외교에 관련된 고도의 정치적 결단을 요하는 문제로서, 헌법과 법률이 정한 절차를 지켜 이루어진 것임이 명백하므로, 대통령과 국회의 판단은 존중되어야 하고 헌법재판소가 사법적 기준만으로 이를 심판하는 것은 자제되어야 한다(헌재 2004.4.29. 2003헌마814).

　유제 15. 국가직 9급 헌법재판소는 대통령의 해외파병 결정은 국방 및 외교와 관련된 고도의 정치적 결단을 요하는 문제로서 헌법과 법률이 정한 절차를 지켜 이루어진 것이 명백한 이상 사법적 기준만으로 이를 심판하는 것은 자제되어야 한다고 판시하였다. (O)
　13. 서울시 7급 헌법재판소는 이라크파병결정과 관련하여 외국에의 국군파병결정은 국방 및 외교에 관련된 고도의 정치적 결단을 요하는 문제로, 헌법재판소가 이에 대하여 사법적 기준만으로 이를 심판하는 것은 자제되어야 한다고 판시하였다. (O)

❸ [×] 한미연합 군사훈련은 1978. 한미연합사령부의 창설 및 1979. 2.15. 한미연합연습 양해각서의 체결 이후 연례적으로 실시되어 왔고, 특히 이 사건 연습은 대표적인 한미연합 군사훈련으로서, 피청구인이 2007.3.경에 한 이 사건 연습결정이 새삼 국방에 관련되는 고도의 정치적 결단에 해당하여 사법심사를 자제하여야 하는 통치행위에 해당된다고 보기 어렵다(헌재 2009.5.28. 2007헌마369).

　유제 11. 경찰 대통령이 한미연합 군사훈련의 일종인 2007년 전시증원연습을 하기로 한 결정은 국방에 관련되는 고도의 정치적 결단에 해당하여 사법심사를 자제하여야 하는 통치행위에 해당한다. (×)

④ [O] 대통령의 긴급재정경제명령은 국가긴급권의 일종으로서 고도의 정치적 결단에 의하여 발동되는 행위이고 그 결단을 존중하여야 할 필요성이 있는 행위라는 의미에서 이른바 통치행위에 속한다고 할 수 있으나, 통치행위를 포함하여 모든 국가작용은 국민의 기본권적 가치를 실현하기 위한 수단이라는 한계를 반드시 지켜야 하는 것이고, 헌법재판소는 헌법의 수호와 국민의 기본권 보장을 사명으로 하는 국가기관이므로 비록 고도의 정치적 결단에 의하여 행해지는 국가작용이라고 할지라도 그것이 국민의 기본권 침해와 직접 관련되는 경우에는 당연히 헌법재판소의 심판대상이 된다(헌재 1996.2.29. 93헌마186).

05

정답 ①

📋 **함께 정리하기 통치행위**

판단
▷ 사법부의 전권
사면
▷ 권력분립의 예외
비상계엄
▷ 범죄성립 여부에 관한 사법심사 可
기본권침해와 직접 관련
▷ 사법심사 可

❶ [×] 고도의 정치성을 띤 국가행위에 대하여는 이른바 통치행위라 하여 법원 스스로 사법심사권의 행사를 억제하여 그 심사대상에서 제외하는 영역이 있으나, 이와 같이 통치행위의 개념을 인정한다고 하더라도 과도한 사법심사의 자제가 기본권을 보장하고 법치주의 이념을 구현하여야 할 법원의 책무를 태만히 하거나 포기하는 것이 되지 않도록 그 인정을 지극히 신중하게 하여야 하며, 그 판단은 오로지 사법부만에 의하여 이루어져야 한다(대판 2004.3.26. 2003도7878).

　유제 13. 지방직 9급 통치행위의 개념을 인정한다고 하더라도 과도한 사법심사의 자제가 기본권을 보장하고 법치주의 이념을 구현하여야 할 법원의 책무를 태만히 하거나 포기하는 것이 되지 않도록 그 인정을 지극히 신중하게 하여야 하며, 그 판단은 오로지 사법부만에 의하여 이루어져야 한다. (O)

② [O] 사면은 형의 선고의 효력 또는 공소권을 상실시키거나, 형의 집행을 면제시키는 국가원수의 고유한 권한을 의미하며, 사법부의 판단을 변경하는 제도로서 권력분립의 원리에 대한 예외가 된다(헌재 2000.6.1. 97헌바74).

유제 14. 경찰 사면은 형의 선고의 효력 또는 공소권을 상실시키거나 형의 집행을 면제시키는 국가원수의 고유한 권한을 의미하며, 사법부의 판단을 변경하는 제도로서 권력분립의 원리에 대한 예외가 된다. (O)

③ [O] 대통령의 비상계엄의 선포나 확대 행위는 고도의 정치적·군사적 성격을 지니고 있는 행위라 할 것이므로, 계엄선포의 요건 구비 여부나 선포의 당·부당을 판단할 권한이 사법부에는 없다고 할 것이나, 이 사건과 같이 비상계엄의 선포나 확대가 국헌문란의 목적을 달성하기 위하여 행하여진 경우에는 법원은 그 자체가 범죄행위에 해당하는지의 여부에 관하여 심사할 수 있다(대판 1997.4.17. 96도3376 전합).

유제 11. 국회직 9급 대법원은 계엄선포의 요건 구비 여부나 선포의 당·부당에 대한 판단을 통치행위로 보고 있다. (O)

④ [O] 헌법재판소는 헌법의 수호와 국민의 기본권 보장을 사명으로 하는 국가기관이므로 비록 고도의 정치적 결단에 의하여 행해지는 국가작용이라고 할지라도 그것이 국민의 기본권 침해와 직접 관련되는 경우에는 당연히 헌법재판소의 심판대상이 된다(헌재 1996.2.29. 93헌마186).

유제 15. 국가직 9급 대통령의 긴급재정경제명령은 고도의 정치적 결단에 의하여 발동되는 이른바 통치행위에 속하지만 그것이 국민의 기본권 침해와 직접 관련되는 경우에는 헌법재판소의 심판대상이 된다. (O)

06 정답 ③

☑ 함께 정리하기 **사법심사 가능여부**

긴급조치O
서훈취소O
남북정상회담의 개최×
수도이전O

① [O] 기본권 보장의 최후 보루인 법원으로서는 마땅히 긴급조치 제1호에 규정된 형벌법규에 대하여 사법심사권을 행사함으로써, 대통령의 긴급조치권 행사로 인하여 국민의 기본권이 침해되고 나아가 우리나라 헌법의 근본이념인 자유민주적 기본질서가 부정되는 사태가 발생하지 않도록 그 책무를 다하여야 할 것이다(대판 2010.12.16. 2010도5986 전합).

유제 17. 지방직 9급 기본권 보장의 최후 보루인 법원으로서는 사법심사권을 행사함으로써, 대통령의 긴급조치권 행사로 인하여 우리나라 헌법의 근본이념인 자유민주적 기본질서가 부정되는 사태가 발생하지 않도록 그 책무를 다하여야 한다. (O)

② [O] 서훈취소는 서훈수여의 경우와는 달리 이미 발생된 서훈대상자 등의 권리 등에 영향을 미치는 행위로서 관련 당사자에게 미치는 불이익의 내용과 정도 등을 고려하면 사법심사의 필요성이 크다. 따라서 기본권의 보장 및 법치주의의 이념에 비추어 보면, 비록 서훈취소가 대통령이 국가원수로서 행하는 행위라고 하더라도 법원이 사법심사를 자제하여야 할 고도의 정치성을 띤 행위라고 볼 수는 없다(대판 2015.4.23. 2012두26920).

유제 16. 교행 9급 대통령의 서훈취소행위는 통치행위에 해당한다. (×)

❸ [×] 남북정상회담의 개최는 고도의 정치적 성격을 지니고 있는 행위라 할 것이므로 특별한 사정이 없는 한 그 당부를 심판하는 것은 사법권의 내재적·본질적 한계를 넘어서는 것이 되어 적절하지 못하다(대판 2004.3.26. 2003도7878).

유제 10. 경북교행 조약의 체결, 이라크 파병 결정, 남북 정상회담개최 과정에서 이루어진 대북 송금행위 등이 해당된다. (×)

④ [O] 신행정수도건설이나 수도이전의 문제가 정치적 성격을 가지고 있는 것은 인정할 수 있지만, 그 자체로 고도의 정치적 결단을 요하여 사법심사의 대상으로 하기에는 부적절한 문제라고까지는 할 수 없다(헌재 2004.10.21. 2004헌마554·566).

유제 13. 서울시 7급 통치행위가 국민의 기본권 침해와 직접 관련이 있는 경우는 헌법소원의 대상이 될 수 있다. (O)

11. 경찰 신행정수도건설이나 수도이전의 문제는 그 자체로 고도의 정치적 결단을 요하므로 사법심사의 대상에서 제외되고, 고도의 정치적 결단에 의하여 행해지는 국가작용의 경우 그것이 국민의 기본권침해와 직접 관련되는 경우에도 헌법재판소의 심판대상이 될 수 없다. (×)

07 정답 ③

☑ 함께 정리하기 **통치행위**

사법자제설
▷ 사법부 스스로 사법심사 자제
헌법 제64조 제4항
▷ 국회의원의 자격심사·의원징계·제명처분 법원에 제소 不可
통치행위의 주체
▷ 정부O, 국회O, 사법부×
통치행위의 판단
▷ 사법부의 전권

① [O] 사법자제설은 원칙적으로 통치행위는 사법심사의 대상이 되지만, 정치적 문제일 경우에는 사법부가 정치적 소용돌이에 휩싸이지 않도록 하기 위해 사법부 스스로가 심사를 자제한다고 하는 견해이다.

② [O] 헌법 제64조 제4항은 "국회의원의 자격심사·의원징계·제명처분에 대해서는 법원에 제소할 수 없다."라고 규정하고 있다.

❸ [×] 통치행위는 보통 정부의 행위이지만, 국회의 행위(예 국무총리·국무위원 해임건의나 국회의원의 자격심사·징계·제명 등)도 해당되는 경우가 있다. 그러나 사법부는 정치행위를 하는 기관이 아니므로 통치행위의 주체가 될 수 없다.

④ [O] 입헌적 법치주의국가의 기본원칙은 어떠한 국가행위나 국가작용도 헌법과 법률에 근거하여 그 테두리 안에서 합헌적·합법적으로 행하여질 것을 요구하며, 이러한 합헌성과 합법성의 판단은 본질적으로 사법의 권능에 속하는 것이고, 다만 국가행위 중에는 고도의 정치성을 띤 것이 있고, 그러한 고도의 정치행위에 대하여 정치적 책임을 지지 않는 법원이 정치의 합목적성이나 정당성을 도외시한 채 합법성의 심사를 감행함으로써 정책결정이 좌우되는 일은 결코 바람직한 일이 아니며, 법원이 정치문제에 개입되어 그 중립성과 독립성을 침해당할 위험성도 부인할 수 없으므로, 고도의 정치성을 띤 국가행위에 대하여는 이른바 통치행위라 하여 법원 스스로 사법심사권의 행사를 억제하여 그 심사대상에서 제외하는 영역이 있으나, 이와 같이 통치행위의 개념을 인정한다고 하더라도 과도한 사법심사의 자제가 기본권을 보장하고 법치주의 이념을 구현하여야 할 법원의 책무를 태만히 하거나 포기하는 것이 되지 않도록 그 인정을 지극히 신중하게 하여야 하며, 그 판단은 오로지 사법부만에 의하여 이루어져야 한다(대판 2004.3.26. 2003도7878).

유제 13. 지방직 9급 통치행위의 개념을 인정한다고 하더라도 과도한 사법심사의 자제가 기본권을 보장하고 법치주의 이념을 구현하여야 할 법원의 책무를 태만히 하거나 포기하는 것이 되지 않도록 그 인정을 지극히 신중하게 하여야 하며, 그 판단은 오로지 사법부만에 의하여 이루어져야 한다. (O)

08 정답 ④

☑ 함께 정리하기 행정의 분류

주체
▷ 국가/자치/위임
목적
▷ 질서/급부/유도/공과/조달/계획
효과
▷ 침해/수익/복효적
기속
▷ 기속/재량
형식
▷ 공법(권력·비권력)/사법(국고·행정사법)

① [X] 효과 – 주체 – 형식
② [X] 목적 – 주체 – 주체
③ [X] 형식 – 목적 – 형식
❹ [O] 효과 – 효과 – 효과

09 정답 ②

☑ 함께 정리하기 공·사법의 구별기준

이익설
▷ 공익 목적
신주체설
▷ 행정주체에게만 배타적으로 권리의무 귀속
종속설
▷ 상하관계
생활관계설
▷ 국민으로서의 생활관계 규율

신주체설(귀속설)은 공권력 주체로서의 행정주체에게만 배타적으로 권리·의무를 종속시키는 경우에는 공법관계, 모든 권리주체에게 권리·의무를 귀속시키는 것을 사법관계라고 하는 견해이다. 지문은 구주체설에 대한 설명에 해당한다.

이익설	법이 규율하는 목적에 기준을 두어 전적으로 또는 우선적으로 공익에 봉사하는 법을 공법이라 하고 사익에 봉사하는 법을 사법이라 한다. 그러나 공익과 사익의 구별기준이 모호하고 상당수의 공법규정들이 공익뿐만 아니라 사익보호를 목적으로 하고 있으며, 사법규정 중에서도 공익보호를 목적으로 하는 규정이 있을 수 있다는 비판을 받고 있다.

종속설 (복종설, 성질설)	법률관계의 당사자들의 관계가 상하관계(지배복종관계)인가 대등관계인가에 따라 공·사법을 구별하는데 상하관계에 적용되는 법을 공법이라 하고 대등관계에 적용되는 법을 사법이라고 한다. 그러나 사법관계에서도 친자관계나 사용자관계 같은 복종관계가 있고 공법관계에도 공법상의 계약과 같이 대등관계가 있다는 비판을 받고 있다.
구주체설	법률관계의 주체를 기준으로 하여 적어도 한 당사자가 국가 또는 기타의 행정주체로 되어 있는 법률관계를 규율하는 법이 공법이고 사인 상호간의 법률관계를 규율하는 법이 사법이라고 한다. 그러나 행정주체도 사인의 지위(국고적 지위)에서 활동할 때에는 사법의 적용을 받으며 사인도 공권을 부여받으면 행정주체의 지위에서 활동할 수 있다는 비판을 받는다.
귀속설 (신주체설)	공권력 주체로서의 행정주체에게만 배타적으로 권리·의무를 종속시키는 경우에는 공법관계, 모든 권리주체에게 권리·의무를 귀속시키는 것을 사법관계라고 하는 견해로서 볼프(Wolff)에 의해 주장되었다. 그러나 귀속설 역시 국가의 행정작용이 법집행작용이 아닌 사실행위인 경우 공사법의 구별에 어려움이 있다.
생활관계설	국민으로서의 생활관계와 사인으로서의 생활관계로 나누어 전자를 규율하는 것을 공법, 후자를 규율하는 것을 사법이라 한다. 그러나 그 구별기준이 불명확하고 국민과 사인의 구별을 위하여 다시 논의가 필요하여 논리의 순환에 빠지게 된다는 비판을 받고 있다.

10 정답 ①

☑ 함께 정리하기 공법과 사법의 구별

공공계약
▷ 사법관계
구별의 1차적 기준
▷ 관계법령의 규정 내용·성질
지자체의 부정당업자 입찰참가제한
▷ 처분
지방자치단체를 당사자로 하는 계약
▷ 지방계약법 적용

❶ [X] 지방재정법에 의하여 준용되는 국가계약법(국가를 당사자로 하는 계약에 관한 법률)에 따라 지방자치단체가 당사자가 되는 이른바 공공계약은 사경제의 주체로서 상대방과 대등한 위치에서 체결하는 사법상의 계약으로서 그 본질적인 내용은 사인 간의 계약과 다를 바 없으므로, 그에 관한 법령에 특별한 정함이 있는 경우를 제외하고는 사적자치와 계약자유의 원칙 등 사법의 원리가 그대로 적용된다 할 것이다(대판 2001.12.11. 2001다33604).

유제 17. 국회직 8급 대법원은 국가나 지방자치단체가 당사자가 되는 공공계약(조달계약)은 상대방과 대등한 관계에서 체결하는 공법상의 계약으로 본다. (X)

② [O] 공법관계와 사법관계의 구별은 1차적으로 실정법상 명문규정에 따라 관계법령의 규정 내용과 성질 등을 기준으로 구별하고, 2차적으로 당해 법규가 규율하고 있는 목적과 내용에 따라 법률관계의 성질을 기준으로 구별한다.

③ [O] 대법원은 지방자치단체의 부정당업자에 대한 입찰 참가 제한에 대하여 처분에 해당한다는 점을 전제로 판시한 바 있다.

> 지방자치단체의 장인 피고가 행하는 부정당업자에 대한 입찰 참가자격 제한에 대하여는 국가계약법이 아닌 지방재정법이 적용되어야 할 것 … 위와 같은 침익적 행정처분의 근거가 되는 행정법규는 엄격하게 해석·적용하여야 하고 행정처분의 상대방에게 불리한 방향으로 지나치게 확장해석 하거나 유추해석 하여서는 안 되며, 그 입법 취지와 목적 등을 고려한 목적론적 해석이 전적으로 배제되는 것은 아니라 하더라도 그 해석이 문언의 통상적인 의미를 벗어나서는 안 될 것이다(대판 2008.2.28. 2007두13791·13807).

유제 17. 국회직 8급 대법원은 지방자치단체가 공공조달계약 입찰을 일정기간동안 제한하는 부정당업자 제재는 사법상의 통지행위에 불과하다고 본다. (×)

④ [O] 지방계약법은 지방자치단체를 당사자로 하는 계약에 관한 기본적인 사항을 정함으로써 계약업무를 원활하게 수행할 수 있도록 함을 목적으로 하고(제1조), 지방자치단체가 계약상대자와 체결하는 수입 및 지출의 원인이 되는 계약 등에 대하여 적용하며(제2조), 지방자치단체를 당사자로 하는 계약에 관하여는 다른 법률에 특별한 규정이 있는 경우 외에는 이 법에서 정하는 바에 따른다고 규정하고 있다(제4조). 따라서 다른 법률에 특별한 규정이 있는 경우이거나 또는 지방계약법의 개별 규정의 규율내용이 매매, 도급 등과 같은 특정한 유형·내용의 계약을 규율대상으로 하고 있는 경우가 아닌 한, 지방자치단체를 당사자로 하는 계약에 관하여는 그 계약의 성질이 공법상 계약인지 사법상 계약인지와 상관없이 원칙적으로 지방계약법의 규율이 적용된다고 보아야 한다(대판 2020.12.10. 2019다234617).

유제 23. 국회직 8급 지방자치단체를 당사자로 하는 계약에 관하여는 그 계약의 성질이 사법상 계약인지 공법상 계약인지와 상관없이 원칙적으로 「지방자치단체를 당사자로 하는 계약에 관한 법률」이 적용된다고 보아야 한다. (O)

11 정답 ②

☑ 함께 정리하기 **공법관계**

입찰보증금 국고귀속×
주택재건축정비사업조합 총회결의를 다투는 소송○
징발재산정리특조법상 환매권행사×
한국조폐공사 직원의 근무관계×

① [사법관계] 예산회계법에 따라 체결되는 계약은 사법상의 계약이라고 할 것이고 … 입찰보증금의 국고귀속조치는 국가가 사법상의 재산권의 주체로서 행위하는 것이지 공권력을 행사하는 것이거나 공권력작용과 일체성을 가진 것이 아니라 할 것이므로 이에 관한 분쟁은 행정소송이 아닌 민사소송의 대상이 될 수밖에 없다(대판 1983.12.27. 81누366).

유제 17. 교행 9급 구 「예산회계법」상 입찰보증금의 국고귀속조치는 공법관계에 속한다. (×)

❷ [공법관계] 도시 및 주거환경정비법에 따른 주택재건축정비사업조합은 관할 행정청의 감독 아래 위 법상의 주택재건축사업을 시행하는 공법인으로서, 그 목적 범위 내에서 법령이 정하는 바에 따라 일정한 행정작용을 행하는 행정주체의 지위를 갖는다. 따라서 행정주체인 재건축조합을 상대로 관리처분계획안에 대한 조합 총회결의의 효력 등을 다투는 소송은 행정처분에 이르는 절차적 요건의 존부나 효력 유무에 관한 소송으로서 그 소송결과에 따라 행정처분의 위법 여부에 직접 영향을 미치는 공법상 법률관계에 관한 것이므로, 이는 행정소송법상의 당사자소송에 해당하고, 재건축조합을 상대로 사업시행계획안에 대한 조합 총회결의의 효력 등을 다투는 소송 또한 행정소송법상의 당사자소송에 해당한다(대판 2009.10.15. 2008다93001).

유제 16. 경찰 「도시 및 주거환경정비법」상 관리처분계획안에 대한 조합 총회결의의 효력을 다투는 소송은 공법관계에 관한 소송으로 제기하여야 한다. (O)

③ [사법관계] 징발재산정리에 관한 특별조치법 제20조 소정의 환매권은 일종의 형성권으로서 그 존속기간은 제척기간으로 보아야 할 것이며, 위 환매권은 재판상이든 재판외든 그 기간 내에 행사하면 이로써 매매의 효력이 생기고, 위 매매는 같은 조 제1항에 적힌 환매권자와 국가 간의 사법상의 매매라 할 것이다(대판 1992.4.24. 92다4673).

④ [사법관계] 한국조폐공사 직원의 근무관계는 사법관계에 속하고 그 직원의 파면행위도 사법상의 행위라고 보아야 한다(대판 1978.4.25. 78다414).

유제 14. 서울시 7급 한국조폐공사가 행한 소속 직원 파면행위는 공법관계에 해당한다. (×)

12 정답 ①

☑ 함께 정리하기 **공법관계**

국가의 부가가치세 환급○
국유일반재산 대부료납부고지×
재개발조합의 조합임원 해임×
서울시지하철공사 직원징계×

❶ [공법관계] 부가가치세법령의 내용, 형식 및 입법 취지 등에 비추어 보면, … 그 법적 성질은 정의와 공평의 관념에서 수익자와 손실자 사이의 재산상태 조정을 위해 인정되는 부당이득 반환의무가 아니라 부가가치세법령에 의하여 그 존부나 범위가 구체적으로 확정되고 조세 정책적 관점에서 특별히 인정되는 공법상 의무라고 봄이 타당하다. 그렇다면 납세의무자에 대한 국가의 부가가치세 환급세액 지급의무에 대응하는 국가에 대한 납세의무자의 부가가치세 환급세액 지급청구는 민사소송이 아니라 행정소송법 제3조 제2호에 규정된 당사자소송의 절차에 따라야 한다(대판 2013.3.21. 2011다95564 전합).

② [사법관계] 구 국유재산법 제31조 제3항, 구 국유재산법 시행령 제33조 제2항의 규정에 의하여 국유잡종재산에 관한 관리 처분의 권한을 위임받은 기관이 국유잡종(일반)재산을 대부하는 행위는 국가가 사경제 주체로서 상대방과 대등한 위치에서 행하는 사법상의 계약이지 행정청이 공권력의 주체로서 상대방의 의사 여하에 불구하고 일방적으로 행하는 행정처분이라고 볼 수 없고, 국유잡종재산에 관한 사용료의 납입고지 역시 사법상의 이행청구에 해당하는 것으로서 이를 항고소송의 대상이 되는 행정처분이라고 할 수 없다(대판 1995.5.12. 94누5281).

유제 07. 국가직 7급 잡종재산인 국유림의 대부 및 대부료의 납입고지는 공법관계에 해당한다. (×)

③ [사법관계] 구 도시 및 주거환경정비법(2007.12.21. 법률 제8785호로 개정되기 전의 것)상 재개발조합이 공법인이라는 사정만으로 재개발조합과 조합장 또는 조합임원 사이의 선임·해임 등을 둘러싼 법률관계가 공법상의 법률관계에 해당한다거나 그 조합장 또는 조합임원의 지위를 다투는 소송이 당연히 공법상 당사자소송에 해당한다고 볼 수는 없고, … 재개발조합과 조합장 또는 조합임원 사이의 선임·해임 등을 둘러싼 법률관계는 사법상의 법률관계로서 그 조합장 또는 조합임원의 지위를 다투는 소송은 민사소송에 의하여야 할 것이다(대판 2009.9.24. 2009마168).

④ [사법관계] 서울특별시지하철공사의 임원과 직원의 근무관계의 성질은 지방공기업법의 모든 규정을 살펴보아도 공법상의 특별권력관계라고는 볼 수 없고 사법관계에 속할 뿐만 아니라, 위 지하철공사의 사장이 그 이사회의 결의를 거쳐 제정된 인사규정에 의거하여 소속 직원에 대한 징계처분을 한 경우 위 사장은 행정소송법 제13조 제1항 본문과 제2조 제2항 소정의 행정청에 해당되지 않으므로 공권력발동주체로서 위 징계처분을 행한 것으로 볼 수 없고, 따라서 이에 대한 불복절차는 민사소송에 의할 것이지 행정소송에 의할 수는 없다(대판 1989.9.12. 89누2103).

유제 11. 경찰 서울특별시 지하철공사 사장이 소속직원에 대한 징계처분을 한 경우 그에 대한 불복절차는 민사소송으로 하여야 한다. (○)

13 　　정답 ④

✓ 함께 정리하기 공·사법관계

국유재산 무단점유자 변상금 부과
▷ 처분
재단법인 한국연구재단의 과학기술기본법령상 사업 협약의 해지 통보
▷ 처분
기부자에게 기부채납 받은 공유재산의 무상사용 허용
▷ 사법행위
공익사업시행으로 발생한 사업폐지손실
▷ 행정소송

① [○] 국유재산법 제51조 제1항은 국유재산의 무단점유자에 대하여는 대부 또는 사용, 수익허가 등을 받은 경우에 납부하여야 할 대부료 또는 사용료 상당액 외에도 그 징벌적 의미에서 국가 측이 일방적으로 그 2할 상당액을 추가하여 변상금을 징수토록 하고 있으며 동조 제2항은 변상금의 체납시 국세징수법에 의하여 강제징수토록 하고 있는 점 등에 비추어 보면 국유재산의 관리청이 그 무단점유자에 대하여 하는 변상금부과처분은 순전히 사경제 주체로서 행하는 사법상의 법률행위라 할 수 없고 이는 관리청이 공권력을 가진 우월적 지위에서 행한 것으로서 행정소송의 대상이 되는 행정처분이라고 보아야 한다(대판 1988.2.23. 87누1046 등).

유제 17. 국회직 8급 국유재산의 무단점유자에 대한 변상금 부과·징수권과 민사상 부당이득반환청구권은 양자 중 어느 한쪽만 성립하여 존재할 수 있을 뿐 경합하여 병존할 수는 없다. (×)
07. 국가직 7급 「국유재산법」상의 국유재산을 무단으로 사용한 자에 대한 변상금부과처분은 공법관계에 해당한다. (○)

② [○] 재단법인 한국연구재단의 과학기술기본법령상 사업 협약의 해지 통보는 단순히 대등 당사자의 지위에서 형성된 공법상 계약을 계약당사자의 지위에서 종료시키는 의사표시에 불과한 것이 아니라 행정청이 우월적 지위에서 연구개발비의 회수 및 관련자에 대한 국가연구개발사업 참여제한 등의 법률상 효과를 발생시키는 행정처분에 해당한다(대판 2014.12.11. 2012두28704).

③ [○] 지방자치단체가 구 지방재정법 시행령 제71조의 규정에 따라 기부채납받은 공유재산을 무상으로 기부자에게 사용을 허용하는 행위는 사경제주체로서 상대방과 대등한 입장에서 하는 사법상 행위이지 행정청이 공권력의 주체로서 행하는 공법상 행위라고 할 수 없으므로, 기부자가 기부채납한 부동산을 일정기간 무상사용한 후에 한 사용허가기간 연장신청을 거부한 행정청의 행위도 단순한 사법상의 행위일 뿐 행정처분 기타 공법상 법률관계에 있어서의 행위는 아니다(대판1994.1.25. 93누7365).

유제 15. 서울시 9급 구 「지방재정법 시행령」 제71조의 규정에 따라 기부채납받은 공유재산을 무상으로 기부자에게 사용을 허용하는 행위는 사법상의 행위이다. (○)

❹ [×] 구 공익사업을 위한 토지 등의 취득 및 보상에 관한 법률 제79조 제2항, 공익사업을 위한 토지 등의 취득 및 보상에 관한 법률 시행규칙 제57조에 따른 사업폐지 등에 대한 보상청구권은 공익사업의 시행 등 적법한 공권력의 행사에 의한 재산상 특별한 희생에 대하여 전체적인 공평부담의 견지에서 공익사업의 주체가 손해를 보상하여 주는 손실보상의 일종으로 공법상 권리임이 분명하므로 그에 관한 쟁송은 민사소송이 아닌 행정소송절차에 의하여야 한다(대판 2012.10.11. 2010다23210).

유제 16. 지방직 7급 공익사업의 시행으로 인하여 건축허가 등 관계법령에 의한 절차를 진행 중이던 사업이 폐지되는 경우 그 사업 등에 소요된 비용 등의 손실에 대한 쟁송은 민사소송절차에 의해야 한다. (×)

14 　　정답 ④

✓ 함께 정리하기 공·사법관계

국립의료원주차장 위탁운영계약
▷ 공법관계(특허)
개발부담금 부과처분 취소후 과오납금 반환
▷ 사법관계
서울시 무용단원 위촉
▷ 공법관계
중학교의무교육의 위탁관계
▷ 공법관계

① [○] 판례는 국립의료원 부설 주차장에 관한 위탁관리용역운영계약의 실질은 행정재산에 대한 사용·수익 허가임을 이유로, 민사소송으로 제기된 위탁관리계약에 따른 가산금지급채무의 부존재확인청구에 관하여 본안 판단을 한 원심판결을 파기하고, 소를 각하했다.

국립의료원 부설주차장에 관한 위탁관리용역운영계약 … 위 운영계약의 실질은 행정재산인 위 부설주차장에 대한 국유재산법 제24조 제1항에 의한 사용·수익 허가로서 이루어진 것임을 알 수 있으므로, 이는 위 국립의료원이 원고의 신청에 의하여 공권력을 가진 우월적 지위에서 행한 행정처분으로서 특징인에게 행정재신을 사용할 수 있는 권리를 설정하여 주는 강학상 특허에 해당한다 할 것이고 순전히 사경제주체로서 원고와 대등한 위치에서 행한 사법상의 계약으로 보기 어렵다(대판 2006.3.9. 2004다31074).

유제 15. 국회직 8급 국립의료원 부설주차장에 관한 위탁관리용역운영계약은 공법관계로서 이와 관련한 가산금지급채무부존재에 대한 소송은 행정소송에 의하여야 한다. (○)

② [○] 개발부담금 부과처분이 취소된 이상 그 후의 부당이득으로서의 과오납금 반환에 관한 법률관계는 단순한 민사관계에 불과한 것이고, 행정소송 절차에 따라야 하는 관계로 볼 수 없다(대판 1995.12.22. 94다51253).

유제 15. 국회직 8급 개발부담금 부과처분이 취소된 경우, 그 과오납금에 대한 부당이득반환청구의 법률관계는 사법관계이다. (○)

③ [○] 서울특별시립무용단 단원의 위촉은 공법상의 계약이라고 할 것이고, 따라서 그 단원의 해촉에 대하여는 공법상의 당사자소송으로 그 무효확인을 청구할 수 있다(대판 1995.12.22. 95누4636).

❹ [×] 중학교 의무교육의 위탁관계는 초·중등교육법 제12조 제3항, 제4항 등 관련 법령에 의하여 정해지는 공법적 관계로서, 대등한 당사자 사이의 자유로운 의사를 전제로 사익 상호간의 조정을 목적으로 하는 민법 제688조의 수임인의 비용상환청구권에 관한 규정이 그대로 준용된다고 보기도 어렵다(대판 2015.1.29. 2012두7387).

---

15   정답 ④

☑️ **함께 정리하기 법치행정의 원리**

법률우위원칙
▷ 행정의 모든영역에 적용
법률유보원칙에서의 법적근거
▷ 작용규범
과세표준과세액 신고의무 불이행시 불이익
▷ 법률로 정할 사항
법률우위원칙
▷ 소극적
법률유보원칙
▷ 적극적

① [○] 법률우위의 원칙이란 행정작용은 법률에 위배되어서는 안 된다는 것을 의미한다(소극적 의미). 이는 행정에 국한되는 원칙이라기보다는 최고법인 헌법을 정점으로 하는 우리 법체계상 당연한 내용이다. 이러한 법률우위의 원칙은 모든 행정작용(사법적 작용, 수익적 작용, 공법상 계약, 법규명령, 조례 등)에 적용된다.

유제 17. 교행 9급 법률우위의 원칙은 침해적 행정에만 적용된다. (×)
09. 국회직 9급 법률우위의 원칙은 공법적 행위이건 사법적 행위이건, 수익적 행위이건 부담적 행위이건 행정의 모든 영역에 적용된다. (○)

---

② [○] 행정권의 행사는 모든 경우에 조직법적 근거와 작용법적 근거가 있어야 하는바, 법률유보의 원칙에서 문제되는 것은 조직법적 근거가 아니라 행정의 작용법적 근거이다. 행정은 모든 경우에 소관사무의 범위 내에서만 가능하므로, 조직법적 근거는 모든 행정권의 행사에 있어서 당연히 요구되는 것이기 때문이다.

③ [○] 국민에게 납세의 의무를 부과하기 위해서는 조세의 종목과 세율 등 납세의무에 관한 기본적, 본질적 사항은 국민의 대표기관인 국회가 제정한 법률로써 규정하여야 하고, 법률의 위임 없이 명령 또는 규칙 등의 행정입법으로 과세요건 등 납세의무에 관한 기본적, 본질적 사항을 규정하는 것은 헌법이 정한 조세법률주의 원칙에 위배된다고 할 것이다. 특히 법인세, 종합소득세와 같이 납세의무자에게 조세의 납부의무뿐만 아니라 스스로 과세표준과 세액을 계산하여 신고하여야 하는 의무까지 부과하는 경우에는 신고의무 이행에 필요한 기본적인 사항과 신고의무불이행시 납세의무자가 입게 될 불이익 등은 납세의무를 구성하는 기본적, 본질적 내용으로서 법률로 정하여야 한다(대판 2015.8.20. 2012두23808 전합).

유제 17. 국가직 7급 납세의무자에게 조세의 납부의무뿐만 아니라 스스로 과세표준과세액을 계산하여 신고하여야 하는 의무까지 부과하는 경우에 신고의무불이행에 따른 납세의무자가 입게 될 불이익은 법률로 정하여야 한다. (○)

❹ [×] 법률우위의 원칙은 행정작용이 법률에 위배되어서는 안 된다는 소극적 의미를 갖고, 법률유보의 원칙은 일정한 행정권의 발동에는 법률상 근거가 필요하다는 적극적 의미를 갖는다.

---

16   정답 ①

☑️ **함께 정리하기 법률유보의 원칙**

법률유보원칙
▷ 관습법 포함×
중요사항유보설
▷ 본질적 사항은 법률에 유보
법률유보원칙
▷ 법률에 근거한 규율 요청
재량준칙
▷ 법률근거 不要

❶ [×] 법률유보의 원칙이란 일정한 행정권의 발동에는 법률의 근거가 필요하다는 것을 의미한다(적극적 의미). 여기서의 '법률'에는 국회가 제정하는 형식적 의미의 법률뿐만 아니라 법률의 위임에 따라 제정된 법규명령도 포함되나, 예산, 불문법원(관습법 등)은 포함되지 않는다.

유제 13. 국회직 9급 법률유보의 원칙에 있어서 법률은 형식적 의미의 법률을 의미하므로 관습법은 포함되지 않는다. (○)

② [○] 예산은 일종의 법규범이고 법률과 마찬가지로 국회의 의결을 거쳐 제정되지만 법률과 달리 국가기관만을 구속할 뿐 일반국민을 구속하지 않는다. 국회가 의결한 예산 또는 국회의 예산안 의결은 헌법재판소법 제68조 제1항 소정의 '공권력의 행사'에 해당하지 않고 따라서 헌법소원의 대상이 되지 아니한다(헌재 2006.4.25. 2006헌마409).

③ [O] 헌법 제37조 제2항은 "국민의 모든 자유와 권리는 … 법률로써 제한할 수 있으며"라고 하여 법률유보원칙을 규정하고 있다. 여기서 '법률'이란 국회가 제정한 형식적 의미의 법률을 말한다. 입법자는 행정부로 하여금 규율하도록 입법권을 위임할 수 있으므로, 법률에 근거한 행정입법에 의해서도 기본권 제한이 가능하다. 즉 기본권 제한에 관한 법률유보원칙은 '법률에 의한 규율'을 요청하는 것이 아니라 '법률에 근거한 규율'을 요청하는 것이므로, 기본권 제한에는 법률의 근거가 필요할 뿐이고 기본권 제한의 형식이 반드시 법률의 형식일 필요는 없으므로, 법규명령, 규칙, 조례 등 실질적 의미의 법률을 통해서도 기본권 제한이 가능하다(헌재 2013.7.25. 2012헌마167).

④ [O] 재량준칙(=행정규칙)은 자신의 직권에 의하여 발령하는 명령에 해당하므로 법적 근거를 요하지 않는다.

---

17 정답 ①

📋 **함께 정리하기 법률유보의 원칙**

TV방송수신료 금액결정
▷ 본질적 사항O(법률로 정할 사항)
법률유보원칙
▷ 의회유보원칙 포함
TV방송수신료 징수업무
▷ 본질적 사항✕
지방의회의원 유급보좌인력
▷ 본질적 사항O(법률로 정할 사항)

❶ [✕], ② [O] 오늘날 법률유보원칙은 단순히 행정작용이 법률에 근거를 두기만 하면 충분한 것이 아니라, 국가공동체와 그 구성원에게 기본적이고도 중요한 의미를 갖는 영역, 특히 국민의 기본권실현과 관련된 영역에 있어서는 국민의 대표자인 입법자가 그 본질적 사항에 대해서 스스로 결정하여야 한다는 요구까지 내포하고 있다(의회유보원칙). 그런데 텔레비전방송수신료는 대다수 국민의 재산권 보장의 측면이나 한국방송공사에게 보장된 방송자유의 측면에서 국민의 기본권실현에 관련된 영역에 속하고, 수신료금액의 결정은 납부의무자의 범위 등과 함께 수신료에 관한 본질적인 중요한 사항이므로 국회가 스스로 행하여야 하는 사항에 속하는 것임에도 불구하고 한국방송공사법 제36조 제1항에서 국회의 결정이나 관여를 배제한 채 한국방송공사로 하여금 수신료금액을 결정해서 문화관광부장관의 승인을 얻도록 한 것은 법률유보원칙에 위반된다(헌재 1999.5.27. 98헌바70).

유제 16. 사복 9급 헌법재판소는 국민의 헌법상 기본권 및 기본의무와 관련된 중요한 사항 내지 본질적인 내용에 대한 정책형성기능은 원칙적으로 주권자인 국민에 의하여 선출된 대표자들로 구성되는 입법부가 담당하여 법률의 형식으로 이를 수행하는 것이 필요하다는 입장이다. (O)

③ [O] 헌법재판소는 수신료 금액결정은 본질적인 사항으로 보았으나, 수신료 징수업무의 위탁여부 등은 기본권제한에 관한 본질적인 사항이 아니라고 보았다.

수신료 징수업무를 한국방송공사가 직접 수행할 것인지 제3자에게 위탁할 것인지, 위탁한다면 누구에게 위탁하도록 할 것인지, 위탁받은 자가 자신의 고유업무와 결합하여 징수업무를 할 수 있는지는 징수업무 처리의 효율성 등을 감안하여 결정할 수 있는 사항으로서 국민의 기본권제한에 관한 본질적인 사항이 아니라 할 것이다. 따라서 방송법 제64조 및 제67조 제2항은 법률유보의 원칙에 위반되지 아니한다(헌재 2008.2.28. 2006헌바70).

유제 17. 교행 9급 한국방송공사의 TV수신료금액 결정은 법률유보(의회유보)사항이다. (O)

09. 국회직 9급 판례는 텔레비전방송수신료는 대다수 국민의 재산권 보장의 측면이나 한국방송공사에 보장된 방송자유의 측면에서 국민의 기본권실현에 관련된 영역에 속한다고 보았다. (O)

14. 경찰 텔레비전수신료금액의 결정은 납부의무자의 범위와는 달리 수신료에 관한 본질적인 중요한 사항이 아니므로 국회가 스스로 결정할 필요는 없다. (✕)

④ [O] 지방의회의원에 대하여 유급 보좌 인력을 두는 것은 지방의회의원의 신분·지위 및 처우에 관한 현행 법령상의 제도에 중대한 변경을 초래하는 것으로서 국회의 법률로 규정하여야 할 입법사항이다(대판 2017.3.30. 2016추5087).

유제 18. 교행 9급 지방의회의원에 대하여 유급보좌인력을 두는 것은 지방의회의 조례로 규정할 사항이다. (✕)

---

18 정답 ①, ④

📋 **함께 정리하기 행정의 법률적합성**

정관에 자치법적 사항 위임
▷ 의회유보원칙 적용
형식적 법률에 의한 규율 필요성
▷ 기본권 및 기본적 의무 관련 중요성 클수록 증대
도로 외의 곳에서의 음주운전·음주측정거부
▷ 운전면허의 취소·정지처분 不可
조합의 사업시행인가 신청시 소유자의 동의요건
▷ 의회유보사항✕

❶ [✕] 법률이 자치적인 사항을 정관에 위임할 경우 원칙적으로 헌법상의 포괄위임입법금지원칙이 적용되지 않는다 하더라도, 그 사항이 국민의 권리·의무에 관련되는 것일 경우에는, 적어도 국민의 권리와 의무의 형성에 관한 사항을 비롯하여 국가의 통치조직과 작용에 관한 기본적이고 본질적인 사항은 반드시 국회가 정하여야 할 것인바, 각 국가유공자 단체의 대의원의 선출에 관한 사항은 각 단체의 구성과 운영에 관한 것으로서, 국민의 권리와 의무의 형성에 관한 사항이나 국가의 통치조직과 작용에 관한 기본적이고 본질적인 사항이라고 볼 수 없으므로, 법률유보 내지 의회유보의 원칙이 지켜져야 할 영역이라고 할 수 없다. 따라서 각 단체의 대의원의 정수 및 선임방법 등은 정관으로 정하도록 규정하고 있는 국가유공자등 단체설립에 관한 법률 제11조가 법률유보 혹은 의회유보의 원칙에 위배되어 청구인의 기본권을 침해한다고 할 수 없다(헌재 2006. 3.30. 2005헌바31).

② [○] 어떠한 사안이 국회가 형식적 법률로 스스로 규정하여야 하는 본질적 사항에 해당되는지는, 구체적 사례에서 관련된 이익 내지 가치의 중요성, 규제 또는 침해의 정도와 방법 등을 고려하여 개별적으로 결정하여야 하지만, 규율대상이 국민의 기본권 및 기본적 의무와 관련한 중요성을 가질수록 그리고 그에 관한 공개적 토론의 필요성 또는 상충하는 이익 사이의 조정 필요성이 클수록, 그것이 국회의 법률에 의해 직접 규율될 필요성은 더 증대된다(대판 2015.8.20. 2012두23808 전합).

③ [○] 구 도로교통법(2010.7.23. 법률 제10382호로 개정되기 전의 것) 제2조 제24호는 "운전이라 함은 도로에서 차마를 그 본래의 사용방법에 따라 사용하는 것(조종을 포함한다)을 말한다."라고 규정하여 도로교통법상 '운전'에는 도로 외의 곳에서 한 운전은 포함되지 않는 것으로 보았다. 위 규정은 2010.7.23. 법률 제10382호로 개정되면서 "운전이라 함은 도로(제44조, 제45조, 제54조 제1항, 제148조 및 제148조의2에 한하여 도로 외의 곳을 포함한다)에서 차마를 그 본래의 사용방법에 따라 사용하는 것(조종을 포함한다)을 말한다."라고 규정하여, 음주운전에 관한 금지규정인 같은 법 제44조 및 음주운전·음주측정거부 등에 관한 형사처벌 규정인 같은 법 제148조의2의 '운전'에는 도로 외의 곳에서 한 운전도 포함되게 되었다. 이후 2011.6.8. 법률 제10790호로 개정되어 조문의 위치가 제2조 제26호로 바뀌면서 "운전이란 도로(제44조, 제45조, 제54조 제1항, 제148조 및 제148조의2의 경우에는 도로 외의 곳을 포함한다)에서 차마를 그 본래의 사용방법에 따라 사용하는 것(조종을 포함한다)을 말한다."라고 그 표현이 다듬어졌다. 위 괄호의 예외 규정에는 음주운전·음주측정거부 등에 관한 형사처벌 규정인 도로교통법 제148조의2가 포함되어 있으나, 행정제재처분인 운전면허 취소·정지의 근거 규정인 도로교통법 제93조는 포함되어 있지 않기 때문에 도로 외의 곳에서의 음주운전·음주측정거부 등에 대해서는 형사처벌만 가능하고 운전면허의 취소·정지 처분은 부과할 수 없다(대판 2021.12.10. 2018두42771).

❹ [×]
[1] 법률이 공법적 단체 등의 정관에 자치법적 사항을 위임한 경우에는 헌법 제75조가 정하는 포괄적인 위임입법의 금지는 원칙적으로 적용되지 않는다고 봄이 상당하고, 그렇다 하더라도 그 사항이 국민의 권리·의무에 관련되는 것일 경우에는 적어도 국민의 권리·의무에 관한 기본적이고 본질적인 사항은 국회가 정하여야 한다.
[2] 구 도시 및 주거환경정비법(2005.3.18. 법률 제7392호로 개정되기 전의 것)상 사업시행자에게 사업시행계획의 작성권이 있고 행정청은 단지 이에 대한 인가권만을 가지고 있으므로 사업시행자인 조합의 사업시행계획 작성은 자치법적 요소를 가지고 있는 사항이라 할 것이고, 이와 같이 사업시행계획의 작성이 자치법적 요소를 가지고 있는 이상, 조합의 사업시행인가 신청시의 토지 등 소유자의 동의요건 역시 자치법적 사항이라 할 것이며, 따라서 2005.3.18. 법률 제7392호로 개정된 도시 및 주거환경정비법 제28조 제4항 본문이 사업시행인가 신청시의 동의요건을 조합의 정관에 포괄적으로 위임하고 있다고 하더라도 헌법 제75조가 정하는 포괄위임입법금지의 원칙이 적용되지 아니하므로 이에 위배된다고 할 수 없다. 그리고 조합의 사업시행인가 신청시의 토지 등 소유자의 동의요건이 비록 토지 등 소유자의 재산상 권리·의무에 영향을 미치는 사업시행계획에 관한 것이라고 하더라도, 그 동의요건은 사업시행인가 신청에 대한

토지 등 소유자의 사전 통제를 위한 절차적 요건에 불과하고 토지 등 소유자의 재산상 권리·의무에 관한 기본적이고 본질적인 사항이라고 볼 수 없으므로 법률유보 내지 의회유보의 원칙이 반드시 지켜져야 하는 영역이라고 할 수 없고, 따라서 개정된 도시 및 주거환경정비법 제28조 제4항 본문이 법률유보 내지 의회유보의 원칙에 위배된다고 할 수 없다(대판 2007.10.12. 2006두14476).

19 정답 ①

📋 **함께 정리하기 법치행정의 원칙**
운전면허취소사유만으로 개인택시운송사업면허 취소 不可
법률우위원칙 위반
▷ 무효 or 취소(일률적×)
토지등소유자의 도시환경정비사업시 소유자 동의정족수
▷ 법률로 정할 사항
법외노조통보
▷ 법률의 위임 必要

❶ [×]
[1] 구 여객자동차 운수사업법(2007.7.13. 법률 제8511호로 개정되기 전의 것) 제76조 제1항 제15호, 같은 법 시행령 제29조에는 관할관청은 개인택시운송사업자의 운전면허가 취소된 때에 그의 개인택시운송사업면허를 취소할 수 있도록 규정되어 있을 뿐 그에게 운전면허 취소사유가 있다는 사유만으로 개인택시운송사업면허를 취소할 수 있도록 하는 규정은 없으므로, 관할관청으로서는 비록 개인택시운송사업자에게 운전면허 취소사유가 있다 하더라도 그로 인하여 운전면허 취소처분이 이루어지지 않은 이상 개인택시운송사업면허를 취소할 수는 없다.
[2] 개인택시운송사업자가 음주운전을 하다가 사망한 경우 그 망인에 대하여 음주운전을 이유로 운전면허 취소처분을 하는 것은 불가능하고, 음주운전은 운전면허의 취소사유에 불과할 뿐 개인택시운송사업면허의 취소사유가 될 수는 없으므로, 음주운전을 이유로 한 개인택시운송사업면허의 취소처분은 위법하다고 한 사례(대판 2008.5.15. 2007두26001)

② [○] 법률우위의 원칙을 위반한 경우, 이는 위법하게 되어 당연무효(법규명령, 조례)가 되거나 취소사유(행정행위)가 되므로, 그 위반의 효과를 일률적으로 말할 수는 없다.

③ [○] 토지등소유자가 도시환경정비사업을 시행하는 경우 사업시행인가 신청시 필요한 토지등소유자의 동의는 개발사업의 주체 및 정비구역 내 토지등소유자를 상대로 수용권을 행사하고 각종 행정처분을 발할 수 있는 행정주체로서의 지위를 가지는 사업시행자를 지정하는 문제로서 그 동의요건을 정하는 것은 국민의 권리와 의무의 형성에 관한 기본적이고 본질적인 사항이므로 국회가 스스로 행하여야 하는 사항에 속하는 것임에도 불구하고 사업시행인가 신청에 필요한 동의정족수를 토지등소유자가 자치적으로 정하여 운영하는 규약에 정하도록 한 것은 법률유보원칙에 위반된다(헌재 2011.8.30. 2009헌바128).

유제 18. 서울시 9급 토지등소유자가 도시환경정비사업을 시행하는 경우 사업시행인가 신청에 필요한 토지등소유자의 동의정족수를 토지등소유자가 자치적으로 정하여 운영하는 규약에 정하도록 한 것은 법률유보원칙에 위반된다. (○)

④ [○]

[1] 헌법 제75조는 "대통령은 법률에서 구체적으로 범위를 정하여 위임받은 사항과 법률을 집행하기 위하여 필요한 사항에 관하여 대통령령을 발할 수 있다."라고 규정하고 있다. 따라서 대통령은 법률에서 구체적으로 범위를 정하여 위임받은 사항과 법률을 집행하기 위하여 필요한 사항에 관하여만 대통령령을 발할 수 있으므로, 법률의 시행령은 모법인 법률에 의하여 위임받은 사항이나 법률이 규정한 범위 내에서 법률을 현실적으로 집행하는 데 필요한 세부적인 사항만을 규정할 수 있을 뿐, 법률에 의한 위임이 없는 한 법률이 규정한 개인의 권리·의무에 관한 내용을 변경·보충하거나 법률에 규정되지 아니한 새로운 내용을 규정할 수는 없다.

[2] [다수의견] 법외노조 통보는 적법하게 설립된 노동조합의 법적 지위를 박탈하는 중대한 침익적 처분으로서 원칙적으로 국민의 대표자인 입법자가 스스로 형식적 법률로써 규정하여야 할 사항이고, 행정입법으로 이를 규정하기 위하여는 반드시 법률의 명시적이고 구체적인 위임이 있어야 한다. 그런데 노동조합 및 노동관계조정법 시행령(이하 '노동조합법 시행령'이라 한다) 제9조 제2항은 법률의 위임 없이 법률이 정하지 아니한 법외노조 통보에 관하여 규정함으로써 헌법상 노동3권을 본질적으로 제한하고 있으므로 그 자체로 무효이다. 구체적인 이유는 아래와 같다.
법외노조 통보는 이미 법률에 의하여 법외노조가 된 것을 사후적으로 고지하거나 확인하는 행위가 아니라 그 통보로써 비로소 법외노조가 되도록 하는 형성적 행정처분이다. 이러한 법외노조 통보는 단순히 노동조합에 대한 법률상 보호만을 제거하는 것에 그치지 않고 헌법상 노동3권을 실질적으로 제약한다. 그런데 노동조합 및 노동관계조정법(이하 '노동조합법'이라 한다)은 법상 설립요건을 갖추지 못한 단체의 노동조합 설립신고서를 반려하도록 규정하면서도, 그보다 더 침익적인 설립 후 활동 중인 노동조합에 대한 법외노조 통보에 관하여는 아무런 규정을 두고 있지 않고, 이를 시행령에 위임하는 명문의 규정도 두고 있지 않다. 더욱이 법외노조 통보 제도는 입법자가 반성적 고려에서 폐지한 노동조합 해산명령 제도와 실질적으로 다를 바 없다. 결국 노동조합법 시행령 제9조 제2항은 법률이 정하고 있지 아니한 사항에 관하여, 법률의 구체적이고 명시적인 위임도 없이 헌법이 보장하는 노동3권에 대한 본질적 제한을 규정한 것으로서 법률유보원칙에 반한다(대판 2020.9.3. 2016두32992 전합).

> 📋 **함께 정리하기 법치행정의 원칙**
> 중학교 의무교육 실시여부 자체
> ▷ 법률유보사항○
> 중학교 의무교육 시기, 범위 등 구체적 실시에 필요한 세부사항
> ▷ 법률유보사항×
> 법규상 근거없이 환경보전을 이유로
> ▷ 산림훼손허가거부 可
> 중요사항유보설
> ▷ 법적근거 요부 및 법률의 규율 정도에 대해서도 설명
> 법령규정보다 침익적인 조례
> ▷ 법률우위원칙 위반으로 무효

❶ [×] 중학교 의무교육의 실시 여부 자체라든가 그 연한은 교육제도의 수립에 있어서 본질적 내용으로서 국회입법에 유보되어 있어서 반드시 형식적 의미의 법률로 규정되어야 할 기본적 사항이라 하겠으나(이에 따라서 교육법 제8조에서 3년의 중등교육을 반드시 실시하여야 하도록 규정하고 있다), 그 실시의 시기·범위 등 구체적인 실시에 필요한 세부사항에 관하여는 반드시 그런 것은 아니다. 왜냐하면 이들 사항을 시행하기 위하여서는 막대한 재정지출이 뒤따르고, 실시의 시기와 방법에 관하여는 국회가 사전에 그 시행에 따른 여러 가지 사정에 대한 자료가 상대적으로 부족하기 때문에 오히려 실정에 밝은 집행기관인 행정부에 의한 기민한 정책결정이 불가피하므로 의회입법사항이 되기에 부적합하다는 점을 고려하면 이들 사항을 국회 스스로 결정하여야 할 기본적인 사항은 아니고 행정부에 위임하여도 무방한 사항이라고 보아야 할 것이다. 따라서 국회 법률에 의한 위임을 받은 경우에는 이에 바탕을 둔 법규명령에 의하여 규정될 수 있는 것이다(헌재 1991.2.11. 90헌가27).

② [○] 산림훼손은 국토 및 자연의 유지와 수질 등 환경의 보전에 직접적으로 영향을 미치는 행위이므로, 법령이 규정하는 산림훼손 금지 또는 제한 지역에 해당하는 경우는 물론 금지 또는 제한 지역에 해당하지 않더라도 허가관청은 산림훼손허가신청 대상토지의 현상과 위치 및 주위의 상황 등을 고려하여 국토 및 자연의 유지와 환경의 보전 등 중대한 공익상 필요가 있다고 인정될 때에는 허가를 거부할 수 있고, 그 경우 법규에 명문의 근거가 없더라도 거부처분을 할 수 있다(대판 2003.3. 28. 2002두12113).

③ [○] 중요사항유보설은 법률유보의 범위를 행정작용의 속성에 따라 일률적으로 정할 것이 아니라 법적 규율이 국민 일반 및 개인에 대하여 갖는 중요도 등에 따라 구체적으로 결정되어야 한다고 보면서, 헌법상의 법치주의원칙, 민주주의원칙 및 기본권 규정과 관련하여 볼 때 각 행정부문의 본질적 사항에 관한 규율은 법률에 유보되어야 한다고 보는 견해이다.

❹ [×] 법률우위의 원칙은 기존 법률의 침해를 금지하는 소극적인 것(법의 단계질서의 문제)이지만, 법률유보의 원칙은 적극적으로 행정기관이 행정작용을 할 수 있게 하는 법적 근거의 문제(입법과 행정 사이의 권한의 문제)이다. 따라서 전자는 법률이 있는 경우에, 후자는 법률이 없는 경우에 문제된다. 지문은 법률우위의 원칙에 위반되어 위법하며 무효이다.

정답

p. 13

01	③	06	②, ④	11	①, ②	16	③
02	②	07	②	12	③	17	②
03	④	08	②	13	①	18	①
04	④	09	③	14	③	19	①, ④
05	④	10	④	15	④	20	④

01
정답 ③

☑ 함께 정리하기 **행정법의 법원**

감사원규칙
▷ 법규명령(판례)
처분적 법률
▷ 형식적 의미의 법률
행정법 일반원칙
▷ 헌법적 효력을 갖기도 함
헌법
▷ 행정법의 법원○

① [×] 감사원규칙은 헌법상 명문규정이 없기 때문에 행정규칙에 불과한 것으로 보아야 한다는 견해도 있으나, 헌법이 인정하고 있는 위임입법의 형식은 예시적인 것으로 보아야 하고(헌재 2014.7.24. 2013헌바183·202), 법률에 의한 입법권의 부여도 가능하다고 보아 법규명령에 해당한다고 보는 것이 통설이다.

유제 10. 경북교행 「감사원법」에 의한 감사원규칙도 법규명령으로 보는 것이 다수설이다. (○)

② [×] 처분적 법률은 집행행위의 매개 없이 직접 적용되는 법률로서, 실질적 의미에서는 '처분'에 해당하지만 형식적 의미에서는 '법률'에 해당한다.

❸ [○] 행정법의 일반원칙에 해당하는 비례의 원칙(헌법 제37조 제2항)이나 평등의 원칙(헌법 제11조)은 헌법상 원리로서 헌법적 효력을 갖는다.

유제 16. 행정사 행정법의 일반원칙은 법원의 성격을 갖는다. (○)
09. 국회직 9급 우리나라는 성문법주의를 취하고 있기 때문에 행정법의 일반원칙은 행정법의 법원이 되지 못한다. (×)
07. 국가직 9급 성문법주의를 원칙으로 하기 때문에 조리(법의 일반원칙)는 행정법의 법원이 되지 못한다. (×)

④ [×] 법원을 법의 인식근거로 보면, 헌법에 위배된 그 어떤 작용도 인정될 수 없으므로 헌법은 행정법의 법원이 된다.

02
정답 ②

☑ 함께 정리하기 **행정법의 법원**

중앙선관위규칙
▷ 법원○
조약 & 일반적으로 승인된 국제법규
▷ 국내법과 같은 효력
판례
▷ 당해사건제외 기속력 無
법규성이 있는 행정규칙
▷ 법원 可

① [×] 중앙선거관리위원회는 법령의 범위 안에서 선거관리, 국민투표관리, 정당사무 등에 관한 규칙을 제정할 수 있는바(헌법 제114조 제6항), 이 규칙은 법규명령의 성질을 가진다. 따라서 중앙선거관리위원회 규칙은 법규명령으로서 행정법의 법원이 된다.

❷ [○]

헌법 제6조 ① 헌법에 의하여 체결·공포된 조약과 일반적으로 승인된 국제법규는 국내법과 같은 효력을 가진다.

유제 09. 국회직 9급 헌법에 의하여 체결·공포된 조약은 별도의 시행법률이 없어도 국내에서 효력을 갖는다. (○)
07. 국가직 9급 일반적으로 승인된 국제법규라도 의회에 의한 입법절차를 거쳐야 행정법의 법원이 된다. (×)

③ [×] 대륙법계 국가인 우리나라는 당해사건이 아닌 사안이 서로 다른 사건에 있어서는 기속력이 인정되지 않는다. 이에 반해 영미법계 국가에서는 '선례구속의 원칙'이 엄격하게 적용되어 유사사건에서 상급심의 판결은 하급심을 구속한다.

법원조직법 제8조 【상급심 재판의 기속력】 상급법원 재판에서의 판단은 해당 사건에 관하여 하급심을 기속한다.

사건을 재판하는 하급심법원의 법관은 판례의 견해를 존중하여 재판하여야 하는 것이나, 판례가 사안이 서로 다른 사건을 재판하는 하급심법원을 직접 기속하는 효력이 있는 것은 아니다(대판 1996.10.25. 96다31307).

유제 16. 행정사 대법원의 판례가 법률해석의 일반적인 기준을 제시하였어도 사안이 서로 다른 사건을 재판하는 하급심법원을 직접 기속하는 것은 아니다. (○)
07. 국가직 9급 대법원은 "유사사건에 관한 대법원 판례가 하급심 법원을 직접 기속한다."고 판시한 바 있다. (×)

④ [×] 행정규칙은 국민의 권리·의무에 직접적 영향을 미치지 못하는 것이 일반적이므로 법규성이 없으나, 상위법령과 결합하여 법규명령으로서 기능을 하는 행정규칙인 이른바 법령보충규칙 법규성이 있으므로 법원성이 인정된다.

---

03   정답 ④

> ☑ **함께 정리하기 행정법의 법원**
>
> 행정법의 가장 중요한(중추적) 법원
> ▷ 법률
> 헌법상 추상적 기본권
> ▷ 법원○
> 관습법 성립요건
> ▷ 계속적 관행 + 법적확신(국가승인 不要)
> 관습헌법
> ▷ 헌법개정절차로 개정 可

① [×] 행정법의 가장 중요한(중추적) 법원은 국회가 제정한 형식적 의미의 법률이다.

② [×] 헌법은 행정법의 법원 중 '최고·최상위의 법원'이다. 따라서 헌법규범과 행정법규범이 충돌하는 경우에는 헌법규범이 우선하게 된다. 인간다운 생활을 할 권리와 같은 헌법규정은 행정법의 해석기준이 된다.

③ [×] 행정관습법은 ㉠ 사회에서 오랫동안 거듭되어온 관행이라는 객관적 요건과, ㉡ 국민의 법적 확신이라고 하는 주관적 요건이 구비되어야 성립한다. 이에 더하여 법원에 의한 승인을 요구하는 견해(국가승인설)도 있지만, 다수의 견해는 국가의 승인은 필요하지 않다고 본다(법적확신설).

❹ [○] 우리나라의 수도가 서울이라는 점에 대한 관습헌법을 폐지하기 위해서는 헌법이 정한 절차에 따른 헌법개정이 이루어져야 한다. … 다만, 헌법규범으로 정립된 관습이라고 하더라도 그 법적 효력에 대한 국민적 합의가 상실되기에 이른 경우에는 관습헌법은 자연히 사멸하게 된다. … 그러나 이 사건의 경우에 이러한 사멸의 사정은 확인되지 않는다. 따라서 우리나라의 수도가 서울인 것은 우리 헌법상 관습헌법으로 정립된 사항이며 여기에는 아무런 사정의 변화도 없다고 할 것이므로 이를 폐지하기 위해서는 반드시 헌법개정의 절차에 의하여야 한다 (헌재 2004.10.21. 2004헌마554).

---

04   정답 ④

> ☑ **함께 정리하기 행정법의 법원**
>
> GATT(조약)에 위반한 조례
> ▷ 무효
> 헌재의 위헌결정
> ▷ 법원○
> 「수산업법」
> ▷ 관습법인 입어권 명문화
> 비과세관행
> ▷ 행정선례법 인정(판례)

① [○] 특정 지방자치단체의 초·중·고등학교에서 실시하는 학교급식을 위해 위 지방자치단체에서 생산되는 우수 농수축산물과 이를 재료로 사용하는 가공식품(이하 '우수농산물'이라고 함)을 우선적으로 사용하도록 하고 그러한 우수농산물을 사용하는 자를 선별하여 식재료나 식재료 구입비의 일부를 지원하며 지원을 받은 학교는 지원금을 반드시 우수농산물을 구입하는 데 사용하도록 하는 것을 내용으로 하는 위 지방자치단체의 조례안은 내국민대우원칙을 규정한 '1994년 관세 및 무역에 관한 일반협정'에 위반되어 그 효력이 없다(대판 2005.9.9. 2004추10).

유제 17. 국가직 9급 지방자치단체가 제정한 조례가 「1994년 관세 및 무역에 관한 일반협정」(General Agreement on Tariffs and Trade 1994)이나 「정부조달에 관한 협정」(Agreement on Government Procurement)에 위반되는 경우, 그 조례는 무효이다. (○)

② [○] 헌법재판소에 의한 법률의 위헌결정은 「헌법재판소법」 제47조에 의해 국가기관과 지방자치단체를 기속하는 법원으로서의 성격을 가진다고 보는 것이 일반적인 견해이다.

③ [○] 「수산업법」에서는 민중적 관습법인 입어권의 존재를 명문으로 인정하고 있다.

> 「수산업법」 제40조【입어 등의 제한】① 마을어업의 어업권자는 입어자(入漁者)에게 제38조에 따른 어장관리규약으로 정하는 바에 따라 해당 어장에 입어하는 것을 허용하여야 한다.

> 구 수산업법 제40조 소정의 '입어의 관행'이라 함은 어떤 어업장에 대한 공동어업권 설정 이전부터 어업의 면허 없이 당해 어업장에서 오랫동안 계속 수산동식물을 체포 또는 채취함으로써 그것이 대다수 사람에게 일반적으로 시인될 정도에 이른 것이라 할 것이다(대판 1994.3.25. 93다45701).

유제 14. 지방직 9급 「수산업법」은 민중적 관습법인 입어권의 존재를 명문으로 인정하고 있다. (○)

❹ [×] 판례는 비과세관행을 일정한 요건 하에서 행정선례법으로 인정하고 있다.

> 구 관세법 제5조 제2항에 의한 비과세관행이 성립하려면 과세물건에 대하여 상당한 기간에 걸쳐 과세하지 아니한 객관적 사실이 존재할 뿐만 아니라 과세관청이 과세할 수 있음을 알면서도 특별한 사정 때문에 과세하지 아니한다는 의사표시가 있어야 하나, 그러한 의사표시는 과세물건에 대한 비과세의 사실상태가 장기간에 걸쳐 지속된 경우 묵시적인 의향의 표시라고 볼 수 있는 정도이면 족하다고 할 것이다(대판 2011.5.13. 2008두18250).

유제 14. 지방직 9급 판례는 국세행정상 비과세의 관행을 일종의 행정선례법으로 인정하지 아니한다. (×)

05 　　　　　　　　　　　　　　　　　　　　정답 ④

　함께 정리하기 **행정법의 법원**

관습법
▷ 관행 + 법적확신
상위법령에 합치적 해석 가능한 경우
▷ 쉽게 무효선언×
가산세 종류산출근거 미기재
▷ 부과처분 위법
관습법
▷ 보충적 효력(개폐적 효력×)

ㄱ. [○] 관습법이란 사회의 거듭된 관행으로 생성한 사회생활규범이 사회의 법적 확신과 인식에 의하여 법적 규범으로 승인·강행되기에 이르른 것을 말하고, … 관습법은 바로 법원으로서 법령과 같은 효력을 갖는 관습으로서 법령에 저촉되지 않는 한 법칙으로서의 효력이 있는 것이다(대판 1983.6.14. 80다3231).

유제 15. 경찰 관습법이란 사회의 거듭된 관행으로 생성한 사회생활규범이 사회의 법적 확신과 인식에 의하여 법적 규범으로 승인 강행되기에 이른 것을 말한다. (○)

ㄴ. [○] 하위법령의 규정이 상위법령의 규정에 저촉되는지가 명백하지 아니한 경우에, 관련 법령의 내용과 입법 취지 및 연혁 등을 종합적으로 살펴 하위법령의 의미를 상위법령에 합치되는 것으로 해석하는 것도 가능한 경우라면, 하위법령이 상위법령에 위반된다는 이유로 쉽게 무효를 선언할 것은 아니다(대판 2016.12.15. 2014두44502).

ㄷ. [×] 가산세는 본세와 함께 부과하면서 세액만 병기하고, 더구나 가산세의 종류가 여러 가지인 경우에도 그 합계액만 표시하는 것이 오랜 과세관행처럼 되어 있었다. 하지만 가산세라고 하여 적법절차 원칙의 법정신을 완화하여 적용할 합당한 근거는 어디에도 없다. … 그러므로 가산세 부과처분이라고 하여 그 종류와 세액의 산출근거 등을 전혀 밝히지 않고 가산세의 합계액만을 기재한 경우에는 그 부과처분은 위법함을 면할 수 없다(대판 2012.10.18. 2010두12347).

ㄹ. [×] 행정관습법의 효력에 관하여 개폐적 효력설이 있으나, 성문법을 보충하는 한도에서만 적용될 뿐이라는 보충적 효력설이 통설과 판례의 태도이다.

> 가족의례준칙 제13조의 규정과 배치되는 관습법의 효력을 인정하는 것은 관습법의 제정법에 대한 열후적, 보충적 성격에 비추어 민법 제1조의 취지에 어긋나는 것이다(대판 1983.6.14. 80다3231).

유제 15. 경찰 관습법이란 사회의 거듭된 관행으로 생성한 사회생활규범이 사회의 법적 확신과 인식에 의하여 법적 규범으로 승인 강행되기에 이른 것을 말한다. (○)

06 　　　　　　　　　　　　　　　　　　　정답 ②, ④

　함께 정리하기 **행정법의 법원**

자치법규
▷ 소례, 규칙, 교육규칙
구법인 특별법 > 신법인 일반법
평등원칙에서의 '평등'
▷ 상대적 평등을 의미
조약 및 일반적으로 승인된 국제법규가 국내법적 효력을 갖기 위해
▷ 별도의 수용법률 제정 不要

① [○] 자치법규에는 지방의회가 제정하는 조례와 지방자치단체의 장이 정하는 규칙이 있다. 그 밖에 「지방교육자치에 관한 법률」에 의하여 교육감이 정하는 교육규칙이 있다.

❷ [×] 구법인 특별법이 신법인 일반법보다 우선하여 적용된다.

③ [○] 헌법상 평등원칙은 본질적으로 같은 것을 자의적으로 다르게 취급함을 금지하는 것으로서, 일체의 차별적 대우를 부정하는 절대적 평등을 뜻하는 것이 아니라 입법을 하고 법을 적용할 때에 합리적인 근거가 없는 차별을 하여서는 아니 된다는 상대적 평등을 뜻하므로, 합리적 근거가 있는 차별 또는 불평등은 평등의 원칙에 반하지 아니한다(대판 2018.10.25. 2018두44302).

유제 20. 서울시 7급 법령이 정신병원 등의 개설에 관하여는 허가제로, 정신과의원 개설에 관하여는 신고제로 각각 규정하고 있는 것은 각 의료기관의 개설 목적 및 규모 등 차이를 반영한 합리적 차별로서 평등의 원칙에 반하지 않는다. (○)

❹ [×] 국제법은 별도의 국내법으로 제정·수용되지 않아도 행정법의 법원이 된다고 보는 일원론이 통설이다.

07 　　　　　　　　　　　　　　　　　　　　정답 ②

　함께 정리하기 **행정법의 법원**

남북기본합의서
▷ 조약×
관습법
▷ 사회구성원 확신 상실시 효력부정
위법한 선례
▷ 자기구속력 無
자기구속원칙
▷ 제3자 행정청에 적용×

① [×] '남북 사이의 화해와 불가침 및 교류협력에 관한 합의서'는 … 국가 간의 조약 또는 이에 준하는 것으로 볼 수 없고, 따라서 국내법과 동일한 효력이 인정되는 것도 아니다(대판 1999.7.23. 98두14525).

❷ [○] 사회의 거듭된 관행으로 생성된 사회생활규범이 관습법으로 승인되었다고 하더라도 사회 구성원들이 그러한 관행의 법적 구속력에 대하여 확신을 갖지 않게 되었다거나, 전체 법질서에 부합하지 않게 되었다면 그러한 관습법은 법적 규범으로서의 효력이 부정될 수밖에 없다(대판 2005.7.21. 2002다1178 전합).

③ [×] 위법한 행정처분이 수차례에 걸쳐 반복적으로 행하여졌다 하더라도 그러한 처분이 위법한 것인 때에는 행정청에 대하여 자기구속력을 갖게 된다고 할 수 없다(대판 2009.6.25. 2008두13132).

④ [×] 행정의 자기구속의 원칙은 개념상 동일한 처분청에 대해서 적용되는 원칙이다. 기존의 법적 상황의 창출에 관여하지 않은 제3의 행정청에게는 적용되지 않는다.

08 　　　　　　　　　　　　　　　　정답 ②

☑ **함께 정리하기 비례원칙**

모든 행정영역에 적용
행정지도
▷ 명문규정 有
수익적 행정행위 취소·철회
▷ 적용○
급부행정 영역
▷ 과잉급부금지의 원칙

①④ [○] 비례의 원칙은 경찰행정과 같은 침익적 행정영역에서 성립·발전하였으나 오늘날에는 급부행정 등 모든 행정작용에 적용되는 원칙이다. 침해행정영역에서는 과잉금지의 원칙, 급부행정영역에서는 과잉급부금지의 원칙이라 부르기도 한다.

유제 09. 국가직 7급 과잉금지의 원칙은 특히 경찰행정작용에서 중요한 의미를 가지며, 「경찰관 직무집행법」제1조 제2항에서 이를 규정하고 있다. (○)

❷ [×] 「행정절차법」은 행정지도와 관련하여 비례의 원칙을 규정하고 있다.

> 「행정절차법」제48조【행정지도의 원칙】① 행정지도는 그 목적 달성에 필요한 최소한도에 그쳐야 하며, 행정지도의 상대방의 의사에 반하여 부당하게 강요하여서는 아니 된다.

③ [○] 침익적 행정행위의 취소·철회는 상대방의 불이익을 제거하는 것이기 때문에 자유롭게 행해질 수 있지만, 수익적 행정행위나 제3자효 행정행위의 취소·철회는 개인의 신뢰보호 및 법률생활 안정을 침해할 우려가 있기 때문에 비례의 원칙이 적용된다.

유제 06. 국회직 8급 수익적 행정행위의 취소에는 비례의 원칙이 적용될 수 있으나, 침익적 행정행위의 취소에는 비례의 원칙이 적용될 여지가 적다. (○)

> 행정행위를 한 처분청은 그 행위에 하자가 있는 경우에 별도의 법적 근거가 없더라도 스스로 이를 취소할 수 있는 것이며, 다만 그 행위가 국민에게 권리나 이익을 부여하는 이른바 수익적 행정행위인 때에는 그 행위를 취소하여야 할 공익상 필요와 그 취소로 인하여 당사자가 입을 기득권과 신뢰보호 및 법률생활 안정의 침해등 불이익을 비교교량한 후 공익상 필요가 당사자의 기득권 침해 등 불이익을 정당화할 수 있을 만큼 강한 경우에 한하여 취소할 수 있다(대판 1986.2.25. 85누664).

09 　　　　　　　　　　　　　　　　정답 ③

☑ **함께 정리하기 비례원칙**

비례원칙
▷ 적합성 원칙+필요성 원칙+상당성 원칙
기본권행사의 규제순서
▷ 방법 → 여부
필요성원칙
▷ 최소한의 피해를 주는 수단 선택
청소년유해매체물인 줄 모르고 만화대여에 700만원 과징금 부과
▷ 재량권 일탈·남용○

① [○] 헌법재판소는 위헌심사에 있어 목적의 정당성, 수단의 적합성(방법의 적정성), 필요성의 원칙(피해의 최소성), 상당성의 원칙(법익의 균형성)에 위배되는지 여부를 판단한다(과잉금지원칙).

> 과잉금지의 원칙이라 함은 국민의 기본권을 제한함에 있어서 국가작용의 한계를 명시한 것으로서 목적의 정당성·방법의 적정성·피해의 최소성·법익의 균형성 등을 의미하며 그 어느 하나에라도 저촉이 되면 위헌이 된다는 헌법상의 원칙을 말한다(헌재 1997.3.27. 95헌가17).

유제 17. 국회직 8급 비례원칙은 적합성의 원칙, 필요성의 원칙, 상당성의 원칙(협의의 비례원칙)으로 구성된다고 보는 것이 일반적이며 헌법재판소는 과잉금지원칙과 관련하여 위 세가지에 목적의 정당성을 더하여 판단하고 있다. (○)

② [○] 입법자는 공익실현을 위하여 기본권을 제한하는 경우에도 입법목적을 실현하기에 적합한 여러 수단 중에서 되도록 국민의 기본권을 가장 존중하고 기본권을 최소로 침해하는 수단을 선택해야 한다. 기본권을 제한하는 규정은 기본권행사의 '방법'에 관한 규정과 기본권행사의 '여부'에 관한 규정으로 구분할 수 있다. 침해의 최소성의 관점에서, 입법자는 그가 의도하는 공익을 달성하기 위하여 우선 기본권을 보다 적게 제한하는 단계인 기본권행사의 '방법'에 관한 규제로써 공익을 실현할 수 있는가를 시도하고 이러한 방법으로는 공익달성이 어렵다고 판단되는 경우에 비로소 그 다음 단계인 기본권행사의 '여부'에 관한 규제를 선택해야 한다(헌재 1998.5.28. 96헌가5).

❸ [×] 필요성의 원칙이란 행정의 상대방에게 최소한의 피해를 주는 수단을 선택하여야 함을 의미한다. 따라서 개수명령으로 목적 달성이 가능함에도 더 침해적인 철거명령을 발령하는 것은 필요성의 원칙 위반이 된다.

④ [○] 한국간행물윤리위원회는 1997.8.27. 구 청소년보호법(1999. 2.5. 법률 제5817호로 개정되기 전의 것)의 관계 규정에 의하여 이 사건 만화 2권('섹시보이' 제2권, 제3권)을 청소년유해매체물로 결정하고, 피고는 1997.9.6. 이 결정을 관보에 고시한 사실, 대구 동구 (주소 생략)에서 귀뚜라미라는 상호로 도서대여점을 운영하던 원고가 1997.9.14. 청소년에게 이 사건 만화 2권을 600원에 대여하였는데, 이것이 적발되어 피고가 1998.4.7. 원고에게 700만 원의 과징금을 부과하는 이 사건 처분을 한 사실을 알 수 있다. 원고에게 청소년유해매체물인 만화를 청소년에게 대여하여서는 아니된다는 금지의무의 해태를 탓하기는 가혹하므로 그 과징금부과처분은 재량권을 일탈·남용한 것으로서 위법하다(대판 2001.7.27. 99두9490).

유제 21. 소방직 청소년유해매체물로 결정·고시된 만화인 사실을 모르고 있던 도서대여업자가 그 고시일로부터 8일 후에 청소년에게 그 만화를 대여한 것을 사유로 그 도서대여업자에게 금 700만원의 과징금이 부과된 경우, 그 과징금 부과처분은 재량권을 일탈·남용한 것으로서 위법하다고 판시하였다. (○)

---

10 정답 ④

📋 **함께 정리하기 비례원칙**

자동차이용범죄 필요적 면허취소
▷ 비례원칙 위반
개정 「도로교통법」 시행 이전 음주운전전과까지 포함되는 것으로 해석
▷ 비례원칙 위반×
선의의 주유소 양수인에게 최장기 6월의 사업정지처분
▷ 재량권 일탈남용
회분함량 0.5%초과로 전량 폐기반송
▷ 재량권 일탈×

---

① [○] 이 사건 규정은 자동차 등을 이용하여 범죄행위를 하기만 하면 그 범죄행위가 얼마나 중한 것인지, 그러한 범죄행위를 행함에 있어 자동차 등이 당해 범죄 행위에 어느 정도로 기여했는지 등에 대한 아무런 고려 없이 무조건 운전면허를 취소하도록 하고 있으므로 이는 구체적 사안의 개별성과 특수성을 고려할 수 있는 여지를 일체 배제하고 그 위법의 정도나 비난의 정도가 극히 미약한 경우까지도 운전면허를 취소할 수밖에 없도록 하는 것으로 최소침해성의 원칙에 위반된다 할 것이다. 한편, 이 사건 규정에 의해 운전면허가 취소되면 2년 동안은 운전면허를 다시 발급 받을 수 없게 되는바, 이는 지나치게 기본권을 제한하는 것으로서 법익균형성원칙에도 위반된다. 그러므로 이 사건 규정은 직업의 자유 내지 일반적 행동자유권을 침해하여 헌법에 위반된다(헌재 2005.11.24. 2004헌가28).

유제 19. 국회직 8급 자동차를 이용하여 범죄행위를 한 경우 범죄의 경중에 상관없이 반드시 운전면허를 취소하도록 한 규정은 비례의 원칙을 위반한 것이다. (○)

② [○] 도로교통법 제148조의2 제1항 제1호는 도로교통법 제44조 제1항을 2회 이상 위반한 사람으로서 다시 같은 조 제1항을 위반하여 술에 취한 상태에서 자동차 등을 운전한 사람에 대해 1년 이상 3년 이하의 징역이나 500만 원 이상 1,000만 원 이하의 벌금에 처하도록 규정하고 있는데, 도로교통법 제148조의2 제1항 제1호에서 정하고 있는 '도로교통법 제44조 제1항을 2회 이상 위반한' 것에 개정된 도로교통법이 시행된 2011.12.9. 이전에 구 도로교통법(2011.6.8. 법률 제10790호로 개정되기 전의 것) 제44조 제1항을 위반한 음주운전 전과까지 포함되는 것으로 해석하는 것이 형벌불소급의 원칙이나 일사부재리의 원칙 또는 비례의 원칙에 위배된다고 할 수 없다(대판 2012.11.29. 2012도10269).

③ [○] 주유소 영업의 양도인이 등유가 섞인 유사휘발유를 판매한 바를 모르고 이를 양수한 석유판매영업자에게 전 운영자인 양도인의 위법사유를 들어 사업정지기간 중 최장기인 6월의 사업정지에 처한 영업정지처분은 석유사업법에 의하여 실현시키고자 하는 공익목적의 실현보다는 양수인이 입게 될 손실이 훨씬 커서 재량권을 일탈한 것으로서 위법하다(대판 1992.2.25. 91누13106).

유제 13. 국회직 9급 주유소 영업의 양도인이 등유가 섞인 유사휘발유를 판매한 바를 모르고 이를 양수한 석유판매업자(양수인)에게 양도인의 위법사유를 들어 사업정지기간 중 최장기인 6월의 사업정지에 처한 영업정지처분은 재량권을 일탈한 것으로 위법하다. (○)

❹ [×] 지방식품의약품안전청장이 수입 녹용 중 전지 3대를 절단부위로부터 5cm까지의 부분을 절단하여 측정한 회분함량이 기준치를 0.5% 초과하였다는 이유로 수입 녹용 전부에 대하여 전량 폐기 또는 반송처리를 지시한 경우, 녹용 수입업자가 입게 될 불이익이 의약품의 안전성과 유효성을 확보함으로써 국민보건의 향상을 기하고 고가의 한약재인 녹용에 대하여 부적합한 수입품의 무분별한 유통을 방지하려는 공익상 필요보다 크다고는 할 수 없으므로 위 폐기 등 지시처분이 재량권을 일탈·남용한 경우에 해당하지 않는다고 한 사례(대판 2006.4.14. 2004두3854)

유제 13. 국회직 9급 지방식품의약품안전청장이 수입 녹용 중 일부를 절단하여 측정한 회분함량이 기준치를 0.5% 초과하였다는 이유로 수입 녹용 전부에 대하여 전량 폐기 또는 반송처리하도록 한 지시처분은 재량권을 일탈·남용한 것에 해당한다. (×)

---

11 정답 ①, ②

📋 **함께 정리하기 신뢰보호의 원칙**

선행조치
▷ 반드시 처분청 자신의 적극적인 언동 不要
사실적·법률적 상태변경
▷ 공적 견해표명 당연실효
공적 견해표명
▷ 실질에 의해 판단
신뢰보호의 원칙
▷ 「행정기본법」 규정 有
▷ 공익 또는 제3자의 이익 현저 해칠 우려 있는 경우 제외 국민의 정당·합리 신뢰 보호

---

❶ [×] 행정청의 선행조치에는 국민이 신뢰를 가질 만한 일체의 행정작용이 포함된다. 적극적·소극적·명시적·묵시적·적법행위·위법행위, 법률행위·사실행위 등이 모두 포함된다. 다만, 무효인 행위는 신뢰의 대상이 되지 않는다.

❷ [×] 행정청이 상대방에게 장차 어떤 처분을 하겠다고 확약 또는 공적인 의사표명을 하였다고 하더라도, 확약 또는 공적인 의사표명이 있은 후에 사실적·법률적 상태가 변경되었다면 그와 같은 확약 또는 공적인 의사표명은 행정청의 별다른 의사표시를 기다리지 않고 실효된다고 할 것이다(대판 1996.8.20. 95누10877).

③ [○] 행정청의 공적 견해표명이 있었는지의 여부를 판단함에 있어서는, 반드시 행정조직상의 형식적인 권한분장에 구애될 것은 아니고, 담당자의 조직상의 지위와 임무, 당해 언동을 하게 된 구체적인 경위 및 그에 대한 상대방의 신뢰가능성에 비추어 실질에 의하여 판단하여야 한다(대판 1997.9.12. 96누18380).

④ [○]

> 「행정기본법」 제12조 【신뢰보호의 원칙】 ① 행정청은 공익 또는 제3자의 이익을 현저히 해칠 우려가 있는 경우를 제외하고는 행정에 대한 국민의 정당하고 합리적인 신뢰를 보호하여야 한다.

12 정답 ③

> 📋 **함께 정리하기 신뢰보호의 원칙**
>
> 행정관행의 성립
> ▷ 단순 착오×/다른 내용의 처분을 할 수 있음을 알면서도 어떤 특별한 사정 때문에 그러한 처분을 하지 않는다는 의사표시 要
> 재량준칙의 공표
> ▷ 공적 견해표명×
> 「행정절차법」과 「국세기본법」에 규정 有
> 정구장설치의 도시계획결정
> ▷ 공적 견해표명×

① [×] 특정 사항에 관하여 신뢰보호원칙상 행정청이 그와 배치되는 조치를 할 수 없다고 할 수 있을 정도의 행정관행이 성립되었다고 하려면 상당한 기간에 걸쳐 그 사항에 관하여 동일한 처분을 하였다는 객관적 사실이 존재할 뿐만 아니라, 행정청이 그 사항에 관하여 다른 내용의 처분을 할 수 있음을 알면서도 어떤 특별한 사정 때문에 그러한 처분을 하지 않는다는 의사가 있고 이와 같은 의사가 명시적 또는 묵시적으로 표시되어야 한다. 단순히 착오로 어떠한 처분을 계속한 경우는 이에 해당되지 않고, 따라서 처분청이 추후 오류를 발견하여 합리적인 방법으로 변경하는 것은 신뢰보호원칙에 위배되지 않는다(대판 2020.7.23. 2020두33824).

② [×] 지침이 되풀이 시행되어 행정관행이 이루어졌다거나 그 공표만으로 신청인이 보호가치 있는 신뢰를 갖게 되었다고 볼 수 없고, 쌀 시장 개방화에 대비한 경쟁력 강화 등 우월한 공익상 요청에 따라 위 지침상의 요건 외에 '시·군별 건조저장시설 개소당 논 면적 1,000ha 이상'요건을 추가할 만한 특별한 사정을 인정할 수 있어, 그 처분이 행정의 자기구속의 원칙 및 행정규칙에 관련된 신뢰보호의 원칙에 위배되거나 재량권을 일탈·남용한 위법이 없다(대판 2009.12.24. 2009두7967).

❸ [○]
> 「행정절차법」 제4조【신의성실 및 신뢰보호】② 행정청은 법령등의 해석 또는 행정청의 관행이 일반적으로 국민들에게 받아들여졌을 때에는 공익 또는 제3자의 정당한 이익을 현저히 해칠 우려가 있는 경우를 제외하고는 새로운 해석 또는 관행에 따라 소급하여 불리하게 처리하여서는 아니 된다.
>
> 「국세기본법」 제18조【세법 해석의 기준 및 소급과세의 금지】③ 세법의 해석이나 국세행정의 관행이 일반적으로 납세자에게 받아들여진 후에는 그 해석이나 관행에 의한 행위 또는 계산은 정당한 것으로 보며, 새로운 해석이나 관행에 의하여 소급하여 과세되지 아니한다.

④ [×] 당초 정구장 시설을 설치한다는 도시계획결정을 하였다가 정구장 대신 청소년 수련시설을 설치한다는 도시계획 변경결정 및 지적승인을 한 경우, 당초의 도시계획결정만으로는 도시계획사업의 시행자 지정을 받게 된다는 공적인 견해를 표명하였다고 할 수 없으므로 이유로 그 후의 도시계획 변경결정 및 지적승인이 도시계획사업의 시행자로 지정받을 것을 예상하고 정구장설계 비용 등을 지출한 자의 신뢰이익을 침해한 것으로 볼 수 없다(대판 2000.11.10. 2000두727).

> 유제 12. 지방직 7급 정구장시설 설치의 도시계획결정을 청소년수련시설 설치의 도시계획으로 변경한 경우, 사업시행자로 지정받을 것을 예상하고 정구장 설계비용 등을 지출한 자의 신뢰이익을 침해한 것으로 볼 수 없다. (○)

13 정답 ①

> 📋 **함께 정리하기 신뢰보호의 원칙**
>
> 헌재위헌결정
> ▷ 공적 견해표명×
> 보건복지부장관의 의료취약지병원설립자 비과세공고
> ▷ 공적 견해표명○
> 선행조치
> ▷ 사실행위 포함
> 민원예비심사 '저촉사항 없음' 기재
> ▷ 공적 견해표명×

❶ [○] 헌법재판소의 위헌결정은 행정청이 개인에 대하여 신뢰의 대상이 되는 공적인 견해를 표명한 것이라고 할 수 없으므로 그 결정에 관련한 개인의 행위에 대하여는 신뢰보호의 원칙이 적용되지 아니한다(대판 2003.6.27. 2002두6965).

> 유제 15. 서울시 7급 헌법재판소의 위헌결정은 행정청이 개인에 대해 공적인 견해를 표명한 것으로 그 결정에 관련한 개인의 행위는 신뢰보호의 원칙이 적용된다. (×)
> 12. 국회직 8급 헌법재판소의 위헌결정은 신뢰보호의 원칙의 적용요건 중의 하나인 '공적인 견해표명'에 해당한다. (×)

② [×] 보건복지부장관이 "의료취약지 병원설립 운영자 신청공고"를 하면서 국세 및 지방세를 비과세하겠다고 발표하였고, 그 후 행정자치부장관이나 시·도지사가 도 또는 시·군에 대하여 지방세 감면조례제정을 지시하여 그 조례에 대한 승인의 의사를 미리 표명하였다면, 보건복지부장관에 의하여 이루어진 위 비과세의 견해표명은 당해 과세관청의 그것과 마찬가지로 볼 여지가 충분하다고 할 것이고, 또한 납세자로서는 위와 같은 정부의 일정한 절차를 거친 공고에 대하여서는 보다 고도의 신뢰를 갖는 것이 일반적이다(대판 1996.11.23. 95누13746).

③ [×] 선행조치에는 법령·행정행위·행정계획·확약·행정지도를 비롯한 사실행위 등 작위, 부작위, 적극, 소극의 모든 조치가 포함된다.

> 유제 08. 국가직 7급 법적 효과를 수반하는 행정행위만이 신뢰보호원칙의 적용대상이 되며, 행정지도와 같은 사실행위는 이에 포함되지 않는다. (×)

④ [×] 개발이익환수에 관한 법률에 정한 개발사업을 시행하기 전에, 행정청이 토지 지상에 예식장 등을 건축하는 것이 관계 법령상 가능한지 여부를 질의하는 민원예비심사에 대하여 관련부서 의견으로 개발이익환수에 관한 법률에 '저촉사항 없음'이라고 기재하였다고 하더라도, 이후의 개발부담금부과처분에 관하여 신뢰보호의 원칙을 적용하기 위한 요건인, 개인에 대하여 신뢰의 대상이 되는 공적인 견해표명을 한 것이라고는 보기 어렵다(대판 2006.6.9. 2004두46).

> 유제 13. 국가직 9급 「개발이익환수에 관한 법률」에 정한 개발사업을 시행하기 전에, 행정청이 민원예비심사로서 관련부서 의견으로 '저촉사항 없음'이라고 기재한 것은 공적인 견해표명에 해당한다. (×)

14 정답 ③

> ☑ 함께 정리하기 **신뢰보호의 원칙**
>
> 자신의 부정행위에 의한 하자
> ▷ 신뢰이익 원용 不可
> 민원봉사차원의 안내
> ▷ 공적 견해표명×
> 폐기물처리업 적정통보
> ▷ 토지형질변경허가 취지×
> 법률안심의·의결
> ▷ 공적 견해표명×

① [O] 처분의 하자가 당사자의 사실은폐나 기타 사위의 방법에 의한 신청행위에 기인한 것이라면 당사자는 그 처분에 의한 이익이 위법하게 취득되었음을 알아 그 취소가능성도 예상하고 있었다고 할 것이므로, 그 자신이 위 처분에 관한 신뢰이익을 원용할 수 없음은 물론 행정청이 이를 고려하지 아니하였다고 하여도 재량권의 남용이 되지 아니한다(대판 1996.10.25. 95누14190).

> 유제 08. 지방직 7급 처분의 하자가 당사자의 사실은폐 내지 사위의 방법에 의한 신청에 기인한 경우라면 수익적 행정행위를 취소하는 것은 위법하지 않다. (O)

② [O] 병무청 담당부서의 담당공무원에게 공적 견해의 표명을 구하는 정식의 서면질의 등을 하지 아니한 채 총무과 민원팀장에 불과한 공무원이 민원봉사차원에서 상담에 응하여 안내한 것을 신뢰한 경우, 신뢰보호 원칙이 적용되지 아니한다(대판 2003.12.26. 2003두1875).

> 유제 18. 서울시 7급 병무청 담당부서의 담당공무원에게 공적 견해의 표명을 구하는 정식의 서면질의 등을 하지 아니한 채 총무과 민원팀장인 공무원이 민원봉사차원에서 상담에 응하여 안내한 것을 신뢰한 경우, 신뢰보호원칙이 적용되지 아니한다. (O)
>
> 15. 경찰 병무청 총무과 민원팀장에 불과한 공무원이 민원봉사 차원에서 상담에 응하여 안내한 것을 신뢰한 경우, 신뢰보호원칙이 적용되지 아니한다. (O)

❸ [X] 일반적으로 폐기물처리업 사업계획에 대한 적정통보에 당해 토지에 대한 형질변경허가신청을 허가하는 취지의 공적 견해표명이 있는 것으로는 볼 수 없다고 할 것이고, 더구나 토지의 지목변경 등을 조건으로 그 토지상의 폐기물처리업 사업계획에 대한 적정통보를 한 경우에는 위 조건부적정통보에 토지에 대한 형질변경허가의 공적 견해표명이 포함되어 있었다고 볼 수 없다(대판 1998.9.25. 98두6494).

> 유제 12. 지방직 7급 폐기물처리업 사업계획에 대한 적정통보에는 당해 토지에 대한 형질변경신청을 허가하는 취지의 공적 견해표명이 있다고 볼 수 있다. (X)

④ [O] 헌법 제53조에 따라서 국회가 의결한 법률안을 대통령이 공포하는 등의 절차를 거쳐서 법률이 확정되면 그 규정 내용에 따라서 국민의 권리·의무에 관한 새로운 법규가 형성될 수 있지만, 이와 같이 법률이 확정되기 전에는 기존 법규를 수정·변경하는 법적 효과가 발생할 수 없고, 다원적 의견이나 각가지 이익을 반영시킨 토론과정을 거쳐 다수결의 원리에 따라 통일적인 국가의사를 형성하는 국회에서 일정한 법률안을 심의하거나 의결한 적이 있다고 하더라도, 그것이 법률로 확정되지 아니한 이상 국가가 이해관계자들에게 위 법률안에 관련된 사항을 약속하였다고 볼 수 없으며, 이러한 사정만으로 어떠한 신뢰를 부여하였다고 볼 수도 없다(대판 2008.5.29. 2004다33469).

> 유제 10. 경찰 국회에서 일정한 법률안을 심의하거나 의결한 적이 있다고 하더라도, 법률로 확정되지 아니한 이상 국가가 이해관계자들에게 위 법률안에 관련된 사항을 약속하였다고 볼 수 없으며, 이러한 사정만으로 어떠한 신뢰를 부여하였다고 볼 수도 없다. (O)

15 정답 ④

> ☑ 함께 정리하기 **신뢰보호**
>
> 오류발견 후 비과세번복
> ▷ 신의성실 위반×
> 과세할 수 있음을 알면서도 비과세의사 要(묵시 포함)
> 과세관청의 일반론적인 견해표명
> ▷ 신뢰보호원칙 적용×
> 사실은폐
> ▷ 귀책사유O, 신뢰보호×

① [O] 구 소득세법 제127조는 과세표준과 세액의 조사결정에 탈루 또는 오류가 있음을 발견하면 징세기관은 즉시 경정결정을 하도록 규정하고 있으므로, 세무서장이 일단 비과세결정을 하였다가 이를 번복하고 다시 과세처분을 하였다는 사실만으로 세무서장의 과세처분이 신의성실의 원칙에 반하는 위법한 것이라 할 수 없다(대판 1989.1.17. 87누681).

> 유제 13. 국가직 7급 과세관청이 비과세대상에 해당하는 것으로 잘못 알고 일단 비과세결정을 하였으나, 그 후 과세표준과 세액의 탈루 또는 오류가 있는 것을 발견한 때에는, 이를 조사하여 결정할 수 있다. (O)

② [O] 국세기본법 제18조 제3항이 규정하고 있는 '일반적으로 납세자에게 받아들여진 세법의 해석 또는 국세행정의 관행'이란 비록 잘못된 해석 또는 관행이라도 특정납세자가 아닌 불특정한 일반납세자에게 정당한 것으로 이의 없이 받아들여져 납세자가 그와 같은 해석 또는 관행을 신뢰하는 것이 무리가 아니라고 인정될 정도에 이른 것을 말하고, 그와 같은 비과세관행이 성립하려면, 상당한 기간에 걸쳐 과세하지 아니한 객관적 사실이 존재할 뿐만 아니라, 과세관청 자신이 그 사항에 관하여 과세할 수 있음을 알면서도 어떤 특별한 사정 때문에 과세하지 않는다는 의사가 있어야 하므로, 위와 같은 공적 견해의 표시는 비과세의 사실상태가 장기간에 걸쳐 계속되는 경우에 그것이 그 사항에 대하여 과세의 대상으로 삼지 아니하는 뜻의 과세관청의 묵시적인 의향의 표시로 볼 수 있는 경우 등에도 이를 인정할 수 있다(대판 2000.1.21. 97누11065).

③ [O] 비과세관행이 성립되었다고 하려면 장기간에 걸쳐 어떤 사항에 대하여 과세하지 아니하였다는 객관적 사실이 존재할 뿐만 아니라 과세관청 자신이 그 사항에 대하여 과세할 수 있음을 알면서도 어떤 특별한 사정에 의하여 과세하지 않는다는 의사가 있고 이와 같은 의사가 대외적으로 명시적 또는 묵시적으로 표시될 것임을 요한다고 해석되며, 특히 그 의사표시가 납세자의 추상적인 질의에 대한 일반론적인 견해표명에 불과한 경우에는 위 원칙의 적용을 부정하여야 한다(대판 1993.7.27. 90누10384).

> 유제 08. 지방직 9급 과세관청의 의사표시가 일반론적인 견해표명인 경우에는 신뢰보호원칙을 적용하지 않는다. (O)

❹ [×] 충전소설치예정지로부터 100m 내에 있는 건물주의 동의를 모두 얻지 아니하였음에도 불구하고 이를 갖춘 양 허가신청을 하여 그 허가를 받아낸 것으로서, 처분의 하자가 당사자의 사실은폐 내지 사위의 방법에 의한 신청행위에 기인한 것이라 할 것이어서 그 처분에 의한 이익이 위법하게 취득되었음을 알아 그 취소가능성도 능히 예상하고 있었다고 보아야 할 것이므로 수익적 행정행위인 액화석유가스충전사업허가처분의 취소에 위법이 없다(대판 1992.5.8. 91누13274).

<table>
<tr><td colspan="2">**16**   정답 ③</td></tr>
</table>

📋 **함께 정리하기**   **신뢰보호원칙 한계**

내부무장관의 취득세면제 회신
▷ 공적 견해표명○
위반 3년 후 운전면허 취소
▷ 신뢰보호원칙 위반
위반 1년10개월 후 택시면허 취소
▷ 신뢰보호원칙 위반×
한려해상국립공원지구 인근 토석채취 불허가
▷ 신뢰보호원칙 위반×

① [○] 외교부 소속 전·현직 공무원을 회원으로 하는 비영리 사단법인인 甲 법인이 재외공무원 자녀들을 위한 기숙사 건물을 신축하면서, 甲 법인과 외무부장관이 과세관청과 내무부장관에게 취득세 등 지방세 면제 의견을 제출하자, 내무부장관이 '甲 법인이 학술연구단체와 장학단체이고 甲 법인이 직접 사용하기 위하여 취득하는 부동산이라면 취득세가 면제된다'고 회신하였고, 이에 과세관청은 약 19년 동안 甲 법인에 대하여 기숙사 건물 등 부동산과 관련한 취득세·재산세 등을 전혀 부과하지 않았는데, 그 후 과세관청이 위 부동산이 학술연구단체가 고유업무에 직접 사용하는 부동산에 해당하지 않는다는 등의 이유로 재산세 등의 부과처분을 한 사안에서, 과세관청과 내무부장관이 甲 법인에 '甲 법인이 재산세 등이 면제되는 학술연구단체·장학단체에 해당하고, 위 부동산이 甲 법인이 고유업무에 직접 사용하는 부동산에 해당하여 재산세 등이 과세되지 아니한다'는 공적 견해를 명시적 또는 묵시적으로 표명하였으며, 甲 법인은 고유업무에 사용하는 부동산에 대하여는 재산세 등이 면제된다는 과세관청과 내무부장관 등의 공적인 견해표명을 신뢰하여 위 부동산을 취득하여 사용해 왔고, 甲 법인이 위 견해표명을 신뢰한 데에 어떠한 귀책사유가 있다고 볼 수 없으므로, 위 처분은 신의성실의 원칙에 반하는 것으로서 위법하다(대판 2019.1.17. 2018두42559).

② [○] 택시운전사가 1983.4.5. 운전면허 정지기간 중의 운전행위를 하다가 적발되어 형사처벌을 받았으나 행정청으로부터 아무런 행정조치가 없어 안심하고 계속 운전업무에 종사하고 있던 중 행정청이 위 위반행위가 있은 이후에 장기간에 걸쳐 아무런 행정조치를 취하지 않은 채 방치하고 있다가 3년여가 지난 1986.7.7에 와서 이를 이유로 행정제재를 하면서 가장 무거운 운전면허를 취소하는 행정처분을 하였다면 이는 행정청이 그간 별다른 행정조치가 없을 것이라고 믿은 신뢰이 이익과 그 법적안정성을 빼앗는 것이 되어 매우 가혹할 뿐만 아니라 비록 그 위반행위가 운전면허취소사유에 해당한다 할지라도

그와 같은 공익상의 목적만으로는 위 운전사가 입게 될 불이익에 견줄바 못된다 할 것이다(대판 1987.9.8. 87누373).

유제 10. 경찰 운전면허정지기간 중에 운전을 하여 운전면허취소사유에 해당되더라도 3년이나 지나서 면허를 취소한 것은 위법하다. (○)

❸ [×] 교통사고가 일어난지 1년 10개월이 지난 뒤 그 교통사고를 일으킨 택시에 대하여 운송사업면허를 취소하였더라도 처분관할관청이 위반행위를 적발한 날로부터 10일 이내에 처분을 하여야 한다는 교통부령인 자동차 운수사업법 제31조 등의 규정에 의한 사업면허의 취소 등의 처분에 관한 규칙 제4조 제2항 본문을 강행규정으로 볼 수 없을 뿐만 아니라 택시운송사업자로서는 자동차 운수사업법의 내용을 잘 알고 있어 교통사고를 낸 택시에 대하여 운송사업면허가 취소될 가능성을 예상할 수도 있었을 터이니, 자신이 별다른 행정조치가 없을 것으로 믿고 있었다 하여 바로 신뢰의 이익을 주장할 수는 없으므로 … 그 운송사업면허의 취소가 행정에 대한 국민의 신뢰를 저버리고 국민의 법생활의 안정을 해치는 것이어서 재량권의 범위를 일탈한 것이라고 보기는 어렵다(대판 1989.6.27. 88누6283).

유제 10. 경찰 택시운송사업자가 중대한 교통사고로 인하여 많은 사상자를 냈다면 사업면허가 취소될 것을 예상할 수 있었다 하더라도 1년 10개월이 지나 사업면허를 취소하였다면 위법하다. (×)

④ [○] 한려해상국립공원지구 인근의 자연녹지지역에서의 토석채취허가가 법적으로 가능할 것이라는 행정청의 언동을 신뢰한 개인이 많은 비용과 노력을 투자하였다가 불허가처분으로 상당한 불이익을 입게 된 경우, 위 불허가처분에 의하여 행정청이 달성하려는 주변의 환경·풍치·미관 등의 공익이 그로 인하여 개인이 입게 되는 불이익을 정당화할 만큼 강하다는 이유로 불허가처분이 재량권의 남용 또는 신뢰보호의 원칙에 반하여 위법하다고 할 수 없다(대판 1998.11.13. 98두7343).

유제 12. 국회직 8급 행정청이 공적인 견해표명에 반하는 처분을 함으로써 달성하려는 공익이 행정청의 공적 견해표명을 신뢰한 개인이 그 행정처분으로 인하여 입게 되는 이익의 침해를 정당화할 수 있을 정도로 강한 경우에는 신뢰보호의 원칙을 들어 그 행정처분이 위법하다고는 할 수 없다. (○)

<table>
<tr><td colspan="2">**17**   정답 ②</td></tr>
</table>

📋 **함께 정리하기**   **행정법의 일반원칙**

폐기물처리업 적정통보 후 불허가처분
▷ 신뢰보호원칙 위반
토지거래허가공무원의 토지형질변경허가신청 불허
▷ 신뢰보호원칙 위반
법률상 기회 활용
▷ 신뢰보호이익 부정
지구단위계획시 숙박시설용도 권장
▷ 항상 숙박시설건축허가 가능의 공적 견해표명×

① [○] 폐기물처리업에 대하여 사전에 관할 관청으로부터 적정통보를 받고 막대한 비용을 들여 허가요건을 갖춘 다음 허가신청을 하였음에도 다수 청소업자의 난립으로 안정적이고 효율적인 청소업무의 수행에 지장이 있다는 이유로 한 불허가처분은 신뢰보호의 원칙 및 비례의 원칙에 반하는 것으로서 재량권을 남용한 위법한 처분이다(대판 1998.5.8. 98두4061).

❷ [×] 종교법인이 도시계획구역 내 생산녹지로 답인 토지에 대하여 종교회관 건립을 이용목적으로 하는 토지거래계약의 허가를 받으면서 담당공무원이 관련 법규상 허용된다 하여 이를 신뢰하고 건축준비를 하였으나 그 후 당해 지방자치단체장이 다른 사유를 들어 토지형질변경허가신청을 불허가 한 것은 신뢰보호원칙에 반한다(대판 1997.9.12. 96누18380).

[유제] 13. 국가직 9급 도시계획구역 내 생산녹지로 답(畓)인 토지에 대하여 종교회관 건립을 이용목적으로 하는 토지거래계약의 허가를 받으면서 담당공무원이 관련법규상 허용된다고 하여 이를 신뢰하고 건축준비를 하였으나 그 후 토지형질변경허가신청을 불허가한 것은 신뢰보호의 원칙에 위반된다. (O)

③ [O] 개인의 신뢰이익에 대한 보호가치는 ㉠ 법령에 따른 개인의 행위가 국가에 의하여 일정방향으로 유인된 신뢰의 행사인지, ㉡ 아니면 단지 법률이 부여한 기회를 활용한 것으로서 원칙적으로 사적 위험부담의 범위에 속하는 것인지 여부에 따라 달라진다. 만일 법률에 따른 개인의 행위가 단지 법률이 반사적으로 부여하는 기회의 활용을 넘어서 국가에 의하여 일정방향으로 유인된 것이라면 특별히 보호가치가 있는 신뢰이익이 인정될 수 있고, 원칙적으로 개인의 신뢰보호가 국가의 법률개정이익에 우선된다고 볼 여지가 있다(헌재 2002.11.28. 2002헌바45).

[유제] 16. 지방직 9급 법령 개정에 대한 신뢰와 관련하여, 법령에 따른 개인의 행위가 국가에 의하여 일정한 방향으로 유인된 경우에 특별히 보호가치가 있는 신뢰이익이 인정될 수 있다. (O)

④ [O] 행정청이 지구단위계획을 수립하면서 그 권장용도를 판매·위락·숙박시설로 결정하여 고시한 행위를 당해 지구 내에서는 공익과 무관하게 언제든지 숙박시설에 대한 건축허가가 가능하리라는 공적 견해를 표명한 것이라고 평가할 수는 없다(대판 2005.11.25. 2004두6822).

[유제] 17. 지방직 7급 행정청이 지구단위계획을 수립하면서 그 권장용도를 판매·위락·숙박시설로 결정하여 고시하였다 하더라도 당해 지구 내에서 공익과 무관하게 언제든지 숙박시설에 대한 건축허가가 가능하다는 취지의 공적 견해를 표명한 것으로 볼 수 없다. (O)

행정청의 견해표명의 하자가 상대방 등 관계자의 사실은폐나 기타 사위의 방법에 의한 신청행위 등 부정행위에 기인한 것이거나 그러한 부정행위가 없다고 하더라도 하자가 있음을 알았거나 중대한 과실로 알지 못한 경우 등을 의미한다고 해석함이 상당하고, 귀책사유의 유무는 상대방과 그로부터 신청행위를 위임받은 수임인 등 관계자 모두를 기준으로 판단하여야 한다(대판 2002.11.8. 2001두1512).

③ [O] 법령의 개정에 있어서 구 법령의 존속에 대한 당사자의 신뢰가 합리적이고도 정당하며, 법령의 개정으로 야기되는 당사자의 손해가 극심하여 새로운 법령으로 달성하고자 하는 공익적 목적이 그러한 신뢰의 파괴를 정당화할 수 없다면, 입법자는 경과규정을 두는 등 당사자의 신뢰를 보호할 적절한 조치를 하여야 하며, 이와 같은 적절한 조치 없이 새 법령을 그대로 시행하거나 적용하는 것은 허용될 수 없는바, 이는 헌법의 기본원리인 법치주의 원리에서 도출되는 신뢰보호의 원칙에 위배되기 때문이다. 이러한 신뢰보호원칙의 위배 여부를 판단하기 위하여는 한편으로는 침해받은 이익의 보호가치, 침해의 중한 정도, 신뢰가 손상된 정도, 신뢰침해의 방법 등과 다른 한편으로는 새 법령을 통해 실현하고자 하는 공익적 목적을 종합적으로 비교·형량하여야 한다(대판 2006.11.16. 2003두12899 전합).

④ [O] 행정청의 행위에 대하여 신뢰보호의 원칙이 적용되기 위한 요건 중 공적 견해의 표명이라는 요건 등 일부 요건이 충족된 경우라고 하더라도 행정청이 앞서 표명한 공적인 견해에 반하는 행정처분을 함으로써 달성하려는 공익이 행정청의 공적 견해표명을 신뢰한 개인이 그 행정처분으로 인하여 입게 되는 이익의 침해를 정당화할 수 있을 정도로 강한 경우에는 신뢰보호의 원칙을 들어 그 행정처분이 위법하다고 할 수는 없다(대판 2008.4.24. 2007두25060).

[유제] 22. 소방 행정청이 공적인 견해에 반하는 행정처분을 함으로써 달성하려는 공익이 행정청의 공적 견해표명을 신뢰한 개인이 그 행정처분으로 인하여 입게 되는 이익의 침해를 정당화할 수 있을 정도로 강한 경우에는 그 행정처분은 위법하지 않다. (O)

---

18 정답 ①

☑ 함께 정리하기 신뢰보호의 원칙

공적 견해표명사실
▷ 원고 주장·입증
귀책사유 판단
▷ 관계자 모두를 기준
법령의 개정에도 적용
달성하려는 공익이 개인의 이익침해를 정당화하는 경우
▷ 적법(신뢰보호원칙 위반×)

❶ [×] "과세관청이 납세자에게 신뢰의 대상이 되는 공적인 견해를 표명하였다."는 사실은 납세자(원고)가 주장·입증하여야 한다고 보는 것이 상당하다(대판 1992.3.31. 91누9824).

② [O] 일반적으로 행정상의 법률관계에 있어서 행정청의 행위에 대하여 신뢰보호의 원칙이 적용되기 위하여는, 첫째 행정청이 개인에 대하여 신뢰의 대상이 되는 공적인 견해표명을 하여야 하고, 둘째 행정청의 견해표명이 정당하다고 신뢰한 데에 대하여 그 개인에게 귀책사유가 없어야 하며, … 귀책사유라 함은

---

19 정답 ①, ④

☑ 함께 정리하기 행정법의 일반원칙

문화관광부장관의 지방자치단체장에 한 사업승인가능성에 대한 회신
▷ 공적 견해표명×
신뢰보호원칙
▷ 입시제도와 같은 제도운영지침의 개폐에 적용
국가의 보호의무 위반여부
▷ 과소보호금지원칙 기준
건축설계를 위임받은 건축사의 귀책
▷ 위임한 건축주의 귀책으로 인정
▷ 신뢰보호×

❶ [×] 관광 숙박시설 지원 등에 관한 특별법(이하 '특별법'이라고 한다)의 유효기간인 2002.12.31. 이전까지 사업계획승인 신청을 한 경우에는 유효기간이 경과한 이후에도 특별법을 적용할 수 있다는 내용의 2002.11.13.자 회신은 문화관광부장관이 피고에게 한 것이어서 이를 원고에 대한 공적인 견해표명으로 보기 어렵다(대판 2006.4.28. 2005두6539).

② [O] 헌법상의 법치국가원리의 파생원칙인 신뢰보호의 원칙은 국민이 법률적 규율이나 제도가 장래에도 지속할 것이라는 합리적인 신뢰를 바탕으로 이에 적응하여 개인의 법적 지위를 형성해 왔을 때에는 국가로 하여금 그와 같은 국민의 신뢰를 되도록 보호할 것을 요구한다. 따라서 법규나 제도의 존속에 대한 개개인의 신뢰가 그 법규나 제도의 개정으로 침해되는 경우에 상실된 신뢰의 근거 및 종류와 신뢰이익의 상실로 인한 손해의 정도 등과 개정규정이 공헌하는 공공복리의 중요성을 비교교량하여 현존상태의 지속에 대한 신뢰가 우선되어야 한다고 인정될 때에는 규범정립자는 지속적 또는 과도적으로 그 신뢰보호에 필요한 조치를 취하여야 할 의무가 있다. 이 원칙은 법률이나 그 하위법규 뿐만 아니라 국가관리의 입시제도와 같이 국·공립대학의 입시전형을 구속하여 국민의 권리에 직접 영향을 미치는 제도운영지침의 개폐에도 적용되는 것이다(헌재 1997.7.16. 97헌마38).

③ [O] 국가가 국민의 생명·신체의 안전에 대한 보호의무를 다하지 않았는지 여부를 헌법재판소가 심사할 때에는 국가가 이를 보호하기 위하여 적어도 적절하고 효율적인 최소한의 보호조치를 취하였는가 하는 이른바 '과소보호금지 원칙'의 위반 여부를 기준으로 삼아, 국민의 생명·신체의 안전을 보호하기 위한 조치가 필요한 상황인데도 국가가 아무런 보호조치를 취하지 않았든지 아니면 취한 조치가 법익을 보호하기에 전적으로 부적합하거나 매우 불충분한 것임이 명백한 경우에 한하여 국가의 보호의무의 위반을 확인하여야 한다(헌재 2008.12.26. 2008헌마419등).

❹ [X] 건축주와 그로부터 건축설계를 위임받은 건축사가 상세계획지침에 의한 건축한계선의 제한이 있다는 사실을 간과한 채 건축설계를 하고 이를 토대로 건축물의 신축 및 증축허가를 받은 경우, 그 신축 및 증축허가가 정당하다고 신뢰한 데에 귀책사유가 있으므로 위반부분에 대한 철거명령은 신뢰보호의 원칙에 반하지 않는다(대판 2002.11.8. 2001두1512).

행정행위의 취소와는 달리 그 취소로 인하여 입게 될 당사자의 불이익보다는 이를 방지하여야 하는 일반예방적 측면이 더욱 강조되어야 한다(대판 2019.1.17. 2017두59949).

유제 20. 국가직 7급 음주운전으로 인해 운전면허를 취소하는 경우의 이익형량에서 음주운전으로 인한 교통사고를 방지할 공익상의 필요가 취소의 상대방이 입게 될 불이익보다 강조되어야 하는 것은 아니다. (×)

② [O] 운전면허 취소사유에 해당하는 음주운전을 적발한 경찰관의 소속 경찰서장이 사무착오로 위반자에게 운전면허정지처분을 한 상태에서 위반자의 주소지 관할 지방경찰청장이 위반자에게 운전면허취소처분을 한 것은 선행처분에 대한 당사자의 신뢰 및 법적 안정성을 저해하는 것으로서 허용될 수 없다(대판 2002.2.5. 99두10520).

③ [O] 국세기본법 제18조 제2항의 규정은 납세자의 권리보호와 과세관청에 대한 납세자의 신뢰보호에 그 목적이 있는 것이므로 이 사건 보세운송면허세의 부과근거이던 지방세법 시행령이 1973.10.1. 제정되어 1977.9.20.에 폐지될 때까지 4년 동안 그 면허세를 부과할 수 있는 정을 알면서도 피고가 수출확대라는 공익상 필요에서 한 건도 이를 부과한 일이 없었다면 납세자인 원고는 그것을 믿을 수밖에 없고 그로써 비과세의 관행이 이루어졌다고 보아도 무방하다(대판 1980.6.10. 80누6).

❹ [X] 신뢰보호원칙이 행정의 법률적합성 원칙과 충돌하는 경우, 각각의 원칙은 모두 법치주의의 핵심요소이므로 법률이라는 공익과 신뢰라는 사익을 비교·형량하여 구체적으로 결정할 수밖에 없다(이익형량설, 동위설).

20 정답 ④

📋 **함께 정리하기 행정법의 일반원칙**

음주운전 운전면허취소
▷ 교통사고방지 공익상 필요가 취소 상대방 불이익보다 강조됨
운전면허정지처분 후 운전면허취소처분
▷ 신뢰·법적안정성 침해
공익상 필요에서 4년간 비과세
▷ 선행조치에 해당○
행정의 법률적합성
▷ 신뢰보호원칙과 비교·형량하여 결정

① [O] 자동차가 대중적인 교통수단이고 그에 따라 자동차운전면허가 대량으로 발급되어 교통상황이 날로 혼잡해짐에 따라 교통법규를 엄격히 지켜야 할 필요성은 더욱 커지는 점, 음주운전으로 인한 교통사고 역시 빈번하고 그 결과가 참혹한 경우가 많아 대다수의 선량한 운전자 및 보행자를 보호하기 위하여 음주운전을 엄격하게 단속하여야 할 필요가 절실한 점 등에 비추어 보면, 음주운전으로 인한 교통사고를 방지할 공익상의 필요는 더욱 중시되어야 하고 운전면허의 취소는 일반의 수익적

❯ 정답

p. 18

01	②, ④	06	③	11	④	16	④
02	①	07	④	12	①	17	④
03	①	08	①, ②	13	③	18	②
04	④	09	④	14	①, ④	19	③
05	④	10	③	15	①, ③	20	②

01

정답 ②, ④

📋 함께 정리하기 **평등의 원칙**

사회적 지위에 따른 과태료차등 조례안
▷ 평등원칙 위반
위법한 처분의 반복
▷ 자기구속력 無
국유잡종재산에 대한 시효취득배제
▷ 평등원칙 위반
학력 기준 청원경찰 인원감축
▷ 위법(취소사유)

① [O] 공무원인지 여부, 기관의 대표나 임원인지 여부 등 증인의 사회적 신분에 따라 미리부터 과태료의 액수에 차등을 두고 있는 경우, 그와 같은 차별은 증인의 불출석이나 증언거부에 대하여 과태료를 부과하는 목적에 비추어 볼 때 그 합리성을 인정할 수 없고 지위의 높고 낮음만을 기준으로 한 부당한 차별대우라고 할 것이어서 헌법에 규정된 평등의 원칙에 위배되어 무효이다(대판 1972.12.26. 72누217).

유제 16. 국가직 7급 조례안이 지방의회의 조사를 위하여 출석요구를 받은 증인이 5급 이상 공무원인지 여부, 기관(법인)의 대표나 임원인지 여부 등 증인의 사회적 신분에 따라 미리부터 과태료의 액수에 차등을 두고 있는 것은 평등의 원칙에 위반되지 않는다. (×)

❷ [×] 평등의 원칙은 본질적으로 같은 것을 자의적으로 다르게 취급함을 금지하는 것이고, 위법한 행정처분이 수차례에 걸쳐 반복적으로 행하여졌다 하더라도 그러한 처분이 위법한 것인 때에는 행정청에 대하여 자기구속력을 갖게 된다고 할 수 없다(대판 2009.6.25. 2008두13132).

유제 18. 국가직 9급 반복적으로 행해진 행정처분이 위법하더라도 행정의 자기구속의 원칙에 따라 행정청은 선행처분에 구속된다. (×)
17. 서울시 9급 위법한 행정규칙에 의하여 위법한 행정관행이 형성되었다 하더라도 행정청은 정당한 사유 없이 이 관행과 달리 조치를 할 수 없는 자기구속을 받는다. (×)

③ [O] 국유잡종재산은 사경제적 거래의 대상으로서 사적 자치의 원칙이 지배되고 있으므로 시효제도의 적용에 있어서도 동일하게 보아야 하고, 국유잡종재산에 대한 시효취득을 부인하는 동 규정은 합리적 근거없이 국가만을 우대하는 불평등한 규정으로서 헌법상의 평등의 원칙과 사유재산권 보장의 이념 및 과잉금지의 원칙에 반한다(헌재 1991.5.13. 89헌가97).

유제 11. 국회직 8급 구 「국유재산법」 제5조 제2항이 잡종재산에 대하여 까지 시효취득을 배제하고 있는 것은 국가만을 우대하여 합리적 사유 없이 국가와 사인을 차별하는 것이므로 평등원칙에 위반된다. (O)

❹ [×] 행정자치부의 지방조직 개편지침의 일환으로 청원경찰의 인원 감축을 위한 면직처분대상자를 선정함에 있어서 초등학교 졸업 이하 학력소지자 집단과 중학교 중퇴 이상 학력소지자 집단으로 나누어 각 집단별로 같은 감원비율 상당의 인원을 선정한 것은 합리성과 공정성을 결여하고, 평등의 원칙에 위배하여 그 하자가 중대하다 할 것이나, 그렇게 한 이유가 시험문제 출제 수준이 중학교 학력 수준이어서 초등학교 졸업 이하 학력소지자에게 상대적으로 불리할 것이라는 판단 아래 이를 보완하기 위한 것이었으므로 그 하자가 객관적으로 명백하다고 보기는 어렵다(대판 2002.2.8. 2000두4057).

유제 08. 국가직 9급 청원경찰의 인원감축을 위하여 초등학교 졸업 이하 학력소지자 집단과 중학교 중퇴 이상 학력소지자 집단으로 나누어 각 집단별로 같은 감원비율의 인원을 선정한 것은 위법한 재량권 행사이다. (O)

02

정답 ①

📋 함께 정리하기 **평등의 원칙**

개전의 정에 따라 징계양정 차별취급
▷ 자의적 차별×(평등원칙 위반×)
법관의 정년차등
▷ 평등원칙 위반×
집회주최자와 시위주최자 동등한 처벌
▷ 평등원칙 위반×
전화교환직원의 정년차등
▷ 평등원칙 위반×

❶ [X] 같은 정도의 비위를 저지른 자들 사이에 있어서도 그 직무의 특성 등에 비추어, 개전의 정이 있는지 여부에 따라 징계의 종류의 선택과 양정에 있어서 차별적으로 취급하는 것은, 사안의 성질에 따른 합리적 차별로서 이를 자의적 취급이라고 할 수 없는 것이어서 평등원칙 내지 형평에 반하지 아니한다(대판 1999.8.20. 99두2611).

> 유제 23. 군무원 9급 같은 정도의 비위를 저지른 자들 사이에 있어서 그 직무의 특성 등에 비추어, 개전의 정이 있는지 여부에 따라 징계의 종류의 선택과 양정에 있어서 차별적으로 취급하는 것은, 자의적 취급이라고 할 수 있어서 평등원칙 내지 형평에 반한다. (×)

② [O] 이 사건 법률조항은 법관의 정년을 직위에 따라 대법원장 70세, 대법관 65세, 그 이외의 법관 63세로 하여 법관 사이에 약간의 차이를 두고 있는 것으로, 헌법 제11조 제1항에서 금지하고 있는 차별의 요소인 '성별', '종교' 또는 '사회적 신분' 그 어디에도 해당되지 아니할 뿐만 아니라, 그로 인하여 어떠한 사회적 특수계급제도를 설정하는 것도 아니고, 그와 같이 법관의 정년을 직위에 따라 순차적으로 낮게 차등하게 설정한 것은 법관 업무의 성격과 특수성, 평균수명, 조직체 내의 질서 등을 고려하여 정한 것으로 그 차별에 합리적인 이유가 있다고 할 것이므로, 청구인의 평등권을 침해하였다고 볼 수 없다(헌재 2002.10.31. 2001헌마557).

③ [O] 일반적으로는 시위가 옥외집회보다 공공의 안녕질서에 미치는 영향이 크다고 할 수 있을 것이나, 반드시 그런 것만은 아니고 개별적·구체적 사안에 따라서는 그 반대의 경우도 얼마든지 있을 수 있다. … 결국 구 집시법 제19조 제2항이 미신고 옥외집회 주최자와 미신고 시위 주최자를 함께 규율하면서 그 법정형을 같게 정하고 있다고 하더라도, 이것이 평등원칙에 위배된다고 할 수 없다(헌재 2009.5.28. 2007헌바22).

④ [O] 일반직 직원의 정년을 58세로 규정하면서 전화교환직렬 직원만은 정년을 53세로 규정하여 5년간의 정년차등을 둔 것이 사회통념상 합리성이 있다(대판 1996.8.23. 94누13589).

03 정답 ①

> 📋 함께 정리하기 평등의 원칙
>
> 정신병원 개설은 허가제, 정신과의원 개설은 신고제로 규정
> ▷ 평등원칙 위배×
> 약사에게만 법인 구성 금지
> ▷ 평등원칙 위반
> 국가유공자 등과 그 가족에 대한 공무원시험 가산점 제도
> ▷ 허용(but 10%는 지나친 차별)
> 심심풀이 화투놀이 3명 견책, 1명만 파면
> ▷ 비례원칙, 평등원칙 위반

❶ [X] 헌법상 평등원칙은 본질적으로 같은 것을 자의적으로 다르게 취급함을 금지하는 것으로서, 일체의 차별적 대우를 부정하는 절대적 평등을 뜻하는 것이 아니라 입법을 하고 법을 적용할 때에 합리적인 근거가 없는 차별을 하여서는 아니 된다는 상대적 평등을 뜻하므로, 합리적 근거가 있는 차별 또는 불평등은 평등의 원칙에 반하지 아니한다.

또한 헌법상 기본권 보호의무란 기본권적 법익을 기본권 주체인 사인에 의한 위법한 침해 또는 침해의 위험으로부터 보호하여야 하는 국가의 의무를 말하며, 주로 사인인 제3자에 의한 개인의 생명이나 신체의 훼손에서 문제 되는 것이다. 이러한 법리에 비추어 살펴보면, 관련 법령이 정신병원 등의 개설에 관하여는 허가제로, 정신과의원 개설에 관하여는 신고제로 각 규정하고 있는 것은 각 의료기관의 개설 목적 및 규모 등 차이를 반영한 합리적 차별로서 평등의 원칙에 반한다고 볼 수 없다. 또한 신고제 규정으로 사인인 제3자에 의한 개인의 생명이나 신체 훼손의 위험성이 증가한다고 할 수 없어 기본권 보호의무에 위반된다고 볼 수도 없다(대판 2018.10.25. 2018두44302).

> 유제 20. 서울시 7급 법령이 정신병원 등의 개설에 관하여는 허가제로, 정신과의원 개설에 관하여는 신고제로 각각 규정하고 있는 것은 각 의료기관의 개설 목적 및 규모 등 차이를 반영한 합리적 차별로서 평등의 원칙에 반하지 않는다. (O)

② [O] 변호사, 공인회계사, 변리사, 세무사, 건축사, 법무사, 공인노무사, 관세사 등 약사 이외의 다른 전문직의 경우 사회의 발전과 변화에 대응하여 그 업무를 조직적·전문적으로 수행하기 위한 법인의 설립을 허용하고 있는데, 약사에 대하여는 법인의 설립에 의한 직업수행 즉, 약국의 개설과 운영을 금지하고 있다. 따라서 이 사건 법률조항은 합리적 근거없이 자의적으로 약사로 구성된 법인에 대하여 변호사 등 다른 전문직종들 및 의약품제조업자 등 약사법상의 다른 직종들로 구성된 법인과는 달리 그 직업 즉 약국을 개설하고 운영하는 일을 수행할 수 없게 하고, 또한 약사들에 대하여는 법인을 구성하는 방법으로 그 직업을 수행할 수 없게 함으로써, 약사들만으로 구성된 법인 및 그 구성원인 약사들의 헌법상 기본권인 평등권을 침해하고 있다고 할 것이다(헌재 2002.9.19. 2000헌바84).

③ [O] 국가유공자 등 예우 및 지원에 관한 법률은 명시적인 헌법적 근거 없이 국가유공자의 가족들에게 만점의 10%라는 높은 가산점을 부여하고 있는바, 일반 공직시험 응시자들의 평등권과 공무담임권을 침해하는 것이다. 다만, 이 사건 조항의 위헌성은 국가유공자 등과 그 가족에 대한 가산점제도 자체가 입법정책상 전혀 허용될 수 없다는 것이 아니고, 그 차별의 효과가 지나치다는 것에 기인한다(헌재 2006.2.23. 2004헌바675등).

④ [O] 당직 근무시간이 아닌 그 대기 중에 화투 놀이를 한 것에 대해서 3명은 견책에 처하고 1명만 파면처분을 한 것은 비례의 원칙과 평등의 원칙에 위반된다.

> 부산시 영도구청의 당직 근무 대기 중 약 25분간 같은 근무조원 3명과 함께 시민 과장실에서 심심풀이로 돈을 걸지 않고 점수따기 화투 놀이를 한 사실을 확정한 다음 이것이 국가공무원법 제78조 제1호·제3호 규정의 징계사유에 해당한다 할지라도 당직 근무시간이 아닌 그 대기 중에 불과 약 25분간 심심풀이로 한 것이고 또 돈을 걸지 아니하고 점수따기를 한데 불과하며 원고와 함께 화투 놀이를 한 3명(지방공무원)은 부산시 소청심사위원회에서 견책에 처하기로 의결된 사실이 인정되는 점 등 제반 사정을 고려하면 피고가 원고에 대한 징계처분으로 파면을 택한 것은 당직근무 대기자의 실정이나 공평의 원칙상 그 재량의 범위을0 벗어나 위법하다(대판 1972.12.26. 72누194).

04
정답 ④

> 📋 **함께 정리하기 자기구속의 원칙**
>
> 재량준칙 되풀이 시행되어 관행 성립(공표만으로는×)
> 동종의 사안이 요건
> ▷ 재량행위의 통제과 관련
> 자기구속원칙의 근거
> ▷ 평등원칙 & 신뢰보호
> 자기구속법리에 위반한 처분
> ▷ 취소쟁송제기 可

① [○] 행정선례(관행)가 없는 경우에도 자기구속의 법리를 인정하면 행정규칙에 법규성을 인정하는 결과가 된다는 점을 논거로 하는 행정선례(관행) 필요설이 다수설과 판례이다.

> 재량권 행사의 준칙인 행정규칙이 그 정한 바에 따라 되풀이 시행되어 행정관행이 이루어지게 되면 평등의 원칙이나 신뢰보호의 원칙에 따라 행정기관은 그 상대방에 대한 관계에서 그 규칙에 따라야 할 자기구속을 받게 되므로, 이러한 경우에는 특별한 사정이 없는 한 그를 위반하는 처분은 평등의 원칙이나 신뢰보호의 원칙에 위배되어 재량권을 일탈·남용한 위법한 처분이 된다(대판 2009.12.24. 2009두7967).

> 유제 08. 국가직 7급 행정규칙이 재량권행사의 준칙으로서 반복적으로 시행됨으로써 평등원칙이나 신뢰보호원칙에 따라 행정기관이 그 규칙에 따라야 할 자기구속을 당하게 되는 경우에는 그 행정규칙은 대외적인 구속력을 갖게 되어 헌법소원의 대상이 된다. (○)

② [○] 자기구속의 원칙이 적용되기 위해서는 ㉠ 재량의 영역 ㉡ 동종의 사안·동일한 행정청 ㉢ 행정선례가 존재해야 하는 바, 재량행위의 통제와 관련이 있다.

③ [○] 대법원과 헌법재판소 모두 평등원칙과 신뢰보호원칙에서 그 근거를 찾고 있다.

> 1. 재량권 행사의 준칙인 행정규칙이 그 정한 바에 따라 되풀이 시행되어 행정관행이 이루어지게 되면 평등의 원칙이나 신뢰보호의 원칙에 따라 행정기관은 그 상대방에 대한 관계에서 그 규칙에 따라야 할 자기구속을 받게 되므로, 이러한 경우에는 특별한 사정이 없는 한 그를 위반하는 처분은 평등의 원칙이나 신뢰보호의 원칙에 위배되어 재량권을 일탈·남용한 위법한 처분이 된다(대판 2009. 12.24. 2009두7967).
> 2. 행정규칙이 법령의 규정에 의하여 행정관청에 법령의 구체적 내용을 보충할 권한을 부여한 경우나 재량권행사의 준칙인 규칙이 그 정한 바에 따라 되풀이 시행되어 행정관행이 이룩되게 되면, 평등의 원칙이나 신뢰보호의 원칙에 따라 행정기관은 그 상대방에 대한 관계에서 그 규칙에 따라야 할 자기구속을 당하게 되는 경우에는 대외적인 구속력을 가지게 되는바, 이러한 경우에는 헌법소원의 대상이 될 수도 있다(헌재 2001.5.31. 99헌마413).

> 유제 18. 국가직 9급 재량준칙이 공표된 것만으로는 행정의 자기구속의 원칙이 적용될 수 없고, 재량준칙이 되풀이 시행되어 행정관행이 성립한 경우에 행정의 자기구속의 원칙이 적용될 수 있다. (○)
> 13. 국가직 9급 대법원과 헌법재판소는 평등의 원칙과 신뢰보호의 원칙을 행정의 자기구속의 원칙의 근거로 삼고 있다. (○)

❹ [×] 자기구속력이 발생한 행정관행을 위반한 행정처분은 위법한 처분이 된다. 행정의 자기구속의 법리는 주로 재량준칙과 관련하여 문제가 되므로, 행정기관이 재량준칙에 위반하여 처분을 행하는 때에는 자기구속의 법리에 위반한 것이 되어 당사자는 당해 처분의 위법을 이유로 취소쟁송을 제기할 수 있다.

05
정답 ④

> 📋 **함께 정리하기 신의성실의 원칙**
>
> 실권의 법리
> ▷ 신의성실원칙의 파생원칙(판례), 권력관계에도 적용
> 진실규명결정 후 국가의 소멸시효완성 주장
> ▷ 신의성실원칙 위반
> 취소소송 확정시까지 휴업급여 미청구
> ▷ 근로복지공단 소멸시효항변 不可
> 정년 1년 3개월 앞두고 호적정정후 정년연장요구
> ▷ 신의성실원칙 위반×

① [○] 실권 또는 실효의 법리는 법의 일반원리인 신의성실의 원칙에 바탕을 둔 파생원칙인 것이므로 공법관계 가운데 관리관계는 물론이고 권력관계에도 적용되어야 함을 배제할 수는 없다(대판 1988.4.27. 87누915).

> 유제 20. 군무원 9급 대법원은 실권의 법리를 신뢰보호원칙의 파생원칙으로 본다. (×)
> 15. 사복 실권의 법리는 일반적으로 신뢰보호원칙의 적용영역의 하나로 설명되고 있으나, 판례는 신의성실원칙의 파생원칙으로 보고 있다. (○)
> 14. 국가직 9급 실효의 원칙은 신의성실원칙에서 파생된 원칙으로서 공법관계 가운데 권력관계뿐 아니라 관리관계에도 적용되어야 함을 배제할 수는 없다. (○)

② [○] 국가가 진실·화해를 위한 과거사정리 기본법의 적용 대상인 피해자의 진실규명신청을 받아 같은 법에 의하여 설치된 피고 산하 '진실·화해를 위한 과거사정리위원회'에서 희생자로 확인 또는 추정하는 진실규명결정을 하였다면, 그 결정에 기초하여 피해자나 그 유족이 상당한 기간 내에 권리를 행사할 경우에 피고가 소멸시효의 완성을 들어 권리소멸을 주장하지는 않을 것이라고 신뢰할 만한 특별한 사정이 있다고 봄이 상당하고, 그럼에도 불구하고 국가가 피해자 등에 대하여 소멸시효의 완성을 주장한다면 이는 신의성실 원칙에 반하는 권리남용에 해당하여 허용될 수 없다(대판 2013.8.23. 2012다203652).

③ [○] 근로자가 입은 부상이나 질병이 업무상 재해에 해당하는지 여부에 따라 요양급여 신청의 승인, 휴업급여청구권의 발생 여부가 차례로 결정되고, 따라서 근로복지공단의 요양불승인처분의 적법 여부는 사실상 근로자의 휴업급여청구권 발생의 전제가 된다고 볼 수 있는 점 등에 비추어, 근로자가 요양불승인에 대한 취소소송의 판결확정시까지 근로복지공단에 휴업급여를 청구하지 않았던 것은 이를 행사할 수 없는 사실상의 장애사유가 있었기 때문이라고 보아야 하므로, 근로복지공단의 소멸시효 항변은 신의성실의 원칙에 반하여 허용될 수 없다(대판 2008.9.18. 2007두2173).

❹ [×] 지방공무원 임용신청 당시 잘못 기재된 호적상 출생연월일을 생년월일로 기재하고, 이에 근거한 공무원인사기록카드의 생년월일 기재에 대하여 처음 임용된 때부터 약 36년 동안 전혀 이의를 제기하지 않다가, 정년을 1년 3개월 앞두고 호적상 출생연월일을 정정한 후 그 출생연월일을 기준으로 정년의 연장을 요구하는 것은 신의성실의 원칙에 반하지 않는다(대판 2009. 3.26. 2008두21300).

> **유제** 15. 서울시 7급 지방공무원 임용신청 당시 잘못 기재된 생년월일에 근거하여 36년 동안 공무원으로 근무하다 정년을 1년 3개월 앞두고 생년월일을 정정한 후 그에 기초하여 정년연장을 요구하는 것은 신의성실의 원칙에 반한다. (×)

④ [O] 부가가치세법상의 사업자등록은 과세관청이 부가가치세의 납세의무자를 파악하고 그 과세자료를 확보하는 데 입법 취지가 있고, 이는 단순한 사업사실의 신고로서 사업자가 소관 세무서장에게 소정의 사업자등록신청서를 제출함으로써 성립하며, 사업자등록증의 교부는 이와 같은 등록사실을 증명하는 증서의 교부행위에 불과한 것으로 과세관청이 납세의무자에게 부가가치세 면세사업자용 사업자등록증을 교부하였다고 하더라도 그가 영위하는 사업에 관하여 부가가치세를 과세하지 아니함을 시사하는 언동이나 공적인 견해를 표명한 것으로 볼 수 없으며, 구 부가가치세법 시행령 제8조 제2항에 정한 고유번호의 부여도 과세자료를 효율적으로 처리하기 위한 것에 불과한 것이므로 과세관청이 납세의무자에게 고유번호를 부여한 경우에도 마찬가지이다(대판 2008.6.12. 2007두23255).

---

06   정답 ③

> **☑ 함께 정리하기 행정법의 일반원칙**
>
> 십수년 후 착오를 발견하여 지형도를 수정한 조치
> ▷ 신뢰보호원칙 위반×
> 임용결격사유자 임용행위 취소
> ▷ 신의칙 내지 신뢰의 원칙 적용×
> 착오로 행정서사업 허가처분 후 20년 지나 취소사유 알고 허가취소
> ▷ 실권의 법리 위반×
> 사업자등록 교부, 고유번호 부여
> ▷ 부가가치세 면세의 공적 견해표명×

① [O] 실제의 공원구역과 다르게 경계측량 및 표지를 설치한 십수년 후 착오를 발견하여 지형도를 수정한 조치가 신뢰보호의 원칙에 위배되거나 행정의 자기구속의 법리에 반하는 것이라 할 수 없다(대판 1992.10.13. 92누2325).

② [O] 국가가 공무원임용결격사유가 있는 자에 대하여 결격사유가 있는 것을 알지 못하고 공무원으로 임용하였다가 사후에 결격사유가 있는 자임을 발견하고 공무원 임용행위를 취소하는 것은 당사자에게 원래의 임용행위가 당초부터 당연무효이었음을 통지하여 확인시켜 주는 행위에 지나지 아니하는 것이므로, 그러한 의미에서 당초의 임용처분을 취소함에 있어서는 신의칙 내지 신뢰의 원칙을 적용할 수 없고 또 그러한 의미의 취소권은 시효로 소멸하는 것도 아니다(대판 1987.4.14. 86누459).

> **유제** 16. 경찰 국가가 공무원임용결격사유가 있는 자에 대하여 결격사유가 있는 것을 알지 못하고 공무원으로 임용하였다가 사후에 결격사유가 있는 자임을 발견하고 공무원임용행위를 취소함은 당사자에게 원래의 임용행위가 당초부터 당연무효이었음을 통지하여 확인시켜 주는 행위에 지나지 아니하는 것이므로, 그러한 의미에서 당초의 임용처분을 취소함에 있어서는 신의칙 내지 신뢰의 원칙을 적용할 수 없다. (O)

❸ [×] 행정서사업허가를 받은 때로부터 20년이 다 되어 피고 행정청이 그 허가를 취소한 것이기는 하나 피고 행정청이 취소사유를 알고서도 그렇게 장기간 취소권을 행사하지 않은 것이 아니고 행정서사업허가를 한 후 19년 2개월이 지난 후 비로소 취소사유를 알고 그에 관한 법적 처리방안에 관하여 다각도로 연구검토가 행해졌고 그러한 사정은 취소처분의 상대방인 원고도 알고 있었음이 기록상 명백하여 이로써 본다면 상대방인 원고에게 취소권을 행사하지 않을 것이란 신뢰를 심어준 것으로 여겨지지 않으니 피고 행정청의 처분이 실권의 법리에 저촉된 것이라고 볼 수 없다(대판 1998.4.27. 87누915).

---

07   정답 ④

> **☑ 함께 정리하기 행정법의 일반원칙**
>
> 송유관 매설 허가 후 협약에 따라 이전비용 부담
> ▷ 부당결부금지원칙 위반×
> 1종 보통면허차량 음주운전
> ▷ 1종 대형면허 & 원동기면허 취소 可
> 1종 특수자동차면허
> ▷ 1종 보통면허·대형면허와 무관
> 125cc 오토바이 음주운전
> ▷ 1종 보통·대형·특수면허 취소 可

① [O] 고속국도 관리청이 고속도로 부지와 접도구역에 송유관 매설을 허가하면서 상대방과 체결한 협약에 따라 송유관 시설을 이전하게 될 경우 그 비용을 상대방에게 부담하도록 하였고, 그 후 도로법 시행규칙이 개정되어 접도구역에는 관리청의 허가 없이도 송유관을 매설할 수 있게 된 사안에서, 위 협약이 효력을 상실하지 않을 뿐만 아니라 위 협약에 포함된 부관이 부당결부금지의 원칙에도 반하지 않는다고 한 사례(대판 2009. 2.12. 2005다65500)

> **유제** 11. 사복 9급 고속국도 관리청이 고속도로 부지와 접도구역에 송유관 매설을 허가하면서, 상대방과 체결한 협약에 따라 송유관 시설을 이전하게 될 경우 그 비용을 상대방에게 부담하도록 한 부관은 부당결부금지의 원칙에 반하지 않는다. (O)

② [O] 제1종 대형면허 소지자는 제1종 보통면허로 운전할 수 있는 자동차와 원동기장치자전거를, 제1종 보통면허 소지자는 원동기장치자전거까지 운전할 수 있도록 규정하고 있어서 제1종 보통면허로 운전할 수 있는 차량의 음주운전은 당해 운전면허 뿐만 아니라 제1종 대형면허로도 가능하고, 또한 제1종 대형면허나 제1종 보통면허의 취소에는 당연히 원동기장치자전거의 운전까지 금지하는 취지가 포함된 것이어서 이들 세 종류의 운전면허는 서로 관련된 것이라고 할 것이므로 제1종 보통면허로 운전할 수 있는 차량을 음주운전한 경우에 이와 관련된 면허인 제1종 대형면허와 원동기장치자전거면허까지 취소할 수 있는 것으로 보아야 한다(대판 1994.11.25. 94누9672· 2004두12452).

> **유제** 15. 국가직 9급 제1종 보통면허로 운전할 수 있는 차량을 음주운전한 경우 제1종 보통면허의 취소 외에 동일인이 소지하고 있는 제1종 대형면허와 원동기장치자전거면허는 취소할 수 없다. (×)

③ [O] 제1종 보통, 제1종 대형, 제1종 특수자동차운전면허소유자가 운전한 12인승 승합자동차는 제1종 보통 및 제1종 대형자동차운전면허로는 운전이 가능하나 제1종 특수자동차운전면허로는 운전할 수 없으므로, 위 운전자는 자신이 소지하고 있는 자동차운전면허 중 제1종 보통 및 제1종 대형자동차운전면허만으로 운전한 것이 되어, 제1종 특수자동차운전면허는 위 승합자동차의 운전과는 아무런 관련이 없고, 또한 위 [별표 14]에 의하면 추레라와 레이카는 제1종 특수자동차운전면허를 받은 자만이 운전할 수 있어 <u>제1종 보통이나 제1종 대형자동차운전면허의 취소에 제1종 특수자동차운전면허로 운전할 수 있는 자동차의 운전까지 금지하는 취지가 당연히 포함되어 있는 것은 아니다</u>(대판 1998.3.24. 98두1031).

❹ [×] <u>甲이 혈중알코올농도 0.140%의 주취상태로 배기량 125cc 이륜자동차를 운전하였다는 이유로 관할 지방경찰청장이 甲의 자동차운전면허[제1종 대형, 제1종 보통, 제1종 특수(대형견인·구난), 제2종 소형]를 취소하는 처분을 한 사안에서, 甲에 대하여 제1종 대형, 제1종 보통, 제1종 특수(대형견인·구난) 운전면허를 취소하지 않는다면, 甲이 각 운전면허로 배기량 125cc 이하 이륜자동차를 계속 운전할 수 있어 실질적으로는 아무런 불이익을 받지 않게 되는 점, 甲의 혈중알코올농도는 0.140%로서 도로교통법령에서 정하고 있는 운전면허 취소처분 기준인 0.100%를 훨씬 초과하고 있고 甲에 대하여 특별히 감경해야 할 만한 사정을 찾아볼 수 없는 점, 甲이 음주상태에서 운전을 하지 않으면 안 되는 부득이한 사정이 있었다고 보이지 않는 점, 처분에 의하여 달성하려는 행정목적 등에 비추어 볼 때, 처분이 사회통념상 현저하게 타당성을 잃어 재량권을 남용하거나 한계를 일탈한 것이라고 단정하기에 충분하지 않음에도, 이와 달리 위 처분 중 제1종 대형, 제1종 보통, 제1종 특수(대형견인·구난) 운전면허를 취소한 부분에 재량권을 일탈·남용한 위법이 있다고 본 원심판단에 재량권 일탈·남용에 관한 법리 등을 오해한 위법이 있다고 한 사례(대판 2018.2.28. 2017두67476)</u>

08 정답 ①, ②

☑ 함께 정리하기 부당결부금지의 원칙

「행정기본법」에 명문규정○
주택사업과 무관한 토지기부채납 부관
▷ 부당결부금지원칙 위반(취소사유)
건축허가와 별개인 도로기부채납의무 불이행을 이유로 한 건축물준공거부
▷ 위법
철회사유 공통, 사람에 관한 것
▷ 면허 전부 철회 가능

❶ [×] 부당결부금지의 원칙이란 행정기관이 행정작용을 함에 있어 이와 실질적으로 관련이 없는 상대방의 반대급부와 결부시켜서는 안 된다는 것을 말한다. 비례의 원칙뿐만 아니라 부당결부금지의 원칙도 「행정기본법」에 명문으로 규정되어 있다.

> 「행정기본법」제10조【비례의 원칙】행정작용은 다음 각 호의 원칙에 따라야 한다.
> 1. 행정목적을 달성하는 데 유효하고 적절할 것
> 2. 행정목적을 달성하는 데 필요한 최소한도에 그칠 것
> 3. 행정작용으로 인한 국민의 이익 침해가 그 행정작용이 의도하는 공익보다 크지 아니할 깃
> 제13조【부당결부금지의 원칙】행정청은 행정작용을 할 때 상대방에게 해당 행정작용과 실질적인 관련이 없는 의무를 부과해서는 아니 된다.

❷ [×] 행정행위가 무효로 되기 위해서는 중대하고 명백한 하자이어야 하나, 사안의 경우 판례는 중대하고 명백한 하자라고 판단하지 않았다.

> 지방자치단체장이 사업자에게 주택사업계획승인을 하면서 그 주택사업과는 아무런 관련이 없는 토지를 기부채납하도록 하는 부관을 주택사업계획승인에 붙인 경우, 그 부관은 부당결부금지의 원칙에 위반되어 위법하지만, 지방자치단체장이 승인한 사업자의 주택사업계획은 상당히 큰 규모의 사업임에 반하여, 사업자가 기부채납한 토지 가액은 그 100분의 1 상당의 금액에 불과한 데다가, 사업자가 그 동안 그 부관에 대하여 아무런 이의를 제기하지 아니하다가 지방자치단체장이 업무착오로 기부채납한 토지에 대하여 보상협조요청서를 보내자 그 때서야 비로소 부관의 하자를 들고 나온 사정에 비추어 볼 때 부관의 하자가 중대하고 명백하여 당연무효라고는 볼 수 없다(대판 1997.3.11. 96다49650).

유제 15. 서울시 7급 부당결부금지원칙은 행정작용을 함에 있어서 상대방에게 이와 실질적인 관련이 없는 의무를 부과하지 말도록 하는 것인데, 판례는 이러한 부당결부금지원칙의 적용을 부정하고 있다. (×)
07. 국가직 7급 지방자치단체장이 사업자에게 주택사업계획승인을 하면서 그 주택사업과는 아무런 관련이 없는 토지를 기부채납하도록 하는 부관을 주택사업계획승인에 붙인 경우, 그 부관은 부당결부금지의 원칙에 위반되어 위법하다. (○)

③ [O] 준공거부처분에서 그 이유로 내세운 도로기부채납의무는 이 사건 기숙사 등 건축물에 인접한 도로 198미터 개설을 위한 도시계획사업시행허가와 위 기숙사 등 건축물의 신축을 위한 도시계획사업의 시행허가에 관한 것으로 기숙사 등 건축물의 건축허가와는 별개의 것이고, 건축허가사항대로 이행되는 건축법 등에 위반한 사항이 없는 기숙사 등 건축물에 관하여 원고가 위와 같은 이유로 준공거부처분을 한 것은 건축법에 근거 없이 이루어진 것으로서 위법하다(대판 1992.11.27. 92누10364).

유제 13. 국가직 9급 건축물에 인접한 도로의 개설을 위한 도시계획사업시행허가처분은 건축물에 대한 건축허가처분과는 별개의 행정처분이므로 사업시행허가를 함에 있어 조건으로 내세운 기부채납의무를 이행하지 않았음을 이유로 한 건축물에 대한 준공거부처분은 「건축법」에 근거 없이 이루어진 것으로서 위법하다. (○)

④ [O] 한 사람이 여러 종류의 자동차운전면허를 취득하는 경우뿐 아니라 이를 취소 또는 정지하는 경우에도 서로 별개의 것으로 취급하는 것이 원칙이고, 다만 취소사유가 특정 면허에 관한 것이 아니고 다른 면허와 공통된 것이거나 운전면허를 받은 사람에 관한 것일 경우에는 여러 면허를 전부 취소할 수도 있다(대판 2012.5.24. 2012두1891).

유제 18. 서울시 9급 한 사람이 여러 종류의 자동차 운전면허를 취득하는 경우뿐 아니라 이를 취소 또는 정지함에 있어서도 서로 별개의 것으로 취급하는 것이 원칙이다. (○)

09 정답 ④

📋 함께 정리하기 **행정법의 일반원칙**

주택사업계획승인 시 진입도로 설치 후 기부채납 조건
▷ 부당결부금지원칙 위반✕
행정청이 착오로 한 주민등록말소로 국적이탈이 적법하게 처리된 것
으로 신뢰
▷ 보호가치○
피징계자가 징계처분이 무효임을 알면서 5년 이상 다투지 아니하다
가 비위사실에 대한 공소시효가 완성되자 다투는 것
▷ 신의성실원칙 위반○
주택건설사업계획승인은 재량행위
▷ 법령상 근거 없이도 부관 부가 可

① [✕] 65세대의 주택건설사업에 대한 사업계획승인 시 '진입도로 설치 후 기부채납, 인근 주민의 기존 통행로 폐쇄에 따른 대체 통행로 설치 후 그 부지 일부 기부채납'을 조건으로 붙인 것이 위법한 부관에 해당하지 않는다(대판 1997.3.14. 96누16698).

유제 20. 소방간부 65세대의 주택건설사업에 대한 사업계획승인 시 '진입도로 설치 후 기부채납, 인근 주민의 기존 통행로 폐쇄에 따른 대체 통행로 설치 후 그 부지 일부 기부채납'을 조건으로 붙인 것은 위법한 부관에 해당하지 않는다. (○)

② [✕] 행정청이 대외적으로 공신력 있는 주민등록표상 국적이탈을 이유로 원고의 주민등록을 말소한 행위는 원고에게 간접적으로 국적이탈이 법령에 따라 이미 처리되었다는 견해를 표명한 것이라고 보아야 하고, 나아가 행정청의 주민등록말소는 주민등록표등·초본에 공시되어 대내·외적으로 행정행위의 적법한 존재를 추단하는 중요한 근거가 되는 점에 비추어 원고가 위와 같은 주민등록말소를 통하여 자신의 국적이탈이 적법하게 처리된 것으로 신뢰한 것에 대하여 귀책사유가 있다고 할 수 없는바, 따라서 원고는 위와 같은 신뢰를 바탕으로 만 18세가 되기까지 별도로 국적이탈신고 절차를 취하지 아니하였던 것이므로, 피고가 원고의 이러한 신뢰에 반하여 원고의 국적이탈신고를 반려한 이 사건 처분은 신뢰보호의 원칙에 반하여 원고가 만 18세 이전에 국적이탈신고를 할 수 있었던 기회를 박탈한 것으로서 위법하다(대판 2008.1.17. 2006두10931).

유제 22. 소방간부 행정청이 착오로 인하여 국적이탈을 이유로 주민등록을 말소한 행위는 법령에 따라 국적이탈이 처리되었다는 견해를 표명한 것으로 볼 수는 없으며, 상대방이 이러한 주민등록말소를 통하여 자신의 국적이탈이 적법하게 처리된 것으로 신뢰하였다고 하더라도 이는 보호할 가치 있는 신뢰에 해당하지 않는다. (✕)

③ [✕] 피징계자가 징계처분에 중대하고 명백한 흠이 있음을 알면서도 퇴직시에 지급되는 퇴직금 등 급여를 지급받으면서 그 징계처분에 대하여 위 흠을 들어 항고하였다가 곧 취하하고 그 후 5년 이상이나 그 징계처분의 효력을 일체 다투지 아니하다가 위 비위사실에 대한 공소시효가 완성되어 더 이상 형사소추를 당할 우려가 없게 되자 새삼 위 흠을 들어 그 징계처분의 무효확인을 구하는 소를 제기하기에 이르렀고 한편 징계권자로서도 그 후 오랜 기간 동안 피징계자의 퇴직을 전제로 승진·보직 등 인사를 단행하여 신분관계를 설정하였다면 피징계자가 이제 와서 위 흠을 내세워 그 징계처분의 무효확인을 구하는 것은 신의칙에 반한다(대판 1989.12.12. 88누8869).

❹ [○] 주택건설사업계획 승인처분은 수익적 행위로서 재량행위에 해당하므로, 법적 근거가 없더라도 부관을 붙일 수 있다.

수익적 행정행위에 있어서는 법령에 특별한 근거규정이 없다고 하더라도 그 부관으로서 부담을 붙일 수 있으나, 그러한 부담은 비례의 원칙, 부당결부금지의 원칙에 위반되지 않아야만 적법하다(대판 1997.3.11. 96다49650).

10 정답 ③

📋 함께 정리하기 **행정법령의 공포 및 효력발생**

권리제한 or 의무부과 법령
▷ 공포일부터 30일 경과 후 시행(원칙)
관보게재일
▷ 일반이 구독 가능한 최초시기
관보의 내용 해석 및 적용시기
▷ 종이관보와 전자관보 동등효
대통령령·총리령·부령
▷ 공포한 날부터 20일

① [○] 「법령 등 공포에 관한 법률」제13조의2【법령의 시행유예기간】국민의 권리 제한 또는 의무 부과와 직접 관련되는 법률, 대통령령, 총리령 및 부령은 긴급히 시행하여야 할 특별한 사유가 있는 경우를 제외하고는 공포일부터 적어도 30일이 경과한 날부터 시행되도록 하여야 한다.

② [○] 이른바 관보 게재일이라 함은 관보에 인쇄된 발행일자를 뜻하는 것이 아니고 관보가 전국의 각 관보보급소에 발송 배포되어 이를 일반인이 열람 또는 구독할 수 있는 상태에 놓이게 된 최초의 시기를 뜻한다(대판 1969.11.25. 69누129).

유제 09. 국가직 9급 법령의 공포시점은 관보 또는 공보가 판매소에 도달하여 누구든지 이를 구독할 수 있는 상태가 된 최초의 시점으로 보는 것이 판례의 입장이다. (○)

❸ [✕] 「법령 등 공포에 관한 법률」제11조【공포 및 공고의 절차】④ 관보의 내용 해석 및 적용 시기 등에 대하여 종이관보와 전자관보는 동일한 효력을 가진다.

④ [○] 「법령 등 공포에 관한 법률」제13조【시행일】대통령령, 총리령 및 부령은 특별한 규정이 없으면 공포한 날부터 20일이 경과함으로써 효력을 발생한다.

유제 16. 교행 9급 대통령령은 특별한 규정이 없으면 공포한 날부터 20일이 경과함으로써 효력을 발생한다. (○)
15. 행정사 대통령령, 총리령 및 부령은 특별한 규정이 없으면 공포한 날부터 15일이 경과함으로써 효력을 발생한다. (✕)

11 정답 ④

> 📋 **함께 정리하기 행정법령의 공포 및 효력발생**
>
> 과세연도 진행 중 인상된 세율적용
> ▷ 허용
> 진정소급적용
> ▷ 원칙적 금지, 예외적 허용
> 진행 중인 사업에 대해 장차 개발완료시 개발부담금 부과하는 개발이익환수법
> ▷ 부진정소급입법, 원칙 허용
> 제재처분의 기준이 행위시보다 불리하게 개정
> ▷ 특별한 규정 없는 한 행위시 법 적용

① [X] 과세단위가 시간적으로 정해지는 조세에 있어 과세표준기간인 과세연도 진행 중에 세율인상 등 납세의무를 가중하는 세법의 제정이 있는 경우에는 이미 충족되지 아니한 과세요건을 대상으로 하는 강학상 이른바 부진정 소급효의 경우이므로 그 과세연도 개시 시에 소급적용이 허용된다(대판 1983.4.26. 81누423).

> 유제 15. 서울시 9급 「소득세법」이 개정되어 세율이 인상된 경우, 법개정 전부터 개정법이 발효된 후에까지 걸쳐 있는 과세기간(1년)의 전체 소득에 대하여 인상된 세율을 적용하는 것은 재산권에 대한 소급적 박탈이 되므로 위법하다. (×)

② [X] 과거에 완성된 사실에 대하여 불리하게 제정 또는 개정된 신법을 적용하는 진정소급적용은 원칙적으로 금지되나, 일반 국민의 이해에 직접 관계가 없거나, 이익을 증진시키는 경우 또는 고통이나 불이익을 제거하는 등의 특별한 사정이 있다면 인정될 수 있다.

> 법령은 일반적으로 장래 발생하는 법률관계를 규율하고자 제정되는 것이므로 그 시행 후의 현상에 대하여 적용되는 것이 원칙이고, 다만 예외적으로 법령이 그 시행전에 생긴 현상에 대하여도 적용되는 경우가 있긴 하지만, 이러한 법령의 소급적용, 특히 행정법규의 소급적용은 일반적으로 법치주의의 원리에 반하고, 개인의 권리·자유에 부당한 침해를 가하며 법률생활의 안정을 위협하는 것이므로, 그 법령을 소급적용하더라도 일반 국민의 이해에 직접 관계가 없거나, 오히려 그 이익을 증진하는 경우, 또는 불이익이나 고통을 제거하는 경우 등의 특별한 사정이 없는 한 이를 인정하지 않는 것이 원칙이다(대판 2005.5.13. 2004다8630).

> 유제 15. 서울시 9급 과거에 완성된 사실에 대하여 당사자에게 불리하게 제정 또는 개정된 신법을 적용하는 것은 당사자의 법적 안정성을 해치는 것이므로 어떠한 경우에도 허용될 수 없다. (×)

③ [X] 개발이익 환수에 관한 법률 부칙 제2조는 동법이 시행된 1990.1.1. 이전에 이미 개발을 완료한 사업에 대하여 소급하여 개발부담금을 부과하려는 것이 아니라 동법 시행 당시 개발이 진행 중인 사업에 대하여 장차 개발이 완료되면 개발부담금을 부과하려는 것이므로, 이는 아직 완성되지 아니하여 진행과정에 있는 사실관계 또는 법률관계를 규율대상으로 하는 이른바 부진정소급입법에 해당하는 것이어서 원칙적으로 헌법상 허용되는 것이다(헌재 2002.2.22. 98헌바19).

④ [O] 개정법이 국민에게 불리하게 개정된 경우에는 개정법에 특별한 경과규정을 둔 바 없다면 제재처분을 함에 있어 행위시 법을 적용하여야 한다.

법령이 변경된 경우 신법령이 피적용자에게 유리하여 이를 적용하도록 하는 경과규정을 두는 등의 특별한 규정이 없는 한 헌법 제13조 등의 규정에 비추어 볼 때 그 변경 전에 발생한 사항에 대하여는 변경 후의 신 법령이 아니라 변경 전의 구 법령이 적용되어야 한다. 따라서 구 건설업법 시행 당시에 건설업자기 도급받은 건설공사 중 전문공사를 그 전문공사를 시공할 자격 없는 자에게 하도급한 행위에 대하여 건설산업기본법 시행 이후에 과징금 부과처분을 하는 경우, 과징금의 부과상한은 건설산업기본법 부칙 제5조 제1항에 의하여 피적용자에게 유리하게 개정된 건설산업기본법 제82조 제2항에 따르되, 구체적인 부과기준에 대하여는 처분시의 시행령이 행위시의 시행령보다 불리하게 개정되었고 어느 시행령을 적용할 것인지에 대하여 특별한 규정이 없으므로, 행위시의 시행령을 적용하여야 한다(대판 2002.12.10. 2001두3228).

12 정답 ①

> 📋 **함께 정리하기 행정법의 효력**
>
> 친일반민족행위자 재산 국가귀속
> ▷ 진정소급입법의 예외적 허용(∵예상가능, 중대한 공익)
> 부진정소급입법
> ▷ 원칙적 허용(단, 신뢰보호 관점이 입법형성권에 제한)
> 장해급여지급을 위한 장해등급결정
> ▷ 지급사유 발생 당시 법령 적용
> 헌법불합치 개선입법의 소급적용 여부 & 범위
> ▷ 입법자의 재량

❶ [X] 친일재산은 취득·증여 등 원인행위 시에 국가의 소유로 한다고 정한 '친일반민족행위자 재산의 국가귀속에 관한 특별법' 제3조 제1항 본문은 진정소급입법에 해당하지만, 진정소급입법이라 하더라도 친일재산의 소급적 박탈은 일반적으로 소급입법을 예상할 수 있었던 예외적인 사안이고, 진정소급입법을 통해 침해되는 법적 신뢰는 심각하다고 볼 수 없는데 반해 이를 통해 달성되는 공익적 중대성은 압도적이라고 할 수 있으므로 진정소급입법이 허용되는 경우에 해당하고, 따라서 위 귀속조항이 진정소급입법이라는 이유만으로 헌법 제13조 제2항에 위배된다고 할 수 없다(대판 2011.5.13. 2009다26831).

> 유제 19. 경찰 2차 "친일재산은 그 취득·증여 등 원인행위시에 국가의 소유로 한다."고 정한 「친일반민족행위자 재산의 국가귀속에 관한 특별법」 제3조 제1항의 규정은 부진정소급입법에 해당하므로 원칙적으로 허용된다. (×)

② [O] 소급입법은 새로운 입법으로 이미 종료된 사실관계 또는 법률관계에 작용케 하는 진정소급입법과 현재 진행중인 사실관계 또는 법률관계에 작용케 하는 부진정소급입법으로 나눌 수 있는바, 부진정소급입법은 원칙적으로 허용되지만 소급효를 요구하는 공익상의 사유와 신뢰보호의 요청 사이의 교량과정에서 신뢰보호의 관점이 입법자의 형성권에 제한을 가하게 된다(헌재 1999.7.22. 97헌바76 등).

> 유제 14. 국가직 9급 부진정소급입법은 원칙적으로 허용되지만 소급효를 요구하는 공익상의 사유와 신뢰보호의 요청 사이의 교량과정에서 신뢰보호의 관점이 입법자의 형성권에 제한을 가하게 된다. (O)

③ [○] 산업재해보상보험법상 장해급여는 근로자가 업무상의 사유로 부상을 당하거나 질병에 걸려 치료를 종결한 후 신체 등에 장해가 있는 경우 그 지급사유가 발생하고, 그 때 근로자는 장해급여지급청구권을 취득하므로, <u>장해급여지급을 위한 장해등급결정 역시 장해급여지급청구권을 취득할 당시, 즉 그 지급사유 발생 당시의 법령에 따르는 것이 원칙이다</u>(대판 2007.2.22. 2004두12957).

유제 14. 지방직 9급 장해급여 지급을 위한 장해등급결정과 같이 행정청이 확정된 법률관계를 확인하는 처분을 하는 경우에는 처분시 법령을 적용하여야 한다. (×)

④ [○] 헌법재판소가 어떠한 법률조항에 대하여 헌법불합치결정을 하여 입법자에게 그 법률조항을 합헌적으로 개정 또는 폐지하는 임무를 입법자의 형성 재량에 맡긴 이상, 그 개선입법의 소급적용 여부와 소급적용의 범위는 원칙적으로 입법자의 재량에 달린 것이기는 하지만, 그 헌법불합치결정의 취지나 위헌심판에서의 구체적 규범통제의 실효성 보장이라는 측면을 고려할 때, 적어도 헌법불합치결정을 하게 된 당해 사건 및 그 결정 당시에 법률조항의 위헌 여부가 쟁점이 되어 법원에 계속 중인 사건에 대하여는 헌법불합치결정의 소급효가 미친다(헌재 2006.6.29. 2004헌가3).

유제 15. 사복 9급 법률조항에 대하여 헌법재판소가 헌법불합치결정을 하여 그 법률조항을 합헌적으로 개정 또는 폐지하는 임무를 입법자의 형성 재량에 맡긴 이상, 그 개선입법의 소급적용 여부와 소급적용의 범위는 원칙적으로 입법자의 재량에 달려 있다. (○)

13 정답 ③

함께 정리하기 행정법의 효력
전문개정
▷ 부칙의 경과규정 포함 종전규정 전부 실효
지역적 효력
▷ 예외적으로 일정 지역 내에서만 효력 可
조례·규칙
▷ 당해 지방자치단체 구역 내 다른 지자체에 효력이 미치는 자치법규도 有
한시법
▷ 유효기간이 경과하면 자동 효력 소멸

① [○] 법률의 개정시에 종전 법률 부칙의 경과규정을 개정하거나 삭제하는 명시적인 조치가 없다면 개정 법률에 다시 경과규정을 두지 않았다고 하여도 부칙의 경과규정이 당연히 실효되는 것은 아니지만, 개정 법률이 전문 개정인 경우에는 기존 법률을 폐지하고 새로운 법률을 제정하는 것과 마찬가지이어서 종전의 본칙은 물론 부칙 규정도 모두 소멸하는 것으로 보아야 할 것이므로 특별한 사정이 없는 한 종전의 법률 부칙의 경과규정도 모두 실효된다고 보아야 한다(대판 2002.7.26. 2001두11168).

② [○] 행정법규는 제정한 기관의 권한이 미치는 지역 내에서 효력을 갖는 것이 원칙이나, 법령의 제정시에 일정 지역을 한정하여 효력을 발생시키는 특별한 경우에는 그 지역 내에서만 효력을 가질 것이다.

❸ [×] 하나의 지방자치단체의 조례가 다른 자치단체 구역에도 그 효력이 미치는 경우가 있다(예 폐기물처리장, 상·하수도, 화장장 등 공공시설을 다른 자치단체의 동의를 얻어 그 구역 내에 설치하는 경우).

④ [○] 한시법이란 특히 유효기간을 한정하고 있는, 예컨대 "이 법은 공포한 날부터 시행하여 2023년 12월 31일까지 그 효력을 가진다."는 등의 규정이 부칙에 있는 법령을 말한다. 한시법은 그 기한이 도래하면 별도의 법령폐지행위가 없더라도 자동적으로 실효된다.

14 정답 ①, ④

함께 정리하기 행정법관계의 당사자
법효과(권리·의무)의 귀속주체
▷ 행정주체○, 행정기관×
지방법무사회
▷ 공법인
대한변호사협회
▷ 공법인
주택재건축정비조합
▷ 공법인

❶ [×] 행정주체는 행정행위의 법적 효과가 귀속되는 당사자이므로 권리·의무의 귀속주체로서 법인격이 있어야 한다. 행정주체의 행정사무를 담당하는 행정기관의 행위의 법적 효과는 행정주체에게 귀속된다.

② [○] 지방법무사회의 법무사 사무원 채용승인은 단순히 지방법무사회와 소속 법무사 사이의 내부 법률문제거나 지방법무사회의 고유사무라고 볼 수 없고, 법무사 감독이라는 국가사무를 위임받아 수행하는 것이라고 보아야 한다. 따라서 지방법무사회는 법무사 감독 사무를 수행하기 위하여 법률에 의하여 설립과 법무사의 회원 가입이 강제된 공법인으로서 <u>법무사 사무원 채용승인에 관한 한 공권력 행사의 주체</u>라고 보아야 한다(대판 2020.4.9. 2015다34444).

③ [○] 공공조합이란 특정한 목적하에 일정한 자격을 갖춘 사람(조합원)들의 결합체로서 법인격이 인정된 공법상의 사단법인을 말한다.

> 대한변호사협회는 변호사와 지방변호사회의 지도·감독에 관한 사무를 처리하기 위하여 변호사법에 의하여 설립된 공법인으로서, <u>변호사등록은 피고 대한변호사협회가 변호사법에 의하여 국가로부터 위탁받아 수행하는 공행정사무에 해당한다</u>(헌재 2019.11.28. 2017헌마759 ; 대판 2021.1.28. 2019다260197).

❹ [×] 도시 및 주거환경정비법에 따른 주택재건축정비사업조합은 관할 행정청의 감독 아래 위 법상의 주택재건축사업을 시행하는 공법인(제18조)으로서, 그 목적범위 내에서 법령이 정하는 바에 따라 일정한 행정작용을 행하는 행정주체의 지위를 갖는다(대판 2009.10.15. 2008다93001·2008다6328).

15 정답 ①, ③

> ☑ 함께 정리하기 **행정주체**
>
> 기관위임사무 법효과의 귀속주체
> ▷ 위임주체
> 법인격 없는 단체
> ▷ 공무수탁사인 可
> 국가배상청구 상대방
> ▷ 국가 또는 지자체
> 국·공립도서관, 교도소 등
> ▷ 영조물(행정주체✕)
> 한국방송공사, 한국토지주택공사, 서울대학교 등
> ▷ 영조물법인(행정주체○)

❶ [✕] 국가행정의 일부가 지방자치단체의 장에게 위임되어 행하여지는 경우란 기관위임을 의미하고 기관위임사무의 법적 효과는 위임자인 국가에 귀속된다.

② [○] 공무수탁사인이란 국가 또는 지방자치단체로부터 법령에 의하여 공적 임무를 위탁받은 사인을 말하며, 공무수탁사인은 자연인일 수도 있고 법인일 수도 있으며 법인격 없는 공공단체일 수도 있다.

❸ [✕] 공무수탁사인은 「국가배상법」상 공무원에 해당하므로 국가배상청구는 국가나 지방자치단체를 상대로 하여야 한다.

> 「국가배상법」제2조【배상책임】① 국가나 지방자치단체는 공무원 또는 공무를 위탁받은 사인(이하 "공무원"이라 한다)이 직무를 집행하면서 고의 또는 과실로 법령을 위반하여 타인에게 손해를 입히거나, 「자동차손해배상 보장법」에 따라 손해배상의 책임이 있을 때에는 이 법에 따라 그 손해를 배상하여야 한다. 다만, 군인·군무원·경찰공무원 또는 예비군대원이 전투·훈련 등 직무 집행과 관련하여 전사(戰死)·순직(殉職)하거나 공상(公傷)을 입은 경우에 본인이나 그 유족이 다른 법령에 따라 재해보상금·유족연금·상이연금 등의 보상을 지급받을 수 있을 때에는 이 법 및 「민법」에 따른 손해배상을 청구할 수 없다.

④ [○] 영조물이란 일정한 행정목적을 달성하기 위한 인적·물적 결합체를 의미하고, 여기에 법인격이 부여된 것을 영조물법인이라 한다. 영조물법인은 행정주체이지만, 국공립도서관이나 교도소 등의 영조물은 행정주체가 아니다. 영조물법인의 예로는 서울대학교, 국립대학병원, 한국은행, 한국토지주택공사, 한국도로공사, 한국방송공사, 한국가스공사, 지방공사 등이 있다.

16 정답 ④

> ☑ 함께 정리하기 **행정상 법률관계의 당사자**
>
> 공법상 재단
> ▷ 행정주체
> 자동차견인업자, 생활폐기물의 수집·운반 및 처리의 대행업자
> ▷ 공무수탁사인✕
> 공무수탁 형식
> ▷ 법률, 계약, 행정행위 可
> 행정객체
> ▷ 행정의 상대방
> ▷ 사인·지방자치단체 등 공공단체○, 국가✕

① [○] 공법상 재단이란 국가나 지방자치단체가 공공목적을 위하여 출연한 재산을 관리하기 위하여 설립된 공법상의 재단법인을 의미하고 이에는 한국연구재단, 한국학중앙연구원 등이 있다.

② [○] 행정임무를 자기 책임 하에 수행함이 없이 단순히 기술적 집행만을 행하는 행정보조인이나 행정대행인은 공무수탁사인이 아니다.

③ [○] 공무의 사인에 대한 위탁은 행정행위의 형식(통상 특허임)으로 할 수 있고, 공법상 계약의 형식으로도 할 수 있다.

❹ [✕] 행정객체는 원칙적으로 사인이다. 그런데 지방자치단체 등 공공단체도 사인에 대하여는 행정주체의 지위에 있지만, 국가와 다른 공공단체에 대하여는 행정객체로서의 지위를 가질 수 있다. 그러나 국가는 시원적 행정주체로서 국민에 대한 관계에서 국민의 권리의 상대방인 의무자는 될 수 있어도 행정객체는 될 수 없다는 것이 다수의 견해이다.

17 정답 ④

> ☑ 함께 정리하기 **공무수탁사인**
>
> 행정주체 & 행정청
> 국가가 합법성, 합목적성 심사 가능
> 민영교도소○
> 원천징수행위
> ▷ 행정처분✕

ㄱ. [○] 공무수탁사인이란 공행정사무를 위탁받아 자신의 이름으로 처리하는 권한을 갖고 있는 행정주체이면서 동시에 행정청이 되는 사인을 말한다.

> **유제** 17. 사복 9급 공무수탁사인은 수탁받은 공무를 수행하는 범위 내에서 행정주체이고, 「행정절차법」이나 「행정소송법」에서는 행정청이다. (○)

ㄴ. [○] 공무의 위탁자인 국가 또는 지방자치단체와 공무수탁사인의 관계는 공법상 위임관계에 해당한다. 따라서 공무수탁사인은 자신의 책임 하에 의사결정을 하게 된다. 다만 이 때 국가의 감독은 행정기관에 대한 감독의 경우와 마찬가지로 수탁사무 수행의 합목적성이나 적법성에 미친다(감독수인의무). 위임 및 위탁기관은 수임 및 수탁기관의 수임 및 수탁사무처리에 대하여 지휘·감독하고, 그 처리가 위법하거나 부당하다고 인정될 때에는 이를 취소하거나 정지시킬 수 있다(행정권한의 위임 및 위탁에 관한 규정 제6조).

ㄷ. [O] 민영교도소는 공행정사무를 위탁받아 자신의 이름으로 처리하는 권한을 갖고 있으므로 행정주체이자 행정청이 되므로 공무수탁사인에 해당한다.

ㄹ. [O] 원천징수하는 소득세에 있어서는 납세의무자의 신고나 과세관청의 부과결정이 없이 법령이 정하는 바에 따라 그 세액이 자동적으로 확정되고, 원천징수의무자는 소득세법 제142조 및 제143조의 규정에 의하여 이와 같이 자동적으로 확정되는 세액을 수급자로부터 징수하여 과세관청에 납부하여야 할 의무를 부담하고 있으므로, 원천징수의무자가 비록 과세관청과 같은 행정청이더라도 그의 원천징수행위는 법령에서 규정된 징수 및 납부의무를 이행하기 위한 것에 불과한 것이지, 공권력의 행사로서의 행정처분을 한 경우에 해당되지 아니한다(대판 1990.3.23. 89누4789).

[유제] 08. 국가직 9급 「소득세법」에 의한 원천징수의무자의 원천징수행위는 법령에서 규정된 징수 및 납부의무를 이행하기 위한 것에 불과한 것이지, 공권력의 행사로서의 행정처분을 한 경우에 해당되지 아니한다. (O)

---

18 정답 ②

> 📋 **함께 정리하기 공무수탁사인**
>
> 국가임무수행 방법
> ▷ 입법재량
> 항고소송의 피고적격 有
> 토지수용권 행사하는 사인○
> 행정주체 & 행정청

① [O] 국가임무의 수행과 관련하여 어떠한 방법을 선택할 것인지에 관하여는 입법자에게 광범위한 입법재량 내지 형성의 자유가 인정되는 것이므로, 이러한 차별에 합리적인 이유가 없어 자의적이고 불공정한 차별에 해당하지 않는 한 평등권을 침해하지 아니한다(헌재 2007.6.28. 2004헌마262).

[유제] 10. 지방직 9급 국가가 자신의 임무를 스스로 수행할 것인지 아니면 그 임무의 기능을 민간부문으로 하여금 수행하게 할 것인지에 대하여 입법자에게 광범위한 입법재량 내지 형성의 자유가 인정된다고 보는 것이 판례의 입장이다. (O)

❷ [×] 공무수탁사인의 공행정임무의 수행으로 침해를 받은 국민은 위임행정청이 아니라 공무수탁사인을 직접 피청구인 또는 피고로 하여 행정심판 또는 행정소송을 제기할 수 있다.

> 「행정심판법」 제17조【피청구인의 적격 및 경정】① 행정심판은 처분을 한 행정청(의무이행심판의 경우에는 청구인의 신청을 받은 행정청)을 피청구인으로 하여 청구하여야 한다. 다만, 심판청구의 대상과 관계되는 권한이 다른 행정청에 승계된 경우에는 권한을 승계한 행정청을 피청구인으로 하여야 한다.
> 제2조【정의】이 법에서 사용하는 용어의 뜻은 다음과 같다.
>   4. "행정청"이란 행정에 관한 의사를 결정하여 표시하는 국가 또는 지방자치단체의 기관, 그 밖에 법령 또는 자치법규에 따라 행정권한을 가지고 있거나 위탁을 받은 공공단체나 그 기관 또는 사인(私人)을 말한다.

> 「행정소송법」 제13조【피고적격】① 취소소송은 다른 법률에 특별한 규정이 없는 한 그 처분등을 행한 행정청을 피고로 한다. 다만, 처분등이 있은 뒤에 그 처분에 관계되는 권한이 다른 행정청에 승계된 때에는 이를 승계한 행정청을 피고로 한다.
> 제2조【정의】② 이 법을 적용함에 있어서 행정청에는 법령에 의하여 행정권한의 위임 또는 위탁을 받은 행정기관, 공공단체 및 그 기관 또는 사인이 포함된다.

[유제] 10. 지방직 9급 법령에 의하여 공무를 위탁받은 공무수탁사인이 행한 처분에 대하여 항고소송을 제기하는 경우 피고는 위임행정청이 된다. (×)

③ [O] 토지수용권을 행사하는 사인은 토지수용 등의 사업시행자이므로 행정주체이면서 동시에 행정청의 지위를 가지므로 공무수탁사인에 해당한다.

④ [O] 공무수탁사인이란 공행정사무를 위탁받아 자신의 이름으로 처리하는 권한을 갖고 있는 행정주체이면서 동시에 행정청이 되는 사인을 말한다.

> 「행정절차법」 제2조【정의】이 법에서 사용하는 용어의 뜻은 다음과 같다.
>   1. "행정청"이란 다음 각 목의 자를 말한다.
>   나. 그 밖에 법령 또는 자치법규에 따라 행정권한을 가지고 있거나 위임 또는 위탁받은 공공단체 또는 그 기관이나 사인(私人)
> 「행정소송법」 제2조【정의】② 이 법을 적용함에 있어서 행정청에는 법령에 의하여 행정권한의 위임 또는 위탁을 받은 행정기관, 공공단체 및 그 기관 또는 사인이 포함된다.

---

19 정답 ③

> 📋 **함께 정리하기 행정법 관계의 내용**
>
> 개인적 공권 = 법률상 이익 = 원고적격, 청구인적격
> 오늘날
> ▷ 기속행위뿐만 아니라 재량행위인 경우에도 공권 인정
> 사익보호성
> ▷ 무하자재량행사청구권, 행정개입청구권에 적용
> 공무원연금수급권
> ▷ 법률에 의한 형성이 필요

① [O] 「행정소송법」 제12조와 「행정심판법」 제13조는 '법률상의 이익'이 있는 자에게 취소소송에서 원고적격과 행정심판에서 청구인적격을 인정하고 있는바, 여기서 법률상 이익의 의미는 개인적 공권과 내용적으로 동일한 개념이라고 보는 것이 일반적이다.

> 「행정소송법」 제12조【원고적격】취소소송은 처분등의 취소를 구할 법률상 이익이 있는 자가 제기할 수 있다.
> 「행정심판법」 제13조【청구인 적격】① 취소심판은 처분의 취소 또는 변경을 구할 법률상 이익이 있는 자가 청구할 수 있다.

② [○] 개인적 공권이 성립하기 위해서는 이에 대응하는 행정주체의 의무의 존재가 전제되어야 하는바, 그 의무는 일반적으로 기속행위(기속규범)의 경우에 인정될 것이지만, 재량행위(재량규범)으로부터도 생겨날 수 있다는 점이 과거와 다르다. 기속행위의 경우에는 특정행위의 발령이 의무이지만, 재량행위의 경우에는 특정행위의 발령여부의 하자 없는 재량'행사' 그 자체가 의무적이다.

❸ [×] 개인적 공권의 성립요건은 사익보호성과 강행법규성이다. 무하자재량행사청구권과 행정개입청구권도 개인적 공권이기 때문에 공권의 성립요건이 필요하다. 따라서 무하자재량행사청구권과 행정개입청구권에 있어서도 사익보호성은 필요하다.

④ [○] <u>공무원연금 수급권과 같은 사회보장수급권</u>은 "모든 국민은 인간다운 생활을 할 권리를 가지고, 국가는 사회보장·사회복지의 증진에 노력할 의무를 진다."고 규정한 헌법 제34조 제1항 및 제2항으로부터 도출되는 사회적 기본권 중의 하나로서, 이는 <u>국가에 대하여 적극적으로 급부를 요구하는 것이므로 헌법규정만으로는 이를 실현할 수 없어 법률에 의한 형성이 필요</u>하고, 그 구체적인 내용 즉 수급요건, 수급권자의 범위 및 급여금액 등은 법률에 의하여 비로소 확정된다(헌재 2013.9.26. 2011헌바272).

20   정답 ②

> **함께 정리하기 개인적 공권**
>
> 무하자재량청구권
> ▷ 하자없는 재량행사청구권○, 특정처분요구권×
> 재량권이 인정되는 모든 행정권 행사에서 인정
> ▷ 수익적, 부담적 행정행위○
> (협의의) 행정개입청구권
> ▷ 자기의 이익을 위해 제3자에게 행정권 발동을 요구하는 공권
> 성립원인
> ▷ 헌법·법률·법규명령·조리·관습법 등 불문법, 공법상 계약·행정행위

① [×] 무하자재량행사청구권이 인정된다고 하여 행정청에게 특정행위의 발령을 하여야 할 의무가 발생하는 것은 아니다.

❷ [○] 무하자재량행사청구권은 재량권이 인정되는 행정작용이라면 수익적 행정행위뿐만 아니라 부담적 행정행위에도 인정된다.

③ [×] 행정행위발급청구권은 개인이 자기의 이익을 위하여 자기에 대한 행정작용을 청구하는 권리임에 반하여, 행정개입청구권은 개인이 자기의 이익을 위하여 '제3자(타인)'에 대한 규제 또는 단속 등의 행정권 발동을 청구할 수 있는 권리를 의미한다.

④ [×] 개인적 공권은 헌법상 기본권, 법률, 법규명령에 의해 성립할 수도 있고, 행정행위나 공법상 계약, 관습법에 의해 성립할 수도 있다.

▶ 정답

p. 23

01	④	06	④	11	①	16	②
02	②	07	③	12	①	17	③
03	②	08	①, ④	13	④	18	③
04	④	09	①, ②	14	①	19	②
05	①, ③	10	④	15	②	20	③

01

정답 ④

> **☑ 함께 정리하기 개인적 공권**
>
> 환경영향평가 대상지역 밖 주민
> ▷ 이익침해 입증시 원고적격 인정
> 수익처분의 상대방
> ▷ 취소 구할 이익 無(원칙)
> 담배 일반소매인 기존업자
> ▷ 신규 구내소매인 지정 취소의 원고적격 無
> 규제발동권한규정
> ▷ 국민의 건축물철거요구권 인정근거×

① [○] 환경영향평가 대상지역 밖의 주민이라 할지라도 공유수면매립면허처분 등으로 인하여 그 처분 전과 비교하여 수인한도를 넘는 환경피해를 받거나 받을 우려가 있는 경우에는, 공유수면매립면허처분 등으로 인하여 환경상 이익에 대한 침해 또는 침해우려가 있다는 것을 입증함으로써 그 처분 등의 무효확인을 구할 원고적격을 인정받을 수 있다(대판 2006.3.16. 2006두330 전합).

> 유제 14. 경찰 새만금간척종합개발사업을 위한 공유수면매립면허처분 및 농지개량사업 시행인가 처분의 취소를 구하는 환경영향평가 대상 지역 밖의 주민은 처분 전과 비교하여 수인한도를 넘는 환경상 이익에 대한 침해 또는 침해우려가 있다는 것을 입증함으로써 그 처분 등의 무효확인을 구할 법률상 이익을 인정받을 수 있다. (○)
> 12. 국회직 9급 환경영향평가 대상지역 밖의 주민이라도 공유수면매립면허처분으로 처분 전과 비교하여 수인한도를 넘는 환경피해를 받을 우려 등을 입증한 경우에는 처분의 무효확인을 구할 수 있다. (○)

② [○] 행정처분에 있어서 불이익 처분의 상대방은 직접 개인적 이익의 침해를 받은 자로서 원고적격이 인정되지만 수익처분의 상대방은 그의 권리나 법률상 보호되는 이익이 침해되었다고 볼 수 없으므로 달리 특별한 사정이 없는 한 취소를 구할 이익이 없다(대판 1995.8.22. 94누8129).

③ [○] 일반소매인으로 지정되어 영업을 하고 있는 기존업자의 신규 일반소매인에 대한 이익은 단순한 사실상의 반사적 이익이 아니라 법률상 보호되는 이익으로서 기존 일반소매인이 신규 일반소매인 지정처분의 취소를 구할 원고적격이 있다고 보아야 할 것이나, 구내소매인과 일반소매인 사이에서는 구내소매인의 영업소와 일반소매인의 영업소 간에 거리제한을 두지 아니할 뿐 아니라 … 일반소매인의 입장에서 구내소매인과의 과당경쟁으로 인한 경영의 불합리를 방지하는 것을 그 목적으로 할 수 있다고 보기 어려우므로, 일반소매인으로 지정되어 영업을 하고 있는 기존업자의 신규 구내소매인에 대한 이익은 법률상 보호되는 이익이 아니라 단순한 사실상의 반사적 이익이라고 해석함이 상당하므로, 기존 일반소매인은 신규 구내소매인 지정처분의 취소를 구할 원고적격이 없다(대판 2008.4.10. 2008두402).

> 유제 15. 국회직 8급 담배 일반소매인으로 지정되어 있는 기존업자가 신규 담배구내소매인 지정처분을 다투는 경우에는 원고적격이 있다. (×)

❹ [×] 구 건축법 및 기타 관계 법령에 국민이 행정청에 대하여 제3자에 대한 건축허가의 취소나 준공검사의 취소 또는 제3자 소유의 건축물에 대한 철거 등의 조치를 요구할 수 있다는 취지의 규정이 없고, 같은 법 제69조 제1항 및 제70조 제1항은 각 조항 소정의 사유가 있는 경우에 시장·군수·구청장에게 건축허가 등을 취소하거나 건축물의 철거 등 필요한 조치를 명할 수 있는 권한 내지 권능을 부여한 것에 불과할 뿐, 시장·군수·구청장에게 그러한 의무가 있음을 규정한 것은 아니므로 위 조항들도 그 근거 규정이 될 수 없으며, 그 밖에 조리상 이러한 권리가 인정된다고 볼 수도 없다(대판 1999.12.7. 97누17568).

> 유제 15. 국가직 9급 규제권한발동에 관해 행정청의 재량을 인정하는 「건축법」의 규정은 소정의 사유가 있는 경우 행정청에 건축물의 철거 등을 명할 수 있는 권한을 부여한 것일 뿐만 아니라, 행정청에 그러한 의무가 있음을 규정한 것이다. (×)

02
정답 ②

> 📋 함께 정리하기 **개인적공권**
>
> 연탄공장 건축허가
> ▷ 인근주민: 원고적격○
> 신규선박운항사업면허 허가
> ▷ 당해 항로의 기존업자: 원고적격○
> 구체적 기본권
> ▷ 도출 可
> 추상적 기본권
> ▷ 도출 不可
> 국가유공자 또는 유족으로서 누리는 권리
> ▷ 일신전속적권리○/양도·압류·상속✕

① [✕] 주거지역 내에 제한면적을 초과한 연탄공장 건축허가처분으로 불이익을 받는 주거지역 내 주민의 주거의 안녕과 생활환경에 관한 이익은 단순한 반사적 이익이 아니라 법률에 의하여 보호되는 이익이다(대판 1975.5.13. 73누96).

❷ [○] 해상운송사업법 제4조 제1호에서 당해 사업의 개시로 인하여 당해 항로에서 전공급수송력이 전 수송수요량에 대하여 현저하게 공급 과잉이 되지 아니하도록 규정하여 허가의 요건으로 하고 있는 것은 주로 해상운송의 질서를 유지하고 해상운송사업의 건전한 발전을 도모하여 공공의 복리를 증진함을 목적으로 하고 있으며 동시에 한편으로는 업자간의 경쟁으로 인하여 경영의 불합리를 방지하는 것이 공공의 복리를 위하여 필요하므로 허가조건을 제한하여 기존업자의 경영의 합리화를 보호하자는 데도 목적이 있다. 이러한 기존업자의 이익은 단순한 사실상의 이익이 아니고 법에 의하여 보호되는 이익이라고 해석된다(대판 1969.12.30. 69누106).

③ [✕] 구체적 내용을 갖고 있는 자유권·평등권·재산권 등의 헌법상 기본권(구체적 기본권)은 법률에 의해 따로 구체화되지 않더라도 개인적 공권으로 인정될 수 있다. 다만, 환경권 등 사회적 기본권이나 청구권적 기본권과 같이 법률에 의해 그 내용 등이 구체화될 필요가 있는 기본권(추상적 기본권)은 법률에 규정됨으로써 비로소 개인적 공권이 도출된다.

> 1. 구속된 피고인 또는 피의자의 타인과의 접견권은 헌법상의 기본권으로서 형사소송법의 규정에 의하여 비로소 창설되는 것은 아니다(대판 1992.5.8. 91부8).
> 2. 헌법상의 사회보장권은 그에 관한 수급요건, 수급자의 범위, 수급액 등 구체적인 사항이 법률에 규정됨으로써 비로소 구체적인 법적 권리로 형성되는 것이다(헌재 2000. 6.1. 98헌마216).

> 유제 12. 국가직 9급 근로자가 퇴직급여를 청구할 수 있는 권리와 같은 이른바 사회적 기본권은 헌법 규정에 의하여 바로 도출되는 개인적 공권이라 할 수 없다. (○)

④ [✕] 국가유공자 등 예우 및 지원에 관한 법률(이하 '법'이라 한다)에 의하여 국가유공자와 유족으로 등록되어 보상금을 받고, 교육보호 등 각종 보호를 받을 수 있는 권리는 법이 정하는 바에 따른 요건을 갖춘 자로서, 보훈심사위원회의 심의·의결을 거친 국가보훈처장의 결정에 의하여 등록이 결정된 자에게 인정되는 권리이다. 그러나 그 권리는 국가유공자와 유족에 대한 응분의 예우와 국가유공자에 준하는 군경 등에 대한 지원을 행함으로써 이들의 생활안정과 복지향상을 도모하기 위하여

당해 개인에게 부여되는 일신전속적인 권리이어서 다른 사람에게 양도하거나 압류할 수 없으며 이를 담보로 제공할 수 없고(법 제19조), 보상금 등을 받을 유족 또는 가족의 범위에 관하여 별도로 규정하고 있으며(법 제5조), 연금을 받을 유족의 범위와 순위에 관하여도 별도로 규정하고 있는 점(법 제12조, 제13조) 등에 비추어 보면, 상속의 대상도 될 수 없다(대판 2010.9.30. 2010두12262).

03
정답 ②

> 📋 함께 정리하기 **특별권력관계**
>
> 기본권 제한
> ▷ 법률상 근거 要
> 상대방 동의
> ▷ 강제적(의무적) 동의 포함
> 국립대 학생 퇴학처분
> ▷ 「행정소송법」상 처분
> 특별권력관계
> ▷ 형벌권 인정✕

① [○] 오늘날 법치주의의 예외나 사법심사의 배제가 인정되는 특별권력관계는 인정되지 않고 있다. 따라서, 오늘날 실질적 법치주의 국가에서는 특별권력관계도 법치주의가 적용되어 원칙적으로 법률에 의해서만 기본권의 제한이 가능하다.

❷ [✕] 특별권력관계는 「병역법」에 근거한 병역의무자의 군입대, 죄수의 수감, 전염병환자의 입원 등과 같이 법률의 규정에 의해 성립할 수도 있고, 상대방의 동의에 의해 성립할 수도 있다. 동의에 의하는 경우, 공무원임용, 국·공립학교의 입학, 국·공립도서관 이용 등과 같이 자발적 동의에 의하는 경우뿐만 아니라 학령아동의 초등학교, 중학교 입학과 같이 의무적(강제적) 동의에 의해서도 특별권력관계가 성립될 수 있다.

③ [○] 국립교육대학 학생에 대한 퇴학처분은, 국가가 설립·경영하는 교육기관인 동 대학의 교무를 통할하고 학생을 지도하는 지위에 있는 학장이 교육목적실현과 학교의 내부질서유지를 위해 학칙 위반자인 재학생에 대한 구체적 법집행으로서 국가공권력의 하나인 징계권을 발동하여 학생으로서의 신분을 일방적으로 박탈하는 국가의 교육행정에 관한 의사를 외부에 표시한 것이므로, 행정처분임이 명백하다(대판 1991.11.22. 91누2144).

> 유제 15. 경찰 국립교육대학 학생에 대한 퇴학처분은 행정처분으로서 행정소송의 대상이 된다. (○)

④ [○] 특별권력관계에서는 포괄적인 명령권과 그 위반에 대한 징계권이 인정된다.

04 정답 ④

시효완성된 조세의 부과
▷ 당연무효
소멸시효 중단·정지
▷ 민법 적용 可
국가에 대한 금전채권·채무
▷「국가재정법」적용
행정재산
▷ 시효취득 대상×

① [×] 조세에 관한 소멸시효가 완성되면 국가의 조세부과권과 납세의무자의 납세의무는 당연히 소멸한다 할 것이므로 소멸시효 완성 후에 부과된 부과처분은 납세의무 없는 자에 대하여 부과처분을 한 것으로서 그와 같은 하자는 중대하고 명백하여 그 처분의 효력은 당연무효이다(대판 1985.5.14. 83누655).

유제 16. 지방직 9급 조세에 관한 소멸시효가 완성된 후에 부과된 조세부과처분은 위법한 처분이지만 당연무효라고 볼 수는 없다. (×)

② [×] 공법상 시효의 중단과 정지에 대해서는 다른 법률에서 특별한 규정이 없는 한「민법」의 규정이 준용된다.「국가재정법」역시 소멸시효의 중단·정지에 관하여 다른 법률의 규정이 없는 때에는「민법」에 의하도록 하고 있다.

③ [×] 국가재정법(구 예산회계법) 제96조의 '금전이 급부를 목적으로 하는 국가의 권리'라 함은 금전의 급부를 목적으로 하는 권리인 이상 금전급부의 발생원인에 관하여는 아무런 제한이 없으므로 국가의 공권력의 발동으로 하는 행위는 물론 국가의 사법상의 행위에서 발생한 국가에 대한 금전채무도 포함한다(대판 1967.7.4. 67다751).

유제 16. 지방직 9급「국가재정법」상 5년의 소멸시효가 적용되는 '금전의 급부를 목적으로 하는 국가의 권리'에는 국가의 사법(私法)상 행위에서 발생한 국가에 대한 금전채무도 포함된다. (○)

❹ [○] 국유재산 중 행정재산은 시효취득의 대상이 되지 않으나, 일반재산은 시효취득의 대상이 된다.

「국유재산법」제6조【국유재산의 구분과 종류】① 국유재산은 그 용도에 따라 행정재산과 일반재산으로 구분한다.
② 행정재산의 종류는 다음 각 호와 같다.
 1. 공용재산: 국가가 직접 사무용·사업용 또는 공무원의 주거용(직무 수행을 위하여 필요한 경우로서 대통령령으로 정하는 경우로 한정한다)으로 사용하거나 대통령령으로 정하는 기한까지 사용하기로 결정한 재산
 2. 공공용재산: 국가가 직접 공공용으로 사용하거나 대통령령으로 정하는 기한까지 사용하기로 결정한 재산
 3. 기업용재산: 정부기업이 직접 사무용·사업용 또는 그 기업에 종사하는 직원의 주거용(직무 수행을 위하여 필요한 경우로서 대통령령으로 정하는 경우로 한정한다)으로 사용하거나 대통령령으로 정하는 기한까지 사용하기로 결정한 재산
 4. 보존용재산: 법령이나 그 밖의 필요에 따라 국가가 보존하는 재산
③ "일반재산"이란 행정재산 외의 모든 국유재산을 말한다.
제7조【국유재산의 보호】② 행정재산은「민법」제245조에도 불구하고 시효취득(時效取得)의 대상이 되지 아니한다.

05 정답 ①, ③

「국가재정법」상 '다른 법률의 규정' 의미
▷ 5년보다 짧은 기간 규정
납입고지에 의한 시효 중단
▷ 부과처분취소로 실효×
행정에 관한 기간 계산
▷ 특별규정 없으면「민법」적용
변상금부과처분에 대한 취소소송의 진행되는 동안
▷ 부과권의 소멸시효 중단×

❶ [○] 예산회계법(현 국가재정법) 제96조에서 '다른 법률의 규정'이라 함은 다른 법률에 예산회계법 제96조에서 규정한 5년의 소멸시효기간보다 짧은 기간의 소멸시효의 규정이 있는 경우를 가리키는 것이고, 이보다 긴 10년의 소멸시효를 규정한 민법 제766조 제2항은 예산회계법 제96조에서 말하는 '다른 법률의 규정'에 해당하지 아니한다(대판 2001.4.24.2000다57856).

② [×] 국가재정법 제96조 제4항에서 법령의 규정에 의한 납입고지를 시효중단사유로 규정하고 있는바, 이러한 납입고지에 의한 시효중단의 효력은 그 납입고지에 의한 부과 처분이 추후 취소되더라도 상실되지 않는다(대판 2000.9.8. 98두19933·6982 ; 대판 2000.9.8. 98두19933).

❸ [○]

「행정기본법」제6조【행정에 관한 기간의 계산】① 행정에 관한 기간의 계산에 관하여는 이 법 또는 다른 법령등에 특별한 규정이 있는 경우를 제외하고는「민법」을 준용한다.

④ [×] 소멸시효는 객관적으로 권리가 발생하여 그 권리를 행사할 수 있는 때로부터 진행하고 그 권리를 행사할 수 없는 동안만은 진행하지 아니하는데, 여기서 권리를 행사할 수 없는 경우라 함은 그 권리행사에 법률상의 장애사유가 있는 경우를 말한다. 변상금 부과처분에 대한 취소소송이 진행중이라도 그 부과권자로서는 위법한 처분을 스스로 취소하고 그 하자를 보완하여 다시 적법한 부과처분을 할 수도 있는 것이어서 그 권리행사에 법률상의 장애사유가 있는 경우에 해당한다고 할 수 없으므로, 그 처분에 대한 취소소송이 진행되는 동안에도 그 부과권의 소멸시효가 진행된다(대판 2006.2.10. 2003두5686).

유제 21. 서울시 7급 변상금 부과처분에 대한 취소소송이 진행 중인 경우에는 그 부과권자라고 하여도 위법한 처분을 스스로 취소하고 그 하자를 보완하여 다시 적법한 부과처분을 할 수 없다. (×)
22. 소방간부「국유재산법」상 변상금부과처분에 대한 취소소송이 진행되는 동안에는 그 부과권의 소멸시효는 진행하지 아니한다. (×)

06 정답 ④

① [×] 입법자가 비록 사법(私法)상의 원인에 기한 국가채권의 경우
에도 납입고지에 있어 민법상의 최고의 경우보다 더 강한 시
효중단의 효력을 인정한 것은 합리적 이유가 있어 평등권을
침해하지 않는다(헌재 2004.3.25. 2003헌바22).
※「민법」상 최고는 그로부터 6개월 내에 재판상 청구나 가압
류, 가처분 등을 하여야만 최고시에 시효가 중단된다.

② [×] 국유재산의 무단점유자에 대한 변상금 부과는 공권력을 가진
우월적 지위에서 행하는 행정처분이고, 그 부과처분에 의한 변
상금 징수권은 공법상의 권리인 반면, 민사상 부당이득반환청
구권은 국유재산의 소유자로서 가지는 사법상의 채권이다. …
구 국유재산법 제51조 제1항, 제4항, 제5항에 의한 <u>변상금 부
과·징수권은 민사상 부당이득반환청구권과 법적 성질을 달리
하므로, 국가는 무단점유자를 상대로 변상금 부과·징수권의
행사와 별도로 국유재산의 소유자로서 민사상 부당이득반환청
구의 소를 제기할 수 있다</u>(대판 2014.7.16. 2011다76402 전합).

유제 17. 국회직 8급 국유재산의 무단점유자에 대한 변상금부과징수
권과 민사상 부당이득반환청구권은 양자 중 어느 한쪽만 성립하여 존재
할 수 있을 뿐 양자가 경합하여 병존할 수는 없다. (×)

③ [×] 제3자가 체납자가 납부하여야 할 체납액을 체납자의 명의로
납부한 경우에는 원칙적으로 체납자의 조세채무에 대한 유효
한 이행이 되고, 이로 인하여 국가의 조세채권은 만족을 얻어
소멸하므로, 국가가 체납액을 납부받은 것에 법률상 원인이 없
다고 할 수 없고, 제3자는 국가에 대하여 부당이득반환을 청
구할 수 없다(대판 2015.11.12. 2013다215263).

유제 16. 서울시 7급 제3자가 「국세징수법」에 따라 체납자의 명의로
체납액을 완납한 경우 국가에 대하여 부당이득반환을 청구할 수 있다. (×)

❹ [O] <u>취득세와 등록세는 신고납세방식의 조세로서 이러한 유형의
조세에 있어서는 원칙적으로 납세의무자가 스스로 과세표준과
세액을 정하여 신고하는 행위에 의하여 납세의무가 구체적으
로 확정되고, 그 납부행위는 신고에 의하여 확정된 구체적 납
세의무의 이행으로 하는 것이며 지방자치단체는 그와 같이 확
정된 조세채권에 기하여 납부된 세액을 보유하는 것이므로, 납세
의무자의 신고행위가 중대하고 명백한 하자로 인하여 당연무
효로 되지 아니하는 한 그것이 바로 부당이득에 해당한다고
할 수 없다</u>(대판 2006.1.13. 2004다64340).

07 정답 ③

① [O] 사인의 공법행위는 공법 관계에서 공법적 효과의 발생을 목적
으로 하는 행위라는 점에서 행정행위와 동일하나, 공정력, 존
속력, 집행력 등의 우월적 효력을 인정할 수 없다는 점에서 행
정행위와 구별된다.

유제 10. 국가직 7급 사인의 공법행위와 행정행위는 모두 공법적 효과
의 발생을 목적으로 한다. (O)
10. 국가직 7급 사인의 공법행위도 공정력과 집행력을 갖는다. (×)

② [O] 공무원이 한 사직 의사표시의 철회나 취소는 그에 터잡은 의
원면직처분이 있을 때까지 할 수 있는 것이고, 일단 면직처분
이 있고 난 이후에는 철회나 취소할 여지가 없다(대판 2001.
8.24. 99두9971).

유제 13. 국회직 8급 공무원이 제출한 사직원은 그에 따른 면직처분이
있을 때까지는 철회할 수 있지만 일단 면직처분이 있고 난 이후에는 철회
할 수 없다. (O)

❸ [×]
> 1. 민법의 법률행위에 관한 규정은 행위의 격식화를 특색으
> 로 하는 공법행위에 당연히 타당하다고 말할 수 없으므로
> 공법행위인 영업재개업신고에 민법 제107조는 적용될 수
> 없다(대판 1978.7.25. 76누276).
> 2. 진의 아닌 의사표시에 관한 민법 제107조는 그 성질상
> 사직의 의사표시와 같은 사인의 공법행위에는 준용되지
> 아니하므로 그 의사가 외부에 표시된 이상 그 의사는 표
> 시된 대로 효력을 발한다(대판 1997.12.12. 97누13962).

유제 16. 지방직 7급 사직원제출자의 내심의 의사가 사직할 뜻이 없었
더라도 「민법」상 비진의 의사표시의 무효에 관한 규정이 적용되지 않으므
로 그 사직원을 받아들인 의원면직처분을 당연무효라 볼 수는 없다. (O)

④ [O] 구 의료법 제30조 제3항에 의하면 의원, 치과의원, 한의원 또
는 조산소의 개설은 단순한 신고사항으로만 규정하고 있고 또
그 신고의 수리여부를 심사, 결정할 수 있게 하는 별다른 규정
도 두고 있지 아니하므로 의원의 개설신고를 받은 행정관청으
로서는 별다른 심사, 결정없이 그 신고를 당연히 수리하여야
한다. 의료법 시행규칙 제22조 제3항에 의하면 의원개설 신고
서를 수리한 행정관청이 소정의 신고필증을 교부하도록 되어
있다 하여도 이는 신고사실의 확인행위로서 신고필증을 교부
하도록 규정한 것에 불과하고 그와 같은 신고필증의 교부가
없다 하여 개설신고의 효력을 부정할 수 없다 할 것이다(대판
1985.4.23. 84도2953).

유제 10. 국회직 9급 자기완결적 신고의 경우 신고필증의 교부는 법적
효과를 발생시키는 것으로서 이에 대한 거부는 항고소송의 대상이 된
다. (×)

08 정답 ①, ④

📋 **함께 정리하기 사인의 공법행위**

착공신고 반려행위
▷ 항고소송의 대상○
「유통산업발전법」상 대규모점포 개설등록
▷ 수리를 요하는 신고(행정처분)
행정행위의 단순한 동기
▷ 행정행위 효력에 영향✕
장기요양기관 및 노인의료복지시설의 폐지신고
▷ 수리를 요하는 신고
▷ But 신고가 무효이면 수리행위는 당연무효

❶ [✕] 건축주 등으로서는 착공신고가 반려될 경우, 당해 건축물의 착공을 개시하면 시정명령, 이행강제금, 벌금의 대상이 되거나 당해 건축물을 사용하여 행할 행위의 허가가 거부될 우려가 있어 불안정한 지위에 놓이게 된다. 따라서 착공신고 반려행위가 이루어진 단계에서 당사자로 하여금 반려행위의 적법성을 다투어 법적 불안을 해소한 다음 건축행위에 나아가도록 함으로써 장차 있을지도 모르는 위험에서 미리 벗어날 수 있도록 길을 열어 주고, 위법한 건축물의 양산과 철거를 둘러싼 분쟁을 조기에 근본적으로 해결할 수 있게 하는 것이 법치행정의 원리에 부합한다. 그러므로 행정청의 착공신고 반려행위는 항고소송의 대상이 된다고 보는 것이 옳다(대판 2011.6.10. 2010두7321).

유제 20. 국가직 9급 「건축법」상의 착공신고의 경우에는 신고 그 자체로서 법적 절차가 완료되어 행정청의 처분이 개입될 여지가 없으므로, 행정청의 착공신고 반려행위는 항고소송의 대상인 처분에 해당하지 않는다. (✕)

② [○] 대규모점포의 개설 등록은 이른바 '수리를 요하는 신고'로서 행정처분에 해당한다(대판 2015.11.19. 2015두295).

③ [○] 사인의 공법행위가 행정청의 행정행위를 발하기 위한 전제요건이 아닌 단순한 동기에 불과한 경우, 사인의 공법행위의 흠결(하자)는 행정행위의 효력에 아무런 영향을 미치지 않으므로 행정행위는 유효하다.

❹ [✕] 장기요양기관의 폐지신고와 노인의료복지시설의 폐지신고는, 행정청이 관계 법령이 규정한 요건에 맞는지를 심사한 후 수리하는 이른바 '수리를 필요로 하는 신고'에 해당한다. 그러나 행정청이 그 신고를 수리하였다고 하더라도, 신고서 위조 등의 사유가 있어 신고행위 자체가 효력이 없다면, 그 수리행위는 유효한 대상이 없는 것으로서, 수리행위 자체에 중대·명백한 하자가 있는지를 따질 것도 없이 당연히 무효이다(대판 2018.6.12. 2018두33593).

유제 22. 소방직 장기요양기관의 폐업신고와 노인의료복지시설의 폐지신고는 행정청이 그 신고를 수리한 경우, 신고서 위조 등의 사유가 있더라도 그대로 유효하다. (✕)

09 정답 ①, ②

📋 **함께 정리하기 신고**

건축신고 반려
▷ 처분성○
타법상 요건 미충족
▷ 적법한 신고✕
전입신고 심사
▷ 거주목적 판단으로 제한
요건 갖춘 숙박업 신고
▷ 기존 숙박업신고 있더라도 거부 不可

❶ [✕] 건축주 등은 신고제 하에서도 건축신고가 반려될 경우 당해 건축물의 건축을 개시하면 시정명령, 이행강제금, 벌금의 대상이 되거나 당해 건축물을 사용하여 행할 행위의 허가가 거부될 우려가 있어 불안정한 지위에 놓이게 된다. 따라서 건축신고 반려행위가 이루어진 단계에서 당사자로 하여금 반려행위의 적법성을 다투어 그 법적 불안을 해소한 다음 건축행위에 나아가도록 함으로써 장차 있을지도 모르는 위험에서 미리 벗어날 수 있도록 길을 열어 주고, 위법한 건축물의 양산과 그 철거를 둘러싼 분쟁을 조기에 근본적으로 해결할 수 있게 하는 것이 법치행정의 원리에 부합한다. 그러므로 건축신고 반려행위는 항고소송의 대상이 된다고 보는 것이 옳다(대판 2010.11.18. 2008두167 전합).

유제 21. 군무원 9급 건축주 등은 건축신고가 반려될 경우 건축물의 건축을 개시하면 시정명령, 이행강제금, 벌금의 대상이 되거나 당해 건축물을 사용하여 행할 행위의 허가가 거부될 우려가 있어 불안정한 지위에 놓이게 되므로, 건축신고 반려행위는 항고소송의 대상성이 인정된다. (○)

22. 서울 지적 7급 「건축법」상 신고는 자기완결적 신고로 적법한 신고행위가 있는 경우 그 효력이 발생하게 되므로, 비록 해당 신고에 대해 반려행위가 있더라도 침해되는 법률상 이익이 없어 항고소송의 대상이 되지 않는다. (✕)

❷ [✕] 식품위생법과 건축법은 그 입법 목적, 규정사항, 적용범위 등을 서로 달리하고 있어 식품접객업에 관하여 식품위생법이 건축법에 우선하여 배타적으로 적용되는 관계에 있다고는 해석되지 않는다. 그러므로 식품위생법에 따른 식품접객업(일반음식점영업)의 영업신고의 요건을 갖춘 자라고 하더라도, 그 영업신고를 한 당해 건축물이 건축법 소정의 허가를 받지 아니한 무허가 건물이라면 적법한 신고를 할 수 없다(대판 2009.4.23. 2008도6829)

③ [○] 시장 등의 주민등록전입신고 수리 여부에 대한 심사는 주민등록법의 입법 목적의 범위 내에서 제한적으로 이루어져야 할 것이다. … 전입신고를 받은 시장 등의 심사 대상은 전입신고자가 30일 이상 생활의 근거로서 거주할 목적으로 거주지를 옮기는지 여부만으로 제한된다고 보아야 할 것이다. 따라서 전입신고자가 거주의 목적 이외에 다른 이해관계에 관한 의도를 가지고 있는지 여부, 무허가건축물의 관리, 전입신고를 수리함으로써 당해 지방자치단체에 미치는 영향 등과 같은 사유는 주민등록법이 아닌 다른 법률에 의하여 규율되어야 할 것이고, 주민등록전입신고의 수리 여부를 심사하는 단계에서는 고려 대상이 될 수 없다(대판 2009.6.18. 2008두10997 전합).

유제 13. 국회직 8급 주민등록전입신고 수리여부에 대한 심사는 「주민등록법」의 입법목적과 법률효과 이외에 「지방자치법」 및 지방자치의 이념까지 고려하여 실질적으로 판단해야 한다. (✕)

12. 국가직 9급 구 「주민등록법」상 주민들의 거주지 이동에 따른 주민등록전입신고에 대하여 시장은 그 수리여부를 심사할 수 있다. (○)

④ [O] 기존에 다른 사람이 숙박업 신고를 한 적이 있더라도 새로 숙박업을 하려는 자가 그 시설 등의 소유권 등 정당한 사용권한을 취득하여 법령에서 정한 요건을 갖추어 신고하였다면, 행정청으로서는 특별한 사정이 없는 한 이를 수리하여야 하고, 단지 해당 시설 등에 관한 기존의 숙박업 신고가 외관상 남아있다는 이유만으로 이를 거부할 수 없다(대판 2017.5.30. 2017두34087).

10　　　　　　　　　　　　　　　　　　　　정답 ④

📋 **함께 정리하기 신고**

자기완결적 신고
▷ 도달시 신고의무이행
인·허가의제 효과 수반하는 건축신고
▷ 수리를 요하는 신고
유료노인복지주택의 설치신고
▷ 행위요건적 신고(실질적 심사 可)
「행정절차법」상 신고
▷ 자기완결적 신고(형식적 심사)

① [O]
> 「행정절차법」 제40조 【신고】 ① 법령등에서 행정청에 일정한 사항을 통지함으로써 의무가 끝나는 신고를 규정하고 있는 경우 신고를 관장하는 행정청은 신고에 필요한 구비서류, 접수기관, 그 밖에 법령등에 따른 신고에 필요한 사항을 게시(인터넷 등을 통한 게시를 포함한다)하거나 이에 대한 편람을 갖추어 두고 누구나 열람할 수 있도록 하여야 한다.
> ② 제1항에 따른 신고가 다음 각 호의 요건을 갖춘 경우에는 신고서가 접수기관에 도달된 때에 신고 의무가 이행된 것으로 본다.
> 1. 신고서의 기재사항에 흠이 없을 것
> 2. 필요한 구비서류가 첨부되어 있을 것
> 3. 그 밖에 법령등에 규정된 형식상의 요건에 적합할 것

② [O] 인·허가의제 효과를 수반하는 건축신고는 일반적인 건축신고와는 달리, 특별한 사정이 없는 한 행정청이 그 실체적 요건에 관한 심사를 한 후 수리하여야 하는 이른바 '수리를 요하는 신고'로 보는 것이 옳다(대판 2011.1.20. 2010두14954 전합).

유제 21. 국가직 9급 「건축법」에서 관련 인·허가의제 제도를 둔 취지는 인·허가 의제사항 관련 법률에 따른 각각의 인·허가 요건에 관한 일체의 심사를 배제하려는 것이 아니다. (O)

③ [O] 구 노인복지법의 목적과 노인주거복지시설의 설치에 관한 법령의 각 규정들 및 노인복지시설에 대하여 각종 보조와 혜택이 주어지는 점 등을 종합하여 보면, … 같은 법 제33조 제2항에 의한 유료노인복지주택의 설치신고를 받은 행정관청으로서는 그 유료노인복지주택의 시설 및 운영기준이 위 법령에 부합하는지와 아울러 그 유료노인복지주택이 적법한 입소대상자에게 분양되었는지와 설치신고 당시 부적격자들이 입소하고 있지는 않은지 여부까지 심사하여 그 신고의 수리 여부를 결정할 수 있다(대판 2007.1.11. 2006두14537).

유제 13. 국회직 9급 판례는 수리를 요하는 신고의 경우 법령상의 신고요건을 충족하지 못하는 경우 행정청은 당해 신고의 수리를 거부할 수 있다고 한다. (O)

❹ [X] 법령 등에서 행정청에 일정한 사항을 통지함으로써 의무가 끝나는 신고라 하더라도 그 기재사항에 흠이 없고, 필요한 구비서류가 첨부되어 있으며, 그 밖에 법령 등에 규정된 형식상의 요건에 적합할 때 신고서가 접수기관에 도달된 때에 신고의무가 이행된 것으로 본다. 따라서 신고의 기재사항은 그 진실함이 입증되어야 할 필요는 없다.

> 「행정절차법」 제40조 【신고】 ① 법령등에서 행정청에 일정한 사항을 통지함으로써 의무가 끝나는 신고를 규정하고 있는 경우 신고를 관장하는 행정청은 신고에 필요한 구비서류, 접수기관, 그 밖에 법령등에 따른 신고에 필요한 사항을 게시(인터넷 등을 통한 게시를 포함한다)하거나 이에 대한 편람을 갖추어 두고 누구나 열람할 수 있도록 하여야 한다.
> ② 제1항에 따른 신고가 다음 각 호의 요건을 갖춘 경우에는 신고서가 접수기관에 도달된 때에 신고 의무가 이행된 것으로 본다.
> 1. 신고서의 기재사항에 흠이 없을 것
> 2. 필요한 구비서류가 첨부되어 있을 것
> 3. 그 밖에 법령등에 규정된 형식상의 요건에 적합할 것

유제 16. 국가직 9급 법령 등에서 행정청에 대하여 일정한 사항을 통지함으로써 의무가 끝나는 신고를 규정하고 있는 경우에는 법령상 요건을 갖춘 적법한 신고서를 발송하였을 때에 신고의 의무가 이행된 것으로 본다. (X)

11　　　　　　　　　　　　　　　　　　　　정답 ①

📋 **함께 정리하기 신고**

「수산업법」상 어업신고
▷ 수리를 요하는 신고
납골당 설치신고
▷ 행위요건적 신고
「부가가치세법」상 사업자등록
▷ 자기완결적 신고
노동조합설립 신고
▷ 행위요건적 신고(실질적 심사 可)

ㄱ. [O] 어업의 신고에 관하여 유효기간을 설정하면서 그 기산점을 '수리한 날'로 규정하고, 나아가 필요한 경우에는 그 유효기간을 단축할 수 있도록 까지 하고 있는 수산업법 제44조 제2항의 규정 취지 및 어업의 신고를 한 자가 공익상 필요에 의하여 한 행정청의 조치에 위반한 경우에 어업의 신고를 수리한 때에 교부한 어업신고필증을 회수하도록 하고 있는 구 수산업법 시행령 제33조 제1항의 규정 취지에 비추어 보면, 수산업법 제44조 소정의 어업의 신고는 행정청의 수리에 의하여 비로소 그 효과가 발생하는 이른바 '수리를 요하는 신고'라고 할 것이다. 따라서 설사 관할관청이 어업신고를 수리하면서 공유수면매립구역을 조업구역에서 제외한 것이 위법하다고 하더라도, 그 제외된 구역에 관하여 관할관청의 적법한 수리가 없었던 것이 분명한 이상 그 구역에 관하여는 같은 법 제44조 소정의 적법한 어업신고가 있는 것으로 볼 수 없다(대판 2000.5.26. 99다37382).

유제 22. 지방직 7급 「수산업법」상 신고어업을 하려면 법령이 정한 바에 따라 관할행정청에 신고하여야 하고, 행정청의 수리가 있을 때에 비로소 법적 효과가 발생하게 된다. (O)

ㄴ. [O] 납골당 설치신고는 이른바 '수리를 요하는 신고'라 할 것이므로, 납골당 설치신고가 구 장사 등에 관한 법률 관련 규정의 모든 요건에 맞는 신고라 하더라도 신고인은 곧바로 납골당을 설치할 수는 없고, 이에 대한 행정청의 수리처분이 있어야만 신고한 대로 납골당을 설치할 수 있다(대판 2011.9.8. 2009 두6766).

ㄷ. [X] 부가가치세법상의 사업자등록은 과세관청으로 하여금 부가가치세의 납세의무자를 파악하고 그 과세자료를 확보케 하려는데 입법취지가 있는 것으로서, 이는 단순한 사업사실의 신고로서 사업자가 소관 세무서장에서 소정의 사업자등록신청서를 제출함으로써 성립되는 것이고, 사업자등록증의 교부는 이와 같은 등록사실을 증명하는 증서의 교부행위에 불과한 것이다(대판 2000.12.22. 99두6903).

> **유제** 13. 국가직 7급 「부가가치세법」상의 사업자등록은 과세관청으로 하여금 부가가치세의 납세의무자를 파악하고 그 과세자료를 확보하려는데 입법취지가 있는 것으로써, 이는 단순한 사업사실의 신고로 사업자가 소관 세무서장에게 소정의 사업자등록신청서를 제출함으로써 성립되는 것이다. (O)

ㄹ. [X] 노동조합 및 노동관계조정법이 행정관청으로 하여금 설립신고를 한 단체에 대하여 같은 법 제2조 제4호 각 목에 해당하는지를 심사하도록 한 취지가 노동조합으로서의 실질적 요건을 갖추지 못한 노동조합의 난립을 방지함으로써 근로자의 자주적이고 민주적인 단결권 행사를 보장하려는 데 있는 점을 고려하면, 행정관청은 해당 단체가 노동조합법 제2조 제4호 각 목에 해당하는지 여부를 실질적으로 심사할 수 있다. 다만 행정관청에 광범위한 심사권한을 인정할 경우 행정관청의 심사가 자의적으로 이루어져 신고제가 사실상 허가제로 변질될 우려가 있는 점, 노동조합법은 설립신고 당시 제출하여야 할 서류로 설립신고서와 규약만을 정하고 있고(제10조 제1항), 행정관청으로 하여금 보완사유나 반려사유가 있는 경우를 제외하고는 설립신고서를 접수받은 때로부터 3일 이내에 신고증을 교부하도록 정한 점(제12조 제1항) 등을 고려하면, 행정관청은 일단 제출된 설립신고서와 규약의 내용을 기준으로 노동조합법 제2조 제4호 각 목의 해당 여부를 심사하되, 설립신고서를 접수할 당시 그 해당 여부가 문제된다고 볼 만한 객관적인 사정이 있는 경우에 한하여 설립신고서와 규약 내용 외의 사항에 대하여 실질적인 심사를 거쳐 반려 여부를 결정할 수 있다(대판 2014.4.10. 2011두6998).

---

12 정답 ①

> 📋 **함께 정리하기 신고**
>
> 수리를 요하지 않는 신고에서 적법한 신고 후 영업행위
> ▷ 수리가 거부되었다고 하여 무신고 영업×
> 적법한 건축주 명의변경신고
> ▷ 실체적 이유로 수리거부 不可
> 소유권 소송중인 건축물 건축주명의변경신고
> ▷ 판결확정 전까지 수리거부 可
> 건축주명의변경신고의 수리거부
> ▷ 처분

❶ [X] 소정의 시설을 갖추지 못한 체육시설업의 신고는 부적법한 것으로 그 수리가 거부될 수밖에 없고 그러한 상태에서 신고체육시설업의 영업행위를 계속하는 것은 무신고 영업행위에 해당할 것이지만 적법한 요건을 갖춘 신고의 경우에는 행정청의 수리처분 등 별단의 조처를 기다릴 필요 없이 그 접수시에 신고로서의 효력이 발생하는 것이므로 그 수리가 거부되다고 하여 무신고 영업이 되는 것은 아니다(대판 1998.4.24. 97도3121).

② [O] 구 건축법 시행규칙 제11조의 규정은 단순히 행정관청의 사무집행의 편의를 위한 것이 아니라, 허가대상 건축물의 양수인에게 건축주의 명의변경을 신고할 수 있는 공법상의 권리를 인정함과 아울러 행정관청에게는 그 신고를 수리할 의무를 지게 한 것으로 봄이 타당하므로, 허가대상 건축물의 양수인이 구 건축법 시행규칙에 규정되어 있는 형식적 요건을 갖추어 시장·군수 등 행정관청에 적법하게 건축주의 명의변경을 신고한 때에는 행정관청은 그 신고를 수리하여야지 실체적인 이유를 내세워 신고의 수리를 거부할 수는 없다(대판 2014.10.15. 2014두37658).

> **유제** 22. 국회직 8급 허가대상 건축물의 양수인이 형식적 요건을 갖추어 시장, 군수에게 적법하게 건축주의 명의변경을 신고한 때에는 시장, 군수는 그 신고를 수리하여야지 실체적인 이유를 내세워 그 신고의 수리를 거부할 수는 없다. (O)

③ [O] 허가대상 건축물의 양수인이 구 건축법 시행규칙에 규정되어 있는 형식적 요건을 갖추어 시장·군수에게 적법하게 건축주의 명의변경을 신고한 때에는 시장·군수는 그 신고를 수리하여야지 실체적인 이유를 내세워 신고의 수리를 거부할 수 없다. 그러나 건축물의 소유권을 둘러싸고 소송이 계속 중이어서 판결로 소유권의 귀속이 확정될 때까지 건축주명의변경신고의 수리를 거부함이 상당하다(대판 1993.10.12. 93누883).

> **유제** 15. 국회직 8급 건축물의 소유권을 둘러싸고 소송이 계속 중이어서 판결로 소유권의 귀속이 확정될 때까지 건축주명의변경신고의 수리를 거부함은 상당하다. (O)

④ [O] 건축주명의변경신고에 관한 건축법 시행규칙 제3조의2의 규정은 허가대상건축물의 양수인에게 건축주의 명의변경을 신고할 수 있는 공법상의 권리를 인정함과 아울러 행정관청에게는 그 신고를 수리할 의무를 지게 한 것으로 봄이 상당하므로, 허가대상건축물의 양수인이 위 규칙에 규정되어 있는 형식적 요건을 갖추어 시장군수에게 적법하게 건축주의 명의변경을 신고한 때에는 시장, 군수는 그 신고를 수리하여야지 실체적인 이유를 내세워 그 신고의 수리를 거부할 수는 없다. 건축주명의변경신고 수리거부행위는 행정청이 허가대상건축물 양수인의 건축주명의변경신고라는 구체적인 사실에 관한 법집행으로서 그 신고를 수리하여야 할 법령상의 의무를 지고 있음에도 불구하고 그 신고의 수리를 거부함으로써, 양수인이 건축공사를 계속하기 위하여 또는 건축공사를 완료한 후 자신의 명의로 소유권보존등기를 하기 위하여 가지는 구체적인 법적 이익을 침해하는 결과가 되었다고 할 것이므로, 비록 건축허가가 대물적 허가로서 그 허가의 효과가 허가대상건축물에 대한 권리변동에 수반하여 이전된다고 하더라도, 양수인의 권리의무에 직접 영향을 미치는 것으로서 취소소송의 대상이 되는 처분이라고 하지 않을 수 없다(대판 1992.3.31. 91누4911).

> **유제** 19. 지방직 9급 건축허가에 대해 건축주를 乙로 변경하는 건축주명의변경신고가 관련 법령의 요건을 모두 갖추어 행해졌더라도 관할 행정청이 신고의 수리를 거부한 경우, 그 수리기부행위는 乙의 권리의무에 직접 영향을 미치는 것으로서 취소소송의 대상이 되는 처분이다. (O)

13

정답 ④

☑ **함께 정리하기 신고**

가설건축물 존치기간 연장신고
▷ 법령상 요건 외 사유로 수리거부×
체육시설(골프장) 이용료 변경신고
▷ 자기완결적 신고
형식적 요건을 모두 갖추어 원격평생교육신고
▷ 실체적 사유 들어 수리거부 不可
정신과의원 개설신고
▷ 법령상 요건 외 사유로 수리거부×

① [O] 가설건축물 존치기간을 연장하려는 건축주 등이 법령에 규정되어 있는 제반 서류와 요건을 갖추어 행정청에 연장신고를 한 때에는 행정청은 원칙적으로 이를 수리하여 신고필증을 교부하여야 하고, 법령에서 정한 요건 이외의 사유를 들어 수리를 거부할 수는 없다. 따라서 <u>행정청으로서는 법령에서 요구하고 있지도 아니한 '대지사용승낙서' 등의 서류가 제출되지 아니하였거나, 대지소유권자의 사용승낙이 없다는 등의 사유를 들어 가설건축물 존치기간 연장신고의 수리를 거부하여서는 아니 된다</u>(대판 2018.1.25. 2015두35116).

유제 22. 소방 가설건축물 존치기간을 연장하려는 건축주 등이 법령에 규정되어 있는 제반 서류와 요건을 갖추어 행정청에 연장신고를 한 때에는 행정청은 원칙적으로 이를 수리하여 신고필증을 교부하여야 하고, 법령에서 정한 요건 이외의 사유를 들어 수리를 거부할 수는 없다. (O)

② [O] 행정청에 대한 신고는 일정한 법률사실 또는 법률관계에 관하여 관계행정청에 일방적으로 통고를 하는 것을 뜻하는 것으로서 법에 별도의 규정이 있거나 다른 특별한 사정이 없는 한 행정청에 대한 통고로서 그치는 것이고 그에 대한 행정청의 반사적 결정을 기다릴 필요가 없는 것이므로, <u>체육시설의 설치 · 이용에 관한 법률 제18조에 의한 변경신고서(이용료변경신고서)는 그 신고 자체가 위법하거나 그 신고에 무효사유가 없는 한 이것이 도지사에게 제출하여 접수된 때에 신고가 있었다고 볼 것이고, 도지사의 수리행위가 있어야만 신고가 있었다고 볼 것은 아니다</u>(대결 1993.7.6. 93마635).

③ [O] 정보통신매체를 이용하여 학습비를 받지 아니하고 원격평생교육을 실시하고자 하는 경우에는 누구든지 아무런 신고 없이 자유롭게 이를 할 수 있고, 다만 위와 같은 교육을 불특정 다수인에게 <u>학습비를 받고 실시하는 경우에는 이를 신고하여야 하나</u>, 법 제22조가 신고를 요하는 제2항과 신고를 요하지 않는 제1항에서 '학습비' 수수 외에 교육 대상이나 방법 등 다른 요건을 달리 규정하고 있지 않을 뿐 아니라 제2항에서도 학습비 금액이나 수령 등에 관하여 아무런 제한을 하고 있지 않은 점에 비추어 볼 때, <u>행정청으로서는 신고서 기재사항에 흠결이 없고 정해진 서류가 구비된 때에는 이를 수리하여야 하고, 이러한 형식적 요건을 모두 갖추었음에도 공익적 기준에 적합하지 않는다는 등 실체적 사유를 들어 신고 수리를 거부할 수는 없다</u>(대판 2011.7.28. 2005두11784).

유제 21. 지방직 9급 정보통신매체를 이용하여 학습비를 받고 불특정 다수인에게 원격 평생교육을 실시하기 위해 구 「평생교육법」에서 정한 형식적 요건을 모두 갖추어 신고한 경우, 행정청은 신고대상이 된 교육이나 학습이 공익적 기준에 적합하지 않는다는 등의 실체적 사유를 들어 신고 수리를 거부할 수 없다. (O)

❹ [X] 의료법은 의료기관의 개설 주체가 의원 · 치과의원 · 한의원 또는 조산원을 개설하려고 하는 경우에는 시장 · 군수 · 구청장에게 신고하도록 규정하고 있지만(제33조 제3항), 종합병원 · 병원 · 치과병원 · 한방병원 또는 요양병원을 개설하려고 하는 경우에는 시 · 도지사의 허가를 받도록 규정하고 있다(제33조 제4항). 의료법이 의료기관의 종류에 따라 허가제와 신고제를 구분하여 규정하고 있는 취지는, 신고 대상인 의원급 의료기관 개설의 경우 행정청이 법령에서 정하고 있는 요건 이외의 사유를 들어 신고 수리를 반려하는 것을 원칙적으로 배제함으로써 개설 주체가 신속하게 해당 의료기관을 개설할 수 있도록 하기 위함이다. 앞서 본 관련 법령의 내용과 이러한 신고제의 취지를 종합하면, <u>정신과의원을 개설하려는 자가 법령에 규정되어 있는 요건을 갖추어 개설신고를 한 때에, 행정청은 원칙적으로 이를 수리하여 신고필증을 교부하여야 하고, 법령에서 정한 요건 이외의 사유를 들어 의원급 의료기관 개설신고의 수리를 거부할 수는 없다</u>(대판 2018.10.25. 2018두44302).

유제 22. 소방 「의료법」에 따라 정신과의원을 개설하려는 자가 법령에 규정되어 있는 요건을 갖추어 개설신고를 한 경우 행정청은 원칙적으로 이를 수리하여 신고필증을 교부하여야 하고, 법령에서 정한 요건 이외의 사유를 들어 의원급 의료기관 개설신고의 수리를 거부할 수는 없다. (O)

14

정답 ①

☑ **함께 정리하기 영업자의 지위승계**

영업시설인수자의 영업자 지위승계신고수리
▷ 종전영업자는 취소를 구할 법률상 이익 有
대물적 영업양도
▷ 양도전 사유로 양수인에 대한 영업정지 可
영업양도에 따른 지위승계신고수리
▷ 처분성○
채석허가명의양수인
▷ 양도인에 대한 채석허가취소처분의 취소를 구할 법률상 이익 有

❶ [X] 원고가 스포츠센터 필수 영업시설 등을 공매 등의 절차에 의하여 제3자에게 이전하여 그 소유권을 상실하였더라도 그 사유만으로 유원시설업 허가 또는 체육시설업 신고의 효력이 당연히 제3자에게 이전되었다고 볼 만한 법규상 근거가 없고, 반면에 이 사건 신고가 수리됨으로써 종전 사업자인 원고는 당해 영업을 적법하게 할 수 있는 법규상의 권리가 상실되는 점, 원고로서는 다시 매매 등을 통하여 이 사건 스포츠센터 시설 등을 갖출 수도 있으므로 구 관광진흥법과 구 체육시설의 설치 · 이용에 관한 법률에서 정하는 시설 및 설비기준을 충족할 여지를 완전히 배제하기 어려운 점 등에 비추어 보면, 원고에게 이 사건 신고수리의 취소를 구할 법률상 이익이나 소의 이익이 없게 되었다고 단정할 수 없다(대판 2012.12.13. 2011두29144).

② [O] 영업정지나 영업장폐쇄명령 모두 대물적 처분으로, … 양수인이 그 양수 후 행정청에 새로운 영업소개설통보를 하였다 하더라도, 그로 인하여 영업양도·양수로 영업소에 관한 권리의무가 양수인에게 이전하는 법률효과까지 부정되는 것은 아니라 할 것인바, 만일 어떠한 공중위생영업에 대하여 그 영업을 정지할 위법사유가 있다면, 관할 행정청은 그 영업이 양도·양수되었다 하더라도 그 업소의 양수인에 대하여 영업정지처분을 할 수 있다고 봄이 상당하다(대판 2001.6.29. 2001두1611).

> **유제** 16. 국회직 8급 대법원은 명문규정이 없으면 원칙적으로 양수인의 법적책임을 부인하지만 대인적 처분의 경우에는 명문규정이 없어도 양수인에게 책임이 승계된다고 판시하고 있다. (×)

③ [O] 식품위생법 제25조 제1항 및 제3항에 의하여 영업양도에 따른 지위승계신고를 수리하는 허가관청의 행위는 양도자의 사업허가를 취소함과 아울러 양수자에게 적법히 사업을 할 수 있는 권리를 설정하여 주는 행위로서 사업허가자의 변경이라는 법률효과를 발생시키는 행위라고 할 것이다(대판 2001.2.9. 2000도2050).

> **유제** 17. 사복 9급 「식품위생법」에 의해 영업양도에 따른 지위승계신고를 수리하는 행정청의 행위는 단순히 양수인이 그 영업을 승계하였다는 사실의 신고를 접수한 행위에 그친다. (×)

④ [O] 수허가자의 지위를 양수받아 명의변경신고를 할 수 있는 양수인의 지위는 단순한 반사적 이익이나 사실상의 이익이 아니라 산림법령에 의하여 보호되는 직접적이고 구체적인 이익으로서 법률상 이익이라고 할 것이고, 채석허가가 유효하게 존속하고 있다는 것이 양수인의 명의변경신고의 전제가 된다는 의미에서 관할 행정청이 양도인에 대하여 채석허가를 취소하는 처분을 하였다면 이는 양수인의 지위에 대한 직접적 침해가 된다고 할 것이므로 양수인은 채석허가를 취소하는 처분의 취소를 구할 법률상 이익을 가진다(대판 2003.7.11. 2001두6289).

> **유제** 18. 국회직 8급 양도계약이 있은 후 신고 전에 행정청이 종전의 영업자(양도인)에 대하여 영업허가를 위법하게 취소한 경우에, 영업자의 지위를 승계한 자(양수인)는 양도인에 대한 영업허가취소처분을 다툴 원고적격을 갖지 못한다. (×)

---

15 정답 ②

┌─────────────────────────────────────┐
│ ✅ **함께 정리하기 행정입법**
│
│ 모법에 직접 위임규정×
│ ▷ 모법 취지에 부합하는 시행령 → 무효×
│ 부정행위자 응시제한 경찰공무원임용령
│ ▷ 법규명령
│ 청소년보호법위반과징금 처분기준
│ ▷ 법규명령(최고한도액)
│ 헌법상 위임입법 형식
│ ▷ 예시적
└─────────────────────────────────────┘

① [O] 법률의 시행령은 법률에 의한 위임이 없으면 개인의 권리·의무에 관한 내용을 변경·보충하거나 법률에 규정되지 아니한 새로운 내용을 정 할 수는 없지만, 시행령의 내용이 모법의 입법 취지와 관련 조항 전체를 유기적·체계적으로 살펴보아 <u>모법의 해석상 가능한 것을 명시한 것에 지나지 아니하거나 모법 조항의 취지에 근거하여 이를 구체화하기 위한 것인 때에는 모법의 규율 범위를 벗어난 것으로 볼 수 없으므로, 모법에 이에 관하여 직접 위임하는 규정을 두지 않았다고 하더라도 이를 무효라고 볼 수 없다</u>(대판 2016.12.1. 2014두8650).

> **유제** 15. 지방직 7급 법률의 시행령이나 시행규칙의 내용이 모법의 입법 취지와 관련 조항 전체를 유기적·체계적으로 살펴보아 모법의 해석상 가능한 것을 명시한 것에 지나지 아니하거나 모법 조항의 취지에 근거하여 이를 구체화하기 위한 것인 때에는, 모법에 이에 관하여 직접 위임하는 규정을 두지 아니하였다고 하더라도 이를 무효라고 볼 수 없다. (O)

❷ [×] "경찰공무원의 채용시험 또는 경찰간부후보생 공개경쟁선발시험에 서 부정행위를 한 응시자에 대하여는 당해 시험을 정지 또는 무효로 하고, 그로부터 5년간 이 영에 의한 시험에 응시할 수 없게 한다."라고 규정한 경찰공무원임용령 제46조 제1항은 그 수권형식과 내용에 비추어 이는 행정청 내부의 사무처리기준을 규정한 재량준칙이 아니라 일반국민이나 법원을 구속하는 법규명령에 해당하고 따라서 위 규정에 의한 처분은 재량행위가 아닌 기속행위라 할 것이다(대판 2008.5.29. 2007두18321).

> **유제** 16. 국회직 8급 제재적 처분기준의 형식이 부령으로 정립된 경우에는 행정조직 내부에 있어서의 행정명령에 지나지 않는 것과는 달리, 대통령령의 경우에는 대외적으로 국민이나 법원을 구속한다. (O)

③ [O] 구 청소년보호법 제49조 제1항, 제2항에 따른 같은 법 시행령 제40조 [별표 6]의 위반행위의 종별에 따른 과징금 처분기준은 법규명령이기는 하나 모법의 위임규정의 내용과 취지 및 헌법상의 과잉금지의 원칙과 평등의 원칙 등에 비추어 같은 유형의 위반행위라 하더라도 그 규모나 기간·사회적 비난 정도·위반행위로 인하여 다른 법률에 의하여 처벌받은 다른 사정·행위자의 개인적 사정 및 위반행위로 얻은 불법이익의 규모 등 여러 요소를 종합적으로 고려하여 사안에 따라 적정한 과징금의 액수를 정하여야 할 것이므로 그 수액은 정액이 아니라 최고한도액이다(대판 2001.3.9. 99두5207).

> **유제** 16. 사복 9급 구 「청소년 보호법 시행령」 별표로 정한 [위반행위의 종별에 따른 과징금처분기준]에 규정된 과징금 수액은 최고한도액이 아니라 정액이다. (×)

④ [O] 오늘날 의회의 입법독점주의에서 입법중심주의로 전환하여 일정한 범위 내에서 행정입법을 허용하게 된 동기가 사회적 변화에 대응한 입법수요의 급증과 종래의 형식적 권력분립주의로는 현대사회에 대응할 수 없다는 기능적 권력분립론에 있다는 점 등을 감안하여 헌법 제40조와 헌법 제75조, 제95조의 의미를 살펴보면, 국회입법에 의한 수권이 입법기관이 아닌 행정기관에게 법률 등으로 구체적인 범위를 정하여 위임한 사항에 관하여는 당해 행정기관에게 법정립의 권한을 갖게 되고, 입법자가 규율의 형식도 선택할 수 있다 할 것이므로, <u>헌법이 인정하고 있는 위임입법의 형식은 예시적인 것으로 보아야 할 것이고,</u> 그것은 법률이 행정규칙에 위임하더라도 그 행정규칙은 위임된 사항만을 규율할 수 있으므로, 국회입법의 원칙과 상치되지도 않는다(헌재 2006.12.28. 2005헌바59).

> **유제** 15. 서울시 9급 헌법이 인정하고 있는 위임입법의 형식은 예시적이라는 것이 헌법재판소의 견해이다. (O)

16 정답 ②

> 📋 **함께 정리하기** 행정입법
>
> 과세요건과 징수절차
> ▷ 하위법령에 구체적·개별적으로 위임하여 규정 可
> 행정규칙에 근거한 처분
> ▷ 권리·의무에 직접 영향시 처분성○
> 상위법령만으로 집행이 가능하면 하위법령 제정의무×
> 사후 법개정으로 위임근거 부여
> ▷ 그때부터 유효한 법규명령

① [×] 헌법 제38조, 제59조에서 채택하고 있는 조세법률주의의 원칙은 과세요건과 징수절차 등 조세권 행사의 요건과 절차는 국민의 대표기관인 국회가 제정한 법률로써 규정하여야 한다는 것이나, 과세요건과 징수절차에 관한 사항을 명령·규칙 등 하위법령에 위임하여 규정하게 할 수 없는 것은 아니고, 이러한 사항을 하위법령에 위임하여 규정하게 하는 경우 구체적·개별적 위임만이 허용되고 포괄적·백지적 위임은 허용되지 아니하고 (과세요건법정주의), 이러한 법률 또는 그 위임에 따른 명령·규칙의 규정은 일의적이고 명확하여야 한다(과세요건명확주의)는 것이다(과세요건법정주의)(대결 1994.9.30. 94부18).

❷ [○] 어떠한 처분의 근거나 법적인 효과가 행정규칙에 규정되어 있다고 하더라도, 그 처분이 행정규칙의 내부적 구속력에 의하여 상대방에게 권리의 설정 또는 의무의 부담을 명하거나 기타 법적인 효과를 발생하게 하는 등으로 그 상대방의 권리 의무에 직접 영향을 미치는 행위라면, 이 경우에도 항고소송의 대상이 되는 행정처분에 해당한다(대판 2002.7.26. 2001두3532).

③ [×] 삼권분립의 원칙, 법치행정의 원칙을 당연한 전제로 하고 있는 우리 헌법 하에서 행정권의 행정입법 등 법집행의무는 헌법적 의무라고 보아야 할 것이다. 그런데 이는 행정입법의 제정이 법률의 집행에 필수불가결 한 경우로서 행정입법을 제정하지 아니하는 것이 곧 행정권에 의한 입법권 침해의 결과를 초래하는 경우를 말하는 것이므로, 만일 하위 행정입법의 제정 없이 상위 법령의 규정만으로도 집행이 이루어질 수 있는 경우라면 하위 행정입법을 하여야 할 헌법적 작위의무는 인정되지 아니한다(헌재 2005.12.22. 2004헌마66).

④ [×] 일반적으로 법률의 위임에 의하여 효력을 갖는 법규명령의 경우, 구법에 위임의 근거가 없어 무효였더라도 사후에 법개정으로 위임의 근거가 부여되면 그 때부터는 유효한 법규명령이 되나, 반대로 구법의 위임에 의한 유효한 법규명령이 법개정으로 위임의 근거가 없어지게 되면 그 때부터 무효인 법규명령이 되므로, 어떤 법령의 위임 근거 유무에 따른 유효 여부를 심사하려면 법개정의 전·후에 걸쳐 모두 심사하여야만 그 법규명령의 시기에 따른 유효·무효를 판단할 수 있다(대판 1995.6.30. 93추83).

> 유제 13. 서울시 7급 판례는 구법의 위임에 의한 유효한 법규명령이 법개정에 따라 위임의 근거가 없어지게 되면 소급하여 법규명령이 무효가 된다고 한다. (×)
> 13. 서울시 7급 구법에 위임의 근거가 없이 발령된 위임명령도 사후에 법의 개정으로 위임의 근거가 마련되면 그때부터 유효하다. (○)

17 정답 ③

> 📋 **함께 정리하기** 행정입법
>
> 위임 없이 처분요건사항을 부령에서 변경
> ▷ 대외적 구속력 無
> 위임근거가 되는 법률의 위헌결정
> ▷ 위임명령도 별도의 폐지행위 없이 실효
> 위임명령 위헌
> ▷ 수권법률 당연 위헌×
> 금융위원회가 고시한 '금융기관 검사 및 제재에 관한 규정'
> ▷ 법령보충규칙

① [○] 법령의 위임이 없음에도 법령에 규정된 처분 요건에 해당하는 사항을 부령에서 변경하여 규정한 경우에는 그 부령의 규정은 행정청 내부의 사무처리기준 등을 정한 것으로서 행정조직 내에서 적용되는 행정명령의 성격을 지닐 뿐 국민에 대한 대외적 구속력은 없다고 보아야 한다(대판 2013.9.12. 2011두10584).

> 유제 18. 국회직 8급 법률의 위임이 없음에도 법률에 규정된 처분 요건을 부령에서 변경하여 규정한 경우에는 그 부령의 규정은 국민에 대하여 대외적 구속력은 없다. (○)

② [○] 법규명령의 위임근거가 되는 법률에 대하여 위헌결정이 선고되면 그 위임에 근거하여 제정된 법규명령도 원칙적으로 효력을 상실한다(대판 2001.6.12. 2000다18547).

❸ [×] 법률의 위임에 의해 규정된 대통령령이 위헌결정을 받았다고 하더라도 그 수권법률이 위헌으로 되지는 않는다.

④ [○] 신용협동조합법 제83조 제1항, 제2항, 제84조 제1항 제1호, 제2호, 제42조, 제99조 제2항 제2호, 신용협동조합법 시행령 제16조의4 제1항, 금융위원회의 설치 등에 관한 법률(이하 '금융위원회법'이라 한다) 제17조 제2호, 제60조, 금융위원회 고시 '금융기관 검사 및 제재에 관한 규정' 제2조 제1항, 제2항, 제18조 제1항 제1호 (가)목, 제2항의 규정 체계와 내용, 입법 취지 등을 종합하면, 위 고시 제18조 제1항은 금융위원회법의 위임에 따라 법령의 내용이 될 사항을 구체적으로 정한 것으로서 금융위원회 법령의 위임 한계를 벗어나지 않으므로 그와 결합하여 대외적으로 구속력이 있는 법규명령의 효력을 가진다(대판 2019.5.30. 2018두52204).

18 정답 ③

> 📋 **함께 정리하기** 행정입법
>
> 직접 기본권 침해한 명령·규칙
> ▷ 헌법소원심판 대상(법령 헌법소원)
> 재위임
> ▷ 대강을 정하고 범위 정한 특정사항의 경우 可
> 전면적 재위임금지
> ▷ 조례가 규칙이나 고시에 재위임시에도 적용
> 처벌법규·조세법규
> ▷ 구체성·명확성요구 강화

① [O] 명령·규칙 그 자체에 의하여 직접 기본권이 침해되었을 경우에는 그것을 대상으로 하여 헌법소원심판을 청구할 수 있고, 그 경우 제소요건으로서 당해 법령이 구체적 집행행위를 매개로 하지 아니하고 직접적으로 그리고 현재적으로 국민의 기본권을 침해하고 있어야 한다(헌재 1993.5.13. 92헌마80).

② [O] 법률에서 위임받은 사항을 전혀 규정하지 않고 재위임하는 것은 이 위임금지의 법리에 반할 뿐 아니라 수권법의 내용변경을 초래하는 것이 되고, 부령의 제정·개정절차가 대통령령에 비하여 보다 용이한 점을 고려할 때 재위임에 의한 부령의 경우에도 위임에 의한 대통령령에 가해지는 헌법상의 제한이 당연히 적용되어야 할 것이므로 법률에서 위임받은 사항을 전혀 규정하지 아니하고 그대로 재위임하는 것은 허용되지 않으며 위임받은 사항에 관하여 대강을 정하고 그 중의 특정사항을 범위를 정하여 하위법령에 다시 위임하는 경우에만 재위임이 허용된다(헌재 1996.2.29. 94헌마213).

유제 13. 서울시 7급 헌법재판소는 위임된 입법권의 전면적인 재위임 금지의 원칙에 따라 대강의 사항을 정하고, 그 중 특정사항의 범위를 정하여 하위의 법규명령에 위임한 것을 위헌으로 판단하였다. (×)

08. 지방직 7급 법률에서 위임받은 사항을 전혀 규정하지 않고 그대로 하위 법규명령에 재위임하는 것은 허용되지 않는다. (O)

❸ [×] 위임명령은 법률이나 상위명령에서 구체적으로 범위를 정한 개별적인 위임이 있을 때에 가능하고, … 또한 법률에서 위임받은 사항을 전혀 규정하지 않고 재위임하는 것은 복위임금지 원칙에 반할 뿐 아니라 위임명령의 제정 형식에 관한 수권법의 내용을 변경하는 것이 되므로 허용되지 않으나 위임받은 사항에 관하여 대강을 정하고 그 중의 특정사항을 범위를 정하여 하위법령에 다시 위임하는 경우에는 재위임이 허용된다. 이러한 법리는 조례가 지방자치법 제22조 단서에 따라 주민의 권리제한 또는 의무부과에 관한 사항을 법률로부터 위임받은 후, 이를 다시 지방자치단체장이 정하는 '규칙'이나 '고시'등에 재위임하는 경우에도 마찬가지이다(대판 2015.1.15. 2013두14238).

④ [O] 위임입법에 있어 위임의 구체성, 명확성의 요구 정도는 그 규율대상의 종류와 성격에 따라 달라질 것이지만 특히 처벌법규나 조세법규와 같이 국민의 기본권을 직접적으로 제한하거나 침해할 소지가 있는 법규에서는 구체성, 명확성의 요구가 강화되어 그 위임의 요건과 범위가 일반적인 급부행정의 경우보다 더 엄격하게 제한적으로 규정되어야 하는 반면에, 규율대상이 지극히 다양하거나 수시로 변화하는 성질의 것일 때에는 위임의 구체성, 명확성의 요건이 완화될 수도 있을 것이며, 조세감면규정의 경우에는 법률의 구체적인 근거 없이 대통령령에서 감면 대상, 감면비율 등 국민의 납세의무에 직접 영향을 미치는 감면요건 등을 규정하였는가 여부도 중요한 판단기준이 된다(헌재 1997.2.20. 95헌바27).

유제 14. 국가직 9급 처벌법규나 조세법규는 다른 법규보다 구체성과 명확성의 요구가 강화되어야 한다. (O)

---

19 정답 ②

> ☑ **함께 정리하기** 행정입법
>
> 직접 구체적인 권리·의무·법적이익에 영향을 미치는 조례
> ▷ 처분성O
> 정관에 자치법적사항 위임
> ▷ 포괄위임금지적용×
> 상위법령개정
> ▷ 집행명령 당연실효×
> 자치조례
> ▷ 위임조례와 달리 위임입법 한계 적용×

① [×] 조례가 집행행위의 개입 없이도 그 자체로서 직접 국민의 구체적인 권리의무나 법적 이익에 영향을 미치는 등의 법률상 효과를 발생하는 경우 그 조례는 항고소송의 대상이 되는 행정처분에 해당한다(대판 1996.9.20. 95누8003).

유제 08. 국가직 7급 조례가 집행행위의 개입 없이 그 자체로서 직접 국민의 구체적인 권리·의무나 법적 이익에 영향을 미치는 등의 법률상 효과를 발생하는 경우 그 조례는 항고소송의 대상이 되는 행정처분에 해당한다. (O)

12. 국가직 7급 법규명령이 그 자체로서 처분적 효과를 발생하는 때에는 이를 항고소송으로 다투는 것이 가능하다. (O)

❷ [O] 행정부에 의한 법규사항의 제정은 입법부의 권한 내지 의무를 침해하고 자의적인 시행령 제정으로 국민들의 자유와 권리를 침해할 수 있기 때문에 엄격한 헌법적 기속을 받게 하는 것이다. 그런데 법률이 행정부가 아니거나 행정부에 속하지 않는 공법적 기관의 정관에 특정 사항을 정할 수 있다고 위임하는 경우에는 그러한 권력분립의 원칙을 훼손할 여지가 없다. 이는 자치입법에 해당되는 영역이므로 자치적으로 정하는 것이 바람직하다. 따라서 <u>법률이 정관에 자치법적 사항을 위임한 경우에는 헌법 제75조, 제95조가 정하는 포괄적인 위임입법의 금지는 원칙적으로 적용되지 않는다</u>(헌재 2006.3.30. 2005헌바31).

유제 17. 변호사 법률이 공법적 단체 등의 정관에 자치법적 사항을 위임하는 경우에도 헌법 제75조가 정하는 포괄적인 위임입법의 금지가 원칙적으로 적용된다. (×)

③ [×] 상위법령의 시행에 필요한 세부적 사항을 정하기 위하여 행정관청이 일반적 직권에 의하여 제정하는 이른바 집행명령은 근거법령인 상위법령이 폐지되면 특별한 규정이 없는 이상 실효되는 것이나, <u>상위법령이 개정됨에 그친 경우에는 개정법령과 성질상 모순, 저촉되지 아니하고 개정된 상위법령의 시행에 필요한 사항을 규정하고 있는 이상 그 집행명령은 상위법령의 개정에도 불구하고 당연히 실효되지 아니하고 개정 법령의 시행을 위한 집행명령이 제정, 발효될 때까지는 여전히 그 효력을 유지한다</u>(대판 1989.9.12. 88누6962).

유제 08. 국가직 7급 집행명령의 경우 근거법령인 상위법령이 개정되었다 하더라도 개정법령과 성질상 모순·저촉되지 아니하고 개정법령의 시행에 필요한 사항을 규정하고 있는 이상 그 집행명령은 개정법령의 시행을 위한 새로운 집행명령이 제정·발효될 때까지 여전히 그 효력을 유지한다. (O)

13. 서울시 7급 근거법령인 상위법령이 개정되더라도 그 집행명령이 당연히 실효하는 것은 아니다. (O)

④ [×] 지방자치법 제9조 제1항과 제15조(현 제28조의2) 등의 관련 규정에 의하면 지방자치단체는 원칙적으로 그 고유 사무인 자치사무와 법령에 의하여 위임된 단체위임사무에 관하여 이른바 자치조례를 제정할 수 있는 외에, 개별 법령에서 특별히 위임하고 있을 경우에는 그러한 사무에 속하지 아니하는 기관위임사무에 관하여도 그 위임의 범위 내에서 이른바 위임조례를 제정할 수 있지만, <u>조례가 규정하고 있는 사항이 그 근거 법령 등에 비추어 볼 때 자치사무나 단체위임사무에 관한 것이라면 이는 자치조례로서 지방자치법 제15조가 규정하고 있는 '법령의 범위 안'이라는 사항적 한계가 적용될 뿐, 위임조례와 같이 국가법에 적용되는 일반적인 위임입법의 한계가 적용될 여지는 없다</u>(대판 2000.11.24. 2000추29).

유제 21. 경찰 2차 지방자치단체의 조례가 규정하고 있는 사항이 근거 법령 등에 비추어 볼 때 자치사무나 단체위임사무에 관한 것이라면 위임조례와 같이 국가법에 적용되는 일반적인 위임입법의 한계가 적용될 여지는 없다. (○)

20 정답 ③

☑ 함께 정리하기 **법규명령**

예측가능성 인정
▷ 누구라도 법률로부터 하위법에 규정될 내용 대강 예측가능할 정도
법률이 대통령령으로 위임하였으나 부령으로 규정
▷ 무효
명령·규칙의 헌법·법률 위반 확정
▷ 대법원은 지체 없이 행정안전부장관에게 사유 통보
행정입법부작위
▷ 헌법소원대상성 인정

① [○] 구체적인 위임의 범위는 규제하고자 하는 대상의 종류와 성격에 따라 달라지는 것이어서 일률적 기준을 정할 수는 없지만, 적어도 위임명령에 규정될 내용 및 범위의 기본사항이 구체적으로 규정되어 있어서 누구라도 당해 법률이나 상위법령으로부터 위임명령에 규정될 내용의 대강을 예측할 수 있어야 하나, 이 경우 그 예측가능성의 유무는 당해 위임 조항 하나만을 가지고 판단할 것이 아니라 그 위임조항이 속한 법률의 전반적인 체계와 취지 및 목적, 당해 위임조항의 규정형식과 내용 및 관련 법규를 유기적·체계적으로 종합하여 판단하여야 한다(대판 2015.1.15. 2013두14238).

② [○] 헌법 제74조는 행정 각부 장관은 그 담임한 직무에 관하여 직권 또는 특별한 위임에 의하여 부령을 발할 수 있다고 규정하고 있으므로 행정 각부 장관이 부령으로 제정할 수 있는 범위는 법률 또는 대통령령이 위임한 사항이나 또는 법률 또는 대통령령을 실시하기 위하여 필요한 사항에 한정되므로 법률 또는 대통령령으로 규정할 사항은 부령으로 규정하였다고 하면 그 부령은 무효임을 면치 못한다(대판 1962.1.25. 4294민상9).

❸ [×] 국무총리가 아니라 행정안전부장관에게 통보하여야 한다.

「행정소송법」 제6조【명령·규칙의 위헌판결등 공고】① 행정소송에 대한 대법원판결에 의하여 명령·규칙이 헌법 또는 법률에 위반된다는 것이 확정된 경우에는 대법원은 지체 없이 그 사유를 행정안전부장관에게 통보하여야 한다.

유제 08. 지방직 7급 대법원판결에 의하여 법규명령이 헌법 또는 법률에 위반된다는 것이 확정된 경우에 대법원은 그 사유를 법무부장관에게 통보하여야 한다. (×)

④ [○] 헌법재판소는 적극적 행정입법뿐만 아니라 행정입법부작위 또한 공권력의 불행사로서 헌법소원의 대상이 된다고 본다. 특히 헌법소원의 적법요건 중 보충성요건 충족여부가 문제될 수 있으나, 입법부작위는 추상적인 법령에 관한 제정여부를 문제삼는 것으로 부작위위법확인소송의 대상이 될 수 없으므로 다른 구제절차가 없어 보충성 요건도 충족한다. 헌법재판소는 치과전문의자격시험제도 미비에 관한 헌법소원사건 등에서 행정입법부작위에 대한 위헌확인을 한 바 있다.

치과전문의제도의 시행을 위하여 필요한 사항 중 일부를 누락함으로써 제도의 시행이 불가능하게 되었다면 그 누락된 부분에 대하여는 진정 입법부작위에 해당하고, 보건복지부장관이 의료법과 위 규정의 위임에 따라 치과전문의자격시험제도를 실시할 수 있는 절차를 마련하지 아니하는 입법부작위는 헌법에 위반된다(헌재 1998.7.16. 96헌마246).

정답

p. 28

01	④	06	①	11	④	16	③
02	③	07	②	12	③	17	④
03	①	08	④	13	①	18	③
04	④	09	②	14	①	19	②
05	①	10	④	15	①	20	①

01 　　　　　　　　　　　　　정답 ④

☑ 함께 정리하기 **행정입법**

법령보충규칙
▷ 공포 不要
행정기관의 위임입법 허용
헌법상 위임입법 형식
▷ 예시적
위임범위 벗어나 새로운 입법으로 평가
▷ 위임한계 일탈

① [O] 국세청훈령이 과세의 법령상 근거가 됨은 물론이나 이는 어디까지나 행정규칙이고 그 자체 법령은 아니므로 이를 공포하지 아니하였다는 이유로 그 효력을 부인할 수 없다(대판 1990.2.9. 89누3731).

②③ [O] 오늘날 의회의 입법독점주의에서 입법중심주의로 전환하여 일정한 범위 내에서 행정입법을 허용하게 된 동기가 사회적 변화에 대응한 입법수요의 급증과 종래의 형식적 권력분립주의로는 현대사회에 대응할 수 없다는 기능적 권력분립론에 있다는 점 등을 감안하여 헌법 제40조와 헌법 제75조, 제95조의 의미를 살펴보면, 국회입법에 의한 수권이 입법기관이 아닌 행정기관에게 법률 등으로 구체적인 범위를 정하여 위임한 사항에 관하여는 당해 행정기관에게 법정립의 권한을 갖게 되고, 입법자가 규율의 형식도 선택할 수 있다 할 것이므로, 헌법이 인정하고 있는 위임입법의 형식은 예시적인 것으로 보아야 할 것이고, 그것은 법률이 행정규칙에 위임하더라도 그 행정규칙은 위임된 사항만을 규율할 수 있으므로, 국회입법의 원칙과 상치되지도 않는다(헌재 2006.12.28. 2005헌바59).

유제 15. 서울시 9급 헌법이 인정하고 있는 위임입법의 형식은 예시적이라는 것이 헌법재판소의 견해이다. (O)

❹ [X] 법률의 위임 규정 자체가 그 의미 내용을 정확하게 알 수 있는 용어를 사용하여 위임의 한계를 분명히 하고 있는데도 시행령이 그 문언적 의미의 한계를 벗어났다든지, 위임 규정에서 사용하고 있는 용어의 의미를 넘어 그 범위를 확장하거나 축소함으로써 위임 내용을 구체화하는 단계를 벗어나 새로운 입법을 한 것으로 평가할 수 있다면, 이는 위임의 한계를 일탈한 것으로서 허용되지 않는다(대판 2012.12.20. 2011두30878 전합).

유제 16. 국가직 7급 위임명령이 위임 내용을 구체화하는 단계를 벗어나 새로운 입법을 한 것으로 평가할 수 있다 하더라도 이는 위임의 한계를 일탈한 것이 아니다. (X)

02 　　　　　　　　　　　　　정답 ③

☑ 함께 정리하기 **행정입법**

위임 한계 준수 여부
▷ 법령 목적과 내용 종합 고려
조례 등 자치법적 사항
▷ 포괄위임 可
교육조례에 대한 항고소송의 피고
▷ 시·도교육감
산업자원부장관의 공장입지기준고시
▷ 법령보충규칙

ㄱ. [O] 법령에서 특정사항에 관하여 조례에 위임을 한 경우 조례가 위임의 한계를 준수하고 있는지를 판단할 때는 당해 법령 규정의 입법 목적과 규정 내용, 규정의 체계, 다른 규정과의 관계 등을 종합적으로 살펴야 하고, 위임 규정 자체에서 그 의미 내용을 정확하게 알 수 있는 용어를 사용하여 위임의 한계를 분명히 하고 있는데도 그 문언적 의미의 한계를 벗어났는지, 수권 규정에서 사용하고 있는 용어의 의미를 넘어 그 범위를 확장하거나 축소하여 위임 내용을 구체화하는 정도를 벗어나 새로운 입법을 하였는지 등도 아울러 고려해야 한다(대판 2017.4.7. 2014두37122).

ㄴ. [X] 조례의 제정권자인 지방의회는 선거를 통해서 그 지역적인 민주적 정당성을 지니고 있는 주민의 대표기관이고, 헌법이 지방자치단체에 대해 포괄적인 자치권을 보장하고 있는 취지로 볼 때 조례제정권에 대한 지나친 제약은 바람직하지 않으므로 조례에 대한 법률의 위임은 법규명령에 대한 법률의 위임과 같이 반드시 구체적으로 범위를 정하여 할 필요가 없으며 포괄적인 것으로 족하다(헌재 1995.4.20. 92헌마264).

유제 14. 국가직 7급 자치사무에 관한 자치조례에 대한 법률의 위임은 법령의 범위 안이라는 사항적 한계가 적용될 뿐 법규명령에 대한 법률의 위임과 같이 반드시 구체적으로 범위를 정하여 할 필요가 없으며 포괄위임도 가능하다. (○)

ㄷ. [×] 구 지방교육자치에 관한 법률 제14조 제5항, 제25조에 의하면 시·도의 교육·학예에 관한 사무의 집행기관은 시·도 교육감이고 시·도 교육감에게 지방교육에 관한 조례안의 공포권이 있다고 규정되어 있으므로, 교육에 관한 조례의 무효확인소송을 제기함에 있어서는 그 집행기관인 시·도 교육감을 피고로 하여야 한다(대판 1996.9.20. 95누8003).

유제 14. 국가직 7급 교육에 관한 시·도의 조례에 대한 무효확인소송은 시·도지사가 아니라 시·도 교육감을 피고로 하여 제기하여야 한다. (○)

ㄹ. [○] 산업자원부 고시 공장입지기준(1999.12.16. 산업자원부 고시 제1999-147호) 제5조는 산업자원부장관이 공업배치 및 공장설립에 관한 법률 제8조의 위임에 따라 공장입지의 기준을 구체적으로 정한 것으로서 법규명령으로서 효력을 가진다 할 것이고, 김포시 고시 공장입지제한처리기준(2000.4.10. 김포시 고시 제2000-28호) 제5조 제1항은 김포시장이 위 산업자원부 고시 공장입지기준 제5조 제2호의 위임에 따라 공장입지의 보다 세부적인 기준을 정한 것으로서 상위명령의 범위를 벗어나지 아니하므로 그와 결합하여 대외적으로 구속력이 있는 법규명령으로서 효력을 가진다(대판 2004.5.28. 2002두4716).

03
정답 ①

┌─────────────────────────────────────┐
│ ✅ 함께 정리하기 법규명령 형식의 처분기준 │
│   │
│ 제재적 처분기준   │
│ ▷ 부령 → 행정명령/대통령령 → 법규명령 │
│ 식품위생법 시행규칙상 처분기준   │
│ ▷ 대외적 구속력 無   │
│ 총포·도검·화약류 등 단속법 시행규칙   │
│ ▷ 대외적 구속력 有   │
│ 협의취득 보상액산정기준에 관한 토지보상법 시행규칙 │
│ ▷ 대외적 구속력 有   │
└─────────────────────────────────────┘

ㄱ. [○] 판례는 제재적 처분기준(재량준칙)의 실질을 갖는 법규명령의 경우, 행위형식이 대통령령인지 부령인지에 따라서 그 법적 성격을 달리 보고 있다. 즉, 제재적 처분기준이 대통령령(시행령)의 형식으로 규정된 경우에는 그 형식을 중시하여 법규명령으로 보고 있으나, 제재적 처분기준이 부령(시행규칙)에 규정되어 있는 경우, 법규성을 부정하여 행정규칙으로 보고 있다.

1. "경찰공무원의 채용시험 또는 경찰간부후보생공개경쟁선발시험에서 부정행위를 한 응시자에 대하여는 당해 시험을 정지 또는 무효로 하고, 그로부터 5년간 이 영에 의한 시험에 응시할 수 없게 한다."라고 규정한 경찰공무원임용령 제46조 제1항은 그 수권형식과 내용에 비추어 이는 행정청 내부의 사무처리기준을 규정한 재량준칙이 아니라 일반국민이나 법원을 구속하는 법규명령에 해당하고 따라서 위 규정에 의한 처분은 재량행위가 아닌 기속행위라 할 것이다(대판 2008.5.29. 2007두18321).

2. 자동차 운수사업법 제31조 제2항의 규정에 따라 제정된 자동차 운수사업법 제31조등의 규정에 의한 사업면허의 취소 등의 처분에 관한 규칙은 형식은 부령으로 되어 있으나 그 규정의 성질과 내용은 자동차운수사업면허의 취소처분 등에 관한 사무처리기준과 처분절차 등 행정청 내의 사무 처리준칙을 규정한 것에 불과하여 행정조직 내부에 있어서의 행정명령의 성질을 가지는 것이어서 행정조직 내부에서 관계 행정기관이나 직원을 구속함에 그치고 대외적으로 국민이나 법원을 구속하는 것은 아니다(대판 1991.11.8. 91누4973).

유제 15. 교행 9급 판례는 대통령령의 형식으로 정해진 제재적 처분기준을 법규명령으로 본다. (○)

11. 국가직 9급 법규명령 형식의 행정규칙과 관련하여 대법원은 대통령령(시행령)과 부령(시행규칙) 간의 구분 없이 실질적인 행정규칙의 성질을 인정하고 있다. (×)

10. 지방직 9급 대법원은 제재적 처분의 기준이 대통령령의 형식으로 정해진 경우 당해 기준을 법규명령으로 보고 있다. (○)

ㄴ. [○] 구 식품위생법 시행규칙 제53조에서 [별표 15]로 식품위생법 제58조에 따른 행정처분의 기준을 정하였다고 하더라도 이는 형식만 부령으로 되어 있을 뿐, 그 성질은 행정기관 내부의 사무처리준칙을 정한 것으로서 행정명령의 성질을 가지는 것이다(대판 1995.3.28. 94누6925·93누5635).

ㄷ. [×] 총포·도검·화약류 등 단속법(이하 '법'이라고 한다) 제12조 제1항, 제3항, 총포·도검·화약류 등 단속법 시행령(이하 '시행령'이라고 한다) 제14조 제1항 제2호, 구 총포·도검·화약류 등 단속법 시행규칙(이하 '시행규칙'이라고 한다) 제21조 제1항을 종합하여 보면, 총포 등의 소지허가의 범위, 즉 어떠한 경우에 소지허가를 받아야 하는 것인지에 대하여는 시행령이 법 제12조 제3항의 수권을 받아 총포 등의 종류 및 용도별로 정하고, 소지허가의 구체적인 요건에 대하여는 시행규칙이 법 제12조 제1항의 수권에 따라 규정한 것이라고 보아야 한다. 그리고 위 시행규칙처럼 행정규칙에서 법령의 수권에 의하여 법령을 보충하는 사항을 정한 경우에는 행정규칙도 근거 법령의 규정과 결합하여 대외적으로 구속력이 있는 법규명령으로서의 성질과 효력을 가진다(대판 2012.4.26. 2011도17812).

ㄹ. [×] 공익사업을 위한 토지 등의 취득 및 보상에 관한 법률 제68조 제3항은 협의취득의 보상액 산정에 관한 구체적 기준을 시행규칙에 위임하고 있고, 위임 범위 내에서 공익사업을 위한 토지 등의 취득 및 보상에 관한 법률 시행규칙 제22조는 토지에 건축물 등이 있는 경우에는 건축물 등이 없는 상태를 상정하여 토지를 평가하도록 규정하고 있는데, 이는 비록 행정규칙의 형식이나 공익사업법의 내용이 될 사항을 구체적으로 정하여 내용을 보충하는 기능을 갖는 것이므로, 공익사업법 규정과 결합하여 대외적인 구속력을 가진다(대판 2012.3.29. 2011다104253).

유제 14. 지방직 9급 「공익사업을 위한 토지 등의 취득 및 보상에 관한 법률」 제68조 제3항은 협의취득의 보상액 산정에 관한 구체적 기준을 시행규칙에 위임하고 있고, 위임 범위 내에서 동법(同法) 시행규칙 제22조는 토지에 건축물 등이 있는 경우에는 건축물 등이 없는 상태를 상정하여 토지를 평가하도록 규정하고 있는데, 이는 대외적 구속력이 없다. (×)

12. 지방직 7급 허가를 받기 위한 시설의 기준은 집행명령으로는 독자적으로 정할 수 없다. (O)

---

04 정답 ④

☑ **함께 정리하기 행정입법**

조례의 점용료 산정기준
▷ 대통령령 범위 내 유효
「여객자동차 운수사업법」 시행규칙
▷ 대외적 구속력 有
법원의 명령·규칙의 위헌·위법심사
▷ 재판의 전제성 要
집행명령
▷ 개별적 위임 없이 제정 可

① [O] 구 도로법 제41조 제2항의 '대통령령으로 정하는 범위에서'라는 문언상 대통령령에서 정한 '점용료 산정기준'은 각 지방자치단체 조례가 규정할 수 있는 점용료의 상한을 뜻하는 것이므로, 구 양천구 조례 규정은 구 도로법 시행령이 정한 산정기준에 따른 점용료 상한의 범위 내에서 유효하고, 이를 벗어날 경우 그 상한이 적용된다는 취지에서 유효하다(대판 2013.9.27. 2012두15234).

② [O] 구 여객자동차 운수사업법 시행규칙 제31조 제2항 제1호, 제2호, 제6호는 법 제11조 제4항의 위임에 따라 시외버스운송사업의 사업 계획변경에 관한 절차, 인가기준 등을 구체적으로 규정한 것으로서, 대외적인 구속력이 있는 법규명령이라고 할 것이고, 그것을 행정청 내부의 사무처리준칙을 규정한 행정규칙에 불과하다고 할 수는 없는 것이다(대판 2006.6.27. 2003두4355)

유제 18. 국회직 8급 구 「여객자동차 운수사업법」 제11조 제4항의 위임에 따라 시외버스운송사업의 사업계획변경에 관한 절차, 인가기준 등을 구체적으로 규정한 구 「여객자동차 운수사업법 시행규칙」 제31조 제2항 제1호, 제2호, 제6호는 대외적인 구속력이 있는 법규명령이라고 할 것이고, 그것을 행정청 내부의 사무처리준칙을 규정한 행정규칙에 불과하다고 할 수는 없다. (O)

③ [O]

> **헌법 제107조** ② 명령·규칙 또는 처분이 헌법이나 법률에 위반되는 여부가 재판의 전제가 된 경우에는 대법원은 이를 최종적으로 심사할 권한을 가진다.

유제 12. 국가직 9급 명령·규칙의 위헌·위법심사는 그 위헌 또는 위법의 여부가 재판의 전제가 된 경우에 가능하다. (O)

④ [X] 집행명령은 법령의 범위 내에서 그 시행을 위한 세부적 사항에 관하여 직권으로 발동되는 명령이다. 법률 또는 상위명령에서 정해진 내용을 집행하기 위한 세부적인 사항을 정하는 것에 불과하므로 개별적 수권규정이 없는 경우, 즉 개별적 위임이 없는 경우에도 집행명령의 제정이 가능하다.

> 지방공무원 징계 및 소청규정 제14조, 제1조의3 제1항 제1호는 지방공무원법 제62조 제2항 본문의 의견을 듣는 절차에 관하여 임용권자가 시·군·구의 5급 이상 공무원을 직권면직시킬 경우 시·도인사위원회의 의견을 듣도록 규정하고 있는바, 같은 법이 직권면직절차에 관하여 위임에 관한 아무런 규정을 두지 아니하였다고 하더라도 대통령령은 직권면직에 관한 같은 법의 규정을 집행하기 위하여 필요한 사항에 관하여 규정할 수 있다(대판 2006.10.27. 2004두12261).

유제 15. 서울시 9급 상위법령의 시행에 관하여 필요한 절차 및 형식에 관한 사항을 규정하는 집행명령은 상위법령의 명시적 수권이 없는 경우에도 발할 수 있다. (O)

---

05 정답 ①

☑ **함께 정리하기 행정규칙**

법령위임범위 벗어난 고시
▷ 대외적 구속력 無
고시가 위임범위 벗어난 경우
▷ 대외적 구속력 無
운전면허행정처분기준
▷ 대외적 구속력 無
재량기준
▷ 가능한 한 존중

❶ [X] 일반적으로 행정 각부의 장이 정하는 고시라 하더라도 그것이 특히 법령의 규정에서 특정 행정기관에게 법령 내용의 구체적 사항을 정할 수 있는 권한을 부여함으로써 그 법령 내용을 보충하는 기능을 가질 경우에는 그 형식과 상관없이 근거 법령 규정과 결합하여 대외적으로 구속력이 있는 법규명령으로서의 효력을 가지는 것이나 이는 어디까지나 법령의 위임에 따라 그 법령 규정을 보충하는 기능을 가지는 점에 근거하여 예외적으로 인정되는 효력이므로 특정 고시가 비록 법령에 근거를 둔 것이라고 하더라도 그 규정 내용이 법령의 위임 범위를 벗어난 것일 경우에는 위와 같은 법규명령으로서의 대외적 구속력을 인정할 여지는 없다(대판 1999.11.26. 97누13474).

유제 13. 서울시 7급 고시가 법령의 수권에 의하여 당해 법령의 내용을 보충하는 경우 수권법령과 결합하여 대외적 구속력을 갖게 된다는 것이 대법원 판례의 입장이다. (O)

② [O] 구 농수산물품질관리법령의 관련 규정에 따라 국내 가공품의 원산지표시에 관한 세부적인 사항을 정하고 있는 구 농수산물품질관리법 시행규칙 제24조 제6항은 "가공품의 원산지표시에 있어서 그 표시의 위치, 글자의 크기·색도 등 표시방법에 관하여 필요한 사항은 농림부장관 또는 해양수산부장관이 정하여 고시한다."고 정하고 있는바, 이는 원산지표시의 위치, 글자의 크기·색도 등과 같은 표시방법에 관한 기술적이고 세부적인 사항만을 정하도록 위임한 것일 뿐, 원산지표시 방법에 관한 기술적인 사항이 아닌 원산지표시를 하여야 할 대상을 정하도록 위임한 것은 아니라고 해석되고, 그렇다면 농산물원산지 표시요령 제4조 제2항이 "가공품의 원료로 가공품이 사용될 경우 원산지표시는 원료로 사용된 가공품의 원료 농산물의 원산지를 표시하여야 한다."고 규정하고 있더라도 이는 원산지표시 방법에 관한 기술적인 사항이 아닌 원산지표시를 하여야 할 대상에 관한 것이어서 구 농수산물품질관리법 시행규칙에 의해 고시로써 정하도록 위임된 사항에 해당한다고 할 수 없어 법규명령으로서의 대외적 구속력을 가질 수 없다(대판 2006.4.28. 2003마715).

③ [O] 도로교통법 시행규칙 제53조 제1항이 정한 [별표 16]의 운전면허행정 처분기준은 관할 행정청이 운전면허의 취소 및 운전면허의 효력정지 등의 사무처리를 함에 있어서 처리기준과 방법 등의 세부사항을 규정한 행정기관 내부의 처리지침에 불과한 것으로서 대외적으로 국민이나 법원을 기속하는 효력이 없으므로, 자동차운전면허취소처분의 적법 여부는 위 운전면허행정처분 기준만에 의하여 판단할 것이 아니라 도로교통법의 규정 내용과 취지에 따라 판단되어야 하며, … 벌점의 누산에 따른 처분기준 역시 행정청 내의 사무처리에 관한 재량준칙에 지나지 아니할 뿐 법규적 효력을 가지는 것은 아니다(대판 1998.3.27. 97누20236).

유제 12. 경찰 「도로교통법 시행규칙」 제91조 [별표 28]에서 정한 행정처분 기준의 법적 성질은 법규명령이다. (×)

④ [O] 도시계획법 제4조 제1항 제1호, 같은 법 시행령 제5조의2, 토지의 형질변경 등 행위허가 기준 등에 관한 규칙 제5조의 규정의 형식이나 문언 등에 비추어 볼 때, 형질변경의 허가가 신청된 당해 토지의 합리적인 이용이나 도시계획사업에 지장이 될 우려가 있는지 여부와 공익상 또는 이해관계인의 보호를 위하여 부관을 붙일 필요의 유무나 그 내용 등을 판단함에 있어서 행정청에 재량의 여지가 있으므로 그에 관한 판단 기준을 정하는 것 역시 행정청의 재량에 속하고, 그 설정된 기준이 객관적으로 합리적이 아니라거나 타당하지 않다고 볼 만한 특별한 사정이 없는 이상 행정청의 의사는 가능한 한 존중되어야 할 것이다(대판 1999.2.23. 98두17845).

유제 17. 사복 9급 설정된 재량기준이 객관적으로 합리적이 아니라거나 타당하지 않다고 볼 만한 다른 특별한 사정이 없다면 행정청의 의사는 존중되어야 한다. (O)

06
정답 ①

함께 정리하기 **행정규칙**

하자있는 행정규칙
▷ 공정력 없으므로 무효
법규성 없는 시행규칙 위배
▷ 곧바로 위법×
지방공무원보수업무 등 처리지침
▷ 법령보충규칙
내신성적산정지침
▷ 행정처분×

❶ [×] 행정규칙에는 공정력이 없으므로 하자 있는 행정규칙은 무효가 된다.

② [O] 어떤 행정처분이 그와 같이 법규성이 없는 시행규칙 등의 규정에 위배된다고 하더라도 그 이유만으로 처분이 위법하게 되는 것은 아니라 할 것이고, 또 그 규칙 등에서 정한 요건에 부합한다고 하여 반드시 그 처분이 적법한 것이라고 할 수도 없다. 이 경우 처분의 적법 여부는 그러한 규칙 등에서 정한 요건에 합치하는지 여부가 아니라 일반 국민에 대하여 구속력을 가지는 법률 등 법규성이 있는 관계 법령의 규정을 기준으로 판단하여야 한다(대판 2013.9.12. 2011두10584).

③ [O] 구 지방공무원보수업무 등 처리지침 [별표 1] '직종별 경력환산율표 해설'이 정한 민간근무경력의 호봉 산정에 관한 부분은 지방공무원법 제45조 제1항과 구 지방공무원 보수규정 제8조 제2항, 제9조의2 제2항, [별표 3]의 단계적 위임에 따라 행정자치부장관이 행정규칙의 형식으로 법령의 내용이 될 사항을 구체적으로 정한 것이고, 달리 지침이 위 법령의 내용 및 취지에 저촉된다거나 위임 한계를 벗어났다고 보기 어려우므로, 지침은 상위법령과 결합하여 대외적인 구속력이 있는 법규명령으로서의 효력을 갖게 된다(대판 2016.1.28. 2015두53121).

유제 18. 서울시 9급 구 「지방공무원보수업무 등 처리지침」은 안전행정부 예규로서 행정규칙의 성질을 가진다. (×)

④ [O] 교육부장관이 내신성적 산정기준의 통일을 기하기 위해 대학입시기본계획의 내용에서 내신성적 산정기준에 관한 시행지침을 마련하여 시·도 교육감에서 통보한 것은 행정조직 내부에서 내신성적 평가에 관한 내부적 심사기준을 시달한 것에 불과하며, … 그것만으로는 현실적으로 특정인의 구체적인 권리의무에 직접적으로 변동을 초래케 하는 것은 아니라 할 것이어서 내신성적 산정지침을 항고소송의 대상이 되는 행정처분으로 볼 수 없다(대판 1994.9.10. 94두33).

유제 15. 경찰 교육부장관이 내신성적산정지침을 시·도교육감에게 통보한 것은 행정조직 내부에서 내신성적평가에 관한 심사기준을 시달한 것에 불과하여 위 지침을 행정처분으로 볼 수 없다. (O)
12. 국가직 9급 교육부장관(현 교육과학기술부장관)의 내신성적 산정지침은 행정조직의 내부적 심사기준을 시달한 것에 불과하므로 처분성이 인정되지 않는다. (O)

07
정답 ②

함께 정리하기 **행정규칙 형식의 법규명령**

법령보충규칙
▷ 법령과 결합하여 대외적 구속력 有
행정편의 위한 절차 규정
▷ 행정규칙
2014년도 건물 및 기타물건 시가표준액 조정기준
▷ 법령보충 규칙
법령보충규칙
▷ 그 자체가 직접 대외적 구속력 無

① [O] 행정규칙인 부령이나 고시가 법령의 수권에 의하여 법령을 보충하는 사항을 정하는 경우에는 그 근거법령규정과 결합하여 대외적으로 구속력이 있는 법규명령으로서의 성질과 효력을 가진다 할 것이다(대판 2007.5.10. 2005도591).

유제 13. 지방직 7급 법령의 규정이 행정기관에 그 내용의 구체화 권한을 부여하면서 그 권한 행사의 절차나 방법을 특정하지 않아서 수임행정기관이 행정규칙의 형식으로 그 법령의 내용이 될 사항을 구체적으로 정한 경우, 그 행정규칙은 당해 법령의 위임한계를 벗어나지 아니하는 한 법령과 결합하여 대외적으로 구속력이 있는 법규명령으로서 효력을 가진다. (O)
12. 국가직 9급 법령보충적 행정규칙은 상위법령과 결합하여 그 위임한계를 벗어나지 아니하는 범위 내에서 상위법령의 일부가 됨으로써 대외적 구속력을 발생한다. (O)
12. 지방직 7급 법령보충적 행정규칙은 그 자체로서 직접적으로 대외적 구속력을 가진다. (×)

11. 국회직 9급 판례는 법령보충적 행정규칙의 법적 구속력을 인정한
다. (○)

❷ [×] 법률의 위임을 받은 것이기는 하나 행정적 편의를 도모하기
위한 절차적 규정은 법령보충적 행정규칙이 아니라 단순히 행
정규칙의 성질을 가지는 데 불과하다.

> 구 법인세법상 소득금액조정합계표 작성요령은 법률의 위임
> 을 받은 것이기는 하나 법인세의 부과징수라는 행정적 편의
> 를 도모하기 위한 절차적 규정으로서 단순히 행정규칙의 성
> 질을 가지는 데 불과하여 과세관청이나 일반국민을 기속하는
> 것이 아니다(대판 2003.9.5. 2001두403).

③ [○] '2014년도 건물 및 기타물건 시가표준액 조정기준'의 각 규정
들은 일정한 유형의 위반 건축물에 대한 이행강제금의 산정기
준이 되는 시가표준액에 관하여 행정자치부장관으로 하여금
정하도록 한 위 건축법 및 지방세법령의 위임에 따른 것으로
서 그 법령 규정의 내용을 보충하고 있으므로, 그 법령 규정과
결합하여 대외적인 구속력이 있는 법규명령으로서의 효력을
가진다(대판 2017.5.31. 2017두30764).

④ [○] 이른바 법령보충적 행정규칙이라도 그 자체로서 직접적으로
대외적인 구속력을 갖는 것은 아니다. 즉, 상위법령과 결합하
여 일체가 되는 한도 내에서 상위법령의 일부가 됨으로써 대
외적 구속력이 발생되는 것일 뿐 그 행정규칙 자체는 대외적
구속력을 갖는 것은 아니라 할 것이다(헌재 2004.10.28. 99
헌바91).

> **유제** 12. 지방직 7급 법령보충적 행정규칙은 그 자체로서 직접적으로
> 대외적 구속력을 가진다. (×)

---

08   정답 ④

> ☑ **함께 정리하기 사례정리**
>
> 「도로교통법 시행규칙」상 처분기준
> ▷ 행정규칙
> 면허취소
> ▷ 재량 일탈·남용×
> 벌점의 부과
> ▷ 행정처분×
> 운전면허행정처분기준
> ▷ 법원도 기속×

① [○], ❹ [×] 판례는 「도로교통법 시행규칙」 제91조 [별표 28]에
서 정한 행정처분 기준을 법규명령이 아닌 행정규칙으로 보고
있으므로 대외적으로 국민을 구속하는 효력이 없을 뿐만 아니
라 법원을 기속하는 효력 또한 없다.

> 도로교통법 시행규칙 제53조 제1항이 정한 [별표 16]의 운
> 전면허 행정처분기준은 관할 행정청이 운전면허의 취소 및
> 운전면허의 효력정지 등의 사무처리를 함에 있어서 처리기준
> 과 방법 등의 세부사항을 규정한 행정기관 내부의 처리지침
> 에 불과한 것으로서 대외적으로 국민이나 법원을 기속하는
> 효력이 없으므로, 자동차운전면허취소처분의 적법 여부는 위
> 운전면허행정처분기준만에 의하여 판단할 것이 아니라 도로
> 교통법의 규정 내용과 취지에 따라 판단되어야 하며, 위 운전

면허행정 처분기준의 하나로 삼고 있는 벌점이란 자동차운전
면허의 취소·정지처분의 기초자료로 활용하기 위하여 법규
위반 또는 사고야기에 대하여 그 위반의 경중, 피해의 정도
등에 따라 배점되는 점수를 말하는 것으로서, 이러한 벌점의
누산에 따른 처분기준 역시 행정청 내의 사무처리에 관한 재
량준칙에 지나지 아니할 뿐 법규적 효력을 가지는 것은 아니
다(대판 1998.3.27. 97누20236).

② [○] 기록에 의하면, 원고는 1996.8.28. 안전운전의무 위반으로 인
하여 중상 1명의 인적피해를 입힌 교통사고를 일으켜 벌점
25점을, 같은 해 10.16. 차로에 따른 통행위반으로 벌점 10
점을 각 받았음에도 또다시 1997.5.31. 혈중알콜농도 0.056%
의 주취상태에서 적재량 2.5t짜리 화물트럭을 운전하다가 적
발되어 벌점 100점을 받아 1년간의 누산점수가 135점으로서
운전면허취소기준인 누산점수 121점을 훨씬 초과하게 된 점,
원고가 행한 법규 위반의 정도가 결코 가볍지 아니할 뿐만 아
니라 그 법규 위반행위가 단기간에 걸쳐 반복된 점 … 이 사
건 취소처분으로 인하여 원고가 상당한 재산상의 손해를 입게
된다 하더라도 그러한 원고의 사익과 이 사건 취소처분으로
달성하려는 공익상의 필요를 비교·교량할 때 이 사건 취소처
분은 적절하고 거기에 재량권의 범위를 일탈하거나 남용한 위
법이 없다(대판 1998.3.27. 97누20236).

③ [○] 운전면허 행정처분처리대장상 벌점의 배점은 도로교통법규 위
반행위 를 단속하는 기관이 도로교통법 시행규칙 [별표 16]의
정하는 바에 의하여 도로교통법규 위반의 경중, 피해의 정도
등에 따라 배정하는 점수를 말하는 것으로 자동차운전면허의
취소, 정지처분의 기초자료로 제공하기 위한 것이고 그 배점
자체만으로는 아직 국민에 대하여 구체적으로 어떤 권리를 제
한하거나 의무를 명하는 등 법률적 규제를 하는 효과를 발생
하는 요건을 갖춘 것이 아니어서 그 무효확인 또는 취소를 구
하는 소송의 대상이 되는 행정처분이라고 할 수 없다(대판
1994.8.12. 94누2190).

> **유제** 12. 경찰 벌점이 누적되면 운전면허 정지처분을 받을 위험성이 있
> 는 것이므로 벌점의 부과는 국민의 권리·의무에 변동을 가져오는 행정
> 처분에 해당한다. (×)

---

09   정답 ②

> ☑ **함께 정리하기 행정규칙**
>
> 부령형식의 제재처분기준
> ▷ 행정규칙
> 처분의 적법성
> ▷ 관계 법령 포함해 판단
> 행정규칙
> ▷ 대외적 구속력 無
> 행정입법 포함 법집행의무
> ▷ 헌법적 의무
> 약제급여 보건복지부고시
> ▷ 행정처분○

① [O] 제재적 행정처분의 기준이 부령의 형식으로 규정되어 있더라도 그것은 행정청 내부의 사무처리준칙을 정한 것에 지나지 아니하여 대외적으로 국민이나 법원을 기속하는 효력이 없고, 당해 처분의 적법 여부는 위 처분기준만이 아니라 관계 법령의 규정 내용과 취지에 따라 판단되어야 한다(대판 2007.9.20. 2007두6946).

> 유제 16. 교행 9급 부령의 형식으로 정해진 제재적 처분기준은 법규명령이다. (×)

❷ [×] 상급행정기관이 하급행정기관에 대하여 업무처리지침이나 법령의 해석적용에 관한 기준을 정하여 발하는 이른바 '행정규칙이나 내부지침'은 일반적으로 행정조직 내부에서만 효력을 가질 뿐 대외적인 구속력을 갖는 것은 아니므로 행정처분이 그에 위반하였다고 하여 그러한 사정만으로 곧바로 위법하게 되는 것은 아니다(대판 2009.12.24. 2009두7967).

> 유제 14. 경찰 행정규칙은 원칙적으로 대외적 구속력이 없다. (O)
> 11. 국가직 9급 상급행정기관이 하급행정기관에 대하여 업무처리지침이나 법령의 해석적용에 관한 기준을 정하여서 발하는 이른바 행정규칙은 일반적으로 행정조직 내부에서의 효력뿐만 아니라 대외적인 구속력도 갖는다. (×)

③ [O] 삼권분립의 원칙, 법치행정의 원칙을 당연한 전제로 하고 있는 우리 헌법하에서 행정권의 행정입법 등 법집행의무는 헌법적 의무라고 보아야 한다. 왜냐하면 행정입법이나 처분의 개입 없이도 법률이 집행될 수 있거나 법률의 시행여부나 시행시기까지 행정권에 위임된 경우는 별론으로 하고, 이 사건과 같이 치과전문의제도의 실시를 법률 및 대통령령이 규정하고 있고 그 실시를 위하여 시행규칙의 개정 등이 행해져야 함에도 불구하고 행정권이 법률의 시행에 필요한 행정입법을 하지 아니하는 경우에는 행정권에 의하여 입법권이 침해되는 결과가 되기 때문이다(헌재 1998.7.16. 96헌마246).

> 유제 17. 서울시 7급 삼권분립의 원칙, 법치행정의 원칙을 당연한 전제로 하고 있는 우리 헌법하에서 행정권의 행정입법 등 법집행의무는 헌법적 의무라고 보아야 한다. (O)

④ [O] 보건복지부 고시인 약제급여·비급여목록 및 급여상한금액표는 다른 집행행위의 매개 없이 그 자체로서 국민건강보험가입자, 국민건강보험공단, 요양기관 등의 법률관계를 직접 규율하는 성격을 가지므로 항고소송의 대상이 되는 행정처분에 해당한다(대판 2006.9.22. 2005두2506).

> 유제 12. 국회직 8급 행정규칙이 직접적으로 국민의 권익을 침해하는 경우에는 처분성이 인정되어 항고소송에 의한 사법적 통제를 받게 된다. (O)

10 정답 ④

📋 **함께 정리하기 노령수당 사례정리**

「행정규제기본법」 제4조 제2항 단서
▷ 행정규칙 형식의 법규명령 인정근거
노인복지지침
▷ 위임한계 일탈
재산제세사무처리규정
▷ 법령보충규칙
제정권한부여 & 절차·방법 특정×
▷ 행정규칙 형식으로 구체화 可

① [×] 행정규칙 형식의 법규명령(법령보충규칙)이란 실질은 법규명령에 해당하는 것을 행정규칙의 형식으로 제정한 것을 말한다. 「행정규제기본법」 제4조는 제2항 단서는 법규명령으로서 기능하는 행정규칙의 제정 가능성을 인정하고 있는 것으로 평가할 수 있다.

② [×] 사안의 노인복지지침은 법령보충규칙에 해당하지만, ×법률 및 같은 법 시행령의 위임한계를 벗어난 것이어서 그 효력이 없다.

> 보건사회부(현 보건복지부)장관이 정한 '1994년도 노인복지사업지침'은 노령수당의 지급대상자의 선정기준 및 지급수준 등에 관한 권한을 부여한 구 노인복지법 제13조 제2항, 구 같은 법 시행령 제17조·제20조 제1항에 따라 보건사회부장관이 발한 것으로서 실질적으로 법령의 규정 내용을 보충하는 기능을 지니면서 그것과 결합하여 대외적으로 구속력이 있는 법규명령의 성질을 가지는 것으로 보인다. 법령보충적인 행정규칙, 규정은 당해 법령의 위임한계를 벗어나지 아니하는 범위 내에서만 그것들과 결합하여 법규적 효력을 가지고, … 보건사회부장관이 정한 1994년도 노인복지사업지침은 노령수당의 지급대상자를 '70세 이상'의 생활보호대상자로 규정함으로써 당초 법령이 예정한 노령수당의 지급대상자를 부당하게 축소·조정하였고, 따라서 위 지침 가운데 노령수당의 지급대상자를 '70세 이상'으로 규정한 부분은 법령의 위임한계를 벗어난 것이어서 그 효력이 없다(대판 1996.4.12. 95누7727).

> 유제 12. 국가직 9급 구「노인복지법」및 같은 법 시행령은 65세 이상인 자에게 노령수당의 지급을 규정하고 있는데, 같은 법 시행령의 위임에 따라 보건사회부장관이 정한 70세 이상의 보호대상자에게만 노령수당을 지급하는 1994년도 노인복지사업지침은 법규명령의 성질을 가진다. (O)

③ [×] 소득세법 시행령 제170조 제4항 제2호에 의하여 투기거래를 규정한 재산 제세조사사무처리규정(국세청훈령 제980호)은 그 형식은 행정규칙으로 되어 있으나 위 시행령의 규정을 보충하는 기능을 가지면서 그와 결합하여 법규명령과 같은 효력(대외적인 구속력)을 가지는 것이므로 과세관청이 위 규정에 정하는 바에 따라 양도소득세 공정과세위원회의 자문을 거치지 아니하고 위 규정 제72조 제3항 제8호 소정의 투기거래로 인정하여 양도소득세를 과세하는 것은 위법이다(대판 1989.11.14. 89누5676).

> 유제 10. 국회직 8급 판례에 따르면 법령의 위임에 근거한 국세청장훈령인「재산제세사무처리규정」은 법규명령으로서의 효력을 가진다. (O)

❹ [O] 법령의 규정이 특정행정기관에게 그 법령내용의 구체적 사항을 정할 수 있는 권한을 부여하면서 그 권한행사의 절차나 방법을 특정하고 있지 아니한 관계로 수임행정기관이 행정규칙의 형식으로 그 법령의 내용이 될 사항을 구체적으로 정하고 있다면, … 행정기관에 법령의 구체적 내용을 보충할 권한을 부여한 법령규정의 효력에 의하여 그 내용을 보충하는 기능을 갖게 된다 할 것이므로 이와 같은 행정규칙, 규정은 당해 법령의 위임한계를 벗어나지 아니하는 한 그것들과 결합하여 대외적인 구속력이 있는 법규명령으로서의 효력을 갖게 된다(대판 1987.9.29. 86누484).

> 유제 10. 국회직 8급 법령의 규정이 특정 행정기관에게 그 법령 내용의 구체적인 사항을 정할 수 있는 권한을 부여하면서 그 권한행사의 절차나 방법을 특정하지 아니한 경우에는 수임행정기관이 행정규칙의 형식으로 그 법령내용을 구체적으로 정할 수 있다. (O)

11

📋 함께 정리하기 행정입법의 통제

직접 기본권 침해하는 법령
▷ 헌법소원 대상
행정입법의 제·개정 또는 폐지
▷ 10일 이내 국회 소관 상임 위원회에 제출
행정입법 자체의 합법성 심사를 목적으로 하는 독립한 신청 不可
(∵ 구체적 규범통제)
추상적 규범통제 부정

① [O] 헌법재판소는 법원의 명령·규칙에 대한 심사는 명령·규칙이 재판의 전제가 된 경우에 한해 가능한 것이어서 법규명령이 그 자체에 의하여 직접 국민의 기본권을 침해하는 경우라면 일반법원에 의한 구제절차는 존재하지 않으므로 헌법소원의 대상이 될 수 있다는 입장이다.

> 법령자체에 의한 직접적인 기본권침해 여부가 문제되었을 경우 그 법령의 효력을 직접 다투는 것을 소송물로 하여 일반법원에 구제를 구할 수 있는 절차는 존재하지 아니하므로 이 사건에서는 다른 구제절차를 거칠 것 없이 바로 헌법소원심판을 청구할 수 있는 것이다(헌재 1990.10.15. 89헌마178).

유제 08. 지방직 7급 헌법재판소는 구 「법무사법 시행규칙」 제3조 제1항에 대한 헌법소원심판사건에서 명령·규칙에 대한 헌법재판소의 심사권을 인정하였다. (O)
10. 지방직 9급 법규명령에 대하여 헌법소원을 제기할 수 있는가에 대하여 우리 헌법재판소는 이를 긍정하고 있다. (O)

② [O]
> 「국회법」 제98조의2 【대통령령 등의 제출 등】 ① 중앙행정기관의 장은 법률에서 위임한 사항이나 법률을 집행하기 위하여 필요한 사항을 규정한 대통령령·총리령·부령·훈령·예규·고시 등이 제정·개정 또는 폐지되었을 때에는 10일 이내에 이를 국회 소관 상임위원회에 제출하여야 한다. 다만, 대통령령의 경우에는 입법예고를 할 때(입법예고를 생략하는 경우에는 법제처장에게 심사를 요청할 때를 말한다)에도 그 입법예고안을 10일 이내에 제출하여야 한다.

③ [O] 헌법 제107조 제2항의 규정에 따르면 행정입법의 심사는 일반적인 재판절차에 의하여 구체적 규범통제의 방법에 의하도록 명시하고 있으므로, 당사자는 구체적 사건의 심판을 위한 선결문제로서 행정입법의 위법성을 주장하여 법원에 대하여 당해 사건에 대한 적용 여부의 판단을 구할 수 있을 뿐 행정입법 자체의 합법성의 심사를 목적으로 하는 독립한 신청을 제기할 수는 없다(대결 1994.4.26. 93부32).

❹ [X] 추상적 규범통제는 구체적 사건과 관계없이 법규명령 그 자체의 위헌·위법 여부를 추상적으로 심사하고, 위헌·위법으로 판단되면 법규명령의 효력을 상실하게 하는 제도를 말한다. 우리나라는 법령에 대한 추상적 규범통제를 인정하지 않고 있다.

유제 09. 국가직 7급 현행 헌법은 법규명령에 대한 구체적인 규범통제만을 인정하고 추상적인 규범통제는 허용하고 있지 않다. (O)

12

📋 함께 정리하기 행정입법의 통제

의회에 의한 통제
▷ 직접통제 + 간접통제
군법무관 보수제정의무 부작위
▷ 불법행위○
행정청이 위헌판단하여 적용거부
▷ 권력분립의 원칙상 허용×
근거법령소멸
▷ 실효
근거법령개정
▷ 집행명령 실효×

① [O] 법규명령에 대한 의회의 통제는 의회가 법규명령의 성립·발효에 대한 동의 또는 승인권을 갖거나, 일단 유효하게 성립한 법규명령의 효력을 소멸시키는 직접적 통제와 의회가 법규명령의 효력발생에 직접 영향을 주는 것이 아니라, 간접적으로 국정감사 등을 통해 법규명령의 적법·타당성을 확보하는 간접적 통제가 있다. 대통령이 긴급재정·경제명령이나 긴급명령권을 행사한 때 국회에 보고하고 그 승인을 얻도록 하고 있는 것(헌법 제76조)은 직접적 통제의 예에 해당하고, 국정조사·감사(헌법 제61조), 「국회법」상 제출제도(제98조의2) 등은 간접적 통제의 예에 해당한다.

유제 08. 지방직 7급 국회는 「국회법」상 제출제도를 통하여 행정입법에 대한 통제를 할 수 있다. (O)

② [O] 입법부가 법률로써 행정부에게 특정한 사항을 위임했음에도 불구하고 행정부가 정당한 이유 없이 이를 이행하지 않는다면 권력분립의 원칙과 법치국가 내지 법치행정의 원칙에 위배되는 것으로서 위법함과 동시에 위헌적인 것이 되는바, 구 군법무관임용법 제5조 제3항과 군법무관임용 등에 관한 법률 제6조가 군법무관의 보수를 법관 및 검사의 예에 준하도록 규정하면서 그 구체적 내용을 시행령에 위임하고 있는 이상, 위 법률의 규정들은 군법무관의 보수의 내용을 법률로써 일차적으로 형성한 것이고, 위 법률들에 의해 상당한 수준의 보수청구권이 인정되는 것이므로, 위 보수청구권은 단순한 기대이익을 넘어서는 것으로서 법률의 규정에 의해 인정된 재산권의 한 내용이 되는 것으로 봄이 상당하고, 따라서 행정부가 정당한 이유 없이 시행령을 제정하지 않은 것은 위 보수청구권을 침해하는 불법행위에 해당한다(대판 2007.11.29. 2006다3561).

❸ [X] 행정청이 행정처분 단계에서 당해 처분의 근거가 되는 법률이 위헌이라고 판단하여 그 적용을 거부하는 것은 권력분립의 원칙상 허용될 수 없지만, 행정처분에 대한 소송절차에서는 행정처분의 적법성·정당성뿐만 아니라 그 근거 법률의 헌법적합성까지도 심판대상으로 되는 것이므로, 행정처분에 불복하는 당사자뿐만 아니라 행정처분의 주체인 행정청도 헌법의 최고규범력에 따른 구체적 규범통제를 위하여 근거 법률의 위헌 여부에 대한 심판의 제청을 신청할 수 있고 헌법재판소법 제68조 제2항의 헌법소원을 제기할 수 있다고 봄이 상당하다(헌재 2008.4.24. 2004헌바44).

④ [O] 상위법령의 시행에 필요한 세부적 사항을 정하기 위하여 행정관청이 일반적 직권에 의하여 제정하는 이른바 집행명령은 근거법령인 상위법령이 폐지되면 특별한 규정이 없는 이상 실효되는 것이나, 상위법령이 개정됨에 그친 경우에는 개정법령과 성질상 모순, 저촉되지 아니하고 개정된 상위법령의 시행에

필요한 사항을 규정하고 있는 이상 그 집행명령은 상위법령의 개정에도 불구하고 당연히 실효되지 아니하고 개정 법령의 시행을 위한 집행명령이 제정, 발효될 때까지는 여전히 그 효력을 유지한다(대판 1989.9.12. 88누6962).

유제 09. 국가직 9급 법규명령의 근거법령이 소멸된 경우에는 법규명령도 소멸함이 원칙이나, 근거법령이 개정됨에 그친 경우에는 집행명령은 여전히 그 효력을 유지할 수 있다. (○)

13 　　　　　　　　　　　　　　　　정답 ①

☑ **함께 정리하기** **행정입법의 통제**

상급행정청
▷ 하급행정청의 법규명령 직접 폐지 不可
진정행정입법부작위
▷ 헌법소원 대상성 인정
일정한 직업에 종사하는 사람들에게만 적용되는 법령의 명확성
▷ 그 사람들 중 평균인 기준
행정입법 제출제도
▷ 중앙행정기관의 장은 10일 내 국회 소관상임위에 제출

❶ [○] 상급행정청이라 해도 하급행정청의 법규명령을 직접 개정하거나 폐지할 수 없다. 만일 이를 허용한다면 하급행정청에 행정입법권한을 위임한 법률의 취지에 반하기 때문이다. 따라서 상급행정청은 하급행정청에게 법규명령에 대한 시정·폐지를 지시하거나 상위법령의 제정·개정을 통해 하위법규명령의 효력을 소멸시켜야 한다. 한편 예외적으로 대통령은 국무총리와 중앙행정기관의 장의 명령이나 처분이 위법 또는 부당하다고 인정하면 이를 중지 또는 취소할 수 있고, 국무총리는 중앙행정기관의 장의 명령이나 처분이 위법 또는 부당하다고 인정될 경우에는 대통령의 승인을 받아 이를 중지 또는 취소할 수 있다.

> 「정부조직법」 제11조 【대통령의 행정감독권】 ② 대통령은 국무총리와 중앙행정기관의 장의 명령이나 처분이 위법 또는 부당하다고 인정하면 이를 중지 또는 취소할 수 있다.
> 제18조 【국무총리의 행정감독권】 ② 국무총리는 중앙행정기관의 장의 명령이나 처분이 위법 또는 부당하다고 인정될 경우에는 대통령의 승인을 받아 이를 중지 또는 취소할 수 있다.

유제 13. 서울시 7급 대통령은 국무총리의 명령이 위법하다고 인정해도 이를 중지시킬 수 없다. (×)

② [×] 시행명령을 제정할 의무가 있음에도 명령제정을 거부하거나 입법부작위가 있는 경우는 진정입법부작위에 해당하는데, 진정입법부작위에 대한 헌법소원도 허용된다. 헌법재판소는 치과전문의 제도에 관한 헌법소원사건에서 위헌적 진정입법부작위를 인정한 바 있다.

> 치과전문의제도의 시행을 위하여 필요한 사항 중 일부를 누락함으로써 제도의 시행이 불가능하게 되었다면 그 누락된 부분에 대하여는 진정 입법부작위에 해당하고, 보건복지부장관이 의료법과 위 규정의 위임에 따라 치과전문의자격시험제도를 실시할 수 있는 절차를 마련하지 아니하는 입법부작위는 헌법에 위반된다(헌재 1998.7.16. 96헌마246).

유제 16. 국회직 8급 헌법재판소는 적극적 행정입법은 물론 행정입법의 부작위에 대하여서도 헌법소원심판의 대상성을 인정한다. (○)

③ [×] 수범자에 대한 행위규범으로서의 법령이 명확하여야 한다는 것은 일반 국민 누구나 그 뜻을 명확히 알게 하여야 한다는 것을 의미하지는 않고, 사회의 평균인이 그 뜻을 이해하고 위반에 대한 위험을 고지받을 수 있을 정도면 충분하며, 일정한 신분 내지 직업 또는 지역에 거주하는 사람들에게만 적용되는 법령의 경우에는 그 사람들 중의 평균인을 기준으로 하여 판단하여야 한다(헌재 2012.2.23. 2009헌바34).

④ [×]
> 「국회법」 제98조의2 【대통령령 등의 제출 등】 ① 중앙행정기관의 장은 법률에서 위임한 사항이나 법률을 집행하기 위하여 필요한 사항을 규정한 대통령령·총리령·부령·훈령·예규·고시 등이 제정·개정 또는 폐지되었을 때에는 10일 이내에 이를 국회 소관 상임위원회에 제출하여야 한다. 다만, 대통령령의 경우에는 입법예고를 할 때(입법예고를 생략하는 경우에는 법제처장에게 심사를 요청할 때를 말한다)에도 그 입법예고안을 10일 이내에 제출하여야 한다.

유제 18. 경찰 2차 「국회법」에 의하면 중앙행정기관의 장은 법률에서 위임한 사항이나 법률을 행하기 위하여 필요한 사항을 규정한 대통령령·총리령·부령·훈령·예규·고시 등이 제정·개정 또는 폐지되었을 때에는 10일 이내에 이를 국회 소관 상임위원회에 제출하여야 한다. (○)

14 　　　　　　　　　　　　　　　　정답 ①

☑ **함께 정리하기** **행정입법의 통제**

행정입법부작위
▷ 부작위위법확인소송의 대상×
처분적 법규명령
▷ 항고소송의 대상
실무상 무명항고소송 부정
위헌·위법선언 전 시행령에 근거한 처분
▷ 무효×

❶ [○] 행정소송은 구체적 사건에 대한 법률상 분쟁을 법에 의하여 해결함으로써 법적안정을 기하자는 것이므로 부작위위법확인소송의 대상이 될 수 있는 것은 구체적 권리의무에 관한 분쟁이어야 하고 추상적인 법령에 관하여 제정의 여부 등은 그 자체로서 국민의 구체적인 권리의무에 직접적 변동을 초래하는 것이 아니어서 그 소송의 대상이 될 수 없다(대판 1992.5.8. 91누11261).

유제 14. 국가직 7급 추상적인 법규명령을 제정하지 않은 행정입법부작위에 대하여 「행정소송법」상 부작위위법확인소송을 제기하여 다툴 수 있다. (×)

② [×] 일반적·추상적 규율인 법규명령은 원칙적으로 처분성을 갖고 있지 않기 때문에 항고소송의 대상이 될 수 없으나 실질적으로 처분성을 갖는 처분적 법규명령은 예외적으로 항고소송의 대상이 될 수 있다.

③ [×] 무명항고소송이란 「행정소송법」상 명문으로 규정하고 있지 않은 소송을 말하는데 행정입법부작위와 관련하여 무명항고소송을 인정할 수 있는지가 문제될 수 있으나, 실무상 무명항고소송은 받아들여지지 않고 있으므로 해결방법으로 적절하지 않다.

그러나 행정입법부작위는 공권력의 불행사에 해당하므로 이에 대한 국가배상청구는 가능하다.

> 입법부가 법률로써 행정부에게 특정한 사항을 위임했음에도 불구하고 행정부가 정당한 이유 없이 이를 이행하지 않는다면 권력분립의 원칙과 법치국가 내지 법치행정의 원칙에 위배되는 것으로서 위법함과 동시에 위헌적인 것이 되는바, … 따라서 행정부가 정당한 이유 없이 시행령을 제정하지 않은 것은 위 보수청구권을 침해하는 불법행위에 해당한다(대판 2007.11.29. 2006다3561).

유제 15. 지방직 7급 입법부가 법률로써 행정부에게 특정한 사항을 위임했음에도 불구하고 행정부가 정당한 이유 없이 이를 이행하지 않는다면 권력분립의 원칙과 법치국가 내지 법치행정의 원칙에 위배된다. (O)

④ [X] 일반적으로 시행령이 헌법이나 법률에 위반된다는 사정은 그 시행령의 규정을 위헌 또는 위법하여 무효라고 선언한 대법원의 판결이 선고되지 아니한 상태에서는 그 시행령 규정의 위헌 내지 위법 여부가 해석상 다툼의 여지가 없을 정도로 명백하였다고 인정되지 아니하는 이상 객관적으로 명백한 것이라 할 수 없으므로, 이러한 시행령에 근거한 행정처분의 하자는 취소사유에 해당할 뿐 무효사유가 된다고 볼 수는 없다(대판 2007.6.14. 2004두619).

유제 18. 국가직 9급 일반적으로 시행령이 헌법이나 법률에 위반된다는 사정은 그 시행령의 규정을 위헌 또는 위법하여 무효라고 선언한 대법원의 판결이 선고되지 않은 상태에서도 그 시행령 규정의 위헌 내지 위법 여부가 객관적으로 명백하다고 할 수 있으므로, 이러한 시행령에 근거한 행정처분의 하자는 무효사유에 해당한다. (X)

15 정답 ①

> 📋 함께 정리하기 **행정행위 해당여부**
>
> 어업권설정 등 특허○
> 일반처분○
> 귀화허가○
> 내부적 결정행위×

❶ [X] 특정인에게 어업권과 같은 권리를 설정하는 행위는 강학상 특허로서 행정행위에 해당한다. 이처럼 행정청이 특정인에게 어업권이나 광업권과 같이 사권의 성질을 가지는 권리를 설정하는 경우 비록 사법상 효과가 발생하더라도 공법적 규율을 받게 되는 경우가 있다.

② [O] 일반처분이란 행정청의 일반적·구체적인 행위, 즉 불특정 다수인을 상대로 법적 효과를 가져오는 행정행위를 뜻한다. 다만 일반처분이 되기 위해서는 규율의 수범자가 시간적·공간적으로 특정될 수 있어야 한다.

> 횡단보도의 설치는 보행자의 통행방법을 규제하는 것으로서 국민의 권리·의무에 직접 관계가 있는 행정처분이다(대판 2000.10.27. 98두8964).

③ [O] 판례는 귀화허가에 대해 법적 지위를 포괄적으로 설정하는 행위로서 행성행위에 해낭한다고 보고 있다.

국적은 국민의 자격을 결정짓는 것이고, 이를 취득한 사람은 국가의 주권자가 되는 동시에 국가의 속인적 통치권의 대상이 되므로, 귀화허가는 외국인에게 대한민국 국적을 부여함으로써 국민으로서의 법적 지위를 포괄적으로 설정하는 행위에 해당한다. … 법무부장관은 귀화 신청인이 법률이 정하는 귀화요건을 갖추었다고 하더라도 귀화를 허가할 것인지 여부에 관하여 재량권을 가진다(대판 2010.7.15. 2009두19069).

유제 17. 국가직 9급 귀화허가는 외국인에게 대한민국 국적을 부여함으로써 국민으로서의 법적 지위를 포괄적으로 설정하는 행위에 해당하므로 법무부장관은 귀화신청인이 국적법 소정의 귀화 요건을 모두 갖춘 경우에는 관계 법령에서 정하는 제한사유 외에 공익상의 이유로 귀화허가를 거부할 수 없다. (X)

④ [O] 행정행위는 행정청이 국민 등에 대하여 행하는 외부적 행위이므로 상급행정기관의 하급행정기관에 대한 승인·동의·지시 등 행정기관 상호간의 내부행위와 집행행위의 전단계인 내부적 결정행위는 행정행위가 아니다.

16 정답 ③

> 📋 함께 정리하기 **기속행위와 재량행위**
>
> 재량행위 심사
> ▷ 일탈·남용여부만 심사(독자적 결론도출×)
> 기속행위 심사
> ▷ 일정한 결론 도출 후 독자의 입장에서 판정
> 공통
> ▷ 절차상 하자 → 독립취소사유 인정
> 과징금부과 위법
> ▷ 법원은 부분취소 不可(∵재량)

① [O] 기속행위와 재량행위는 사법심사의 방식에서 구별된다.

> 재량행위의 경우 행정청의 재량에 기한 공익판단의 여지를 감안하여 법원은 독자의 결론을 도출함이 없이 당해 행위에 재량권의 일탈·남용이 있는지 여부만을 심사하게 된다(대판 2007.5.31. 2005두1329).

유제 13. 지방직 7급 판례는 자유재량에 대한 사법심사에 있어서는 법원이 일정한 결론을 도출한 후 그 결론에 비추어 행정청이 한 판단의 적법여부를 독자의 입장에서 판정하는 방식에 의하게 된다고 보고 있다. (X)
14. 경찰 재량행위에 대한 사법심사의 경우 법원은 행정청의 재량에 기한 공익판단의 여지를 감안하여 독자의 결론을 도출함이 없이 당해 행위에 재량권의 일탈·남용이 있는지 여부만을 심사한다. (O)

② [O] 한편, 행정행위를 기속행위와 재량행위로 구분하는 경우 양자에 대한 사법심사는, 전자의 경우 그 법규에 대한 원칙적인 기속성으로 인하여 법원이 사실인정과 관련 법규의 해석·적용을 통하여 일정한 결론을 도출한 후 그 결론에 비추어 행정청이 한 판단의 적법 여부를 독자의 입장에서 판정하는 방식에 의하게 된다(대판 2001.2.9. 98두17593).

유제 17. 국가직 9급 기속행위에 대한 사법심사는 법원이 사실인정과 관련 법규의 해석·적용을 통하여 일정한 결론을 도출한 후 그 결론에 비추어 행정청이 한 판단의 적법 여부를 독자의 입장에서 판정하는 방식에 의하게 된다. (O)

❸ [✕] 판례는 재량행위인 「식품위생법」상 영업정지처분(대판 1991. 7.9. 91누971)뿐만 아니라 기속행위인 「국세징수법」상의 과세처분(대판 1983.7.26. 82누420)에 대해서도 절차상의 하자를 이유로 취소를 인정하였다. 즉 행정처분이 기속행위인지 재량행위인지를 불문하고 당해 처분이 실체적으로는 적법하더라도 절차상의 하자만으로도 독립된 취소사유가 된다고 본다.

④ [○] 과징금 감경사유가 있는 경우 과징금 감경 여부는 과징금 부과 관청의 재량에 속하는 것이므로, 과징금 부과 관청이 이를 판단하면서 재량권을 일탈·남용하여 과징금 부과처분이 위법하다고 인정될 경우, 법원으로서는 과징금 부과처분 전부를 취소할 수밖에 없고, 법원이 적정하다고 인정되는 부분을 초과한 부분만 취소할 수는 없다(대판 2010.7.15. 2010두7031).

17　　　　　　　　　　　　　　　정답 ④

> 📋 **함께 정리하기　기속행위와 재량행위**
>
> 구분
> ▷ 법규형식·문언, 행정목적·특성, 행위의 성질 등을 모두 고려해 판단
> 주택재건축사업시행인가
> ▷ 재량행위
> 개인택시운송사업면허
> ▷ 재량행위
> 사회복지법인 정관변경 허가
> ▷ 주무관청의 재량

① [○] 행정행위가 그 재량성의 유무 및 범위와 관련하여 이른바 기속행위 내지 기속재량행위와 재량행위 내지 자유재량행위로 구분된다고 할 때, 그 구분은 당해 행위의 근거가 된 법규의 체재·형식과 그 문언, 당해 행위가 속하는 행정 분야의 주된 목적과 특성, 당해 행위 자체의 개별적 성질과 유형 등을 모두 고려하여 판단하여야 한다(대판 2001.2.9. 98두17593).

　유제 10. 국가직 9급 기속행위와 재량행위의 구분은 당해 행위의 근거가 된 법규의 체재·형식과 그 문언, 당해 행위가 속하는 행정 분야의 주된 목적과 특성, 당해 행위 자체의 개별적 성질과 유형 등을 모두 고려하여 판단하여야 한다. (○)

② [○] 주택재건축사업시행의 인가는 상대방에게 권리나 이익을 부여하는 효과를 가진 이른바 수익적 행정처분으로서 법령에 행정처분의 요건에 관하여 일의적으로 규정되어 있지 아니한 이상 행정청의 재량행위에 속하므로, 처분청으로서는 법령상의 제한에 근거한 것이 아니라 하더라도 공익상 필요 등에 의하여 필요한 범위 내에서 여러 조건(부담)을 부과할 수 있다(대판 2007.7.12. 2007두6663).

　유제 10. 국가직 9급 주택재건축사업시행의 인가는 상대방에게 권리나 이익을 부여하는 효과를 가진 이른바 수익적 행정처분으로서 법령에 행정처분의 요건에 관하여 일의적으로 규정되어 있지 아니한 이상 행정청의 재량행위에 속한다. (○)

③ [○] 여객자동차 운수사업법에 따른 개인택시운송사업 면허는 특정인에게 권리나 이익을 부여하는 재량행위이다(대판 2002.1.22. 2001두8414).

　유제 12. 국가직 7급 판례는 「여객자동차 운수사업법」에 의한 개인택시운송사업면허를 재량행위로 판단하였다. (○)

---

❹ [✕] 사회복지법인의 정관변경을 허가할 것인지의 여부는 주무관청의 정책적 판단에 따른 재량에 맡겨져 있다고 할 것이고, 주무관청이 정관변경허가를 함에 있어서는 비례의 원칙 및 평등의 원칙에 적합하고 행정처분의 본질적 효력을 해하지 않는 한도 내에서 부관을 붙일 수 있다(대판 2002.9.24. 2000두5661).

18　　　　　　　　　　　　　　　정답 ③

> 📋 **함께 정리하기　재량행위**
>
> 재량일탈·남용심사 대상
> ▷ 사실오인, 비례·평등원칙 위배, 목적위반, 동기부정 등
> 토지형질변경수반 건축허가
> ▷ 재량행위
> 일반음식점영업허가
> ▷ 기속행위
> 개발제한구역 내 예외적 건축허가
> ▷ 재량행위

① [○] 재량권의 일탈·남용 여부에 대한 심사는 사실오인, 비례·평등의 원칙 위배, 당해 행위의 목적 위반이나 동기의 부정 유무 등을 그 판단 대상으로 한다(대판 2001.2.9. 98두17593).

　유제 16. 교행 사실의 존부에 대한 판단에는 재량권이 인정될 수 없으므로 사실을 오인하여 재량권을 행사한 경우에 그 처분은 위법하다. (○)
　08. 지방직 9급 재량행위라 하더라도 완전히 법에서 자유로운 행위는 아니고, 행정의 법률적합성의 원리상 행정법령상에서 인정되는 의무에 합당한 재량이라고 볼 수 있다. (○)

② [○] 국토의 계획 및 이용에 관한 법률에 따른 토지의 형질변경허가는 그 금지요건이 불확정개념으로 규정되어 있어 그 금지요건에 해당하는지 여부를 판단함에 있어서 행정청에 재량권이 부여되어 있다고 할 것이므로, 국토계획법에 따른 토지의 형질변경행위를 수반하는 건축허가는 재량행위에 속한다(대판 2005. 7.14. 2004두6181).

❸ [✕] 일반음식점영업허가는 강학상의 허가로서 기속행위에 해당하므로 법령상 제한사유 외에 공익적 요소를 감안하여 허가를 거부할 수는 없다.

> 식품위생법상 일반음식점영업허가는 성질상 일반적 금지의 해제에 불과하므로 허가권자는 허가신청이 법에서 정한 요건을 구비한 때에는 허가하여야 하고 관계 법령에서 정하는 제한사유 외에 공공복리 등의 사유를 들어 허가신청을 거부할 수는 없다(대판 2000.3.24. 97누12532).

　유제 12. 국가직 7급 판례는 「식품위생법」에 의한 일반음식점영업허가를 재량행위로 판단하였다. (✕)

④ [○] 개발제한구역 내에서의 건축물의 건축 등에 대한 예외적 허가는 그 상대방에게 수익적인 것으로서 재량행위에 속하는 것이라고 할 것이므로 그에 관한 행정청의 판단이 사실오인, 비례·평등의 원칙 위배, 목적위반 등에 해당하지 아니하는 이상 재량권의 일탈·남용에 해당한다고 할 수 없다(대판 2004.7.22. 2003두7606).

　유제 14. 경찰 구 「도시계획법」상 개발제한구역 내에서의 건축허가는 재량행위에 해당한다. (○)

④ [O] 공정거래위원회는 구 전자상거래법을 위반한 사업자에 대하여 시정조치를 받은 사실의 공표를 명할 수 있다. 그 규정의 문언과 공표명령 제도의 취지 등을 고려하면, 공정거래위원회는 공표명령을 할 것인지 여부와 공표를 명할 경우에 어떠한 방법으로 공표하도록 할 것인지 등에 관하여 재량을 가진다(대판 2014.6.26. 2012두1525).

19 정답 ②

🗹 **함께 정리하기 재량행위**

징계권자 재량권 有
▷ 재량권남용시 징계처분 위법
제재처분 임의적 감경사유 고려×
▷ 재량일탈·남용
중대한 법익침해 우려시
▷ 재량 0으로 수축
공정거래위원회의 시정조치 공표명령
▷ 재량행위

① [O] 단체협약에서 정한 징계규정에 따라 피징계자에게 징계사유가 있어서 징계처분을 하는 경우, 어떠한 처분을 할 것인지는 징계권자의 재량에 맡겨져 있다. 다만 징계권자의 징계처분이 사회통념상 현저하게 타당성을 잃어 징계권자에게 맡겨진 재량권을 남용하였다고 인정되는 경우에 한하여 그 처분이 위법하다고 할 수 있다(대판 2017.3.15. 2013두26750).

❷ [×] 감경사유를 고려하고도 감경하지 않은 것은 위법하다고 할 수 없으나, 감경사유가 있음에도 전혀 고려하지 않았다면, 재량권을 일탈·남용한 위법한 처분이다.

> 실권리자명의 등기의무를 위반한 명의신탁자에 대하여 부과하는 과징금의 감경에 관한 '부동산 실권리자명의 등기에 관한 법률 시행령'제3조의2 단서는 임의적 감경규정임이 명백하므로, 그 감경사유가 존재하더라도 과징금 부과관청이 감경사유까지 고려하고도 과징금을 감경하지 않은 채 과징금 전액을 부과하는 처분을 한 경우에는 이를 위법하다고 단정할 수는 없으나, 위 감경사유가 있음에도 이를 전혀 고려하지 않았거나 감경사유에 해당하지 않는다고 오인한 나머지 과징금을 감경하지 않았다면 그 과징금부과처분은 재량권을 일탈·남용한 위법한 처분이라고 할 수밖에 없다(대판 2010.7.15. 2010두7031).

③ [O] 행정권의 발동여부가 원칙적으로 재량사항이라 할지라도 국민의 생명·신체·재산 등의 중대한 법익이 위험에 처해 있을 때에는 그 재량권이 '영'으로 수축되어 작위의무가 인정되므로 당해 행정권을 발동하지 않을 경우(부작위) 위법하다.

> 경찰은 범죄의 예방, 진압 및 수사와 함께 국민의 생명, 신체 및 재산의 보호 기타 공공의 안녕과 질서유지를 직무로 하고 있고, 직무의 원활한 수행을 위하여 경찰관 직무집행법, 형사소송법 등 관계 법령에 의하여 여러 가지 권한이 부여되어 있으므로, 구체적인 직무를 수행하는 경찰관으로서는 제반 상황에 대응하여 자신에게 부여된 여러 가지 권한을 적절하게 행사하여 필요한 조치를 할 수 있고, 그러한 권한은 일반적으로 경찰관의 전문적 판단에 기한 합리적인 재량에 위임되어 있으나, 경찰관에게 권한을 부여한 취지와 목적에 비추어 볼 때 구체적인 사정에 따라 경찰관이 권한을 행사하여 필요한 조치를 하지 아니하는 것이 현저하게 불합리하다고 인정되는 경우에는 권한의 불행사는 직무상 의무를 위반한 것이 되어 위법하게 된다(대판 2016.4.15. 2013다20427).

유제 15. 국가직 9급 개인의 신체, 생명 등 중요한 법익에 급박하고 현저한 침해의 우려기 있는 경우 재량권이 영으로 수축된다. (O)

20 정답 ①

🗹 **함께 정리하기 재량행위**

재량의 불행사·해태
▷ 재량의 일탈·남용(위법O)
재량권의 한계 내
▷ 당·부당O, 위법×
기속재량·(자유)재량
▷ 사법심사의 대상O
판단여지설
▷ 재량은 효과선택의 문제, 판단여지는 요건해석의 문제

❶ [O] 고려대상에 마땅히 포함시켜야 할 사항을 누락하는 등 재량권의 불행사 또는 해태로 볼 수 있는 구체적 사정이 있다면, 거부처분은 재량권을 일탈·남용한 것으로서 위법하다(대판 2015.8.27. 2013두1560).

② [×] 재량의 목적과 한계 내에서 행한 재량행사는 당·부당의 문제를 발생시킬 수는 있어도 위법한 것은 아니다.

③ [×] 전통적 견해는 무엇이 '법' 또는 '공익'인가를 기준으로 기속재량과 자유재량을 구분하였고, 판례는 기속재량과 자유재량 모두 사법심사의 대상이 된다고 보았다.

> 재량권의 남용이나 재량권의 일탈의 경우에는 그 재량권이 기속재량이거나 자유재량이거나를 막론하고 사법심사의 대상이 된다(대판 1984.1.31. 83누451).

④ [×] 판단여지설에 따르면 재량은 법효과의 선택에서 인정된다. 이 견해는 판단여지는 법률"요건"의 해석·적용의 문제인 반면, 재량은 법률"효과"의 결정에 관한 문제라는 점, 재량은 입법자에 의하여 부여되는 것이지만, 판단여지는 법원이 행정청의 판단을 존중해 준 결과라는 점, 판단여지의 경우에는 명문의 근거가 없는 한 법 효과를 제한하는 부관을 붙일 수 없지만, 재량행위의 경우에는 법 효과를 제한하는 부관을 붙일 수 있다는 점 등에서 판단여지와 재량의 구별실익이 있다고 한다.

정답

p. 33

01	④	06	③, ④	11	①	16	③
02	③	07	④	12	④	17	②
03	④	08	④	13	②	18	①
04	②	09	②	14	④	19	③
05	③	10	③	15	④	20	③

01

정답 ④

> 📋 함께 정리하기 재량행위
>
> 재외동포에 대한 사증발급
> ▷ 재량행위
> 야생동·식물보호법령에 따른 용도변경 승인
> ▷ 재량행위
> 적법한 재량행위
> ▷ 기각
> 불확실한 장래예측 필요요건
> ▷ 광범위한 재량 인정

① [×] 재외동포에 대한 사증발급은 행정청의 재량행위에 속하는 것으로서, 재외동포가 사증발급을 신청한 경우에 출입국관리법 시행령 [별표 1의2]에서 정한 재외동포체류자격의 요건을 갖추었다고 해서 무조건 사증을 발급해야 하는 것은 아니다. 재외동포에게 출입국관리법 제11조 제1항 각 호에서 정한 입국금지사유 또는 재외동포법 제5조 제2항에서 정한 재외동포체류자격 부여 제외사유(대한민국 남자가 병역을 기피할 목적으로 외국국적을 취득하고 대한민국 국적을 상실하여 외국인이 된 경우)가 있어 그의 국내 체류를 허용하지 않음으로써 달성하고자 하는 공익이 그로 말미암아 발생하는 불이익보다 큰 경우에는 행정청이 재외동포체류자격의 사증을 발급하지 않을 재량을 가진다(대판 2019.7.11. 2017두38874).

② [×] 야생동·식물보호법 제16조 제3항과 같은 법 시행규칙 제22조 제1항의 체제 또는 문언을 살펴보면 원칙적으로 국제적 멸종위기종 및 그 가공품의 수입 또는 반입 목적 외의 용도로의 사용을 금지하면서 용도변경이 불가피한 경우로서 환경부장관의 용도변경승인을 받은 경우에 한하여 용도변경을 허용하도록 하고 있으므로, 위 법 제16조 제3항에 의한 용도변경승인은 특정인에게만 용도 외의 사용을 허용해주는 권리나 이익을 부여하는 이른바 수익적 행정행위로서 법령에 특별한 규정이 없는 한 재량행위이고, … 용도변경을 승인하기 위한 요건으로서의 용도변경의 불가피성에 관한 판단에 필요한 기준을 정하는 것도 역시 행정청의 재량에 속하는 것이므로, 그 설정된 기준이 객관적으로 합리적이 아니라거나 타당하지 않다고 볼 만한 다른 특별한 사정이 없는 이상 행정청의 의사는 가능한 한 존중되어야 한다(대판 2011.1.27. 2010두23033).

유제 17. 지방직 9급(추가) 「야생동·식물보호법」상 곰의 웅지를 추출하여 비누, 화장품 등의 재료를 사용할 목적으로 곰의 용도를 '사육곰'에서 '식·가공품 및 약용재료'로 변경하겠다는 내용의 국제적 멸종위기종의 용도변경승인 행위는 재량행위이다. (○)

③ [×] 재량권의 일탈·남용에 해당하지 않으면 원고의 청구를 기각하여야 한다. 재량권의 일탈·남용은 소송요건이 아니라 본안에서 처분의 위법성 여부의 판단문제이기 때문이다.

❹ [○] 행정청의 건설폐기물 처리 사업계획서에 대한 적합 여부 결정(이하 '적합 여부 결정'이라 한다)은 공익에 관한 판단을 해야 하는 것으로서 행정청에 광범위한 재량권이 인정된다. 적합 여부 결정과 관련한 재량권의 일탈·남용 여부를 심사할 때에는, 해당 지역의 자연환경, 주민들의 생활 환경 등 구체적 지역 상황, 상반되는 이익을 가진 이해관계자들 사이의 권익 균형과 환경권의 보호에 관한 각종 규정의 입법 취지 등을 종합하여 신중하게 판단하여야 한다. 따라서 '자연환경·생활환경에 미치는 영향'과 같이 장래에 발생할 불확실한 상황과 파급효과에 대한 예측이 필요한 요건에 관한 행정청의 재량적 판단은 내용이 현저히 합리적이지 않다거나 상반되는 이익이나 가치를 대비해 볼 때 형평이나 비례의 원칙에 뚜렷하게 배치되는 등의 사정이 없는 한 폭넓게 존중될 필요가 있다. 이러한 사항은 적합 여부 결정에 관한 재량권의 일탈·남용 여부를 심사하여 판단할 때에도 고려하여야 한다(대판 2017.10.31. 2017두46783).

02

정답 ③

> 📋 함께 정리하기 기속재량행위 해당여부
>
> 사설납골시설의 설치신고수리○
> 산림형질변경허가○
> 「지방재정법」에 의한 변상금부과처분×
> 산림 내에서의 토석채취허가○

① [O] 구 '장사 등에 관한 법률'의 관계 규정들에 비추어 보면, 같은 법 제14조 제1항에 의한 사설납골시설의 설치신고는, 같은 법 제15조 각 호에 정한 사설납골시설설치 금지지역에 해당하지 않고 같은 법 제14조 제3항 및 같은 법 시행령 제13조 제1항의 [별표 3]에 정한 설치기준에 부합하는 한 수리하여야 하나, 보건위생상의 위해를 방지하거나 국토의 효율적 이용 및 공공복리의 증진 등 중대한 공익상 필요가 있는 경우에는 그 수리를 거부할 수 있다(대판 2010.9.9. 2008두22631).

② [O] 산림형질변경허가는 법령상의 금지 또는 제한 지역에 해당하지 않더라도 신청 대상 토지의 현상과 위치 및 주위의 상황 등을 고려하여 국토 및 자연의 유지와 상수원 수질과 같은 환경의 보전 등을 위한 중대한 공익상의 필요가 있을 경우 그 허가를 거부할 수 있으며, 이는 산림형질변경허가기간을 연장하는 경우에도 마찬가지이다(대판 2000.7.7. 99두66).

❸ [X] 구 지방재정법 제87조 제1항에 의한 변상금부과처분은 법규의 규정 형식으로 보아 처분청의 재량이 허용되지 않은 기속행위이다(대판 2000.1.14. 99두9735).

④ [O] 산림 내에서의 토석채취는 국토 및 자연의 유지와 환경의 보전에 직접적으로 영향을 미치는 행위이므로 법령이 규정하는 토석채취의 제한지역에 해당하는 경우는 물론이거니와 그러한 제한지역에 해당하지 않더라도 허가관청은 토석채취허가신청 대상 토지의 현상과 위치 및 그 주위의 상황 등을 고려하여 국토 및 자연의 유지와 환경보전 등 중대한 공익상 필요가 있다고 인정될 때에는 그 허가를 거부할 수 있다(대판 1994.8.12. 94누5489).

03　　　　　　　　　　　　　　　　정답 ④

☑ 함께 정리하기　판단여지

판례
▷ 재량행위와 판단여지 구별×
재량·판단여지구별설
▷ 판단여지 → 법률요건인식/재량 → 법률효과선택
공무원 면접전형
▷ 면접위원의 자유재량
판단여지 인정되는 영역
▷ 예외적으로 사법심사 可

① [O] 판례는 판단여지를 명시적으로 도입하고 있는 것은 아니며, 판단여지가 인정될 수 있는 시험평가유사결정, 독립위원회의 결정 등을 모두 재량의 문제로 보고 있다.

> 공무원 임용을 위한 면접전형에 있어서 임용신청자의 능력이나 적격성 등에 관한 판단은 면접위원의 고도의 교양과 학식, 경험에 기초한 자율적 판단에 의존하는 것으로서 오로지 면접위원의 자유재량에 속하고, 그와 같은 판단이 현저하게 재량권을 일탈 내지 남용한 것이 아니라면 이를 위법하다고 할 수 없다(대판 1997.11.28. 97누11911).

유제 18. 국가직 7급 법규정의 일체성에 의해 요건 판단과 효과 선택의 문제를 구별하기 어렵다고 보는 견해는 재량과 판단여지의 구분을 인정한다. (×)

② [O] 판단여지와 재량을 구분하는 견해에 의하면 재량은 법률효과선택의 문제인 반면 판단여지는 법률요건의 인식에 대한 문제이므로 양자는 구별하는 것이 타당하다고 본다.

③ [O] 공무원 임용을 위한 면접전형에 있어서 임용신청자의 능력이나 적격성 등에 관한 판단은 면접위원의 고도의 교양과 학식, 경험에 기초한 자율적 판단에 의존하는 것으로서 오로지 면접위원의 자유재량에 속하고, 그와 같은 판단이 현저하게 재량권을 일탈 내지 남용한 것이 아니라면 이를 위법하다고 할 수 없다(대판 1997.11.28. 97누11911).

유제 13. 지방직 7급 판례는 공무원 임용을 위한 면접전형에서 임용신청자의 능력이나 적격성 등에 관한 판단이 면접위원의 자유재량에 속한다고 보고 있다. (O)

❹ [X] 판단여지가 인정되는 범위 내에서 내려진 행정청의 판단은 법원의 통제대상이 되지 않는다. 다만 ㉠ 판단기관이 적법하게 구성되지 않은 경우, ㉡ 절차규정을 준수하지 않은 경우, ㉢ 명확히 성문법이나 행정법의 일반원칙을 위반한 경우, ㉣ 일반적으로 인정된 가치기준을 위반한 경우, ㉤ 사실인정을 잘못한 경우에는 위법이 인정되어 법원의 심사가 가능하다.

04　　　　　　　　　　　　　　　　정답 ②

☑ 함께 정리하기　제3자효 행정행위

제3자효 행정행위에 있어 제3자가 처분이 있음을 안 경우 제소제간
▷ 안 날부터 90일
제3자효 행정행위 취소·무효 확정판결
▷ 제3자에 대한 효력 有
처분상대방 아닌 제3자
▷ 심판청구 제척기간적용배제 정당한 사유 有(원칙)
제3자에 의해 항고소송 제기
▷ 행정행위 상대방 소송참가 可

① [O] 제3자효 행정행위에 있어 직접 상대방이 아닌 제3자라도 행정처분으로 인하여 법률상 보호되는 이익을 침해당한 경우에는 취소소송을 제기할 수 있는데 제3자가 어떠한 경위로든 처분이 있음을 안 이상, 그 처분이 있음을 안 날로부터 90일 이내에 취소소송을 제기하여야 한다.

> 「행정소송법」제20조【제소기간】① 취소소송은 처분등이 있음을 안 날부터 90일 이내에 제기하여야 한다. 다만, 제18조 제1항 단서에 규정한 경우와 그 밖에 행정심판청구를 할 수 있는 경우 또는 행정청이 행정심판청구를 할 수 있다고 잘못 알린 경우에 행정심판청구가 있은 때의 기간은 재결서의 정본을 송달받은 날부터 기산한다.

❷ [X]

> 「행정소송법」제29조【취소판결등의 효력】① 처분등을 취소하는 확정판결은 제3자에 대하여도 효력이 있다.
> 제38조【준용규정】① 제9조, 제10조, 제13조 내지 제17조, 제19조, 제22조 내지 제26조, 제29조 내지 제31조 및 제33조의 규정은 무효등확인소송의 경우에 준용한다.

③ [O] 행정처분의 직접 상대방이 아닌 제3자는 일반적으로 처분이 있는 것을 바로 알 수 없는 처지에 있으므로, 위와 같은 심판청구기간 내에 심판청구를 제기하지 아니하였다고 하더라도, 그 기간 내에 처분이 있은 것을 알았거나 쉽게 알 수 있었기 때문에 심판청구를 제기할 수 있었다고 볼 만한 특별한 사정이 없는 한, 위 법조항 본문의 적용을 배제할 "정당한 사유"가 있는 경우에 해당한다고 보아 위와 같은 심판청구기간이 경과한 뒤에도 심판청구를 제기할 수 있다(대판 1992.7.28. 91누12844).

[유제] 16. 서울시 7급 행정처분의 직접상대방이 아닌 제3자는 「행정심판법」 제27조 제3항 소정의 심판청 구의 제척기간 내에 처분이 있었음을 알았다는 특별한 사정이 없는 한 그 제척기간의 적용을 배제할 같은 조항 단서 소정의 정당한 사유가 있는 때에 해당한다. (O)

④ [O]

> 「행정소송법」 제16조【제3자의 소송참가】① 법원은 소송의 결과에 따라 권리 또는 이익의 침해를 받을 제3자가 있는 경우에는 당사자 또는 제3자의 신청 또는 직권에 의하여 결정으로써 그 제3자를 소송에 참가시킬 수 있다.

[유제] 16. 서울시 7급 「행정소송법」상 취소소송의 결과에 대하여 이해관계 있는 제3자는 취소소송에 참가할 수 있으나, 그 소송에 참가하지 못한 것이 자신에게 책임 없는 사유인 경우에는 그 확정판결에 대하여 재심을 청구할 수 없다. (×)

05 정답 ③

> ☑ **함께 정리하기** 다단계행정행위 가행정행위
>
> 사전결정
> ▷ 행정행위
> 가행정행위
> ▷ 항고소송 可
> 부지사전승인
> ▷ 행정처분O, 건설허가처분시 소의 이익 상실
> 폐기물처리업허가 사업계획서 적정통보
> ▷ 허가단계에서는 나머지 허가요건만 심사

① [O] 사전결정은 허가요건의 일부에 대한 선취된 결정으로서 확인적 행정행위에 해당하므로 처분성이 인정된다.

② [O] 다수설은 가행정행위는 잠정적이기는 하지만 직접 법적 효과를 발생시키므로 행정행위성을 긍정한다. 따라서 가행정행위로 인해 권익침해를 받은 자는 항고소송 등을 통해 권리구제를 받을 수 있다.

❸ [×] 원자로 및 관계 시설의 부지사전승인처분은 그 자체로서 건설부지를 확정하고 사전공사를 허용하는 법률효과를 지닌 독립한 행정처분이기는 하지만, 건설허가 전에 신청자의 편의를 위하여 미리 그 건설허가의 일부 요건을 심사하여 행하는 사전적 부분 건설허가처분의 성격을 갖고 있는 것이어서 나중에 건설허가처분이 있게 되면 그 건설허가처분에 흡수되어 독립된 존재가치를 상실함으로써 그 건설허가처분만이 쟁송의 대상이 되는 것이므로, 부지사전승인처분의 취소를 구하는 소는 소의 이익을 잃게 되고, 따라서 부지사전승인처분의 위법성은 나중에 내려진 건설허가처분의 취소를 구하는 소송에서 이를 다투면 된다(대판 1998.9.4. 97누19588).

[유제] 17. 국가직 9급 구 「원자력법」상 원자로 및 관계 시설의 부지사전승인처분은 그 자체로서 건설 부지를 확정하고 사전공사를 허용하는 법률효과를 지닌 독립한 행정처분이다. (O)

④ [O] 폐기물처리업의 허가에 앞서 사업계획서에 대한 적정·부적정통보 제도를 두고 있는 것은 폐기물처리업을 하고자 하는 자가 스스로 시설 등을 설치하여 허가신청을 하였다가 허가단계에서 그 사업계획이 부적정하다고 판명되어 불허가되면 허가신청인이 막대한 경제적·시간적 손실을 입게 되므로, 이를 방지하는 동시에 허가관청으로 하여금 미리 사업계획서를 심사하여 그 적정·부적정통보 처분을 하도록 하고, 나중에 허가단계에서는 나머지 허가요건만을 심사하여 신속하게 허가업무를 처리하는 데 그 취지가 있다(대판 1998.4.28. 97누21086).

06 정답 ③, ④

> ☑ **함께 정리하기** 다단계행정행위
>
> 부지사전승인처분
> ▷ 건설허가처분에 흡수되어 소의 이익 無
> 부지사전승인처분 기준
> ▷ 건설허가처분 기준과 일치 要
> 부분허가
> ▷ 법적근거 不要
> 주택건설사업계획 사전결정
> ▷ 다시 승인여부 결정 可

① [O] 원자로 및 관계 시설의 부지사전승인처분은 그 자체로서 건설부지를 확정하고 사전공사를 허용하는 법률효과를 지닌 독립한 행정처분이기는 하지만, 건설허가 전에 신청자의 편의를 위하여 미리 그 건설허가의 일부 요건을 심사하여 행하는 사전적 부분 건설허가처분의 성격을 갖고 있는 것이어서 나중에 건설허가처분이 있게 되면 그 건설허가처분에 흡수되어 독립된 존재가치를 상실함으로써 그 건설허가처분만이 쟁송의 대상이 되는 것이므로, 부지사전승인처분의 취소를 구하는 소는 소의 이익을 잃게 되고, 따라서 부지사전승인처분의 위법성은 나중에 내려진 건설허가처분의 취소를 구하는 소송에서 이를 다투면 된다(대판 1998.9.4. 97누19588).

② [O] 원자로시설부지사전승인처분의 근거 법률인 구 원자력법(1996. 12.30. 법률 제5233호로 개정되어 1997.7.1.부터 시행되기 전의 것) 제11조 제3항에 근거한 원자로 및 관계 시설의 부지사전승인처분은 원자로 등의 건설허가 전에 그 원자로 등 건설예정지로 계획중인 부지가 원자력법의 관계 규정에 비추어 적법성을 구비한 것인지 여부를 심사하여 행하는 사전적 부분 건설허가처분의 성격을 가지고 있는 것이므로, 원자력법 제12조 제2호, 제3호로 규정한 원자로 및 관계 시설의 허가기준에 관한 사항은 건설허가처분의 기준이 됨은 물론 부지사전승인처분의 기준으로도 된다(대판 1998.9.4. 97누19588).

❸ [×] 부분허가권은 허가권에 포함되는 것이므로 허가에 대한 권한을 가진 행정청은 부분허가에 대한 별도의 법적 근거가 없다 하더라도 부분허가를 할 수 있다.

❹ [×] 사전결정을 한 경우 사업계획 승인을 할 때 그 사전결정에 따라야 한다는 취지는, 사업계획의 승인이 행정청의 재량행위에 속한다고 하더라도 일단 사전결정을 거친 이상은 특별한 사정이 없는 한 사전결정을 존중하여 사업계획을 승인함으로써 이미 상당부분 진행된 사업계획을 원활하게 수행할 수 있도록 신중하게 처분하도록 요구하는 취지에 불과하다고 생각되고, 일단 사전결정이 이루어지면 사업승인 단계에서 행정청이 어떠한 경우에도 그 사전결정에 기속되어 이에 반하는 처분을 할 수 없고 반드시 주택건설사업계획을 승인하여야 할 의무를 부담한다는 취지로 해석할 수는 없다고 할 것이고, 따라서 위 규정의 취지를 일단 사전결정이 이루어지면 행정청의 재량행위에 속하던 사업계획승인이 기속행위로 변한다는 취지로 해석할 수는 없으며, 예컨대 사전결정 자체가 잘못되었거나 사전결정 당시에는 미처 고려하지 못한 공공의 이익에 관련된 사항이 발견되었음에도 불구하고 이를 무시하고 사업계획을 승인하는 경우 중대한 공익을 침해하는 결과가 될 때는 사전결정에 기속되지 아니하고 사업승인 여부를 결정하는 단계에서 거듭 사익과 공익을 비교·형량하여 그 승인 여부를 결정할 수 있다고 할 것이다(서울고법 1998.9.24. 97구12015).

07　　정답 ④

> 📋 **함께 정리하기 하명**
>
> 일반처분 可
> 대상
> ▷ 법률행위 & 사실행위
> 하명
> ▷ 원칙적 행정상대방에게 효력
> 대물적 하명
> ▷ 승계 可
> 위반한 법률행위의 효과
> ▷ 유효

① [○] 하명은 특정인에 대해 구체적으로 행하여지는 것(개별적·구체적 규율)과 불특정 다수인에 대하여 구체적으로 규율하는 일반처분(일반적·구체적 규율)이 있다.
② [○] 하명은 행정청이 개인에게 작위·부작위·수인·급부 등의 의무를 부과하는 행위이다. 하명의 대상은 법률행위(예 조세부과 등)뿐만 아니라 사실행위(예 통행금지 등)일 수도 있다.
③ [○] 하명은 그 내용에 따라 사인에게 일정한 공법상의 의무를 발생시킨다. 하명의 효과는 원칙적으로 행정 상대방에게만 미치나 대물적 하명의 경우에는 승계인에게 그 효과의 승계가 가능하다.
❹ [×] 하명에 대한 위반행위는 행정상 강제집행과 행정벌의 대상이 될 수 있다. 그러나 하명에 위반한 법률행위도 사법적으로는 유효하다. 예를 들어, 하명에 의해 방문판매가 금지된 경우, 방문판매행위는 처벌의 대상이 되나 그 판매행위는 유효하다.

> 외국환관리법의 제한규정에 위반한 행위는 외국환관리법의 목적에 합치되지 않는 행위일 뿐 그것이 바로 민법상 불법행위나 무효행위가 되는 것은 아니다(대판 1987.2.10. 86다카1288).

08　　정답 ④

> 📋 **함께 정리하기 허가**
>
> 원칙적으로 처분시의 법령·허가기준에 의해 처리
> 일부취소 可
> 종전허가의 유효기간경과 후 기간연장신청
> ▷ 새로운 허가신청
> 유료직업소개사업 허가갱신 후, 갱신 전 위반사실로 허가취소 可

① [×] 허가는 다른 행정처분들과 마찬가지로 원칙적으로 처분시의 법령과 허가기준에 의하여 처리되어야 한다.

> 허가 등의 행정처분은 원칙적으로 처분시의 법령과 허가기준에 의하여 처리되어야 하고 허가신청 당시의 기준에 따라야 하는 것은 아니며, 비록 허가신청 후 허가기준이 변경되었다 하더라도 그 허가관청이 허가 신청을 수리하고도 정당한 이유 없이 그 처리를 늦추어 그 사이에 허가기준이 변경된 것이 아닌 이상 변경된 허가기준에 따라서 처분을 하여야 한다 (대판 2006.8.25. 2004두2974).

> 유제 14. 경찰 허가신청이 있은 후 그에 대한 결정이 있기 전에 허가기준을 정한 법령이 개정된 경우에는 처분청은 원칙적으로 개정된 법령을 적용하여야 한다는 것이 판례의 입장이다. (○)

② [×] 허가에 가분성이 있고 그 대상의 일부가 특정될 수 있으면 일부취소도 가능하다.
③ [×] 종전의 허가가 기한의 도래로 실효한 이상 원고가 종전 허가의 유효기간이 지나서 신청한 이 사건 기간연장신청은 그에 대한 종전의 허가처분을 전제로 하여 단순히 그 유효기간을 연장하여 주는 행정처분을 구하는 것이라기보다는 종전의 허가처분과는 별도의 새로운 허가를 내용으로 하는 행정처분을 구하는 것이라고 보아야 할 것이어서, 이러한 경우 허가권자는 이를 새로운 허가신청으로 보아 법의 관계 규정에 의하여 허가요건의 적합 여부를 새로이 판단하여 그 허가 여부를 결정하여야 할 것이다(대판 1995.11.10. 94누11866).

> 유제 14. 경찰 종전의 허가가 기한의 도래로 실효되었다고 하여도 종전 허가의 유효기간이 지나서 기간연장을 신청하였다면 그 신청은 종전 허가의 유효기간을 연장하여 주는 행정처분을 구한 것으로 보아야 한다. (×)

❹ [○] 유료직업소개사업의 허가갱신은 허가취득자에게 종전의 지위를 계속 유지시키는 효과를 갖는 것에 불과하고 갱신 후에는 갱신 전의 법위반사항을 불문에 붙이는 효과를 발생하는 것이 아니므로 일단 갱신이 있은 후에도 갱신 전의 법위반사실을 근거로 허가를 취소할 수 있다(대판 1982.7.27. 81누174).

09   정답 ②

> 📋 함께 정리하기 **허가**
>
> 건축허가
> ▷ 기속재량행위
> 「식품위생법」상 영업허가
> ▷ 「국가공무원법」상 영리업무금지 해제 不可
> 허가에 붙은 기한이 부당히 짧은 경우
> ▷ 허가조건의 존속기간
> 허가기간 연장
> ▷ 종기도래전 연장신청 要

① [O] 건축허가권자는 건축허가신청이 건축법 등 관계 법규에서 정하는 어떠한 제한에 배치되지 않는 이상 당연히 같은 법조에서 정하는 건축허가를 하여야 하고, <u>중대한 공익상의 필요가 없는데도 관계 법령에서 정하는 제한사유 이외의 사유를 들어 요건을 갖춘 자에 대한 허가를 거부할 수는 없다</u>(대판 2009. 9.24. 2009두8946).

> 유제 22. 군무원 9급 건축허가는 기속행위이므로 「건축법」상 허가요건이 충족된 경우에는 항상 허가하여야 한다. (×)
> 19. 국가직 9급 건축허가권자는 중대한 공익상의 필요가 없음에도 관계 법령에서 정하는 제한사유 이외의 사유를 들어 건축허가 요건을 갖춘 자에 대한 허가를 거부할 수 있다. (×)

❷ [×] 허가의 효과는 근거법상의 금지를 해제하는 효과가 있지만, 타법에 의한 금지까지 해제하는 효과가 있는 것은 아니다. 따라서 국가공무원이 「식품위생법」상 영업허가를 받았다고 하여 「국가공무원법」상의 영리업무금지까지 해제되는 것은 아니다.

③④ [O] 일반적으로 행정처분에 효력기간이 정하여져 있는 경우에는 그 기간의 경과로 그 행정처분의 효력은 상실되고, 다만 허가에 붙은 기한이 그 허가된 사업의 성질상 부당하게 짧은 경우에는 이를 그 허가 자체의 존속기간이 아니라 그 허가조건의 존속기간으로 보아 그 기한이 도래함으로써 그 조건의 개정을 고려한다는 뜻으로 해석할 수는 있지만, 그와 같은 경우라 하더라도 그 허가기간이 연장되기 위하여는 그 종기가 도래하기 전에 그 허가기간의 연장에 관한 신청이 있어야 하며, 만일 그러한 연장 신청이 없는 상태에서 허가기간이 만료하였다면 그 허가의 효력은 상실된다(대판 2007.10.11. 2005두12404).

> 유제 12. 국회직 9급 일반적으로 행정처분에 효력기간이 정하여져 있는 경우에는 그 기간의 경과로 그 행정처분의 효력은 상실되고, 다만 허가에 붙은 기한이 그 허가된 사업의 성질상 부당하게 짧은 경우에는 이를 그 허가 자체의 존속기간이 아니라 그 허가조건의 존속기간으로 본다. (O)

10   정답 ③

> 📋 함께 정리하기 **허가**
>
> 기속행위인 허가가 재량행위인 허가를 포함하는 경우
> ▷ 재량행위
> 법정 착수기간 경과 후 공사착수
> ▷ 건축허가취소 不可
> 건축허가서
> ▷ 권리공시방법×/소유자와 건축주 일치 不要
> 대중음식점영업허가
> ▷ 기속행위(∵허가)

① [O] 건축허가 자체는 기속행위에 해당하더라도 토지의 형질변경허가는 재량행위에 해당하므로 이러한 토지형질변경행위를 포함하는 건축허가는 재량행위가 된다.

> 국토의 계획 및 이용에 관한 법률에 따른 토지의 형질변경허가는 그 금지요건이 불확정개념으로 규정되어 있어 그 금지요건에 해당하는지 여부를 판단함에 있어서 행정청에 재량권이 부여되어 있다고 할 것이므로, 국토계획법에 따른 토지의 형질변경행위를 수반하는 건축허가는 재량행위에 속한다(대판 2005.7.14. 2004두6181).

> 유제 17. 국가직 9급 「국토의 계획 및 이용에 관한 법률」에 따른 토지의 형질변경허가는 그 금지요건 이 불확정개념으로 규정되어 있어 그 금지요건에 해당하는지 여부를 판단함에 있어서 행정청에 재량권이 부여되어 있다고 할 것이므로, 이 법에 따른 토지의 형질변경행위를 수반하는 건축허가는 재량행위에 속한다. (O)

② [O] 건축법 제42조 제1항 제4호에 의하면, 건축허가를 받은 날로부터 1년 이내에 공사에 착수하지 아니하거나 이를 준공할 수 없다고 인정될 때에 건축허가를 취소할 수 있도록 되어 있기는 하나, 착공일이 1년을 경과하였다고 하여도 이 사건의 경우와 같이 이미 공사에 착수한 뒤에 있어서는 특별한 공익상 필요가 인정되지 않는 한 착공일이 늦었다는 이유만으로 건축허가를 취소할 수 없다(대판 1985.10.22. 85누93).

❸ [×] 건축허가서는 허가된 건물에 관한 실체적 권리의 득실변경의 공시방법이 아니며 그 추정력도 없으므로 건축허가서에 건축주로 기재된 자가 그 소유권을 취득하는 것은 아니며, 건축 중인 건물의 소유자와 건축허가의 건축주가 반드시 일치하여야 하는 것도 아니다(대판 2009.3.12. 2006다28454).

> 유제 14. 지방직 9급 건축허가시 건축허가서에 건축주로 기재된 자는 당연히 그 건물의 소유권을 취득하며, 건축 중인 건물의 소유자와 건축허가의 건축주는 일치하여야 한다. (×)

④ [O] 허가는 일반적으로 기속행위에 해당하므로 「식품위생법」상 대중 음식점영업허가 역시 법에서 정한 요건을 구비한 때에는 허가하여야 하고 관계법규에서 정하는 제한사유가 있는 때 허가신청을 거부할 수 있다.

> 식품위생법상 대중음식점영업허가는 성질상 일반적 금지에 대한 해제에 불과하므로 허가권자는 허가신청이 법에서 정한 요건을 구비한 때에는 허가하여야 하고 관계법규에서 정하는 제한사유 이외의 사유를 들어 허가신청을 거부할 수 없다(대판 1993.5.27. 93누2216).

11

☑ **함께 정리하기 예외적 승인**

재단법인정관변경허가
▷ 인가
비정형적 사태에 대한 효과적 규율 可
억제적 금지 전제
▷ 예외적으로 해제
개발제한구역 내 개발행위허가
▷ 재량행위

❶ [×] 인가에 해당한다.

> 민법 제45조와 제46조에서 말하는 재단법인의 정관변경 "허가"는 법률상의 표현이 허가로 되어 있기는 하나, 그 성질에 있어 법률행위의 효력을 보충해 주는 것이지 일반적 금지를 해제하는 것이 아니므로, 그 법적 성격은 인가라고 보아야 한다(대판 1996.5.16. 95누4810 전합).

유제 15. 국가직 9급 재단법인의 정관변경허가는 강학상 예외적 승인이다. (×)

② [○] 구체적 규율이 거의 불가능한 법률의 특성상 비정형적인 상황이 발생한 경우에도 일률적으로 법을 적용할 수밖에 없어 부당한 결과를 낳게 될 우려가 있다. 이러한 경우 예외적 승인은 허가의 가능성을 인정함으로써 효과적인 규율을 가능케 한다. 가령, 아편사용은 일반적으로 금지되어 있으나 치료목적의 아편사용은 허용되는 것을 예로 들 수 있다.

③ [○] 예외적 승인은 행위 자체가 사회적으로 유해하기 때문에 법령에 의해 금지시켰다가 예외적으로 해제시켜 주는 행위이다.

④ [○] 개발제한구역 내에서는 구역 지정의 목적상 건축물의 건축, 공작물의 설치, 토지의 형질변경 등의 행위는 원칙적으로 금지되고, 다만 구체적인 경우에 위와 같은 구역 지정의 목적에 위배되지 아니할 경우 예외적으로 허가에 의하여 그러한 행위를 할 수 있게 되며, 한편 개발제한구역 내에서의 건축물의 건축 등에 대한 예외적 허가는 그 상대방에게 수익적인 것으로서 재량행위에 속하는 것이라고 할 것이므로 그에 관한 행정청의 판단이 사실오인, 비례·평등의 원칙 위배, 목적위반 등에 해당하지 아니하는 이상 재량권의 일탈·남용에 해당한다고 할 수 없다(대판 2004.7.22. 2003두7606).

유제 08. 국회직 8급 소위 예외적 허가는 통상의 허가와 달리 원칙적으로 재량행위의 성질을 갖는다고 본다. (○)

12

☑ **함께 정리하기 허가·예외적 승인**

허가
▷ 예방적 금지 해제/기속행위
예외적 승인
▷ 어제저 금지 해제/재량행위

①②③ [○]

구분		(가) 허가	(나) 예외적 승인
본질		• 원칙적 허가를 전제로 금지 • 잠정적·상대적·예방적 금지의 해제 • 자연적 자유의 회복	• 원칙적 금지를 전제로 예외적 허가 • 억제적 금지의 해제 • 권리범위의 확대
법적 성질		기속행위	재량행위
예		• 일반음식점 영업허가 • 주거지역 내 건축허가 • 상가지역 내 유흥주점허가 • 양곡가공업허가 • 화약제조허가	• 치료목적의 아편사용 허가 • 개발제한구역 내 건축허가, 용도변경허가 • 학교환경위생정화구역 내 유흥음식점 허가 • 자연공원 내 단란주점 허가 • 카지노허가(사행행위 영업허가)

❹ [×] 허가와 예외적 승인 모두 법률행위적 행정행위이다.

13

☑ **함께 정리하기 허가**

소유권 행사에 지장을 받을 토지소유자
▷ 토지사용권을 상실한 건축주가 받은 건축허가 철회 신청 可
석유판매업 허가
▷ 대물적 허가
주류제조업면허
▷ 대물적 허가
주류판매업면허
▷ 기속행위(∵허가)

① [○] 건축허가는 대물적 성질을 갖는 것이어서 행정청으로서는 허가를 할 때에 건축주 또는 토지소유자가 누구인지 등 인적 요소에 관하여는 형식적 심사만 한다. 건축주가 토지소유자로부터 토지사용승낙서를 받아 그 토지 위에 건축물을 건축하는 대물적 성질의 건축허가를 받았다가 착공에 앞서 건축주의 귀책사유로 해당 토지를 사용할 권리를 상실한 경우, 건축허가의 존재로 말미암아 토지에 대한 소유권 행사에 지장을 받을 수 있는 토지소유자로서는 건축허가의 철회를 신청할 수 있다고 보아야 한다. 따라서 토지소유자의 위와 같은 신청을 거부한 행위는 항고소송의 대상이 된다(대판 2017.3.15. 2014두41190).

유제 18. 국회직 8급 수익적 행정행위를 취소 또는 철회하거나 중지시키는 경우에는 비록 취소 등의 사유가 있다고 하더라도 그 취소권 등의 행사는 기득권의 침해를 정당화할 만한 중대한 공익상의 필요 또는 제3자의 이익을 보호할 필요가 있고, 이를 상대방이 받는 불이익과 비교·교량하여 볼 때 공익상의 필요 등이 상대방이 입을 불이익을 정당화할 만큼 강한 경우에 한하여 허용될 수 있다. (○)

❷ [×] 석유판매업(주유소)허가는 소위 대물적 허가의 성질을 갖는 것이어서 그 사업의 양도도 가능하고 이 경우 양수인은 양도인의 지위를 승계하게 됨에 따라 양도인의 위 허가에 따른 권리의무가 양수인에게 이전되는 것이므로 만약 양도인에게 그 허가를 취소할 위법사유가 있다면 허가관청은 이를 이유로 양수인에게 응분의 제재조치를 취할 수 있다 할 것이고, 양수인이

그 양수 후 허가관청으로부터 석유판매업허가를 다시 받았다 하더라도 이는 석유판매업의 양수·양도를 전제로 한 것이어서 이로써 양도인의 지위승계가 부정되는 것은 아니므로 양도인의 귀책사유는 양수인에게 그 효력이 미친다(대판 1986.7. 22. 86누203).

③ [O] 주세법 제14조에 의하면 주류제조업은 상속성이 인정되고 상속자는 같은 법 제10조 1호, 2호, 5호 내지 7호 또는 11호의 규정에 해당하지 아니한 경우에는 당연히 상속의 신고당시에 그 주류제조업의 면허를 받은 것으로 본다고 규정하고 있으므로 주류제조면허가 국가의 수입확보를 위하여 설정된 재정허가의 일종이기는 하나 이는 원심판시와 같은 소위 일신전속적인 재정허가가 아니고 제조장 단위의 이전성이 인정되는 소위 대물적 허가로서 허가받은 자의 인격 변동이 당연히 허가취소사유에 해당한다고 할 수 없다(대판 1975.3.11. 74누138).

④ [O] 주류판매업 면허는 설권적 행위가 아니라 주류판매의 질서유지, 주세 보전의 행정목적 등을 달성하기 위하여 개인의 자연적 자유에 속하는 영업행위를 일반적으로 제한하였다가 특정한 경우에 이를 회복하도록 그 제한을 해제하는 강학상의 허가로 해석되므로 주세법 제10조 제1호 내지 제11호에 열거된 면허제한사유에 해당하지 아니하는 한 면허관청으로서는 임의로 그 면허를 거부할 수 없다(대판 1995.11.10. 95누5714).

---

14 정답 ④

☑ **함께 정리하기 행정제재사유의 승계**

대물적 처분
▷ 제재처분승계 可/변형된 과징금부과승계 可
양도인에 대한 면허취소사유를 이유로 양수인면허취소 可
대물적 허가
▷ 양도인의 제재사유·위법사유 승계○
「식품위생법」·「먹는물관리법」
▷ 책임승계 명문규정 有/면책규정 有

① [X] 대법원은 영업정지 등의 대물적 처분의 경우 제재처분 뿐만 아니라, 과징금의 부과에 있어서도 양도인에게 발생한 책임이 양수인에게 승계되는 것을 인정하고 있다.

석유판매업 등록은 원칙적으로 대물적 허가의 성격을 갖고, 또 석유 판매업자가 같은 법 제26조의 유사석유제품 판매금지를 위반함으로써 같은 법 제13조 제3항 제6호, 제1항 제11호에 따라 받게 되는 사업정지 등의 제재처분은 사업자 개인의 자격에 대한 제재가 아니라 사업의 전부나 일부에 대한 것으로서 대물적 처분의 성격을 갖고 있으므로, 위와 같은 지위승계에는 종전 석유판매업자가 유사석유제품을 판매함으로써 받게 되는 사업정지 등 제재처분의 승계가 포함되어 그 지위를 승계한 자에 대하여 사업정지 등의 제재처분을 취할 수 있다고 보아야 하고, 같은 법 제14조 제1항 소정의 과징금은 해당 사업자에게 경제적 부담을 주어 행정상의 제재 및 감독의 효과를 달성함과 동시에 그 사업자와 거래관계에 있는 일반 국민의 불편을 해소시켜 준다는 취지에서 사업정지처분에 갈음하여 부과되는 것일 뿐이므로, 지위승계의 효과에 있어서 과징금부과처분을 사업정지처분과 달리 볼 이유가 없다(대판 2003.10.23. 2003두8005).

유제 **09.** 국회직 9급 판례에 따르면 대물적 허가에 있어서 허가영업이 양도된 경우, 행정청은 양도인에게 있었던 제재사유를 근거로 양수인에게 제재처분을 할 수 있다. (O)

② [X] 구 여객자동차 운수사업법 제14조 제4항에 의하면 개인택시 운송사업을 양수한 사람은 양도인의 운송사업자로서의 지위를 승계하므로, 관할 관청은 개인택시 운송사업의 양도·양수에 대한 인가를 한 후에도 그 양도·양수 이전에 있었던 양도인에 대한 운송사업면허 취소사유를 들어 양수인의 사업면허를 취소할 수 있다(대판 2010.11.11. 2009두14934).

유제 **12.** 국회직 9급 관할관청은 개인택시 운송사업의 양도·양수에 대한 인가를 한 후에는 그 양도·양수 이전에 있었던 양도인에 대한 운송사업 면허취소사유를 들어 양수인의 사업면허를 취소할 수는 없다. (X)

③ [X] 대법원은 대물적 허가의 성질을 갖는 영업이 양도된 경우, 양도인의 제재사유나 위법사유까지도 양수인에게 승계된다고 본다.

석유판매업(주유소)허가는 소위 대물적 허가의 성질을 갖는 것이어서 그 사업의 양도도 가능하고 이 경우 양수인은 양도인의 지위를 승계하게 됨에 따라 양도인의 위 허가에 따른 권리의무가 양수인에게 이전되는 것이므로 만약 양도인에게 그 허가를 취소할 위법사유가 있다면 허가관청은 이를 이유로 양수인에게 응분의 제재조치를 취할 수 있다 할 것이고, 양수인이 그 양수 후 허가관청으로부터 석유판매업허가를 다시 받았다 하더라도 이는 석유판매업의 양수·양도를 전제로 한 것이어서 이로써 양도인의 지위승계가 부정되는 것은 아니므로 양도인의 귀책사유는 양수인에게 그 효력이 미친다(대판 1986.7.22. 86누203).

유제 **13.** 경찰 석유판매업 허가는 소위 대인적 허가의 성질을 갖는 것이어서 양도인의 귀책사유는 양수인에게 그 효력이 미치지 않는다. (X)

❹ [O]

「식품위생법」 제78조 【행정 제재처분 효과의 승계】 영업자가 영업을 양도하거나 법인이 합병되는 경우에는 제75조 제1항 각 호, 같은 조 제2항 또는 제76조 제1항 각 호를 위반한 사유로 종전의 영업자에게 행한 행정 제재처분의 효과는 그 처분기간이 끝난 날부터 1년 간 양수인이나 합병 후 존속하는 법인에 승계되며, 행정 제재처분 절차가 진행 중인 경우에는 양수인이나 합병 후 존속하는 법인에 대하여 행정 제재처분 절차를 계속할 수 있다. 다만, 양수인이나 합병 후 존속하는 법인이 양수하거나 합병할 때에 그 처분 또는 위반사실을 알지 못하였음을 증명하는 때에는 그러하지 아니하다.
「먹는물관리법」 제49조 【행정처분 효과의 승계】 먹는물 관련 영업자가 그 영업을 양도하거나 법인을 합병할 경우에는 제48조 제1항 각 호 및 제2항을 위반한 사유로 종전의 먹는 물 관련 영업자에게 행한 행정처분의 효과는 그 처분기간이 끝난 날부터 1년간 양수인이 나 합병 후 존속하는 법인에 승계되며, 행정처분의 절차가 진행 중일 때에는 양수인이나 합병 후 존속하는 법인에 대하여 그 절차를 계속할 수 있다. 다만, 양수인이나 합병 후 존속하는 법인이 양수 또는 합병할 때 그 처분이나 위반사실을 알지 못했음을 증명하면 그러하지 아니하다.

15
정답 ④

📋 함께 정리하기 **특허 해당여부**

재개발조합설립인가○
도지사의 의료유사업자 자격증갱신발급✕
공유수면매립면허○
개인택시운송사업면허○
「출입국관리법」상 체류자격 변경허가○
사립학교법인임원 취임승인행위✕
운전면허✕

특허란 특정인에 대하여 새로운 권리, 능력 또는 포괄적 법률관계를 설정하는 형성적 행정행위로서 설권행위라고 부르기도 한다. 특허는 강학상의 개념이고, 실정법에서는 특허·허가·면허 등으로 불리어진다. 판례는 특허를 설권적 처분으로 표현하는 경우가 많다.

ㄱ. [특허] 재개발조합설립인가신청에 대한 행정청의 조합설립인가처분은 단순히 사인들의 조합설립행위에 대한 보충행위로서의 성질을 가지는 것이 아니라 법령상 일정한 요건을 갖추는 경우 행정주체(공법인)의 지위를 부여하는 일종의 설권적 처분의 성질을 가진다고 보아야 한다(대판 2010.1.28. 2009두4845).

유제 18. 서울시 9급 재개발조합설립에 대한 인가는 공법인의 지위를 부여하는 설권적 처분이다. (○)

ㄴ. [공증] 서울특별시장 또는 도지사의 의료유사업자 자격증 갱신발급행위는 유사의료업자의 자격을 부여 내지 확인하는 것이 아니라 특정한 사실 또는 법률관계의 존부를 공적으로 증명하는 소위 공증행위에 속하는 행정 행위라 할 것이다(대판 1977.5.24. 76누295).

ㄷ. [특허] 공유수면매립면허는 설권행위인 특허의 성질을 갖는 것이므로 원칙적으로 행정청의 자유재량에 속하며, 일단 실효된 공유수면매립면허의 효력을 회복시키는 행위도 특단의 사정이 없는 한 새로운 면허부여와 같이 면허관청의 자유재량에 속한다고 할 것이다(대판 1989.9.12. 88누9206).

유제 09. 지방직 9급 공유수면매립면허는 협력을 요하는 행정행위로 보는 것이 일반적 견해이다. (○)

ㄹ. [특허] 설권적 처분으로서 특허에 해당한다.

여객자동차 운수사업법에 따른 개인택시운송사업 면허는 특정인에게 권리나 이익을 부여하는 재량행위이다(대판 2002.1.22. 2001두8414·95누 12897).

ㅁ. [특허] 체류자격 변경허가는 신청인에게 당초의 체류자격과 다른 체류자격 에 해당하는 활동을 할 수 있는 권한을 부여하는 일종의 설권적 처분의 성격을 가지므로, 허가권자는 신청인이 관계 법령에서 정한 요건을 충족하였더라도, 신청인의 적격성, 체류 목적, 공익상의 영향 등을 참작하여 허가 여부를 결정할 수 있는 재량을 가진다(대판 2016.7.14. 2015두48846).

ㅂ. [인가] 행정청이 법률효과를 완성해 주는 보충적 행정행위인 인가에 해당한다.

학교법인의 이사장·이사·감사 등의 임원은 이사회의 선임을 거쳐 관할청의 승인을 받아 취임하도록 규정하고 있는바, 관할청의 임원 취임승인행위는 학교법인의 임원선임행위의 법률상 효력을 완성케 하는 보충적 법률행위이다(대판 2007.12.27. 2005두9651).

ㅅ. [허가] 운전면허는 예방적 금지의 해제로 지연적 지유를 회복시켜 주는 강학상 허가에 해당한다.

운전면허는 일정한 자격의 취득으로 도로교통에 위험과 장해를 줄 염려가 없다고 인정되는 자에게 행정청이 운전금지를 해제하여 자동차등을 운전할 수 있도록 허가하는 제도이다(헌재 2015.5.28. 2013헌가6).

유제 09. 국회직 9급 운전면허는 억제적 금지의 해제에 해당한다. (✕)
07. 서울시 9급 운전면허는 학문상 허가에 속한다. (○)

16
정답 ③

📋 함께 정리하기 **허가·특허**

한의사 영업이익
▷ 사실상 이익(∵허가)
허가와 달리 법규특허 可
허가의 상대방
▷ 불특정다수인 可
특허의 상대방
▷ 특정인만 可
공유수면매립면허(특허)
▷ 재량행위 → 부관 可

① [○] 허가로 인해 상대방이 사실상 독점적 이익을 얻는 경우가 있더라도 이와 같은 영업상의 이익은 법률상 이익이 아닌 반사적 이익에 불과해 원고적격이 인정되지 않는다.

한의사 면허는 경찰금지를 해제하는 명령적 행위(강학상 허가)에 해당하고, 한약조제시험을 통하여 약사에게 한약조제권을 인정함으로써 한의사들의 영업상 이익이 감소되었다고 하더라도 이러한 이익은 사실상의 이익에 불과하고 약사법이나 의료법 등의 법률에 의하여 보호되는 이익이라고는 볼 수 없으므로, 한의사들이 한약조제시험을 통하여 한약조제권을 인정받은 약사들에 대한 합격처분의 무효확인을 구하는 당해 소는 원고적격이 없는 자들이 제기한 소로서 부적법하다(대판 1998.3.10. 97누4289).

유제 14. 지방직 9급 한약조제시험을 통하여 약사에게 한약조제권을 인정함으로써 한의사들의 영업상 이익이 감소되었다고 하더라도 이러한 이익은 사실상의 이익에 불과하다. (○)

② [○] 특허는 허가와 달리 법규특허가 가능하고, 특허는 신청을 필요로 하지만 법규특허는 성질상 신청을 필요로 하지 않는다.

❸ [✕] 허가의 상대방은 특정인과 불특정 다수인이 모두 될 수 있으나, 특허의 상대방은 반드시 특정인이 된다.

④ [○] 공유수면매립면허는 특허이고, 재량행위에는 법적 근거가 없더라도 부관을 붙일 수 있다.

공유수면매립면허는 기속적 행정행위가 아니라 재량적 행정행위에 해당하고, 공유수면매립면허와 같은 재량적 행정행위에는 법률상의 근거가 없다고 하더라도 부관을 붙일 수 있다(대판 1982.12.28. 80다731).

유제 13. 서울시 7급 행정청은 법적 근거가 있는 경우에 한하여 재량행위에 부관을 붙일 수 있는 것은 아니나. (○)

17 정답 ②

일반택시운송사업 양도신고수리
▷ 「행정절차법」 적용
일반택시운송사업 양도계약 무효
▷ 신고수리해도 사업양도 효과 발생×
개인택시운송사업면허 기준을 정하는 것
▷ 재량행위
개인택시운송사업면허 지역거주 요건 + 지역근무 경력 要
▷ 합리적 제한

① [O] 지위승계신고의 수리는 양도자에게는 양도 대상의 행정행위를 취소하는 효과를, 양수자에게는 새로운 행정행위를 발생하는 효과를 가지므로 복효적 행정행위의 일종으로 볼 수 있다. 따라서 지위승계신고를 수리하는 처분은 종전의 영업자의 권익을 제한하는 처분이므로 「행정절차법」상의 사전통지 및 의견제출 기회를 부여하여야 한다.

> 영업자지위승계신고를 수리하는 처분은 종전의 영업자의 권익을 제한하는 처분이라 할 것이고 따라서 종전의 영업자는 그 처분에 대하여 직접 그 상대가 되는 자에 해당한다고 봄이 상당하므로, 행정청으로서는 위 신고를 수리하는 처분을 함에 있어서 행정절차법 규정 소정의 당사자에 해당하는 종전의 영업자에 대하여 위 규정 소정의 행정절차를 실시하고 처분을 하여야 한다(대판 2003.2.14. 2001두7015).

유제 17. 국가직 9급 행정청은 「식품위생법」 규정에 의하여 영업자지위승계신고 수리처분을 함에 있어서 종전의 영업자에 대하여 「행정절차법」상 사전통지를 하고 의견제출 기회를 주어야 한다. (O)

❷ [X] 사업양도·양수계약이 무효이면 신고의 수리가 있더라도 수리는 무효이다. 또한 양도인은 항고소송으로 직접 수리행위를 다툴 수 있다.

> 골재채취업 양도·양수신고 수리처분에서 그 수리 대상인 사업양도·양수가 존재하지 아니하거나 무효인 때에는 수리를 하였다 하더라도 그 수리는 유효한 대상이 없는 것으로서 당연히 무효라 할 것이고, 양도자는 민사쟁송으로 양도·양수행위의 무효를 구함이 없이 막바로 허가관청을 상대로 하여 행정소송으로 위 신고수리처분의 무효확인을 구할 법률상 이익이 있다(대판 2005.12.23. 2005두3554).

유제 18. 국회직 8급 수리대상인 사업양도양수가 없었음에도 신고를 수리한 경우에는 먼저 민사쟁송으로 양도·양수가 무효임을 구한 이후에 신고 수리의 무효를 다툴 수 있다. (×)

③④ [O] 개인택시운송사업면허는 특정인에게 권리나 이익을 부여하는 행정행위로서 법령에 특별한 규정이 없는 한 재량행위이고, 그 면허에 필요한 기준을 정하는 것 역시 행정청의 재량에 속하는 것이므로 그 기준이 객관적으로 보아 합리적이 아니라든가 타당하지 아니하여 재량권을 남용한 것이라고 인정되지 아니하는 이상 행정청의 의사는 가능한 한 존중되어야 한다. 해당 지역에서 일정기간 거주하여야 한다는 요건 이외에 해당 지역 운수업체에서 일정기간 근무한 경력이 있는 경우에만 개인택시운송 사업면허신청 자격을 부여한다는 개인택시운송사업면허업무규정은 개인택시 면허제도의 성격, 운송사업의 공익성, 지역에서의 장기간 근속을 장려할 필요성, 기준의 명확성 요청 등의 제반 사정에 비추어 합리적인 제한이다(대판 2005.4.28. 2004두8910).

18 정답 ①

기본행위
▷ 법률행위
공유수면매립면허로 인한 권리의무 양도
▷ 면허관청의 인가는 효력요건
인가에 하자×
▷ 기본행위의 하자 이유로 인가의 취소 or 무효×
토지거래계약허가
▷ 인가

❶ [X] 인가는 사인의 법률행위를 대상으로 그 효력을 완성시켜주는 행위라는 점에서 보충적 행위이자 형성적 행위이다. 이는 법률행위와 사실행위 모두를 대상으로 하는 허가와 구분된다.

② [O] 공유수면매립의 면허로 인한 권리의무의 양도·양수에 있어서의 면허관청의 인가는 효력요건으로서, 위 각 규정은 강행규정이라고 할 것인 바, 위 면허의 공동명의자 사이의 면허로 인한 권리의무양도약정은 면허 관청의 인가를 받지 않은 이상 법률상 아무런 효력도 발생할 수 없다(대판 1991.6.25. 90누5184).

유제 17. 국가직 9급 공유수면매립면허로 인한 권리의무의 양도·양수 약정은 이에 대한 면허관청의 인가를 받지 않은 이상 법률상 효력이 발생하지 않는다. (O)

③ [O] 강학상의 '인가'에 속하는 행정처분에 있어서 인가처분 자체에 하자가 있다고 다투는 것이 아니라 기본행위에 하자가 있다 하여 그 기본행위의 효력에 관하여 다투는 경우에는 민사쟁송으로서 따로 그 기본행위의 취소 또는 무효확인 등을 구하는 것은 별론으로 하고 기본행위의 불성립 또는 무효를 내세워 바로 그에 대한 감독청의 인가처분의 취소를 구하는 것은 특단의 사정이 없는 한 소구할 법률상의 이익이 있다고 할 수 없다(대판 2005.10.14. 2005두1046·95누7338 등).

④ [O] 국토이용관리법 제21조의3 제1항 소정의 허가가 규제지역 내의 모든 국민에게 전반적으로 토지거래의 자유를 금지하고 일정한 요건을 갖춘 경우에만 금지를 해제하여 계약체결의 자유를 회복시켜 주는 성질의 것이라고 보는 것은 위 법의 입법취지를 넘어선 지나친 해석이라고 할 것이고, 규제지역 내에서도 토지거래의 자유가 인정되나 다만 위 허가를 허가 전의 유동적 무효 상태에 있는 법률행위의 효력을 완성시켜 주는 인가적 성질을 띤 것이라고 보는 것이 타당하다(대판 1991.12.24. 90다12243 전합).

유제 18. 서울시 7급 토지거래계약허가는 강학상 인가라는 것이 판례의 입장이다. (O)

19　정답 ③

① [○] 인가는 보충적 행위로서 기본행위 당사자의 신청에 의하여 이루어지며, 행정청은 인가를 할 것인지 여부만 결정할 수 있고 수정 인가는 할 수 없다.

② [○] 인가의 대상은 법률행위에 한하며, 법률행위인 이상 공법상 행위인지 사법상 행위인지를 불문한다.

> 유제 08. 지방직　일반적으로 인가의 기본행위는 공법적 성질을 갖는 것에 한한다. (×)

❸ [×] 인가는 기본행위인 재단법인의 정관변경에 대한 법률상의 효력을 완성시키는 보충행위로서, 그 기본이 되는 정관변경 결의에 하자가 있을 때에는 그에 대한 인가가 있었다 하여도 기본행위인 정관변경 결의가 유효한 것으로 될 수 없으므로 기본행위인 정관변경 결의가 적법 유효하고 보충행위인 인가처분 자체에만 하자가 있다면 그 인가처분의 무효나 취소를 주장할 수 있지만, 인가처분에 하자가 없다면 기본행위에 하자가 있다 하더라도 따로 그 기본행위의 하자를 다투는 것은 별론으로 하고 기본행위의 무효를 내세워 바로 그에 대한 행정청의 인가처분의 취소 또는 무효확인을 소구할 법률상의 이익이 없다 (대판 1996.5.16. 95누4810 전합).

> 유제 08. 국가직 7급　기본행위가 무효인 경우, 인가처분만의 무효확인이나 그 취소를 구하는 것은 특단의 사정이 없는 한 분쟁해결의 유효적절한 수단이라 할 수 없으므로 인가처분의 무효확인이나 그 취소를 구할 법률상 이익이 없다. (○)
>
> 08. 지방직 9급　인가행위 자체는 적법한 것이나 기본적 법률관계에 하자가 있는 경우에 기본행위의 무효를 내세워 바로 인가행위의 무효확인 또는 취소를 청구할 수 있다. (×)

④ [○] 인가는 효력요건이므로 인가를 받지 않고 한 행위는 무효이나, 무인가행위는 처벌의 대상이 되지는 않는다. 이 점에서 허가는 적법요건이므로 무허가행위는 처벌의 대상이 되나 무효로 되지 않는 것과 구별된다.

20　정답 ③

ㄱ. [확인] 준공검사처분은 건축허가를 받아 건축한 건물이 건축허가사항대로 건축행정목적에 적합한가의 여부를 확인하고, 준공검사필증을 교부하여 줌으로써 허가받은 자로 하여금 건축한 건물을 사용, 수익할 수 있게 하는 법률효과를 발생시키는 것이다(대판 1992.4.10. 91누5358).

> 유제 16. 지방직 9급　건축물 준공검사처분은 강학상 허가에 해당한다. (×)

ㄴ. [인가] 규제지역 내에서도 토지거래의 자유가 인정되나 다만 위 허가를 허가 전의 유동적 무효 상태에 있는 법률행위의 효력을 완성시켜 주는 인가적 성질을 띤 것이라고 보는 것이 타당하다(대판 1991.12.24. 90다12243).

> 유제 18. 교행 9급　토지거래계약허가는 규제지역 내 토지거래의 자유를 일반적으로 금지하고 일정한 요건을 갖춘 경우에만 그 금지를 해제하여 계약체결의 자유를 회복시켜 주는 성질의 것이다. (×)

ㄷ. [특허] 구 공유수면관리법에 따른 공유수면의 점·사용허가는 특정인에게 공유수면 이용권이라는 독점적 권리를 설정하여 주는 처분으로서 그 처분의 여부 및 내용의 결정은 원칙적으로 행정청의 재량에 속한다고 할 것이고, 이와 같은 재량처분에 있어서는 그 재량권 행사의 기초가 되는 사실인정에 오류가 있거나 그에 대한 법령적용에 잘못이 없는 한 그 처분이 위법하다고 할 수 없다(대판 2004.5.28. 2002두5016).

ㄹ. [인가] 조합설립추진위원회 구성승인처분은 조합의 설립을 위한 주체인 추진위원회의 구성행위를 보충하여 그 효력을 부여하는 처분으로서 조합설립이라는 종국적 목적을 달성하기 위한 중간단계의 처분에 해당하지만, 그 법률요건이나 효과가 조합설립인가처분의 그것과는 다른 독립적인 처분이기 때문에, 추진위원회 구성승인처분에 대한 취소 또는 무효확인 판결의 확정만으로는 이미 조합설립인가를 받은 조합에 의한 정비사업의 진행을 저지할 수 없다(대판 2013.1.31. 2011두11112).

✅ 정답

p. 38

01	④	06	③	11	①	16	①
02	②, ④	07	②	12	③	17	①
03	③	08	①	13	④	18	④
04	④	09	②	14	②	19	②
05	③, ④	10	③, ④	15	③	20	①

01

정답 ④

☑ **함께 정리하기 특허, 인가**

도로점용허가
▷ 특허
사업시행계획인가
▷ 인가
인가 자체의 하자로 인한 소송대상
▷ 인가
토지소유자들이 직접 시행하는 사업시행인가
▷ 설권적 처분의 성격

① [O] 도로법 제40조 제1항에 의한 도로점용은 일반공중의 교통에 사용되는 도로에 대하여 이러한 일반사용과는 별도로 도로의 특정부분을 유형적·고정적으로 특정한 목적을 위하여 사용하는 이른바 특별사용을 뜻하는 것이고, 이러한 도로점용의 허가는 특정인에게 일정한 내용의 공물사용권을 설정하는 설권행위로서, 공물관리자가 신청인의 적격성, 사용목적 및 공익상의 영향 등을 참작하여 허가를 할 것인지의 여부를 결정하는 재량행위이다(대판 2002.10.25. 2002두5795).

② [O] 구 도시 및 주거환경정비법에 기초하여 도시환경정비사업조합이 수립한 사업시행계획은 그것이 인가·고시를 통해 확정되면 이해관계인에 대한 구속적 행정계획으로서 독립된 행정처분에 해당하므로 사업시행계획을 인가하는 행정청의 행위는 도시환경정비사업조합의 사업시행계획에 대한 법률상의 효력을 완성시키는 보충행위에 해당한다(대판 2010.12.9. 2010두1248).

③ [O] 기본행위인 정관변경 결의가 적법 유효하고 보충행위인 인가처분 자체에만 하자가 있다면 그 인가처분의 무효나 취소를 주장할 수 있지만, 인가처분에 하자가 없다면 기본행위에 하자가 있다 하더라도 따로 그 기본행위의 하자를 다투는 것은 별론으로 하고 기본행위의 무효를 내세워 바로 그에 대한 행정청의 인가처분의 취소 또는 무효확인을 소구할 법률상의 이익이 없다(대판 1996.5.16. 95누4810).

> 유제 09. 국회직 9급 판례에 따르면 기본행위의 무효를 내세워 그에 대한 행정청의 인가처분의 취소 또는 무효확인을 구하는 소송은 법률상의 이익이 없어 각하된다. (O)

④ [×] 구 도시 및 주거환경정비법 제8조 제3항, 제28조 제1항에 의하면, 토지 등 소유자들이 그 사업을 위한 조합을 따로 설립하지 아니하고 직접 도시환경정비사업을 시행하고자 하는 경우에는 사업시행계획서에 정관 등과 그 밖에 국토해양부령이 정하는 서류를 첨부하여 시장·군수에게 제출하고 사업시행인가를 받아야 하고, 이러한 절차를 거쳐 사업시행인가를 받은 토지 등 소유자들은 … 일정한 행정작용을 행하는 행정주체로서의 지위를 가진다. 그렇다면 토지 등 소유자들이 직접 시행하는 도시환경정비사업에서 토지 등 소유자에 대한 사업시행인가처분은 단순히 사업시행계획에 대한 보충행위로서의 성질을 가지는 것이 아니라 구 도시정비법상 정비사업을 시행할 수 있는 권한을 가지는 행정주체로서의 지위를 부여하는 일종의 설권적 처분의 성격을 가진다(대판 2013.6.13. 2011두19994).

02

정답 ②, ④

☑ **함께 정리하기 인가**

무인가행위
▷ 무효
무효인 기본행위를 인가
▷ 유효한 기본행위로 전환×
기본행위가 취소 또는 실효
▷ 인가처분 실효
학교환경위생정화구역의 금지행위해제
▷ 예외적 승인

① [O] 인가는 법률행위(기본행위)의 효력발생요건이므로 인가를 요하는 행위(기본행위)를 인가 없이 한 경우 당해 법률행위는 무효이다.

❷ [×] 학교법인의 임원에 대한 감독청의 취임승인은 학교법인의 임원선임행위를 보충하여 그 법률상의 효력을 완성케하는 보충적 행정행위로서 성질상 기본행위를 떠나 승인처분 그 자체만으로는 법률상 아무런 효력도 발생할 수 없으므로 기본행위인 학교법인의 임원선임행위가 불성립 또는 무효인 경우에는 비록 그에 대한 감독청의 취임승인이 있었다 하여도 이로써 무효인 그 선임행위가 유효한 것으로 될 수는 없다(대판 1987. 8.18. 86누152).

③ [O] 외자도입법 제19조에 따른 기술도입계약에 대한 인가는 기본행위인 기술도입계약을 보충하여 그 법률상 효력을 완성시키는 보충적 행정행위에 지나지 아니하므로 <u>기본행위인 기술도입계약이 해지로 인하여 소멸되었다면 위 인가처분은 무효선언이나 그 취소처분이 없어도 당연히 실효된다</u>(대판 1983. 12.27. 82누491).

❹ [×] 학교환경위생정화구역의 금지행위해제는 사회적으로 유해하여 법령에 의해 억제적으로 금지된 행위를 예외적으로 적법하게 수행할 수 있도록 하는 예외적 승인에 해당한다. 예외적 승인(예외적 허가)의 법적 성질에 관하여 허가의 일종으로 보는 견해, 특허의 일종으로 보는 견해, 면제로 보는 견해, 독립된 법개념으로 보는 견해가 대립한다. 그런데 어느 견해에 의하든 인가로는 보지 않는다.

---

03   정답 ③

> 📋 **함께 정리하기 인가와 대리**
>
> 대리
> ▷ 수용재결, 압류재산의 공매처분
> 인가
> ▷ 조합장명의변경인가, 학교법인 임원취임승인

ㄱ. [대리] 제3자가 해야 할 일을 행정청이 대신 행하되 제3자가 행한 것과 같은 법적 효과를 일으키는 행위는 공법상 대리이다.

ㄴ. [인가] 행정청이 타자의 법률행위를 동의로써 보충하여 그 법률효과를 완성시켜주는 행위는 인가이다.

A. [대리] 토지보상법규정에 의하면 토지수용위원회는 사업시행자와 토지소유자간에 협의가 이루어지지 않는 경우 수용재결을 할 수 있는바, 이는 공법상 대리의 성질을 갖는다.

B. [인가] 주택조합의 조합장 명의변경에 대한 시장, 군수 또는 자치구 구청장의 인가처분은 종전의 조합장이 그 지위에서 물러나고 새로운 조합장이 그 지위에 취임함을 내용으로 하는 주택조합의 조합장 명의변경 행위를 보충하여 그 법률상의 효력을 완성시키는 보충적 행정행위로서 성질상 기본행위인 주택조합의 조합장 명의변경 행위를 떠나 인가처분 자체만으로는 법률상 아무런 효력도 발생할 수 없다(대판 1995.12.12. 95누7338).

C. [인가] 구 사립학교법 제20조 제1항, 제2항은 학교법인의 이사장·이사·감사 등의 임원은 이사회의 선임을 거쳐 관할청의 승인을 받아 취임하도록 규정하고 있는바, <u>관할청의 임원취임승인행위는 학교법인의 임원선임행위의 법률상 효력을 완성케 하는 보충적 법률행위</u>이다. 따라서 관할청이 학교법인의 임원취임승인신청에 대하여 이를 반려하거나 거부하는 경우 학교법인에 의하여 임원으로 선임된 사람은 학교법인의 임원으로 취임할 수 없게 되는 불이익을 입게 되는바, 이와 같은 불이익은 간접적이거나 사실상의 불이익이 아니라 직접적이고도 구체적인 법률상의 불이익이라 할 것이므로 학교법인에 의하여 임원으로 선임된 사람에게는 관할청의 임원취임승인신청 반려처분을 다툴 수 있는 원고적격이 있다(대판 2007. 12.27. 2005두9651).

> **유제** 17. 행정사 사립학교법인의 임원에 대한 취임승인행위는 인가에 해당한다. (O)

D. [대리] 체납처분절차에서의 압류재산의 공매처분은 공법상 대리의 성질을 가지며, 공법상의 대리는 법률의 규정에 의한 법정대리를 말한다.

---

04   정답 ④

> 📋 **함께 정리하기 재개발·재건축정비조합**
>
> 조합설립인가처분 후 조합설립동의 하자
> ▷ 항고소송으로 다투어야 함
> 조합설립추진위원회구성승인과 조합설립인가 사이
> ▷ 하자승계×
> 사업시행계획
> ▷ 인가·고시로 확정되면 구속적 행정계획으로서 독립된 행정처분
> 토지등소유자들이 직접 시행하는 도시환경정비사업의 시행인가처분
> ▷ 특허(사업시행계획은 독립된 행정처분×)

① [×] 재개발조합설립인가신청에 대한 행정청의 조합설립인가처분은 단순히 사인들의 조합설립행위에 대한 보충행위로서의 성질을 가지는 것이 아니라 법령상 일정한 요건을 갖추는 경우 행정주체(공법인)의 지위를 부여하는 일종의 설권적 처분의 성질을 가진다고 보아야 한다. 그러므로 구 도시 및 주거환경정비법상 재개발조합 설립인가신청에 대하여 <u>행정청의 조합설립인가처분이 있은 이후에는, 조합설립동의에 하자가 있음을 이유로 재개발조합 설립의 효력을 부정하려면 항고소송으로 조합설립인가처분의 효력을 다투어야 한다</u>(대판 2010.1.28. 2009두4845).

> **유제** 18. 서울시 9급 재개발조합설립에 대한 인가는 공법인의 지위를 부여하는 설권적 처분이다. (O)

② [×] <u>조합설립추진위원회(이하 '추진위원회'라고 한다)의 구성을 승인하는 처분</u>은 조합의 설립을 위한 주체에 해당하는 비법인 사단인 추진위원회를 구성하는 행위를 보충하여 그 효력을 부여하는 처분인 데 반하여, <u>조합설립인가처분은 법령상 요건을 갖출 경우 도시정비법상 주택재개발사업을 시행할 수 있는 권한을 가지는 행정주체(공법인)로서의 지위를 부여하는 일종의 설권적 처분이므로, 양자는 그 목적과 성격을 달리한다.</u> 추진위원회의 권한은 조합 설립을 추진하기 위한 업무를 수행하는 데 그치므로 일단 조합설립인가처분을 받아 추진위원회의 업무와 관련된 권리와 의무가 조합에 포괄적으로 승계되면, 추진위원회는 그 목적을 달성하여 소멸한다. 조합설립인가처분은 추진위원회 구성의 동의요건보다 더 엄격한 동의요건을 갖추어야 할 뿐만 아니라 창립총회의 결의를 통하여 정관을 확정하고 임원을 선출하는 등의 단체결성행위를 거쳐 성립하는 조합에 관하여 하는 것이므로, 추진위원회 구성의 동의요건 흠결 등 추진위원회구성승인처분상의 위법만을 들어 조합설립인가처분의 위법을 인정하는 것은 조합설립의 요건이나 절차, 그 인가처분의 성격, 추진위원회 구성의 요건이나 절차, 그 구성승인처분의 성격 등에 비추어 타당하다고 할 수 없다. 따라서 <u>조합설립인가처분은 추진위원회구성승인처분이 적법·유효할 것을 전제로 한다고 볼 것은 아니므로, 구 도시정비법령이 정한 동의요건을 갖추고 창립총회를 거쳐 주택재개발조합이 성립한 이상, 이미 소멸한 추진위원회구성승인처분의 하자를 들어 조합설립인가처분이 위법하다고 볼 수 없다</u>(대판 2013. 12.26. 2011두8291).

③ [X] 구 도시 및 주거환경정비법에 따른 주택재건축정비사업조합은 관할 행정청의 감독 아래 위 법상 주택재건축사업을 시행하는 공법인으로서, 그 목적 범위 내에서 법령이 정하는 바에 따라 일정한 행정작용을 행하는 행정주체의 지위를 가진다 할 것인데, 재건축정비사업조합이 이러한 행정주체의 지위에서 위 법에 기초하여 수립한 사업시행계획은 인가·고시를 통해 확정되면 이해관계인에 대한 구속적 행정계획으로서 독립된 행정처분에 해당하고, 이와 같은 사업시행계획안에 대한 조합 총회결의는 그 행정처분에 이르는 절차적 요건 중 하나에 불과한 것으로서, 그 계획이 확정된 후에는 항고소송의 방법으로 계획의 취소 또는 무효확인을 구할 수 있을 뿐, 절차적 요건에 불과한 총회결의 부분만을 대상으로 그 효력 유무를 다투는 확인의 소를 제기하는 것은 허용되지 아니한다(대결 2009.11.2. 2009마596).

❹ [O] 토지 등 소유자들이 그 사업을 위한 조합을 따로 설립하지 않고 직접 시행하는 도시환경정비사업에서 사업시행인가처분은 단순히 사업시행계획에 대한 보충행위로서의 성질을 가지는 것이 아니라 구 도시정비법상 정비사업을 시행할 수 있는 권한을 가지는 행정주체로서의 지위를 부여하는 일종의 설권적 처분의 성격을 가진다. 도시환경정비사업을 직접 시행하려는 토지 등 소유자들은 시장·군수로부터 사업시행인가를 받기 전에는 행정주체로서의 지위를 가지지 못한다. 따라서 그가 작성한 사업시행계획은 인가처분의 요건 중 하나에 불과하고 항고소송의 대상이 되는 독립된 행정처분에 해당하지 아니한다고 할 것이다(대판 2013.6.13. 2011두19994).

05 정답 ③, ④

📋 함께 정리하기 행정행위
대기오염물질 총량관리사업장 설치허가
▷ 특허, 재량행위
공익사업허가
▷ 대부분 특허
특허기업의 사업양도허가
▷ 인가
불가쟁력, But 해석상 변경신청권 인정되는 경우
▷ 처분 변경신청권 有

① [O] 구 수도권대기환경특별법 제14조 제1항에서 정한 대기오염물질 총량관리사업장 설치의 허가 또는 변경허가는 특정인에게 인구가 밀집되고 대기오염이 심각하다고 인정되는 수도권 대기관리권역에서 총량관리대상 오염물질을 일정량을 초과하여 배출할 수 있는 특정한 권리를 설정하여 주는 행위로서 그 처분의 여부 및 내용의 결정은 행정청의 재량에 속한다고 할 것이다(대판 2013.5.9. 2012두22799).

② [O] 특허란 특정인에 대하여 새로운 권리, 능력 또는 포괄적 법률관계를 설정하는 형성적 행정행위로서 설권행위라고 부르기도 한다. 전기·가스·수도 등의 공급사업이나 철도·버스 등의 운송사업 등과 같은 공익사업에 대한 허가는 강학상 특허에 해당하는 경우가 대부분이다.

❸ [X] 특허기업이란 행정청으로부터 특허를 받아 공익사업을 경영하게 되는 기업을 의미하는 바, 특허기업의 사업양도시 특허의 양도가 수반되고, 이 때 행정청의 사업양도허가는 인가의 성질을 갖는 것이다.

❹ [X] 제소기간이 이미 도과하여 불가쟁력이 생긴 행정처분에 대하여는 개별 법규에서 그 변경을 요구할 신청권을 규정하고 있거나 관계 법령의 해석상 그러한 신청권이 인정될 수 있는 등 특별한 사정이 없는 한 국민에게 그 행정처분의 변경을 구할 신청권이 있다 할 수 없다(대판 2007.4.26. 2005두11104).
유제 18. 국회직 8급 제소기간이 이미 도과하여 불가쟁력이 생긴 행정처분에 대하여는 특별한 사정이 없는 한 국민에게 그 행정처분의 변경을 구할 신청권이 있다고 할 수는 없다. (O)

06 정답 ③

📋 함께 정리하기 인·허가의제 제도
의제되는 인·허가거부사유로 주된 인·허가 거부
▷ 주된 인·허가거부에 대하여 쟁송제기
법령상 근거 要
의제되는 인·허가상 절차 不要
의제되는 인·허가를 전제로 한 모든 법률 적용되는 것×

① [X] 주무행정청이 의제되는 인·허가의 거부사유를 들어 주된 인·허가의 신청에 대하여 거부처분을 한 경우, 의제되는 인·허가의 거부처분은 실질적으로 존재하지 않기 때문에 '주된'인·허가의 거부처분에 대하여 행정쟁송을 제기하면서 의제되는 인·허가의 거부사유를 다투어야 할 것이다.

건축불허가처분을 하면서 그 처분사유로 건축불허가사유뿐만 아니라 형질변경불허가사유나 농지전용불허가사유를 들고 있다고 하여 그 건축 불허가처분 외에 별개로 형질변경불허가처분이나 농지전용불허가처분이 존재하는 것이 아니므로, 그 건축불허가처분을 받은 사람은 그 건축불허 가처분에 관한 쟁송에서 건축법상의 건축불허가사유뿐만 아니라 같은 도시계획법상의 형질변경불허가사유나 농지법상의 농지전용불허가사유에 관하여도 다툴 수 있는 것이지, 그 건축불허가처분에 관한 쟁송과는 별개로 형질변경불허가처분이나 농지전용불허가처분에 관한 쟁송을 제기하여 이를 다투어야 하는 것은 아니다(대판 2001.1.16. 99두10988).

유제 16. 지방직 7급 주된 인·허가거부처분을 하면서 의제되는 인·허가거부사유를 제시한 경우, 의제되는 인·허가거부를 다투려는 자는 주된 인·허가거부 외에 별도로 의제되는 인·허가거부에 대한 쟁송을 제기해야 한다. (×)

② [X] 인·허가의제 제도는 행정기관의 권한에 변경을 초래하므로 개별 법률의 명시적인 근거가 있는 경우에만 허용된다.

❸ [O] 주무행정청은 의제되는 인·허가의 실체요건이 모두 충족되어야 주된 인·허가도 할 수 있으나 의제되는 인·허가의 관계기관과의 협의를 거쳤다면 의제되는 인·허가에서 요구되는 절차(주민의 의견청취 등)를 별도로 거치지 않아도 된다.

건설부장관이 구 주택건설촉진법 제33조에 따라 관계기관의 장과의 협의를 거쳐 사업계획승인을 한 이상 같은 조 제4항의 허가·인가·결정·승인 등이 있는 것으로 볼 것이고, 그 절차와 별도로 도시계획법 제12조 등 소정의 중앙도시계획위원회의 의결이나 주민의 의견청취 등 절차를 거칠 필요는 없다(대판 1992.11.10. 92누1162).

유제 16. 지방직 7급 주된 인·허가처분이 관계기관의 장과 협의를 거쳐 발령된 이상 의제되는 인·허가에 법령상 요구되는 주민의 의견청취 등의 절차는 거칠 필요가 없다. (O)

④ [X] 주된 인·허가에 관한 사항을 규정하고 있는 어떠한 법률에서 주된 인·허가가 있으면 다른 법률에 의한 인·허가를 받은 것으로 의제한다는 규정을 둔 경우에는, 주된 인·허가가 있으면 다른 법률에 의한 인·허가가 있는 것으로 보는 데 그치는 것이고, 거기에서 더 나아가 다른 법률에 의하여 인·허가를 받았음을 전제로 한 다른 법률의 모든 규정들까지 적용되는 것은 아니다(대판 2015.4.23. 2014두2409).

07
정답 ②

☑ 함께 정리하기 인·허가의제 제도

개발행위허가로 의제되는 건축신고
▷ 개발행위허가기준 준수 要
보완가능함에도 바로 건축불허가처분
▷ 재량의 한계 일탈
가설건축물 신고
▷ 개발행위허가 기준위반을 근거로 수리거부 不可
협의
▷ 구속력 無(자문의 의미)

① [O] 일정한 건축물에 관한 건축신고는 건축법 제14조 제2항, 제11조 제5항 제3호에 의하여 국토의 계획 및 이용에 관한 법률 제56조에 따른 개발 행위허가를 받은 것으로 의제되는데, 국토의 계획 및 이용에 관한 법률 제58조 제1항 제4호에서는 개발행위허가의 기준으로 주변 지역의 토지이용실태 또는 토지이용계획, 건축물의 높이, 토지의 경사도, 수목의 상태, 물의 배수, 하천·호소·습지의 배수 등 주변 환경이나 경관과 조화를 이 룰 것을 규정하고 있으므로, 국토의 계획 및 이용에 관한 법률상의 개발 행위허가로 의제되는 건축신고가 위와 같은 기준을 갖추지 못한 경우 행정청으로서는 이를 이유로 그 수리를 거부할 수 있다(대판 2011.1.20. 2010두14954 전합).

유제 15. 지방직 9급 인·허가의제 효과를 수반하는 건축신고는 일반적인 건축신고와 같이 자기완결적 신고이다. (X)

❷ [X] 건축불허가처분을 하면서 그 사유의 하나로 소방시설과 관련된 소방 서장의 건축부동의 의견을 들고 있으나 그 보완이 가능한 경우, 보완을 요구하지 아니한 채 곧바로 건축허가신청을 거부한 것은 재량권의 범위를 벗어난 것이다(대판 2004.10.15. 2003두6573).

③ [O] 2017.1.17. 개정 전 구 건축법은 가설건축물이 축조되는 지역과 용도에 따라 허가제와 신고제를 구분하면서, 가설건축물 신고와 관련하여서는 국토의 계획 및 이용에 관한 법률에 따른 개발행위허가 등 인·허가의제 내지 협의에 관한 규정을 전혀 두고 있지 아니하므로, 행정청은 특별한 사정이 없는 한 개발행위허가 기준에 부합하지 않는다는 점을 이유로 가설건축물 축조신고의 수리를 거부할 수는 없다(대판 2019.1.10. 2017두75606).

④ [O] 사업계획승인처분을 받으면 산지전용허가를 받은 것으로 의제되는 사안에서는 승인처분을 하기 전에 미리 산림청장과의 협의를 하라고 규정한 의미는 그의 자문을 구하라는 것이지 그 의견을 따라 처분을 하라는 의미는 아니다(대판 2015.10.29. 2013다218248).

08
정답 ①

☑ 함께 정리하기 인·허가의제 제도

부분 인허가의제가 허용되는 경우
▷ 의제된 인허가 취소소송의 대상○
협의 생략한 처분
▷ 위법(절차상 하자)
협의 생략한 처분
▷ 취소사유
소방서장의 건축부동의
▷ 대상적격×

❶ [X] 구 주택법 제17조 제1항에 따르면, 주택건설사업계획 승인권자가 관계 행정청의 장과 미리 협의한 사항에 한하여 승인처분을 할 때에 인허가 등이 의제될 뿐이고, 각 호에 열거된 모든 인허가 등에 관하여 일괄하여 사전협의를 거칠 것을 주택건설사업계획 승인처분의 요건으로 규정하고 있지 않다. 따라서 인허가 의제 대상이 되는 처분에 어떤 하자가 있더라도, 그로써 해당 인허가 의제의 효과가 발생하지 않을 여지가 있게 될 뿐 이고, 그러한 사정이 주택건설사업계획 승인처분 자체의 위법사유가 될 수는 없다. 또한 의제된 인허가는 통상적인 인허가와 동일한 효력을 가지므로, 적어도 '부분 인허가 의제'가 허용되는 경우에는 그 효력을 제거하기 위한 법적 수단으로 의제된 인허가의 취소나 철회가 허용될 수 있고, 이러한 직권 취소·철회가 가능한 이상 그 의제된 인허가에 대한 쟁송취소 역시 허용된다. 따라서 주택건설사업계획 승인처분에 따라 의제된 인허가가 위법함을 다투고자 하는 이해관계인은, 주택건설사업계획 승인 처분의 취소를 구할 것이 아니라 의제된 인허가의 취소를 구하여야 하며, 의제된 인허가는 주택건설사업계획 승인처분과 별도로 항고소송의 대상이 되는 처분에 해당한다(대판 2018.11.29. 2016두38792).

유제 19. 지방직 7급 허가에 타법상의 인허가가 의제되는 경우 의제된 인허가는 통상적인 인허가와 동일한 효력을 가질 수 없으므로 '부분 인허가 의제'가 허용되는 경우라도 그에 대한 쟁송취소는 허용될 수 없다. (X)

② [O] 처분권한은 주무행정청에게만 있는 것이므로 관계행정청의 협의가 생략된 하자는 주체하자가 아닌 절차의 하자로 보아야 할 것이다.

③ [○] 관계행정청과 협의를 자문으로 보는 입장에서, 산림청장과의 협의를 거치지 아니하였다 하더라도 이는 당해 승인처분을 취소할 수 있는 원인이 되는 하자에 불과하다(대판 2006.6.30. 2005두14363).

유제 15. 지방직 7급 「국방·군사시설 사업에 관한 법률」 및 구 「산림법」에서 보전임지를 다른 용도로 이용하기 위한 사업에 대하여 승인 등 처분을 하기 전에 미리 산림청장과 협의를 하라고 규정한 의미는 그 의견에 따라 처분을 하라는 것이므로, 이러한 협의를 거치지 아니하고서 행해진 승인처분은 당연무효이다. (×)

④ [○] 건축허가권자가 건축불허가처분을 하면서 그 처분사유로 건축불허가 사유뿐만 아니라 구 소방법 제8조 제1항에 따른 소방서장의 건축부동의 사유를 들고 있다고 하여 그 건축불허가처분 외에 별개로 건축부동의처분이 존재하는 것이 아니므로, 그 건축불허가처분을 받은 사람은 그 건축불허가처분에 관한 쟁송에서 건축법상의 건축불허가사유뿐만 아니라 소방서장의 부동의 사유에 관하여도 다툴 수 있다(대판 2004.10.15. 2003두6573).

09 정답 ②

함께 정리하기 형질변경허가 의제되는 건축허가

의제되는 인·허가상 절차 不要
주된 인·허가에 대한 쟁송에서 의제되는 인·허가 불허사유 주장 可
의제되는 인·허가 불허처분 존재×
의제되는 인·허가 쟁송제기×
▷ 불가쟁력 발생×

①③④ [×], ❷ [○] 구 건축법 제8조 제1항, 제3항, 제5항에 의하면, 건축허가를 받은 경우에는 구 도시계획법 제4조에 의한 토지의 형질변경허가나 농지법 제36조에 의한 농지전용허가 등을 받은 것으로 보며, 한편 건축허가권자가 건축허가를 하고자 하는 경우 당해 용도·규모 또는 형태의 건축물을 그 건축하고자 하는 대지에 건축하는 것이 건축법 관련 규정이나 같은 도시계획법 제4조, 농지법 제36조 등 관계 법령의 규정에 적합한지의 여부를 검토하여야 하는 것일 뿐, 건축불허가처분을 하면서 그 처분사유로 건축불허가 사유뿐만 아니라 형질변경불허가 사유나 농지전용불허가 사유를 들고 있다고 하여 그 건축불허가처분 외에 별개로 형질변경불허가처분이나 농지전용불허가처분이 존재하는 것이 아니므로, 그 건축불허가처분을 받은 사람은 그 건축불허가처분에 관한 쟁송에서 건축법상의 건축불허가 사유뿐만 아니라 같은 도시계획법상의 형질변경불허가사유나 농지법 상의 농지전용불허가사유에 관하여도 다툴 수 있는 것이지, 그 건축불허가처분에 관한 쟁송과는 별개로 형질변경불허가처분이나 농지전용불허가처분에 관한 쟁송을 제기하여 이를 다투어야 하는 것은 아니며, 그러한 쟁송을 제기하지 아니하였어도 형질변경불허가사유나 농지전용불허가사유에 관하여 불가쟁력이 생기지 아니한다(대판 2001.1.16. 99두10988).

10 정답 ③, ④

함께 정리하기 행정행위

확인
▷ 특정사실·법률관계의 존부or정부에 대한 행정청의 공권적 판단
공증
▷ 특정사실·법률관계존재의 공적 증명
감독청에 의한 공법인 임원임명
▷ 대리
수리행위 대상인 기본행위의 부존재 or 무효
▷ 수리도 무효

① [×] 확인이란 특정의 사실 또는 법률관계의 존재 여부 등에 관해 의문이나 다툼의 여지가 있는 경우에 행정청이 공적인 권위로 판단하여 표시하는 행위를 말한다. 친일반민족행위자 재산조사위원회의 친일재산국가귀속결정, 당선인결정, 소득세부과를 위한 소득액의 결정(납세의무의 확정), 「특허법」상의 발명특허, 행정관할권 다툼에 대한 인천경제자유구역청의 결정, 도로구역·하천구역의 결정, 행정심판재결, 이의신청재결, 국가(공무원)시험합격자결정, 교과서 검정 등이 확인에 해당한다. 각종증명서의 발급은 공증에 해당한다.

② [×] 공증이란 특정한 사실 또는 법률관계의 존부를 공적으로 증명하는 행위이다. 이러한 공증의 종류에는 ㉠ 공적 장부의 등기·등록·등재(예 부동산등기부의 등기, 건설업면허증의 교부, 선거인명부 등록 등), ㉡ 각종 증명서발급(예 합격증서, 당선증서 등의 발급), ㉢ 기타의 경우(영수증의 교부, 여권 등의 발급 등)가 있다. 발명특허는 확인에 해당한다.

❸ [○] 행정청이 공익적·감독적 견지에서 공공단체·특허기업자 등을 대신하여 행하는 행위로 한국은행 총재임명, 공법인의 정관작성, 공공조합의 임원임명 등은 행정행위로서의 공법상 대리에 해당한다.

❹ [○] 사업양도·양수에 따른 허가관청의 지위승계신고의 수리는 적법한 사업의 양도·양수가 있었음을 전제로 하는 것이므로 그 수리대상인 사업양도·양수가 존재하지 아니하거나 무효인 때에는 수리를 하였다 하더라도 그 수리는 유효한 대상이 없는 것으로서 당연히 무효라 할 것이고, 사업의 양도행위가 무효라고 주장하는 양도자는 민사쟁송으로 양도·양수행위의 무효를 구함이 없이 막바로 허가관청을 상대로 하여 행정소송으로 위 신고수리처분의 무효확인을 구할 법률상 이익이 있다(대판 2005.12.23. 2005두3554).

유제 18. 국회직 8급 수리대상인 사업양도양수가 없었음에도 신고를 수리한 경우에는 먼저 민사쟁송으로 양도·양수가 무효임을 구한 이후에 신고 수리의 무효를 다툴 수 있다. (×)

11
정답 ①

☑ **함께 정리하기 준법률행위적 행정행위**

납세의무의 확정
▷ 확인
교과서 검정
▷ 확인
부동산등기부의 등기
▷ 공증
여권의 발급
▷ 공증

❶ [O], ② [×] 납세의무의 확정과 교과서 검정은 강학상 확인에 해당한다. 친일반민족행위자 재산조사위원회의 친일재산국가귀속결정, 당선인결정, 소득세부과를 위한 소득액의 결정(납세의무의 확정), 「특허법」상의 발명특허, 행정관할권 다툼에 대한 인천경제자유구역청의 결정, 도로구역·하천구역의 결정, 행정심판재결, 이의신청재결, 국가(공무원)시험합격자결정, 교과서 검정 등이 확인에 해당한다.

③④ [×] 부동산등기부의 등기와 여권의 발급은 강학상 공증에 해당한다. 공증의 종류에는 ㉠ 공적 장부의 등기·등록·등재(예 부동산 등기부의 등기, 건설업면허증의 교부, 선거인명부 등록, 특허의 등록 등), ㉡ 각종 증명서발급(예 합격증서, 당선증서 등의 발급), ㉢ 기타의 경우(영수증의 교부, 여권 등의 발급 등)가 있다.

12
정답 ③

☑ **함께 정리하기 준법률행위적 행정행위**

친일재산
▷ 법 내용대로 원인행위시에 소급하여 당연히 국가의 소유
의료유사업자 자격증 갱신발급
▷ 공증
건축물대장 용도변경신청거부
▷ 처분성○
수리
▷ 준법률행위적 행정행위

① [×] 친일반민족행위자 재산의 국가귀속에 관한 특별법 제2조 제2호에 정한 친일재산은 친일반민족행위자재산조사위원회가 국가귀속결정을 하여야 비로소 국가의 소유로 되는 것이 아니라 특별법의 시행에 따라 그 취득·증여 등 원인행위시에 소급하여 당연히 국가의 소유로 되고, 위 위원회의 국가귀속결정은 당해 재산이 친일재산에 해당한다는 사실을 확인하는 이른바 준법률행위적 행정행위의 성격을 가진다(대판 2008.11.13. 2008두13491).

유제 18. 교행 「친일반민족행위자 재산의 국가귀속에 관한 특별법」에 따른 친일재산은 친일반민족행위자 재산조사위원회가 국가귀속결정을 하여야 비로소 국가의 소유로 된다. (×)

② [×] 서울특별시장 또는 도지사의 의료유사업자 자격증 갱신발급행위는 유사의료업자의 자격을 부여 내지 확인하는 것이 아니라 특정한 사실 또는 법률관계의 존부를 공적으로 증명하는 소위 공증행위에 속하는 행정행위라 할 것이다(대판 1977.5.24. 76누295).

❸ [O] 구 건축법 제14조 제4항의 규정은 건축물의 소유자에게 건축물대장의 용도변경신청권을 부여한 것이고, 한편 건축물의 용도는 토지의 지목에 대응하는 것으로서 건물의 이용에 대한 공법상의 규제, 건축법상의 시정명령, 지방세 등의 과세대상 등 공법상 법률관계에 영향을 미치고, 건물소유자는 용도를 토대로 건물의 사용·수익·처분에 일정한 영향을 받게 된다. 이러한 점 등을 고려해 보면, 건축물대장의 용도는 건축물의 소유권을 제대로 행사하기 위한 전제요건으로서 건축물 소유자의 실체적 권리관계에 밀접하게 관련되어 있으므로, 건축물대장 소관청의 용도변경신청 거부행위는 국민의 권리관계에 영향을 미치는 것으로서 항고소송의 대상이 되는 행정처분에 해당한다(대판 2009.1.30. 2007두7277).

④ [×] 수리는 준법률행위적 행정행위에 해당한다.

13
정답 ④

☑ **함께 정리하기 준법률행위적 행정행위**

정년퇴직 발령
▷ 관념의 통지(행정처분×)
법무법인의 공정증서 작성행위
▷ 행정처분×
지적공부상의 토지면적등록 정정신청 반려행위
▷ 행정처분○
임용기간 만료된 기간제 조교수 임용기간만료통지
▷ 행정처분○

① [O] 국가공무원법 제74조에 의하면 공무원이 소정의 정년에 달하면 그 사실에 대한 효과로서 공무담임권이 소멸되어 당연히 퇴직되고 따로 그에 대한 행정처분이 행하여져야 비로소 퇴직되는 것은 아니라 할 것이며 피고(영주지방철도청장)의 원고에 대한 정년퇴직 발령은 정년퇴직 사실을 알리는 이른바 관념의 통지에 불과하므로 행정소송의 대상이 되지 아니한다(대판 1983.2.8. 81누263).

유제 18. 교행 정년에 달한 공무원에 대한 정년퇴직 발령은 정년퇴직 사실을 알리는 이른바 관념의 통지에 불과하여 행정소송의 대상이 될 수 없다. (O)

② [O] 행정청이 한 행위가 단지 사인 간 법률관계의 존부를 공적으로 증명하는 공증행위에 불과하여 그 효력을 둘러싼 분쟁의 해결이 사법원리에 맡겨져 있거나 행위의 근거 법률에서 행정소송 이외의 다른 절차에 의하여 불복할 것을 예정하고 있는 경우에는 항고소송의 대상이 될 수 없다. 따라서 법무법인의 공정증서 작성행위는 항고소송의 대상이 되는 행정처분이라고 볼 수 없다(대판 2012.6.14. 2010두19720).

유제 17. 서울시 7급 행정청이 한 행위가 단지 사인간의 법률관계의 존부를 공적으로 증명히는 공증행위에 불괴히더라도 그 효력을 둘러싼 분쟁의 해결이 사법원리(私法原理)에 맡겨져 있는 경우에는 취소소송의 대상이 된다. (×)

③ [O] 평택~시흥 간 고속도로 건설공사 사업시행자인 한국도로공사가 고속도로 건설공사에 편입되는 토지들의 지적공부에 등록된 면적과 실제 측량 면적이 일치하지 않는 것을 발견하고 구 지적법 제24조 제1항, 제28조 제1호에 따라 <u>토지소유자들을 대위하여 토지면적등록 정정신청을 하였으나</u> 화성시장이 이를 반려한 사안에서, 반려처분은 공공사업의 원활한 수행을 위하여 부여된 <u>사업시행자의 관계 법령상 권리 또는 이익에 영향을 미치는 공권력의 행사 또는 그 거부에 해당하는 것으로서 항고소송 대상이 되는 행정처분에 해당한다</u>고 본 원심판단을 정당하다고 한 사례(대판 2011.8.25. 2011두3371)

유제 12. 국회직 9급 고속도로 건설공사에 편입되는 토지소유자들을 대위하여 토지면적등록 정정신청을 하였으나 행정청이 이를 반려하였다면 이는 항고소송의 대상이 되는 행정처분에 해당한다. (○)

❹ [×] 기간제로 임용되어 임용기간이 만료된 국·공립대학의 조교수는 교원으로서의 능력과 자질에 관하여 합리적인 기준에 의한 공정한 심사를 받아 위 기준에 부합되면 특별한 사정이 없는 한 재임용되리라는 기대를 가지고 <u>재임용 여부에 관하여 합리적인 기준에 의한 공정한 심사를 요구할 법규상 또는 조리상 신청권을 가진다</u>고 할 것이니, 임용권자가 임용기간이 만료된 조교수에 대하여 <u>재임용을 거부하는 취지로 한 임용기간만료의 통지는</u> 위와 같은 대학교원의 법률관계에 영향을 주는 것으로서 행정소송의 대상이 되는 처분에 해당한다(대판 2004.4.22. 2000두7735 전합).

유제 13. 지방직 9급 임용권자의 국립대학 조교수에 대한 임용기간만료통지는 당사자소송의 대상에 해당한다. (×)

당해 무허가건 물을 무허가건물관리대장에서 삭제하는 행위는 다른 특별한 사정이 없는 한 항고소송의 대상이 되는 행정처분이 아니다(대판 2009.3.12. 2008두11525).

유제 11. 국회직 8급 판례는 무허가건물등재대장삭제행위의 처분성을 인정한다. (×)

ㄷ. [×] 자동차운전면허대장상 일정한 사항의 등재행위는 운전면허행정사무 집행의 편의와 사실증명의 자료로 삼기 위한 것일 뿐 그 등재행위로 인하여 당해 운전면허 취득자에게 새로이 어떠한 권리가 부여되거나 변동 또는 상실되는 효력이 발생하는 것은 아니므로 이는 행정소송의 대상이 되는 독립한 행정처분으로 볼 수 없다(대판 1991.9.24. 91누1400).

ㄹ. [O] 지목은 토지소유권을 제대로 행사하기 위한 전제요건으로서 토지소유 자의 실체적 권리관계에 밀접하게 관련되어 있으므로 지적공부 소관청의 지목변경신청 반려행위는 국민의 권리관계에 영향을 미치는 것으로서 항고소송의 대상이 되는 행정처분에 해당한다(대판 2004.4.22. 2003두9015).

유제 17. 국가직 9급 지적공부 소관청의 지목변경신청 반려행위는 행정사무의 편의와 사실증명의 자료로 삼기 위한 것이지 그 대장에 등재여부는 어떠한 권리의 변동이나 상실효력이 생기지 않으므로 이를 항고소송의 대상으로 할 수 없다. (×)

ㅁ. [O] 건축물대장은 건축물의 소유권을 제대로 행사하기 위한 전제요건으로서 건축물 소유자의 실체적 권리관계에 밀접하게 관련되어 있으므로, 이러한 건축물대장을 직권말소한 행위는 국민의 권리관계에 영향을 미치는 것으로서 항고소송의 대상이 되는 행정처분에 해당한다(대판 2010.5.27. 2008두22655).

---

14   정답 ②

📋 **함께 정리하기 공증의 처분성 인정여부**

토지분할신청 거부행위○
무허가건물관리대장 등재변경삭제행위×
자동차운전면허대장 등재행위×
지목변경신청 반려행위○
건축물대장 직권말소행위○

공증은 행정행위임에도 공정력을 갖지 않으므로 그 법적 성격을 일률적으로 판단하기 어렵다. 판례는 실체적 권리관계에 밀접하게 관련되어 있는 경우 처분성을 인정하지만, 실체적 권리관계에 영향을 미치는 사항에 관한 것이 아닌 한 행정사무집행의 편의와 사실증명의 자료로 삼기 위한 것일 뿐으로 보아 처분성을 부정하고 있다.

ㄱ. [O] 지적 소관청의 이러한 토지분할신청의 거부행위는 국민의 권리관계에 영향을 미치는 것으로서 항고소송의 대상이 되는 처분으로 보아야 할 것이다(대판 1992.12.8. 92누7542).

ㄴ. [×] 무허가건물관리대장은, 행정관청이 지방자치단체의 조례 등에 근거하여 무허가건물 정비에 관한 행정상 사무처리의 편의와 사실증명의 자료로 삼기 위하여 작성, 비치하는 대장으로서 무허가건물을 무허가건물 관리대장에 등재하거나 등재된 내용을 변경 또는 삭제하는 행위로 인하여 당해 무허가 건물에 대한 실체상의 권리관계에 변동을 가져오는 것이 아니고, 무허가건물의 건축시기, 용도, 면적 등이 무허가건물관리대장의 기재에 의해서만 증명되는 것도 아니므로, 관할관청이 무허가건물의 무허가건물관리대장 등재 요건에 관한 오류를 바로잡으면서

---

15   정답 ③

📋 **함께 정리하기 행정행위의 부관**

행정의 유연성·탄력성 보장
외부에 표시 필요○
실질적 관련 없는 부담을 사법상 계약으로 부과
▷ 법치행정원리에 反
법정부관
▷ 행정행위의 부관 ×

① [O] 부관이란 주된 행정행위의 효과를 제한 또는 보충하기 위하여 부과된 종된 규율을 의미한다. 이러한 부관은 행정의 유연성과 탄력성을 보장하는 데에 기여하지만, 행정목적과 무관한 부관이 남용될 위험성 또한 존재한다. 따라서 부관은 ㉠ 행정의 법률적합성의 원칙에 따라 법령에 위배되지 않는 한도에서만 허용되고, ㉡ 주된 행정행위의 목적에 위배되어서는 안 되며, ㉢ 행정법의 일반원칙에도 위배되어서도 안 된다.

② [O] 부관은 당해 행정행위의 일체적인 내용을 이루는 것이므로 외부에 표시되어야 하며, 외부에 표시되지 않으면 행정행위의 동기에 불과할 뿐이어서 부관이 되는 것은 아니다.

유제 12. 국가직 7급 부관도 행정행위의 내용을 이루는 것이므로 외부에 표시되어야 한다. (○)

❸ [X] 공무원이 인·허가 등 수익적 행정처분을 하면서 상대방에게 그 처분과 관련하여 이른바 부관으로서 부담을 붙일 수 있다 하더라도, 그러한 부담은 법치주의와 사유재산 존중, 조세법률 주의 등 헌법의 기본원리에 비추어 비례의 원칙이나 부당결부의 원칙에 위반되지 않아야만 적법한 것인바, 행정처분과 부관 사이에 실제적 관련성이 있다고 볼 수 없는 경우 공무원이 위와 같은 공법상의 제한을 회피할 목적으로 행정처분의 상대방과 사이에 사법상 계약을 체결하는 형식을 취하였다면 이는 법치행정의 원리에 반하는 것으로서 위법하다(대판 2009.12.10. 2007다63966).

유제 17. 국가직 9급 행정처분과 실제적 관련성이 없어서 부관으로는 붙일 수 없는 부담을 사법상 계약의 형식으로 행정처분의 상대방에게 부과하였더라도 이는 법치행정의 원리에 반하는 것은 아니다. (×)

④ [O] 법령이 직접 행정행위의 부관을 정하는 법정부관은 행정청의 의사에 의해 부과되는 원래적 의미의 부관에 포함되지 않는다.

③ [O] 인가처분을 함에 있어 위와 같은 철회사유를 인가조건으로 부가하면서 비록 철회권 유보라고 명시하지 아니한 채 조건불이행시 인가를 취소할 수 있다는 기재를 하였다 해도 위 인가조건의 전체적 의미는 인가처분에 대한 철회권을 유보한 것이라고 볼 것이다(대판 2003.5.30. 2003다6422).

유제 11. 국회직 8급 행정청이 종교단체에 대하여 기본재산전환인가를 함에 있어 인가조건을 부가하고 그 불이행시 인가를 취소할 수 있도록 한 경우, 그 부관은 철회권의 유보라고 볼 수 있다. (O)

④ [O] 부담의 이행으로서 하게 된 사법상 매매 등의 법률행위는 부담을 붙인 행정처분과는 어디까지나 별개의 법률행위이므로 그 부담의 불가쟁력의 문제와는 별도로 법률행위가 사회질서 위반이나 강행규정에 위반되는지 여부 등을 따져보아 그 법률행위의 유효 여부를 판단하여야 한다(대판 2009.6.25. 2006다18714).

16 정답 ①

함께 정리하기 행정행위의 부관

부담
▷ 형식불문 → 협약으로 부가 可
법률에 사후부관유보
▷ 사후부관 可
조건 불이행시 인가취소가능하다는 기재
▷ 철회권 유보
부담과 부담의 이행행위는 별개의 법률행위

❶ [X] 수익적 행정처분에 있어서는 법령에 특별한 근거규정이 없다고 하더라도 그 부관으로서 부담을 붙일 수 있고, 그와 같은 부담은 행정청이 행정처분을 하면서 일방적으로 부가할 수도 있지만 부담을 부가하기 이전에 상대방과 협의하여 부담의 내용을 협약의 형식으로 미리 정한 다음 행정처분을 하면서 이를 부가할 수도 있다(대판 2009.2.12. 2005다65500).

유제 18. 서울시 7급 수익적 행정처분에 있어서 특별한 법령의 근거규정이 없다고 하더라도 부관으로서 부담을 붙일 수 있으나 그와 같은 부담처분을 하기 이전에 협약을 통하여 내용을 정할 수 없다. (×)
18. 서울시 9급 부담은 행정청이 행정처분을 하면서 일방적으로 부가할 수도 있지만 부담을 부가하기 이전에 상대방과 협의하여 부담의 내용을 협약의 형식으로 미리 정한 다음 행정처분을 하면서 이를 부가할 수도 있다. (O)

② [O] 여객자동차 운수사업법 제85조 제1항 제38호에 의하면, 운송사업자에 대한 면허에 붙인 조건을 위반한 경우 감차 등이 따르는 사업계획변경명령(이하 '감차명령'이라 한다)을 할 수 있는데, 감차명령의 사유가 되는 '면허에 붙인 조건을 위반한 경우'에서 '조건'에는 운송사업자가 준수할 일정한 의무를 정하고 이를 위반할 경우 감차명령을 할 수 있다는 내용의 '부관'도 포함된다. 그리고 부관은 면허 발급 당시에 붙이는 것뿐만 아니라 면허 발급 이후에 붙이는 것도 법률에 명문의 규정이 있거나 변경이 미리 유보되어 있는 경우 또는 상대방의 동의가 있는 경우 등에는 특별한 사정이 없는 한 허용된다(대판 2016.11.24. 2016두45028).

17 정답 ①

함께 정리하기 행정행위의 부관

부담의 무효시 그 이행행위
▷ 이행행위 당연무효×
기부채납부관 취소 前
▷ 증여계약 착오취소 不可
부담부 행정행위
▷ 부담이행 여부에 관계없이 처음부터 효력발생
조건과 부담 구별 불분명
▷ 원칙적 부담 추정
부담의 위법판단
▷ 처분당시 법령기준

ㄱ. [X] 행정처분에 부담인 부관을 붙인 경우 부관의 무효화에 의하여 본체인 행정처분 자체의 효력에도 영향이 있게 될 수는 있지만, 그 처분을 받은 사람이 부담의 이행으로 사법상 매매 등의 법률행위를 한 경우에는 그 부관은 특별한 사정이 없는 한 법률행위를 하게 된 동기 내지 연유로 작용하였을 뿐이므로 이는 법률행위의 취소사유가 될 수 있음은 별론으로 하고 그 법률행위 자체를 당연히 무효화하는 것은 아니다(대판 2009.6.25. 2006다18174 등).

유제 12. 국가직 7급 행정처분에 붙인 부담인 부관이 무효가 되면 그 부담의 이행으로 인한 사법상 법률행위도 당연히 무효가 된다. (×)

ㄴ. [O] 토지소유자가 토지형질변경행위허가에 붙은 기부채납의 부관에 따라 토지를 국가나 지방자치단체에 기부채납(증여)한 경우, 기부채납의 부관이 당연무효이거나 취소되지 아니한 이상 토지소유자는 위 부관으로 인하여 증여계약의 중요부분에 착오가 있음을 이유로 증여계약을 취소할 수 없다(대판 1999.5.25. 98다53134).

유제 22. 군무원 9급 토지소유자가 토지형질변경행위허가에 붙은 기부채납의 부관에 따라 토지를 국가나 지방자치단체에 기부채납(증여)한 경우, 토지소유자는 원칙적으로 기부채납(증여)의 중요부분에 착오가 있음을 이유로 증여계약을 취소할 수 있다. (×)

ㄷ. [×] 부담은 주된 행정행위로부터 독립한 별개의 행정행위이다. 부담부 행정행위는 조건성취로 인하여 효력이 발생하는 정지조건과 달리 처음부터 효력이 발생하며, 상대방이 의무를 이행하지 않은 경우에도 그 효력이 당연히 소멸되는 것은 아니라는 점에서 해제조건과도 다르다.

ㄹ. [×] 부담부 행정행위는 조건성취로 인하여 효력이 발생하는 정지조건과 달리 처음부터 효력이 발생하며, 상대방이 의무를 이행하지 않은 경우에도 그 효력이 당연히 소멸되는 것은 아니라는 점에서 해제조건과도 다르다. 따라서 부담과 조건의 구분이 명확하지 않을 경우 상대적으로 유리한 부담으로 추정한다.

ㅁ. [○] 행정청이 수익적 행정처분을 하면서 부가한 부담의 위법 여부는 처분 당시 법령을 기준으로 판단하여야 하고, 부담이 처분 당시 법령을 기준으로 적법하다면 처분 후 부담의 전제가 된 주된 행정처분의 근거 법령이 개정됨으로써 행정청이 더 이상 부관을 붙일 수 없게 되었다 하더라도 곧바로 위법하게 되거나 그 효력이 소멸하게 되는 것은 아니다(대판 2009.2.12. 2005다65500).

유제 17. 경찰 행정청이 수익적 행정처분을 하면서 부가한 부담이 처분 당시 법령을 기준으로 적법하더라도 처분 후 부담의 전제가 된 주된 행정처분의 근거 법령이 개정됨으로써 행정청이 더 이상 부관을 붙일 수 없게 되었다면 곧바로 위법하게 되거나 그 효력이 소멸한다. (×)

18 정답 ④

☑ 함께 정리하기 **행정행위의 부관**

허가기간연장신청거부
▷ 항고소송 대상
기속행위·기속재량행위
▷ 부관 부가 不可
철회권 유보
▷ 신뢰보호원칙 제한
도로점용기간의 위법
▷ 도로점용허가처분 전부 위법

ㄱ. [×] 행정행위에 부가된 허가기간은 처분이 아니어서 그 자체로서 항고소송의 대상이 될 수 없지만, 그 기간의 연장신청의 거부는 신청인의 법적지위에 변동을 가져오는 처분에 해당하여 항고소송을 청구할 수 있다.

ㄴ. [○] 기속행위와 마찬가지로 기속재량행위의 경우에도 부관의 부가는 인정되지 않는다.

일반적으로 기속행위나 기속적 재량행위에는 부관을 붙일 수 없고 가사 부관을 붙였다 하더라도 이는 무효의 것이다(대판 1988.4.27. 87누1106).

ㄷ. [○] 철회권 유보의 부관에 별도의 법적 근거가 필요한 것은 아니며, 철회권 유보의 부관에 따라 철회권을 행사한 경우 상대방은 그 행사를 미리 예상할 수 있었으므로 철회권을 행사하지 않을 것이라는 신뢰는 보호받을 수 없다. 따라서 철회권 유보는 상대방의 신뢰보호원칙 주장을 제한하는 기능을 한다.

ㄹ. [○] 도로점용허가의 점용기간은 행정행위의 본질적인 요소에 해당한다고 볼 것이어서 부관인 점용기간을 정함에 있어서 위법사유가 있다면 이로써 도로점용허가 처분 전부가 위법하게 된다(대판 1985.7.9. 84누604).

유제 18. 서울시 7급 도로점용허가의 점용기간은 행정행위의 본질적인 요소에 해당한다고 볼 것이어서 부관인 점용기간을 정함에 있어서 위법사유가 있다면 이로써 도로점용허가 처분 전부가 위법하게 된다. (○)

19 정답 ②

☑ 함께 정리하기 **사후변경 가능여부**

법률상 명문규정 있는 경우○
부관변경이 미리 유보○
행정청의 동의×
사정변경으로 부담부가목적달성 불가○

ㄱ, ㄴ, ㄹ. [○]

ㄷ. [×] 행정청의 동의가 아니라 상대방의 동의가 있는 경우 가능하다.

행정처분에 이미 부담이 부가되어 있는 상태에서 그 의무의 범위 또는 내용 등을 변경하는 부관의 사후변경은 법률에 명문의 규정이 있거나 그 변경이 미리 유보되어 있는 경우 또는 상대방의 동의가 있는 경우에 한하여 허용되는 것이 원칙이지만, 사정변경으로 인하여 당초에 부담을 부가한 목적을 달성할 수 없게 된 경우에도 그 목적달성에 필요한 범위 내에서 예외적으로 허용된다(대판 1997.5.30. 97누2627).

유제 18. 서울시 7급 부관의 사후변경은, 법률에 명문의 규정이 있거나 그 변경이 미리 유보되어 있는 경우 또는 상대방의 동의가 있는 경우에 한하여 허용되는 것이 원칙이지만, 사정변경으로 인하여 당초에 부담을 부가한 목적을 달성할 수 없게 된 경우에도 그 목적 달성에 필요한 범위 내에서 예외적으로 허용된다. (○)

20 정답 ①

☑ 함께 정리하기 **행정행위의 부관**

법률행위적 행정행위
▷ 부관부가 可(신분설정행위 제외)
부제소특약 不可
위법성
▷ 처분시 법령기준
연장기간 포함 기간전체를 기준했을 때 부당히 짧지 않은 경우
▷ 기간연장불허 可

❶ [×] 준법률행위적 행정행위와는 달리 법률행위적 행정행위에는 부관을 붙일 수 있는 것이 원칙이다. 다만, 행정행위의 성질상 부관과 친하지 않은 귀화허가, 공무원임명, 입학허가 등의 신분설정행위에는 부관을 붙일 수 없다.

② [○] 지방자치단체장이 도매시장법인의 대표이사에 대하여 위 지방
자치단체장이 개설한 농수산물도매시장의 도매시장법인으로
다시 지정함에 있어서 그 지정조건으로 '지정기간 중이라도 개
설자가 농수산물 유통정책의 방침에 따라 도매시장법인 이전
및 지정취소 또는 폐쇄 지시에도 일체 소송이나 손실보상을
청구할 수 없다.'라는 부관을 붙였으나, 그 중 부제소특약에
관한 부분은 당사자가 임의로 처분할 수 없는 공법상의 권리
관계를 대상으로 하여 사인의 국가에 대한 공권인 소권을 당
사자의 합의로 포기하는 것으로서 허용될 수 없다(대판 1998.
8.21. 98두8919).

유제 08. 국가직 7급 도매시장법인으로 지정하면서 지정기간 중 지정
취소 또는 폐쇄지시에도 일체의 소송을 청구할 수 없다는 부관을 붙이는
것은 허용되지 아니한다. (○)

③ [○] 행정청이 수익적 행정처분을 하면서 부가한 부담의 위법 여부
는 처분 당시 법령을 기준으로 판단하여야 하고, 부담이 처분
당시 법령을 기준으로 적법하다면 처분 후 부담의 전제가 된
주된 행정처분의 근거 법령이 개정됨으로써 행정청이 더 이상
부관을 붙일 수 없게 되었다 하더라도 곧바로 위법하게 되거
나 그 효력이 소멸하게 되는 것은 아니다(대판 2009.2.12.
2005다65500).

④ [○] 당초에 붙은 기한을 허가 자체의 존속기간이 아니라 허가조건
의 존속기간으로 보더라도 그 후 당초의 기한이 상당 기간 연
장되어 연장된 기간을 포함한 존속기간 전체를 기준으로 볼
경우 더 이상 허가된 사업의 성질상 부당하게 짧은 경우에 해
당하지 않게 된 때에는 관계법령의 규정에 따라 허가 여부의
재량권을 가진 행정청으로서는 그때에도 허가조건의 개정만을
고려하여야 하는 것은 아니고 재량권의 행사로서 더 이상의
기간연장을 불허가할 수도 있는 것이며, 이로써 허가의 효력은
상실된다(대판 2004.3.25. 2003두12837).

유제 16. 지방직 7급 허가에 붙은 기한이 그 허가된 사업의 성질상 부
당하게 짧아 이 기한을 그 허가 조건의 존속기간으로 해석할 수 있더라
도, 그 후 당초의 기한이 상당 기간 연장되어 연장된 기간을 포함한 존속
기간 전체를 기준으로 보면 더 이상 허가된 사업의 성질상 부당하게 짧은
경우에 해당하지 않게 된 때에는, 관계법령상 허가여부의 재량권을 가진
행정청은 허가조건의 개정만을 고려하여야 하는 것은 아니고, 재량권의
행사로서 더 이상의 기간 연장을 불허가하여 허가의 효력을 상실시킬 수
있다. (○)

▶ 정답

p. 43

01	③	06	③	11	②	16	②
02	④	07	③	12	①	17	①
03	②	08	①	13	②	18	②
04	①	09	②	14	③	19	①
05	④	10	②	15	④	20	③

01 　　　　　　　　　　　　　　　정답 ③

☑ 함께 정리하기 **위법한 부관에 대한 권리구제**

부담
▷ 독립적 행정쟁송 대상
위법한 부관
▷ 변경청구 후 거부시 거부처분취소소송제기 可
부담 외 부관
▷ 진정·부진정 일부취소소송제기 不可
공유수면매립준공인가처분 중 매립지일부 귀속처분
▷ 독립적 행정소송 대상×

① [O] 행정행위의 부관 중에서도 행정행위에 부수하여 그 행정행위의 상대방에게 일정한 의무를 부과하는 행정청의 의사표시인 부담의 경우에는 다른 부관과는 달리 행정행위의 불가분적인 요소가 아니고 그 존속이 본체인 행정행위의 존재를 전제로 하는 것일 뿐이므로 부담 그 자체로서 행정쟁송의 대상이 될 수 있다(대판 1992.1.21. 91누1264).

　유제 08. 국가직 9급 모든 부관은 그 자체로서 독립적인 행정쟁송의 대상이 된다. (×)

② [O] 부담 아닌 부관은 처분성이 부정되어 독립하여 취소소송의 대상이 될 수 없고, 부관부 행정행위 전체의 취소를 구하는 소송을 제기하거나(전체취소소송), 처분청에 부관의 변경을 신청하고 거부처분이 내려지면 거부처분취소소송을 제기하여야 한다고 보고 있다.

❸ [×] 부진정일부취소소송이란 하자 있는 부관을 포함한 처분 전체를 대상으로 하여 그 부관만의 취소를 구하는 소송을 의미하는바, 판례는 부담이 아닌 부관의 경우 처분성이 인정되지 않으므로 단독으로 행정소송의 대상이 될 수 없다고 보고 부진정일부취소소송 또한 인정하지 않는다.

④ [O] 행정행위의 부관은 부담의 경우를 제외하고는 독립하여 행정소송의 대상이 될 수 없는 것인바, 지방국토관리청장이 일부 공유수면매립지에 대하여 한 국가 또는 직할시 귀속처분은 매립준공인가를 함에 있어서 매립의 면허를 받은 자의 매립지에 대한 소유권취득을 규정한 공유수면매립법 제14조의 효과 일부를 배제하는 부관을 붙인 것이고, 이러한 행정행위의 부관은 위 법리와 같이 독립하여 행정소송 대상이 될 수 없다(대판 1993.10.8. 93누2032).

　유제 16. 국가직 7급 공유수면매립준공인가처분 중 매립지 일부에 대하여 한 국가 및 지방자치단체에의 귀속처분은 독립하여 행정소송의 대상이 될 수 있다. (×)

02 　　　　　　　　　　　　　　　정답 ④

☑ 함께 정리하기 **부관**

철회권 유보
▷ 이익형량원칙 적용O
도로훼손에 대한 공사비 요구
▷ 독립된 행정행위(급부하명)
기부채납
▷ 사법상의 증여계약
관리처분계획인가
▷ 부관 부가 不可

① [O] 철회권이 유보되었고, 그 철회사유가 발생하였다 하더라도 행정청이 철회권을 행사하려면 철회에 관한 일반원칙인 이익형량의 원칙이 충족되어야 한다.

　유제 17. 지방직 9급(추가) 철회권이 유보된 경우에도 철회의 제한이론인 이익형량의 원칙이 적용되나, 행정행위의 계속성에 대한 상대방의 신뢰는 유보된 철회사유에 대해서는 인정되지 않는다. (O)

② [O] 주된 행정행위의 효과를 제한 또는 보충하기 위해 행정기관에 의해 부가되는 '종된' 규율이 부관이다. 단순히 도로훼손에 대한 대가를 요구하는 것은 부관이 아니라 독립한 행정행위인 훼손'부담금'이다.

③ [O] 기부채납은 기부자가 그의 소유재산을 지방자치단체의 공유재산으로 증여하는 의사표시를 하고 지방자치단체는 이를 승낙하는 채납의 의사표시를 함으로써 성립하는 증여계약이고, 증여계약의 주된 내용은 기부자가 그의 소유재산에 대한 소유권, 즉 사용·수익권 및 처분권을 무상으로 지방자치단체에 양도하는 것이므로, 증여계약이 해제된다면 특별한 사정이 없는 한 기부자는 그의 소유재산에 처분권 뿐만 아니라 사용·수익권까지 포함한 완전한 소유권을 회복한다(대판 1996.11.8. 96다20581).

유제 23. 소방간부 기부채납은 기부자의 소유재산을 지방자치단체의 공유재산으로 무상증여하도록 하는 지방자치단체의 일방적 의사표시인 행정처분에 해당한다. (×)

❹ [×] 관리처분계획 및 그에 대한 인가처분의 의의와 성질, 그 근거가 되는 도시정비법과 그 시행령상의 위와 같은 규정들에 비추어 보면, 행정청이 관리처분계획에 대한 인가 여부를 결정할 때에는 그 관리처분계획에 도시정비법 제48조 및 그 시행령 제50조에 규정된 사항이 포함되어 있는지, 그 계획의 내용이 도시정비법 제48조 제2항의 기준에 부합하는지 여부 등을 심사·확인하여 그 인가 여부를 결정할 수 있을 뿐 기부채납과 같은 다른 조건을 붙일 수는 없다고 할 것이다(대판 2012.8.30. 2010두24951).

유제 20. 국회직 9급 행정청이 관리처분계획에 대한 인가처분을 할 때에는 인가 여부를 결정할 수 있을 뿐 기부채납과 같은 다른 조건을 붙일 수는 없다. (○)

03　　　　　　　　　　　　　　　　　정답 ②

☑ 함께 정리하기　행정행위의 성립·효력발생요건

효력발생일
▷ 공고일부터 14일(원칙)
정보통신망 이용 송달시 전자우편주소 지정
▷ 송달받을 자
납세자가 과세처분내용을 이미 알고 있는 경우
▷ 납세고지서 송달 要
처분서 주소지에 송달
▷ 처분이 있음을 알았다고 추정 可

① [○]
「행정절차법」 제15조 【송달의 효력 발생】 ③ 제14조 제4항의 경우에는 다른 법령 등에 특별한 규정이 있는 경우를 제외하고는 공고일부터 14일이 지난 때에 그 효력이 발생한다. 다만, 긴급히 시행하여야 할 특별한 사유가 있어 효력 발생 시기를 달리 정하여 공고한 경우에는 그에 따른다.

❷ [×] 행정청이 아닌 송달받을 자가 송달받을 전자우편주소 등을 지정하여야 한다.

「행정절차법」 제14조 【송달】 ③ 정보통신망을 이용한 송달은 송달받을 자가 동의하는 경우에만 한다. 이 경우 송달받을 자는 송달받을 전자우편주소 등을 지정하여야 한다.

③ [○] 납세고지서의 교부송달 및 우편송달에 있어서는 반드시 납세의무자 또는 그와 일정한 관계에 있는 사람의 현실적인 수령행위를 전제로 하고 있다고 보아야 하며, 납세자가 과세처분의 내용을 이미 알고 있는 경우에도 납세고지서의 송달이 불필요하다고 할 수는 없다(대판 2004.4.9. 2003두13908).

유제 13. 지방직 9급 납세고지서의 교부송달 및 우편송달에 있어서 반드시 납세의무자 또는 그와 일정한 관계에 있는 사람의 현실적인 수령행위를 전제로 하고 있다고 보아야 하며, 납세자가 과세처분의 내용을 이미 알고 있는 경우에도 납세고지서의 송달이 불필요하다고 할 수 없다. (○)

---

④ [○] 행정소송법 제20조 제1항이 정한 제소기간의 기산점인 '처분 등이 있음을 안 날'이란 통지, 공고 기타의 방법에 의하여 당해 처분 등이 있었다는 사실을 현실적으로 안 날을 의미하므로, 행정처분이 상대방에게 고지되어 상대방이 이러한 사실을 인식함으로써 행정처분이 있다는 사실을 현실적으로 알았을 때 행정소송법 제20조 제1항이 정한 제소기간이 진행한다고 보아야 하고, 처분서가 처분상대방의 주소지에 송달되는 등 사회통념상 처분이 있음을 처분상대방이 알 수 있는 상태에 놓인 때에는 반증이 없는 한 처분상대방이 처분이 있음을 알았다고 추정할 수 있다(대판 2017.3.9. 2016두60577).

04　　　　　　　　　　　　　　　　　정답 ①

☑ 함께 정리하기　행정행위의 성립과 효력발생

상대방 있는 행정처분이 상대방에게 고지되지 않은 경우
▷ 상대방이 다른 경로 통해 처분내용을 알게 되어도 처분효력 발생×
행정처분의 존재
▷ 내부적 성립요건 + 외부적 성립요건
행정처분의 외부적 성립
▷ 행정의사 외부표시 시점
법무부장관이 입국금지결정을 내부전산망에 입력함에 그친 경우
▷ 처분 성립×

❶ [×] 상대방 있는 행정처분은 특별한 규정이 없는 한 의사표시에 관한 일반법리에 따라 상대방에게 고지되어야 효력이 발생하고, 상대방 있는 행정처분이 상대방에게 고지되지 아니한 경우에는 상대방이 다른 경로를 통해 행정처분의 내용을 알게 되었다고 하더라도 행정처분의 효력이 발생한다고 볼 수 없다(대판 2019.8.9. 2019두38656).

유제 22. 국가직 7급 상대방 있는 행정처분이 상대방에게 고지되지 아니한 경우에는 특별한 규정이 없는 한 상대방이 다른 경로를 통해 행정처분의 내용을 알게 되었다고 하더라도 행정처분의 효력이 발생한다고 볼 수 없다. (○)
21. 소방 9급 상대방 있는 행정처분이 상대방에게 고지되지 아니한 경우에도 상대방이 다른 경로를 통해 행정처분의 내용을 알게 된다면 그 행정처분의 효력이 발생한다. (×)

②③ [○] 일반적으로 처분이 주체·내용·절차와 형식의 요건을 모두 갖추고 외부에 표시된 경우에는 처분의 존재가 인정된다(②). 행정의사가 외부에 표시되어 행정청이 자유롭게 취소·철회할 수 없는 구속을 받게 되는 시점에 처분이 성립하고(③), 그 성립 여부는 행정청이 행정의사를 공식적인 방법으로 외부에 표시하였는지를 기준으로 판단해야 한다(대판 2019.7.11. 2017두38874).

유제 21. 국가직 9급 행정의사가 외부에 표시되어 행정청이 자유롭게 취소·철회할 수 없는 구속을 받게 되는 시점에 처분이 성립하고, 그 성립 여부는 행정청이 행정의사를 공식적인 방법으로 외부에 표시하였는지를 기준으로 판단해야 한다. (○)
21. 소방 일반적으로 행정행위가 주체·내용·절차와 형식의 요건을 모두 갖추고 외부에 표시된 경우에 행정행위의 존재가 인정된다. (○)
21. 소방 행정청의 의사가 외부에 표시되어 행정청이 자유롭게 취소·철회할 수 없는 구속을 받게 되는 시점에 행정행위가 성립하는 것은 아니며, 행정행위의 성립 여부는 행정청의 의사를 공식적인 방법으로 외부에 표시하였는지 여부를 기준으로 판단해야 한다. (×)

④ [O] 행정청이 행정의사를 외부에 표시하여 행정청이 자유롭게 취소·철회할 수 없는 구속을 받기 전에는 '처분'이 성립하지 않으므로 법무부장관이 위 입국금지결정을 했다고 해서 '처분'이 성립한다고 볼 수는 없고, 위 입국금지결정은 법무부장관의 의사가 공식적인 방법으로 외부에 표시된 것이 아니라 단지 그 정보를 내부전산망인 '출입국관리정보시스템'에 입력하여 관리한 것에 지나지 않으므로, 위 입국금지결정은 항고소송의 대상이 될 수 있는 '처분'에 해당하지 않는다(대판 2019.7.11. 2017두38874).

유제 22. 소방 병무청장의 요청에 따른 법무부장관의 입국금지결정은 법무부장관의 의사가 공식적인 방법으로 외부에 표시되어 입국 자체를 금지하는 것으로서 그 입국금지결정은 항고소송의 대상이 될 수 있는 처분에 해당한다. (×)

05
정답 ④

☑ 함께 정리하기 공정력

선결문제의 심리
▷ 직권심리 적용○
수입면허에 당연무효 아닌 하자 있는 경우
▷ 무면허수입죄 불성립
무혐의를 이유로 운전면허취소처분 철회
▷ 무면허운전×
무효 아닌 귀화허가
▷ 구성요건적 효력·공정력에 의해 타 국가기관에 유효

① [O]
> 「행정소송법」제11조【선결문제】① 처분등의 효력 유무 또는 존재 여부가 민사소송의 선결문제로 되어 당해 민사소송의 수소법원이 이를 심리·판단하는 경우에는 제17조, 제25조, 제26조 및 제33조의 규정을 준용한다.
> 제26조【직권심리】법원은 필요하다고 인정할 때에는 직권으로 증거조사를 할 수 있고, 당사자가 주장하지 아니한 사실에 대하여도 판단할 수 있다.

② [O] 물품을 수입하고자 하는 자가 일단 세관장에게 수입신고를 하여 그 면허를 받고 물품을 통관한 경우에는, 세관장의 수입면허가 중대하고도 명백한 하자가 있는 행정행위이어서 당연무효가 아닌 한 관세법상의 무면허수입죄가 성립될 수 없다(대판 1989.3.28. 89도149).

유제 13. 국가직 9급 물품을 수입하고자 하는 자가 일단 세관장에게 수입신고를 하여 그 면허를 받고 물품을 통관한 경우에는, 세관장의 수입면허가 중대하고도 명백한 하자가 있는 행정행위이어서 당연무효가 아닌 한 「관세법」제181조 소정의 무면허수입죄가 성립될 수 없다. (O)

③ [O] 피고인이 특정범죄 가중처벌 등에 관한 법률 위반(도주차량)의 범행을 저지른 사실이 없음을 이유로 전라남도 지방경찰청장이 이 사건 운전면허 취소처분을 철회하였다면, 이 사건 운전면허 취소처분은 행정쟁송절차에 의하여 취소된 경우와 마찬가지로 그 처분시에 소급하여 효력을 잃게 되고, 피고인은 그 처분에 복종할 의무가 당초부터 없었음이 후에 확정되었다고 봄이 타당하다. 따라서 피고인이 2007.4.9.에 한 자동차 운전행위는 무면허운전에 해당하지 않는다(대판 2008.1.31. 2007도9220).

❹ [×] 법무부장관의 귀화허가가 당연무효로 되지 않는 이상 권한 있는 행정기관이나 법원에 의해 취소될 때까지 유효한 것으로 통용되는 것을 의미하므로 구성요건적효력 또는 공정력을 의미한다.

06
정답 ③

☑ 함께 정리하기 공정력과 선결문제

효력유무·존재여부 규정 有
▷ 위법여부 규정 無
손해배상청구
▷ 취소판결 不要
당연무효 아닌 하자
▷ 부당이득반환청구소송에서 법원이 효력부정 不可
위법한 시정명령
▷ 따를 의무 無

① [×] 「행정소송법」제11조 제1항에서는 처분의 효력 유무 또는 존재 여부에 대해서만 규정하고 있으므로, 규정되어 있지 않은 처분의 위법 여부를 민사·형사소송의 선결문제로서 판단할 수 있는지가 문제된다.

② [×] 위법한 행정대집행이 완료되면 그에 대한 무효확인 또는 취소를 구할 소이익은 없으나, 그 행정처분의 위법을 이유로 한 손해배상청구는 할 수 있다. 즉 위법한 행정대집행이 완료되면 그 처분의 무효확인 또는 취소를 구할 소의 이익은 없다 하더라도, 미리 그 행정처분의 취소판결이 있어야만, 그 행정처분의 위법임을 이유로 한 손해배상 청구를 할 수 있는 것은 아니다(대판 1972.4.28. 72다337).

유제 16. 사복 9급 판례에 의하면 사전에 당해 행정처분의 취소판결이 있어야만 그 행정처분의 위법을 이유로 한 손해배상청구를 할 수 있는 것은 아니다. (O)

❸ [O] 과세처분이 당연무효라고 볼 수 없는 한 과세처분에 취소할 수 있는 위법사유가 있다 하더라도 그 과세처분은 행정행위의 공정력 또는 집행력에 의하여 그것이 적법하게 취소되기 전까지는 유효하다 할 것이므로, 민사소송절차에서 그 과세처분의 효력을 부인할 수 없다(대판 1999.8.20. 99다20179).

유제 11. 국회직 8급 과오납금 부당이득반환청구소송에서 과세처분의 취소여부가 선결문제인 경우 민사법원은 그 확인을 통해 부당이득반환의 판결을 할 수 없다. (O)

④ [×] 행정청으로부터 구 주택법 제91조에 의한 시정명령을 받고도 이를 위반하였다는 이유로 위 법 제98조 제11호에 의한 처벌을 하기 위해서는 그 시정명령이 적법한 것이어야 하고, 그 시정명령이 위법하다고 인정되는 한 위 법 제98조 제11호 위반죄는 성립하지 않는다(대판 2009.6.25. 2006도824).

유제 15. 변호사 乙이 「주택법」상 공사중지명령을 위반하였다는 이유로 乙을 주택법위반죄로 처벌하기 위해서는 「주택법」에 의한 공사중지명령이 적법한 것이어야 하므로 그 공사중지명령이 위법하다고 인정되는 한 乙의 주택법위반죄는 성립하지 않는다. (O)

07   정답 ③

> 📋 **함께 정리하기 공정력과 선결문제**
>
> 취소사유의 하자
> ▷ 민사소송에서 효력부정 不可
> 당연무효의 하자
> ▷ 민사소송에서 무효를 전제로 판결 可
> 불가쟁력 발생했더라도 손해배상청구는 可
> 손해배상청구
> ▷ 선결문제 위법 여부 판단 可

① [O] 소유권이전등기의 말소등기절차의 이행을 구하는 민사소송에 있어서 乙의 소유권이전등기는 공매처분에 따른 공매절차에서의 낙찰을 원인으로 이루어진 것이므로, 甲의 소유권이전등기 말소청구가 인용되기 위해서는 공매처분의 하자가 무효이거나 권한 있는 기관에 의해 취소되어 소급적으로 효력이 소멸될 필요가 있다. 판례는 행정행위의 효력유무가 선결문제인 경우에 있어서 행정처분이 아무리 위법하다 하여도 그 하자가 취소사유에 불과한 때에는 그 처분이 권한 있는 기관에 의해 취소되지 않는 한 처분의 효력을 부정할 수 없다고 본다. 따라서 취소사유에 그치는 경우라면 민사법원은 공매처분의 효력을 부인할 수 없으므로 결국 甲의 청구에 대해 기각판결을 내려야 한다.

> 조세의 과오납이 부당이득이 되기 위하여는 납세 또는 조세의 징수가 실체법적으로나 절차법적으로 전혀 법률상의 근거가 없거나 과세처분의 하자가 중대하고 명백하여 당연무효이어야 하고, 과세처분의 하자가 단지 취소할 수 있는 정도에 불과할 때에는 과세관청이 이를 스스로 취소하거나 항고소송절차에 의하여 취소되지 않는 한 그로 인한 조세의 납부가 부당이득이 된다고 할 수 없다(대판 1994.11.11. 94다28000).

> **유제** 18. 국회직 8급 국세의 과오납이 위법한 과세처분에 의한 것이라도 그 흠이 단지 취소할 수 있는 정도에 불과한 때에는 그 처분이 취소되지 않는 한 그 납세액을 곧바로 부당이득이라고 하여 반환을 구할 수 있는 것은 아니다. (O)

② [O] 행정행위의 효력유무가 선결문제인 경우에 있어서 행정처분의 하자가 중대하고 명백하여 당연무효인 경우, 민사법원은 그 효력을 언제든지 부인할 수 있다고 본다. 따라서 민사법원은 공매처분이 무효라고 판단할 수 있고, 결국 甲의 청구에 대해 인용판결을 할 수도 있다.

> 민사소송에 있어서 어느 행정처분의 당연무효 여부가 선결문제로 되는 때에는 이를 판단하여 당연무효임을 전제로 판결할 수 있고 반드시 행정소송 등의 절차에 의하여 그 취소나 무효확인을 받아야 하는 것은 아니다(대판 2010.4.8. 2009다90092).

> **유제** 18. 국회직 8급 민사소송에 있어서 행정처분의 당연무효 여부가 선결문제로 되는 때에는 법원은 이를 판단하여 당연무효임을 전제로 판결할 수 있고 반드시 행정소송 등의 절차에 의하여 그 취소나 무효 확인을 받아야 하는 것은 아니다. (O)

❸ [X] 취소소송 제기기간이 경과하여 불가쟁력이 발생하면 더 이상 행정쟁송으로 다툴 수 없게 되나, 그 행정행위로 손해를 입은 자는 손해배상청구권이 시효로 소멸하지 않은 이상, 국가배상청구를 할 수 있다. 따라서 그 손해 및 가해자를 안 날로부터 3년, 불법행위시부터 5년이 경과하기 전이라면 손해배상을 청구할 수 있다고 볼 것이다.

④ [O]
> 1. 판례는 행정행위의 위법 여부가 국가배상청구소송의 선결문제인 경우에는 민사법원이 선결문제인 행정행위의 위법 여부를 판단할 수 있다고 본다. 또한 판례는 국가배상청구소송을 민사소송으로 처리하는바, 관할위반도 없다고 볼 것이다(대판 1972.10.10. 69다701).
> 2. 위법한 행정대집행이 완료되면 그에 대한 무효확인 또는 취소를 구할 소이익은 없으나, 그 행정처분의 위법을 이유로 한 손해배상청구는 할 수 있다. 즉 위법한 행정대집행이 완료되면 그 처분의 무효확인 또는 취소를 구할 소의 이익은 없다 하더라도, 미리 그 행정처분의 취소판결이 있어야만, 그 행정처분의 위법임을 이유로 한 손해배상 청구를 할 수 있는 것은 아니다(대판 1972.4.28. 72다337).

08   정답 ①

> 📋 **함께 정리하기 행정행위의 효력**
>
> 불가변력
> ▷ 당해 행정행위에만 인정
> 불복기간 경과로 확정
> ▷ 당사자 더 이상 다툴 수 없음(기판력×)
> 건축허가
> ▷ 불가변력×
> 과세처분 이의신청절차에서 직권취소 후 종전 처분 되풀이 不可

ㄱ. [O] 국민의 권리와 이익을 옹호하고 법적 안정을 도모하기 위하여 특정한 행위에 대하여는 행정청이라 하더라도 이것을 자유로이 취소, 변경 및 철회할 수 없다는 행정행위의 불가변력은 당해 행정행위에 대하여서만 인정되는 것이고, 동종의 행정행위라 하더라도 그 대상을 달리할 때에는 이를 인정할 수 없다(대판 1974.12.10. 73누129).

> **유제** 16. 국가직 7급 행정행위의 불가변력은 당해 행정행위에 대하여서만 인정되는 것이고, 동종의 행정행위라 하더라도 그 대상을 달리할 때에는 이를 인정할 수 없다. (O)

ㄴ. [O] 행정처분이나 행정심판 재결이 불복기간의 경과로 인하여 확정될 경우 확정력은 처분으로 인하여 법률상 이익을 침해받은 자가 처분이나 재결의 효력을 더 이상 다툴 수 없다는 의미일 뿐 판결에 있어서와 같은 기판력이 인정되는 것은 아니어서 처분의 기초가 된 사실관계나 법률적 판단이 확정되고 당사자들이나 법원이 이에 기속되어 모순되는 주장이나 판단을 할 수 없게 되는 것은 아니다(대판 1993.4.13. 92누17181).

> **유제** 17. 경찰 일반적으로 행정심판 재결이 불복기간의 경과로 확정될 경우에는, 그 처분의 기초가 된 사실관계나 법률적 판단이 확정되고 당사자들이나 법원이 이에 기속되어 모순되는 주장이나 판단을 할 수 없다. (X)

ㄷ. [X] 불가변력(실질적 존속력) 일정한 경우 처분청도 스스로 당해 행위의 내용에 구속되어 더 이상 직권으로 취소·변경할 수 있는 것을 말한다. 불가변력은 확정판결의 기판력과 유사한 효력으로서 준사법적 행정행위(예) 행정심판의 재결, 특허심판원의 심결, 토지수용재결 등)와 확인행위(예) 국가시험합격자결정, 당선인결정 등)에서 인정된다. 따라서 행정행위로서 처분에 해당하는 건축허가의 경우 불가변력이 발생하지 않는다.

유제 11. 국회직 8급 과세처분에 대한 이의신청에 따른 직권취소에도 특별한 사정이 없는 한 불가변력을 인정한다. (○)

ㄹ. [○] 과세처분에 관한 불복절차과정에서 불복사유가 옳다고 인정하고 이에 따라 필요한 처분을 하였을 경우에는 불복제도와 이에 따른 시정방법을 인정하고 있는 법 취지에 비추어 동일 사항에 관하여 특별한 사유 없이 이를 번복하고 다시 종전의 처분을 되풀이할 수는 없다. 따라서 과세관청이 과세처분에 대한 이의신청절차에서 납세자의 이의신청 사유가 옳다고 인정하여 과세처분을 직권으로 취소하였음에도, 특별한 사유 없이 이를 번복하고 종전 처분을 되풀이하여서 한 과세처분은 위법하다 (대판 2014.7.24. 2011두14227).

유제 16. 국가직 7급 과세처분에 관한 이의신청절차에서 과세관청이 이의신청 사유가 옳다고 인정하여 과세처분을 직권으로 취소한 이상 그 후 특별한 사유 없이 이를 번복하고 종전 처분을 되풀이하는 것은 허용되지 않는다. (○)

09 정답 ②

☑ **함께 정리하기 행정행위의 효력**

공정력
▷ 행정행위의 효력
불가쟁력 발생한 처분
▷ 특별한 사정 없는 한 변경신청권 無
불가변력 발생
▷ 행정청은 취소·철회 不可
위헌결정의 소급효
▷ 불가쟁력 발생한 처분에 미치지×

① [×] 공정력은 취소소송제도를 전제하는 것으로서 취소소송의 대상으로서 처분성이 인정되지 않는 경우에는 공정력이 인정되지 않는다. 따라서 비권력적행위, 사실행위, 사법행위에는 공정력이 인정되지 않는다.

❷ [○] 제소기간이 이미 도과하여 불가쟁력이 생긴 행정처분에 대하여는 개별 법규에서 그 변경을 요구할 신청권을 규정하고 있거나 관계 법령의 해석상 그러한 신청권이 인정될 수 있는 등 특별한 사정이 없는 한 국민에게 그 행정처분의 변경을 구할 신청권이 있다 할 수 없다(대판 2007.4.26. 2005두11104).

③ [×] 불가변력이 발생한 경우 처분청 스스로 당해 행위의 내용에 구속되어 더 이상 취소·변경할 수 없으므로 취소와 철회 모두 인정되지 않는다.

④ [×] 위헌인 법률에 근거한 행정처분이 당연무효인지의 여부는 위헌결정의 소급효와는 별개의 문제로서, 위헌결정의 소급효가 인정된다고 하여 위헌인 법률에 근거한 행정처분이 당연무효가 된다고는 할 수 없고, 오히려 이미 취소소송의 제기기간을 경과하여 확정력이 발생한 행정처분에는 위헌결정의 소급효가 미치지 않는다(대판 1994.10.28. 92누9463).

유제 18. 지방직 9급 어느 행정처분에 대하여 그 행정처분의 근거가 된 법률이 위헌이라는 이유로 무효확인청구의 소가 제기된 경우, 다른 특별한 사정이 없는 한 법원으로서는 그 법률이 위헌인지 여부에 대하여는 판단할 필요 없이 그 무효확인청구를 기각하여야 한다. (○)

10 정답 ②

☑ **함께 정리하기 행정행위의 하자**

국세부과의 제척기간후 부과처분
▷ 무효
세관출장소장의 관세부과
▷ 취소사유
사정판결
▷ 취소○/무효×
단순계산착오
▷ 효력에 영향 無

① [○] 구 국세기본법 제26조의2 제1항은 국세부과의 제척기간을 정하고 있다. 즉, 국세는 이를 부과할 수 있는 날부터 5년이 지난 다음에는 부과할 수 없고(제3호), 다만 납세자가 사기 기타 부정한 행위로써 국세를 포탈하거나 환급·공제받는 경우에는 10년(제1호), 납세자가 법정신고기한 내에 과세표준신고서를 제출하지 않은 경우에는 7년(제2호)이 지난 다음에는 부과할 수 없다. 이와 같은 국세부과의 제척기간이 지난 다음에 이루어진 부과처분은 무효이다(대판 2018.12.13. 2018두128).

❷ [×] 세관출장소장에게 관세부과처분에 관한 권한이 위임되었다고 볼 만한 법령상의 근거가 없는데도 피고(군산세관 익산출장소장)가 관세부과처분을 한 경우, 세관출장소장에게 관세부과처분을 할 권한이 있다고 객관적으로 오인할 여지가 다분하다고 인정되므로 결국 적법한 권한 위임 없이 행해진 위 처분은 그 하자가 중대하기는 하지만 객관적으로 명백하다고 할 수는 없어 당연무효는 아니라고 보아야 할 것이다(대판 2004.11.26. 2003두2403).

유제 11. 국회직 8급 적법한 권한 위임 없이 세관출장소장에 의하여 행하여진 관세부과처분은 당연무효사유에 해당한다. (×)

③ [○] 취소사유가 있는 행정행위는 취소소송의 형식으로 취소를 구할 수 있고, 무효인 행정행위에 대하여는 무효확인소송으로 무효확인을 구할 수 있다. 그런데 취소소송에서 사정판결(「행정소송법」 제28조)을 규정하고 있는 것과 달리 무효등확인소송에서는 제28조(사정판결)를 준용하지 않고 있으므로 사정판결이 인정되지 않는다.

유제 15. 국가직 9급 당연무효의 행정처분을 대상으로 하는 행정소송에서도 사정판결을 할 수 있다. (×)

14. 경찰 취소할 수 있는 행정행위에 대해서는 사정판결이 인정되나, 무효인 행정행위에 대해서는 인정되지 아니한다. (○)

④ [○] 단순한 계산의 착오는 행정행위의 하자와 구별되는 것으로 그 효력에는 영향이 없다. 행정청은 이를 정정하고 당사자에게 통지하면 된다.

유제 14. 경찰 법규에 특별한 규정이 없는 한 단순한 계산의 착오만으로 행정행위의 효력에 영향이 없다. (○)

「행정절차법」 제25조 【처분의 정정】 행정청은 처분에 오기(誤記)·오산(誤算) 또는 그 밖에 이에 준하는 명백한 잘못이 있을 때에는 직권으로 또는 신청에 따라 지체 없이 정정하고 그 사실을 당사자에게 통지하여야 한다.

유제 12. 지방직 9급 행정청은 처분에 오기·오산이 있을 때에는 직권으로 또는 신청에 따라 정정하고 그 사실을 당사자에게 통지하면 된다. (○)

11 정답 ②

☑ 함께 정리하기 **무효와 취소의 구별실익**

불가쟁력의 발생○
위법성 판단기준×
하자의 승계○
사정판결·사정재결○
간접강제○
국가배상청구×

ㄱ. [○] 무효인 행정행위는 처음부터 행정행위로서 어떠한 효력도 발생하지 않는데 반하여, 취소할 수 있는 행정행위는 공정력, 불가쟁력 등이 발생하므로 구별실익이 있다.

ㄴ. [×] 무효인 행정행위와 취소할 수 있는 행정행위는 모두 위법한 행정행위이다. 다만, 무효와 취소는 일종의 정도의 문제이다. 두 가지 모두 그 위법성 판단은 성문법령·불문법령·행정법의 일반원칙 위반여부 등의 동일한 기준에 따르게 된다. 따라서 위법성의 판단기준은 무효와 취소를 구별하는 실익에 해당하지 않는다고 할 것이다.

ㄷ. [○] 선행행위에 무효 사유에 해당하는 하자가 있는 경우에는 그 하자는 모든 후행행위에 승계되는 반면, 선행행위에 취소 사유에 해당하는 하자가 있는 경우에는 원칙적으로 선행행위와 후행행위가 결합하여 하나의 법률효과를 완성하는 경우에만 하자가 승계된다.

> 유제 10. 지방직 7급 선행행위의 흠이 후행행위에 승계되는가의 문제는 무효인 행정행위에만 해당하고, 선행행위가 취소할 수 있는 행정행위와는 무관하다. (×)
> 09. 국회직 9급 선행 행정행위에 무효의 흠이 있는 경우 당연히 후행 행정행위에 흠이 승계되지만, 취소의 흠이 있는 경우에는 흠의 승계를 논할 필요가 없다. (×)

ㄹ. [○] 무효인 행정행위에는 사정재결·판결이 허용되지 않으나, 취소할 수 있는 행정행위에는 사정재결·판결이 허용되므로 그 구별의 실익이 있다.

ㅁ. [○] 간접강제는 취소할 수 있는 행정행위에만 긍정되므로 무효인 행정행위와 구별의 실익이 있다.

ㅂ. [×] 국가배상은 행정작용이 위법하기만 하면 인정되므로 무효인 행정행위와 취소할 수 있는 행정행위의 구별의 실익은 없다.

☑ **무효인 행정행위와 취소할 수 있는 행정행위**

구분	무효인 행정행위	취소할 수 있는 행정행위
공정력, 존속력, 강제력	×	○
불가쟁력	× (쟁송제기기간 제한 없음)	○ (쟁송제기기간 제한 있음)
행정쟁송형태	• 무효등확인심판 • 무효등확인소송	• 취소심판 • 취소소송
하자의 치유·전환	치유 불가, 전환 가능	치유 가능, 전환 불가
하자의 승계	○	• 선행행위와 후행행위가 결합하여 하나의 법률효과를 발생시키는 경우 ○ • 각각 법률효과를 발생시키는 경우 ×

선결문제	심사가능	효력부인 불가, 위법심사 가능
예외적 행정심판 전치주의	×	○
신뢰보호의 원칙	×	○
간접강제	×	○
사정판결 및 사정재결	×	○
국가배상청구	국가배상은 행정작용이 위법하기만 하면 인정되므로 구별실익은 없다.	
집행부정지 여부	집행부정지원칙은 무효확인소송에도 준용되므로 구별실익은 없다.	

12 정답 ①

☑ 함께 정리하기 **행정행위의 하자**

청문절차결여
▷ 취소사유
부실한 환경영향평가
▷ 후속처분 당연 위법×
과세예고통지 후 과세전적부심사전 과세처분
▷ 무효
임용당시 결격사유
▷ 임용행위 무효

❶ [×] 행정절차법 제22조 제1항 제1호는, 행정청이 처분을 할 때에는 다른 법령 등에서 청문을 실시하도록 규정하고 있는 경우 청문을 실시한다고 규정하고 있다. 이러한 청문제도는 행정처분의 사유에 대하여 당사자에게 변명과 유리한 자료를 제출할 기회를 부여함으로써 위법사유의 시정가능성을 고려하고, 처분의 신중과 적정을 기하려는 데 그 취지가 있는 것이다. 그러므로 행정청이 특히 침해적 행정처분을 할 때 그 처분의 근거 법령 등에서 청문을 실시하도록 규정하고 있다면, 행정절차법 등 관련 법령상 청문을 실시하지 않아도 되는 예외적인 경우에 해당하지 않는 한, 반드시 청문을 실시하여야 하는 것이며, 그러한 절차를 결여한 처분은 위법한 처분으로서 취소사유에 해당한다(대판 2007.11.16. 2005두15700).

> 유제 14. 국회직 8급 행정청이 침해적 행정처분을 하기 전에 청문을 실시해야하는 경우 청문을 결여한 처분은 위법한 처분으로서 취소사유에 해당한다. (○)

② [○] 환경영향평가법령에서 정한 환경영향평가를 거쳐야 할 대상사업에 대하여 그러한 절차를 거쳤다면, 비록 그 환경영향평가의 내용이 다소 부실하다 하더라도, 그 부실의 정도가 환경영향평가제도를 둔 입법취지를 달성할 수 없을 정도이어서 환경영향평가를 하지 아니한 것과 다를 바 없는 정도의 것이 아닌 이상, 그 부실은 당해 승인 등 처분에 재량권 일탈·남용의 위법이 있는지 여부를 판단하는 하나의 요소로 됨에 그칠 뿐, 그 부실로 인하여 당연히 당해 승인 등 처분이 위법하게 되는 것이 아니다(대판 2006.3.16. 2006두330).

③ [O] 국세기본법 및 국세기본법 시행령이 과세전적부심사를 거치지 않고 곧바로 과세처분을 할 수 있거나 과세전적부심사에 대한 결정이 있기 전이라도 과세처분을 할 수 있는 예외사유로 정하고 있다는 등의 특별한 사정이 없는 한, 과세예고 통지 후 과세전적부심사 청구나 그에 대한 결정이 있기도 전에 과세처분을 하는 것은 원칙적으로 과세전적부심사 이후에 이루어져야 하는 과세처분을 그보다 앞서 함으로써 과세전적부심사 제도 자체를 형해화시킬 뿐만 아니라 과세전적부심사 결정과 과세처분 사이의 관계 및 불복절차를 불분명하게 할 우려가 있으므로, 그와 같은 과세처분은 납세자의 절차적 권리를 침해하는 것으로서 절차상 하자가 중대하고도 명백하여 무효이다(대판 2016.12.27. 2016두49228).

④ [O] 임용당시 공무원임용결격사유가 있었다면 비록 국가의 과실에 의하여 임용결격자임을 밝혀내지 못하였다 하더라도 그 임용행위는 당연무효로 보아야 한다(대판 1987.4.14. 86누459).

> **유제** 16. 경찰 국가가 공무원임용결격사유가 있는 자에 대하여 결격사유가 있는 것을 알지 못하고 공무원으로 임용하였다가 사후에 결격사유가 있는 자임을 발견하고 공무원임용행위를 취소함은 당사자에게 원래의 임용행위가 당초부터 당연무효이었음을 통지하여 확인시켜 주는 행위에 지나지 아니하는 것이므로, 그러한 의미에서 당초의 임용처분을 취소함에 있어서는 신의칙 내지 신뢰의 원칙을 적용할 수 없다. (O)

---

13   정답 ②

> 📋 **함께 정리하기 행정행위의 하자치유**
>
> 청문서 도달기간 하자
> ▷ 이의 無 + 방어기회 보장 → 하자치유○
> 당연 무효의 하자
> ▷ 하자치유✕
> 하자치유의 소급효
> ▷ 직권취소 不可
> 이유제시 결한 중대한 절차하자
> ▷ 치유 不可

① [O] 행정청이 식품위생법상의 청문절차를 이행함에 있어 청문서 도달기간을 다소 어겼다 하더라도 영업자가 이에 대하여 이의하지 아니한 채 스스로 청문일에 출석하여 그 의견을 진술하고 변명하는 등 방어의 기회를 충분히 가졌다면 청문서 도달기간을 준수하지 아니한 하자는 치유되었다고 봄이 상당하다(대판 1992.10.23. 92누2844).

> **유제** 08. 지방직 7급 행정청이 청문서 도달기간과 같은 청문절차의 이행을 다소 위반한 경우 상대방이 이의를 제기하지 않고 청문일에 출석하여 의견을 진술하고 변명하는 등 방어의 기회를 충분히 가진다하더라도 그 흠은 치유되지 않는다. (✕)

❷ [✕] 징계처분이 중대하고 명백한 흠 때문에 당연무효의 것이라면 징계처분을 받은 자가 이를 용인하였다 하여 그 흠이 치유되는 것은 아니다(대판 1989.12.12. 88누8869).

> **유제** 08. 지방직 7급 무효인 행정행위도 치유가 인정된다. (✕)

③ [O] 하자치유의 효과는 소급하여 인정된다. 처음부터 적법하게 성립된 것으로 취급되므로 하자 치유가 인정되는 경우 당해 행정행위를 직권취소할 수 없다.

④ [O] 취소처분의 근거와 위반사실의 적시를 빠뜨린 하자는 피처분자가 처분당시 그 취지를 알고 있었다거나 그 후 알게 되었다고 하여도 이로써 치유될 수는 없다(대판 1987.5.26. 86누788·90누1786).

---

14   정답 ③

> 📋 **함께 정리하기 행정행위의 하자치유**
>
> 하자치유
> ▷ 예외적 인정(행정행위 무용한 반복방지)
> 하자치유의 시간적 한계
> ▷ 쟁송 제기 전까지
> 주택재건축정비사업조합설립인가처분 당시 동의율 하자
> ▷ 하자치유✕
> 경원관계 있는 제3자 이익 침해시
> ▷ 하자치유✕

① [O] 하자있는 행정행위의 치유나 전환은 행정행위의 성질이나 법치주의의 관점에서 볼 때 원칙적으로 허용될 수 없는 것이지만, 행정행위의 무용한 반복을 피하고 당사자의 법적 안정성을 위해 이를 허용하는 때에도 국민의 권리와 이익을 침해하지 않는 범위에서 구체적 사정에 따라 합목적적으로 인정해야 할 것이다(대판 1983.7.26. 82누420).

> **유제** 10. 지방직 9급 행정행위의 하자의 치유를 예외적으로 허용하고 있다. (O)
>
> 08. 지방직 7급 흠의 치유는 행정행위의 무용한 반복을 피함으로써 행정경제를 도모하기 위해서 허용될 수 있으며 다른 국민의 권리나 이익을 침해하지 않는 범위 내에서 인정된다. (O)
>
> 07. 국가직 9급 하자의 치유는 법치주의 관점에서 볼 때 원칙적으로 부정하는 것이 옳지만 당사자의 권리구제에 영향을 주지 않는 범위 내에서는 허용될 수 있다. (O)

② [O] 세액산출근거가 누락된 납세고지서에 의한 과세처분의 하자의 치유를 허용하려면 늦어도 과세처분에 대한 불복 여부의 결정 및 불복신청에 편의를 줄 수 있는 상당한 기간 내에 하여야 한다고 할 것이므로, 위 과세처분에 대한 전심절차가 모두 끝나고 상고심의 계류 중에 세액산출근거의 통지가 있었다고 하여 이로써 위 과세처분의 하자가 치유되었다고는 볼 수 없다(대판 1984.4.10. 83누393).

> **유제** 12. 지방직 9급 판례에 의하면 세액산출근거가 누락된 납세고지서에 의한 하자 있는 과세처분에 대하여 전심절차가 모두 끝나고 상고심의 계류 중에 세액산출근거의 통지가 있었다면 위 과세처분의 하자가 치유되었다고 볼 수 있다. (✕)

❸ [✕] 이 사건 변경인가처분은 이 사건 설립인가처분 후 추가동의서가 제출되어 동의자 수가 변경되었음을 이유로 하는 것으로서 조합원의 신규가입을 이유로 한 경미한 사항의 변경에 대한 신고를 수리하는 의미에 불과하므로 이 사건 설립인가처분이 이 사건 변경인가처분에 흡수된다고 볼 수 없고, 또한 이 사건 설립인가처분 당시 동의율을 충족하지 못한 하자는 후에 추가동의서가 제출되었다는 사정만으로 치유될 수 없다(대판 2013. 7.11. 2011두27544).

④ [O] 하자 있는 행정행위의 치유는 행정행위의 성질이나 법치주의의 관점에서 볼 때 원칙적으로 허용될 수 없는 것이고 예외적으로 행정행위의 무용한 반복을 피하고 당사자의 법적 안정성을 위해 이를 허용하는 때에도 국민의 권리나 이익을 침해하지 않는 범위에서 구체적 사정에 따라 합목적적으로 인정하여야 할 것인데 이 사건에 있어서는 원고의 적법한 허가신청이 참가인들의 신청과 경합되어 있어 이 사건 처분의 치유를 허용한다면 원고에게 불이익하게 되므로 이를 허용할 수 없다 (대판 1992.5.8. 91누13274)

유제 18. 서울시 7급 하자 있는 행정행위의 치유는 행정행위의 성질이나 법치주의의 관점에서 볼 때 원칙적으로 허용될 수 없는 것이고, 예외적으로 행정행위의 무용한 반복을 피하고 당사자의 법적 안정성을 위해 이를 허용하는 때에도 국민의 권리나 이익을 침해하지 않는 범위에서 구체적 사정에 따라 합목적적으로 인정하여야 한다. (O)

---

15 정답 ④

☑ **함께 정리하기 하자있는 행정행위의 전환**

하자있는 행정행위 전환의 대상
▷ 무효인 행정행위
전환 전·후의 행위
▷ 목적·효과 동일성 要
불하취소처분이 상속인에게 송달
▷ 새로운 행정처분
소송 계속 중 전환
▷ 처분변경으로 인한 소 변경 可

① [O] 하자의 전환은 무효인 행정행위에 대해서만 인정되고, 취소할 수 있는 행정행위에 대해서는 인정되지 않는다.
② [O] 하자의 전환이 인정되기 위해서는, ㉠ 전환 전의 행위와 전환 후의 행위가 요건·목적·효과에 있어 실질적 공통성이 있어야 하고, ㉡ 하자 있는 행정행위가 전환될 행정행위의 성립·적법·효력요건을 갖추고 있어야 하고, ㉢ 행정청의 의사에 반하지 않아야 하고, ㉣ 당사자가 그 전환을 의욕하는 것으로 인정되어야 하고, ㉤ 그 전환이 상대방과 관계자 및 제3자의 이익을 침해하지 않아야 한다.
③ [O] 귀속재산을 불하받은 자가 사망한 후에 수불하자에 대하여 한 그 불하처분은 사망자에 대한 행정처분이므로 무효이지만 그 취소처분을 수불하자의 상속인에게 송달한 때에는 그 송달시에 그 상속인에 대하여 다시 그 불하처분을 취소한다는 새로운 행정처분을 한 것이라고 할 것이다(대판 1969.1.21. 68누190).
❹ [X] 법원은 행정청이 소송의 대상인 처분을 소가 제기된 후 변경한 때에는 원고의 신청에 의하여 결정으로써 청구의 취지 또는 원인의 변경을 허가할 수 있다(「행정소송법」 제22조 제1항). 소송 계속 중 행정행위의 전환이 이루어진다면 원고는 처분변경으로 인한 소의 변경을 신청할 수 있다.

---

16 정답 ②

☑ **함께 정리하기 행정행위의 하자승계**

도시군계획시설결정 - 실시계획인가
▷ 하자승계×
하자승계논의 전제
▷ 선행행위 취소사유(무효×)
업무정지처분 - 개설등록취소처분
▷ 하자승계×
수인한도·예측가능 초과
▷ 예외적 하자승계○

① [O] 도시·군계획시설결정과 실시계획인가는 도시·군계획시설사업을 위하여 이루어지는 단계적 행정절차에서 별도의 요건과 절차에 따라 별개의 법률효과를 발생시키는 독립적인 행정처분이다. 그러므로 선행처분인 도시·군계획시설결정에 하자가 있더라도 그것이 당연무효가 아닌 한 원칙적으로 후행처분인 실시계획인가에 승계되지 않는다(대판 2017.7.18. 2016두49938).

유제 18. 국회직 8급 도시·군계획시설결정과 실시계획인가는 도시·군계획시설사업을 위하여 이루어지는 단계적 행정절차에서 별도의 요건과 절차에 따라 별개의 법률효과를 발생시키는 독립적인 행정처분이다. 그러므로 선행처분인 도시·군계획시설결정에 하자가 있더라도 그것이 당연무효가 아닌 한 원칙적으로 후행처분인 실시계획인가에 승계되지 않는다. (O)

❷ [X] 선행행위가 무효인 경우에는 당연히 하자가 승계되므로 하자승계의 논의는 선행행위가 취소사유일 때에만 문제된다. 즉, 하자의 승계는 ㉠ 선행행위와 후행행위가 모두 항고소송의 대상이 되는 행정처분이고, ㉡ 선행행위에는 무효가 아닌 취소사유의 하자가 존재하며, ㉢ 후행행위는 하자 없이 적법해야 하고, ㉣ 선행행위의 하자가 제소기간 도과 등으로 불가쟁력이 발생하여 선행행위를 다툴 수 없는 경우라야 한다.

유제 16. 교행 9급, 10. 국회 9급 하자의 승계가 인정되기 위해서는 선행행위와 후행행위가 모두 항고소송의 대상이 되는 처분이어야 한다. (O)
14. 경찰 선행처분과 후행처분이 서로 결합하여 1개의 법률효과를 완성하는 때에는 선행처분에 하자가 있으면 그 하자는 후행처분에 승계된다. (O)
10. 국회 9급 하자승계는 행정소송의 제소기간과 관련이 있다. (O)
09. 국회 9급 선행행위도 행정행위이고 후행행위도 행정행위이면서 그 행위들이 연속하여 단계적으로 행하여지는 경우에 흠의 승계가 문제된다. (O)

③ [O] 이 사건 선행처분인 업무정지처분은 일정 기간 중개업무를 하지 못하도록 하는 처분인 반면, 후행처분인 이 사건 처분은 위와 같은 업무정지처분에 따른 업무정지기간 중에 중개업무를 하였다는 별개의 처분사유를 근거로 중개사무소의 개설등록을 취소하는 처분이다. 비록 이 사건 처분이 업무정지처분을 전제로 하지만, 양 처분은 그 내용과 효과를 달리하는 독립된 행정처분으로서, 서로 결합하여 1개의 법률효과를 완성하는 때에 해당한다고 볼 수 없다. 따라서 원고는 선행처분이 당연무효가 아닌 이상 그 하자를 이유로 후행처분인 이 사건 처분의 효력을 다툴 수 없다. 또한 원고는 업무정지기간 중에 중개업무를 하여서는 안 된다는 것을 인식하고 있었던 점, 원고가 불복기간 내에 업무정지처분의 취소를 구하는 행정심판이나 행정소송을 제기하는 데에 특별히 어려움이 있었다고 인정할 만한 사정 또한 엿보이지 않는 점 등의 사정에 비추어 보면, 업무정지처분의 불가쟁력이나 구속력이 원고에게 수인한도를 넘는 가혹함을 가져오고 그 결과가 예측가능하지 않았던 경우에 해당한다고 볼 수도 없다(대판 2019.1.31. 2017두40372).

④ [O] 별개의 법률효과를 목적으로 하는 경우에도 예측가능성과 수인한도의 법리를 고려하여 예외적으로 승계를 긍정한다.

> 선행처분과 후행처분이 서로 독립하여 별개의 효과를 목적으로 하는 경우에도 선행처분의 불가쟁력이나 구속력이 그로 인하여 불이익을 입게 되는 자에게 수인한도를 넘는 가혹함을 가져오며, 그 결과가 당사자에게 예측가능한 것이 아닌 경우에는 국민의 재판받을 권리를 보장하고 있는 헌법의 이념에 비추어 선행처분의 후행처분에 대한 구속력은 인정될 수 없다(대판 1994.1.25. 93누8542).

유제 09. 국회직 9급 판례 또한 선행 행정행위와 후행 행정행위가 하나의 법적 효과의 완성을 목적으로 하는가, 별개의 법적 효과의 발생을 목적으로 하는가라는 단일한 기준에 의하여 흠의 승계 여부를 판단한다. (×)

---

17   정답 ①

> ☑ **함께 정리하기 하자승계 인정여부**
>
> 행정대집행 계고와 대집행영장의 통지O
> 개별공시지가결정과 과세처분O
> 직위해제처분과 면직처분×
> 사업인정과 수용재결×
> 표준지공시지가결정과 수용보상금결정O
> 보충역소집처분과 공익근무요원소집처분×

ㄱ. [O] 대집행의 계고, 대집행영장에 의한 통지, 대집행의 실행, 대집행에 요한 비용의 납부명령 등은 타인이 대신하여 행할 수 있는 행정의무의 이행을 의무자의 비용부담하에 확보하고자 하는, 동일한 행정목적을 달성하기 위하여 단계적인 일련의 절차로 연속하여 행하여지는 것으로서, 서로 결합하여 하나의 법률효과를 발생시키는 것이므로, 후행처분인 대집행영장발부통보처분의 취소를 청구하는 소송에서 청구원인으로 선행처분인 계고처분이 위법한 것이기 때문에 그 계고처분을 전제로 행하여진 대집행영장발부통보처분도 위법한 것이라는 주장을 할 수 있다(대판 1996.2.9. 95누12507).

유제 16. 교행 9급 대집행계고처분과 대집행영장발부통보처분 사이에는 하자의 승계가 인정된다. (O)

ㄴ. [O] 개별공시지가결정에 위법이 있는 경우에는 그 자체를 행정소송의 대상이 되는 행정처분으로 보아 그 위법 여부를 다툴 수 있음은 물론 이를 기초로 한 과세처분 등 행정처분의 취소를 구하는 행정소송에서도 선행처분인 개별공시지가결정의 위법을 독립된 위법사유로 주장할 수 있다고 해석함이 타당하다(대판 1994.1.25. 93누8542).

유제 14. 사복 9급 개별공시지가결정과 과세처분 사이에는 하자의 승계가 인정되지 않는다. (×)
11. 국가직 7급 개별공시지가결정과 과세처분 사이에는 하자의 승계가 인정된다. (O)

ㄷ. [×] 구 경찰공무원법 제50조 제1항에 의한 직위해제처분과 같은 제3항에 의한 면직처분은 후자가 전자의 처분을 전제로 한 것이기는 하나 각각 단계적으로 별개의 법률효과를 발생하는 행정처분이어서 선행직위 해제처분의 위법사유가 면직처분에는 승계되지 아니한다 할 것이므로 선행된 직위해제 처분의 위법사유를 들어 면직처분의 효력을 다툴 수는 없다(대판 1984.9.11. 84누191).

유제 15. 경찰, 14. 사복 9급 직위해제처분과 면직처분 사이에는 하자의 승계가 인정된다. (×)
14. 경찰 「경찰공무원법」상 직위해제처분과 면직처분은 후자가 전자의 처분을 전제로 한 것이기는 하나 각각 단계적으로 별개의 법률효과를 발생하는 행정처분이어서 선행 직위해제처분의 위법사유가 면직처분에는 승계되지 아니한다. (O)
13. 행정사 공무원 직위해제처분과 공무원 면직처분은 선행처분에 취소사유가 있음을 들어 후행처분의 위법을 주장할 수 있는 경우에 해당한다. (×)
10. 경찰 구 「경찰공무원법」상 직위해제 처분과 면직처분간에는 하자의 승계가 인정된다. (×)

ㄹ. [×] 사업인정처분 자체의 위법은 사업인정단계에서 다투어야 하고 이미 그 쟁송기간이 도과한 수용재결단계에서는 사업인정처분이 당연무효라고 볼 만한 특단의 사정이 없는 한 그 위법을 이유로 재결의 취소를 구할 수는 없다(대판 1992.3.13. 91누4324).

ㅁ. [O] 위법한 표준지공시지가결정에 대하여 그 정해진 시정절차를 통하여 시정하도록 요구하지 않았다는 이유로 위법한 표준지공시지가를 기초로 한 수용재결 등 후행 행정처분에서 표준지공시지가결정의 위법을 주장할 수 없도록 하는 것은 수인한도를 넘는 불이익을 강요하는 것으로서 국민의 재산권과 재판받을 권리를 보장한 헌법의 이념에도 부합하는 것이 아니다. 따라서 표준지공시지가결정이 위법한 경우에는 그 자체를 행정소송의 대상이 되는 행정처분으로 보아 그 위법 여부를 다툴 수 있음은 물론, 수용보상금의 증액을 구하는 소송에서도 선행처분으로서 그 수용대상 토지 가격 산정의 기초가 된 비교표준지공시지가결정의 위법을 독립한 사유로 주장할 수 있다(대판 2008.8.21. 2007두13845).

ㅂ. [×] 두 처분은 후자의 처분이 전자의 처분을 전제로 하는 것이기는 하나 각각 단계적으로 별개의 법률효과를 발생하는 독립된 행정처분이라고 할 것이므로, 따라서 보충역편입처분의 기초가 되는 신체등위 판정에 잘못이 있다는 이유로 이를 다투기 위하여는 신체등위 판정을 기초로 한 보충역편입처분에 대하여 쟁송을 제기하여야 할 것이며, 그 처분을 다투지 아니하여 이미 불가쟁력이 생겨 그 효력을 다툴 수 없게 된 경우에는, 병역처분변경신청에 의하는 경우는 별론으로 하고, 보충역편입처분에 하자가 있다고 할지라도 그것이 당연무효라고 볼만한 특단의 사정이 없는 한 그 위법을 이유로 공익근무요원소집처분의 효력을 다툴 수 없다(대판 2002.12.10. 2001두5422).

18 정답 ②

처분 후 위헌결정
▷ 행정처분의 취소사유
처분에 확정력 발생
▷ 위헌결정의 소급효×
과세처분 근거조항 위헌결정 후 그 집행을 위한 압류처분
▷ 당연무효

ㄱ. [O] 법률에 근거하여 행정처분이 발하여진 후에 헌법재판소가 그 행정처분의 근거가 된 법률을 위헌으로 결정하였다면 결과적으로 행정처분은 법률의 근거가 없이 행하여진 것과 마찬가지가 되어 하자가 있는 것이 되나, 하자 있는 행정처분이 당연무효가 되기 위하여는 그 하자가 중대할 뿐만 아니라 명백한 것이어야 하는데, 일반적으로 법률이 헌법에 위반된다는 사정은 헌법재판소의 위헌결정이 있기 전에는 객관적으로 명백한 것이라고 할 수는 없으므로 헌법재판소의 위헌결정 전에 행정처분의 근거되는 당해 법률이 헌법에 위반된다는 사유는 특별한 사정이 없는 한 그 행정처분의 취소소송의 전제가 될 수 있을 뿐 당연무효사유는 아니다(대판 2002.11.8. 2001두3181).

유제 16. 사복 9급 대법원은 행정처분 이후에 처분의 근거법령에 대하여 헌법재판소 또는 대법원이 위헌 또는 위법하다는 결정을 하게 되면, 당해 처분은 법적 근거가 없는 처분으로 하자 있는 처분이고 그 하자는 중대한 것이지만, 위헌 또는 위법하다는 결정이 있기 전에는 객관적으로 명백하다고 보기 어려우므로 취소사유에 그치는 것으로 본다. (O)

15. 지방직 7급 처분 이후에 처분의 근거가 된 법률이 헌법재판소에 의해 위헌으로 결정되었다면 그 처분은 법률상 근거 없는 처분이 되어 당연무효임이 원칙이다. (×)

ㄴ. [O] 위헌인 법률에 근거한 행정처분이 당연무효인지의 여부는 위헌결정의 소급효와는 별개의 문제로서, 위헌결정의 소급효가 인정된다고 하여 위헌인 법률에 근거한 행정처분이 당연무효가 된다고는 할 수 없고, 오히려 이미 취소소송의 제기기간을 경과하여 확정력이 발생한 행정처분에는 위헌결정의 소급효가 미치지 않는다고 보아야 한다(대판 1994.10.28. 92누9463).

ㄷ. [×] 조세 부과의 근거가 되었던 법률규정이 위헌으로 선언된 경우, 비록 그에 기한 과세처분이 위헌결정 전에 이루어졌고, 과세처분에 대한 제소기간이 이미 경과하여 조세채권이 확정되었으며, 조세채권의 집행을 위한 체납처분의 근거규정 자체에 대하여는 따로 위헌결정이 내려진 바 없다고 하더라도, 위와 같은 위헌결정 이후에 조세채권의 집행을 위한 새로운 체납처분에 착수하거나 이를 속행하는 것은 더 이상 허용되지 않고, 나아가 이러한 위헌결정의 효력에 위배하여 이루어진 체납처분은 그 사유만으로 하자가 중대하고 객관적으로 명백하여 당연무효라고 보아야 한다(대판 2012.2.16. 2010두10907 전합).

유제 16. 교행 9급 과세처분의 근거 법률규정에 대하여 위헌결정이 내려진 후라도 그 조세채권의 집행을 위한 체납처분은 유효하다. (×)

16. 지방직 7급 법률이 위헌으로 선언된 경우, 위헌결정 전에 이미 형성된 법률관계에 기한 후속처분은 비록 그것이 새로운 위헌적 법률관계를 생성·확대하는 경우라도 당연무효라 볼 수는 없다. (×)

15. 지방직 9급 과세처분의 근거규정에 대한 헌법재판소의 위헌결정이 내려진 후 행한 체납처분은 그 하자가 객관적으로 명백하다고 할 수 없다. (×)

19 정답 ①

취소
▷ 성립상 하자인 경우
과세처분에 하자가 있음을 이유로 국세감액결정
▷ 부과처분 당시로 소급
과세부과 취소를 다시 취소
▷ 원부과처분회복×
불가쟁력 발생한 행정처분
▷ 직권취소 가능

❶ [×] 행정행위의 취소는 유효하게 성립된 행정행위의 효력을 성립상의 하자를 이유로 그 효력을 소멸시키는 행정행위를 말하며, 후발적 사유에 의해 그 효력을 소멸시키는 행정행위는 철회이다.

② [O] 국세 감액결정 처분은 이미 부과된 과세처분에 하자가 있음을 이유로 사후에 이를 일부취소하는 처분이므로, 취소의 효력은 그 취소된 국세 부과처분이 있었을 당시에 소급하여 발생하는 것이고, 이는 판결 등에 의한 취소이거나 과세관청의 직권에 의한 취소이거나에 따라 차이가 있는 것이 아니다(대판 1995. 9.15. 94다16045).

③ [O] 국세기본법 제26조 제1호는 부과의 취소를 국세납부의무 소멸사유의 하나로 들고 있으나, 그 부과의 취소에 하자가 있는 경우의 부과의 취소의 취소에 대하여는 법률이 명문으로 그 취소요건이나 그에 대한 불복절차에 대하여 따로 규정을 둔 바도 없으므로, 설사 부과의 취소에 위법사유가 있다고 하더라도 당연무효가 아닌 한 일단 유효하게 성립하여 부과처분을 확정적으로 상실시키는 것이므로, 과세관청은 부과의 취소를 다시 취소함으로써 원부과처분을 소생시킬 수는 없고 납세의무자에게 종전의 과세대상에 대한 납부의무를 지우려면 다시 법률에서 정한 부과절차에 좇아 동일한 내용의 새로운 처분을 하는 수밖에 없다(대판 1995.3.10. 94누7027).

유제 15. 국가직 7급 당연무효가 아닌 상속세 부과를 직권취소한 것에 대하여 과세관청이 상속세부과취소를 다시 취소함으로써 원래의 상속세 부과처분을 회복시킬 수 있다. (×)

④ [O] 개별토지에 대한 가격결정도 행정처분에 해당하며, 원래 행정처분을 한 처분청은 그 행위에 하자가 있는 경우에는 원칙적으로 별도의 법적 근거가 없더라도 스스로 이를 직권으로 취소할 수 있는 것이고, 행정처분에 대한 법정의 불복기간이 지나면 직권으로도 취소할 수 없게 되는 것은 아니므로, 처분청은 토지에 대한 개별토지가격의 산정에 명백한 잘못이 있다면 이를 직권으로 취소할 수 있다(대판 1995.9.15. 95누6311).

유제 16. 국회직 8급 수임인 乙은 등록서류를 위조하여 공장등록을 하였으나 甲은 그 사실을 알지 못하였다. 이후 관할 행정청 A는 위조된 서류에 의한 공장등록임을 이유로 甲에 대해 공장등록을 취소하는 처분을 하였다. 甲의 공장등록을 취소하는 처분에 대해 제소기간이 경과하여 불가쟁력이 발생한 이후에는 관할 행정청A도 그 취소처분을 직권취소할 수 없다. (×)

13. 행정사 「행정절차법」상 처분의 직권취소는 처분등이 있음을 안 날부터 1년, 처분등이 있은 날로부터 2년 이내에 하여야 한다. (×)

20 정답 ③

> 📋 **함께 정리하기** 행정행위의 취소
>
> 수익적 행정행위 직권취소
> ▷ 취소를 위한 공익이 사익을 능가해야 可
> 취소소송 계속 중 위법처분의 직권취소 可
> 광업권 취소처분 후 이해관계인 존재
> ▷ 취소의 취소×
> 병역처분 변경처분취소
> ▷ 종전 병역처분 회복 不可

① [O] 행정행위를 한 처분청은 그 행위에 하자가 있는 경우에 별도의 법적 근거가 없더라도 스스로 이를 취소할 수 있는 것이며, 다만 그 행위가 국민에게 권리나 이익을 부여하는 이른바 수익적 행정행위인 때에는 그 행위를 취소하여야 할 공익상 필요와 그 취소로 인하여 당사자가 입을 기득권과 신뢰보호 및 법률생활 안정의 침해등 불이익을 비교교량한 후 공익상 필요가 당사자의 기득권 침해 등 불이익을 정당화할 수 있을 만큼 강한 경우에 한하여 취소할 수 있다(대판 1986.2.25. 85누664).

> 유제 12. 국가직 7급 수익적 행정행위를 취소 또는 철회하는 경우 비례원칙이 적용된다. (O)

② [O] 변상금부과처분에 대한 취소소송이 진행 중이라도 그 부과권자로서는 위법한 처분을 스스로 취소하고 그 하자를 보완하여 다시 적법한 부과처분을 할 수도 있는 것이어서 그 권리행사에 법률상의 장애사유가 있는 경우에 해당한다고 할 수 없으므로, 그 처분에 대한 취소소송이 진행되는 동안에도 변상금부과권의 소멸시효는 중단되지 않는다(대판 2006.2.10. 2003두5686).

> 유제 11. 지방직 9급 선행부과처분에 대한 취소소송이 진행 중이면 과세관청인 피고로서는 위법한 선행처분을 스스로 취소하거나 그 절차상의 하자를 보완하여 다시 적법한 부과처분을 할 수 없다. (×)

❸ [×] 일단 취소처분을 한 후에 새로운 이해관계인이 생기기 전에 취소처분을 취소하여 그 광업권의 회복을 시켰다면 모르되, 피고가 본건취소처분을 한 후에 원고가 본건 광구에 대하여 선출원을 적법히 함으로써 이해관계인이 생긴 이 사건에 있어서, 피고가 취소처분을 취소하여, 소외인 명의의 광업권을 복구시키는 조처는, 원고의 선출원 권리를 침해하는 위법한 처분이라고 하지 않을 수 없다(대판 1967.10.23. 67누126).

④ [O] 구 병역법 제5조, 제8조, 제12조, 제14조, 제62조, 제63조, 제65조의 규정을 종합하면, 지방병무청장이 재신체검사 등을 거쳐 현역병입영대상편입처분을 보충역편입처분이나 제2국민역편입처분으로 변경하거나 보충역편입처분을 제2국민역편입처분으로 변경하는 경우 비록 새로운 병역처분의 성립에 하자가 있다고 하더라도 그것이 당연무효가 아닌 한 일단 유효하게 성립하고 제소기간의 경과 등 형식적 존속력이 생김과 동시에 종전의 병역처분의 효력은 취소 또는 철회되어 확정적으로 상실된다고 보아야 할 것이므로 그 후 새로운 병역처분의 성립에 하자가 있었음을 이유로 하여 이를 취소한다고 하더라도 종전의 병역처분의 효력이 되살아난다고 할 수 없다(대판 2002.5.28. 2001두9653).

▶ 정답
p. 48

01	①	06	③	11	②, ③	16	②
02	②	07	②	12	①	17	②
03	④	08	③	13	③	18	④
04	①	09	①, ②	14	②	19	③
05	④	10	①, ④	15	①	20	①

01
정답 ①

☑ 함께 정리하기 **행정행위의 철회**

부담의 불이행
▷ 철회사유
평가인증의 철회에 소급효를 인정하기 위함
▷ 별도의 법적 근거 필요
별도의 법적 근거 없이도
▷ 처분청 직권취소 可
공사중지명령의 상대방
▷ 철회요구할 조리상 신청권 有
연금지급결정 취소처분 적법
▷ 환수처분 반드시 적법 아님(이익형량 要)

ㄱ. [O] 부담부 행정처분에 있어서 처분의 상대방이 부담(의무)을 이행하지 아니한 경우에 처분행정청으로서는 이를 들어 당해 처분을 취소(철회)할 수 있는 것이다(대판 1989.10.24. 89누2431).

유제 10. 경찰 부담부 행정처분에 있어서 처분의 상대방이 부담을 이행하지 아니한 경우 처분행정청은 부담불이행을 이유로 당해 처분을 철회할 수 있다. (O)

ㄴ. [O] 영유아보육법 제30조 제5항 제3호에 따른 평가인증의 취소는 평가인증 당시에 존재하였던 하자가 아니라 그 이후에 새로이 발생한 사유로 평가인증의 효력을 소멸시키는 경우에 해당하므로, 법적 성격은 평가인증의 '철회'에 해당한다. 그런데 행정청이 평가인증을 철회하면서 그 효력을 철회의 효력발생일 이전으로 소급하게 하면, 철회 이전의 기간에 평가인증을 전제로 지급한 보조금 등의 지원이 그 근거를 상실하게 되어 이를 반환하여야 하는 법적 불이익이 발생한다. 이는 장래를 향하여 효력을 소멸시키는 철회가 예정한 법적 불이익의 범위를 벗어나는 것이다. 이처럼 행정청이 평가인증이 이루어진 이후에 새로이 발생한 사유를 들어 영유아보육법 제30조 제5항에 따라 평가인증을 철회하는 처분을 하면서도, 평가인증의 효력을 과거로 소급하여 상실시키기 위해서는, 특별한 사정이 없는 한 영유아보육법 제30조 제5항과는 별도의 법적 근거가 필요하다(대판 2018.6.28. 2015두58195).

유제 22. 소방 구「영유아보육법」상 어린이집 평가인증의 취소는 철회에 해당하므로, 평가인증의 효력을 과거로 소급하여 상실시키기 위해서는 특별한 사정이 없는 한 별도의 법적 근거가 필요하다. (O)

ㄷ. [O] 행정처분을 한 처분청은 그 처분의 성립에 하자가 있는 경우 이를 취소할 별도의 법적 근거가 없다고 하더라도 직권으로 이를 취소할 수 있는바, … 지방병무청장은 군의관의 신체등위판정이 금품수수에 따라 위법 또는 부당하게 이루어졌다고 인정하는 경우에는 그 위법 또는 부당한 신체등위판정을 기초로 자신이 한 병역처분을 직권으로 취소할 수 있다(대판 2002.5.28. 2001두9653).

유제 18. 국회직 8급 행정행위의 처분권자는 취소사유가 있는 경우 별도의 법적 근거가 없더라도 직권취소를 할 수 있다. (O)

ㄹ. [X] 행정청이 행한 공사중지명령의 상대방은 그 명령 이후에 그 원인사유가 소멸하였음을 들어 행정청에게 공사중지명령의 철회를 요구할 수 있는 조리상의 신청권이 있다 할 것이고, 상대방으로부터 그 신청을 받은 행정청으로서는 상당한 기간 내에 그 신청을 인용하는 적극적 처분을 하거나 각하 또는 기각하는 등의 소극적 처분을 하여야 할 법률상의 응답의무가 있다(대판 2005.4.14. 2003두7590).

ㅁ. [X]

[1] 구 국민연금법(2016.5.29. 법률 제14214호로 개정되기 전의 것) 제57조 제1항, 부칙(2007.7.23.) 제9조 제1항 제1호의 내용과 취지, 사회보장 행정영역에서 수익적 행정처분 취소의 특수성 등을 종합하여 보면, 위 조항에 따라 급여를 받은 당사자로부터 잘못 지급된 급여액에 해당하는 금액을 환수하는 처분을 할 때에는 급여의 수급에 관하여 당사자에게 고의 또는 중과실 등 귀책사유가 있는지, 지급된 급여의 액수·연금지급결정일과 지급결정 취소 및 환수처분일 사이의 시간적 간격·수급자의 급여액 소비 여부 등에 비추어 이를 다시 원상회복하는 것이 수급자에게 가혹한지, 잘못 지급된 급여액에 해당하는 금액을 환수하는 처분을 통하여 달성하고자 하는 공익상 필요의 구체적 내용과 그 처분으로 말미암아 당사자가 입게 될 불이익의 내용 및 정도와 같은 여러 사정을 두루 살펴, 잘못 지급된 급여액에 해당하는 금액을 환수하는 처분을 하여야 할 공익상 필요와 그로 인하여 당사자가 입게 될 기득권과 신뢰의 보호 및 법률생활 안정의 침해 등의 불이익을 비교·교량한 후, 공익상 필요가 당사자가 입게 될 불이익을 정당화할 만큼 강한 경우에 한하여 잘못 지급된 급여액에 해당하는 금액을 환수하는 처분을 하여야 한다.

[2] 행정처분을 한 처분청은 처분의 성립에 하자가 있는 경우 별도의 법적 근거가 없더라도 직권으로 이를 취소할 수 있다고 봄이 원칙이므로, 국민연금법이 정한 수급요건을 갖추지 못하였음에도 연금 지급결정이 이루어진 경우에는 이미 지급된 급여 부분에 대한 환수처분과 별도로 지급결정을 취소할 수 있다. 이 경우에도 이미 부여된 국민의 기득권을 침해하는 것이므로 취소권의 행사는 지급결정을 취소할 공익상의 필요보다 상대방이 받게 될 불이익 등이 막대한 경우에는 재량권의 한계를 일탈한 것으로서 위법하다고 보아야 한다. 다만 이처럼 <u>연금 지급결정을 취소하는 처분과 그 처분에 기초하여 잘못 지급된 급여액에 해당하는 금액을 환수하는 처분이 적법한지를 판단하는 경우 비교·교량할 각 사정이 동일하다고는 할 수 없으므로, 연금 지급결정을 취소하는 처분이 적법하다고 하여 환수처분도 반드시 적법하다고 판단하여야 하는 것은 아니다</u>(대판 2017.3.30. 2015두43971).

02
정답 ②

> 📋 **함께 정리하기 행정행위의 실효**
>
> 영업의 폐업
> ▷ 허가 당연 실효(허가취소처분 → 확인적 행위)
> 실효
> ▷ 사유발생으로 효력 당연 소멸
> 자진폐업후 영업허가신청
> ▷ 새로운 영업허가신청

① [O], ❷ [X] 청량음료 제조업허가는 신청에 의한 처분이고, 이와 같이 신청에 의한 허가처분을 받은 원고가 그 영업을 폐업한 경우에는 그 영업허가는 당연 실효되고, 이런 경우 허가행정청의 허가취소처분은 허가의 실효됨을 확인하는 것에 불과하므로 원고는 그 허가취소처분의 취소를 구할 소의 이익이 없다고 할 것이다(대판 1981.7.14. 80누593).

> 유제 16. 국가직 9급 「식품위생법」상 유흥주점 영업허가를 받은 후 경기부진을 이유로 2015.8.3. 자진폐업하고 관련 법령에 따라 폐업신고를 하였다. 이에 관할 시장이 자진폐업을 이유로 2015.9.10. 甲에 대한 위 영업허가를 취소하는 처분을 하였다면 유흥주점 영업허가의 효력은 2015.9.10.자 영업허가취소처분에 의해서 소멸된다. (X)
> 07. 국가직 7급 신청에 의한 허가처분을 받은 자가 그 영업을 폐업한 경우에는 그 허가가 당연히 실효된다 할 것이고, 이 경우 허가행위의 허가취소처분은 허가가 실효되었음을 확인하는 것에 불과하다. (O)

③ [O] 행정행위의 직권취소와 철회는 행정청의 의사표시가 필요하나 실효는 행정청의 의사표시와 무관하게 당연히 효력이 소멸한다는 점에서 구별된다.

④ [O] 종전의 결혼예식장영업을 자진폐업한 이상 위 예식장영업허가는 자동적으로 소멸하고 위 건물중 일부에 대하여 다시 예식장영업허가신청을 하였다 하더라도 이는 전혀 새로운 영업허가의 신청임이 명백하므로 일단 소멸한 종전의 영업허가권이 당연히 되살아난다고 할 수는 없는 것이니 여기에 종전의 영업허가권이 새로운 영업허가신청에도 그대로 미친다고 보는 기득권의 문제는 개재될 여지가 없다(대판 1985.7.9. 83누412).

03
정답 ④

> 📋 **함께 정리하기 확약**
>
> 확약
> ▷ 자기구속 의무○
> 본처분권한 有
> ▷ 별도의 명문규정 없이도 확약 可(다수설)
> 사실적·법률적 상태 변경
> ▷ 확약 실효
> 어업권면허 우선순위결정
> ▷ 처분성×(판례)

① [O] 확약의 효과로서 구속력이 인정된다. 따라서 확약을 한 행정청은 신뢰보호의 원칙에 따라 상대방에 대하여 특별한 사정이 없는 한 확약에 따라야 할 자기구속적 의무를 지며, 상대방은 행정청에 대하여 이행을 청구할 권리를 가진다.

② [O] 통설·판례에 따르면 본행정처분을 할 수 있는 권한을 가진 행정청은 그 처분에 대한 확약 또한 할 수 있다(본처분권한포함설). 따라서 명문의 규정이 없어도 확약은 허용된다.

> 유제 15. 경찰, 10. 지방직 7급 확약은 본 행정행위에 대해 정당한 권한을 가진 행정청만이 할 수 있고, 당해 행정청의 행위권한의 범위 내에 있어야 한다. (O)

③ [O] 행정청이 상대방에게 장차 어떤 처분을 하겠다고 확약 또는 공적인 의사표명을 하였다고 하더라도, 확약 또는 공적인 의사표명이 있은 후에 사실적·법률적 상태가 변경되었다면 그와 같은 확약 또는 공적인 의사표명은 행정청의 별다른 의사표시를 기다리지 않고 실효된다고 할 것이다(대판 1996.8.20. 95누10877).

> 유제 15. 경찰 행정청의 확약 또는 공적인 의사표명이 있은 후 사실적·법률적 상태가 변경되었다면 확약은 행정청의 별다른 의사표시를 기다리지 않고 실효된다. (O)

❹ [X] 어업권면허에 선행하는 우선순위결정은 행정청이 우선권자로 결정된 자의 신청이 있으면 어업권면허처분을 하겠다는 것을 약속하는 행위로서 강학상 확약에 불과하고 행정처분은 아니므로 우선순위결정에 공정력이나 불가쟁력과 같은 효력은 인정되지 않는다(대판 1995.1.20. 94누6529).

> 유제 15. 경찰 어업권면허에 선행하는 우선순위결정은 강학상 확약에 불과하고 행정처분은 아니므로 우선순위결정에 공정력이나 불가쟁력과 같은 효력은 인정되지 아니한다. (O)
> 10. 지방직 7급 대법원은 어업권면허에 선행하는 우선순위결정은 행정청이 우선권자로 결정된 자의 신청이 있으면 어업권면허처분을 하겠다는 것을 약속하는 행위로서 강학상 확약에 불과하고 행정처분은 아니라고 판시한 바 있다. (O)

04 정답 ①

> 📋 **함께 정리하기 행정계획**
>
> 확정된 행정계획에 대한 조리상 변경신청권
> ▷ 일반적으로 부정됨
> 계획재량의 한계
> ▷ 주민의 변경신청을 받아들여 변경결정할 때도 동일하게 적용
> 문화재보호구역 내 토지소유자
> ▷ 보호구역지정 해제 신청권 有
> 기본권에 직접 영향·그대로 실시될 것으로 예상되는 비구속적 행정계획안
> ▷ 헌법소원 대상

❶ [×] 확정된 행정계획에 대하여 사정변경을 이유로 한 조리상 계획변경신청권은 일반적으로 인정되지 않는다.

> 도시계획법상 주민이 행정청에 대하여 도시계획 및 그 변경에 대하여 어떤 신청을 할 수 있음에 관한 규정이 없고, 도시계획과 같이 장기성, 종합성이 요구되는 행정계획에 있어서 그 계획이 일단 확정된 후에 어떤 사정의 변동이 있다고 하여 지역주민에게 일일이 그 계획의 변경을 청구할 권리를 인정해 줄 수도 없는 것이므로, 원고들에게 그 주장과 같은 사유만으로는 이 사건 도시계획의 변경을 신청할 조리상의 권리가 있다고도 볼 수 없다(대판 1994.1.28. 93누22029).

② [○] 행정주체가 구체적인 행정계획을 입안·결정할 때에 가지는 비교적 광범위한 형성의 자유는 무제한적인 것이 아니라 행정계획에 관련되는 자들의 이익을 공익과 사익 사이에서는 물론이고 공익 상호간과 사익 상호간에도 정당하게 비교교량하여야 한다는 제한이 있는 것이므로, 행정주체가 행정계획을 입안·결정하면서 이익형량을 전혀 행하지 않거나 이익형량의 고려 대상에 마땅히 포함시켜야 할 사항을 빠뜨린 경우 또는 이익형량을 하였으나 정당성과 객관성이 결여된 경우에는 행정계획결정은 형량에 하자가 있어 위법하게 된다. 이러한 법리는 행정주체가 주민의 도시관리계획 입안 제안을 받아들여 도시관리계획결정을 할 것인지를 결정할 때에도 마찬가지이고, 나아가 도시계획시설구역 내 토지 등을 소유하고 있는 주민이 장기간 집행되지 아니한 도시계획시설의 결정권자에게 도시계획시설의 변경을 신청하고, 결정권자가 이러한 신청을 받아들여 도시계획시설을 변경할 것인지를 결정하는 경우에도 동일하게 적용된다고 보아야 한다(대판 2012.1.12. 2010두5806).

> 유제 18. 교행 도시관리계획변경신청에 따른 도시관리계획시설변경결정에는 형량명령이 적용되지 않는다. (×)

③ [○] 문화재보호구역 내에 있는 토지소유자 등으로서는 위 보호구역의 지정해제를 요구할 수 있는 법규상 또는 조리상의 신청권이 있다고 할 것이고, 이러한 신청에 대한 거부행위는 항고소송의 대상이 되는 행정처분에 해당한다(대판 2004.4.27. 2003두8821).

> 유제 19. 소방간부 문화재보호구역 내에 있는 토지소유자 등에게는 문화재보호구역의 지정해제를 요구할 수 있는 법규상 또는 조리상의 신청권을 인정할 수 있다. (○)

④ [○] 비구속적 행정계획안이나 행정지침이라도 국민의 기본권에 직접적으로 영향을 끼치고, 앞으로 법령의 뒷받침에 의하여 그대로 실시될 것이 틀림없을 것으로 예상될 수 있을 때에는, 공권력행위로서 예외적으로 헌법소원의 대상이 된다(헌재 2012.4.3. 2012헌마164).

> 유제 18. 서울시 7급 국민의 기본권에 직접적으로 영향을 끼치고 법령의 뒷받침에 의해 실시될 것이라고 예상될 수 있다 하더라도 비구속적 행정계획안의 경우 헌법소원의 대상이 될 수 없다. (×)

05 정답 ④

> 📋 **함께 정리하기 행정계획**
>
> 4대강 살리기 마스터플랜
> ▷ 처분성 無
> 도시기본계획
> ▷ 국민에 대해 직접구속력 無
> 도시계획 입안시 공고·공람절차 하자
> ▷ 위법
> 행정청이 권한 없이 선행도시계획과 양립불가한 후행도시계획결정
> ▷ 무효

① [○] 국토해양부, 환경부, 문화체육관광부, 농림수산부, 식품부가 합동으로 2009.6.8. 발표한 '4대강 살리기 마스터플랜' 등은 4대강 정비사업과 주변 지역의 관련 사업을 체계적으로 추진하기 위하여 수립한 종합계획이자 '4대강 살리기 사업'의 기본방향을 제시하는 계획으로서, 행정기관 내부에서 사업의 기본방향을 제시하는 것일 뿐, 국민의 권리·의무에 직접 영향을 미치는 것이 아니어서 행정처분에 해당하지 않는다(대결 2011.4.21. 2010무111 전합).

② [○] 구 도시계획법 제10조의2 소정의 도시기본계획은 도시의 기본적인 공간구조와 장기발전방향을 제시하는 종합계획으로서 그 계획에는 토지이용계획, 환경계획, 공원녹지계획 등 장래의 도시개발의 일반적인 방향이 제시되지만, 그 계획은 도시계획 입안의 지침이 되는 것에 불과하여 일반 국민에 대한 직접적인 구속력은 없는 것이다(대판 2002.10.11. 2000두8226).

> 유제 16. 경찰 도시기본계획은 도시의 기본적인 공간구조와 장기발전방향을 제시하는 종합계획으로서 그 계획에는 토지이용계획, 환경계획, 공원녹지계획 등 장래의 도시개발의 일반적인 방향이 제시되지만, 그 계획은 도시계획입안의 지침이 되는 것에 불과하여 일반 국민에 대한 직접적인 구속력은 없는 것이다. (○)
>
> 14. 국가직 9급 구 「도시계획법」상 도시기본계획은 일반 국민에 대한 직접적 구속력을 가진다. (×)
>
> 14. 서울시 7급 행정계획이 행정활동의 지침으로서만의 성격에 그치거나 행정조직 내부에서의 효력만을 가질 때는 항고소송의 대상으로서의 처분성을 갖지는 않는다. (○)

③ [○] 도시계획법 제11조 제1항, 제15조 제1항, 제16조의2 제2항, 동법 시행령 제11조 제1항, 제14조의2 제6항 및 동법 시행규칙 제4조 제2항 등의 취지는 도시계획의 입안에 있어 다수 이해관계자의 이익을 합리적으로 조정하여 국민의 자유권리에 대한 부당한 침해를 방지하고 행정의 민주화와 신뢰를 확보하기 위하여 국민의 의사를 그 과정에 반영시키는데 있다할 것이므로 위와 같은 절차에 하자가 있는 행정처분은 위법하다. 따라서 공람 공고절차를 위배한 도시계획변경결정신청은 위법하다고 아니할 수 없고 행정처분에 위와 같은 법률이 보장한 절차의 흠결이 있는 위법사유가 존재하는 이상 그 내용에 있어 재량권의 범위 내이고 변경될 가능성이 없다 하더라도 그 행정처분은 위법하다(대판 1988.5.24. 87누388).

❹ [×] 후행 도시계획의 결정을 하는 행정청이 선행 도시계획의 결정·변경 등에 관한 권한을 가지고 있지 아니한 경우에 선행 도시계획과 서로 양립할 수 없는 내용이 포함된 후행 도시계획결정을 하는 것은 아무런 권한 없이 선행 도시계획결정을 폐지하고, 양립할 수 없는 새로운 내용이 포함된 후행 도시계획결정을 하는 것으로서, 선행 도시계획결정의 폐지 부분은 권한 없는 자에 의하여 행해진 것으로서 무효이고, 같은 대상지역에 대하여 <u>선행 도시계획결정이 적법하게 폐지되지 아니한 상태에서 그 위에 다시 한 후행 도시계획결정 역시 위법하고, 그 하자는 중대하고도 명백하여 다른 특별한 사정이 없는 한 무효라고 보아야 한다</u>(대판 2000.9.8. 99두11257).

유제 16. 지방직 9급 선행 도시계획의 결정·변경 등의 권한이 없는 행정청이 행한 선행 도시계획과 양립할 수 없는 새로운 내용의 후행 도시계획결정은 무효이다. (○)

06 정답 ③

📋 **함께 정리하기** **행정계획**

환지예정지 지정, 환지처분
▷ 처분성○
환지계획
▷ 처분성×
행정계획의 형식
▷ 법령, 행정행위등 다양
장기미집행 도시계획시설결정 실효제도
▷ 헌법상 재산권으로부터 당연히 도출×
형량하자
▷ 형량해태, 형량흠결, 오형량

① [×] 환지예정지 지정이나 환지처분은 그에 의하여 직접 토지소유자 등의 권리의무가 변동되므로 이를 항고소송의 대상이 되는 처분이라고 볼 수 있으나, 환지계획은 위와 같은 환지예정지 지정이나 환지처분의 근거가 될 뿐 그 자체가 직접 토지소유자 등의 법률상의 지위를 변동시키거나 또는 환지예정지 지정이나 환지처분과는 다른 고유한 법률효과를 수반하는 것이 아니어서 이를 항고소송의 대상이 되는 처분에 해당한다고 할 수가 없다(대판 1999.8.20. 97누6889).

유제 11. 지방직 7급 환지예정지 지정이나 환지처분을 하기 위한 환지계획은 법률효과를 수반하기 때문에 항고소송의 대상이 되는 행정처분에 해당한다. (×)

② [×] 행정계획은 법률의 형식에 의한 행정계획, 행정입법(법규명령·행정규칙)의 형식에 의한 행정계획, 행정행위의 형식에 의한 행정계획이 있을 수 있으며, 사실행위의 형식에 의한 행정계획과 같이 법적 효과를 발생시키지 않는 행정계획도 있다. 행정계획은 위와 같이 매우 다양한 형식으로 존재하고 있으므로 행정계획의 법적 성격은 해당 사안에 따라 개별적으로 검토하여야 한다는 견해가 다수설이다(개별검토설, 복수성질설).

❸ [○] 장기미집행 도시계획시설결정의 실효제도는 도시계획시설부지로 하여금 도시계획시설결정으로 인한 사회적 제약으로부터 벗어나게 하는 것으로서 결과적으로 개인의 재산권이 보다 보호되는 측면이 있는 것은 사실이나, 이와 같은 보호는 입법자가 새로운 제도를 마련함에 따라 얻게 되는 법률에 기한 권리일 뿐 헌법상 재산권으로부터 당연히 도출되는 권리는 아니다(헌재 2005.9.29. 2002헌바84·89·2003헌마678·943).

유제 20. 국가직 9급 장기미집행 도시계획시설결정의 실효제도에 의해 개인의 재산권이 보호되는 것은 입법자가 새로운 제도를 마련함에 따라 얻게 되는 법률에 기한 권리일 뿐 헌법상 재산권으로 부터 당연히 도출되는 권리는 아니다. (○)

④ [×] 행정주체는 구체적인 행정계획을 입안·결정함에 있어서 비교적 광범위한 형성의 자유를 가진다. 다만 행정주체가 가지는 이와 같은 형성의 자유는 무제한적인 것이 아니라 그 행정계획에 관련되는 자들의 이익을 공익과 사익 사이에서는 물론이고 공익 상호간과 사익 상호간에도 정당하게 비교·교량하여야 한다는 제한이 있으므로, 행정주체가 행정계획을 입안·결정함에 있어서 이익형량을 전혀 행하지 아니하거나 이익형량의 고려 대상에 마땅히 포함시켜야 할 사항을 누락한 경우 또는 이익형량을 하였으나 정당성과 객관성이 결여된 경우에는 그 행정계획결정은 형량에 하자가 있어 위법하게 된다(대판 2011.2.24. 2010두21464).

유제 14. 국회직 8급 행정주체가 행정계획을 수립하면서 이익형량을 행하지 않거나 이익형량을 하였으나 정당성과 객관성이 결여된 때에는 형량의 하자가 있어 위법하게 된다. (○)

07 정답 ②

📋 **함께 정리하기** **공법상 계약**

위법한 공법상 계약
▷ 무효(공정력×)
공법상 계약
▷ 법률우위의 원칙 적용
공법상 채용계약 해지
▷ 「행정절차법」×
공법상 계약체결 절차
▷ 「행정절차법」×

① [○] 공법상 계약에는 공정력이 인정되지 않으므로 위법한 공법상 계약은 무효이다. 공법상 계약이 무효인 경우 계약이 목적으로 하는 권리나 의무는 발생하지 않는다.

❷ [×] 공법상 계약은 당사자 사이의 의사의 합치에 의해 성립되므로 공법상 계약에는 법률의 근거가 필요 없다는 것이 오늘날 일반적 견해이다. 다만 법률우위의 원칙은 공법상 계약에도 적용된다. 따라서 공법상 계약의 내용은 법을 위반하지 않아야 한다.

유제 14. 서울시 7급 공법상 계약도 공행정작용이므로 역시 법률우위의 원칙하에 놓인다. (○)
14. 경찰 법률우위의 원칙은 공법상 계약에도 적용된다. (○)

③④ [O] 「행정절차법」에는 공법상 계약에 관한 규정이 없다.

> 계약직공무원 채용계약 해지의 의사표시는 일반공무원에 대한 징계처분과는 달라서 항고소송의 대상이 되는 처분 등의 성격을 가진 것으로 인정되지 아니하고, 일정한 사유가 있을 때에 국가 또는 지방자치단체가 채용계약관계의 한쪽 당사자로서 대등한 지위에서 행하는 의사표시로 취급되는 것으로 이해되므로, 이를 징계해고 등에서와 같이 그 징계사유에 한하여 효력 유무를 판단하여야 하거나, 행정처분과 같이 행정절차법에 의하여 근거와 이유를 제시하여야 하는 것은 아니다 (대판 2002.11.26. 2002두5948).

> 유제 17. 국가직 7급 공법상 채용계약에 대한 해지의 의사표시는 공무원에 대한 징계처분과 달라서 「행정절차법」에 의하여 그 근거와 이유를 제시하여야 하는 것은 아니다. (O)

08 정답 ③

☑ 함께 정리하기 **공법상 계약**

중소기업청장의 지원금협약해지·환수통보
▷ 행정처분✕
산업단지 입주계약 해지통보
▷ 행정처분
시립합창단원 재위촉거부
▷ 행정처분✕
계약직공무원 보수삭감
▷ 행정처분O

① [O] 중소기업 정보화지원사업에 따른 지원금 출연을 위하여 중소기업청장이 체결하는 협약은 공법상 대등한 당사자 사이의 의사표시의 합치로 성립하는 공법상 계약에 해당하는 점, … 등을 종합하면, 협약의 해지 및 그에 따른 환수통보는 공법상 계약에 따라 행정청이 대등한 당사자의 지위에서 하는 의사표시로 보아야 하고, 이를 행정청이 우월한 지위에서 행하는 공권력의 행사로서 행정처분에 해당한다고 볼 수는 없다(대판 2015.8.27. 2015두41449).

> 유제 17. 지방직 7급 구 「중소기업기술혁신 촉진법」상 중소기업 정보화지원사업에 따른 지원금 출연을 위하여 중소기업청장이 체결하는 협약은 공법상 계약에 해당한다. (O)

② [O] 산업집적법은 지식경제부장관을 국가산업단지의 관리권자로 규정하고(제30조 제1항 제1호), 피고를 그 관리권자로부터 관리업무를 위탁받은 관리기관으로 규정하며(같은 조 제2항 제3호), … 그 입주계약을 위반한 때에는 관리기관이 일정한 기간 내에 그 시정을 명하고 이를 이행하지 아니하는 경우 사전에 계약당사자의 의견을 듣고 그 입주계약을 해지할 수 있고, … 이 사건 국가산업단지 입주계약해지통보는 단순히 대등한 당사자의 지위에서 형성된 공법상 계약을 계약당사자의 지위에서 종료시키는 의사표시에 불과하다고 볼 것이 아니라 행정청인 관리권자로부터 관리업무를 위탁받은 피고가 우월적 지위에서 원고에게 일정한 법률상 효과를 발생하게 하는 것으로서 항고소송의 대상이 되는 행정처분에 해당한다고 보아야 할 것이다(대판 2011.6.30. 2010두23859).

유제 17. 지방직 7급 구 「산업집적활성화 및 공장설립에 관한 법률」에 따른 산업단지 입주계약의 해지통보는 행정청인 관리권자로부터 관리업무를 위탁받은 한국산업단지공단이 우월적 지위에서 그 상대방에게 일정한 법률상 효과를 발생하게 하는 것으로서 항고소송의 대상이 되는 행정처분에 해당한다. (O)

❸ [✕] 광주광역시문화예술회관장의 단원 위촉은 광주광역시문화예술회관장이 행정청으로서 공권력을 행사하여 행하는 행정처분이 아니라 공법상의 근무관계의 설정을 목적으로 하여 광주광역시와 단원이 되고자 하는 자 사이에 대등한 지위에서 의사가 합치되어 성립하는 공법상 근로계약에 해당한다고 보아야 할 것이므로, 광주광역시립합창단원으로서 위촉기간이 만료되는 자들의 재위촉 신청에 대하여 광주광역시문화예술회관장이 실기와 근무성적에 대한 평정을 실시하여 재위촉을 하지 아니한 것을 항고소송의 대상이 되는 불합격처분이라고 할 수는 없다 (대판 2001.12.11. 2001두7794).

④ [O] 근로기준법 등의 입법 취지, 지방공무원법과 지방공무원 징계 및 소청규정의 여러 규정에 비추어 볼 때, 채용계약상 특별한 약정이 없는 한, 지방계약직공무원에 대하여 지방공무원법, 지방공무원 징계 및 소청규정에 정한 징계절차에 의하지 않고서는 보수를 삭감할 수 없다고 봄이 상당하다(대판 2008.6.12. 2006두16328).

> 유제 15. 지방직 7급 지방계약직공무원에 대해서도, 채용계약상 특별한 약정이 없는 한, 「지방공무원법」, 「지방공무원 징계 및 소청규정」에 정한 징계절차에 의하지 않고서는 보수를 삭감할 수는 없다. (O)
> 10. 국회직 8급 지방계약직공무원에게도 징계에 관한 「지방공무원법」이 적용된다. (O)
> 10. 국회직 8급 지방계약직공무원에 대한 보수의 삭감조치를 처분으로 본 판례가 있다. (O)

09 정답 ①, ②

☑ 함께 정리하기 **공법상 계약**

행정청의 일방적 계약해지가 행정처분인지 여부
▷ 관계법령을 기준으로 개별적 판단
국가계약법상 낙찰자 결정의 법적 성질
▷ 계약의 편무예약(행정처분✕)
민간투자사업 사업시행자 지정
▷ 행정처분O
공법상 계약해지에 대한 다툼
▷ 당사자소송 대상

❶ [✕] 행정청이 자신과 상대방 사이의 근로관계를 일방적인 의사표시로 종료시켰다고 하더라도 곧바로 그 의사표시가 행정청으로서 공권력을 행사하여 행하는 행정처분이라고 단정할 수는 없고, 관계 법령이 상대방의 근무관계에 관하여 구체적으로 어떻게 규정하고 있는지에 따라 그 의사표시가 항고소송의 대상이 되는 행정처분에 해당하는 것인지 아니면 공법상 계약관계의 일방 당사자로서 대등한 지위에서 행하는 의사표시인지 여부를 개별적으로 판단하여야 한다. 이러한 법리는 공법상 근무관계의 형성을 목적으로 하는 채용계약의 체결 과정에서 행정청의 일방적인 의사표시로 계약이 성립하지 아니하게 된 경우에도 마찬가지이다(대판 2014.4.24. 2013두6244).

유제 21. 국가직 9급 행정청이 자신과 상대방 사이의 법률관계를 일방적인 의사표시로 종료시켰다고 하더라도 곧바로 그 의사표시가 행정청으로서 공권력을 행사하여 행하는 행정처분이라고 단정할 수는 없고, 관계 법령이 상대방의 법률관계에 관하여 구체적으로 어떻게 규정하고 있는지에 따라 개별적으로 판단하여야 한다. (O)

❷ [X] 구 지방재정법 제63조가 준용하는 국가를 당사자로 하는 계약에 관한 법률 제11조는 지방자치단체가 당사자로서 계약을 체결하고자 할 때에는 계약서를 작성하여야 하고 그 경우 담당공무원과 계약당사자가 계약서에 기명날인 또는 서명함으로써 계약이 확정된다고 규정함으로써, 지방자치단체가 당사자가 되는 계약의 체결은 계약서의 작성을 성립요건으로 하는 요식행위로 정하고 있으므로, 이 경우 <u>낙찰자의 결정으로 바로 계약이 성립된다고 볼 수는 없어 낙찰자는 지방자치단체에 대하여 계약을 체결하여 줄 것을 청구할 수 있는 권리를 갖는 데 그치고, 이러한 점에서 위 법률에 따른 낙찰자 결정의 법적 성질은 입찰과 낙찰행위가 있은 후에 더 나아가 본 계약을 따로 체결한다는 취지로서 계약의 편무예약에 해당한다</u>(대판 2006. 6.29. 2005다41603).

③ [O] 선행처분인 서울 – 춘천 간 고속도로 민간투자시설사업의 사업시행자 지정처분의 무효를 이유로 그 후행처분인 도로구역결정처분의 취소를 구하는 소송에서, 선행처분인 사업시행자 지정처분을 무효로 할 만큼 중대하고 명백한 하자가 없다고 하였다(대판 2009.4.23. 2007두13159).

④ [O] 전문직공무원인 공중보건의사의 채용계약 해지의 의사표시는 일반공무원에 대한 징계처분과는 달라서 항고소송의 대상이 되는 처분 등의 성격을 가진 것으로 인정되지 아니하고, 일정한 사유가 있을 때에 관할 도지사가 채용계약 관계의 한쪽 당사자로서 대등한 지위에서 행하는 의사표시로 취급하고 있는 것으로 이해되므로, <u>공중보건의사 채용계약 해지의 의사표시에 대하여는 대등한 당사자간의 소송형식인 공법상의 당사자소송으로 그 의사표시의 무효확인을 청구할 수 있다</u>(대판 1996. 5.31. 95누10617).

② [O] 구 지방재정법 및 국가를 당사자로 하는 계약에 관한 법률상의 요건과 절차를 거치지 않고 체결한 지방자치단체와 사인 간의 사법상 계약 또는 예약의 효력은 무효이다(대판 2009. 12.24. 2009다51288).

③ [O] 지방계약직공무원인 이 사건 옴부즈만 채용행위는 공법상 대등한 당사자 사이의 의사표시의 합치로 성립하는 공법상 계약에 해당한다. 이와 같이 위 옴부즈만 채용행위가 공법상 계약에 해당하는 이상 원고의 채용계약 청약에 대응한 피고(서울특별시장)의 '승낙의 의사표시'가 대등한 당사자로서의 의사표시인 것과 마찬가지로 그 청약에 대하여 '승낙을 거절하는 의사표시' 역시 행정청이 대등한 당사자의 지위에서 하는 의사표시라고 보는 것이 타당하고, 그 채용계약에 따라 담당할 직무의 내용에 고도의 공공성이 있다거나 원고가 그 채용 과정에서 최종합격자로 공고되어 채용계약 성립에 관한 강한 기대나 신뢰를 가지게 되었다는 사정만으로 이를 행정청이 우월한 지위에서 행하는 공권력의 행사로서 행정처분에 해당한다고 볼 수는 없다(대판 2014.4.24. 2013두6244).

유제 17. 변호사 변호사 서울특별시 시민감사옴부즈만 운영 및 주민감사청구에 관한 조례에 따라 계약직으로 구성하는 옴부즈만 공개채용과정에서 최종합격자로 공고된 자에 대해 서울특별시장이 인사위원회의 심의결과에 따라 채용하지 아니하겠다고 통보한 경우, 그 불채용통보는 항고소송을 통해 다툴 수 없다. (O)

❹ [X] 과학기술기본법령상 사업 협약의 해지 통보는 단순히 대등 당사자의 지위에서 형성된 공법상 계약을 계약당사자의 지위에서 종료시키는 의사표시에 불과한 것이 아니라 행정청이 우월적 지위에서 연구개발비의 회수 및 관련자에 대한 국가연구개발사업 참여제한 등의 법률상 효과를 발생시키는 행정처분에 해당한다(대판 2014.12.11. 2012두28704).

유제 20. 지방직 7급 과학기술기본법령상 사업 협약의 해지 통보는 대등 당사자의 지위에서 형성된 공법상 계약을 계약당사자의 지위에서 종료시키는 의사표시에 해당한다. (X)

---

10 정답 ①, ④

☑ **함께 정리하기 공법상 계약**

행정주체가 체결하는 계약
▷ 공법상 or 사법상 계약
법령상 요건·절차를 거치지 않은 지방자치단체와 사인 간의 사법상 계약
▷ 무효
서울특별시 시민감사옴부즈만 불채용통보
▷ 행정처분X(당사자소송)
과학기술기본법령상 두뇌한국(BK)21 사업협약의 해지 통보
▷ 행정처분O

❶ [X] 행정주체가 체결하는 계약이라고 해서 모두 공법상 계약에 해당하는 것은 아니다. 행정주체가 물품매매계약, 공사도급계약 등 사법상 재산권의 주체로서 활동한 경우에는 사법상 계약에 해당하는 계약들도 있다.

---

11 정답 ②, ③

☑ **함께 정리하기 행정지도**

위법한 행정지도 따른 행위
▷ 위법행위 정당화X(위법상 조각X)
「국가배상법」상 '공무원의 직무'
▷ 권력작용O, 비권력작용O, 사경제작용X
행정지도의 한계 일탈로 손해발생
▷ 국가배상 책임O
비례의 원칙 적용O

① [O] 행정지도에 따른 상대방의 행위는 자의에 의한 행위이고, 위법한 행정지도에 따라 행한 사인의 행위는 위법하며 정당화될 수 없다.

> 행정관청이 토지거래계약신고에 관하여 공시된 기준지가를 기준으로 매매가격을 신고하도록 행정지도하여 왔고 그 기준가격 이상으로 매매가격을 신고한 경우에는 거래신고서를 접수하지 않고 반려하는 것이 관행화되어 있다 하더라도 이는 법에 어긋나는 관행이라 할 것이므로 그와 같은 위법한 관행에

따라 허위신고행위에 이르렀다고 하여 그 범법행위가 사회상 규에 위배되지 않는 정당한 행위라고는 볼 수 없다(대판 1992.4.24. 91도1609).

유제 14. 경찰 토지거래계약신고에 관한 행정관청의 위법한 관행에 따라 토지의 매매가격을 허위로 신고한 행위라 하더라도 사회상규에 위배되지 않는 정당행위라고 볼 수 없다. (O)

❷ [×] 국가배상법이 정한 손해배상청구의 요건인 '공무원의 직무'에는 국가나 지방자치단체의 권력적 작용뿐만 아니라 비권력적 작용도 포함되지만 단순한 사경제의 주체로서 하는 작용은 포함되지 않는다(대판 2004.4.9. 2002다10691).

유제 12. 변호사 「국가배상법」이 정하는 배상청구의 요건인 '공무원의 직무'에는 행정지도와 같은 비권력적 행정작용이 포함된다. (O)
07. 국가직 9급 행정지도는 국가배상책임의 대상이 되는 공무원의 직무에 해당하지 않는다. (×)

❸ [×] 통상 행정지도는 비권력적 사실행위로서 행정지도에 따를 것인지 여부가 상대의 자율적 판단에 맡겨져 있으므로 손해배상의 문제가 발생하지 아니하나 행정지도의 한계 일탈로 손해가 발생하면 손해배상의 문제가 발생한다.

행정지도가 강제성을 띠지 않은 비권력적 작용으로서 행정지도의 한계를 일탈하지 아니하였다면, 그로 인하여 상대방에게 어떤 손해가 발생하였다 하더라도 행정기관은 그에 대한 손해배상책임이 없다(대판 2008.9.25. 2006다18228).

유제 19. 5급 승진 행정지도가 강제성을 띠지 않은 비권력적 작용으로서 행정지도의 한계를 일탈하지 아니하였더라도 그로 인하여 상대방에게 어떤 손해가 발생하였다면 이에 대하여 행정상 손해배상책임이 성립한다. (×)

④ [O] 행정지도에도 비례원칙이 적용된다.

「행정절차법」 제48조 【행정지도의 원칙】 ① 행정지도는 그 목적 달성에 필요한 최소한도에 그쳐야 하며, 행정지도의 상대방의 의사에 반하여 부당하게 강요하여서는 아니 된다.

유제 15. 교행 9급 행정지도에는 비례의 원칙이 적용되지 않는다. (×)
14. 서울시 9급 행정지도는 그 목적달성에 필요한 최소한도에 그쳐야 한다. (O)

---

12 정답 ①

📋 **함께 정리하기 행정지도**

형식 제한 無
▷ 다양한 방식으로 可
비권력적 사실행위
▷ 의무부과×
행정지도의 상대방
▷ 의견제출 可
행정지도 불응
▷ 불이익조치 不可

❶ [×] 「행정절차법」은 행정지도에 대해 따로 특별한 형식을 규정하고 있지 않으므로 문서, 구두 등 다양한 형식으로 가능하다.

② [O] 행정지도는 상대방의 임의적인 협력을 전제로 하는 비권력적 사실행위이다. 따라서 직접적인 법적 구속력이나 공정력은 인정되지 않으며, 상대방에게 일정한 행위를 하거나 하지 아니할 의무가 부과되지 않는다.

③ [O]

「행정절차법」 제50조 【의견제출】 행정지도의 상대방은 해당 행정지도의 방식·내용 등에 관하여 행정기관에 의견제출을 할 수 있다.

유제 11. 국회직 8급 행정지도의 상대방은 당해 행정지도의 방식·내용 등에 관하여 행정지도를 한 행정기관의 상급행정기관에 의견제출을 하여야 한다. (×)

④ [O]

「행정절차법」 제48조 【행정지도의 원칙】 ② 행정기관은 행정지도의 상대방이 행정지도에 따르지 아니하였다는 것을 이유로 불이익한 조치를 하여서는 아니 된다.

---

13 정답 ③

📋 **함께 정리하기 행정지도**

비례의 원칙·임의성의 원칙 준수 必
교육부장관의 학칙시정요구
▷ 헌법소원의 대상(규제적·구속적 행정지도)
행정지도의 방법
▷ 취지, 내용, 신분을 밝혀야 함
말로 이루어진 행정지도
▷ 상대방의 서면요구
▷ 원칙 교부해야 함

① [O]

「행정절차법」 제48조 【행정지도의 원칙】 ① 행정지도는 그 목적 달성에 필요한 최소한도에 그쳐야 하며, 행정지도의 상대방의 의사에 반하여 부당하게 강요하여서는 아니 된다.

② [O] 교육인적자원부장관의 대학총장들에 대한 이 사건 학칙시정요구는 고등교육법 제6조 제2항, 동법 시행령 제4조 제3항에 따른 것으로서 그 법적 성격은 대학총장의 임의적인 협력을 통하여 사실상의 효과를 발생시키는 행정지도의 일종이지만, 그에 따르지 않을 경우 일정한 불이익조치를 예정하고 있어 사실상 상대방에게 그에 따를 의무를 부과하는 것과 다를 바 없으므로 단순한 행정지도로서의 한계를 넘어 규제적·구속적 성격을 상당히 강하게 갖는 것으로서 헌법소원의 대상이 되는 공권력의 행사라고 볼 수 있다(헌재 2003.6.26. 2002헌마337 등).

❸ [×]

「행정절차법」 제49조 【행정지도의 방식】 ① 행정지도를 하는 자는 그 상대방에게 그 행정지도의 취지 및 내용과 신분을 밝혀야 한다.

유제 15. 경찰 행정지도를 하는 자는 그 상대방에게 행정지도의 취지 및 내용과 신분을 밝혀야 한다. (O)

④ [O]

> 「행정절차법」 제49조【행정지도의 방식】② 행정지도가 말로 이루어지는 경우에 상대방이 제1항의 사항을 적은 서면의 교부를 요구하면 그 행정지도를 하는 자는 직무 수행에 특별한 지장이 없으면 이를 교부하여야 한다.

유제 14. 경찰 행정지도가 말로 이루어지는 경우에 상대방이 행정지도의 취지 및 내용과 신분을 적은 서면의 교부를 요구하면 그 행정지도를 하는 자는 직무 수행에 특별한 지장이 없으면 이를 교부하여야 한다. (O)
11. 국회직 8급 행정지도가 구술로 이루어질 경우에 상대방이 행정지도에 관한 내용을 기재한 서면의 교부를 요구하는 때에는 직무수행에 특별한 지장이 없는 한 이를 교부하여야 한다. (O)

14 정답 ②

☑ 함께 정리하기 행정지도

작용법적 근거 不要/조직법적 근거 要
주류거래 중지 요청
▷ 처분성×(권고적 행정지도)
다수인대상 행정지도
▷ 공통사항 공표 要
공정거래위원회 표준약관 사용권장
▷ 처분성○

① [O] 행정지도는 상대방의 임의적인 협력을 전제로 하는 비권력적 사실행위로, 작용법적 근거가 없더라도 가능하다. 그러나 행정지도 또한 행정작용의 일종이므로 행정청의 일반적인 존립과 활동의 근거가 되는 조직법적 근거는 있어야 한다.

❷ [×] 세무당국이 소외 회사(조선맥주회사)에 대하여 원고(주식회사 호정상사)와의 주류거래를 일정기간 중지하여 줄 것을 요청한 행위는 권고 내지 협조를 요청하는 권고적 성격의 행위로서 소외 회사나 원고의 법률상의 지위에 직접적인 법률상의 변동을 가져오는 행정처분이라고 볼 수 없는 것이므로 항고소송의 대상이 될 수 없다(대판 1980.10.27. 80누395).

유제 16. 교행 9급 판례에 따르면 세무당국이 주류거래를 일정기간 중지하여 줄 것을 요청한 행위는 항고소송의 대상이다. (×)

③ [O]

> 「행정절차법」 제51조【다수인을 대상으로 하는 행정지도】행정기관이 같은 행정목적을 실현하기 위하여 많은 상대방에게 행정지도를 하려는 경우에는 특별한 사정이 없으면 행정지도에 공통적인 내용이 되는 사항을 공표하여야 한다.

유제 14. 경찰 행정기관이 같은 행정목적을 실현하기 위하여 많은 상대방에게 행정지도를 하려는 경우에는 특별한 사정이 없으면 행정지도에 공통적인 내용이 되는 사항을 공표하여야 한다. (O)

④ [O] 공정거래위원회의 '표준약관 사용권장행위'는 그 통지를 받은 해당 사업자 등에게 표준약관과 다른 약관을 사용할 경우 표준약관과 다르게 정한 주요내용을 고객이 알기 쉽게 표시하여야 할 의무를 부과하고, 그 불이행에 대해서는 과태료에 처하도록 되어 있으므로, 이는 사업자 등의 권리·의무에 직접 영향을 미치는 행정처분으로서 항고소송의 대상이 된다(대판 2010.10.14. 2008두23184).

15 정답 ①

☑ 함께 정리하기 행정절차

위반사실 시인
▷ 사전통지의 예외×
영업자지위승계신고수리
▷ 종전 영업자에게 사전통지·의견제출기회 부여
퇴직금환수결정
▷ 의견진술기회 不要
사전통지가 적용되는 대상 제3자
▷ 직권 or 신청에 따라 행정절차에 참여한 이해관계인

ㄱ. [×] '의견청취가 현저히 곤란하거나 명백히 불필요하다고 인정될 만한 상당한 이유가 있는 경우'에 해당하는지는 해당 행정처분의 성질에 비추어 판단하여야 하며, 처분상대방이 이미 행정청에 위반사실을 시인하였다거나 처분의 사전통지 이전에 의견을 진술할 기회가 있었다는 사정을 고려하여 판단할 것은 아니다(대판 2016.10.27. 2016두41811).

유제 17. 국가직 7급 처분상대방이 이미 행정청에 위반사실을 시인하였다는 사정은 사전통지의 예외가 적용되는 '의견청취가 현저히 곤란하거나 명백히 불필요하다고 인정될만한 상당한 이유가 있는 경우'에 해당한다. (×)

ㄴ. [O] 지방세법에 의한 압류재산 매각절차에 따라 영업시설의 전부를 인수함으로써 그 영업자의 지위를 승계한 자가 관계 행정청에 이를 신고하여 행정청이 이를 수리하는 경우에는 종전의 영업자에 대한 영업허가 등은 그 효력을 잃는다 할 것인데, 위 규정들을 종합하면 위 행정청이 구 식품위생법 규정에 의하여 영업자지위승계신고를 수리하는 처분은 종전의 영업자의 권익을 제한하는 처분이라 할 것이고 따라서 종전의 영업자는 그 처분에 대하여 직접 그 상대가 되는 자에 해당한다고 봄이 상당하므로, 행정청으로서는 위 신고를 수리하는 처분을 함에 있어서 행정절차법 규정 소정의 당사자에 해당하는 종전의 영업자에 대하여 위 규정 소정의 행정절차를 실시하고 처분을 하여야 한다(대판 2003.2.14. 2001두7015).

유제 17. 국가직 9급 행정청은 「식품위생법」 규정에 의하여 영업자지위승계신고 수리처분을 함에 있어서 종전의 영업자에 대하여 「행정절차법」상 사전통지를 하고 의견제출 기회를 주어야 한다. (O)

ㄷ. [×] 퇴직연금의 환수결정은 당사자에게 의무를 과하는 처분이기는 하나, 관련 법령에 따라 당연히 환수금액이 정하여지는 것이므로, 퇴직연금의 환수결정에 앞서 당사자에게 의견진술의 기회를 주지 아니하여도 행정절차법 제22조 제3항이나 신의칙에 어긋나지 아니한다(대판 2000.11.28. 99두5443).

유제 17. 국가직 9급 퇴직연금의 환수결정은 당사자에게 의무를 과하는 처분이므로 퇴직연금의 환수결정에 앞서 당사자에게 의견진술의 기회를 주지 아니하였다면 위법하다. (×)

ㄹ. [O] 「행정절차법」 제21조의 '당사자'라 함은 '처분에 대하여 직접 그 상대가 되는 당사자와 행정청이 직권 또는 신청에 따라 행정절차에 참여하게 한 이해관계인'을 말한다.

> 「행정절차법」 제21조【처분의 사전 통지】① 행정청은 당사자에게 의무를 부과하거나 권익을 제한하는 처분을 하는 경우에는 미리 다음 각 호의 사항을 당사자등에게 통지하여야 한다.
> 제2조【정의】이 법에서 사용하는 용어의 뜻은 다음과 같다.
> 4. "당사자등"이란 다음 각 목의 자를 말한다.

> 가. 행정청의 처분에 대하여 직접 그 상대가 되는 당사자
> 나. 행정청이 직권으로 또는 신청에 따라 행정절차에 참여하게 한 이해관계인

16　　　　　　　　　　　정답 ②

📋 **함께 정리하기　행정절차**

「행정절차법」상 적용제외
▷ 공정거래위원회의 의결·결정거치는 사항
가산세 종류와 세액 산출근거 없이 합계액만 기재
▷ 위법
공기업사장 해임처분시 사전통지×,이유제시×
▷ 취소사유
육군3사관학교 생도에 대한 퇴학처분
▷ 행정절차법 적용○

① [○] 행정절차법 제3조 제2항 같은 법 시행령 제2조 제6호에 의하면 공정거래위원회의 의결·결정을 거쳐 행하는 사항에는 행정절차법의 적용이 제외되게 되어 있으므로, 설사 공정거래위원회의 시정조치 및 과징금납부명령에 행정절차법 소정의 의견청취절차 생략사유가 존재한다고 하더라도, 공정거래위원회는 행정절차법을 적용하여 의견청취절차를 생략할 수는 없다 (대판 2001.5.8. 2000두10212).

유제 16. 국가직 7급 공정거래위원회의 시정조치 및 과징금납부명령에 행정절차법 소정의 의견청취절차 생략사유가 존재한다면, 공정거래위원회는 행정절차법을 적용하여 의견청취절차를 생략할 수 있다. (×)
17. 서울시 9급 대법원에 따르면 「행정절차법」 적용이 제외되는 의결 결정에 대해서는 「행정절차법」을 적용하여 의견청취절차를 생략할 수는 없다. (○)

❷ [×] 가산세 부과처분에 관해서는 국세기본법이나 개별 세법 어디에도 그 납세고지의 방식 등에 관하여 따로 정한 규정이 없다. 하나의 납세고지서에 의하여 본세와 가산세를 함께 부과할 때에는 납세고지서에 본세와 가산세 각각의 세액과 산출근거 등을 구분하여 기재해야 하고, 또 여러 종류의 가산세를 함께 부과하는 경우에는 그 가산세 상호 간에도 종류별로 세액과 산출근거 등을 구분하여 기재함으로써 납세의무자가 납세고지서 자체로 각 과세처분의 내용을 알 수 있도록 하여야 한다. 따라서 가산세 부과처분이라고 하여 그 종류와 세액의 산출근거 등을 전혀 밝히지 아니한 채 가산세의 합계액만을 기재하였다면 그 부과처분은 위법하다(대판 2015.3.20. 2014두44434).

유제 17. 지방직 7급 가산세 부과처분에 관해서는 「국세기본법」이나 개별 세법 어디에도 그 납세고지의 방식 등에 관하여 따로 정한 규정이 없으므로, 가산세의 종류와 세액의 산출근거 등을 전혀 밝히지 않고 가산세의 합계액만을 기재한 경우 그 부과처분은 위법하지 않다. (×)

③ [○] 대통령이 甲을 한국방송공사 사장직에서 해임한 사안에서, … 해임처분 과정에서 甲이 처분 내용을 사전에 통지받거나 그에 대한 의견제출 기회 등을 받지 못했고 해임처분 시 법적 근거 및 구체적 해임 사유를 제시받지 못하였으므로 해임처분이 행정절차법에 위배되어 위법하지만, 절차나 처분형식의 하자가 중대하고 명백하다고 볼 수 없어 역시 당연무효가 아닌 취소사유에 해당한다(대판 2012.2.23. 2011두5001).

④ [○] 행정절차법의 적용이 제외되는 공무원 인사관계 법령에 의한 처분에 관한 사항이란 성질상 행정절차를 거치기 곤란하거나 불필요하다고 인정되는 처분이나 행정절차에 준하는 절차를 거치도록 하고 있는 처분에 관한 사항만을 말하는 것으로 보아야 한다. 이러한 법리는 '공무원 인사관계 법령에 의한 처분'에 해당하는 육군3사관학교 생도에 대한 퇴학처분에도 마찬가지로 적용된다. 그리고 행정절차법 시행령 제2조 제8호는 '학교·연수원 등에서 교육·훈련의 목적을 달성하기 위하여 학생·연수생들을 대상으로 하는 사항'을 행정절차법의 적용이 제외되는 경우로 규정하고 있으나, 이는 교육과정과 내용의 구체적 결정, 과제의 부과, 성적의 평가, 공식적 징계에 이르지 아니한 질책·훈계 등과 같이 교육·훈련의 목적을 직접 달성하기 위하여 행하는 사항을 말하는 것으로 보아야 하고, 생도에 대한 퇴학처분과 같이 신분을 박탈하는 징계처분은 여기에 해당한다고 볼 수 없다(대판 2018.3.13. 2016두33339).

17　　　　　　　　　　　정답 ②

📋 **함께 정리하기　행정절차법**

신고○
공법상 계약×
확약○
행정조사×
행정지도○
행정상 입법예고○

ㄱ. [○]

> 「행정절차법」 제40조 【신고】 ① 법령등에서 행정청에 일정한 사항을 통지함으로써 의무가 끝나는 신고를 규정하고 있는 경우 신고를 관장하는 행정청은 신고에 필요한 구비서류, 접수기관, 그 밖에 법령등에 따른 신고에 필요한 사항을 게시(인터넷 등을 통한 게시를 포함한다)하거나 이에 대한 편람을 갖추어 두고 누구나 열람할 수 있도록 하여야 한다.

유제 15. 행정사 신고는 「행정절차법」상 규정되어 있다. (○)

ㄴ. [×] 「행정절차법」에는 공법상 계약에 관한 규정이 없다.

> 「행정절차법」 제3조 【적용 범위】 ① 처분, 신고, 확약, 위반사실 등의 공표, 행정계획, 행정상 입법예고, 행정예고 및 행정지도의 절차(이하 "행정절차"라 한다)에 관하여 다른 법률에 특별한 규정이 있는 경우를 제외하고는 이 법에서 정하는 바에 따른다.

유제 15. 사복 9급 「행정절차법」은 처분절차 이외에도 신고, 행정예고, 행정상 입법예고 및 행정지도 절차에 관한 규정을 두고 있다. (○)

ㄷ. [○]

> 「행정절차법」 제40조의2 【확약】 ① 법령등에서 당사자가 신청할 수 있는 처분을 규정하고 있는 경우 행정청은 당사자의 신청에 따라 장래에 어떤 처분을 하거나 하지 아니할 것을 내용으로 하는 의사표시(이하 "확약"이라 한다)를 할 수 있다.
> ② 확약은 문서로 하여야 한다.

③ 행정청은 다른 행정청과의 협의 등의 절차를 거쳐야 하는 처분에 대하여 확약을 하려는 경우에는 확약을 하기 전에 그 절차를 거쳐야 한다.
④ 행정청은 다음 각 호의 어느 하나에 해당하는 경우에는 확약에 기속되지 아니한다.
1. 확약을 한 후에 확약의 내용을 이행할 수 없을 정도로 법령등이나 사정이 변경된 경우
2. 확약이 위법한 경우
⑤ 행정청은 확약이 제4항 각 호의 어느 하나에 해당하여 확약을 이행할 수 없는 경우에는 지체 없이 당사자에게 그 사실을 통지하여야 한다.

ㄹ. [×] 「행정절차법」에는 행정조사에 관한 규정이 없다.

ㅁ. [○]

「행정절차법」 제48조【행정지도의 원칙】 ① 행정지도는 그 목적 달성에 필요한 최소한도에 그쳐야 하며, 행정지도의 상대방의 의사에 반하여 부당하게 강요하여서는 아니 된다.
② 행정기관은 행정지도의 상대방이 행정지도에 따르지 아니하였다는 것을 이유로 불이익한 조치를 하여서는 아니 된다.

유제 15. 경찰, 10. 지방직 9급 「행정절차법」에는 행정처분절차, 행정입법절차, 행정예고절차 등에 관하여 상세한 규정을 두고 있으나, 행정지도절차에 관한 규정은 없다. (×)
15. 행정사 행정지도는 「행정절차법」상 규정되어 있다. (○)

ㅂ. [○]

「행정절차법」 제41조【행정상 입법예고】 ① 법령등을 제정·개정 또는 폐지(이하 "입법"이라 한다)하려는 경우에는 해당 입법안을 마련한 행정청은 이를 예고하여야 한다. 다만, 다음 각 호의 어느 하나에 해당하는 경우에는 예고를 하지 아니할 수 있다.

---

18 정답 ④

☑ 함께 정리하기 **행정절차법 적용**

헌법재판소 심판사항×
각급선관위 의결사항×
감사위원회 결정사항×
대통령 승인사항○

①②③ [○]

「행정절차법」 제3조【적용 범위】 ① 처분, 신고, 확약, 위반사실 등의 공표, 행정계획, 행정상 입법예고, 행정예고 및 행정지도의 절차(이하 "행정절차"라 한다)에 관하여 다른 법률에 특별한 규정이 있는 경우를 제외하고는 이 법에서 정하는 바에 따른다.
② 이 법은 다음 각 호의 어느 하나에 해당하는 사항에 대하여는 적용하지 아니한다.
1. 국회 또는 지방의회의 의결을 거치거나 동의 또는 승인을 받아 행하는 사항

유제 14. 행정사 지방의회의 승인을 받아 행하는 사항에 대해서는 「행정절차법」이 적용되지 않는다. (○)

2. 법원 또는 군사법원의 재판에 의하거나 그 집행으로 행하는 사항
3. 헌법재판소의 심판을 거쳐 행하는 사항
4. 각급 선거관리위원회의 의결을 거쳐 행하는 사항
5. 감사원이 감사위원회의의 결정을 거쳐 행하는 사항

❹ [×] 대통령의 승인을 얻어 행하는 사항은 「행정절차법」 제3조 제2항 각 호의 예외 사유에 해당하지 않으므로 다른 법률에 특별한 규정이 있는 경우를 제외하고는 「행정절차법」에서 정하는 바에 따른다.

---

19 정답 ③

☑ 함께 정리하기 **행정절차법상 사전통지**

긴급한 필요, 객관적 증명, 곤란·불필요
▷ 사전통지 예외
행정지도에 의한 사전고지
▷ 사전통지 예외×
사전통지 없는 진급선발취소
▷ 위법한 처분
처분의 전제가 되는 사실이 재판등에 의하여 객관적으로 증명된 경우
▷ 사전통지 예외

① [○]

「행정절차법」 제21조【처분의 사전 통지】 ④ 다음 각 호의 어느 하나에 해당하는 경우에는 제1항에 따른 통지를 하지 아니할 수 있다.
1. 공공의 안전 또는 복리를 위하여 긴급히 처분을 할 필요가 있는 경우
2. 법령등에서 요구된 자격이 없거나 없어지게 되면 반드시 일정한 처분을 하여야 하는 경우에 그 자격이 없거나 없어지게 된 사실이 법원의 재판 등에 의하여 객관적으로 증명된 경우
3. 해당 처분의 성질상 의견청취가 현저히 곤란하거나 명백히 불필요하다고 인정될 만한 상당한 이유가 있는 경우

② [○] 행정청이 온천지구임을 간과하여 지하수개발·이용신고를 수리하였다가 행정절차법상의 사전통지를 하거나 의견제출의 기회를 주지 아니한 채 그 신고수리처분을 취소하고 원상복구명령의 처분을 한 경우, 행정지도방식에 의한 사전고지나 그에 따른 당사자의 자진 폐공의 약속 등의 사유만으로는 사전통지 등을 하지 않아도 되는 행정절차법 소정의 예외의 경우에 해당한다고 볼 수 없다는 이유로 그 처분은 위법하다(대판 2000. 11.14. 99두5870).

유제 12. 국가직 7급 행정지도의 방식에 의한 사전고지가 이루어진 지하수개발·이용신고수리 취소는 행정절차법 상 사전통지 및 의견제출기회 제공의 대상이 된다. (○)

❸ [×] 군인사법령에 의하여 진급예정자명단에 포함된 자에 대하여 의견제출의 기회를 부여하지 아니한 채 진급선발을 취소하는 처분을 한 것이 절차상 하자가 있어 위법하다(대판 2007.9.21. 2006두20631).

④ [O]

> **「행정절차법」제21조【처분의 사전 통지】**① 행정청은 당사자에게 의무를 부과하거나 권익을 제한하는 처분을 하는 경우에는 미리 다음 각 호의 사항을 당사자등에게 통지하여야 한다.
> ④ 다음 각 호의 어느 하나에 해당하는 경우에는 제1항에 따른 통지를 하지 아니할 수 있다.
> 1. 공공의 안전 또는 복리를 위하여 긴급히 처분을 할 필요가 있는 경우
> 2. 법령등에서 요구된 자격이 없거나 없어지게 되면 반드시 일정한 처분을 하여야 하는 경우에 그 자격이 없거나 없어지게 된 사실이 법원의 재판 등에 의하여 객관적으로 증명된 경우
> 3. 해당 처분의 성질상 의견청취가 현저히 곤란하거나 명백히 불필요하다고 인정될 만한 상당한 이유가 있는 경우
> ⑤ 처분의 전제가 되는 사실이 법원의 재판 등에 의하여 객관적으로 증명된 경우 등 제4항에 따른 사전 통지를 하지 아니할 수 있는 구체적인 사항은 대통령령으로 정한다.

---

20   정답 ①

> ☑ **함께 정리하기 행정절차법상 이유제시**
>
> 원칙적으로 모든 행정처분에 이유제시 要(예외 有)
> 원칙적으로 처분시점에 구비 要
> 일반주류도매업면허소통지시 위반사실 구체적으로 특정×
> ▷ 위법
> 거부처분시 구체적 조항 및 내용 명시× BUT 근거 알 수 있을 정도
> ▷ 적법

ㄱ. [O] 「행정절차법」은 원칙적으로 모든 행정처분에 대해 처분의 근거와 이유를 제시하도록 규정하고 있으므로, 신청에 대한 처분절차 및 불이익절차에 대하여 이유를 제시하여야 한다.

> **유제** 12. 지방직 9급 「행정절차법」은 행정청이 처분을 하는 때에는 당사자에게 그 근거와 이유를 제시하도록 이유제시원칙을 규정하고 있는바, 이러한 이유제시의 원칙은 상대방에게 부담을 주는 행정처분의 경우뿐만 아니라 수익적 행정행위의 거부에도 적용된다. (O)

ㄴ. [×] 이유제시는 원칙적으로 처분시점에 구비되어야 한다.

> **「행정절차법」제23조【처분의 이유제시】**① 행정청은 처분을 할 때에는 다음 각 호의 어느 하나에 해당하는 경우를 제외하고는 당사자에게 그 근거와 이유를 제시하여야 한다.
> 1. 신청 내용을 모두 그대로 인정하는 처분인 경우
> 2. 단순·반복적인 처분 또는 경미한 처분으로서 당사자가 그 이유를 명백히 알 수 있는 경우
> 3. 긴급히 처분을 할 필요가 있는 경우

ㄷ. [O] 세무서장이 주류도매업자에 대하여 한 일반주류도매업면허취소 통지에 "상기 주류도매장은 무면허 주류판매업자에게 주류를 판매하여 주세법 제11조 및 국세법사무처리규정 제26조에 의거 지정조건 위반으로 주류판매면허를 취소합니다."라고만 되어 있어서 주류도매업자의 영업기간과 거래상대방 등에 비추어 주류도매업자가 어떠한 거래행위로 인하여 위 처분을 받았는지 알 수 없게 되어 있다면 이 면허취소처분은 위법하다 (대판 1990.9.11. 90누1786).

> **유제** 12. 국가직 9급 세무서장이 주류도매업자에 대하여 일반주류도매업면허취소통지를 하면서 그 위반사실을 구체적으로 특정하지 아니한 것은 위법하다는 것이 판례의 입장이다. (O)

ㄹ. [O] 행정절차법 제23조 제1항은 행정청은 처분을 하는 때에는 당사자에게 그 근거와 이유를 제시하여야 한다고 규정하고 있는바, 일반적으로 당사자가 근거규정 등을 명시하여 신청하는 인·허가 등을 거부하는 처분을 함에 있어 당사자가 그 근거를 알 수 있을 정도로 상당한 이유를 제시한 경우에는 당해 처분의 근거 및 이유를 구체적 조항 및 내용까지 명시하지 않았더라도 그로 말미암아 그 처분이 위법한 것이 된다고 할 수 없다 (대판 2002.5.17. 2000두8912).

> **유제** 18. 서울시 7급 당사자가 처분의 근거를 알 수 있을 정도로 상당한 이유를 제시할 뿐 그 구체적 조항 및 내용까지 명시하지 않으면, 해당 처분은 위법하다. (×)

▶ 정답

p. 53

01	③	06	①	11	④	16	④
02	③	07	③	12	②	17	②
03	②	08	②	13	①	18	②
04	④	09	④	14	②	19	④
05	③	10	③	15	③	20	③

01 　　　　　　　　　　　　　정답 ③

> ☑ 함께 정리하기　사전통지, 청문절차
>
> 시보임용당시 결격사유를 이유로 정규임용처분취소
> ▷ 필요
> 많은 액수 보상금 기대하여 공사 강행 우려
> ▷ 필요
> 수익적 처분에 대한 거부
> ▷ 불요
> 현장조사시 시정명령 구두설명 후 다음날 시정명령
> ▷ 위법

① [O] 정규공무원으로 임용된 사람에게 시보임용처분 당시 지방공무원법 제31조 제4호에 정한 공무원임용 결격사유가 있어 시보임용처분을 취소하고 그에 따라 정규임용처분을 취소한 사안에서, 정규임용처분을 취소하는 처분은 성질상 행정절차를 거치는 것이 불필요하여 행정절차법의 적용이 배제되는 경우에 해당하지 않으므로, 그 처분을 하면서 사전통지를 하거나 의견제출의 기회를 부여하지 않은 것은 위법하다고 한 사례(대판 2009.1.30. 2008두16155)

> 유제 11. 국회직 8급 판례는 정규공무원으로 임용된 사람에게 시보임용처분 당시 공무원 임용 결격 사유가 있다하여 사전통지 없이 시보임용처분과 정규임용처분을 취소하는 것은 위법하다고 한다. (O)

② [O] 건축법상의 공사중지명령에 대한 사전통지를 하고 의견제출의 기회를 준다면 많은 액수의 손실보상금을 기대하여 공사를 강행할 우려가 있다는 사정이 사전통지 및 의견제출절차의 예외사유에 해당하지 아니한다(대판 2004.5.28. 2004두1254).

> 유제 10. 지방직 7급 「건축법」상의 공사중지명령에 대한 사전통지를 하고 의견제출의 기회를 준다면 많은 액수의 손실보상금을 기대하여 공사를 강행할 우려가 있다는 사정은 사전통지 및 의견제출절차의 예외사유에 해당하지 아니한다. (O)

❸ [×] 행정절차법 제21조 제1항은 행정청은 당사자에게 의무를 과하거나 권익을 제한하는 처분을 하는 경우에는 미리 처분의 제목 등을 당사자 등에게 통지하도록 하고 있는바, 신청에 따른 처분이 이루어지지 아니한 경우에는 아직 당사자에게 권익이 부과되지 아니하였으므로 특별한 사정이 없는 한 신청에 대한 거부처분이라고 하더라도 직접 당사자의 권익을 제한하는 것은 아니어서 신청에 대한 거부처분을 여기에서 말하는 '당사자의 권익을 제한하는 처분'에 해당한다고 할 수 없는 것이어서 처분의 사전통지대상이 된다고 할 수 없다(대판 2003. 11.28. 2003두674).

④ [O] 행정청이 시정명령과 같은 침해적 행정처분을 하면서 당사자에게 행정절차법에서 정한 사전통지를 하거나 의견제출의 기회를 주지 않은 경우, 당해 처분은 위법하게 된다. 판례는 현장조사 과정에서 무단으로 용도변경된 건물에 대해 건물주에게 시정명령이 있을 것과 그 불이행시 이행강제금이 부과될 것이라는 점을 구두로 설명한 후, 그 밖에 별도의 사전통지나 의견진술기회 부여하지 아니한 채, 바로 다음날 시정명령을 한 사안에서 의견제출에 필요한 상당한 기간을 고려하여 의견제출기한이 부여되었다고 보기 어려우므로 당해 시정명령은 위법하다(취소)고 판시하였다(처분상대방이 이미 행정청에 위반사실을 시인하였다거나 처분의 사전통지 이전에 의견을 진술할 기회가 있었다는 사정만으로 사전통지 및 의견청취의 생략사유가 되지 않는다고 한 판례의 사실관계임).

> 1. 원심판결 이유와 적법하게 채택된 증거들에 의하면, 아래와 같은 사실들을 알 수 있다.
>   (1) 가평소방서장은 관내 특정소방대상물에 대한 특별조사 결과 이 사건 각 건물이 무단 용도변경된 사실을 확인하고, 2014.4.25. 피고에게 이를 통보하였다.
>   (2) 피고 소속 공무원 소외인은 전화로 원고에게 이 사건 각 건물에 대한 현장조사가 필요하다는 사실을 알리고 현장조사 일시를 약속한 다음, 2014.5.14. 오후 원고가 참석한 가운데 이 사건 각 건물에 대한 현장조사를 실시하였다.
>   (3) 현장조사 과정에서 소외인은 무단증축면적과 무단용도변경 사실을 확인하고 이를 확인서 양식에 기재한 후, 원고에게 위 각 행위는 건축법 제14조 또는 제19조를 위반한 것이어서 시정명령이 나갈 것이고 이를 이행하지 않으면 이행강제금이 부과될 것이라고 설명하고, 위반경위를 질문하여 답변을 들은 다음 원고로부터 확인서를 받았는데, 위 양식에는 "상기 본인은 관계 법령에 의한 제반허가를 득하지 아니하고 아래와 같이 불법건축(증축, 용도변경)행위를 하였음을 확인합니다."라고 기재되어 있었다.

(4) 피고는 별도의 사전통지나 의견진술기회 부여 절차를 거치지 아니한 채, 현장조사 다음 날인 2014.5.15. 이 사건 처분(시정명령)을 하였다.

2. 이러한 사실관계를 위 법리에 비추어 살펴보면, 다음과 같이 판단된다.

(1) 피고 소속 공무원 소외인이 위 현장조사에 앞서 원고에게 전화로 통지한 것은 행정조사의 통지이지 이 사건 처분(시정명령)에 대한 사전통지로 볼 수 없다. 그리고 위 소외인이 현장조사 당시 위반경위에 관하여 원고에게 의견진술기회를 부여하였다 하더라도, 이 사건 처분(시정명령)이 현장조사 바로 다음 날 이루어진 사정에 비추어 보면, 의견제출에 필요한 상당한 기간을 고려하여 의견제출기한이 부여되었다고 보기도 어렵다.

(2) 그리고 현장조사에서 원고가 위반사실을 시인하였다거나 위반경위를 진술하였다는 사정만으로는 행정절차법 제21조 제4항 제3호가 정한 '의견청취가 현저히 곤란하거나 명백히 불필요하다고 인정될 만한 상당한 이유가 있는 경우'로서 처분의 사전통지를 하지 아니하여도 되는 경우에 해당한다고 볼 수도 없다.

(3) 따라서 행정청인 피고가 침해적 행정처분인 이 사건 처분(시정명령)을 하면서 원고에게 행정절차법에 따른 적법한 사전통지를 하거나 의견제출의 기회를 부여하였다고 볼 수 없다(대판 2016.10.27. 2016두41811).

02   정답 ③

☑ 함께 정리하기 행정절차법상 행정절차

명예전역선발 취소
▷ 처분이므로 문서로 해야 함
문서주의 위반한 처분
▷ 무효
청문통지서반송·불출석
▷ 청문실시 要
공무원 징계처분등
▷ 모두 배제되는 것×

① [O] 행정절차법 제15조 제1항, 제24조 제1항, 공무원임용령 제6조 제3항, 공무원 인사기록·통계 및 인사사무 처리 규정 제26조 제1항의 규정에 따르면, 명예전역 선발을 취소하는 처분은 당사자의 의사에 반하여 예정되어 있던 전역을 취소하고 명예전역수당의 지급 결정 역시 취소하는 것으로서 임용에 준하는 처분으로 볼 수 있으므로, 행정절차법 제24조 제1항에 따라 문서로 해야 한다(대판 2019.5.30. 2016두49808).

② [O] 행정절차법 제24조는, 행정청이 처분을 하는 때에는 다른 법령 등에 특별한 규정이 있는 경우를 제외하고는 문서로 하여야 하고 전자문서로 하는 경우에는 당사자 등의 동의가 있어야 하며, 다만 신속을 요하거나 사안이 경미한 경우에는 구술 기타 방법으로 할 수 있다고 규정하고 있는데, 이는 행정의 공정성·투명성 및 신뢰성을 확보하고 국민의 권익을 보호하기 위한 것이므로 위 규정을 위반하여 행하여진 행정청의 처분은

하자가 중대하고 명백하여 원칙적으로 무효이다(대판 2011.11.10. 2011도11109).

③ [×] 행정절차법 제21조 제4항 제3호는 침해적 행정처분을 할 경우 청문을 실시하지 않을 수 있는 사유로서 '당해 처분의 성질상 의견청취가 현저히 곤란하거나 명백히 불필요하다고 인정될 만한 상당한 이유가 있는 경우'를 규정하고 있으나, 여기에서 말하는 '의견청취가 현저히 곤란하거나 명백히 불필요하다고 인정될 만한 상당한 이유가 있는지 여부'는 당해 행정처분의 성질에 비추어 판단하여야 하는 것이지, 청문통지서의 반송 여부, 청문통지의 방법 등에 의하여 판단할 것은 아니며, 또한 행정처분의 상대방이 통지된 청문일시에 불출석하였다는 이유만으로 행정청이 관계 법령상 그 실시가 요구되는 청문을 실시하지 아니한 채 침해적 행정처분을 할 수는 없을 것이므로, 행정처분의 상대방에 대한 청문통지서가 반송되었다거나, 행정처분의 상대방이 청문일시에 불출석하였다는 이유로 청문을 실시하지 아니하고 한 침해적 행정처분은 위법하다(대판 2001.4.13. 2000두3337).

유제 15. 지방직 7급 침해적 행정처분을 함에 있어서 행정처분의 상대방이 청문일시에 불출석하였다는 이유로 청문을 실시하지 아니하고 처분을 한 경우 당해 처분은 적법하다는 것이 판례의 입장이다. (×)

④ [O] 행정과정에 대한 국민의 참여와 행정의 공정성, 투명성 및 신뢰성을 확보하고 국민의 권익을 보호함을 목적으로 하는 행정절차법의 입법목적과 행정절차법 제3조 제2항 제9호의 규정 내용 등에 비추어 보면, 공무원 인사관계 법령에 의한 처분에 관한 사항 전부에 대하여 행정절차법의 적용이 배제되는 것이 아니라 성질상 행정절차를 거치기 곤란하거나 불필요하다고 인정되는 처분이나 행정절차에 준하는 절차를 거치도록 하고 있는 처분의 경우에만 행정절차법의 적용이 배제된다(대판 2013.1.16. 2011두30687).

유제 18. 국회직 8급 공무원 인사관계 법령에 의한 처분에 관한 사항이라 하더라도 전부에 대하여 「행정절차법」의 적용이 배제되는 것이 아니라, 성질상 행정절차를 거치기 곤란하거나 불필요하다고 인정되는 처분이나 행정절차에 준하는 절차를 거치도록 하고 있는 처분의 경우에만 「행정절차법」의 적용이 배제되는 것으로 보아야 한다. (O)

03   정답 ②

☑ 함께 정리하기 행정절차법

관할불분명
▷ 공통 상급 행정청이 결정(없는 경우 → 각 상급청 협의)
의견진술의 포기의사 명백히 표시
▷ 의견청취 미실시 可
청문의 사전통지
▷ 청문주재자에게 7일 전/당사자등에게 10일 전
행정절차법 제22조 제1항 제3호
▷ 청문 要(당사자등의 신청 不要)

① [×] 공통으로 감독하는 상급 행정청이 없는 경우 법원이 아니라 각 상급 행정청이 협의하여 관할을 결정한다.

> **「행정절차법」제6조【관할】** ① 행정청이 그 관할에 속하지 아니하는 사안을 접수하였거나 이송받은 경우에는 지체 없이 이를 관할 행정청에 이송하여야 하고 그 사실을 신청인에게 **통지**하여야 한다. 행정청이 접수하거나 이송받은 후 관할이 변경된 경우에도 또한 같다.
> ② 행정청의 관할이 분명하지 아니한 경우에는 해당 행정청을 공통으로 감독하는 상급 행정청이 그 관할을 결정하며, 공통으로 감독하는 상급 행정청이 없는 경우에는 각 상급 행정청이 협의하여 그 관할을 결정한다.

❷ [○]
> **「행정절차법」제22조【의견청취】** ④ 제1항부터 제3항까지의 규정에도 불구하고 제21조 제4항 각 호의 어느 하나에 해당하는 경우와 당사자가 의견진술의 기회를 포기한다는 뜻을 명백히 표시한 경우에는 의견청취를 하지 아니할 수 있다.

유제 14. 행정사 당사자가 의견진술의 기회를 포기한다는 뜻을 명백히 표시한 경우에는 「행정절차법」상 의견청취 절차를 거치지 아니할 수 있다. (○)

③ [×] 청문주재자에게는 7일 전까지, 당사자등에게는 10일 전까지 통지하여야 한다.

> **「행정절차법」제21조【처분의 사전 통지】** ② 행정청은 청문을 하려면 청문이 시작되는 날부터 **10일 전까지** 제1항 각 호의 사항을 당사자등에게 통지하여야 한다. 이 경우 제1항 제4호부터 제6호까지의 사항은 청문 주재자의 소속·직위 및 성명, 청문의 일시 및 장소, 청문에 응하지 아니하는 경우의 처리방법 등 청문에 필요한 사항으로 갈음한다.
> **제28조【청문 주재자】** ③ 행정청은 청문이 시작되는 날부터 **7일 전까지** 청문 주재자에게 청문과 관련한 필요한 자료를 미리 통지하여야 한다.

④ [×] 당사자등의 신청이 없어도 청문을 한다.

> **「행정절차법」제22조【의견청취】** ① 행정청이 처분을 할 때 다음 각 호의 어느 하나에 해당하는 경우에는 청문을 한다.
> 1. 다른 법령등에서 청문을 하도록 규정하고 있는 경우
> 2. 행정청이 필요하다고 인정하는 경우
> 3. 다음 각 목의 처분을 하는 경우
>   가. 인허가 등의 취소
>   나. 신분·자격의 박탈
>   다. 법인이나 조합 등의 설립허가의 취소

유제 18. 국가직 9급 인허가 등의 취소 또는 신분·자격의 박탈, 법인이나 조합 등의 설립허가의 취소시 의견제출기한 내에 당사자등의 신청이 있는 경우에 공청회를 개최한다. (×)

---

04 정답 ④

> 📋 **함께 정리하기 행정절차법**
> 행정청이 직권으로 참여하게 한 이해관계인
> ▷ 당사자능○
> 법인 아닌 사단·재단
> ▷ 당사자등○
> 다수대표자 중 1인에 대한 행정청의 통지
> ▷ 대표자들 모두에게 하여야 유효
> 형제자매
> ▷ 대리인으로 선임 可

① [×]
> **「행정절차법」제2조【정의】** 이 법에서 사용하는 용어의 뜻은 다음과 같다.
> 4. "당사자등"이란 다음 각 목의 자를 말한다.
>   가. 행정청의 처분에 대하여 직접 그 상대가 되는 당사자
>   나. 행정청이 직권으로 또는 신청에 따라 행정절차에 참여하게 한 이해관계인

② [×]
> **「행정절차법」제9조【당사자등의 자격】** 다음 각 호의 어느 하나에 해당하는 자는 행정절차에서 당사자등이 될 수 있다.
> 2. 법인, 법인이 아닌 사단 또는 재단(이하 "법인등"이라 한다)

③ [×]
> **「행정절차법」제11조【대표자】** ⑥ 다수의 대표자가 있는 경우 그중 1인에 대한 행정청의 행위는 모든 당사자등에게 효력이 있다. 다만, 행정청의 통지는 대표자 모두에게 하여야 그 효력이 있다.

❹ [○]
> **「행정절차법」제12조【대리인】** ① 당사자등은 다음 각 호의 어느 하나에 해당하는 자를 대리인으로 선임할 수 있다.
> 1. 당사자등의 배우자, 직계 존속·비속 또는 형제자매

---

05 정답 ③

> 📋 **함께 정리하기 행정절차의 하자**
> 처분의 처리기간에 관한 규정
> ▷ 훈시규정(강행규정×), 위반시 절차하자×
> 「국가공무원법」상 직위해제처분
> ▷ 행정절차법 배제
> 미리 공표하지 아니한 기준을 적용하여 처분
> ▷ 곧바로 위법×
> 학교환경위생정화구역내 금지행위·시설의 해제처분
> ▷ 심의누락시 위법

ㄱ. [×] 처분이나 민원의 처리기간을 정하는 것은 신청에 따른 사무를 가능한 한 조속히 처리하도록 하기 위한 것이다. 처리기간에 관한 규정은 훈시규정에 불과할 뿐 강행규정이라고 볼 수 없다. 처분이나 민원의 처리기간에 관한 규정은 훈시규정에 불과할 뿐 강행규정이라고 볼 수 없다. 행정청이 처리기간이 지나 처분을 하였더라도 이를 처분을 취소할 절차상 하자로 볼 수 없다(대판 2019.12.13. 2018두41907).

ㄴ. [×] 국가공무원법상 직위해제처분은 구 행정절차법 제3조 제2항 제9호, 구 행정절차법 시행령 제2조 제3호에 의하여 당해 행정작용의 성질상 행정절차를 거치기 곤란하거나 불필요하다고 인정되는 사항 또는 행정절차에 준하는 절차를 거친 사항에 해당하므로, 처분의 사전통지 및 의견청취 등에 관한 행정절차법의 규정이 별도로 적용되지 않는다(대판 2014.5.16. 2012두26180).

> 유제 16. 지방직 7급 「국가공무원법」상 직위해제처분을 하는 경우에 처분의 사전통지 및 의견청취 등에 관한 「행정절차법」 규정이 적용된다. (×)

ㄷ. [○] 행정청이 행정절차법 제20조 제1항에 따라 정하여 공표한 처분기준은, 그것이 해당 처분의 근거법령에서 구체적 위임을 받아 제정·공포되었다는 특별한 사정이 없는 한, 원칙적으로 대외적 구속력이 없는 행정규칙에 해당하는 것으로 보아야 한다. 행정청이 행정절차법 제20조 제1항의 처분기준 사전공표의무를 위반하여 미리 공표하지 아니한 기준을 적용하여 처분하였다고 하더라도, 그러한 사정만으로 곧바로 해당 처분에 취소사유에 이를 정도의 흠이 존재한다고 볼 수는 없다. 다만 해당 처분에 적용한 기준이 상위법령의 규정이나 신뢰보호의 원칙 등과 같은 법의 일반원칙을 위반하였거나 객관적으로 합리성이 없다고 볼 수 있는 구체적인 사정이 있다면 해당 처분은 위법하다고 평가할 수 있다(대판 2020.12.24. 2018두45633).

ㄹ. [×] 행정청이 구 학교보건법 소정의 학교환경위생정화구역 내에서 금지행위 및 시설의 해제 여부에 관한 행정처분을 함에 있어 학교환경위생정화위원회의 심의를 거치도록 한 취지는 … 심의에 따른 의결내용도 단순히 절차의 형식에 관련된 사항에 그치지 않고 금지행위 및 시설의 해제 여부에 관한 행정처분에 영향을 미칠 수 있는 사항에 관한 것임을 종합해 보면, 금지행위 및 시설의 해제 여부에 관한 행정처분을 하면서 절차상 위와 같은 심의를 누락한 흠이 있다면 그와 같은 흠을 가리켜 위 행정처분의 효력에 아무런 영향을 주지 않는다거나 경미한 정도에 불과하다고 볼 수는 없으므로, 특별한 사정이 없는 한 이는 행정처분을 위법하게 하는 취소사유가 된다(대판 2007.3.15. 2006두15806).

> 유제 16. 경찰 행정청이 구 「학교보건법」상 학교환경위생정화구역 내에서 금지행위 및 시설의 해제 여부에 관한 행정처분을 하면서 학교환경위생정화위원회의 심의를 누락한 흠이 있더라도 행정처분의 효력에 아무런 영향을 주지 않는다. (×)

---

06 정답 ①

☑ 함께 정리하기 **행정절차법**

신청 내용 그대로 인정하는 처분
▷ 처분의 이유제시 不要
실질적인 요건 흠(민원인의 단순한 착오나 일시적인 사정 등에 기한 경우)
▷ 보완대상○
제출 의견이 상당한 이유가 있다고 인정
▷ 처분시 반영의무○
거부처분
▷ 사전통지의 대상 ×

ㄱ. [×]
> 「행정절차법」 제23조【처분의 이유 제시】 ① 행정청은 처분을 할 때에는 다음 각 호의 어느 하나에 해당하는 경우를 제외하고는 당사자에게 그 근거와 이유를 제시하여야 한다.
> 1. 신청 내용을 모두 그대로 인정하는 처분인 경우

ㄴ. [○] 민원사무 처리에 관한 법률상, 행정기관은 민원사항의 신청이 있는 때에는 다른 법령에 특별한 규정이 있는 경우를 제외하고는 그 접수를 보류하거나 거부할 수 없으며, 민원서류에 흠이 있는 경우에는 보완에 필요한 상당한 기간을 정하여 지체 없이 민원인에게 보완을 요구하고 그 기간 내에 민원서류를 보완하지 아니할 때에는 7일의 기간 내에 다시 보완을 요구할 수 있으며, 위 기간 내에 민원서류를 보완하지 아니한 때에 비로소 접수된 민원서류를 되돌려 보낼 수 있도록 규정되어 있는, 위 규정 소정의 보완의 대상이 되는 흠은 보완이 가능한 경우이어야 함은 물론이고, 그 내용 또한 형식적·절차적인 요건이거나, 실질적인 요건에 관한 흠이 있는 경우라도 그것이 민원인의 단순한 착오나 일시적인 사정 등에 기한 경우 등이라야 한다(대판 2004.10.15. 2003두6573).

> 유제 23. 지방직 9급 행정청은 신청에 구비서류의 미비 등 흠이 있는 경우 원칙상 형식적·절차적인 요건만을 보완·요구하여야 하므로 실질적인 요건에 관한 흠이 민원인의 단순한 착오나 일시적인 사정 등에 기인한 경우에도 보완을 요구할 수 없다. (×)

ㄷ. [○]
> 행정절차법 제27조의2【제출 의견의 반영】 행정청은 처분을 할 때에 당사자등이 제출한 의견이 상당한 이유가 있다고 인정하는 경우에는 이를 반영하여야 한다.

> 유제 14. 경찰, 08. 국가직 9급 행정청은 처분을 할 때에 당사자등이 제출한 의견이 상당한 이유가 있다고 인정하는 경우에는 이를 반영하여야 한다. (○)

ㄹ. [○] 신청에 따른 처분이 이루어지지 아니한 경우에는 아직 당사자에게 권익이 부과되지 아니하였으므로 특별한 사정이 없는 한 신청에 대한 거부처분이라고 하더라도 직접 당사자의 권익을 제한하는 것은 아니어서 신청에 대한 거부처분을 여기에서 말하는 '당사자의 권익을 제한하는 처분'에 해당한다고 할 수 없는 것이어서 처분의 사전통지대상이 된다고 할 수 없다(대판 2003.11.28. 2003두674).

> 유제 12. 경찰 사전통지·의견제출 절차의 대상이 되는 처분은 '의무를 부과하거나 권익을 제한하는 처분'인데, 여기에 신청에 대한 거부처분이 당연히 포함되는 것은 아니다. (○)

07 정답 ③

📋 **함께 정리하기 행정절차법**

항만시설 사용허가신청 거부처분
▷ 사전통지 不要
사전통지 당사자 등
▷ 처분상대방·행정절차 참여 이해관계인
변호사의 징계위원회 출석·진술
▷ 행정청 거부 不可(원칙)
지방의회 의결·동의·승인사항
▷ 행정절차법 적용 無

① [X] 원고에게 항만시설인 이 사건 대지의 사용을 불허한 이 사건 제1처분은 당사자에게 권리나 이익을 부여하는 효과를 수반하는 이른바 수익적 행위를 구하는 원고의 신청에 대한 거부처분에 해당할 뿐, 행정절차법 제21조에서 말하는 당사자의 권익을 제한하는 처분에 해당한다고 볼 수 없다(대판 2017.11.23. 2014두1628).

유제 19. 국가직 9급 항만시설 사용허가신청에 대하여 거부처분을 하는 경우, 사전에 통지하여 의견제출 기회를 주어야 한다. (X)

② [X] 「행정절차법」은 불이익 처분의 경우 당사자등을 제외한 제3자에 대하여 사전통지의무를 규정하고 있지 않다.

❸ [O] 행정절차법 제12조 제1항 제3호, 제2항, 제11조 제4항 본문에 따르면, 당사자 등은 변호사를 대리인으로 선임할 수 있고, 대리인으로 선임된 변호사는 당사자 등을 위하여 행정절차에 관한 모든 행위를 할 수 있다고 규정되어 있다. 위와 같은 행정절차법령의 규정과 취지, 헌법상 법치국가원리와 적법절차원칙에 비추어 <u>징계와 같은 불이익처분절차에서 징계심의대상자에게 변호사를 통한 방어권의 행사를 보장하는 것이 필요하고, 징계심의대상자가 선임한 변호사가 징계위원회에 출석하여 징계심의대상자를 위하여 필요한 의견을 진술하는 것은 방어권 행사의 본질적 내용에 해당하므로, 행정청은 특별한 사정이 없는 한 이를 거부할 수 없다</u>(대판 2018.3.13. 2016두33339).

유제 19. 서울시 9급 징계심의대상자가 선임한 변호사가 징계위원회에 출석하여 징계심의대상자를 위하여 필요한 의견을 진술하는 것은 방어권 행사의 본질적 내용에 해당하므로, 행정청은 특별한 사정이 없는 한 이를 거부할 수 없다. (O)

④ [X]
> 「행정절차법」 제3조 【적용 범위】 ② 이 법은 다음 각 호의 어느 하나에 해당하는 사항에 대하여는 적용하지 아니한다.
> 1. 국회 또는 지방의회의 의결을 거치거나 동의 또는 승인을 받아 행하는 사항

유제 19. 서울시 9급 지방의회의 의결을 거치거나 동의 또는 승인을 받아 행하는 사항에 대해서는 「행정절차법」이 적용되지 않는다. (O)

08 정답 ②

📋 **함께 정리하기 행정절차법**

입법예고기간
▷ 예고할 때 정하되, 40일(자치법규는 20일) 이상
당사자의 의견제출방식
▷ 서면이나 말 또는 정보통신망
신뢰보호원칙 및 신의성실의 원칙과 같은 실체적 규정 포함
행정응원 비용
▷ 요청한 행정청 부담
▷ 부담금액·부담방법은 협의로 결정

① [O]
> 「행정절차법」 제43조 【예고기간】 입법예고기간은 예고할 때 정하되, 특별한 사정이 없으면 40일(자치법규는 20일) 이상으로 한다.

❷ [X]
> 「행정절차법」 제27조 【의견제출】 ① 당사자등은 처분 전에 그 처분의 관할 행정청에 서면이나 말로 또는 정보통신망을 이용하여 의견제출을 할 수 있다.

③ [O]
> 「행정절차법」 제4조 【신의성실 및 신뢰보호】 ① 행정청은 직무를 수행할 때 신의(信義)에 따라 성실히 하여야 한다.
> ② 행정청은 법령등의 해석 또는 행정청의 관행이 일반적으로 국민들에게 받아들여졌을 때에는 공익 또는 제3자의 정당한 이익을 현저히 해칠 우려가 있는 경우를 제외하고는 새로운 해석 또는 관행에 따라 소급하여 불리하게 처리하여서는 아니 된다.

④ [O]
> 「행정절차법」 제8조 【행정응원】 ⑥ 행정응원에 드는 비용은 응원을 요청한 행정청이 부담하며, 그 부담금액 및 부담방법은 응원을 요청한 행정청과 응원을 하는 행정청이 협의하여 결정한다.

유제 21. 소방직 행정응원에 소요되는 비용은 응원을 요청한 행정청이 부담하며, 그 부담금액 및 부담방법은 응원을 행하는 행정청의 결정에 의한다. (X)

09 정답 ④

📋 **함께 정리하기 행정절차**

제23조 제1항 제2호, 3호
▷ 처분 후 요청시 근거·이유 제시해야 함
불허처분의 근거법령만 기재 & 불허사유 인지 可
▷ 적법
이유제시 결한 부담적 행정행위의 하자
▷ 인식여부 관계없이 하자치유×
별정직 공무원인 대통령기록관장에 대한 직권면직처분
▷ 「행정절차법」 적용○

① [O]

> 「행정절차법」 제23조【처분의 이유제시】① 행정청은 처분을 할 때에는 다음 각 호의 어느 하나에 해당하는 경우를 제외하고는 당사자에게 그 근거와 이유를 제시하여야 한다.
> 　1. 신청 내용을 모두 그대로 인정하는 처분인 경우
> 　2. 단순·반복적인 처분 또는 경미한 처분으로서 당사자가 그 이유를 명백히 알 수 있는 경우
> 　3. 긴급히 처분을 할 필요가 있는 경우
> ② 행정청은 제1항 제2호 및 제3호의 경우에 처분 후 당사자가 요청하는 경우에는 그 이유를 제시하여야 한다.

② [O] 당사자가 근거규정을 명시하여 신청하는 인·허가 등을 거부하는 처분은 당사자가 그 근거를 알 수 있을 정도로 상당한 이유를 제시하는 것으로 족하다(구체적 조항 및 내용 생략 가능).

> 행정청이 토지형질변경허가신청을 불허하는 근거규정으로 '도시계획법 시행령 제20조'를 명시하지 아니하고 '도시계획법'이라고만 기재하였으나, 신청인이 자신의 신청이 개발제한구역의 지정목적에 현저히 지장을 초래하는 것이라는 이유로 구 도시계획법 시행령 제20조 제1항 제2호에 따라 불허된 것임을 알 수 있었던 경우, 그 불허처분이 위법하지 아니하다(대판 2002.5.17. 2000두8912).

유제 18. 서울시 7급 당사자가 처분의 근거를 알 수 있을 정도로 상당한 이유를 제시할 뿐 그 구체적 조항 및 내용까지 명시하지 않으면, 해당 처분은 위법하다. (×)

③ [O] 취소처분의 근거와 위반사실의 적시를 빠뜨린 하자는 피처분자가 처분당시 그 취지를 알고 있었다거나 그 후 알게 되었다고 하여도 이로써 치유될 수는 없다(대판 1987.5.26. 86누788).

❹ [×] 공무원 인사관계 법령에 의한 처분에 관한 사항이라 하더라도 그 전부에 대하여 행정절차법의 적용이 배제되는 것이 아니라, 성질상 행정절차를 거치기 곤란하거나 불필요하다고 인정되는 처분이나 행정절차에 준하는 절차를 거치도록 하고 있는 처분의 경우에만 행정절차법의 적용이 배제되는 것으로 보아야 하고, 이러한 법리는 '공무원 인사관계 법령에 의한 처분'에 해당하는 별정직 공무원에 대한 직권면직 처분의 경우에도 마찬가지로 적용된다고 할 것이다. 이 사건 처분은 대통령기록물 관리에 관한 법률에서 5년 임기의 별정직 공무원으로 규정한 대통령기록관장으로 임용된 원고를 직권면직한 처분으로서, 원고에 대하여 의무를 과하거나 원고의 권익을 제한하는 처분이고, 구 공무원징계령 제22조 제1항은 "별정직공무원에게 국가공무원법 제78조 제1항 각 호의 징계사유가 있으면 직권으로 면직하거나 이 영에 따라 징계처분할 수 있다."고 규정하고 있어서, 별정직 공무원에 대한 직권면직의 경우에는 징계처분과 달리 징계절차에 관한 구 공무원징계령의 규정도 적용되지 않는 등 행정절차에 준하는 절차를 거치도록 하는 규정이 없으며, 이 사건 처분이 성질상 행정절차를 거치기 곤란하거나 불필요하다고 인정되는 처분에도 해당하지 아니하고, 나아가 원고가 대통령 기록유출 혐의에 관하여 수사를 받으면서 비위행위에 관하여 해명할 기회를 가졌다거나 위 수사에 관하여 국민적 관심이 높았고 유출행위가 적법한지 여부 등에 관한 법리적 공방이 언론 등을 통하여 치열하게 이루어졌던 사정만으로 이 사건 처분이 구 행정절차법 제21조 제4항 제3호, 제22조 제4항에 따라 원고에게 사전통지를 하지 않거나 의견제출의 기회를 주지 아니하여도 되는 예외적인 경우에 해당한다고 할 수 없다는 이유로, 원고에게 사전통지를 하지 않고 의견제출의 기회를 주지 아니한 이 사건 처분은 구 행정절차법 제21조

제1항, 제22조 제3항을 위반한 절차상 하자가 있어 위법하다고 한 사례(대판 2013.1.16. 2011두30687)

유제 21. 경찰 2차 임기가 정해진 별정직 공무원인 대통령기록관장을 직권면직하면서 당사자에게 사전통지를 하지 않고 의견제출의 기회를 주지 않았다고 하여 「행정절차법」을 위반하였다고 볼 것은 아니다. (×)
16. 국회직 8급 난민인정·귀화 등과 같이 성질상 행정절차를 거치기 곤란하거나 불필요하다고 인정되는 처분이나 행정절차에 준하는 절차를 거치도록 하고 있는 처분의 경우에는 「행정절차법」의 적용이 배제되는 것으로 보아야 하고, 이러한 법리는 '공무원 인사관계 법령에 의한 처분'에 해당하는 별정직 공무원에 대한 직권면직처분의 경우에도 마찬가지로 적용된다. (O)

10　　정답 ③

> 📋 **함께 정리하기　행정절차**
>
> 오기·오산·명백한 잘못이 있는 처분
> ▷ 직권·신청으로 지체 없이 정정·통지 要
> 청문절차
> ▷ 협약으로 배제 不可
> 행정절차상 하자
> ▷ 기속·재량행위 불문 독자적 위법사유 인정O
> 고시의 방법으로 불특정한 다수인을 상대로 불이익처분
> ▷ 의견제출 기회 不要

① [O]

> 「행정절차법」 제25조【처분의 정정】행정청은 처분에 오기, 오산 또는 그 밖에 이에 준하는 명백한 잘못이 있을 때에는 직권으로 또는 신청에 따라 지체 없이 정정하고 그 사실을 당사자에게 통지하여야 한다.

유제 17. 경찰 행정청은 처분에 오기, 오산 또는 그 밖에 이에 준하는 명백한 잘못이 있을 때에는 직권으로 또는 신청에 따라 지체 없이 정정하고 그 사실을 당사자에게 통지하여야 한다. (O)

② [O] 행정청이 당사자와 사이에 도시계획사업의 시행과 관련한 협약을 체결하면서 관계 법령 및 행정절차법에 규정된 청문의 실시 등 의견청취절차를 배제하는 조항을 두었다고 하더라도, 국민의 행정참여를 도모함으로써 행정의 공정성·투명성 및 신뢰성을 확보하고 국민의 권익을 보호한다는 행정절차법의 목적 및 청문제도의 취지 등에 비추어 볼 때, 위와 같은 협약의 체결로 청문의 실시에 관한 규정의 적용을 배제할 수 있다고 볼 만한 법령상의 규정이 없는 한, 이러한 협약이 체결되었다고 하여 청문의 실시에 관한 규정의 적용이 배제된다거나 청문을 실시하지 않아도 되는 예외적인 경우에 해당한다고 할 수 없다(대판 2004.7.8. 2002두8350).

유제 23. 소방간부 행정청이 당사자와의 합의를 통해 청문의 실시 등 의견청취절차를 배제하더라도 해당 합의로 인해 청문의 실시에 관한 규정의 적용을 배제할 수 있다고 볼 만한 법령상의 규정이 없는 한 청문을 실시하지 않아도 되는 예외적인 경우에 해당한다고 할 수 없다. (O)

❸ [×] 판례는 재량행위인 「식품위생법」상 영업정지처분뿐만 아니라 기속행위인 「국세징수법」상의 과세처분에 대해서도 절차상의 하자를 이유로 취소를 인정하였다. 즉 행정처분이 기속행위인지 재량행위인지를 불문하고 당해 처분이 실체적으로는 적법하더라도 절차법상의 하자만으로 독립된 취소사유가 된다고 본다.

1. 식품위생법 제64조, 같은 법 시행령 제37조 제1항 소정의 청문절차를 전혀 거치지 아니하거나 거쳤다고 하여도 그 절차적 요건을 제대로 준수하지 아니한 경우에는 가사 영업정지사유 등 위 법 제58조 등 소정 사유가 인정된다고 하더라도 그 처분은 위법하여 취소를 면할 수 없다(대판 1991.7.9. 91누971).

2. 과세처분시 납세고지서에 과세표준, 세율, 세액의 계산명세서 등을 첨부하여 고지하도록 한 것은 조세법률주의의 원칙에 따라 처분청으로 하여금 자의를 배제하고 신중하고도 합리적인 처분을 행하게 함으로써 조세행정의 공정성을 기함과 동시에 납세의무자에게 부과처분의 내용을 상세히 알려서 불복여부의 결정 및 그 불복신청에 편의를 주려는 취지에서 나온 것이므로 이러한 규정은 강행규정으로서 납세고지서에 위와 같은 기재가 누락되면 과세처분 자체가 위법하여 취소대상이 된다(대판 1983.7.26. 82누420).

④ [O] '고시'의 방법으로 불특정 다수인을 상대로 의무를 부과하거나 권익을 제한하는 처분은 성질상 의견제출의 기회를 주어야 하는 상대방을 특정할 수 없으므로, 이와 같은 처분에 있어서까지 구 행정절차법 제22조 제3항에 의하여 그 상대방에게 의견제출의 기회를 주어야 한다고 해석할 것은 아니다(대판 2014.10.27. 2012두7745).

유제 22. 지방직 7급 '고시'의 방법으로 불특정 다수인을 상대로 의무를 부과하거나 권익을 제한하는 처분은 성질상 의견제출의 기회를 주어야 하는 상대방을 특정할 수 없으므로, 이와 같은 처분에 있어서까지 그 상대방에게 의견제출의 기회를 주어야 하는 것은 아니다. (O)

11 · 정답 ④

☑ 함께 정리하기 **행정절차**

육군3사관학교 사관생도 퇴학처분
▷ 「행정절차법」 적용
처분당시 이유 충분히 알 수 있어서 권리구제절차에 별다른 지장 無
▷ 이유제시 정도 완화
대형마트 영업시간제한시 사전통지의 상대방
▷ 대형마트 개설자O, 임대매장의 임차인×
통지없는 민원조정위 개최
▷ 취소사유×

① [O] 행정절차법의 적용이 제외되는 공무원 인사관계 법령에 의한 처분에 관한 사항이란 성질상 행정절차를 거치기 곤란하거나 불필요하다고 인정되는 처분이나 행정절차에 준하는 절차를 거치도록 하고 있는 처분에 관한 사항만을 말하는 것으로 보아야 한다. 이러한 법리는 '공무원 인사관계 법령에 의한 처분'에 해당하는 육군3사관학교 생도에 대한 퇴학처분에도 마찬가지로 적용된다. 그리고 행정절차법 시행령 제2조 제8호는 '학교·연수원 등에서 교육·훈련의 목적을 달성하기 위하여 학생·연수생들을 대상으로 하는 사항'을 행정절차법의 적용이 제외되는 경우로 규정하고 있으나, 이는 교육과정과 내용의 구체적 결정, 과제의 부과, 성적의 평가, 공식적 징계에 이르지 아니한 질책·훈계 등과 같이 교육·훈련의 목적을 직접 달성하기 위하여 행하는 사항을 말하는 것으로 보아야 하고, 생도에 대한

퇴학처분과 같이 신분을 박탈하는 징계처분은 여기에 해당한다고 볼 수 없다(대판 2018.3.13. 2016두33339).

유제 19. 소방 육군3사관학교의 사관생도에 대한 퇴학처분은 「행정절차법」의 적용이 배제된다. (×)

② [O] 행정절차법 제23조 제1항은 행정청이 처분을 하는 때에는 당사자에게 그 근거와 이유를 제시하도록 규정하고 있고, 이는 행정청의 자의적 결정을 배제하고 당사자로 하여금 행정구제절차에서 적절히 대처할 수 있도록 하는 데 그 취지가 있다. 따라서 처분서에 기재된 내용과 관계 법령 및 당해 처분에 이르기까지 전체적인 과정 등을 종합적으로 고려하여, 처분 당시 당사자가 어떠한 근거와 이유로 처분이 이루어진 것인지를 충분히 알 수 있어서 그에 불복하여 행정구제절차로 나아가는 데에 별다른 지장이 없었던 것으로 인정되는 경우에는 처분서에 처분의 근거와 이유가 구체적으로 명시되어 있지 않았다고 하더라도 그로 말미암아 그 처분이 위법한 것으로 된다고 할 수는 없다(대판 2013.11.14. 2011두18571).

유제 16. 국회직 8급 처분 당시 당사자가 어떠한 근거와 이유로 처분이 이루어진 것인지를 충분히 알 수 있어서 그에 불복하여 행정구제절차로 나아가는 데에 별다른 지장이 없었던 것으로 인정되는 경우에도 처분서에 처분의 근거와 이유가 구체적으로 명시되어 있지 않았다면, 그 처분은 위법한 것으로 된다. (×)

③ [O] 이 사건 대규모점포 중 개설자가 직영하지 않는 임대매장이 존재하더라도 대규모점포에 대한 영업시간 제한 등 처분의 상대방은 오로지 대규모점포 개설자인 원고들이다. 따라서 위와 같은 절차도 원고들을 상대로 거치면 충분하고, 그 밖에 임차인들을 상대로 별도의 사전통지 등 절차를 거칠 필요가 없다(대판 2015.11.19. 2015두295 전합).

유제 21. 서울시 7급 대형마트 영업시간 제한 등 처분의 대상인 대규모점포 중 개설자의 직영매장 외에 개설자로부터 임차하여 운영하는 임대매장이 병존하는 경우, 전체 매장에 대하여 법령상 대규모점포 등의 유지·관리 책임을 지는 개설자만이 그 처분상대방이 되므로, 임대매장의 임차인들을 상대로 별도의 사전통지 등 절차를 거칠 필요가 없다. (O)

❹ [×] 판례는 경미한 절차하자에 대해서는 바로 위법성을 인정하여 취소사유라고 하지 않고, 재량권의 일탈 또는 남용이 있는지 여부를 판단하는 하나의 요소로 보고 있다.

민원사무를 처리하는 행정기관이 민원 1회 방문 처리제를 시행하는 절차의 일환으로 민원사항의 심의·조정 등을 위한 민원조정위원회를 개최하면서 민원인에게 회의일정 등을 사전에 통지하지 아니하였다 하더라도, 이러한 사정만으로 곧바로 민원사항에 대한 행정기관의 장의 거부처분에 취소사유에 이를 정도의 흠이 존재한다고 보기는 어렵다(대판 2015. 8.27. 2013두1560).

12 　　　　　　　　　　　　　　정답 ②

📋 **함께 정리하기** **행정절차**

직권 증거조사 可
▷ 당사자의 증거 or 증거신청에 구속×
행정청 아닌 협의체의 공청회
▷ 「행정절차법」상 절차 준수 不要
청문의 공개
▷ 공익 또는 제3자의 이익침해 우려시 공개×
광업용 토지수용시 의견청취
▷ 처분청이 그 의견에 구속×

① [×]
> 「행정절차법」 제33조 【증거조사】 ① 청문 주재자는 직권으로 또는 당사자의 신청에 따라 필요한 조사를 할 수 있으며, 당사자등이 주장하지 아니한 사실에 대하여도 조사할 수 있다.

❷ [○] 묘지공원과 화장장의 후보지를 선정하는 과정에서 서울특별시, 비영리법인, 일반 기업 등이 공동발족한 협의체인 추모공원건립추진협의회가 후보지 주민들의 의견을 청취하기 위하여 그 명의로 개최한 공청회는 행정청이 도시계획시설결정을 하면서 개최한 공청회가 아니므로, 위 공청회의 개최에 관하여 행정절차법에서 정한 절차를 준수하여야 하는 것은 아니다(대판 2007.4.12. 2005두1893).

　유제 19. 지방직 9급 묘지공원과 화장장의 후보지를 선정하는 과정에서 추모공원건립추진협의회가 후보지 주민들의 의견을 청취하기 위하여 그 명의로 개최한 공청회는 「행정절차법」에서 정한 절차를 준수하여야 하는 것은 아니다. (○)

③ [×]
> 「행정절차법」 제30조 【청문의 공개】 청문은 당사자가 공개를 신청하거나 청문주재자가 필요하다고 인정하는 경우 공개할 수 있다. 다만, 공익 또는 제3자의 정당한 이익을 현저히 해칠 우려가 있는 경우에는 공개하여서는 아니 된다.

④ [×] 광업법 제88조 제2항에서 처분청이 같은 법조 제1항의 규정에 의하여 광업용 토지수용을 위한 사업인정을 하고자 할 때에 토지소유자와 토지에 관한 권리를 가진 자의 의견을 들어야 한다고 한 것은 그 사업인정 여부를 결정함에 있어서 소유자나 기타 권리자가 의견을 반영할 기회를 주어 이를 참작하도록 하고자 하는 데 있을 뿐, 처분청이 그 의견에 기속되는 것은 아니다(대판 1995.12.22. 95누30).

　유제 19. 지방직 9급 구 「광업법」에 근거하여 처분청이 광업용 토지수용을 위한 사업인정을 하면서 토지소유자와 토지에 관한 권리를 가진 자의 의견을 들은 경우 처분청은 그 의견에 기속된다. (×)

13 　　　　　　　　　　　　　　정답 ①

📋 **함께 정리하기** **행정절차**

산업기능요원 편입취소처분
▷ 「행정절차법」 적용○
변상금부과처분시 납부고지서 or 사전통지서에 산출근거를 제시×
▷ 위법(법령의 명시만으로 부족)
예산의 편성에 절차적 하자
▷ 예산 집행처분 바로 하자×
외국인의 사증발급거부처분
▷ 처분의 방식에 관한 「행정절차법」 제24조 적용○

❶ [○] 지방병무청장이 병역법 제41조 제1항 제1호, 제40조 제2호의 규정에 따라 산업기능요원에 대하여 한 산업기능요원 편입취소처분은, 행정처분을 할 경우 '처분의 사전통지'와 '의견제출 기회의 부여'를 규정한 행정절차법 제21조 제1항, 제22조 제3항에서 말하는 '당사자의 권익을 제한하는 처분'에 해당하는 한편, 행정절차법의 적용이 배제되는 사항인 행정절차법 제3조 제2항 제9호, 같은 법 시행령 제2조 제1호에서 규정하는 '병역법에 의한 소집에 관한 사항'에는 해당하지 아니하므로, 행정절차법상의 '처분의 사전통지'와 '의견제출 기회의 부여' 등의 절차를 거쳐야 한다(대판 2002.9.6. 2002두554).

　유제 20. 지방직 7급 산업기능요원 편입취소처분은 「행정절차법」의 적용 대상이 되지 않는다. (×)

② [×] 구 국유재산법 시행령 제56조 제4항은 징수의 주체, 부과고지서에 명시하여야 할 사항, 납부기한 등의 절차적 규정에 관하여 가산금의 부과절차에 관한 위 시행령 제31조 제2항 내지 제4항을 준용하고 있음이 분명한바, 국유재산 무단 점유자에 대하여 변상금을 부과함에 있어서 그 납부고지서에 일정한 사항을 명시하도록 요구한 위 시행령의 취지와 그 규정의 강행성 등에 비추어 볼 때, 처분청이 변상금 부과처분을 함에 있어서 그 납부고지서 또는 적어도 사전통지서에 그 산출근거를 밝히지 아니하였다면 위법한 것이고, 위 시행령 제26조, 제26조의2에 변상금 산정의 기초가 되는 사용료의 산정방법에 관한 규정이 마련되어 있다고 하여 산출근거를 명시할 필요가 없다거나 이로써 간접적으로 산출근거를 명시하였다고는 볼 수 없다(대판 2000.10.13. 99두2239).

　유제 16. 국회직 8급 변상금부과처분을 하면서 그 납부고지서 또는 적어도 사전통지서에 그 산출근거를 제시하지 아니하였다면 위법이지만 그 산출근거가 법령상 규정되어 있거나 부과통지서 등에 산출근거가 되는 법령을 명기하였다면 이유제시의 요건을 충족한 것이다. (×)

③ [×] 예비타당성조사를 실시하지 아니한 하자는 원칙적으로 예산 자체의 하자일 뿐, 그로써 곧바로 각 처분의 하자가 된다고 할 수 없어, 예산이 각 처분 등으로써 이루어지는 '4대강 살리기 사업' 중 한강 부분을 위한 재정 지출을 내용으로 하고 있고 예산의 편성에 절차상 하자가 있다는 사정만으로 각 처분에 취소사유에 이를 정도의 하자가 존재한다고 보기 어렵다(대판 2015.12.10. 2011두32515).

④ [×] 행정절차법 제3조 제2항 제9호, 행정절차법 시행령 제2조 제2호 등 관련 규정들의 내용을 행정의 공정성, 투명성, 신뢰성을 확보하고 처분상대방의 권익보호를 목적으로 하는 행정절차법의 입법 목적에 비추어 보면, 행정절차법의 적용이 제외되는 '외국인의 출입국에 관한 사항'이란 해당 행정작용의 성질상 행정절차를 거치기 곤란하거나 거칠 필요가 없다고 인정되는 사항이나 행정절차에 준하는 절차를 거친 사항으로서 행정

절차법 시행령으로 정하는 사항만을 가리킨다. '외국인의 출입국에 관한 사항'이라고 하여 행정절차를 거칠 필요가 당연히 부정되는 것은 아니다. 외국인의 사증발급 신청에 대한 거부처분은 당사자에게 의무를 부과하거나 적극적으로 권익을 제한하는 처분이 아니므로, 행정절차법 제21조 제1항에서 정한 '처분의 사전통지'와 제22조 제3항에서 정한 '의견제출 기회 부여'의 대상은 아니다. 그러나 <u>사증발급 신청에 대한 거부처분이 성질상 행정절차법 제24조에서 정한 '처분서 작성·교부'를 할 필요가 없거나 곤란하다고 일률적으로 단정하기 어렵다. 또한 출입국관리법령에 사증발급거부처분서 작성에 관한 규정을 따로 두고 있지 않으므로, 외국인의 사증발급 신청에 대한 거부처분을 하면서 행정절차법 제24조에 정한 절차를 따르지 않고 '행정절차에 준하는 절차'로 대체할 수도 없다</u>(대판 2019. 7.11. 2017두38874).

유제 20. 5급 승진 외국인의 사증발급 신청에 대한 거부처분은 「행정절차법」상 처분의 사전통지와 의견제출 기회 부여의 대상은 아니다. (○)

---

14 정답 ②

☑ 함께 정리하기 **공공기관의 정보공개에 관한 법률**

10일의 공개 여부 결정기간
▷ 10일 범위에서 연장 可
사립대학교
▷ 공개의무부담○/국비지원을 받는 범위 내에서만×
한국증권업협회
▷ 공개의무부담×
정보공개 청구권자의 권리구제 가능성
▷ 공개 여부 결정에 영향×

① [○]
「공공기관의 정보공개에 관한 법률」 제11조 【정보공개 여부의 결정】 ① 공공기관은 제10조에 따라 정보공개의 청구를 받으면 그 청구를 받은 날부터 10일 이내에 공개 여부를 결정하여야 한다.
② 공공기관은 부득이한 사유로 제1항에 따른 기간 이내에 공개 여부를 결정할 수 없을 때에는 그 기간이 끝나는 날의 다음 날부터 기산하여 10일의 범위에서 공개 여부 결정기간을 연장할 수 있다. 이 경우 공공기관은 연장된 사실과 연장 사유를 청구인에게 지체 없이 문서로 통지하여야 한다.

유제 16. 교행 9급 공공기관은 원칙적으로 정보공개의 청구를 받은 날부터 10일 이내에 공개 여부를 결정하여야 한다. (○)

❷ [×] 공공기관은 국가기관에 한정되는 것이 아니라 지방자치단체, 정부투자기관, 그 밖에 공동체 전체의 이익에 중요한 역할이나 기능을 수행하는 기관도 포함되는 것으로 해석되고, … 같은 법 시행령 제2조 제1호가 정보공개의무를 지는 공공기관의 하나로 사립대학교를 들고 있는 것이 모법인 구 공공기관의 정보공개에 관한 법률의 위임 범위를 벗어났다거나 사립대학교가 국비의 지원을 받는 범위 내에서만 공공기관의 성격을 가진다고 볼 수 없다(대판 2006.8.24. 2004두2783).

유제 08. 지방직 7급 정보공개의무를 지는 공공기관의 하나로 사립대학교를 들고 있는 구 「정보공개법 시행령」 제2조 제1호는 모법의 위임 범위를 벗어나 위법하다. (×)

③ [○] '한국증권업협회'는 증권회사 상호간의 업무질서를 유지하고 유가증권의 공정한 매매거래 및 투자자보호를 위하여 일정 규모 이상인 증권회사 등으로 구성된 회원조직으로서, 증권거래법 또는 그 법에 의한 명령에 대하여 특별한 규정이 있는 것을 제외하고는 민법 중 사단법인에 관한 규정을 준용 받는 점, 그 업무가 국가기관 등에 준할 정도로 공동체 전체의 이익에 중요한 역할이나 기능에 해당하는 공공성을 갖는다고 볼 수 없는 점 등에 비추어, 공공기관의 정보공개에 관한 법률 시행령 제2조 제4호의 '특별법에 의하여 설립된 특수법인'에 해당한다고 보기 어렵다(대판 2010.4.29. 2008두5643).

유제 17. 지방직 9급 한국증권업협회는 「공공기관의 정보공개에 관한 법률 시행령」 제2조 제4호에 규정된 '특별법에 따라 설립된 특수법인'에 해당하지 아니한다. (○)

④ [○] 공공기관의 정보공개에 관한 법률은 국민의 알 권리를 보장하고 국정에 대한 국민의 참여와 국정운영의 투명성을 확보함을 목적으로 하고(제1조), 공공기관이 보유·관리하는 정보는 국민의 알 권리 보장 등을 위하여 적극적으로 공개하여야 한다는 정보공개의 원칙을 선언하고 있으며(제3조), 모든 국민은 정보의 공개를 청구할 권리를 가진다고 하면서(제5조 제1항) 비공개 대상 정보에 해당하지 않는 한 공공기관이 보유·관리하는 정보는 공개 대상이 된다고 규정하고 있을 뿐(제9조 제1항) <u>정보공개 청구권자가 공개를 청구하는 정보와 어떤 관련성을 가질 것을 요구하거나 정보공개청구의 목적에 특별한 제한을 두고 있지 아니하므로 정보공개 청구권자의 권리구제 가능성 등은 정보의 공개 여부 결정에 아무런 영향을 미치지 못한다</u>(대판 2017.9.7. 2017두44558).

유제 22. 행정사 정보공개 청구권자의 권리구제 가능성이 없는 경우에는 비공개 대상 정보에 해당하지 않는 정보라도 공개하지 않을 수 있다. (×)

---

15 정답 ③

☑ 함께 정리하기 **공공기관의 정보공개에 관한 법률**

공개청구의 대상
▷ 원본 or 사본
문서폐기 부존재
▷ 입증책임 공공기관
전자적 형태 정보라도 별다른 지장 없이 청구인이 구하는 대로 편집할 수 있는 경우
▷ 정보공개 대상○
정보공개청구권자
▷ 자연인, 법인·권리능력 없는 사단·재단(설립목적 불문)

① [○] 공공기관의 정보공개에 관한 법률상 공개청구의 대상이 되는 정보란 공공기관이 직무상 작성 또는 취득하여 현재 보유·관리하고 있는 문서에 한정되는 것이기는 하나, 그 문서가 반드시 원본일 필요는 없다(대판 2006.5.25. 2006두3049).

유제 18. 서울시 9급 「공공기관의 정보공개에 관한 법률」상 공개대상이 되는 정보는 공고기관이 직무상 작성 또는 취득하여 현재 보유, 관리하고 있는 문서에 한정되기는 하지만, 반드시 원본일 필요는 없다. (○)

② [O] 정보공개제도는 공공기관이 보유·관리하는 정보를 그 상태대로 공개하는 제도로서 공개를 구하는 정보를 공공기관이 보유·관리하고 있을 상당한 개연성이 있다는 점에 대하여 원칙적으로 공개청구자에게 증명책임이 있다고 할 것이지만, 공개를 구하는 정보를 공공기관이 한 때 보유·관리하였으나 후에 그 정보가 담긴 문서등이 폐기되어 존재하지 않게 된 것이라면 그 정보를 더 이상 보유·관리하고 있지 아니하다는 점에 대한 증명책임은 공공기관에게 있다(대판 2004.12.9. 2003두12707).

유제 17. 국회직 8급 정보공개를 구하는 정보를 공공기관이 한때 보유·관리하였으나 후에 그 정보가 담긴 문서들이 폐기되어 존재하지 않게 된 것이라면 그 정보를 더 이상 보유관리하고 있지 아니하다는 점에 대한 증명책임은 공공기관에 있다. (O)

❸ [X] 공공기관의 정보공개에 관한 법률에 의한 정보공개제도는 공공기관이 보유·관리하는 정보를 그 상태대로 공개하는 제도이지만, 전자적 형태로 보유·관리되는 정보의 경우에는, 그 정보가 청구인이 구하는 대로는 되어 있지 않다고 하더라도, 공개청구를 받은 공공기관이 공개청구대상정보의 기초자료를 전자적 형태로 보유·관리하고 있고, 당해 기관에서 통상 사용되는 컴퓨터 하드웨어 및 소프트웨어와 기술적 전문지식을 사용하여 그 기초자료를 검색하여 청구인이 구하는 대로 편집할 수 있으며, 그러한 작업이 당해 기관의 컴퓨터 시스템 운용에 별다른 지장을 초래하지 아니한다면, 그 공공기관이 공개청구대상정보를 보유·관리하고 있는 것으로 볼 수 있고, 이러한 경우에 기초자료를 검색·편집하는 것은 새로운 정보의 생산 또는 가공에 해당한다고 할 수 없다(대판 2010.2.11. 2009두6001).

유제 21. 국회직 8급 정보공개제도는 공공기관이 보유·관리하는 정보를 그 상태대로 공개하는 제도이므로, 전자적 형태로 보유·관리하는 정보를 검색·편집하여야 하는 경우는 새로운 정보의 생산으로서 정보공개의 대상이 아니다. (X)

④ [O] 공공기관의 정보공개에 관한 법률 제5조 제1항은 "모든 국민은 정보의 공개를 청구할 권리를 가진다."고 규정하고 있는데, 여기에서 말하는 국민에는 자연인은 물론 법인, 권리능력 없는 사단·재단도 포함되고, 법인, 권리능력 없는 사단·재단 등의 경우에는 설립목적을 불문한다(대판 2003.12.12. 2003두8050).

유제 17. 지방직 7급 정보공개청구권을 가지는 국민에는 자연인은 물론 법인, 권리능력 없는 사단·재단도 포함되고, 법인, 권리능력 없는 사단·재단 등의 경우에는 설립목적을 불문한다. (O)

ㄱ. [O] 정보공개청구권은 법률상 보호되는 구체적인 권리이므로 청구인이 공공기관에 대하여 정보공개를 청구하였다가 거부처분을 받은 것 자체가 법률상 이익의 침해에 해당한다(대판 2003.12.12. 2003두8050).

ㄴ. [X] 정보공개청구의 대상이 이미 널리 알려진 사항이라 하더라도 그 공개의 방법만을 제한할 수 있도록 규정하고 있을 뿐 공개 자체를 제한하고 있지는 아니하므로, 공개청구의 대상이 되는 정보가 이미 다른 사람에게 공개하여 널리 알려져 있다거나 인터넷이나 관보 등을 통하여 공개하여 인터넷검색이나 도서관에서의 열람 등을 통하여 쉽게 알 수 있다는 사정만으로는 소의 이익이 없다거나 비공개결정이 정당화될 수는 없다(대판 2008.11.27. 2005두15694).

유제 18. 서울 9급 이미 다른 사람에게 공개하여 널리 알려져 있다거나 인터넷이나 관보 등을 통하여 공개하여 인터넷 검색이나 도서관에서의 열람 등을 통하여 쉽게 알 수 있다는 사정만으로는 소의 이익이 없다고 할 수 없다. (O)

ㄷ. [O] 정보공개제도는 공공기관이 보유·관리하는 정보를 그 상태대로 공개하는 제도라는 점 등에 비추어 보면, 정보공개를 구하는 자가 공개를 구하는 정보를 행정기관이 보유·관리하고 있을 상당한 개연성이 있다는 점을 입증함으로써 족하다 할 것이지만, 공공기관이 그 정보를 보유·관리하고 있지 아니한 경우에는 특별한 사정이 없는 한 정보공개거부처분의 취소를 구할 법률상의 이익이 없다. … 원심으로서는 원고들이 공개를 구하는 정보를 피고가 보유·관리하고 있는지 심리한 다음, 피고가 실제로 보유·관리하고 있지 않는 정보에 대한 공개거부처분의 취소를 구하는 부분은 이를 각하하였어야 한다(대판 2006.1.13. 2003두9459).

유제 20. 5급 승진 정보공개거부처분 취소소송에서 공공기관이 해당 정보를 더 이상 보유·관리하지 않게 되었다면 법원은 특별한 사정이 없는 한 각하판결을 하여야 한다. (O)

ㄹ. [X] '진행 중인 재판에 관련된 정보'에 해당한다는 사유로 정보공개를 거부하기 위하여는 반드시 그 정보가 진행 중인 재판의 소송기록 그 자체에 포함된 내용의 정보일 필요는 없으나, 재판에 관련된 일체의 정보가 그에 해당하는 것은 아니고 진행 중인 재판의 심리 또는 재판결과에 구체적으로 영향을 미칠 위험이 있는 정보에 한정된다고 봄이 상당하다(대판 2013.12.26. 2013두17503).

유제 17. 국가직 7급 「공공기관의 정보공개에 관한 법률」 제9조 제1항 제4호의 '진행 중인 재판에 관련된 정보'에 해당한다는 사유로 정보공개를 거부하기 위해서는 그 정보가 진행 중인 재판의 소송기록 그 자체에 포함된 내용이어야 한다. (X)

16 정답 ④

☑ 함께 정리하기 공공기관의 정보공개에 관한 법률

정보공개를 청구하였다가 거부처분 받은 것 자체
▷ 법률상 이익 침해
정보가 공개되어 널리 알려진 사정
▷ 비공개 사유×
공공기관이 그 정보를 보유·관리×
▷ 공개거부처분취소 법률상 이익×
진행 중 재판에 관련된 정보
▷ 재판소송기록 자체 포함 不要

17 정답 ②

☑ 함께 정리하기 정보공개

비공개결정에 대한 행정심판
▷ 이의신청 거칠 필요 無
정보공개의무 있는 특별법상 특수법인
▷ 역할·기능에서 공개의무 있는 공공기관 해당여부 판단
신청한 방법 외의 방법으로 공개
▷ 일부 거부처분(항고소송 제기 可)
비공개 결정
▷ 전자문서로 통지 可

① [○]

> 「공공기관의 정보공개에 관한 법률」 제19조 【행정심판】 ②
> 청구인은 제18조에 따른 이의신청 절차를 거치지 아니하
> 고 행정심판을 청구할 수 있다.

유제 12. 국가직 7급 이의신청을 거치지 아니하여도 행정심판을 제기
할 수 있다. (○)

❷ [×] 어느 법인이 공공기관의 정보공개에 관한 법률 제2조 제3호
등에 따라 정보를 공개할 의무가 있는 '특별법에 의하여 설립
된 특수법인'에 해당하는가는, 국민의 알권리를 보장하고 국정
에 대한 국민의 참여와 국정운영의 투명성을 확보하고자 하는
위 법의 입법 목적을 염두에 두고, 당해 법인에게 부여된 업무
가 국가행정업무이거나, 이에 해당하지 않더라도 그 업무 수행
으로써 추구하는 이익이 당해 법인 내부의 이익에 그치지 않
고 공동체 전체의 이익에 해당하는 공익적 성격을 갖는지 여
부를 중심으로 개별적으로 판단하되, 당해 법인의 설립근거가
되는 법률이 법인의 조직구성과 활동에 대한 행정적 관리·감
독 등에서 민법이나 상법 등에 의하여 설립된 일반 법인과 달
리 규율한 취지, 국가나 지방자치단체의 당해 법인에 대한 재
정적 지원·보조의 유무와 그 정도, 당해 법인의 공공적 업무
와 관련하여 국가기관·지방자치단체 등 다른 공공기관에 대
한 정보공개청구와는 별도로 당해 법인에 대하여 직접 정보공
개청구를 구할 필요성이 있는지 여부 등을 종합적으로 고려하
여야 한다(대판 2010.4.29. 2008두5643).

유제 19. 국가직 9급 행정소송의 재판기록 일부의 정보공개청구에 대
한 비공개 결정은 전자문서로 통지할 수 없다. (×)

③ [○] 청구인에게는 특정한 공개방법을 지정하여 정보공개를 청구할
수 있는 법령상 신청권이 있다. 따라서 공공기관이 공개청구의
대상이 된 정보를 공개는 하되, 청구인이 신청한 공개방법 이
외의 방법으로 공개하기로 하는 결정을 하였다면, 이는 정보공
개청구 중 정보공개방법에 관한 부분에 대하여 일부 거부처분
을 한 것이고, 청구인은 그에 대하여 항고소송으로 다툴 수 있다
(대판 2016.11.10. 2016두44674).

④ [○] 甲이 재판기록 일부의 정보공개를 청구한 데 대하여 서울행정
법원장이 민사소송법 제162조를 이유로 소송기록의 정보를
비공개한다는 결정을 전자문서로 통지한 사안에서, '문서'에
'전자문서'를 포함한다고 규정한 구 공공기관의 정보공개에 관
한 법률 제2조와 정보의 비공개 결정을 '문서'로 통지하도록
정한 정보공개법 제13조 제4항의 규정에 의하면 정보의 비공
개 결정은 전자문서로 통지할 수 있고, 위 규정들은 행정절차
법 제3조 제1항에서 행정절차법의 적용이 제외되는 것으로 정
한 '다른 법률'에 특별한 규정이 있는 경우에 해당하므로, 비공
개 결정 당시 정보의 비공개 결정은 정보공개법 제13조 제4
항에 의하여 전자문서로 통지할 수 있다(대판 2014.4.10. 2012
두17384).

---

18 정답 ②

> 📋 함께 정리하기 **행정상 정보공개청구**
>
> 국가안전보장·국방·통일·외교분야 업무를 주로 하는 국가기관 정
> 보공개심의회
> ▷ 외부전문가 1/3 이상 위촉
> 검찰보존사무규칙
> ▷ 다른 법률 or 법률에 의한 명령에 의하여 비공개사항으로 규정된
> 경우×
> 공개시 부동산 투기등으로 특정인에게 이익을 줄 우려 있는 정보
> ▷ 비공개 可
> 형사재판확정기록 공개
> ▷ 「형사소송법」 적용(정보공개법×)

① [○]

> 「공공기관의 정보공개에 관한 법률」 제12조 【정보공개심
> 의회】 ③ 심의회의 위원은 소속 공무원, 임직원 또는 외부
> 전문가로 지명하거나 위촉하되, 그 중 3분의 2는 해당 국
> 가기관등의 업무 또는 정보공개의 업무에 관한 지식을 가
> 진 외부 전문가로 위촉하여야 한다. 다만, 제9조 제1항 제
> 2호 및 제4호에 해당하는 업무를 주로 하는 국가기관은
> 그 국가기관의 장이 외부 전문가의 위촉 비율을 따로 정하
> 되, 최소한 3분의 1 이상은 외부 전문가로 위촉하여야 한다.
> 제9조 【비공개 대상 정보】 ① 공공기관이 보유·관리하는
> 정보는 공개 대상이 된다. 다만, 다음 각 호의 어느 하나에
> 해당하는 정보는 공개하지 아니할 수 있다.
> 2. 국가안전보장·국방·통일·외교관계 등에 관한 사항으
> 로서 공개될 경우 국가의 중대한 이익을 현저히 해칠
> 우려가 있다고 인정되는 정보

❷ [×] 검찰보존사무규칙은 법무부령으로 되어 있으나, 그 중 재판확
정기록 등의 열람·등사에 대하여 제한하고 있는 부분은 위임
근거가 없어 행정기관 내부의 사무처리준칙으로서 행정규칙에
불과하므로, 위 규칙에 의한 열람·등사의 제한을 공공기관의
정보공개에 관한 법률 제4조 제1항의 '정보의 공개에 관하여
다른 법률에 특별한 규정이 있는 경우' 또는 제7조 제1항 제1
호(현 제9조 제1항 제1호)의 '다른 법률 또는 법률에 의한 명
령에 의하여 비공개사항으로 규정된 경우'에 해당한다고 볼 수
는 없다(대판 2003.12.26. 2002두1342).

유제 14. 지방직 9급 법무부령으로 제정된 「검찰보존사무규칙」상의
기록의 열람·등사의 제한규정은 구 「공공기관의 정보공개에 관한 법률」
제9조 제1항 제1호의 '다른 법률 또는 법률에 의한 명령에 의하여 비공
개사항으로 규정된 경우'에 해당한다. (×)

③ [○]

> 「공공기관의 정보공개에 관한 법률」 제9조 【비공개 대상
> 정보】 ① 공공기관이 보유·관리하는 정보는 공개 대상이
> 된다. 다만, 다음 각 호의 어느 하나에 해당하는 정보는 공
> 개하지 아니할 수 있다.
> 8. 공개될 경우 부동산 투기, 매점매석 등으로 특정인에게
> 이익 또는 불이익을 줄 우려가 있다고 인정되는 정보

④ [○] 형사소송법 제59조의2는 형사재판확정기록의 공개 여부나 공
개 범위, 불복절차 등에 대하여 구 공공기관의 정보공개에 관
한 법률과 달리 규정하고 있는 것으로 정보공개법 제4조 제1
항에서 정한 '정보의 공개에 관하여 다른 법률에 특별한 규정
이 있는 경우'에 해당한다. 따라서 형사재판확정기록의 공개에
관하여는 정보공개법에 의한 공개청구가 허용되지 아니한다
(대판 2016.12.15. 2013두20882).

유제 21. 국회직 8급 「형사소송법」이 형사재판확정기록의 공개 여부나 공개 범위, 불복절차 등에 대하여 규정하고 있는 것은 정보공개법 제4조 제1항에서 정한 '정보의 공개에 관하여 다른 법률에 특별한 규정이 있는 경우'에 해당한다고 볼 수 없으므로 형사재판확정기록의 공개에 관하여는 정보공개법에 의한 공개청구가 허용된다. (×)

19   정답 ④

> 📋 **함께 정리하기** 공공기관의 정보공개에 관한 법률
>
> 법인 등의 경영·영업상 비밀
> ▷ 영업비밀, 사업활동에 관한 일체의 비밀사항
> 학교폭력대책자치위원회의 회의록
> ▷ 비공개대상 정보
> 독립유공자 서훈 공적심사위원회 회의록
> ▷ 비공개대상 정보
> 보안관찰 통계자료
> ▷ 비공개대상 정보

① [○] 비공개 대상인 공공기관의 정보공개에 관한 법률 제9조 제1항 제7호 소정의 '법인 등의 경영상·영업상 비밀'은 부정경쟁방지 및 영업비밀보호에 관한 법률 제2조 제2호에 규정된 '영업비밀'에 한하지 않고, '타인에게 알려지지 아니함이 유리한 사업활동에 관한 일체의 정보' 또는 '사업활동에 관한 일체의 비밀사항'을 말한다(대판 2008.10.23. 2007두1798).

② [○] 학교폭력법의 목적, 입법 취지, 특히 학교폭력법 제21조 제3항이 자치위원회의 회의를 공개하지 못하도록 규정하고 있는 점 등에 비추어, <u>자치위원회가 피해학생의 보호를 위한 조치, 가해학생에 대한 조치, 학교폭력과 관련된 분쟁의 조정 등에 관하여 심의한 결과를 기재한 회의록은 정보공개법 제9조 제1항 제1호의 '다른 법률 또는 법률이 위임한 명령에 의하여 비밀 또는 비공개 사항으로 규정된 정보'에 해당한다고 보아야 할 것이다</u>(대판 2010.6.10. 2010두2913).

> **유제** 19. 소방 학교폭력대책자치위원회의 회의록은 「공공기관의 정보공개에 관한 법률」 제9조 제1항 제1호의 '다른 법률 또는 법률이 위임한 명령에 의하여 비밀 또는 비공개사항으로 규정된 정보'에 해당하지 않는다. (×)

③ [○] 甲이 친족인 망 乙 등에 대한 독립유공자 포상신청을 하였다가 독립유공자서훈 공적심사위원회의 심사를 거쳐 포상에 포함되지 못하였다는 내용의 공적심사 결과를 통지받자 국가보훈처장에게 '망인들에 대한 <u>공적심사위원회의 심의·의결 과정 및 그 내용을 기재한 회의록</u>' 등의 공개를 청구하였는데, 국가보훈처장이 위 회의록은 공공기관의 정보공개에 관한 법률 제9조 제1항 제5호에 따라 공개할 수 없다는 통보를 한 사안에서, … 위 회의록 공개에 의하여 보호되는 알 권리의 보장과 비공개에 의하여 보호되는 업무 수행의 공정성 등의 이익 등을 비교·교량해 볼 때, 위 회의록은 <u>정보공개법 제9조 제1항 제5호에서 정한 '공개될 경우 업무의 공정한 수행에 현저한 지장을 초래한다고 인정할만한 상당한 이유가 있는 정보'에 해당한다</u>(대판 2014.7.24. 2013두20301).

> **유제** 19. 국회직 8급 독립유공자서훈 공적심사위원회의 심의·의결 과정 및 그 내용을 기재한 회의록은 독립유공자 등록에 관한 신청당사자의 알 권리 보장과 공정한 업무수행을 위해서 공개되어야 한다. (×)

❹ [×] 보안관찰처분 관련 통계자료는 공공기관의 정보공개에 관한 법률 제7조 제1항 제2호 소정의 공개될 경우 국가안전보장·국방·통일·외교관계 등 국가의 중대한 이익을 해할 우려가 있는 정보, 또는 제3호 소정의 공개될 경우 국민의 생명·신체 및 재산의 보호 기타 공공의 안전과 이익을 현저히 해할 우려가 있다고 인정되는 정보에 해당한다(대판 2004.3.18. 2001두8254).

> **유제** 19. 지방직 9급 「보안관찰법」 소정의 보안관찰 관련 통계자료는 「공공기관의 정보공개에 관한 법률」 소정의 비공개 대상 정보에 해당하지 않는다. (×)

20   정답 ③

> 📋 **함께 정리하기** 사례
>
> 제3자의 비공개 요청
> ▷ 행정청 공개 可
> 공개방법 선택재량 無
> 공개청구한 정보와 이해관계 없는 자라도
> ▷ 공개거부처분에 대해 항고소송으로 다툴 법률상 이익 有
> 내부적 의사결정과정 이유로 공개거부 소송 계속 중
> ▷ 개인 사생활 침해 우려 공개거부사유 추가 不可

ㄱ. [×] 정보공개법 제11조 제3항이 "공공기관은 공개청구 된 공개대상정보의 전부 또는 일부가 제3자와 관련이 있다고 인정되는 때에는 그 사실을 제3자에게 지체 없이 통지하여야 하며, 필요한 경우에는 그의 의견을 청취할 수 있다.", 제21조 제1항이 "제11조 제3항의 규정에 의하여 공개청구된 사실을 통지받은 제3자는 통지받은 날부터 3일 이내에 당해 공공기관에 대하여 자신과 관련된 정보를 공개하지 아니할 것을 요청할 수 있다."고 규정하고 있다고 하더라도 이는 공공기관이 보유·관리하고 있는 정보가 제3자와 관련이 있는 경우 그 정보공개 여부를 결정함에 있어 공공기관이 <u>제3자와의 관계에서 거쳐야 할 절차를 규정한 것에 불과할 뿐, 제3자의 비공개요청이 있다는 사유만으로 정보공개법상 정보의 비공개사유에 해당한다고 볼 수 없다</u>(대판 2008.9.25. 2008두8680).

> **유제** 09. 국가직 7급 공공기관은 공개청구된 공개대상정보의 전부 또는 일부가 제3자와 관련이 있다고 인정되는 때에는 그 사실을 지체 없이 통지하여야 하며, 이 경우 제3자로부터 비공개요청이 있는 때에는 당해 정보를 공개하여서는 아니 된다. (×)

ㄴ. [○] 정보공개를 청구하는 자가 공공기관에 대해 정보의 사본 또는 출력물의 교부의 방법으로 공개방법을 선택하여 정보공개 청구를 한 경우에 공개청구를 받은 공공기관으로서는 같은 법 제8조 제2항에서 규정한 정보의 사본 또는 복제물의 교부를 제한할 수 있는 사유에 해당하지 않는 한 정보공개청구자가 선택한 공개방법에 따라 정보를 공개하여야 하므로 그 공개방법을 선택할 재량권이 없다(대판 2003.12.12. 2003두8050).

> **유제** 18. 변호사 甲이 사본 또는 복제물의 교부를 원하는 경우에 공개대상 정보의 양이 너무 많아 정상적인 업무수행에 현저한 지장을 초래할 우려가 있는 경우가 아니라면, 행정청은 열람의 방식으로 공개할 수 없다. (○)

ㄷ. [×] 모든 국민은 정보의 공개를 청구할 권리를 가진다(공공기관의 정보공개에 관한 법률 제5조 제1항). 따라서 이해당사자만이 정보공개 청구권을 가지는 것은 아니고, 이해관계가 없는 시민단체도 정보공개를 청구할 수 있다. 그리고 정보공개 청구권은 법률상 보호되는 구체적인 권리이므로 청구인이 공공기관에 대하여 정보공개를 청구하였다가 거부처분을 받은 것 자체가 법률상 이익의 침해에 해당한다고 할 것이고, 거부처분을 받은 것 이외에 추가로 어떤 법률상의 이익을 가질 것을 요구하는 것은 아니다(대판 2004.9.23. 2003두1370).

> **유제** 13. 지방직 9급 정보공개거부처분을 받은 청구인은 그 정보의 열람에 관한 구체적 이익을 입증해야만 행정소송을 통하여 그 공개거부처분의 취소를 구할 법률상의 이익이 인정된다. (×)

ㄹ. [O] 제5호의 의사결정과정 또는 내부검토과정에 있는 사항 등을 비공개대상정보로 하고 있는 것은 공개로 인하여 공공기관의 의사결정이 왜곡되거나 외부의 부당한 영향과 압력을 받을 가능성을 차단하여 중립적이고 공정한 의사결정이 이루어지도록 하고자 함에, 제6호의 개인식별정보를 비공개대상정보로 하고 있는 것은 개인의 사생활의 비밀과 자유의 존중 및 개인의 자신에 대한 정보통제권을 보장하는 등 정보공개로 인하여 발생할 수 있는 제3자의 법익침해를 방지하고자 함에 각 그 취지가 있어 그 각 정보를 <u>비공개대상정보로 한 근거와 입법취지가 다른 점에서 법 제7조 제1항 제5호의 사유와 제6호의 사유는 기본적 사실관계가 동일하다고 할 수 없다.</u>

> 「공공기관의 정보공개에 관한 법률」 제9조【비공개 대상 정보】① 공공기관이 보유·관리하는 정보는 공개 대상이 된다. 다만, 다음 각 호의 어느 하나에 해당하는 정보는 공개하지 아니할 수 있다.
> 5. 감사·감독·검사·시험·규제·입찰계약·기술개발·인사관리에 관한 사항이나 의사결정 과정 또는 내부검토 과정에 있는 사항 등으로서 공개될 경우 업무의 공정한 수행이나 연구·개발에 현저한 지장을 초래한다고 인정할 만한 상당한 이유가 있는 정보. 다만, 의사결정 과정 또는 내부검토 과정을 이유로 비공개할 경우에는 의사결정 과정 및 내부검토 과정이 종료되면 제10조에 따른 청구인에게 이를 통지하여야 한다.
> 6. 해당 정보에 포함되어 있는 성명·주민등록번호 등 개인에 관한 사항으로서 공개될 경우 사생활의 비밀 또는 자유를 침해할 우려가 있다고 인정되는 정보. 다만, 다음 각 목에 열거한 개인에 관한 정보는 제외한다.

> 당초의 정보공개거부처분사유인 공공기관의 정보공개에 관한 법률 제7조 제1항 제4호 및 제6호의 사유(현행 제9조 제1항 제5호 및 제6호)는 새로이 추가된 같은 항 제5호의 사유와 기본적 사실관계의 동일성이 없다고 한 사례(대판 2003.12.11. 2001두8827)

▶ 정답

p. 58

01	②	06	③	11	②	16	③, ④
02	①	07	④	12	④	17	③
03	②	08	①	13	③, ④	18	①
04	①	09	②	14	④	19	④
05	②	10	②	15	②	20	③

01

정답 ②

> 📋 **함께 정리하기 공공기관의 정보공개에 관한 법률**
>
> 정보의 공개·우송비용
> ▷ 실비 범위에서 청구인 부담/감면 可
> 정보공개위원회
> ▷ 행정안전부장관 소속
> 학술·연구 위해 일시 체류 외국인
> ▷ 정보공개청구 可
> 불기소처분기록 중 인적사항 이외의 진술내용
> ▷ 비공개대상정보 可
> 공무원이 직무 관련 없이 개인자격으로 행사 참석, 금품 수령 정보
> ▷ 비공개○

ㄱ. [○]

> 「공공기관의 정보공개에 관한 법률」 제17조 【비용 부담】
> ① 정보의 공개 및 우송 등에 드는 비용은 실비의 범위에서 청구인이 부담한다.
> ② 공개를 청구하는 정보의 사용 목적이 공공복리의 유지·증진을 위하여 필요하다고 인정되는 경우에는 제1항에 따른 비용을 감면할 수 있다.

유제 14. 서울시 9급 국민의 정보공개청구권을 보장하기 위하여 정보공개에 드는 비용은 무료로 한다. (×)

ㄴ. [×]

> 「공공기관의 정보공개에 관한 법률」 제22조 【정보공개위원회의 설치】 다음 각 호의 사항을 심의·조정하기 위하여 행정안전부장관 소속으로 정보공개위원회(이하 "위원회"라 한다)를 둔다.
> 1. 정보공개에 관한 정책 수립 및 제도 개선에 관한 사항
> 2. 정보공개에 관한 기준 수립에 관한 사항
> 3. 제12조에 따른 심의회 심의결과의 조사·분석 및 심의기준 개선 관련 의견제시에 관한 사항
> 4. 제24조 제2항 및 제3항에 따른 공공기관의 정보공개 운영실태 평가 및 그 결과 처리에 관한 사항
> 5. 정보공개와 관련된 불합리한 제도·법령 및 그 운영에 대한 조사 및 개선권고에 관한 사항
> 6. 그 밖에 정보공개에 관하여 대통령령으로 정하는 사항

ㄷ. [○]

> 「공공기관의 정보공개에 관한 법률」 제5조 【정보공개 청구권자】 ② 외국인의 정보공개 청구에 관하여는 대통령령으로 정한다.
> 「공공기관의 정보공개에 관한 법률 시행령」 제3조 【외국인의 정보공개 청구】 법 제5조 제2항에 따라 정보공개를 청구할 수 있는 외국인은 다음 각 호의 어느 하나에 해당하는 자로 한다.
> 1. 국내에 일정한 주소를 두고 거주하거나 학술·연구를 위하여 일시적으로 체류하는 사람
> 2. 국내에 사무소를 두고 있는 법인 또는 단체

ㄹ. [○] 정보공개법 제9조 제1항 제6호 본문의 규정에 따라 비공개 대상이 되는 정보에는 구 정보공개법상 이름·주민등록번호 등 정보의 형식이나 유형을 기준으로 비공개 대상 정보에 해당하는지 여부를 판단하는 '개인식별정보'뿐만 아니라 그 외에 정보의 내용을 구체적으로 살펴 '개인에 관한 사항의 공개로 인하여 개인의 내밀한 내용의 비밀 등이 알려지게 되고, 그 결과 인격적·정신적 내면생활에 지장을 초래하거나 자유로운 사생활을 영위할 수 없게 될 위험성이 있는 정보'도 포함된다고 새겨야 한다. 따라서 불기소처분 기록 중 피의자신문조서 등에 기재된 피의자 등의 인적사항 이외의 진술내용 역시 개인의 사생활의 비밀 또는 자유를 침해할 우려가 인정되는 경우 정보공개법 제9조 제1항 제6호 본문 소정의 비공개 대상에 해당한다고 할 것이다(대판 2012.6.18. 2011두2361 전합).

유제 13. 국회직 8급 「공공기관의 정보공개에 관한 법률」 제9조 제1항 제6호 소정의 '당해 정보에 포함되어 있는 이름, 주민등록번호 등 개인에 대한 사항으로서 공개될 경우 개인의 사생활의 비밀 또는 자유를 침해할 우려가 있다고 인정되는 정보'의 의미와 범위는 구법과 마찬가지로 개인식별정보에 제한된다고 해석해야 한다. (×)
19. 경찰 2차 불기소처분의 기록 중 피의자신문조서 등에 기재된 피의자 등의 인적사항 이외의 진술내용 역시 개인의 사생활의 비밀 또는 자유를 침해할 우려가 인정되는 경우 「공공기관의 정보공개에 관한 법률」상 비공개 대상 정보에 해당된다. (○)

ㅁ. [×] 공무원이 직무와 관련 없이 개인적인 자격으로 간담회·연찬회 등 행사에 참석하고 금품을 수령한 정보는 공공기관의 정보공개에 관한 법률 제7조 제1항 제6호 단서 (다)목 소정의 '공개하는 것이 공익을 위하여 필요하다고 인정되는 정보'에 해당하지 않는다(대판 2003.12.12. 2003두8050).

유제 15. 사복 9급 공무원이 직무와 관련 없이 개인적 자격으로 금품을 수령한 정보는 공개대상이 되는 정보이다. (×)

02
정답 ①

> 📋 **함께 정리하기** 정보공개
>
> 교육공무원승진규정을 근거로 정보공개 거부
> ▷ 위법
> 회의관련자료나 회의록
> ▷ 의사가 결정되거나 의사가 집행된 경우에도 비공개정보 포함 可
> 정보를 취득·활용할 의사 없이 부당이득을 얻으려는 목적 정보공개
> 청구
> ▷ 권리남용
> 공개를 목적으로 작성되고 이미 정보통신망 등을 통하여 공개된 정보
> ▷ 소재안내 방법으로 공개

❶ [×] 교육공무원법 제13조, 제14조의 위임에 따라 제정된 교육공무원승진규정은 정보공개에 관한 사항에 관하여 구체적인 법률의 위임에 따라 제정된 명령이라고 할 수 없고, 따라서 교육공무원승진규정 제26조에서 근무성적평정의 결과를 공개하지 아니한다고 규정하고 있다고 하더라도 위 교육공무원승진규정은 공공기관의 정보공개에 관한 법률 제9조 제1항 제1호에서 말하는 법률이 위임한 명령에 해당하지 아니하므로 위 규정을 근거로 정보공개청구를 거부하는 것은 잘못이다(대판 2006. 10.26. 2006두11910).

> **「공공기관의 정보공개에 관한 법률」 제9조【공개 대상 정보】** ① 공공기관이 보유·관리하는 정보는 공개 대상이 된다. 다만, 다음 각 호의 어느 하나에 해당하는 정보는 공개하지 아니할 수 있다.
> 1. 다른 법률 또는 법률에서 위임한 명령(국회규칙·대법원규칙·헌법재판소규칙·중앙선거관리위원회 규칙·대통령령 및 조례로 한정한다)에 따라 비밀이나 비공개 사항으로 규정된 정보

> 유제 21. 국가직 7급 정보의 공개에 관하여 법률의 구체적인 위임이 없는 「교육공무원승진규정」상 근무성적평정 결과를 공개하지 않는다는 규정을 근거로 정보공개청구를 거부할 수 없다. (○)
> 20. 국가직 7급 교육공무원의 근무성적평정 결과를 공개하지 아니한다고 규정하고 있는 「교육공무원승진규정」을 근거로 정보공개청구를 거부하는 것은 위법하다. (○)

② [○] 공공기관의 정보공개에 관한 법률상 비공개 대상 정보의 입법 취지에 비추어 살펴보면, 같은 법 제7조 제1항 제5호에서의 '감사·감독·검사·시험·규제·입찰계약·기술개발·인사관리·의사결정과정 또는 내부검토과정에 있는 사항'은 비공개 대상 정보를 예시적으로 열거한 것이라고 할 것이므로 의사결정과정에 제공된 회의관련자료나 의사결정과정이 기록된 회의록 등은 의사가 결정되거나 의사가 집행된 경우에는 더 이상 의사결정과정에 있는 사항 그 자체라고는 할 수 없으나, 의사결정과정에 있는 사항에 준하는 사항으로서 비공개 대상 정보에 포함될 수 있다(대판 2003.8.22. 2002두12946).

> 유제 20. 군무원 7급 의사결정과정에 제공된 회의 관련 자료나 의사결정과정이 기록된 회의록 등은 의사가 결정되거나 의사가 집행된 경우에는 더 이상 의사결정과정에 있는 사항 그 자체라고는 할 수 없으나, 의사결정과정에 있는 사항에 준하는 사항으로서 비공개 대상 정보에 포함될 수 있다. (○)

③ [○] 국민의 정보공개청구는 정보공개법 제9조에 정한 비공개 대상 정보에 해당하지 아니하는 한 원칙적으로 폭넓게 허용되어야 하지만, 실제로는 해당 정보를 취득 또는 활용할 의사가 전혀 없이 정보공개제도를 이용하여 사회통념상 용인될 수 없는 부당한 이득을 얻으려 하거나, 오로지 공공기관의 담당공무원을 괴롭힐 목적으로 정보공개청구를 하는 경우처럼 권리의 남용에 해당하는 것이 명백한 경우에는 정보공개청구권의 행사를 허용하지 아니하는 것이 옳다(대판 2014.12.24. 2014두9349).

> 유제 21. 지방직 9급 오로지 공공기관의 담당공무원을 괴롭힐 목적으로 정보공개청구를 하는 경우에도 정보공개청구권의 행사는 허용되어야 한다. (×)

④ [○]
> **「공공기관의 정보공개에 관한 법률」 제11조의2【반복 청구 등의 처리】** ② 공공기관은 제11조에도 불구하고 제10조 제1항 및 제2항에 따른 정보공개 청구가 다음 각 호의 어느 하나에 해당하는 경우에는 다음 각 호의 구분에 따라 안내하고, 해당 청구를 종결 처리할 수 있다.
> 1. 제7조 제1항에 따른 정보 등 공개를 목적으로 작성되어 이미 정보통신망 등을 통하여 공개된 정보를 청구하는 경우: 해당 정보의 소재(所在)를 안내
> **제7조【정보의 사전적 공개 등】** ① 공공기관은 다음 각 호의 어느 하나에 해당하는 정보에 대해서는 공개의 구체적 범위, 주기, 시기 및 방법 등을 미리 정하여 정보통신망 등을 통하여 알리고, 이에 따라 정기적으로 공개하여야 한다. 다만, 제9조 제1항 각 호의 어느 하나에 해당하는 정보에 대해서는 그러하지 아니하다.
> 1. 국민생활에 매우 큰 영향을 미치는 정책에 관한 정보
> 2. 국가의 시책으로 시행하는 공사(工事) 등 대규모 예산이 투입되는 사업에 관한 정보
> 3. 예산집행의 내용과 사업평가 결과 등 행정감시를 위하여 필요한 정보
> 4. 그 밖에 공공기관의 장이 정하는 정보

03
정답 ②

> 📋 **함께 정리하기** 공공기관의 정보공개에 관한 법률
>
> 공개대상정보의 부분 공개 可
> 비공개사유 해당 여부의 주장·입증책임
> ▷ 공공기관(개괄적인 사유만 들어 공개거부 不可)
> 법원에 증거제출하여 청구인에게 교부
> ▷ 소의 이익 소멸×
> 재산등록사항 고지를 거부한 직계존비속 등의 문서
> ▷ 비공개대상정보×

① [×]
> **「공공기관의 정보공개에 관한 법률」 제14조【부분 공개】** 공개 청구한 정보가 제9조 제1항 각 호의 어느 하나에 해당하는 부분과 공개 가능한 부분이 혼합되어 있는 경우로서 공개 청구의 취지에 어긋나지 아니하는 범위에서 두 부분을 분리할 수 있는 경우에는 제9조 제1항 각 호의 어느 하나에 해당하는 부분을 제외하고 공개하여야 한다.

유제 14. 사복 9급 공개청구한 정보에 비공개대상 정보와 공개가능한 정보가 혼합되어 있는 경우, 공개청구의 취지에 어긋나지 아니하는 범위 안에서 두 부분을 분리할 수 있는 때에는 비공개대상에 해당하는 부분을 제외하고 공개하여야 한다. (○)

12. 국가직 9급 행정청이 공개를 거부한 정보에 비공개사유에 해당하는 부분과 그렇지 않은 부분이 혼재되어 있는 경우에는 그 전부에 대해 공개하여야 한다. (×)

❷ [○] 공공기관의 정보공개에 관한 법률 제1조, 제3조, 제6조는 국민의 알권리를 보장하고 국정에 대한 국민의 참여와 국정운영의 투명성을 확보하기 위하여 공공기관이 보유·관리하는 정보를 모든 국민에게 원칙적으로 공개하도록 하고 있으므로, 국민으로부터 보유·관리하는 정보에 대한 공개를 요구받은 공공기관으로서는 같은 법 제7조 제1항 각 호에서 정하고 있는 비공개사유에 해당하지 않는 한 이를 공개하여야 할 것이고, 만일 이를 거부하는 경우라 할지라도 대상이 된 정보의 내용을 구체적으로 확인·검토하여 어느 부분이 어떠한 법익 또는 기본권과 충돌되어 같은 법 제7조 제1항 몇 호에서 정하고 있는 비공개사유에 해당하는지를 주장·입증하여야만 할 것이며, 그에 이르지 아니한 채 개괄적인 사유만을 들어 공개를 거부하는 것은 허용되지 아니한다(대판 2003.12.11. 2001두8827).

③ [×] 청구인이 정보공개거부처분의 취소를 구하는 소송에서 공공기관이 청구정보를 증거 등으로 법원에 제출하여 법원을 통하여 그 사본을 청구인에게 교부 또는 송달하게 하여 결과적으로 청구인에게 정보를 공개하는 셈이 되었다고 하더라도, 이러한 우회적인 방법은 법이 예정하고 있지 아니한 방법으로서 법에 의한 공개라고 볼 수는 없으므로, 당해 문서의 비공개결정의 취소를 구할 소의 이익은 소멸되지 않는다고 할 것이다(대판 2004.3.26. 2002두6583).

④ [×] 공직자윤리법상의 등록의무자가 제출한 '자신의 재산등록사항의 고지를 거부한 직계존비속의 본인과의 관계, 성명, 고지거부사유, 서명(날인)'이 기재되어 있는 구 공직자윤리법 시행규칙 제12조 관련 [별지 14호 서식]의 문서는 구 공직자윤리법에 의한 등록사항이 아니므로, 같은 법 제10조 제3항 및 제14조의 각 규정에 의하여 열람복사가 금지되거나 누설이 금지된 정보가 아니고, 나아가 구 공공기관의 정보공개에 관한 법률 제7조 제1항 제1호(현 제9조 제1항 제1호)에 정한 법령비정보에도 해당하지 않는다(대판 2007.12.13. 2005두13117).

유제 17. 국회직 8급 「공직자윤리법」상의 등록의무자가 구 「공직자윤리법 시행규칙」 제2조에 따라 제출한 '자신의 재산등록사항의 고지를 거부한 직계존비속의 본인과의 관계, 성명 고지거부사유 서명'이 기재되어 있는 문서는 정보공개법상의 비공개대상정보에 해당한다. (×)

---

04   정답 ①

> 📋 **함께 정리하기 정보공개**
>
> 한·일 군사정보보호협정 및 한·일 상호군수지원협정과 관련한 회의자료 등의 정보
> ▷ 부분공개 불가능한 비공개대상정보○
> 직무수행한 공무원의 성명·직위
> ▷ 비공개대상정보×
> 외국으로부터 비공개 전제로 정보입수
> ▷ 업무수행 현저한 지장 단정×(형량요소)
> 손해배상소송에 제출할 증거자료 획득을 목적으로 정보공개 청구
> ▷ 권리남용×

❶ [×] 甲이 외교부장관에게 한·일 군사정보보호협정 및 한·일 상호군수지원협정과 관련하여 각종 회의자료 및 회의록 등의 정보에 대한 공개를 청구하였으나, 외교부장관이 공개 청구 정보 중 일부를 제외한 나머지 정보들에 대하여 비공개 결정을 한 경우, 위 정보는 구 공공기관의 정보공개에 관한 법률 제9조 제1항 제2호, 제5호에 정한 비공개대상정보에 해당하고, 공개가 가능한 부분과 공개가 불가능한 부분을 쉽게 분리하는 것이 불가능하여 같은 법 제14조에 따른 부분공개도 가능하지 않다(대판 2019.1.17. 2015두46512).

유제 19. 서울시 7급 한·일 군사정보보호협정 및 한·일 상호군수지원협정과 관련하여 각종 회의자료 및 회의록 등의 정보는 정보공개법상 공개가 가능한 부분과 공개가 불가능한 부분을 쉽게 분리하는 것이 불가능한 비공개정보에 해당하지 아니한다. (×)

② [○]
> **「공공기관의 정보공개에 관한 법률」 제9조 【비공개 대상 정보】** ① 공공기관이 보유·관리하는 정보는 공개 대상이 된다. 다만, 다음 각 호의 어느 하나에 해당하는 정보는 공개하지 아니할 수 있다.
>   6. 해당 정보에 포함되어 있는 성명·주민등록번호 등 개인에 관한 사항으로서 공개될 경우 사생활의 비밀 또는 자유를 침해할 우려가 있다고 인정되는 정보. 다만, 다음 각 목에 열거한 개인에 관한 정보는 제외한다.
>   라. 직무를 수행한 공무원의 성명·직위

유제 19. 서울시 9급 직무를 수행한 공무원의 성명·직위는 비공개 대상정보이다. (×)

③ [○] 외국 또는 외국 기관으로부터 비공개를 전제로 정보를 입수하였다는 이유만으로 이를 공개할 경우 업무의 공정한 수행에 현저한 지장을 받을 것이라고 단정할 수는 없다. 다만 위와 같은 사정은 정보 제공자와의 관계, 정보 제공자의 의사, 정보의 취득 경위, 정보의 내용 등과 함께 업무의 공정한 수행에 현저한 지장이 있는지를 판단할 때 고려하여야 할 형량 요소이다(대판 2018.9.28. 2017두69892).

유제 19. 서울시 7급 외국 기관으로부터 비공개를 전제로 정보를 입수하였다는 이유만으로, 이를 공개할 경우 업무의 공정한 수행에 현저한 지장을 받을 것이라 단정할 수 없다. (○)

④ [○] 손해배상소송에 제출할 증거자료를 획득하기 위한 목적으로 정보공개를 청구한 경우, 오로지 상대방을 괴롭힐 목적으로 정보공개를 구하고 있다는 등의 특별한 사정이 없는 한, 권리남용에 해당하지 아니한다(대판 2004.9.23. 2003두1370).

뉴세 19. 국가직 7급 정보공개를 청구한 복석이 손해배상소송에 제출할 증거자료를 획득하기 위한 것이었고 그 소송이 이미 종결되었다면, 그러한 정보공개청구는 권리남용에 해당한다. (×)

05
정답 ②

☑ **함께 정리하기** 정보공개제도

정보공개 결정되고 공개에 오랜 시간이 걸리지 않는 정보
▷ 구술로 공개 可
업무추진비 세부항목별 집행내역 및 증빙서류에 포함된 개인에 관한 정보
▷ 비공개
대규모 예산이 투입되는 사업에 관한 정보
▷ 공개의 구체적 범위·주기·시기·방법 등 미리 알리고 정기적으로 공개
20일 內 정보공개 결정×
▷ 30일 內 해당 공공기관에 문서로 이의신청 可
사본 or 복제물의 교부 청구
▷ 이를 교부 要/사본·복제물을 나누어 or 열람과 병행 제공 可

ㄱ. [O]
> 「공공기관의 정보공개에 관한 법률」 제16조【즉시 처리가 가능한 정보의 공개】 다음 각 호의 어느 하나에 해당하는 정보로서 즉시 또는 말로 처리가 가능한 정보에 대해서는 제11조에 따른 절차를 거치지 아니하고 공개하여야 한다.
> 1. 법령 등에 따라 공개를 목적으로 작성된 정보
> 2. 일반국민에게 알리기 위하여 작성된 각종 홍보자료
> 3. 공개하기로 결정된 정보로서 공개에 오랜 시간이 걸리지 아니하는 정보
> 4. 그 밖에 공공기관의 장이 정하는 정보

유제 11. 국가직 9급 정보공개가 결정되고 공개에 오랜 시간이 걸리지 않는 정보는 구술로도 공개할 수 있다. (○)

ㄴ. [X] 지방자치단체의 업무추진비 세부항목별 집행내역 및 그에 관한 증빙서류에 포함된 개인에 관한 정보는 '공개하는 것이 공익을 위하여 필요하다고 인정되는 정보'에 해당하지 않는다(대판 2003.3.11. 2001두6425).

유제 18. 서울시 9급 지방자치단체의 업무추진비 세부항목별 집행내역 및 그에 관한 증빙서류에 포함된 개인에 관한 정보는 비공개대상정보에 해당한다. (○)

ㄷ. [O]
> 「공공기관의 정보공개에 관한 법률」 제7조【정보의 사전적 공개 등】 ① 공공기관은 다음 각 호의 어느 하나에 해당하는 정보에 대해서는 공개의 구체적 범위, 주기, 시기 및 방법 등을 미리 정하여 정보통신망 등을 통하여 알리고, 이에 따라 정기적으로 공개하여야 한다. 다만, 제9조 제1항 각 호의 어느 하나에 해당하는 정보에 대해서는 그러하지 아니하다.
> 1. 국민생활에 매우 큰 영향을 미치는 정책에 관한 정보
> 2. 국가의 시책으로 시행하는 공사(工事) 등 대규모 예산이 투입되는 사업에 관한 정보
> 3. 예산집행의 내용과 사업평가 결과 등 행정감시를 위하여 필요한 정보
> 4. 그 밖에 공공기관의 장이 정하는 정보

유제 21. 군무원 9급 공공기관은 예산집행의 내용과 사업평가 결과 등 행정감시를 위하여 필요한 정보에 대해서는 공개의 구체적 범위, 주기, 시기 및 방법 등을 미리 정하여 정보통신망 등을 통하여 알릴 필요까지는 없으나, 정기적으로 공개하여야 한다. (×)

ㄹ. [O]
> 「공공기관의 정보공개에 관한 법률」 제18조【이의신청】 ① 청구인이 정보공개와 관련한 공공기관의 비공개 결정 또는 부분 공개 결정에 대하여 불복이 있거나 정보공개 청구 후 20일이 경과하도록 정보공개 결정이 없는 때에는 공공기관으로부터 정보공개 여부의 결정 통지를 받은 날 또는 정보공개 청구 후 20일이 경과한 날부터 30일 이내에 해당 공공기관에 문서로 이의신청을 할 수 있다.

유제 15. 교행 9급 공공기관의 비공개결정에 대하여 불복이 있는 청구인은 해당공공기관의 상급기관에 이의신청을 하여야 한다. (×)

ㅁ. [O]
> 「공공기관의 정보공개에 관한 법률」 제13조【정보공개 여부 결정의 통지】 ② 공공기관은 청구인이 사본 또는 복제물의 교부를 원하는 경우에는 이를 교부하여야 한다. 다만, 공개 대상 정보의 양이 너무 많아 정상적인 업무수행에 현저한 지장을 초래할 우려가 있는 경우에는 정보의 사본·복제물을 일정 기간별로 나누어 제공하거나 열람과 병행하여 제공할 수 있다.

06
정답 ③

☑ **함께 정리하기** 공공기관의 정보공개에 관한 법률

제3자 관련 有
▷ 지체 없이 통지 & 의견 청취 可
제3자 비공개요청에도 불구 공개결정
▷ 결정일과 실시일
▷ 최소 30일의 간격 要
공개결정시 이유 & 실시일 명시하여 지체 없이 문서로 통지 要
제3자 비공개요청
▷ 통지 받은 후 3일 내
제3자는 당해 공공기관에 이의신청 可
▷ 문서O/구두×

ㄱ. [O]
> 「공공기관의 정보공개에 관한 법률」 제11조【정보공개 여부의 결정】 ③ 공공기관은 공개 청구된 공개 대상 정보의 전부 또는 일부가 제3자와 관련이 있다고 인정할 때에는 그 사실을 제3자에게 지체 없이 통지하여야 하며, 필요한 경우에는 그의 의견을 들을 수 있다.

유제 18. 서울시 7급 공개대상정보의 일부 또는 전부가 제3자와 관련이 있다고 인정하는 때에는 공공기관은 지체 없이 관련된 제3자에게 통지하여야 한다. (○)

18. 교행 9급 공공기관은 정보공개청구의 대상이 된 정보가 제3자와 관련된 경우 해당 제3자의 의견을 청취할 수 있으나, 그에게 통지할 의무는 없다. (×)

ㄴ. [X]
> 「공공기관의 정보공개에 관한 법률」 제21조【제3자의 비공개 요청 등】 ③ 공공기관은 제2항에 따른 공개 결정일과 공개 실시일 사이에 최소한 30일의 간격을 두어야 한다.

ㄷ. [O]

> 「공공기관의 정보공개에 관한 법률」제21조【제3자의 비공개 요청 등】② 제1항에 따른 비공개 요청에도 불구하고 공공기관이 공개 결정을 할 때에는 공개 결정 이유와 공개 실시일을 분명히 밝혀 지체 없이 문서로 통지하여야 하며, 제3자는 해당 공공기관에 문서로 이의신청을 하거나 행정심판 또는 행정소송을 제기할 수 있다. 이 경우 이의신청은 통지를 받은 날부터 7일 이내에 하여야 한다.

> 유제 11. 사복 9급 제3자의 비공개요청에도 불구하고 공공기관이 공개결정을 하는 때에는 공개결정이유와 공개실시일을 명시하여 지체 없이 문서로 통지하여야 한다. (O)

ㄹ. [X]

> 「공공기관의 정보공개에 관한 법률」제21조【제3자의 비공개 요청 등】① 제11조 제3항에 따라 공개 청구된 사실을 통지받은 제3자는 그 통지를 받은 날부터 3일 이내에 해당 공공기관에 대하여 자신과 관련된 정보를 공개하지 아니할 것을 요청할 수 있다.

ㅁ. [O]

> 「공공기관의 정보공개에 관한 법률」제21조【제3자의 비공개 요청 등】② 제1항에 따른 비공개 요청에도 불구하고 공공기관이 공개 결정을 할 때에는 공개 결정 이유와 공개 실시일을 분명히 밝혀 지체 없이 문서로 통지하여야 하며, 제3자는 해당 공공기관에 문서로 이의신청을 하거나 행정심판 또는 행정소송을 제기할 수 있다. 이 경우 이의신청은 통지를 받은 날부터 7일 이내에 하여야 한다.

> 유제 11. 사복 9급 자신과 관련된 정보에 대한 제3자의 비공개요청에도 불구하고 공공기관이 공개결정을 하는 때에는 제3자는 당해 공공기관에 문서 또는 구두로 이의신청을 하거나 행정심판 또는 행정소송을 제기할 수 있다. (X)

07
정답 ④

> ☑ 함께 정리하기 개인정보 보호
>
> 개인정보
> ▷ 내밀 or 사사 영역 & 공적 생활 or 이미 공개된 개인정보 포함
> 경찰청장이 지문정보 보관·이용
> ▷ 개인정보자기결정권 침해×
> 익명표현의 자유
> ▷ 표현의 자유 보호영역○
> 헌재
> ▷ 개인정보자기결정권 독자적 기본권으로 인정

ㄱ. [O] 인간의 존엄과 가치, 행복추구권을 규정한 헌법 제10조 제1문에서 도출되는 일반적 인격권 및 헌법 제17조의 사생활의 비밀과 자유에 의하여 보장되는 개인정보자기결정권은 자신에 관한 정보가 언제 누구에게 어느 범위까지 알려지고 또 이용되도록 할 것인지를 그 정보주체가 스스로 결정할 수 있는 권리이다. 즉 정보주체가 개인정보의 공개와 이용에 관하여 스스로 결정할 권리를 말한다. 개인정보자기결정권의 보호대상이 되는 개인정보는 개인의 신체, 신념, 사회적 지위, 신분 등과 같이 개인의 인격주체성을 특징짓는 사항으로서 그 개인의 동일성을 식별할 수 있게 하는 일체의 정보라고 할 수 있고, 반드시 개인의 내밀한 영역이나 사사(私事)의 영역에 속하는 정보에 국한되지 않고 공적 생활에서 형성되었거나 이미 공개된 개인정보까지 포함한다. 또한 그러한 개인정보를 대상으로 한 조사·수집·보관·처리·이용 등의 행위는 모두 원칙적으로 개인정보자기결정권에 대한 제한에 해당한다(헌재 2005.7.21. 2003헌마282).

> 유제 12. 국가직 9급 개인정보자기결정권의 보호대상이 되는 개인정보는 그 개인의 동일성을 식별할 수 있게 하는 일체의 정보로서 반드시 개인의 내밀한 영역이나 사사(私事)의 영역에 속하는 정보에 국한되지 않고 이미 공개된 개인정보까지 포함한다. (O)

ㄴ. [X] 개인정보자기결정권을 제한하기는 하지만 침해는 아니다.

> 개인정보자기결정권은 자신에 관한 정보가 언제 누구에게 어느 범위까지 알려지고 또 이용되도록 할 것인지를 그 정보주체가 스스로 결정할 수 있는 권리, 즉 정보주체가 개인정보의 공개와 이용에 관하여 스스로 결정할 권리를 말하는바, 개인의 고유성, 동일성을 나타내는 지문은 그 정보주체를 타인으로부터 식별가능하게 하는 개인정보이므로, 시장·군수 또는 구청장이 개인의 지문정보를 수집하고, 경찰청장이 이를 보관·전산화하여 범죄수사목적에 이용하는 것은 모두 개인정보자기결정권을 제한하는 것이다(헌재 2005.5.26. 99헌마513).

> 유제 16. 교행 9급 판례는 지문(指紋)을 개인정보에 해당하지 않는 것으로 본다. (×)

ㄷ. [O] 헌법 제21조에서 보장하고 있는 표현의 자유는 개인이 인간으로서의 존엄과 가치를 유지하고 국민주권을 실현하는 데 필수불가결한 자유로서, 자신의 신원을 누구에게도 밝히지 않은 채 익명 또는 가명으로 자신의 사상이나 견해를 표명하고 전파할 익명표현의 자유도 보호영역에 포함된다. 한편 헌법상 기본권의 행사는 국가공동체 내에서 타인과의 공동생활을 가능하게 하고 다른 헌법적 가치나 국가의 법질서를 위태롭게 하지 않는 범위 내에서 이루어져야 하므로, 개인정보자기결정권이나 익명표현의 자유도 국가안전보장·질서유지 또는 공공복리를 위하여 필요한 경우에는 헌법 제37조 제2항에 따라 법률로써 제한될 수 있다(대판 2016.3.10. 2012다105482).

ㄹ. [O] 개인정보자기결정권의 헌법상 근거로는 헌법 제17조의 사생활의 비밀과 자유, 헌법 제10조 제1문의 인간의 존엄과 가치 및 행복추구권에 근거를 둔 일반적 인격권 또는 위 조문들과 동시에 우리 헌법의 자유민주적 기본질서 규정 또는 국민주권원리와 민주주의원리 등을 고려할 수 있으나, 개인정보자기결정권으로 보호하려는 내용을 위 각 기본권들 및 헌법원리들 중 일부에 완전히 포섭시키는 것은 불가능하다고 할 것이므로, 그 헌법적 근거를 굳이 어느 한 두개에 국한시키는 것은 바람직하지 않은 것으로 보이고, 오히려 개인정보자기결정권은 이들을 이념적 기초로 하는 독자적 기본권으로서 헌법에 명시되지 아니한 기본권이라고 보아야 할 것이다(헌재 2005.5.26. 2004헌마190).

08
정답 ①

☑ 함께 정리하기 **개인정보 보호제도**

정보주체권리보다 명백히 우선하는 정당한 이익 달성
▷ 동의 없이 제3자 정보제공가능
전기통신사업자의 수사목적 통신자료 제공
▷ 기본권 침해×
법률정보제공사이트 회사가 법학과 홈페이지 통해 수집한 법학과 교수 개인정보를 별도 동의 없이 제공
▷ 위법×
단체소송
▷ 변호사강제주의

❶ [×] 「개인정보 보호법」 제15조 제1항 제6호도 정보주체의 동의 없이 개인정보를 제3자에게 제공할 수 있는 경우에 해당한다.

> 「개인정보 보호법」 제17조 【개인정보의 제공】 ① 개인정보
> 처리자는 다음 각 호의 어느 하나에 해당되는 경우에는 정
> 보주체의 개인정보를 제3자에게 제공(공유를 포함한다. 이
> 하 같다)할 수 있다.
> 1. 정보주체의 동의를 받은 경우
> 2. 제15조 제1항 제2호, 제3호 및 제5호부터 제7호까지
>   에 따라 개인정보를 수집한 목적 범위에서 개인정보를
>   제공하는 경우
> 제15조 【개인정보의 수집·이용】 ① 개인정보처리자는 다
> 음 각 호의 어느 하나에 해당하는 경우에는 개인정보를 수
> 집할 수 있으며 그 수집 목적의 범위에서 이용할 수 있다.
> 2. 법률에 특별한 규정이 있거나 법령상 의무를 준수하기
>   위하여 불가피한 경우
> 3. 공공기관이 법령 등에서 정하는 소관 업무의 수행을 위
>   하여 불가피한 경우
> 5. 명백히 정보주체 또는 제3자의 급박한 생명, 신체, 재
>   산의 이익을 위하여 필요하다고 인정되는 경우
> 6. 개인정보처리자의 정당한 이익을 달성하기 위하여 필
>   요한 경우로서 명백하게 정보주체의 권리보다 우선하
>   는 경우. 이 경우 개인정보처리자의 정당한 이익과 상
>   당한 관련이 있고 합리적인 범위를 초과하지 아니하는
>   경우에 한한다.
> 7. 공중위생 등 공공의 안전과 안녕을 위하여 긴급히 필요
>   한 경우

② [○] 검사 또는 수사관서의 장이 수사를 위하여 구 전기통신사업법 제54조 제3항, 제4항에 의하여 전기통신사업자에게 통신자료의 제공을 요청하고, 이에 전기통신사업자가 위 규정에서 정한 형식적·절차적 요건을 심사하여 검사 또는 수사관서의 장에게 이용자의 통신자료를 제공하였다면, 검사 또는 수사관서의 장이 통신자료의 제공 요청 권한을 남용하여 정보주체 또는 제3자의 이익을 부당하게 침해하는 것임이 객관적으로 명백한 경우와 같은 특별한 사정이 없는 한, 이로 인하여 이용자의 개인정보자기결정권이나 익명표현의 자유 등이 위법하게 침해된 것이라고 볼 수 없다(대판 2016.3.10. 2012다105482).

③ [○] 법률정보 제공 사이트를 운영하는 甲 주식회사가 공립대학교인 乙 대학교 법과대학 법학과 교수로 재직 중인 丙의 사진, 성명, 성별, 출생연도, 직업, 직장, 학력, 경력 등의 개인정보를 위 법학과 홈페이지 등을 통해 수집하여 위 사이트 내 '법조인'항목에서 유료로 제공한 사안에서, 甲 회사가 영리 목적으로 丙의 개인정보를 수집하여 제3자에게 제공하였더라도 그에

의하여 얻을 수 있는 법적 이익이 정보처리를 막음으로써 얻을 수 있는 정보주체의 인격적 법익에 비하여 우월하므로, 甲 회사의 행위를 丙의 개인정보자기결정권을 침해하는 위법한 행위로 평가할 수 없고, 甲 회사가 丙의 개인정보를 수집하여 제3자에게 제공한 행위는 丙의 동의가 있었다고 객관적으로 인정되는 범위 내이고, 甲 회사에 영리 목적이 있었다고 하여 달리 볼 수 없으므로, 甲 회사가 丙의 별도의 동의를 받지 아니하였다고 하여 개인정보 보호법 제15조나 제17조를 위반하였다고 볼 수 없다(대판 2016.8.17. 2014다235080).

> 유제 23. 소방간부 이미 공개된 개인정보를 정보주체의 동의가 있었다고 객관적으로 인정되는 범위 내에서 처리를 할 때는 정보주체의 별도의 동의는 불필요하다고 보아야 하고, 별도의 동의를 받지 아니하였다고 하여 「개인정보 보호법」을 위반한 것으로 볼 수 없다. (○)

④ [○]

> 「개인정보 보호법」 제53조 【소송대리인의 선임】 단체소송의 원고는 변호사를 소송대리인으로 선임하여야 한다.

09
정답 ②

☑ 함께 정리하기 **개인정보 보호법**

개인정보파일의 명칭, 운용목적, 처리 방법, 보유기간 등
▷ 공공기관장은 개인정보 보호위원회에 등록 要
개인정보처리자
▷ 통계작성·과학적 연구·공익적 기록보존등 위해 정보주체 동의 없이 가명정보처리 可
개인정보처리자
▷ 당초 수집목적과 합리적 관련 범위 내 정보주체 동의 없이 개인정보이용 可
법령에서 민감정보 처리를 요구 or 허용
▷ 정보주체의 동의 없이 민감정보 처리 可

① [×]

> 「개인정보 보호법」 제32조 【개인정보파일의 등록 및 공개】
> ① 공공기관의 장이 개인정보파일을 운용하는 경우에는
> 다음 각 호의 사항을 보호위원회에 등록하여야 한다. 등록
> 한 사항이 변경된 경우에도 또한 같다.
> 1. 개인정보파일의 명칭
> 2. 개인정보파일의 운영 근거 및 목적
> 3. 개인정보파일에 기록되는 개인정보의 항목
> 4. 개인정보의 처리방법
> 5. 개인정보의 보유기간
> 6. 개인정보를 통상적 또는 반복적으로 제공하는 경우에
>   는 그 제공받는 자
> 7. 그 밖에 대통령령으로 정하는 사항

❷ [○]

> 「개인정보 보호법」 제28조의2 【가명정보의 처리 등】 ① 개
> 인정보처리자는 통계작성, 과학적 연구, 공익적 기록보존
> 등을 위하여 정보주체의 동의 없이 가명정보를 처리할 수
> 있다.

③ [×]

> 「개인정보 보호법」 제17조 【개인정보의 제공】 ④ 개인정보
> 처리자는 당초 수집 목적과 합리적으로 관련된 범위에서
> 정보주체에게 불이익이 발생하는지 여부, 암호화 등 안전
> 성 확보에 필요한 조치를 하였는지 여부 등을 고려하여 대
> 통령령으로 정하는 바에 따라 정보주체의 동의 없이 개인
> 정보를 제공할 수 있다.

> 유제 21. 국회직 8급 개인정보처리자는 당초 수집 목적과 합리적으로
> 관련된 범위에서 정보주체에게 불이익이 발생하는지 여부, 암호화 등 안
> 전성 확보에 필요한 조치를 하였는지 여부 등을 고려하여 대통령령으
> 로 정하는 바에 따라 정보주체의 동의 없이 개인정보를 제공할 수 있
> 다. (O)

④ [×] 정보주체의 동의를 받지 못하는 경우에도 법령에 의하여 민감
정보를 처리할 수 있다.

> 「개인정보 보호법」 제23조 【민감정보의 처리 제한】 ① 개
> 인정보처리자는 사상·신념, 노동조합·정당의 가입·탈퇴,
> 정치적 견해, 건강, 성생활 등에 관한 정보, 그 밖에 정보
> 주체의 사생활을 현저히 침해할 우려가 있는 개인정보로서
> 대통령령으로 정하는 정보(이하 "민감정보"라 한다)를 처
> 리하여서는 아니 된다. 다만, 다음 각 호의 어느 하나에 해
> 당하는 경우에는 그러하지 아니하다.
> 1. 정보주체에게 제15조 제2항 각 호 또는 제17조 제2항
>   각 호의 사항을 알리고 다른 개인정보의 처리에 대한
>   동의와 별도로 동의를 받은 경우
> 2. 법령에서 민감정보의 처리를 요구하거나 허용하는 경우

---

10   정답 ②

📋 **함께 정리하기 개인정보 보호법**

개인정보분쟁조정위원회의 조정
▷ 재판상 화해와 동일 효력○
목욕실 등
▷ 교도소 등의 시설이 아닌 경우, 영상정보처리기기 설치·운영 不可
손배청구시
▷ 개인정보처리자가 고의·과실 없음 입증해야 함
최소 필요성 요건의 충족 여부의 입증책임
▷ 개인정보처리자

① [O]

> 「개인정보 보호법」 제47조 【분쟁의 조정】 ① 분쟁조정위원
> 회는 다음 각 호의 어느 하나의 사항을 포함하여 조정안을
> 작성할 수 있다.
> 1. 조사 대상 침해행위의 중지
> 2. 원상회복, 손해배상, 그 밖에 필요한 구제조치
> 3. 같거나 비슷한 침해의 재발을 방지하기 위하여 필요한
>   조치
> ② 분쟁조정위원회는 제1항에 따라 조정안을 작성하면 지
> 체 없이 각 당사자에게 제시하여야 한다.
> ③ 제2항에 따라 조정안을 제시받은 당사자가 제시받은
> 날부터 15일 이내에 수락 여부를 알리지 아니하면 조정을
> 수락한 것으로 본다.

④ 당사자가 조정내용을 수락한 경우(제3항에 따라 수락
> 한 것으로 보는 경우를 포함한다) 분쟁조정위원회는 조정
> 서를 작성하고, 분쟁조정위원회의 위원장과 각 당사자가
> 기명날인 또는 서명을 한 후 조정서 정본을 지체 없이 각
> 당사자 또는 그 대리인에게 송달하여야 한다. 다만, 제3항
> 에 따라 수락한 것으로 보는 경우에는 각 당사자의 기명날
> 인 및 서명을 생략할 수 있다.
> ⑤ 제4항에 따른 조정의 내용은 재판상 화해와 동일한 효
> 력을 갖는다.

❷ [×]

> 「개인정보 보호법」 제25조 【영상정보처리기기의 설치·운
> 영 제한】 ② 누구든지 불특정 다수가 이용하는 목욕실, 화
> 장실, 발한실(發汗室), 탈의실 등 개인의 사생활을 현저히
> 침해할 우려가 있는 장소의 내부를 볼 수 있도록 고정형
> 영상정보처리기기를 설치·운영하여서는 아니 된다. 다만,
> 교도소, 정신보건시설 등 법령에 근거하여 사람을 구금하
> 거나 보호하는 시설로서 대통령령으로 정하는 시설에 대하
> 여는 그러하지 아니하다.

> 유제 14. 경찰 불특정 다수가 이용하는 목욕실, 화장실, 발한실, 탈의실
> 등 개인의 사생활을 현저히 침해할 우려가 있는 장소의 내부를 볼 수 있
> 도록 영상정보처리기기를 설치하고 운영하여서는 아니 되며, 다만 교도
> 소, 정신보건 시설 등 법령에서 정하는 시설은 설치가 가능하다. (O)

③ [O]

> 「개인정보 보호법」 제39조 【손해배상책임】 ① 정보주체는
> 개인정보처리자가 이 법을 위반한 행위로 손해를 입으면
> 개인정보처리자에게 손해배상을 청구할 수 있다. 이 경우
> 그 개인정보처리자는 고의 또는 과실이 없음을 입증하지
> 아니하면 책임을 면할 수 없다.

> 유제 14. 국가직 9급 정보주체는 개인정보처리자가 「개인정보 보호
> 법」을 위반한 행위로 손해를 입으면 개인정보처리자에게 손해배상을 청
> 구할 수 있으며, 이 경우 그 정보주체는 고의 또는 과실을 입증해야 한다.
> (×)

④ [O]

> 「개인정보 보호법」 제16조 【개인정보의 수집 제한】 ① 개
> 인정보처리자는 제15조 제1항 각 호의 어느 하나에 해당
> 하여 개인정보를 수집하는 경우에는 그 목적에 필요한 최
> 소한의 개인정보를 수집하여야 한다. 이 경우 최소한의 개
> 인정보 수집이라는 입증책임은 개인정보처리자가 부담한다.

---

11   정답 ②

📋 **함께 정리하기 개인정보 보호법**

만14세 미만 아동의 동의를 받아야 할 때
▷ 그 법정대리인의 동의를 받아야 함
▷ 법정대리인 동의 받기 위해 필요한 최소한의 정보는 아동으로부터
직접 수집 可
개인정보 보호법 대상정보의 범위
▷ 공공기관 & 법인 & 단체 & 개인에 의해서 처리되는 정보
고정형 영상정보처리기기
▷ 임의로 조작 or 다른 곳을 비춰서는 × 녹음기능 ×

개인정보
▷ 다른 정보와 쉽게 결합하여 알 수 있는 것 포함

① [O]
「개인정보 보호법」 제22조 【동의를 받는 방법】 ⑥ 개인정보처리자는 만 14세 미만 아동의 개위정보를 처리하기 위하여 이 법에 따른 동의를 받아야 할 때에는 그 법정대리인의 동의를 받아야 한다. 이 경우 법정대리인의 동의를 받기 위하여 필요한 최소한의 정보는 법정대리인의 동의 없이 해당 아동으로부터 직접 수집할 수 있다.

❷ [X] 개인에 의해서 처리되는 정보도 「개인정보 보호법」의 대상정보의 범위에 포함된다.

「개인정보 보호법」 제2조 【정의】 이 법에서 사용하는 용어의 뜻은 다음과 같다.
5. "개인정보처리자"란 업무를 목적으로 개인정보파일을 운용하기 위하여 스스로 또는 다른 사람을 통하여 개인정보를 처리하는 공공기관, 법인, 단체 및 개인 등을 말한다.

③ [O]
「개인정보 보호법」 제25조 【영상정보처리기기의 설치·운영 제한】 ⑤ 고정형 영상정보처리기기 운영자는 고정형 영상정보처리기기의 설치 목적과 다른 목적으로 고정형 영상정보처리기기를 임의로 조작하거나 다른 곳을 비춰서는 아니 되며, 녹음기능은 사용할 수 없다.

유제 13. 경찰 영상정보처리기기운영자는 영상정보처리기기의 설치 목적과 다른 목적으로 영상정보처리기기를 임의로 조작하거나 다른 곳을 비춰서는 아니 되며, 녹음기능은 사용할 수 없다. (O)

④ [O]
「개인정보 보호법」 제2조 【정의】 이 법에서 사용하는 용어의 뜻은 다음과 같다.
1. "개인정보"란 살아 있는 개인에 관한 정보로서 다음 각 목의 어느 하나에 해당하는 정보를 말한다.
가. 성명, 주민등록번호 및 영상 등을 통하여 개인을 알아볼 수 있는 정보
나. 해당 정보만으로는 특정 개인을 알아볼 수 없더라도 다른 정보와 쉽게 결합하여 알아볼 수 있는 정보. 이 경우 쉽게 결합할 수 있는지 여부는 다른 정보의 입수 가능성 등 개인을 알아보는 데 소요되는 시간, 비용, 기술 등을 합리적으로 고려하여야 한다.
다. 가목 또는 나목을 제1호의2에 따라 가명처리함으로써 원래의 상태로 복원하기 위한 추가 정보의 사용·결합 없이는 특정 개인을 알아볼 수 없는 정보 (이하 "가명정보"라 한다)

유제 21. 소방간부 가명정보는 원래의 상태로 복원하기 위한 추가 정보의 사용·결합 없이는 특정 개인을 알아볼 수 없는 정보이기 때문에 개인정보에 해당하지 않는다. (X)
14. 국가직 9급 「개인정보 보호법」상 '개인정보'란 살아있는 개인에 관한 정보로서 사자(死者)나 법인의 정보는 포함되지 않는다. (O)

---

12 정답 ④

📋 함께 정리하기 개인정보 보호법상 분쟁해결절차

단체소송의 허가 or 불허가 결정
▷ 즉시항고 可
분쟁해결절차
▷ 개인정보분쟁조정위원회에 분쟁조정신청 可
소비자단체의 개인정보 단체소송 제기요건
▷ 정회원수 1천명 이상 要
단체소송에 관하여 「개인정보 보호법」에 특별한 규정 無
▷ 「민사소송법」 적용

① [O]
「개인정보 보호법」 제55조 【소송허가요건 등】 ② 단체소송을 허가하거나 불허가하는 결정에 대하여는 즉시항고할 수 있다.

유제 16. 지방직 9급 개인정보 단체소송을 허가하거나 불허가하는 법원의 결정에 대하여는 불복할 수 없다. (X)

② [O]
「개인정보 보호법」 제43조 【조정의 신청 등】 ① 개인정보와 관련한 분쟁의 조정을 원하는 자는 분쟁조정위원회에 분쟁조정을 신청할 수 있다.

유제 16. 교행 9급 개인정보와 관련한 분쟁의 조정을 원하는 자는 개인정보분쟁조정위원회에 분쟁조정을 신청할 수 있다. (O)

③ [O]
「개인정보 보호법」 제51조 【단체소송의 대상 등】 다음 각 호의 어느 하나에 해당하는 단체는 개인정보처리자가 제49조에 따른 집단분쟁조정을 거부하거나 집단분쟁조정의 결과를 수락하지 아니한 경우에는 법원에 권리침해 행위의 금지·중지를 구하는 소송(이하 "단체소송"이라 한다)을 제기할 수 있다.
1. 「소비자기본법」 제29조에 따라 공정거래위원회에 등록한 소비자단체로서 다음 각 목의 요건을 모두 갖춘 단체
가. 정관에 따라 상시적으로 정보주체의 권익증진을 주된 목적으로 하는 단체일 것
나. 단체의 정회원수가 1천명 이상일 것
다. 「소비자기본법」 제29조에 따른 등록 후 3년이 경과하였을 것

❹ [X]
「개인정보 보호법」 제57조 【「민사소송법」의 적용 등】 ① 단체소송에 관하여 이 법에 특별한 규정이 없는 경우에는 「민사소송법」을 적용한다.

유제 16. 지방직 9급 개인정보 단체소송에 관하여 「개인정보 보호법」에 특별한 규정이 없는 경우에는 「행정소송법」을 적용한다. (X)

13   정답 ③, ④

📋 **함께 정리하기 개인정보 보호**

고의·중과실로 개인정보유출
▷ 법원 손해액 5배 내 배상액 정할 수 있음
개인정보처리자
▷ 법령상 의무 준수 위해 개인정보 수집·이용 可
열람·정정 및 삭제청구권
▷ 대리 可
개인정보 보호위원회
▷ 국무총리 소속

① [O] 손해배상액이 손해액의 3배에서 5배로 개정되었다.

> 「개인정보 보호법」 제39조【손해배상책임】 ③ 개인정보처리자의 고의 또는 중대한 과실로 인하여 개인정보가 분실·도난·유출·위조·변조 또는 훼손된 경우로서 정보주체에게 손해가 발생한 때에는 법원은 그 손해액의 5배를 넘지 아니하는 범위에서 손해배상액을 정할 수 있다. 다만, 개인정보처리자가 고의 또는 중대한 과실이 없음을 증명한 경우에는 그러하지 아니하다.

② [O]

> 「개인정보 보호법」 제15조【개인정보의 수집·이용】 ① 개인정보처리자는 다음 각 호의 어느 하나에 해당하는 경우에는 개인정보를 수집할 수 있으며 그 수집 목적의 범위에서 이용할 수 있다.
> 2. 법률에 특별한 규정이 있거나 법령상 의무를 준수하기 위하여 불가피한 경우

❸ [✕]

> 「개인정보 보호법」 제38조【권리행사의 방법 및 절차】 ① 정보주체는 제35조에 따른 열람, 제36조에 따른 정정·삭제, 제37조에 따른 처리정지 등의 요구(이하 "열람등요구"라 한다)를 문서 등 대통령령으로 정하는 방법·절차에 따라 대리인에게 하게 할 수 있다.

유제 17. 국가직 7급 개인정보의 열람청구와 삭제 또는 정정청구는 정보주체가 직접 하여야 하고 대리인에 의한 청구는 허용되지 않는다. (✕)

❹ [✕]

> 「개인정보 보호법」 제7조【개인정보 보호위원회】 ① 개인정보 보호에 관한 사무를 독립적으로 수행하기 위하여 국무총리 소속으로 개인정보 보호위원회(이하 "보호위원회"라 한다)를 둔다.

유제 21. 국회직 9급 개인정보 보호에 관한 사무를 독립적으로 수행하기 위하여 행정안전부 소속으로 개인정보 보호위원회를 둔다. (✕)

14   정답 ④

📋 **함께 정리하기 개인정보 보호법**

개인정보를 제공받은 자
▷ 정보주체 동의 또는 법률규정 있는 경우 제외 목적 외 이용·제공 금지
최소 필요성 요건의 충족 여부의 입증책임
▷ 개인정보처리자
공공기관
▷ 법령상 소관업무 수행 위해 불가피
▷ 동의 없이 개인정보수집 可
개인정보처리자
▷ 법령상 의무 준수 위해 불가피
▷ 개인정보처리 정지요구 거부 可

① [O]

> 「개인정보 보호법」 제19조【개인정보를 제공받은 자의 이용·제공 제한】 개인정보처리자로부터 개인정보를 제공받은 자는 다음 각 호의 어느 하나에 해당하는 경우를 제외하고는 개인정보를 제공받은 목적 외의 용도로 이용하거나 이를 제3자에게 제공하여서는 아니 된다.
> 1. 정보주체로부터 별도의 동의를 받은 경우
> 2. 다른 법률에 특별한 규정이 있는 경우

② [O]

> 「개인정보 보호법」 제16조【개인정보의 수집 제한】 ① 개인정보처리자는 제15조 제1항 각 호의 어느 하나에 해당하여 개인정보를 수집하는 경우에는 그 목적에 필요한 최소한의 개인정보를 수집하여야 한다. 이 경우 최소한의 개인정보 수집이라는 입증책임은 개인정보처리자가 부담한다.

③ [O]

> 「개인정보 보호법」 제15조【개인정보의 수집·이용】 ① 개인정보처리자는 다음 각 호의 어느 하나에 해당하는 경우에는 개인정보를 수집할 수 있으며 그 수집 목적의 범위에서 이용할 수 있다.
> 1. 정보주체의 동의를 받은 경우
> 2. 법률에 특별한 규정이 있거나 법령상 의무를 준수하기 위하여 불가피한 경우
> 3. 공공기관이 법령 등에서 정하는 소관 업무의 수행을 위하여 불가피한 경우
> 4. 정보주체와 체결한 계약을 이행하거나 계약을 체결하는 과정에서 정보주체의 요청에 따른 조치를 이행하기 위하여 필요한 경우
> 5. 명백히 정보주체 또는 제3자의 급박한 생명, 신체, 재산의 이익을 위하여 필요하다고 인정되는 경우
> 6. 개인정보처리자의 정당한 이익을 달성하기 위하여 필요한 경우로서 명백하게 정보주체의 권리보다 우선하는 경우. 이 경우 개인정보처리자의 정당한 이익과 상당한 관련이 있고 합리적인 범위를 초과하지 아니하는 경우에 한한다.
> 7. 공중위생 등 공공의 안전과 안녕을 위하여 긴급히 필요한 경우

❹ [×]

> **「개인정보 보호법」 제37조【개인정보의 처리정지 등】①** 정보주체는 개인정보처리자에 대하여 자신의 개인정보 처리의 정지를 요구하거나 개인정보 처리에 대한 동의를 철회할 수 있다. 이 경우 공공기관에 대해서는 제32조에 따라 등록 대상이 되는 개인정보파일 중 자신의 개인정보에 대한 처리의 징지를 요구하거나 개인징보 처리에 대한 동의를 철회할 수 있다.
> ② 개인정보처리자는 제1항에 따른 처리정지 요구를 받았을 때에는 지체 없이 정보주체의 요구에 따라 개인정보 처리의 전부를 정지하거나 일부를 정지하여야 한다. 다만, 다음 각 호의 어느 하나에 해당하는 경우에는 정보주체의 처리정지 요구를 거절할 수 있다.
> 1. 법률에 특별한 규정이 있거나 법령상 의무를 준수하기 위하여 불가피한 경우
> 2. 다른 사람의 생명·신체를 해할 우려가 있거나 다른 사람의 재산과 그 밖의 이익을 부당하게 침해할 우려가 있는 경우
> 3. 공공기관이 개인정보를 처리하지 아니하면 다른 법률에서 정하는 소관 업무를 수행할 수 없는 경우
> 4. 개인정보를 처리하지 아니하면 정보주체와 약정한 서비스를 제공하지 못하는 등 계약의 이행이 곤란한 경우로서 정보주체가 그 계약의 해지 의사를 명확하게 밝히지 아니한 경우

---

15 정답 ②

> **☑ 함께 정리하기 행정대집행**
>
> 대집행계고
> ▷ 구체적 특정 要(종합적으로 특정)
> 행정대집행 可
> ▷ 민사소송으로 의무이행소구 不可
> 점유자가 철거의무자
> ▷ 퇴거 명하는 집행권원 不要
> 실행행위
> ▷ 권력적 사실행위

① [O] 행정청이 행정대집행법 제3조 제1항에 의한 대집행계고를 함에 있어서는 의무자가 스스로 이행하지 아니하는 경우에 대집행할 행위의 내용 및 범위가 구체적으로 특정되어야 하지만, 그 행위의 내용 및 범위는 반드시 대집행계고서에 의하여서만 특정되어야 하는 것이 아니고 계고처분 전후에 송달된 문서나 기타 사정을 종합하여 행위의 내용이 특정되거나 대집행 의무자가 그 이행의무의 범위를 알 수 있으면 족하다(대판 1997. 2.14. 96누15428).

> 유제 17. 국가직 9급 대집행할 행위의 내용과 범위는 반드시 철거명령서와 대집행계고서에 의해 구체적으로 특정되어야 한다. (×)

❷ [×], ③ [O] 관계법령상 행정대집행의 절차가 인정되어 행정청이 행정대집행의 방법으로 건물의 철거등 대체적 작위의무의 이행을 실현할 수 있는 경우에는 따로 민사소송의 방법으로 그 의무의 이행을 구할 수 없다. 한편, 건물의 점유자가 철거의무자일 때에는 건물철거의무에 퇴거의무도 포함되어 있는 것이어서 별도로 퇴거를 명하는 집행권원이 필요하지 않다. 또한,

행정청이 건물소유자들을 상대로 건물철거 대집행을 실시하기에 앞서, 건물소유자들을 건물에서 퇴거시키기 위해 별도로 퇴거를 구하는 민사소송은 부적법하다(대판 2017.4.28. 2016다213916).

> 유제 23. 군무원 9급 「행정대집행법」에 따른 행정대집행에서 건물의 점유자가 철거의무자일 때에는 별도로 퇴거를 명하는 집행권원이 필요하다. (×)

④ [O] 실행은 수인하명(철거행위를 참고 받아들여야 하는 의무)과 사실행위(철거행위)가 결합된 권력적 사실행위로서 항고소송의 대상이 되는 처분에 해당한다.

---

16 정답 ③, ④

> **☑ 함께 정리하기 대집행**
>
> 계고
> ▷ 문서주의(∴구두 → 무효)
> 제2·3차의 계고
> ▷ 대집행 기한의 연기 통지(처분×)
> 불가쟁력
> ▷ 대집행의 요건×
> 협의취득시 약정한 철거의무
> ▷ 대상×(∴공법상 의무×)

① [O] 계고처분은 반드시 문서로 하여야 한다. 문서에 의하지 않은 계고, 즉 구두에 의한 계고는 위법하고, 무효사유에 해당한다.

> **「행정대집행법」 제3조【대집행의 절차】①** 전조의 규정에 의한 처분(이하 대집행이라 한다)을 하려함에 있어서는 상당한 이행기한을 정하여 그 기한까지 이행되지 아니할 때에는 대집행을 한다는 뜻을 미리 문서로써 계고하여야 한다. 이 경우 행정청은 상당한 이행기한을 정함에 있어 의무의 성질·내용 등을 고려하여 사회통념상 해당 의무를 이행하는 데 필요한 기간이 확보되도록 하여야 한다.

② [O] 행정대집행법상의 건물철거의무는 제1차 철거명령 및 계고처분으로서 발생하였고 제2차, 제3차의 계고 처분은 새로운 철거의무를 부과한 것이 아니고 다만 대집행기한의 연기통지에 불과하므로 행정처분이 아니다(대판 1994.10.28. 94누5144).

> 유제 18. 국회직 8급 제1차 철거대집행 계고처분에 응하지 아니한 경우에 발한 제2차 계고처분은 처분이다. (×)

❸ [×] 불가쟁력과 대집행의 실행은 무관하므로 대집행의 요건을 갖추었다면 대집행을 할 수 있다.

❹ [×] 구 공공용지의 취득 및 손실보상에 관한 특례법에 따른 토지 등의 협의취득은 공공사업에 필요한 토지 등을 그 소유자와의 협의에 의하여 취득하는 것으로서 공공기관이 사경제주체로서 행하는 사법상 매매 내지 사법상 계약의 실질을 가지는 것이므로, 그 협의취득 시 건물소유자가 매매 대상 건물에 대한 철거의무를 부담하겠다는 취지의 약정을 하였다고 하더라도 이러한 철거의무는 공법상의 의무가 될 수 없고, 이 경우에도 행정대집행법을 준용하여 대집행을 허용하는 별도의 규정이 없는 한 위와 같은 철거의무는 행정대집행법에 의한 대집행의 대상이 되지 않는다(대판 2006.10.13. 2006두7096).

유제 16. 경찰 구「공공용지의 취득 및 손실보상에 관한 특례법」에 의한 협의취득 시 건물소유자가 협의취득 대상 건물에 대하여 약정한 철거의무는 공법상 의무가 아닐 뿐만 아니라, 구「공익사업을 위한 토지 등의 취득 및 보상에 관한 법률」제89조에서 정한 「행정대집행법」의 대상이 되는 '이 법 또는 이 법에 의한 처분으로 인한 의무'에도 해당하지 아니한다. (O)

15. 지방직 7급 구「공공용지의 취득 및 손실보상에 관한 특례법」에 의한 협의취득시 건물소유자가 매매대상 건물에 대한 철거의무를 부담하겠다는 취지의 약정을 한 경우, 그 철거의무는 「행정대집행법」에 의한 대집행의 대상이 된다. (X)

17 　　　　　　　　　　정답 ③

> ☑ **함께 정리하기** 행정대집행
>
> 계고처분 하자
> ▷ 대집행영장의 통지 & 실행 & 비용징수에 승계O
> 장례식장 사용중지의무
> ▷ 대집행 대상X
> 요건 주장·입증 책임
> ▷ 처분 행정청
> 금지규정
> ▷ 위반결과의 시정을 명하는 권한 인정X

① [X] 대집행의 각 절차들은 하나의 목적을 위해 일련의 절차에 따라 집행되기 때문에 선행하는 행정행위가 위법하게 되면 후행하는 행정행위도 위법하게 된다. 즉 선행하는 계고처분에 존재하는 하자는 후속하는 대집행영장의 통지, 실행, 비용징수에 승계된다.

> 대집행의 계고·대집행영장에 의한 통지·대집행의·실행·대집행에 요한 비용의 납부명령 등은, 타인이 대신하여 행할 수 있는 행정의무의 이행을 의무자의 비용부담하에 확보하고자 하는, 동일한 행정목적을 달성하기 위하여 단계적인 일련의 절차로 연속하여 행하여지는 것으로서, 서로 결합하여 하나의 법률효과를 발생시키는 것이므로, 선행처분인 계고처분이 하자가 있는 위법한 처분이라면, 비록 하자가 중대하고도 명백한 것이 아니어서 당연무효의 처분이라고 볼 수 없고 대집행의 실행이 이미 사실행위로서 완료되어 계고처분의 취소를 구할 법률상 이익이 없게 되었으며, 또 <u>대집행비용납부명령 자체에는 아무런 하자가 없다 하더라도, 후행처분인 대집행비용납부명령의 취소를 청구하는 소송에서 청구원인으로 선행처분인 계고처분이 위법한 것이기 때문에 그 계고처분을 전제로 행하여진 대집행비용납부명령도 위법한 것이라는 주장을 할 수 있다</u>(대판 1993.11.9. 93누14271).

유제 16. 서울시 7급 대집행절차상 계고, 대집행영장통지, 대집행비용납부명령 상호 간에는 선행행위의 하자가 후행행위에 승계된다. (O)
15. 국회직 8급 선행 계고처분의 위법성을 들어 대집행 비용납부명령의 취소를 구할 수 없다. (X)
13. 지방직 9급 계고처분과 대집행 비용납부명령 사이에는 하자의 승계가 인정되지 않는다. (X)
13. 국회직 9급 계고와 대집행영장에 의한 통지 사이에는 행정행위 하자의 승계를 허용하는 것이 판례의 태도이다. (O)

② [X] 용도위반 부분을 장례식장으로 사용하는 것이 관계 법령에 위반한 것이라는 이유로 장례식장의 사용을 중지할 것과 이를 불이행할 경우 행정대집행법에 의하여 대집행하겠다는 내용의 계고처분은, 그 처분에 따른 '장례식장 사용중지의무'가 '타인이 대신'할 수도 없고, 타인이 대신하여 '행할 수 있는 행위'라고도 할 수 없는 비대체적 부작위의무에 대한 것이므로, 그 자체로 위법함이 명백하다(대판 2005.9.28. 2005두7464).

유제 15. 지방직 7급 관계 법령에 위반하여 장례식장 영업을 하고 있는 자의 장례식장 사용중지의무는 비대체적 부작위의무이므로「행정대집행법」에 의한 대집행의 대상이 아니다. (O)

❸ [O] 건축허가 조건에 위배하여 증축한 것이어서 건축법상 철거할 의무가 있는 건물이라 하더라도 행정대집행법 제3조 및 제2조의 규정에 비추어 보면, 다른 방법으로는 그 이행의 확보가 어렵고 그 불이행을 방치함이 심히 공익을 해치는 것으로 인정될 때에 한하여 그 철거의무를 대집행하기 위한 계고처분이 허용된다 할 것이고 이러한 요건의 주장과 입증책임은 처분행정청에 있다(대판 1982.5.11. 81누232).

유제 08. 선관위 9급 건물철거의무 대집행 요건에 관한 주장 및 입증책임은 처분행정청에 있다. (O)
08. 지방직 7급 위법한 건축물에 대한 철거의무를 대집행하기 위한 계고처분을 하려면 다른 방법으로는 이행의 확보가 어렵고 불이행을 방치함이 심히 공익을 해하는 것으로 인정될 때에 한하여 허용되고 이러한 요건의 주장·입증책임은 처분 행정청에 있다. (O)

④ [X] 단순한 부작위의무의 위반, 즉 관계 법령에 정하고 있는 절대적 금지나 허가를 유보한 상대적 금지를 위반한 경우에는 당해 법령에서 그 위반자에 대하여 위반에 의하여 생긴 유형적 결과의 시정을 명하는 행정처분의 권한을 인정하는 규정을 두고 있지 아니한 이상, 법치주의의 원리에 비추어 볼 때 위와 같은 부작위의무로부터 그 의무를 위반함으로써 생긴 결과를 시정하기 위한 작위의무를 당연히 끌어낼 수는 없으며, 또 위 금지규정(특히 허가를 유보한 상대적 금지규정)으로부터 작위의무, 즉 위반결과의 시정을 명하는 권한이 당연히 추론되는 것도 아니다(대판 1996.6.28. 96누4374).

유제 18. 서울시 9급 법령에서 정한 부작위의무 자체에서 의무위반으로 인해 형성된 현상을 제거할 작위의무가 바로 도출되는 것은 아니다. (O)

18 　　　　　　　　　　정답 ①

> ☑ **함께 정리하기** 행정대집행
>
> 하나의 문서로 계고 & 철거명령 可
> 퇴거의무·점유인도의무
> ▷ 대집행 대상X
> 실행완료
> ▷ 계고처분 취소의 법률상 이익 無
> 상당한 이행기간 부여하지 않은 계고
> ▷ 대집행영장으로 시기 늦추어도 위법

❶ [O] 판례는 철거명령과 계고처분을 1장의 문서로 할 수 있다고 한다.

> 계고서라는 명칭의 1장의 문서로서 일정기간 내에 위법건축물의 자진철거를 명함과 동시에 그 소정기한 내에 자진철거를 하지 아니할 때에는 대집행할 뜻을 미리 계고한 경우라도 건축법에 의한 철거명령과 행정대집행법에 의한 계고처분은 독립하여 있는 것으로서 각 그 요건이 충족되었다고 볼 것이다. 이 경우, 철거명령에서 주어진 일정기간이 자진철거에 필요한 상당한 기간이라면 그 기간 속에는 계고시에 필요한 '상당한 이행기간'도 포함되어 있다고 보아야 할 것이다(대판 1992.6.12. 91누13564).

유제 16. 지방직 9급 계고서라는 명칭의 1장의 문서로서 건축물의 철거명령과 동시에 그 소정기한 내에 자진철거를 하지 아니할 때에는 대집행할 뜻을 미리 계고한 경우, 「건축법」에 의한 철거명령과 「행정대집행법」에 의한 계고처분은 각 그 요건이 충족되었다고 볼 수 없다. (×)

16. 경찰 판례는 계고서라는 명칭의 1장의 문서로서 일정기간 내에 위법건축물의 자진철거를 명함과 동시에 그 소정기한 내에 자진철거를 하지 아니할 때에는 대집행할 뜻을 미리 계고한 경우라도 「건축법」에 의한 철거명령과 「행정대집행법」에 의한 계고처분은 독립하여 있는 것으로서 각 그 요건이 충족되었다고 본다. (O)

16. 지방직 7급 계고서라는 명칭의 1장의 문서로 일정기간 내에 위법건축물의 자진철거를 명함과 동시에 그 소정기한 내에 자진철거를 하지 아니할 때에는 대집행할 뜻을 미리 계고한 경우, 철거명령에서 주어진 일정기간이 자진철거에 필요한 상당한 기간이라도 그 기간 속에 계고 시에 필요한 '상당한 이행기간'이 포함된다고 볼 수 없다. (×)

❷ [×] 퇴거의무·점유인도의무는 대체적 작위의무가 아니므로 대집행의 대상이 되지 않는다.

> 「행정대집행법」 제2조 【대집행과 그 비용징수】 법률(법률의 위임에 의한 명령, 지방자치단체의 조례를 포함한다. 이하 같다)에 의하여 직접명령되었거나 또는 법률에 의거한 행정청의 명령에 의한 행위로서 타인이 대신하여 할 수 있는 행위를 의무자가 이행하지 아니하는 경우 다른 수단으로써 그 이행을 확보하기 곤란하고 또한 그 불이행을 방치함이 심히 공익을 해할 것으로 인정될 때에는 당해 행정청은 스스로 의무자가 하여야 할 행위를 하거나 또는 제삼자로 하여금 이를 하게 하여 그 비용을 의무자로부터 징수할 수 있다.

> 1. 도시공원시설인 매점의 관리청이 그 공동점유자 중의 1인에 대하여 소정의 기간 내에 위 매점으로부터 퇴거하고 이에 부수하여 그 판매 시설물 및 상품을 반출하지 아니할 때에는 이를 대집행하겠다는 내용의 계고처분은 …, 매점에 대한 점유자의 점유를 배제하고 그 점유이전을 받는 데 있다고 할 것인데, 이러한 의무는 그것을 강제적으로 실현함에 있어 직접적인 실력행사가 필요한 것이지 대체적 작위의무에 해당하는 것은 아니어서 직접강제의 방법에 의하는 것은 별론으로 하고 행정대집행법에 의한 대집행의 대상이 되는 것은 아니다(대판 1998.10.23. 97누157).
> 2. 피수용자 등이 기업자에 대하여 부담하는 수용대상 토지의 인도의무에 관한 구 토지수용법 제63조, 제64조, 제77조 규정에서의 '인도'에는 명도도 포함되는 것으로 보아야 하고, 이러한 명도의무는 그것을 강제적으로 실현하면서 직접적인 실력행사가 필요한 것이지 대체적 작위의무라고 볼 수 없으므로 특별한 사정이 없는 한 행정대집행법에 의한 대집행의 대상이 될 수 있는 것이 아니다(대판 2005.8.19. 2004다2809).

유제 14. 국가직 9급 도시공원시설 점유자의 퇴거 및 토지·건물의 명도의무는 직접강제의 대상이 될 뿐 「행정대집행법」에 의한 대집행의 대상이 아니다. (O)

07. 국가직 9급 도시공원시설인 매점의 관리청이 그 점유자로부터 점유이전을 받고자 하는 경우에도 대집행이 적절한 수단이 될 수 있다. (×)

❸ [×] 대집행계고처분 취소소송의 변론종결 전에 대집행영장에 의한 통지절차를 거쳐 사실행위로서 대집행의 실행이 완료된 경우에는 행위가 위법한 것이라는 이유로 손해배상이나 원상회복 등을 청구하는 것은 별론으로 하고 처분의 취소를 구할 법률상 이익은 없다(대판 1993.6.8. 93누6164).

유제 15. 국회직 8급 대집행의 실행이 완료된 후에는 소의 이익이 없으므로 행정쟁송으로 다툴 수 없음이 원칙이다. (O)

❹ [×] 행정대집행법 제3조 제1항은 행정청이 의무자에게 대집행영장으로써 대집행할 시기 등을 통지하기 위하여는 그 전제로서 대집행계고처분을 함에 있어서 의무이행을 할 수 있는 상당한 기간을 부여할 것을 요구하고 있으므로, 행정청인 피고가 의무이행기한이 1988.5.24.까지로 된 이 사건 대집행계고서를 5.19. 원고에게 발송하여 원고가 그 이행종기인 5.24. 이를 수령하였다면, 설사 피고가 대집행영장으로써 대집행의 시기를 1988.5.27. 15:00로 늦추었더라도 위 대집행계고처분은 상당한 이행기한을 정하여 한 것이 아니어서 대집행의 적법절차에 위배한 것으로 위법한 처분이라고 할 것이다(대판 1990. 9.14. 90누2048).

유제 21. 군무원 7급 대집행계고처분에서 정한 의무이행기간의 이행종기인 날짜에 그 계고서를 수령하였고 행정청이 대집행영장으로써 대집행의 시기를 늦추었다고 하여도 대집행의 적법절차에 위배한 것으로 위법한 처분이다. (O)

19 　　　　　　　　　　　　　　　　정답 ④

> ☑ 함께 정리하기 **행정대집행**
>
> 비상시 or 위험 절박한 경우
> ▷ 계고·통지 생략 可
> 부과된 의무
> ▷ 법률이 직접 명령 or 법률에 의한 행정청의 명령
> 비용징수
> ▷ 「국세징수법」에 의함
> 공유자 1인에 대한 계고
> ▷ 나머지 공유자에게 효력 無

❶ [O]

> 「행정대집행법」 제3조 【대집행의 절차】 ② 의무자가 전항의 계고를 받고 지정기한까지 그 의무를 이행하지 아니할 때에는 당해 행정청은 대집행영장으로써 대집행을 할 시기, 대집행을 시키기 위하여 파견하는 집행책임자의 성명과 대집행에 요하는 비용의 개산에 의한 견적액을 의무자에게 통지하여야 한다.
> ③ 비상시 또는 위험이 절박한 경우에 있어서 당해 행위의 급속한 실시를 요하여 전2항에 규정한 수속을 취할 여유가 없을 때에는 그 수속을 거치지 아니하고 대집행을 할 수 있다.

유제 16. 경찰 행정청은 비상시 또는 위험이 절박한 경우에 있어서 당해 행위의 급속한 실시를 요하여 계고절차를 취할 여유가 없더라도 계고절차를 생략할 수 없다. (×)

15. 교행 9급 대집행영장의 통지는 비상시의 경우라도 생략할 수 없다. (×)

② [○]

> 「행정대집행법」제2조【대집행과 그 비용징수】법률(법률의 위임에 의한 명령, 지방자치단체의 조례를 포함한다. 이하 같다)에 의하여 직접명령되었거나 또는 법률에 의거한 행정청의 명령에 의한 행위로서 타인이 대신하여 행할 수 있는 행위를 의무자가 이행하지 아니하는 경우 다른 수단으로써 그 이행을 확보하기 곤란하고 또한 그 불이행을 방치함이 심히 공익을 해할 것으로 인정될 때에는 당해 행정청은 스스로 의무자가 하여야 할 행위를 하거나 또는 제삼자로 하여금 이를 하게 하여 그 비용을 의무자로부터 징수할 수 있다.

유제 13. 국회직 9급 행정대집행은 법령이나 조례에 의해 직접 명령되었거나 법령에 근거한 처분에 의한 행위를 대상으로 한다. (○)

③ [○]

> 「행정대집행법」제6조【비용징수】① 대집행에 요한 비용은 「국세징수법」의 예에 의하여 징수할 수 있다.

유제 14. 국가직 7급 의무자가 대집행에 요한 비용을 납부하지 않으면 행정청은 그 비용을 「국세징수법」의 예에 의하여 징수할 수 있다. (○)

❹ [×] 위법한 건물의 공유자 1인에 대한 계고처분은 다른 공유자에 대하여는 그 효력이 없다(대판 1994.10.28. 94누5144).

20
정답 ③

> 📋 함께 정리하기 **대집행**
>
> 일반재산에 불법시설물 설치
> ▷ 대집행 可
> 국유재산 사용청구권자
> ▷ (민사소송으로)국가 대위 시설물 철거청구 可
> 대집행권한 위탁받아 지출한 대집행 비용
> ▷ 「국세징수법」의 예에 의하여 징수
> 대집행을 위력으로 방해
> ▷ 부수적으로 퇴거조치, 경찰의 도움 받을 수 있음

① [○]

> 1. 현행 국유재산법은 모든 국유재산에 대하여 행정대집행법을 준용할 수 있도록 규정하고 있으므로, 행정청은 당해 재산이 행정재산 등 공용재산인 여부나 그 철거의무가 공법상의 의무인 여부에 관계없이 대집행을 할 수 있다(대판 1992.9.8. 91누13090).
> 2. 공유재산 및 물품관리법 제83조 제1항은 "지방자치단체의 장은 정당한 사유 없이 공유재산을 점유하거나 공유재산에 시설물을 설치한 경우에는 원상복구 또는 시설물의 철거 등을 명하거나 이에 필요한 조치를 할 수 있다."라고 규정하고, 제2항은 "제1항에 따른 명령을 받은 자가 그 명령을 이행하지 아니할 때에는 '행정대집행법'에 따라 원상복구 또는 시설물의 철거 등을 하고 그 비용을 징수할 수 있다."라고 규정하고 있다.

> 위 규정에 따라 지방자치단체장은 행정대집행의 방법으로 공유재산에 설치한 시설물을 철거할 수 있고, 이러한 행정대집행의 절차가 인정되는 경우에는 민사소송의 방법으로 시설물의 철거를 구하는 것은 허용되지 아니한다(대판 2017.4.13. 2013다207941).

유제 17. 지방직 9급 「공유재산 및 물품관리법」제83조에 따라 지방자치단체장이 행정대집행의 방법으로 공유재산에 설치한 시설물을 철거할 수 있는 경우, 민사소송의 방법으로도 시설물의 철거를 구하는 것이 허용된다. (×)

② [○] 아무런 권원 없이 국유재산에 설치한 시설물에 대하여 행정청이 행정대집행을 실시하지 않는 경우, 그 국유재산에 대한 사용청구권을 가지고 있는 자가 국가를 대위하여 민사소송으로 그 시설물의 철거를 구할 수 있다(대판 2009.6.11. 2009다1122).

유제 17. 국가직 9급 관계 법령상 행정대집행의 절차가 인정되어 행정청이 행정 대집행의 방법으로 대체적 작위의무의 이행을 실현할 수 있는 경우에 「민사소송법」상 강제집행의 방법으로도 그 의무의 이행을 구할 수 있다. (×)

❸ [×] 대한주택공사는 위 사업을 수행함에 있어 법령에 의하여 대집행권한을 위탁받은 자로서 공무인 대집행을 실시함에 따르는 권리·의무 및 책임이 귀속되는 행정주체의 지위에 있다고 볼 것이다. 대한주택공사가 구 대한주택공사법 및 구 대한주택공사법 시행령에 의하여 대집행권한을 위탁받아 공무인 대집행을 실시하기 위하여 지출한 비용은 행정대집행법의 절차에 따라 국세징수법의 예에 의하여 징수할 수 있음에도 민사소송절차에 의하여 그 비용의 상환을 청구한 사안은 소의 이익이 없어 부적법하다(대판 2011.9.8. 2010다48240).

유제 17. 지방직 9급 의무자가 대집행에 요한 비용을 납부하지 않으면 당해 행정청은 「민법」제750조에 기한 손해배상으로서 대집행비용의 상환을 구할 수 있다. (×)

④ [○] 행정청이 행정대집행의 방법으로 건물철거의무의 이행을 실현할 수 있는 경우에는 건물철거 대집행 과정에서 부수적으로 건물의 점유자들에 대한 퇴거 조치를 할 수 있고, 점유자들이 적법한 행정대집행을 위력을 행사하여 방해하는 경우 형법상 공무집행방해죄가 성립하므로, 필요한 경우에는 '경찰관 직무집행법'에 근거한 위험발생 방지조치 또는 형법상 공무집행방해죄의 범행방지 내지 현행범체포의 차원에서 경찰의 도움을 받을 수도 있다(대판 2017.4.28. 2016다213916).

유제 18. 국회직 8급 대집행을 통한 건물철거의 경우 건물의 점유자가 철거의무자인 때에는 부수적으로 건물의 점유자에 대한 퇴거조치를 할 수 있다. (○)

18. 국회직 8급 대집행을 통한 건물철거 시 점유자들이 위력을 행사하여 방해하는 경우라도 경찰의 도움을 받을 수 없다. (×)

정답

p. 63

01	①	06	④	11	③	16	③
02	④	07	③	12	③	17	①
03	②, ③	08	③	13	④	18	①, ②
04	③	09	①	14	②	19	②
05	①	10	④	15	①	20	④

01

정답 ①

☑ 함께 정리하기 **이행강제금**

이행강제금 납부의무
▷ 상속인에게 승계×
「건축법」상 이행강제금·대집행 선택적 활용
▷ 중첩적 제재×
과다한 부과예고에 의한 이행강제금 부과
▷ 위법
심리적 압박을 통한 강제집행수단

❶ [×] 구 건축법상의 이행강제금은 구 건축법의 위반행위에 대하여 시정명령을 받은 후 시정기간 내에 당해 시정명령을 이행하지 아니한 건축주 등에 대하여 부과되는 간접강제의 일종으로서 그 이행강제금 납부의무는 상속인 기타의 사람에게 승계될 수 없는 일신전속적인 성질의 것이므로 이미 사망한 사람에게 이행강제금을 부과하는 내용의 처분이나 결정은 당연무효이고, 이행강제금을 부과받은 사람의 이의에 의하여 비송사건절차법에 의한 재판절차가 개시된 후에 그 이의한 사람이 사망한 때에는 사건 자체가 목적을 잃고 절차가 종료한다(대결 2006. 12.8. 2006마470).

유제 17. 사복 9급 구 「건축법」상 이행강제금을 부과받은 자의 이의에 의해 「비송사건절차법」에 의한 재판절차가 개시된 후에 그 이의한 자가 사망했다면 그 재판절차는 종료된다. (○)
15. 국회직 8급 구 「건축법」상 이행강제금은 일신전속적인 성질의 것이므로 이행강제금을 부과 받은 사람이 재판절차가 개시된 이후에 사망한 경우, 절차가 종료된다. (○)

② [○] 개별사건에 있어서 위반내용, 위반자의 시정의지 등을 감안하여 허가권자는 행정대집행과 이행강제금을 선택적으로 활용할 수 있고, 행정대집행과 이행강제금 부과가 동시에 이루어지는 것이 아니라 허가권자의 합리적인 재량에 의해 선택하여 활용하는 이상 이를 중첩적인 제재에 해당한다고 볼 수 없다(헌재 2011.10.25. 2009헌바140).

유제 16. 지방직 9급 「건축법」상 이행강제금은 일정한 기한까지 의무를 이행하지 않을 때에는 일정한 금전적 부담을 과할 뜻을 미리 계고함으로써 의무자에게 심리적 압박을 주어 장래에 그 의무를 이행하게 하려는 행정상 간접적인 강제집행 수단의 하나로서 반복적으로 부과되더라도 헌법상 이중처벌금지의원칙이 적용될 여지가 없다. (○)

③ [○] 사용자가 이행하여야 할 행정법상 의무의 내용을 초과하는 것을 '불이행 내용'으로 기재한 이행강제금 부과 예고서에 의하여 이행강제금 부과 예고를 한 다음 이를 이행하지 않았다는 이유로 이행강제금을 부과하였다면, 초과한 정도가 근소하다는 등의 특별한 사정이 없는 한 이행강제금 부과 예고는 이행강제금 제도의 취지에 반하는 것으로서 위법하고, 이에 터 잡은 이행강제금부과처분 역시 위법하다(대판 2015.6.24. 2011두2170).

유제 17. 지방직 9급 사용자가 이행하여야 할 행정법상 의무의 내용을 초과하는 것을 '불이행 내용'으로 기재한 이행강제금 부과 예고서에 의하여 이행강제금 부과 예고를 한 다음 이를 이행하지 않았다는 이유로 이행강제금을 부과하였다면, 초과한 정도가 근소하다는 등의 특별한 사정이 없는 한 이행강제금 부과 예고는 이행강제금 제도의 취지에 반하는 것으로서 위법하고, 이에 터 잡은 이행강제금 부과처분 역시 위법하다. (○)

④ [○] 이행강제금은 일정 기한까지 의무자가 작위의무 또는 부작위의무를 이행하지 않는 경우 일정한 금액을 부과한다는 뜻을 계고하여 심리적 압박을 줌으로써 장래에 그 의무를 스스로 이행하게 하려는 행정상 강제집행 수단이다. 집행벌이라고도 한다.

02

정답 ④

☑ 함께 정리하기 **이행강제금**

이행기간 지나 의무이행시
▷ 이행강제금 부과 不可(∵목적달성)
이행강제금
▷ 대체적 작위의무 위반에도 부과 可
개정 「건축법」 시행 전 건축된 위법건축물
▷ 개정법 시행 후 시정명령·이행강제금 부과 可
장래 의무이행 간접강제
▷ 반복부과 可

① [X] 장기미등기자에 대하여 부과되는 이행강제금은 소유권이전등기신청의무 불이행이라는 과거의 사실에 대한 제재인 과징금과 달리, 장기미등기자에게 등기신청의무를 이행하지 아니하면 이행강제금이 부과된다는 심리적 압박을 주어 그 의무의 이행을 간접적으로 강제하는 행정상의 간접강제 수단에 해당한다. 따라서 <u>장기미등기자가 이행강제금 부과 전에 등기신청의무를 이행하였다면 이행강제금의 부과로써 이행을 확보하고자 하는 목적은 이미 실현된 것이므로 부동산실명법 제6조 제2항에 규정된 기간이 지나서 등기신청의무를 이행한 경우라 하더라도 이행강제금을 부과할 수 없다고 보아야 한다</u>(대판 2016.6.23. 2015두36454).

유제 17. 교행 9급 장기미등기자가 등기신청의무의 이행기간이 지나서 등기신청을 한 경우에도 이행강제금을 부과할 수 있다. (X)

② [X] 전통적으로 행정대집행은 대체적 작위의무에 대한 강제집행수단으로, 이행강제금은 부작위의무나 비대체적 작위의무에 대한 강제집행수단으로 이해되어 왔으나, 이는 이행강제금제도의 본질에서 오는 제약은 아니며, <u>이행강제금은 대체적 작위의무의 위반에 대하여도 부과될 수 있다.</u> 현행 건축법상 위법건축물에 대한 이행강제수단으로 대집행과 이행강제금(제83조 제1항)이 인정되고 있는데, 양 제도는 각각의 장·단점이 있으므로 행정청은 개별사건에 있어서 위반내용, 위반자의 시정의지 등을 감안하여 <u>대집행과 이행강제금을 선택적으로 활용할 수 있으며, 이처럼 그 합리적인 재량에 의해 선택하여 활용하는 이상 중첩적인 제재에 해당한다고 볼 수 없다</u>(헌재 2011.10.25. 2009헌바140).

유제 14. 지방직 9급 이행강제금은 부작위의무나 비대체적 작위의무에 대한 강제집행수단이므로, 대체적 작위의무의 위반의 경우에 이행강제금은 부과할 수 없다. (X)

14. 사복 9급 대체적 작위의무 불이행에 대하여는 대집행이 가능하므로 이행강제금은 대체적 작위의무 불이행에 대하여는 부과할 수 없다. (X)

14. 국회직 8급 이행강제금은 부작위의무나 비대체적 작위의무에 대한 강제집행수단이기 때문에 대체적 작위의무의 위반에 대하여는 부과할 수 없다. (X)

③ [X] 위반 건축물이 개정 건축법 시행 이전에 건축된 것일지라도 행정청이 개정된 건축법 시행 이후에 시정명령을 하고, 그 건축물의 소유자 등이 그 시정명령에 응하지 않은 경우에는 행정청은 현행 건축법에 따라 이행강제금을 부과할 수 있다(대판 2012.3.29. 2011두27919).

❹ [O]

> 「행정기본법」 제31조 【이행강제금의 부과】 ⑤ 행정청은 의무자가 행정상 의무를 이행할 때까지 이행강제금을 반복하여 부과할 수 있다. 다만, 의무자가 의무를 이행하면 새로운 이행강제금의 부과를 즉시 중지하되, 이미 부과한 이행강제금은 징수하여야 한다.

---

03   정답 ②, ③

> 📋 **함께 정리하기 건축법상 이행강제금**
>
> 이행의 기회 부여 要
> 이행강제금 부과 전 시정명령 이행
> ▷ 이행강제금 부과 不可
> 의무이행
> ▷ 새로운 부과: 중지/이미 부과: 징수
> 건물완공 후 위법건축물임을 알게 된 경우
> ▷ 부과 可

① [O] 건축법 제79조 제1항 및 제80조 제1항에 의하면, 허가권자는 먼저 건축주 등에 대하여 상당한 기간을 정하여 시정명령을 하고, 건축주 등이 그 시정기간 내에 시정명령을 이행하지 아니하면, 다시 그 시정명령의 이행에 필요한 상당한 이행기한을 정하여 그 기한까지 시정명령을 이행할 수 있는 기회를 준 후가 아니면 이행강제금을 부과할 수 없다(대판 2010.6.24. 2010두3978).

유제 18. 행정사 「건축법」상 시정명령이 없으면 이행강제금을 부과할 수 없다. (O)

❷ [X] 건축법상의 이행강제금은 시정명령의 불이행이라는 과거의 위반행위에 대한 제재가 아니라, 의무자에게 시정명령을 받은 의무의 이행을 명하고 그 이행기간 안에 의무를 이행하지 않으면 이행강제금이 부과된다는 사실을 고지함으로써 의무자에게 심리적 압박을 주어 의무의 이행을 간접적으로 강제하는 행정상의 간접강제수단에 해당한다. 이러한 <u>이행강제금의 본질상 시정명령을 받은 의무자가 이행강제금이 부과되기 전에 그 의무를 이행한 경우에는 비록 시정명령에서 정한 기간을 지나서 이행한 경우라도 이행강제금을 부과할 수 없다</u>(대판 2018.1.25. 2015두35116).

유제 20. 국회직 8급 이행강제금은 금전의 징수가 목적이 아니라 의무이행을 촉구하기 위한 것으로 일단 의무이행이 있으면 비록 시정명령에서 정한 기간을 지나서 이행한 경우라도 이행강제금을 부과할 수 없다. (O)

❸ [X]

> 「건축법」 제80조 【이행강제금】 ⑥ 허가권자는 제79조 제1항에 따라 시정명령을 받은 자가 이를 이행하면 <u>새로운 이행강제금의 부과를 즉시 중지하되, 이미 부과된 이행강제금은 징수하여야 한다.</u>

④ [O] 공무원들이 위법건축물임을 알지 못하여 공사 도중에 시정명령이 내려지지 않아 위법건축물이 완공되었다 하더라도, 공공복리의 증진이라는 위 목적의 달성을 위해서는 완공 후에라도 위법건축물임을 알게 된 이상 시정명령을 할 수 있다고 보아야 할 것이며, 만약 완공 후에는 시정명령을 할 수 없다면 위법건축물을 축조한 자가 일단 건물이 완공되었다는 이유만으로 그 시정을 거부할 수 있는 결과를 초래하게 될 것이므로, 공사기간 중에 위법건축물임을 알지 못하여 시정명령을 하지 않고 있다가 완공 후에 이러한 사실을 알고 시정명령을 하였다고 하여 부당하다고 볼 수는 없다(대결 2002.8.16. 2002마1022).

04   정답 ③

> **📋 함께 정리하기 이행강제금**
>
> 특별한 불복절차 규정이 있는 경우
> ▷ 서분성 無
> 특별한 불복절차 규정이 없는 경우
> ▷ 처분성 有
> 「농지법」상 이행강제금
> ▷ 항고소송✕
> 「건축법」상 이행강제금
> ▷ 항고소송○

① [O] 개별법에서 이행강제금 부과에 대한 특별한 불복절차 규정이 있는 경우에는 그에 따라야 하며 항고소송의 대상으로서 처분성이 부정된다. 예컨대 이행강제금에 대해 불복하는 자는 이의를 제기할 수 있도록 하고 이의를 제기한 경우 「비송사건절차법」에 의해 이행강제금을 결정하는 것으로 규정되어 있는 경우(「농지법」 제62조) 이행강제금 부과처분은 항고소송의 대상이 되는 처분이 아니다.

② [O] 개별법에서 이행강제금 부과에 관한 특별한 불복절차 규정이 없는 경우, 이행강제금은 항고소송의 대상이 되는 처분에 해당한다. 예컨대 현행 건축법은 비송사건절차법을 따르는 과태료 불복절차의 준용규정을 삭제하였으므로 건축법에 의한 이행강제금의 부과처분은 종전과는 달리 항고소송의 대상이 되는 처분에 해당한다. 판례도 건축법상 이행강제금부과처분 취소소송에서 이행강제금의 항고소송 대상적격을 인정하여 본안심리를 한 바 있다(대판 2010.10.14. 2010두13340).

> 유제 17. 지방직 9급 「건축법」상 이행강제금의 부과에 대해서는 항고소송을 제기할 수 없고 「비송사건절차법」에 따라 재판을 청구할 수 있다. (✕)

❸ [✕] 농지법은 농지 처분명령에 대한 이행강제금 부과처분에 불복하는 자가 그 처분을 고지받은 날부터 30일 이내에 부과권자에게 이의를 제기할 수 있고, 이의를 받은 부과권자는 지체 없이 관할 법원에 그 사실을 통보하여야 하며, 그 통보를 받은 관할 법원은 비송사건절차법에 따른 과태료 재판에 준하여 재판을 하도록 정하고 있다(제62조 제1항, 제6항, 제7항). 따라서 농지법 제62조 제1항에 따른 이행강제금 부과처분에 불복하는 경우에는 비송사건절차법에 따른 재판절차가 적용되어야 하고, 행정소송법상 항고소송의 대상은 될 수 없다. 농지법 제62조 제6항, 제7항이 위와 같이 이행강제금 부과처분에 대한 불복절차를 분명하게 규정하고 있으므로, 이와 다른 불복절차를 허용할 수는 없다. 설령 피고가 이행강제금 부과처분을 하면서 재결청에 행정심판을 청구하거나 관할 행정법원에 행정소송을 할 수 있다고 잘못 안내하거나 경기도행정심판위원회가 각하재결이 아닌 기각재결을 하면서 관할법원에 행정소송을 할 수 있다고 잘못 안내하였다고 하더라도, 그러한 잘못된 안내로 행정법원의 항고소송 재판관할이 생긴다고 볼 수도 없다(대판 2019.4.11. 2018두42955).

> 유제 20. 국가직 7급 「농지법」상 이행강제금 부과처분은 항고소송의 대상이 되는 처분에 해당하므로 이에 불복하는 경우 항고소송을 제기할 수 있다. (✕)

④ [O] 2005년 건축법 개정으로 비송사건절차법에 의한 불복절차 규정이 삭제되면서, 현행 건축법상 이행강제금 부과처분에 대해 행정소송으로 다툴 수 있다고 보는 것이 학설의 입장이다. 또한 판례도 건축법상 이행강제금 부과처분에 대한 취소소송에서 대상적격을 인정하여 본안심리를 하고 있다(대판 2010.10.14. 2010두13340).

05   정답 ①

> **📋 함께 정리하기 행정상 강제집행**
>
> 대집행 · 이행강제금
> ▷ 비금전적 의무에 대한 강제집행수단
> 공유 일반재산 대부료징수
> ▷ 강제징수(민사소송 不可)
> 장래실현목적(cf. 행정벌 → 과거에 대한 제재)
> 이행강제금
> ▷ 현행법상 일반규정 無

❶ [✕] 행정상의 강제집행수단은 비금전적 의무의 강제집행수단으로서 대집행, 이행강제금, 직접강제가 있고 금전적 의무의 강제집행수단으로서 강제징수가 있다.

② [✕]
> [1] 공유 일반재산의 대부료와 연체료를 납부기한까지 내지 아니한 경우에도 공유재산 및 물품 관리법 제97조 제2항에 의하여 지방세 체납처분의 예에 따라 이를 징수할 수 있다. 이와 같이 공유 일반재산의 대부료의 징수에 관하여도 지방세 체납처분의 예에 따른 간이하고 경제적인 특별한 구제절차가 마련되어 있으므로, 특별한 사정이 없는 한 민사소송으로 공유 일반재산의 대부료의 지급을 구하는 것은 허용되지 아니한다.
> [2] 공유재산 및 물품 관리법 제83조 제1항은 "지방자치단체의 장은 정당한 사유 없이 공유재산을 점유하거나 공유재산에 시설물을 설치한 경우에는 원상복구 또는 시설물의 철거 등을 명하거나 이에 필요한 조치를 할 수 있다."라고 규정하고, 제2항은 "제1항에 따른 명령을 받은 자가 그 명령을 이행하지 아니할 때에는 '행정대집행법'에 따라 원상복구 또는 시설물의 철거 등을 하고 그 비용을 징수할 수 있다."라고 규정하고 있다. 위 규정에 따라 지방자치단체장은 행정대집행의 방법으로 공유재산에 설치한 시설물을 철거할 수 있고, 이러한 행정대집행의 절차가 인정되는 경우에는 민사소송의 방법으로 시설물의 철거를 구하는 것은 허용되지 아니한다(대판 2017. 4.13. 2013다207941).

③ [O] 행정상 강제집행은 불이행한 의무를 장래를 향해 실현시키는 것을 목적으로 한다는 점에서 과거의 의무위반에 대한 제재로서 가하는 행정벌과 구별된다.

④ [O] 현재 법률상 이행강제금에 관한 일반적인 규정은 없으나 「건축법」 제80조, 「부동산실권리자명의등기에 관한 법률」 제6조, 「개발제한구역의 지정 및 관리에 관한 특별조치법」 제30조의2, 「농지법」 제62조, 「독점규제 및 공정거래에 관한 법률」 제17조의3 등 개별법률에서 인정되고 있다.

06　　　정답 ④

📋 함께 정리하기 **사례정리**

「건축법」상 이행강제금
▷ 간접강제수단
최초시정명령 기준 1년에 2회 이내의 범위에서 반복부과·징수 可
시정명령 이행기회가 없던 기간에 대해 이행강제금 부과 不可
시정명령 이행기회가 없던 기간에 대한 이행강제금
▷ 당연무효

① [O] 구 건축법상 이행강제금은 시정명령의 불이행이라는 과거의 위반행위에 대한 제재가 아니라, 시정명령을 이행하지 않고 있는 건축주·공사시공자·현장관리인·소유자·관리자 또는 점유자(이하 '건축주 등'이라 한다)에 대하여 다시 상당한 이행기한을 부여하고 기한 안에 시정명령을 이행하지 않으면 이행강제금이 부과된다는 사실을 고지함으로써 의무자에게 심리적 압박을 주어 시정명령에 따른 의무의 이행을 간접적으로 강제하는 행정상의 간접강제 수단에 해당한다(대판 2016.7.14. 2015두46598).

② [O]
「건축법」 제80조 【이행강제금】 ⑤ 허가권자는 최초의 시정명령이 있었던 날을 기준으로 하여 1년에 2회 이내의 범위에서 해당 지방자치단체의 조례로 정하는 횟수만큼 그 시정명령이 이행될 때까지 반복하여 제1항 및 제2항에 따른 이행강제금을 부과·징수할 수 있다. 다만, 제1항 각 호 외의 부분 단서에 해당하면 총 부과 횟수가 5회를 넘지 아니하는 범위에서 해당 지방자치단체의 조례로 부과 횟수를 따로 정할 수 있다.

③ [O], ❹ [X] 비록 건축주 등이 장기간 시정명령을 이행하지 아니하였더라도, 그 기간 중에는 시정명령의 이행 기회가 제공되지 아니하였다가 뒤늦게 시정명령의 이행 기회가 제공된 경우라면, 시정명령의 이행 기회 제공을 전제로 한 1회분의 이행강제금만을 부과할 수 있고, 시정명령의 이행 기회가 제공되지 아니한 과거의 기간에 대한 이행강제금까지 한꺼번에 부과할 수는 없다. 그리고 이를 위반하여 이루어진 이행강제금 부과처분은 과거의 위반행위에 대한 제재가 아니라 행정상의 간접강제 수단이라는 이행강제금의 본질에 반하여 구 건축법 제80조 제1항, 제4항 등 법규의 중요한 부분을 위반한 것으로서, 그러한 하자는 중대할 뿐만 아니라 객관적으로도 명백하다(대판 2016.7.14. 2015두46598).

유제 17. 교행 9급 시정명령의 이행 기회가 제공되지 아니한 과거의 기간에 대한 이행강제금까지 한꺼번에 부과할 수는 없으나, 이를 위반하여 이루어진 이행강제금 부과처분이라 하여 중대하고도 명백한 하자라고는 할 수 없다. (×)

07　　　정답 ③

📋 함께 정리하기 **행정상 강제징수**

체납자
▷ 다른 권리자에 대한 공매통지의 하자 주장 不可
「국세징수법」상 독촉
▷ 시효중단O
공매통지 결여
▷ 무효사유×
공매대행사실 통지결여
▷ 위법×

① [O] 공매통지의 목적이나 취지 등에 비추어 보면, 체납자 등은 자신에 대한 공매통지의 하자만을 공매처분의 위법사유로 주장할 수 있을 뿐 다른 권리자에 대한 공매통지의 하자를 들어 공매처분의 위법사유로 주장하는 것은 허용되지 않는다(대판 2008.11.20. 2007두18154).

유제 08. 지방직 9급 「국세징수법」상 체납자에 대한 공매통지는 국가의 강제력에 의하여 진행되는 공매에서 체납자의 권리 내지 재산상의 이익을 보호하기 위하여 법률로 규정한 절차적 요건으로 이를 이행하지 않은 경우 그 공매처분은 위법하다. (O)

② [O]
「국세기본법」 제28조 【소멸시효의 중단과 정지】 ① 제27조에 따른 소멸시효는 다음 각 호의 사유로 중단된다.
1. 납세고지
2. 독촉 또는 납부최고(納付催告)
3. 교부청구
4. 압류

유제 18. 행정사 세무서장이 독촉 또는 납부최고를 하면 국세징수권의 소멸시효는 중단된다. (O)

❸ [X] 세무서장의 체납자 등에 대한 공매통지는 국가의 강제력에 의하여 진행되는 공매절차에서 체납자 등의 권리 내지 재산상 이익을 보호하기 위하여 법률로 규정한 절차적 요건에 해당하지만, 그 통지를 하지 아니한 채 공매처분을 하였다 하여도 그 공매처분이 당연무효로 되는 것은 아니다(대판 2012.7.26. 2010다50625).

유제 16. 지방직 9급 과세관청의 체납자 등에 대한 공매통지는 국가의 강제력에 의하여 진행되는 공매절차에서 체납자등의 권리 내지 재산상 이익을 보호하기 위하여 법률로 규정한 절차적 요건에 해당하지만, 그 통지를 하지 아니한 채 공매처분을 하였다 하여도 그 공매처분이 당연무효로 되는 것은 아니다. (O)

④ [O] 관할 행정청이 체납자인 부동산 소유자 또는 그 임차인에게 한국자산관리공사의 공매대행사실을 통지하지 않았다거나 공매예고통지가 없었다는 이유만으로 매각처분이 위법하게 되는 것은 아니다(대판 2013.6.28. 2011두18304).

08 정답 ③

> 📋 **함께 정리하기** 행정상 강제징수
>
> 한국자산관리공사에 공매권한 위임 可
> 과세처분 근거법률 위헌결정
> ▷ 행정청 압류 해제하여야 함
> 조세부과처분 무효
> ▷ 체납처분 무효
> 공매: 처분성 ○/공매통지: 처분성 ×

① [○] 다만, 항고소송에서의 피고적격자는 처분명의자인 한국자산관리공사임을 구분하여 알아 두어야 한다.

> 「국세징수법」 제61조【공매】⑤ 세무서장은 압류한 재산의 공매에 전문 지식이 필요하거나 그 밖에 특수한 사정이 있어 직접 공매하기에 적당하지 아니하다고 인정할 때에는 대통령령으로 정하는 바에 따라 한국자산관리공사로 하여금 공매를 대행하게 할 수 있으며 이 경우의 공매는 세무서장이 한 것으로 본다.

> 성업공사(현 한국자산관리공사)가 체납압류된 재산을 공매하는 것은 세무서장의 공매권한 위임에 의한 것으로 보아야 할 것이므로, 성업공사가 한 그 공매처분에 대한 취소 등의 항고소송을 제기함에 있어서는 수임청으로서 실제로 공매를 행한 성업공사를 피고로 하여야 하고, 위임청인 세무서장은 피고적격이 없다(대판 1997.2.28. 96누1757).

> 유제 08. 지방직 9급 한국자산관리공사가 체납압류한 재산의 공매처분에 대한 소송에서 피고는 세무서장이 아니라 한국자산관리공사이다. (○)

② [○] 국세징수법 제53조 제1항 제1호는 압류의 필요적 해제사유로 '납부, 충당, 공매의 중지, 부과의 취소 기타의 사유로 압류의 필요가 없게 된 때'를 들고 있는데, 여기에서의 '기타의 사유'라 함은 납세의무가 소멸되거나 혹은 체납처분을 하여도 체납세액에 충당할 잉여가망이 없게 된 경우는 물론 과세처분 및 그 체납처분절차의 근거 법률에 대한 위헌결정으로 후속 체납처분을 진행할 수 없는 등의 사유로 압류의 근거가 상실되었거나 압류를 지속할 필요성이 없게 된 경우도 포함한다(대판 2002.8.27. 2002두2383).

❸ [×] 조세의 부과처분과 압류 등의 체납처분은 별개의 행정처분으로서 독립성을 가지므로 부과처분에 하자가 있더라도 그 부과처분이 취소되지 아니하는 한 그 부과처분에 의한 체납처분은 위법이라고 할 수는 없지만, 체납처분은 부과처분의 집행을 위한 절차에 불과하므로 그 부과처분에 중대하고도 명백한 하자가 있어 무효인 경우에는 그 부과처분의 집행을 위한 체납처분도 무효라 할 것이다(대판 1987.9.22. 87누383).

> 유제 08. 지방직 9급 선행행위인 조세 등 부과처분이 무효이거나 취소되어 그 효력을 상실한 경우에도 후행행위인 체납처분이 당연 무효가 되는 것은 아니다. (×)

④ [○]

> 1. 과세관청이 체납처분으로서 행하는 공매는 우월한 공권력의 행사로서 행정소송의 대상이 되는 공법상의 행정처분이며 공매에 의하여 재산을 매수한 자는 그 공매처분이 취소된 경우에 그 취소처분의 위법을 주장하여 행정소송을 제기할 법률상 이익이 있다(대판 1984.9.25. 84누201).

> 유제 16. 지방직 9급 과세관청이 체납처분으로서 행하는 공매는 우월한 공권력의 행사로서 행정소송의 대상이 되는 행정처분이나, 공매에 의하여 재산을 매수한 자는 그 공매처분이 취소된 경우에 그 취소처분의 위법을 주장하여 행정소송을 제기할 법률상 이익이 없다. (×)

> 2. 체납자 등에 대한 공매통지는 국가의 강제력에 의하여 진행되는 공매에서 체납자 등의 권리 내지 재산상의 이익을 보호하기 위하여 법률로 규정한 절차적 요건이라고 보아야 하며, … 다른 특별한 사정이 없는 한 체납자 등은 공매통지의 결여나 위법을 들어 공매처분의 취소 등을 구할 수 있는 것이지 공매통지 자체를 항고소송의 대상으로 삼아 그 취소 등을 구할 수는 없다(대판 2011.3.24. 2010두25527).

> 유제 08. 지방직 9급 체납처분절차에 있어서 공매기일의 공고 및 통지는 사인의 권리나 의무에 직접적인 영향을 미치기 때문에 취소소송의 대상이 될 수 있다. (×)

09 정답 ①

> 📋 **함께 정리하기** 행정상 즉시강제
>
> 판례
> ▷ 영장필요설×(대법원 → 절충설/헌재 → 영장불요설)
> 재난 및 안전관리 기본법상 응급조치
> ▷ 행정상 즉시강제
> 적법한 보호조치에 자발적 협조
> ▷ 손실에 대한 책임 없는 자에게 손실 보상 要
> 위법한 즉시강제 중 손해
> ▷ 국가배상청구 可

❶ [×] 대법원은 원칙적으로 영장주의가 적용되어야 하나, 행정목적 달성을 위하여 불가피한 경우에는 예외적으로 영장주의가 적용되지 않는다고 한다(절충설). 한편 헌법재판소는 급박성을 본질로 하는 즉시강제에는 원칙적으로 영장주의가 적용되지 않는다는 입장이다(영장불요설).

> 1. 사전영장주의원칙은 인신보호를 위한 헌법상의 기속원리이기 때문에 인신의 자유를 제한하는 국가의 모든 영역(예 행정상의 즉시강제)에서도 존중되어야 하고 다만 사전영장주의를 고수하다가는 도저히 그 목적을 달성할 수 없는 지극히 예외적인 경우에만 형사절차에서와 같은 예외가 인정된다고 할 것이다(대판 1995.6.30. 93추83).
> 2. 영장주의가 행정상 즉시강제에도 적용되는지에 관하여는 논란이 있으나, 행정상 즉시강제는 상대방의 임의이행을 기다릴 시간적 여유가 없을 때 하명 없이 바로 실력을 행사하는 것으로서, 그 본질상 급박성을 요건으로 하고 있어 법관의 영장을 기다려서는 그 목적을 달성할 수 없다고 할 것이므로, 원칙적으로 영장주의가 적용되지 않는다고 보아야 할 것이다(헌재 2002.10.31. 2000헌가12).

> 유제 18. 국회직 8급 감염병 유행에 대한 방역조치가 급박한 상황에 대처하기 위한 것으로서 그 불가피성과 정당성이 충분히 인정된다면 헌법상의 사전영장주의 원칙에 위배되는 것은 아니라 할 것이다. (○)

13. 경찰 즉시강제에서 영장주의가 적용되는가의 여부에 대하여 판례는 국민의 권익보호를 위하여 예외 없이 영장주의가 적용되어야 한다는 영장필요설의 입장을 취하고 있다. (✕)

② [○] 재난이 발생할 우려가 있거나 재난이 발생했을 때, 시장 등은 급수 수단의 확보 등 응급조치를 하여야 하는데 이는 행정상 즉시강제에 해당한다.

③ [○] 제3자에 대한 경찰관의 발동으로 제3자가 특별한 손실을 입은 경우에 그 손실 보상을 해 주어야 한다는 것이 일반적인 견해이었고, 최근 「경찰관 직무집행법」에 손실보상에 대한 조문이 신설되었다.

> **「경찰관 직무집행법」 제11조의2【손실보상】** ① 국가는 경찰관의 적법한 직무집행으로 인하여 다음 각 호의 어느 하나에 해당하는 손실을 입은 자에 대하여 정당한 보상을 하여야 한다.
> 1. 손실발생의 원인에 대하여 책임이 없는 자가 재산상의 손실을 입은 경우(손실발생의 원인에 대하여 책임이 없는 자가 경찰관의 직무집행에 자발적으로 협조하거나 물건을 제공하여 재산상의 손실을 입은 경우를 포함한다)
> 2. 손실발생의 원인에 대하여 책임이 있는 자가 자신의 책임에 상응하는 정도를 초과하는 재산상의 손실을 입은 경우

④ [○] 위법한 즉시강제가 「국가배상법」상 공무원의 직무상 불법행위를 구성하는 경우, 그로 인해 손해를 받은 자는 국가 또는 지방자치단체에 대하여 손해배상을 청구할 수 있다. 즉시강제에 대한 행정쟁송은 협의의 소의 이익의 결여로 각하될 확률이 높으므로 「국가배상법」에 의한 구제가 가장 실효적일 것이다.

---

10   정답 ④

> ☑ **함께 정리하기 행정상 즉시강제**
>
> 경찰관 제지조치
> ▷ 즉시강제이므로 엄격해석
> 실정법상 근거·급박성·비례원칙·보충성 要
> 불법게임물 영장없이 수거·폐기
> ▷ 행정상 즉시강제 → 영장주의 적용✕(원칙)
> 즉시강제
> ▷ 사전통지·의견제출 적용✕
> 의무불이행 전제✕

ㄱ. [○] 경찰관 직무집행법 제6조 제1항 중 경찰관의 제지에 관한 부분은 범죄의 예방을 위한 경찰 행정상 즉시강제에 관한 근거조항이다. 행정상 즉시강제는 그 본질상 행정 목적 달성을 위하여 불가피한 한도 내에서 예외적으로 허용되는 것이므로, 위 조항에 의한 경찰관의 제지 조치 역시 그러한 조치가 불가피한 최소한도 내에서만 행사되도록 그 발동·행사 요건을 신중하고 엄격하게 해석하여야 한다(대판 2008.11.13. 2007도9794).

ㄴ. [○] 행정상 즉시강제는 전형적인 침해행정의 일종이므로 엄격한 실정법적 근거가 필요하다고 보는 것이 일반적이며, 실정법의 근거가 있다고 하더라도 실제 발동에 있어서 급박성의 원칙, 비례의 원칙, 소극성의 원칙, 보충성의 원칙 등을 준수하여야 한다. 특히 비례의 원칙과 관련하여 즉시강제는 행정목적 달성을 위해 적합하여야 하고(적합성의 원칙), 개인에게 최소로 피해를 주는 수단이어야 하며(필요성의 원칙), 즉시강제를 통하여 추구하는 공익보다 개인의 권익에 대한 침해가 커서는 안 된다(상당성의 원칙). 따라서 타인의 재산에 대한 위해를 제거하기 위하여 인신을 구속할 수는 없다.

> 행정강제는 행정상 강제집행을 원칙으로 하며, 법치국가적 요청인 예측가능성과 법적 안정성에 반하고, 기본권 침해의 소지가 큰 권력작용인 행정상 즉시강제는 어디까지나 예외적인 강제수단이라고 할 것이다. 이러한 행정상 즉시강제는 엄격한 실정법상의 근거를 필요로 할 뿐만 아니라, 그 발동에 있어서는 법규의 범위 안에서도 다시 행정상의 장해가 목전에 급박하고, 다른 수단으로는 행정목적을 달성할 수 없는 경우이어야 하며, 이러한 경우에도 그 행사는 필요 최소한도에 그쳐야 함을 내용으로 하는 조리상의 한계에 기속된다(헌재 2002.10.31. 2000헌가12).

유제 12. 경찰 행정상 즉시강제는 그 본질상 행정목적 달성을 위하여 불가피한 한도 내에서 예외적으로 허용된다. (○)

ㄷ. [✕] 영장주의가 행정상 즉시강제에도 적용되는지에 관하여는 논란이 있으나, 행정상 즉시강제는 상대방의 임의이행을 기다릴 시간적 여유가 없을 때 하명 없이 바로 실력을 행사하는 것으로서, 그 본질상 급박성을 요건으로 하고 있어 법관의 영장을 기다려서는 그 목적을 달성할 수 없다고 할 것이므로, 원칙적으로 영장주의가 적용되지 않는다고 보아야 할 것이다. 관계행정청이 등급분류를 받지 아니하거나 등급분류를 받은 게임물과 다른 내용의 게임물을 발견한 경우 관계공무원으로 하여금 이를 수거·폐기하게 할 수 있도록 한 구 음반·비디오물 및 게임물에 관한 법률이 비록 영장 없는 수거를 인정하다고 하더라도 이를 두고 헌법상 영장주의에 위배되는 것으로는 볼 수 없다(헌재 2002.10.31. 2000헌가12).

ㄹ. [○] 이 사건 법률조항은 수거에 앞서 청문이나 의견제출 등 절차보장에 관한 규정을 두고 있지 않으나, 행정상 즉시강제는 목전에 급박한 장해에 대하여 바로 실력을 가하는 작용이라는 특성에 비추어 사전적(事前的) 절차와 친하기 어렵다는 점을 고려하면, 이를 이유로 적법절차의 원칙에 위반되는 것으로는 볼 수 없다(헌재 2002.10.31. 2000헌가12).

유제 12. 경찰 불법 게임물 단속 전에 사전통지나 의견제출의 기회를 부여하지 않았다고 하여 적법절차 원칙에 위반되는 것으로는 볼 수 없다. (○)

ㅁ. [✕] 즉시강제란 현재의 급박한 행정상의 장해를 제거하기 위한 경우로서 '행정청이 미리 행정상 의무 이행을 명할 시간적 여유가 없는 경우' 또는 '그 성질상 행정상 의무의 이행을 명하는 것만으로는 행정목적 달성이 곤란한 경우'에 행정청이 곧바로 국민의 신체 또는 재산에 실력을 행사하여 행정목적을 달성하는 것을 말한다. 즉시강제는 강제집행과 달리 의무불이행을 전제로 하지 않는다.

11 정답 ③

☑ **함께 정리하기 행정조사**

일출 전·일몰 후
▷ 싱대빙 동의시 헌징조사 可
같은 세목, 같은 과세기간에 관한 세무조사
▷ 내용이 중첩되지 않아도 위법한 중복조사○
세무조사결정
▷ 처분성 有
강제조사
▷ 개별법상 근거 필요

① [○]

「행정조사기본법」제11조【현장조사】② 제1항에 따른 현장조사는 해가 뜨기 전이나 해가 진 뒤에는 할 수 없다. 다만, 다음 각 호의 어느 하나에 해당하는 경우에는 그러하지 아니하다.
　1. 조사대상자(대리인 및 관리책임이 있는 자를 포함한다)가 동의한 경우
　2. 사무실 또는 사업장 등의 업무시간에 행정조사를 실시하는 경우
　3. 해가 뜬 후부터 해가 지기 전까지 행정조사를 실시하는 경우에는 조사목적의 달성이 불가능하거나 증거인멸로 인하여 조사대상자의 법령등의 위반 여부를 확인할 수 없는 경우

유제 09. 국가직 9급 현장조사는 조사대상자가 동의한 경우에도 해가 뜨기 전이나 해가 진 뒤에는 할 수 없다. (×)

② [○] 세무조사가 동일 세목·동일 과세기간에 관한 것이면 내용이 중첩되지 않더라도 금지되는 재조사에 해당하나, 다른 세목·다른 과세기간에 관한 것이면 허용될 수도 있다.

세무공무원이 어느 세목의 특정 과세기간에 대하여 모든 항목에 걸쳐 세무조사를 한 경우는 물론 그 과세기간의 특정 항목에 대하여만 세무조사를 한 경우에도 다시 그 세목의 같은 과세기간에 대하여 세무조사를 하는 것은 구 국세기본법 제81조의4 제2항에서 금지하는 재조사에 해당하고, 세무공무원이 당초 세무조사를 한 특정 항목을 제외한 다른 항목에 대하여만 다시 세무조사를 함으로써 세무조사의 내용이 중첩되지 아니하였다고 하여 달리 볼 것은 아니다. 다만 당초의 세무조사가 다른 세목이나 다른 과세기간에 대한 세무조사 도중에 해당 세목이나 과세기간에도 동일한 잘못이나 세금탈루 혐의가 있다고 인정되어 관련 항목에 대하여 세무조사 범위가 확대됨에 따라 부분적으로만 이루어진 경우와 같이 당초 세무조사 당시 모든 항목에 걸쳐 세무조사를 하는 것이 무리였다는 등의 특별한 사정이 있는 경우에는 당초 세무조사를 한 항목을 제외한 나머지 항목에 대하여 향후 다시 세무조사를 하는 것은 구 국세기본법 제81조의4 제2항에서 금지하는 재조사에 해당하지 아니한다(대판 2015.2.26. 2014두12062).

유제 20. 국회직 8급 다른 세목, 다른 과세기간에 대한 세무조사 도중 해당 세목 및 과세기간에 대한 조사가 부분적으로 이루어진 경우 추후 이루어진 재조사는 위법한 중복조사에 해당한다. (×)

❸ [×] 부과처분을 위한 과세관청의 질문조사권이 행해지는 세무조사 결정이 있는 경우 납세의무자는 세무공무원의 과세자료 수집을 위한 질문에 대답하고 검사를 수인하여야 할 법적 의무를 부담하게 되는 점 … 등을 종합하면, 세무조사결정은 납세의무자의 권리·의무에 직접 영향을 미치는 공권력의 행사에 따른 행정작용으로서 항고소송의 대상이 된다(대판 2011.3.10. 2009두23617).

유제 18. 서울시 7급 지방자치단체장의 세무조사결정은 납세의무자의 권리·의무에 간접적 영향을 미치는 행정작용으로서 항고소송의 대상이 되지 않는다. (×)

④ [○]

「행정조사기본법」제5조【행정조사의 근거】행정기관은 법령 등에서 행정조사를 규정하고 있는 경우에 한하여 행정조사를 실시할 수 있다. 다만, 조사대상자의 자발적인 협조를 얻어 실시하는 행정조사의 경우에는 그러하지 아니하다.

유제 15. 지방직 7급 행정기관이 조사대상자의 자발적인 협조를 얻어 실시하는 행정조사의 경우에도 법령 등에서 행정조사를 규정하고 있지 아니한 경우에는 행정조사를 실시할 수 없다. (×)
14. 경찰 「행정조사기본법」상 행정기관은 법령 등에서 행정조사를 규정하고 있는 경우에 한하여 행정조사를 실시할 수 있고, 규정이 없는 경우에는 조사대상자의 자발적 협력이 있는 경우에도 행정조사를 실시할 수 없다. (×)
09. 국가직 9급 행정기관은 법령 등에서 행정조사를 규정하고 있는 경우에 한하여 행정조사를 실시할 수 있다. 조사대상자의 자발적인 협조를 얻어 실시하는 행정조사의 경우에도 그러하다. (×)

12 정답 ③

☑ **함께 정리하기 행정조사**

자발적 협조 얻는 행정조사
▷ 문서·전화·구두로 거부 可
자료등의 영치시 생활·영업 불가능
▷ 증거인멸우려 없을 경우 사진촬영으로 영치 갈음 可
위법한 세무조사 → 과세처분
▷ 위법
우편물 통관검사절차
▷ 압수·수색영장 不要

① [○]

「행정조사기본법」제20조【자발적인 협조에 따라 실시하는 행정조사】① 행정기관의 장이 제5조 단서에 따라 조사대상자의 자발적인 협조를 얻어 행정조사를 실시하고자 하는 경우 조사대상자는 문서·전화·구두 등의 방법으로 당해 행정조사를 거부할 수 있다

② [○]

「행정조사기본법」제13조【자료등의 영치】② 조사원이 제1항에 따라 자료등을 영치하는 경우에 조사대상자의 생활이나 영업이 사실상 불가능하게 될 우려가 있는 때에는 조사원은 자료등을 사진으로 촬영하거나 사본을 작성하는 등의 방법으로 영치에 갈음할 수 있다. 다만, 증거인멸의 우려가 있는 자료등을 영치하는 경우에는 그러하지 아니하다.

❸ [×] 세무조사가 과세자료의 수집 또는 신고내용의 정확성 검증이라는 본연의 목적이 아니라 부정한 목적을 위하여 행하여진 것이라면 이는 세무조사에 중대한 위법사유가 있는 경우에 해당하고 이러한 세무조사에 의하여 수집된 과세자료를 기초로 한 과세처분 역시 위법하다(대판 2016.12.15. 2016두47659).

유제 16. 사복 9급 부가가치세부과처분이 종전의 부가가치세 경정조사와 같은 세목 및 같은 과세기간에 대하여 중복하여 실시된 위법한 세무조사에 기초하여 이루어진 경우 위법하다. (O)

15. 지방직 7급 위법한 중복세무조사에 기초하여 이루어진 과세처분은 위법한 처분이다. (O)

14. 경찰 위법한 행정조사로 수집된 정보가 정당한 것이 아님에도 그러한 사실에 기초하여 발령된 행정처분은 위법하다. (O)

④ [O] 관세법이 관세의 부과·징수와 아울러 수출입물품의 통관을 적정하게 함을 목적으로 한다는 점에 비추어 보면, 우편물 통관검사절차에서 이루어지는 우편물의 개봉, 시료채취, 성분분석 등의 검사는 수출입물품에 대한 적정한 통관 등을 목적으로 한 행정조사의 성격을 가지는 것으로서 수사기관의 강제처분이라고 할 수 없으므로, 압수·수색영장 없이 우편물의 개봉, 시료채취, 성분분석 등 검사가 진행되었다 하더라도 특별한 사정이 없는 한 위법하다고 볼 수 없다(대판 2013.9.26. 2013도7718).

유제 16. 사복 9급 우편물 통관검사절차에서 우편물의 개봉, 시료채취, 성분분석 등의 검사는 수출입품목에 대한 적정한 통관 등을 목적으로 한 행정조사의 성격을 가지는 것으로서 수사기관의 강제처분이라고 할 수 없으므로 영장은 요구되지 않는다. (O)

17. 국회직 8급 판례에 의하면 우편물 통관검사절차에서 이루어지는 우편물의 개봉·시료채취·성분분석 등의 검사는 행정조사의 성격을 가지므로 압수·수색영장 없이 진행되어도 특별한 사정이 없는 한 위법하지 않다. (O)

---

13 정답 ④

☑ **함께 정리하기 행정조사기본법**

행정조사 과정
▷ 녹음·녹화 可
협조에 의한 조사에 있어 응답×
▷ 조사거부 간주
재조사금지 원칙
▷ 위법행위 의심되는 새로운 증거 확보시 예외
공동조사를 통한 중복조사방지

① [O]
「행정조사기본법」 제23조 【조사권 행사의 제한】 ③ 조사대상자와 조사원은 조사과정을 방해하지 아니하는 범위 안에서 행정조사의 과정을 녹음하거나 녹화할 수 있다. 이 경우 녹음·녹화의 범위 등은 상호 협의하여 정하여야 한다.

② [O]
「행정조사기본법」 제20조 【자발적인 협조에 따라 실시하는 행정조사】 ① 행정기관의 장이 제5조 단서에 따라 조사대상자의 자발적인 협조를 얻어 행정조사를 실시하고자 하는 경우 조사대상자는 문서·전화·구두 등의 방법으로 당해 행정조사를 거부할 수 있다.

② 제1항에 따른 행정조사에 대하여 조사대상자가 조사에 응할 것인지에 대한 응답을 하지 아니하는 경우에는 법령 등에 특별한 규정이 없는 한 그 조사를 거부한 것으로 본다.

③ [O]
「행정조사기본법」 제15조 【중복조사의 제한】 ① 제7조에 따라 정기조사 또는 수시조사를 실시한 행정기관의 장은 동일한 사안에 대하여 동일한 조사대상자를 재조사 하여서는 아니 된다. 다만, 당해 행정기관이 이미 조사를 받은 조사대상자에 대하여 위법행위가 의심되는 새로운 증거를 확보한 경우에는 그러하지 아니하다.

❹ [×]
「행정조사기본법」 제4조 【행정조사의 기본원칙】 ③ 행정기관은 유사하거나 동일한 사안에 대하여는 공동조사 등을 실시함으로써 행정조사가 중복되지 아니하도록 하여야 한다.

유제 14. 서울시 9급, 14. 경찰, 12. 지방직 9급 행정기관은 유사하거나 동일한 사안에 대하여는 공동조사 등을 실시함으로써 행정조사가 중복되지 아니하도록 하여야 한다. (O)

---

14 정답 ②

☑ **함께 정리하기 행정조사기본법**

법률·회계 등 전문가
▷ 입회·의견진술 可
실력행사 규정 無
조사대상선정기준 열람신청
▷ 조사활동 지장초래시 거부 可
사전통지
▷ 자발적 협조에 의한 조사는 구두 통지 可

① [O]
「행정조사기본법」 제23조 【조사권 행사의 제한】 ② 조사대상자는 법률·회계 등에 대하여 전문지식이 있는 관계 전문가로 하여금 행정조사를 받는 과정에 입회하게 하거나 의견을 진술하게 할 수 있다.

❷ [×] 「행정조사기본법」에는 조사대상자의 신체와 재산에 대해 실력을 행사할 수 있다는 명문의 규정이 없다.

③ [O]
「행정조사기본법」 제8조 【조사대상의 선정】 ② 조사대상자는 조사대상 선정기준에 대한 열람을 행정기관의 장에게 신청할 수 있다.
③ 행정기관의 장이 제2항에 따라 열람신청을 받은 때에는 다음 각 호의 어느 하나에 해당하는 경우를 제외하고 신청인이 조사대상 선정기준을 열람할 수 있도록 하여야 한다.
1. 행정기관이 당해 행정조사업무를 수행할 수 없을 정도로 조사활동에 지장을 초래하는 경우
2. 내부고발자 등 제3자에 대한 보호가 필요한 경우

④ [O]

> 「행정조사기본법」제17조【조사의 사전통지】① 행정조사를 실시하고자 하는 행정기관의 장은 제9조에 따른 출석요구서, 제10조에 따른 보고요구서·자료제출요구서 및 제11조에 따른 현장출입조사서(이하 "출석요구서등"이라 한다)를 조사개시 7일 전까지 조사대상자에게 서면으로 통지하여야 한다. 다만, 다음 각 호의 어느 하나에 해당하는 경우에는 행정조사의 개시와 동시에 출석요구서등을 조사대상자에게 제시하거나 행정조사의 목적 등을 조사대상자에게 구두로 통지할 수 있다.
> 1. 행정조사를 실시하기 전에 관련 사항을 미리 통지하는 때에는 증거인멸 등으로 행정조사의 목적을 달성할 수 없다고 판단되는 경우
> 2. 「통계법」제3조 제2호에 따른 지정통계의 작성을 위하여 조사하는 경우
> 3. 제5조 단서에 따라 조사대상자의 자발적인 협조를 얻어 실시하는 행정조사의 경우

유제 09. 국가직 9급 행정조사를 실시하고자 하는 행정기관의 장은 출석요구서 등을 조사개시 3일 전까지 조사대상자에게 서면으로 통지하여야 한다. (✕)

15 정답 ①

> ☑ 함께 정리하기 **행정벌**
>
> 죄형법정주의
> ▷ 행정형벌해석에도 적용, 위임 可
> 양벌규정에 의한 영업주의 처벌은 독립적
> ▷ 종업원처벌 전제 不要
> 자치사무 수행중 도로법 위반
> ▷ 지자체 양벌규정에 의해 처벌○
> 통고처분
> ▷ 행정처분✕
> ▷ 항고소송의 대상✕
> 통고처분
> ▷ 납부기간까지 검사 공소제기 不可

ㄱ. [O] 죄형법정주의는 행정형벌에도 적용되고, 법률이 벌칙규정을 법규명령에 위임하는 것이 허용되는지 죄형법정주의와 관련하여 문제가 되고 있다. 모법이 범죄구성요건의 구체적인 기준과 처벌의 상·하한을 정하여 개별적·구체적으로 위임하는 것은 허용된다고 보는 것이 통설이다.

ㄴ. [O] 양벌규정에 의한 영업주의 처벌은 금지위반행위자인 종업원의 처벌에 종속하는 것이 아니라 독립하여 그 자신의 종업원에 대한 선임감독상의 과실로 인하여 처벌되는 것이므로 종업원의 범죄성립이나 처벌이 영업주 처벌의 전제조건이 될 필요는 없다(대판 2006.2.24. 2005도7673).

유제 17. 국회직 8급 영업주에 대한 양벌규정이 존재하는 경우, 영업주의 처벌은 금지위반행위자인 종업원의 범죄성립이나 처벌을 전제로 하지 아니한다. (O)

ㄷ. [O] 국가가 본래 그의 사무의 일부를 지방자치단체의 장에게 위임하여 그 사무를 처리하게 하는 기관위임사무의 경우에는 지방자치단체는 국가기관의 일부로 볼 수 있는 것이지만, 지방자치단체가 그 고유의 자치사무를 처리하는 경우에는 지방자치단체는 국가기관의 일부가 아니라 국가기관과는 별도의 독립한 공법인이므로, 지방자치단체 소속 공무원이 지방자치단체 고유의 자치사무를 수행하던 중 도로법 제81조 내지 제85조의 규정에 의한 위반행위를 한 경우에는 지방자치단체는 도로법 제86조의 양벌규정에 따라 처벌대상이 되는 법인에 해당한다(대판 2005.11.10. 2004도2657).

유제 16. 사복 9급 판례에 의하면 지방자치단체가 그 고유의 자치사무를 처리하는 경우 지방자치단체가 행정주체인 이상, 행정벌의 양벌규정에 의한 처벌대상이 될 수 없다. (✕)

ㄹ. [✕] 도로교통법 제118조에서 규정하는 경찰서장의 통고처분은 행정소송의 대상이 되는 행정처분이 아니므로 그 처분의 취소를 구하는 소송은 부적법하고, 도로교통법상의 통고처분을 받은 자가 그 처분에 대하여 이의가 있는 경우에는 통고처분에 따른 범칙금의 납부를 이행하지 아니함으로써 경찰서장의 즉결심판청구에 의하여 법원의 심판을 받을 수 있게 될 뿐이다(대판 1995.6.29. 95누4674).

유제 18. 서울시 7급 「도로교통법」에서 규정하는 경찰서장의 통고처분은 행정소송의 대상이 되는 행정처분이다. (✕)

ㅁ. [✕] 경찰서장이 범칙행위에 대하여 통고처분을 한 이상, 범칙자의 위와 같은 절차적 지위를 보장하기 위하여 통고처분에서 정한 범칙금 납부기간까지는 원칙적으로 경찰서장은 즉결심판을 청구할 수 없고, 검사도 동일한 범칙행위에 대하여 공소를 제기할 수 없다고 보아야 한다(대판 2020.4.29. 2017도13409).

유제 23. 국회직 8급 경찰서장이 「경범죄 처벌법」상 범칙행위에 대하여 통고처분을 하였는데 통고처분에서 정한 범칙금 납부기간이 지나지 아니한 경우, 경찰서장이 즉결심판을 청구하거나 검사가 동일한 범칙행위에 대하여 공소를 제기할 수 없다. (O)

16 정답 ③

> ☑ 함께 정리하기 **행정벌**
>
> 위법하지 않다고 오인한 질서위반행위
> ▷ 정당한 이유 있어야 과태료부과✕
> 양벌규정에서 사업주
> ▷ 종업원 처벌에 종속✕
> 해석상 과실범처벌 명확
> ▷ 명문규정 없어도 처벌 可
> 과태료납부 후 형사처벌
> ▷ 일사부재리원칙 위반✕

① [✕]

> 「질서위반행위규제법」제8조【위법성의 착오】자신의 행위가 위법하지 아니한 것으로 오인하고 행한 질서위반행위는 그 오인에 정당한 이유가 있는 때에 한하여 과태료를 부과하지 아니한다.

② [×] 양벌규정에 의한 영업주의 처벌은 금지위반행위자인 종업원의 처벌에 종속하는 것이 아니라 독립하여 그 자신의 종업원에 대한 선임감독상의 과실로 인하여 처벌되는 것이므로 종업원의 범죄성립이나 처벌이 영업주 처벌의 전제조건이 될 필요는 없다(대판 1987.11.10. 87도1213).

❸ [O] 행정상의 단속을 주안으로 하는 법규라 하더라도 명문규정이 있거나 해석상 과실범도 벌할 뜻이 명확한 경우를 제외하고는 형법의 원칙에 따라 고의가 있어야 벌할 수 있다(대판 1986. 7.22. 85도108).

유제 17. 국회직 8급 명문의 규정이 없더라도 관련 행정형벌법규의 해석에 따라 과실행위도 처벌한다는 뜻이 명확한 경우에는 과실행위를 처벌할 수 있다. (O)

④ [×] 일사부재리의 효력은 확정재판이 있을 때에 발생하는 것이고 과태료는 행정법상의 질서벌에 불과하므로 과태료처분을 받고 이를 납부한 일이 있더라도 그 후에 형사처벌을 한다고 해서 일사부재리의 원칙에 어긋난다고 할 수 없다(대판 1989.6.13. 88도1983).

17 정답 ①

📋 함께 정리하기 **과태료**

신분에 의해 성립하는 질서위반행위
▷ 비신분자가 신분자에 가담
▷ 질서위반행위 성립
질서위반행위
▷ 조례상 의무위반 포함
과태료징수권 시효
▷ 5년
「질서위반행위규제법」 vs. 타 법률
▷ 「질서위반행위규제법」 적용

❶ [O]
「질서위반행위규제법」 제12조 【다수인의 질서위반행위 가담】
② 신분에 의하여 성립하는 질서위반행위에 신분이 없는 자가 가담한 때에는 신분이 없는 자에 대하여도 질서위반행위가 성립한다.

유제 15. 국가직 7급 신분에 의하여 성립하는 질서위반행위에 신분이 없는 자가 가담한 때에는 신분이 없는 자에 대해서는 질서위반행위가 성립하지 않는다. (×)
10. 지방직 9급 신분에 의하여 성립하는 질서위반행위에 신분이 없는 자가 가담한 때에도 질서위반행위가 성립한다. (O)

질서위반행위규제법은 과태료의 부과대상인 질서위반행위에 대하여도 책임주의 원칙을 채택하여 제7조에서 "고의 또는 과실이 없는 질서위반행위는 과태료를 부과하지 아니한다." 고 규정하고 있으므로, 질서위반행위를 한 자가 자신의 책임 없는 사유로 위반행위에 이르렀다고 주장하는 경우 법원으로서는 그 내용을 살펴 행위자에게 고의나 과실이 있는지를 따져보아야 한다(대결 2011.7.14. 2011마364).

유제 13. 국가직 9급 판례에 따르면, 질서위반행위를 한 자가 자신의 책임 없는 사유로 위반행위에 이르렀다고 주장하는 경우 법원은 그 내용을 살펴 행위자에게 고의나 과실이 있는지 여부를 따져보아야 한다. (O)

② [×]
「질서위반행위규제법」 제2조 【정의】이 법에서 사용하는 용어의 뜻은 다음과 같다.
1. "질서위반행위"란 법률(지방자치단체의 조례를 포함한다. 이하 같다)상의 의무를 위반하여 과태료를 부과하는 행위를 말한다. 다만, 다음 각 목의 어느 하나에 해당하는 행위를 제외한다.
가. 대통령령으로 정하는 사법(私法)상·소송법상 의무를 위반하여 과태료를 부과하는 행위
나. 대통령령으로 정하는 법률에 따른 징계사유에 해당하여 과태료를 부과하는 행위

③ [×]
「질서위반행위규제법」 제15조 【과태료의 시효】 ① 과태료는 행정청의 과태료 부과처분이나 법원의 과태료 재판이 확정된 후 5년간 징수하지 아니하거나 집행하지 아니하면 시효로 인하여 소멸한다.

④ [×]
「질서위반행위규제법」 제5조 【다른 법률과의 관계】 과태료의 부과·징수, 재판 및 집행 등의 절차에 관한 다른 법률의 규정 중 이 법의 규정에 저촉되는 것은 이 법으로 정하는 바에 따른다.

18 정답 ①, ②

📋 함께 정리하기 **질서위반행위규제법**

하나의 행위, 둘 이상 질서위반
▷ 가장 중한 과태료
고의·과실 없는 질서위반행위
▷ 과태료 부과×
과태료
▷ 법률상 근거 필요
2인 이상
▷ 각자 질서위반행위

❶ [×] 하나의 행위가 2 이상의 질서위반행위에 해당하는 경우에는 각 질서위반행위에 대하여 정한 과태료 중 가장 중한 과태료를 부과한다.

「질서위반행위규제법」 제13조 【수개의 질서위반행위의 처리】 ① 하나의 행위가 2 이상의 질서위반행위에 해당하는 경우에는 각 질서위반행위에 대하여 정한 과태료 중 가장 중한 과태료를 부과한다.
② 제1항의 경우를 제외하고 2 이상의 질서위반행위가 경합하는 경우에는 각 질서위반행위에 대하여 정한 과태료를 각각 부과한다. 다만, 다른 법령(지방자치단체의 조례를 포함한다. 이하 같다)에 특별한 규정이 있는 경우에는 그 법령으로 정하는 바에 따른다.

유제 10. 지방직 9급 하나의 행위가 2 이상의 질서위반행위에 해당하는 경우에는 각 질서위반행위에 대하여 정한 과태료 중 가장 중한 과태료를 부과한다. (O)

❷ [×]

> 「질서위반행위규제법」제7조【고의 또는 과실】고의 또는 과실이 없는 질서위반행위는 과태료를 부과하지 아니한다.

유제 23. 지방직 9급 고의 또는 과실이 없는 질서위반행위라고 하더라도 과태료를 부과할 수 있다. (×)
22. 국회직 8급 고의 또는 과실이 없는 질서위반행위는 그에 대한 정당한 이유가 있는 때에 한하여 과태료를 부과하지 아니한다. (×)
19. 군무원 9급 질서위반행위를 한 자가 자신의 책임 없는 사유로 위반행위에 이르렀다고 주장하는 경우 법원으로서는 그 내용을 살펴 행위자에게 고의나 과실이 있는지를 따져보아야 하는 것은 아니다. (×)

③ [O]

> 「질서위반행위규제법」제6조【질서위반행위 법정주의】법률에 따르지 아니하고는 어떤 행위도 질서위반행위로 과태료를 부과하지 아니한다.

④ [O]

> 「질서위반행위규제법」제12조【다수인의 질서위반행위 가담】① 2인 이상이 질서위반행위에 가담한 때에는 각자가 질서위반행위를 한 것으로 본다.

유제 14. 사복 9급, 20. 지방직 9급 2인 이상이 질서위반행위에 가담한 때에는 각자가 질서위반행위를 한 것으로 본다. (O)

---

19 정답 ②

📋 함께 정리하기 **행정질서벌**

과태료 부과후 사망
▷ 상속재산에 집행 可
과태료 재판에 대해 검사 즉시항고
▷ 집행정지의 효력 O
질서위반행위 후 법률이 변경되어 질서위반행위에 해당하지 않게 된 경우
▷ 변경된 법률적용
▷ 과태료부과×
과태료부과처분에 대한 이의제기시
▷ 과태료부과처분 효력상실

ㄱ. [O]

> 「질서위반행위규제법」제24조의2【상속재산 등에 대한 집행】① 과태료는 당사자가 과태료 부과처분에 대하여 이의를 제기하지 아니한 채 제20조 제1항에 따른 기한이 종료한 후 사망한 경우에는 그 상속재산에 대하여 집행할 수 있다.

유제 15. 국가직 7급 과태료는 당사자가 과태료 부과처분에 대하여 이의를 제기하지 아니한 채 이의제기 기한이 종료한 후 사망한 경우에는 집행할 수 없다. (×)
14. 사복 9급 과태료는 당사자가 과태료 부과처분에 대하여 이의를 제기하지 아니한 채 이의제기 기한이 종료한 후 사망한 경우에는 그 상속재산에 대하여 집행할 수 있다. (O)

ㄴ. [×]

> 「질서위반행위규제법」제38조【항고】① 당사자와 검사는 과태료 재판에 대하여 즉시항고를 할 수 있다. 이 경우 항고는 집행정지의 효력이 있다.

ㄷ. [O]

> 「질서위반행위규제법」제3조【법 적용의 시간적 범위】① 질서위반행위의 성립과 과태료처분은 행위 시의 법률에 따른다.
> ② 질서위반행위후 법률이 변경되어 그 행위가 질서위반행위에 해당하지 아니하게 되거나 과태료가 변경되기 전의 법률보다 가볍게 된 때에는 법률에 특별한 규정이 없는 한 변경된 법률을 적용한다.
> ③ 행정청의 과태료처분이나 법원의 과태료 재판이 확정된 후 법률이 변경되어 그 행위가 질서위반행위에 해당하지 아니하게 된 때에는 변경된 법률에 특별한 규정이 없는 한 과태료의 징수 또는 집행을 면제한다.

유제 13. 국가직 9급 행정청의 과태료 처분이나 법원의 과태료 재판이 확정된 후 법률이 변경되어 그 행위가 질서위반행위에 해당하지 아니하게 되더라도 변경된 법률에 특별한 규정이 없는 한 과태료의 징수 또는 집행은 면제되지 않는다. (×)
11. 지방직 7급 질서위반행위 후 법률이 변경되어 그 행위가 질서위반행위에 해당하지 아니하게 된 때에는 법률에 특별한 규정이 없는 한 변경된 법률을 적용한다. (O)

ㄹ. [×] 행정기관의 과태료부과처분에 대하여 상대방이 이의를 하여 그 사실이 행정기관으로부터 비송사건절차법에 의한 과태료의 재판을 하여야 할 법원에 통보되면 당초의 행정기관의 부과처분은 그 효력을 상실한다 할 것이다. 그렇다면 이미 효력을 상실한 피청구인의 과태료부과처분의 취소를 구하는 청구인의 이 사건 심판청구는 권리보호의 이익이 없다고 할 것이다(헌재 1998.11.11. 98헌마371).

---

20 정답 ④

📋 함께 정리하기 **과태료**

과태료 부과
▷ 항고소송 대상×
대법원
▷ 과태료＋형사처벌
▷ 이중처벌×
헌법재판소
▷ 동일법규 위반행위에 과태료＋형사처벌
▷ 이중처벌우려
과태료부과절차
▷ 사전통지＋10일 이상 의견제출 기회

① [×] 과태료부과에 대해서는 일반적으로 「질서위반행위규제법」이 적용되므로 그 부과처분에 대해 불복(이의)이 있을 때에는 법원은 「비송사건절차법」에 따라 재판을 한다. 따라서 과태료부과처분은 행정소송의 대상이 되는 행정처분이 아니다.

수도조례 및 하수도사용조례에 기한 과태료의 부과 여부 및 그 당부는 최종적으로 질서위반행위규제법에 의한 절차에 의하여 판단되어야 한다고 할 것이므로, 그 <u>과태료 부과처분은 행정청을 피고로 하는 행정소송의 대상이 되는 행정처분이라고 볼 수 없다</u>(대판 2012.10.11. 2011두19369).

유제 15. 국회직 8급 「질서위반행위규제법」의 적용을 받는 과태료 부과처분은 행정청을 피고로 하는 행정소송의 대상이 되는 행정처분이라고 볼 수 없다. (○)
14. 사복 9급 과태료 부과처분에 불복하는 당사자는 다른 법률에 특별한 규정이 없는 한 과태료 부과처분의 취소를 구하는 행정소송을 제기할 수 있다. (×)

② [×] 행정법상의 질서벌인 과태료의 부과처분과 형사처벌은 그 성질이나 목적을 달리하는 별개의 것이므로 행정법상의 질서벌인 과태료를 납부한 후에 형사처벌을 한다고 하여 이를 일사부재리의 원칙에 반하는 것이라고 할 수는 없으며, … 만일 임시운행허가기간을 넘어 운행한 자가 등록된 차량에 관하여 그러한 행위를 한 경우라면 과태료의 제재만을 받게 되겠지만, 무등록 차량에 관하여 그러한 행위를 한 경우라면 과태료와 별도로 형사처벌의 대상이 된다(대판 1996.4.12. 96도158).

유제 14. 국회직 8급 동일한 행위를 대상으로 하여 형벌을 부과하면서 아울러 행정질서벌인 과태료를 부과하는 것은 이중처벌에 해당한다고 할 수 없다. (○)
10. 지방직 7급 신규등록신청을 위한 임시운행허가를 받고 그 기간이 끝났음에도 자동차등록원부에 등록하지 아니한 채 허가기간의 범위를 넘어 운행한 경우에 차량소유자(피고인)가 이미 관련 법조항에 의한 과태료를 부과 받아 납부하였다면 다시 피고인에 대해 형사처벌을 하는 것은 일사부재리의 원칙에 반하는 것이다. (×)

③ [×] 행정질서벌로서의 과태료는 행정상 의무의 위반에 대하여 국가가 일반통치권에 기하여 과하는 제재로서 형벌(특히 행정형벌)과 목적·기능이 중복되는 면이 없지 않으므로, 동일한 행위를 대상으로 하여 형벌을 부과하면서 아울러 행정질서벌로서의 과태료까지 부과한다면 그것은 이중처벌금지의 기본정신에 배치되어 국가 입법권의 남용으로 인정될 여지가 있음을 부정할 수 없다(헌재 1994.6.30. 92헌바38).

❹ [○]
> 「질서위반행위규제법」 제16조 【사전통지 및 의견 제출 등】
> ① 행정청이 질서위반행위에 대하여 과태료를 부과하고자 하는 때에는 미리 당사자(제11조 제2항에 따른 고용주등을 포함한다. 이하 같다)에게 대통령령으로 정하는 사항을 통지하고, 10일 이상의 기간을 정하여 의견을 제출할 기회를 주어야 한다. 이 경우 지정된 기일까지 의견 제출이 없는 경우에는 의견이 없는 것으로 본다.

유제 13. 국가직 9급 행정청이 질서위반행위에 대하여 과태료를 부과하고자 하는 때에는 미리 당사자에게 대통령령으로 정하는 사항을 통지하고, 10일 이상의 기간을 정하여 의견을 제출할 기회를 주어야 한다. (○)

❯ 정답

p. 69

01	②	06	②	11	②, ④	16	④
02	②	07	③	12	④	17	③
03	④	08	④	13	③	18	①
04	①	09	①	14	④	19	①
05	③	10	③	15	①	20	③

01
정답 ②

☑ 함께 정리하기 행정의 실효성확보수단

질서위반행위
▷ 사법상·소송법상 의무위반✕
질서위반행위가 발생하였다는 합리적 의심 있어 조사 필요
▷ 법정조사권 有
과태료 사건의 관할
▷ 당사자 주소지의 지방법원 또는 지원
공급거부, 행정상 명단공표
▷ 간접적 강제수단

① [✕] 사법(私法)상·소송법상 의무를 위반하여 과태료를 부과하는 행위는 질서위반행위에 포함되지 않는다.

> 「질서위반행위규제법」 제2조【정의】 이 법에서 사용하는 용어의 뜻은 다음과 같다.
> 1. "질서위반행위"란 법률(지방자치단체의 조례를 포함한다. 이하 같다)상의 의무를 위반하여 과태료를 부과하는 행위를 말한다. 다만, 다음 각 목의 어느 하나에 해당하는 행위를 제외한다.
>   가. 대통령령으로 정하는 사법(私法)상·소송법상 의무를 위반하여 과태료를 부과하는 행위
>   나. 대통령령으로 정하는 법률에 따른 징계사유에 해당하여 과태료를 부과하는 행위

❷ [O] 행정청은 질서위반행위의 조사를 위해 당사자 또는 참고인의 출석요구 및 진술의 청취, 당사자에 대한 보고명령 또는 자료제출의 명령을 할 수 있다.

> 「질서위반행위규제법」 제22조【질서위반행위의 조사】 ① 행정청은 질서위반행위가 발생하였다는 합리적 의심이 있어 그에 대한 조사가 필요하다고 인정할 때에는 대통령령으로 정하는 바에 따라 다음 각 호의 조치를 할 수 있다.
> 1. 당사자 또는 참고인의 출석 요구 및 진술의 청취
> 2. 당사자에 대한 보고 명령 또는 자료 제출의 명령

③ [✕] 행정청 소재지가 아니라 당사자의 주소지이다.

> 「질서위반행위규제법」 제25조【관할법원】 과태료 사건은 다른 법령에 특별한 규정이 있는 경우를 제외하고는 당사자의 주소지의 지방법원 또는 그 지원의 관할로 한다.

④ [✕] 공급거부, 위반사실의 명단공표제도를 포함한 새로운 실효성확보수단은 모두 간접적 강제수단이다.

02
정답 ②

☑ 함께 정리하기 금전상 제재

가산세
▷ 잘못된 설명을 믿었다 하더라도 법령에 반함이 명백
▷ 정당한 사유✕
가산세
▷ 고의·과실·책임능력·책임조건 고려✕
가산금
▷ 미납분의 지연이자 의미
▷ 규정에 의하여 당연히 발생·확정
과징금
▷ 행정상 제재금 & 부당이득환수/국가형벌권의 행사로서의 처벌✕

ㄱ. [✕] 세법상 가산세는 과세권의 행사 및 조세채권의 실현을 용이하게 하기 위하여 납세자가 정당한 이유 없이 법에 규정된 신고, 납세 등 각종 의무를 위반한 경우에 개별세법이 정하는 바에 따라 부과되는 행정상의 제재로서 납세자의 고의, 과실은 고려되지 않는 반면, 납세의무자가 그 의무를 알지 못한 것이 무리가 아니었다고 할 수 있어 그를 정당시할 수 있는 사정이 있거나 그 의무의 이행을 당사자에게 기대하는 것이 무리라고 하는 사정이 있을 때 등 그 의무해태를 탓할 수 없는 정당한 사유가 있는 경우에는 이를 부과할 수 없고, 납세의무자가 세무공무원의 잘못된 설명을 믿고 그 신고납부의무를 이행하지 아니하였다 하더라도 그것이 관계 법령에 어긋나는 것임이 명백한 때에는 그러한 사유만으로 정당한 사유가 있다고 볼 수 없다(대판 1997.8.22. 96누15404).

[유제] 17. 지방직 7급 세법상 가산세는 납세자가 정당한 이유 없이 법에 규정된 신고·납세의무 등을 위반한 경우에 부과되는 행정상 제재로서, 납세의무자가 세무공무원의 잘못된 설명을 믿고 그 신고납부의무를 이행하지 아니한 경우에는 그것이 관계 법령에 어긋나는 것임이 명백하다고 하더라도 정당한 사유가 있는 경우에 해당한다. (×)

ㄴ. [○] 이 사건 법률조항은 납세자의 고의과실을 묻지 아니하나, 가산세는 형벌이 아니므로 행위자의 고의 또는 과실·책임능력·책임조건 등을 고려하지 아니하고 가산세 과세요건의 충족 여부만을 확인하여 조세의 부과 절차에 따라 과징할 수 있다(헌재 2006.7.27. 2004헌가13).

ㄷ. [×] 지문은 '가산세'에 관한 설명이다.

> 「국세기본법」 제2조【정의】이 법에서 사용하는 용어의 뜻은 다음과 같다.
> 5. "가산금"(가산금)이란 국세를 납부기한까지 납부하지 아니한 경우에 「국세징수법」에 따라 고지세액(고지세액)에 가산하여 징수하는 금액과 납부기한이 지난 후 일정 기한까지 납부하지 아니한 경우에 그 금액에 다시 가산하여 징수하는 금액을 말한다.

> 국유재산 등의 관리청이 하는 행정재산의 사용·수익 허가에 따른 사용료에 대하여는 국유재산법 제25조 제3항의 규정에 의하여 국세징수법 제21조, 제22조가 규정한 가산금과 중가산금을 징수할 수 있다 할 것이고, 위 가산금과 중가산금은 위 사용료가 납부기한까지 납부되지 않은 경우 미납분에 관한 지연이자의 의미로 부과되는 부대세의 일종이다(대판 2006.3.9. 2004다31074).

[유제] 12. 국가직 9급 행정재산의 사용·수익 허가에 따른 사용료에 대하여는 「국세징수법」에 따라 가산금과 중가산금을 징수할 수 있고, 이는 미납분에 관한 지연이자의 의미로 부과되는 부대세의 일종이다. (○)
06. 국회직 8급 가산세는 행정상 금전급부의무를 납부기한까지 납부하지 아니함에 대한 지연이자의 의미를 갖는 것이며, 가산금은 성실한 납세신고와 같은 협력의무를 위반한 경우 부과하는 것이다. (×)

ㄹ. [○] 구 독점규제 및 공정거래에 관한 법률 제24조의2에 의한 부당내부거래에 대한 과징금은 그 취지와 기능, 부과의 주체와 절차 등을 종합할 때 부당내부거래 억지라는 행정목적을 실현하기 위하여 그 위반행위에 대하여 제재를 가하는 행정상의 제재금으로서의 기본적 성격에 부당이득환수적 요소도 부가되어 있는 것이라 할 것이고, 이를 두고 헌법 제13조 제1항에서 금지하는 국가형벌권 행사로서의 '처벌'에 해당한다고는 할 수 없으므로, 공정거래법에서 형사처벌과 아울러 과징금의 병과를 예정하고 있더라도 이중처벌금지원칙에 위반된다고 볼 수 없으며, 이 과징금 부과처분에 대하여 공정력과 집행력을 인정한다고 하여 이를 확정판결 전의 형벌집행과 같은 것으로 보아 무죄추정의 원칙에 위반된다고도 할 수 없다(헌재 2003.7.24. 2001헌가25).

03　정답 ④

> 📋 **함께 정리하기 과징금**
> 과징금 납부명령의 위법 여부
> ▷ 의결일 당시 사실상태 기준
> 전형적 과징금
> ▷ 의무위반, 금전적 이익 박탈
> ▷ 간접적 의무이행 확보
> 변형된 과징금
> ▷ 공익사업, 인·허가 정지에 갈음
> 전형적 과징금
> ▷ 불법적 이익의 정도에 비례, 최고한도액
> ▷ 간접적 의무이행 확보, 취득한 이익 없어도 부과 可

① [○] 행정소송에서 행정처분의 위법 여부는 행정처분이 행하여졌을 때의 법령과 사실상태를 기준으로 하여 판단해야 하고, 이는 독점규제 및 공정거래에 관한 법률에 기한 공정거래위원회의 시정명령 및 과징금 납부명령에서도 마찬가지이다. 따라서 공정거래위원회의 과징금 납부명령 등이 재량권 일탈·남용으로 위법한지는 다른 특별한 사정이 없는 한 과징금 납부명령 등이 행하여진 '의결일' 당시의 사실상태를 기준으로 판단하여야 한다(대판 2015.5.28. 2015두36256).

② [○] 본래적 의미의 과징금(전형적 과징금)은 행정법상의 의무를 위반한 자에게 경제적 이익이 발생한 경우, 그 금전적 이익을 박탈함으로써 간접적으로 의무이행을 확보하기 위한 제재수단이다.

③ [○] 변형된 과징금이란 의무위반행위가 사업의 인·허가 등의 철회·정지사유에 해당하나 그 사업이 공중의 일상생활에 필요 불가결한 사업인 경우 인·허가 등을 철회·정지하는 대신 사업 자체는 존속시키되 당해 사업으로부터 발생되는 이익을 박탈함으로써 의무이행을 확보시키는 금전적 제재를 말한다. 공공성이 강한 사업에 대해 영업정지 등의 처분이 있을 경우, 국민은 현저한 생활상의 불편을 겪기 때문에 이와 같은 변형된 형태의 과징금제도는 점차 확대되어 가고 있다.

❹ [×] 전형적 과징금의 경우 과징금의 액수는 부당하게 얻은 경제적 이익의 규모와 균형을 이룰 것이 요구되며, 과징금 부과기준을 정한 경우 각 사안별로 실현된 불법적 이익의 정도에 비례하여 과징금 액수를 결정하되 그 상한을 정한 최고한도액으로 해석해야 한다. 다만, 과징금은 위반행위로 인한 수익을 정확히 계산할 수 없는 경우나 법령위반으로 취득한 이익이 없는 경우에도 인정된다.

> 「독점규제 및 공정거래에 관한 법률」 제6조【과징금】공정거래위원회는 시장지배적사업자가 남용행위를 한 경우에는 당해 사업자에 대하여 대통령령이 정하는 매출액(대통령령이 정하는 사업자의 경우에는 영업수익을 말한다. 이하 같다)에 100분의 3을 곱한 금액을 초과하지 아니하는 범위 안에서 과징금을 부과할 수 있다. 다만, 매출액이 없거나 매출액의 산정이 곤란한 경우로서 대통령령이 정하는 경우(이하 "매출액이 없는 경우등"이라 한다)에는 10억원을 초과하지 아니하는 범위 안에서 과징금을 부과할 수 있다.

[유제] 12. 국가직 9급 공정거래위원회의 과징금부과처분은 재량행위적 성질을 가진다. (○)

04 정답 ①

📋 **함께 정리하기 과징금**

과징금 부과·징수
▷ 행정처분O
▷ 행정쟁송 可
과징금
▷ 고의·과실 不要 But 정당한 이유 有 부과×
실권리자명의 등기의무 위반과징금
▷ 대체가능 급부
▷ 상속인에게 포괄승계
변형된 과징금
▷ 과징금 부과여부는 행정청의 재량

❶ [×] 과징금의 부과행위는 「행정쟁송법」상의 처분에 해당하므로 행정심판이나 행정소송을 제기하여 그 취소 등을 구할 수 있다.

유제 12. 국가직 9급 과징금 부과·징수에 하자가 있는 경우, 납부의무자는 행정쟁송절차에 따라 다툴 수 있다. (○)

② [○] 구 여객자동차 운수사업법 제88조 제1항의 과징금부과처분은 제재적 행정처분으로서 여객자동차 운수사업에 관한 질서를 확립하고 여객의 원활한 운송과 여객자동차 운수사업의 종합적인 발달을 도모하여 공공복리를 증진한다는 행정목적의 달성을 위하여 행정법규 위반이라는 객관적 사실에 착안하여 가하는 제재이므로 반드시 현실적인 행위자가 아니라도 법령상 책임자로 규정된 자에게 부과되고 원칙적으로 위반자의 고의·과실을 요하지 아니하나, 위반자의 의무 해태를 탓할 수 없는 정당한 사유가 있는 등의 특별한 사정이 있는 경우에는 이를 부과할 수 없다(대판 2014.10.15. 2013두5005).

유제 18. 지방직 9급 과징금은 원칙적으로 행위자의 고의·과실이 있는 경우에 부과된다. (×)

③ [○] 부동산실권리자명의등기에 관한 법률 제5조에 의하여 부과된 과징금은 대체적 급부가 가능한 의무이므로 위 과징금을 부과받은 자가 사망한 경우 그 상속인에게 포괄승계된다(대판 1999.5.14. 99두35).

④ [○] 변형된 과징금(영업정지 등의 처분에 갈음하는 과징금)의 경우 과징금을 부과할 것인지, 아니면 영업정지처분을 할 것인지는 통상 행정청의 재량에 속한다.

> 자동차운수사업면허조건 등을 위반한 사업자에 대하여 행정청이 행정제재수단으로 사업 정지를 명할 것인지, 과징금을 부과할 것인지, 과징금을 부과키로 한다면 그 금액은 얼마로 할 것인지에 관하여 재량권이 부여되었다 할 것이므로 과징금부과처분이 법이 정한 한도액을 초과하여 위법할 경우 법원으로서는 그 전부를 취소할 수밖에 없고, 그 한도액을 초과한 부분이나 법원이 적정하다고 인정되는 부분을 초과한 부분만을 취소할 수 없다(대판 1998.4.10. 98두2270).

유제 10. 국가직 7급 과징금을 부과할 것인지 영업정지처분을 내릴 것인지는 통상 행정청의 재량에 속하는 것으로 본다. (○)

05 정답 ③

📋 **함께 정리하기 행정의 실효성 확보수단**

행정상 제재(영업정지처분)
▷ 법령상 책임자에게 고의·과실 없어도 부과 可
과징금 부과
▷ 처분시까지 확인한 사실 기초로 일의적 확정 要
▷ 추후 새로운 자료 나왔다고 하여 새로이 부과처분 不可
일부위반행위에 대한 과징금산정가능
▷ 일부취소
과징금부과처분이 법정한도액을 초과하여 위법
▷ 전부취소

① [○] 행정법규 위반에 대한 제재조치는 행정목적의 달성을 위하여 행정법규 위반이라는 객관적 사실에 착안하여 가하는 제재이므로, 반드시 현실적인 행위자가 아니라도 법령상 책임자로 규정된 자에게 부과되고, 특별한 사정이 없는 한 위반자에게 고의나 과실이 없더라도 부과할 수 있다(대판 2017.5.11. 2014두8773).

유제 20. 소방간부 행정법규 위반에 대하여 가하는 제재조치는 행정목적의 달성을 위하여 행정법규 위반이라는 객관적 사실에 착안하여 가하는 제재이므로 반드시 현실적인 행위자가 아니라도 법령상 책임자로 규정된 자에게 부과되고, 특별한 사정이 없는 한 위반자에게 고의나 과실이 없더라도 부과할 수 있다. (○)

② [○] 과징금은 부과처분 당시까지 부과관청이 확인한 사실을 기초로 일의적으로 확정되어야 할 것이고, 과징금의 부과와 같이 재산권의 직접적인 침해를 가져오는 처분을 변경하려면 법령에 그 요건 및 절차가 명백히 규정되어 있어야 할 것이지 부과관청이 과징금을 부과하면서 추후에 부과금 산정 기준이 되는 새로운 자료가 나올 경우에는 과징금액이 변경될 수도 있다고 유보한다든지, 실제로 추후에 새로운 자료가 나왔다고 하여 새로운 부과처분을 할 수는 없다. 따라서 동일한 법령위반 행위에 대하여 새로운 부과기준 자료를 발견한 경우 새로 산정한 과징금액과 당초의 과징금액의 차액을 다시 부과할 수 없다. 부과관청이 과징금을 부과하면서 추후에 부과금산정기준이 되는 새로운 자료가 나올 경우에는 과징금액이 변경될 수도 있다고 유보한다든지, 실제로 추후에 새로운 자료가 나왔다고 하여 새로운 부과처분을 할 수는 없다(대판 1999.5.28. 99두1571).

❸ [×] 공정거래위원회가 위반행위에 대한 과징금을 부과하면서 여러 개의 위반행위에 대하여 외형상 하나의 과징금 납부명령을 하였으나 여러 개의 위반행위 중 일부의 위반행위에 대한 과징금 부과만이 위법하고 소송상 그 일부의 위반행위를 기초로 한 과징금액을 산정할 수 있는 자료가 있는 경우에는, 하나의 과징금 납부명령일지라도 그 일부의 위반행위에 대한 과징금액에 해당하는 부분만을 취소하여야 한다(대판 2019.1.31. 2013두14726).

④ [○] 자동차운수사업면허조건 등에 위반한 사업자에 대하여 행정청이 행정제재수단으로 사업정지를 명할 것인지, 과징금을 부과할 것인지, 과징금을 부과키로 한다면 그 금액은 얼마로 할 것인지에 관하여 재량권이 부여되었다 할 것이므로, 과징금부과처분이 법이 정한 한도액을 초과하여 위법할 경우 법원으로서는 그 전부를 취소할 수밖에 없고, 그 한도액을 초과한 부분이나 법원이 적정하다고 인정되는 부분을 초과한 부분만을 취소할 수 없다(대판 1993.7.27. 93누1077 ; 대판 1998.4.10. 98두2270).

유제 18. 국가직 9급 재량행위인 과징금부과처분이 해당 법령이 정한 한도액을 초과하여 부과된 경우 이러한 과징금부과처분은 법이 정한 한도액을 초과하여 위법하므로 법원으로서는 그 전부를 취소할 수밖에 없고, 그 한도액을 초과한 부분만 취소할 수는 없다. (O)

06 정답 ②

> ☑ **함께 정리하기 그 밖의 수단**
>
> 명단공표
> ▷ 성명·위반사실 등을 일반 공개
> ▷ 심리적 압박
> ▷ 간접적 의무이행 확보
> 관허사업 제한
> ▷ 부당결부금지원칙 위반 판례 無
> 명단공표
> ▷ 침해적 작용
> ▷ 법적 근거 要
> 진실로 믿었고＋상당한 이유 有
> ▷ 국가배상 위법성 조각

① [O] 위반사실의 공표(명단공표)란 행정법상의 의무위반 또는 의무의 불이행이 있는 경우 행정청이 그 위반자의 성명, 위반사실 등을 일반에게 공개하여 명예심을 자극하거나 수치심을 불러일으켜 심리적 압박을 가함으로써, 간접적으로 의무이행을 확보하는 수단이다.

❷ [X] 관허사업의 제한 중 구 「국세징수법」 및 「지방세징수법」상 조세체납자에 대한 관허사업의 제한(무관련사업의 제한) 규정이 부당결부금지의 원칙을 위반하는 것은 아닌지 문제된다. 합헌설에 따르면 구 「국세징수법」 등의 동 조항은 국가재정의 안정을 위해 입법정책상 불가피한 최소한을 규정하고 있는 것이므로 부당결부금지의 원칙에 위배되지 않는다고 본다. 위헌설에 따르면 조세의 체납이라는 위반사항과 취소·정지되는 사업 간에 직접적 관련성이 없는데도 사업자가 동일하다는 이유로 제한하는 것은 부당결부금지의 원칙에 위배된다고 한다. 한편 관허사업의 제한이 부당결부금지원칙에 위반되는지에 관한 명시적인 판례는 없다.

③ [O] 위반사실의 공표(명단공표)는 비권력적 사실행위이므로 어떠한 법적효과를 발생시키지는 않으나 상대방의 명예나 신용, 사생활의 비밀을 침해할 수 있는 침해적 작용에 해당하기 때문에 법적근거가 필요하다(다수설).

④ [O] 국가기관이 행정목적달성을 위하여 언론에 보도자료를 제공하는 등 이른바 행정상 공표의 방법으로 실명을 공개함으로써 타인의 명예를 훼손한 경우, 그 공표된 사람에 관하여 적시된 사실의 내용이 진실이라는 증명이 없더라도 국가기관이 공표 당시 이를 진실이라고 믿었고 또 그렇게 믿을 만한 상당한 이유가 있다면 위법성이 없는 것이고, 이 점은 언론을 포함한 사인에 의한 명예훼손의 경우에서와 마찬가지이다(대판 1993. 11.26. 93다18389).

07 정답 ③

> ☑ **함께 정리하기 명단공표**
>
> 전기공급 불가 회신
> ▷ 행정처분×(권고○)
> 부동산투기자 명단 공표
> ▷ 손해배상책임○
> 위법행위 결과 소멸
> ▷ 시정명령 不可
> 시정명령
> ▷ 가까운 장래에 반복될 우려 있는 경우에도 可

ㄱ. [X] 무단 용도변경을 이유로 단전조치된 건물의 소유자로부터 새로이 전기공급신청을 받은 한국전력공사가 관할 구청장에게 전기공급의 적법 여부를 조회한 데 대하여, 관할 구청장이 한국전력공사에 대하여 건축법 제69조 제2항, 제3항의 규정에 의하여 위 건물에 대한 전기공급이 불가하다는 내용의 회신을 하였다면, 그 회신은 권고적 성격의 행위에 불과한 것으로서 한국전력공사나 특정인의 법률상 지위에 직접적인 변동을 가져오는 것은 아니므로 항고소송의 대상이 되는 행정처분이라고 볼 수 없다고 한 사례(대판 1995.11.21. 95누9099)

ㄴ. [O] 지방국세청 소속 공무원들이 통상적인 조사를 다하여 의심스러운 점을 밝혀 보지 아니한 채 막연한 의구심에 근거하여 원고가 위장증여자로서 국토이용관리법을 위반하였다는 요지의 조사결과를 보고한 것이라면 국세청장이 이에 근거한 보도자료의 내용이 진실하다고 믿은 데에는 상당한 이유가 없다(대판 1993.11.26. 93다18389).

ㄷ. [O] 공정거래위원회가 하도급거래 공정화에 관한 법률 제25조 제1항에 의한 시정명령을 하는 경우에는 단순히 하도급대금의 발생 및 지급지연과 같은 제13조 등의 위반행위가 있었는가를 확인함에 그쳐서는 안 되고, 나아가 그 위반행위로 인한 결과가 그 당시까지 계속되고 있는지를 확인하여 비록 법 위반행위가 있었더라도 하도급대금 채무의 불발생 또는 변제, 상계, 정산 등 사유 여하를 불문하고 위반행위의 결과가 더 이상 존재하지 아니한다면, 그 결과의 시정을 명하는 내용의 시정명령을 할 여지는 없다고 보아야 한다(대판 2010.1.14. 2009두11843).

ㄹ. [X] 독점규제 및 공정거래에 관한 법률에서 시정명령 제도를 둔 취지에 비추어 시정명령의 내용은 가까운 장래에 반복될 우려가 있는 동일한 유형의 행위의 반복금지까지 명할 수 있는 것으로 해석함이 상당하다(대판 2010.11.25. 2008두23177).

08
정답 ④

> 📋 **함께 정리하기 행정소송 해당여부**
>
> 국가·지자체근무 청원경찰 징계처분
> ▷ 행정소송
> 「국세징수법」상 체납처분 준용하는 체납처분
> ▷ 행정소송
> 명예퇴직법관의 미지급수당액지급 청구
> ▷ 행정소송
> 국세환급금결정이나 거부결정
> ▷ 민사소송

① [O] 국가나 지방자치단체에 근무하는 청원경찰은 국가공무원법이나 지방공무원법상의 공무원은 아니지만, 다른 청원경찰과는 달리 그 임용권자가 행정기관의 장이고, 국가나 지방자치단체로부터 보수를 받으며, 산업재해보상보험법이나 근로기준법이 아닌 공무원연금법에 따른 재해보상과 퇴직급여를 지급받고, 직무상의 불법행위에 대하여도 민법이 아닌 국가배상법이 적용되는 등의 특질이 있으며 그 외 임용자격, 직무, 복무의무 내용 등을 종합하여 볼때, 그 근무관계를 사법상의 고용계약관계로 보기는 어려우므로 그에 대한 징계처분의 시정을 구하는 소는 행정소송의 대상이지 민사소송의 대상이 아니다(대판 1993.7.13. 92다47564).

> 유제 12. 국가직 7급 지방자치단체에 근무하는 청원경찰에 대한 징계처분에 관한 소는 행정소송이다. (O)

② [O] 판례는 「국세징수법」 제23조와 같은 법의 체납처분에 관한 규정을 준용하는 경우, 「산업재해보상보험법」이나 「근로기준법」이 아닌 「공무원연금법」에 따른 재해보상과 퇴직급여를 지급받는 경우, 강학상 특허에 해당하는 경우 등을 공법관계로 보고 있다. 따라서 행정소송의 대상이 된다.

③ [O] 명예퇴직수당 지급대상자로 결정된 법관에 대하여 지급할 수당액은 명예퇴직수당규칙 제4조 [별표 1]에 산정 기준이 정해져 있으므로, 위 법관은 위 규정에서 정한 정당한 산정 기준에 따라 산정된 명예퇴직수당액을 수령할 구체적인 권리를 가진다. 따라서 위 법관이 이미 수령한 수당액이 위 규정에서 정한 정당한 명예퇴직수당액에 미치지 못한다고 주장하며 차액의 지급을 신청함에 대하여 법원행정처장이 거부하는 의사를 표시했더라도, 그 의사표시는 명예퇴직수당액을 형성·확정하는 행정처분이 아니라 공법상의 법률관계의 한쪽 당사자로서 지급의무의 존부 및 범위에 관하여 자신의 의견을 밝힌 것에 불과하므로 행정처분으로 볼 수 없다. 결국 <u>명예퇴직한 법관이 미지급 명예퇴직수당액에 대하여 가지는 권리는 명예퇴직수당 지급대상자 결정절차를 거쳐 명예퇴직수당규칙에 의하여 확정된 공법상 법률관계에 관한 권리로서, 그 지급을 구하는 소송은 행정소송법의 당사자소송에 해당하며, 그 법률관계의 당사자인 국가를 상대로 제기하여야 한다</u>(대판 2016.5.24. 2013두14863).

> 유제 18. 국가직 9급 법관이 이미 수령한 명예퇴직수당액이 구 「법관 및 법원공무원 명예퇴직수당 등 지급규칙」에서 정한 정당한 명예퇴직수당액에 미치지 못한다고 주장하며 차액의 지급을 신청하였으나 법원행정처장이 이를 거부한 경우 제기해야 할 소송은 미지급명예퇴직수당액 지급을 구하는 당사자소송이다. (O)

❹ [X] 원천징수의무자가 원천납세의무자로부터 원천징수대상이 아닌 소득에 대하여 세액을 징수·납부하였거나 징수하여야 할 세액을 초과하여 징수·납부하였다면, 국가는 원천징수의무자로부터 이를 납부받는 순간 아무런 법률상의 원인 없이 부당이득한 것이 되고, <u>구 국세기본법 제51조 제1항, 제52조 등의 규정은 환급청구권이 확정된 국세환급금 및 가산금에 대한 내부적 사무처리절차로서 과세관청의 환급절차를 규정한 것일 뿐 그 규정에 의한 국세환급금(가산금 포함) 결정에 의하여 비로소 환급청구권이 확정되는 것이 아니므로, 국세환급결정이나 이 결정을 구하는 신청에 대한 환급거부결정 등은 납세의무자가 갖는 환급청구권의 존부나 범위에 구체적이고 직접적인 영향을 미치는 처분이 아니어서 항고소송의 대상이 되는 처분으로 볼 수 없다</u>(대판 2010.2.25. 2007두18284).

09
정답 ①

> 📋 **함께 정리하기 대상적격**
>
> 지자체의 수도료 부과·징수·납부
> ▷ 행정소송
> 「예산회계법」상 입찰보증금 귀속조치
> ▷ 민사소송
> 관리처분계획안 총회결의 효력 다투는 소송
> ▷ 당사자소송
> 토지보상법상 협의취득
> ▷ 민사소송

❶ [X] 수도법에 의하여 지방자치단체인 수도사업자가 수도물의 공급을 받는 자에 대하여 하는 수도료의 부과징수와 이에 따른 수도료의 납부관계는 공법상의 권리의무관계라 할 것이므로 이에 관한 소송은 행정소송절차에 의하여야 한다(대판 1977.2.22. 76다2517).

> 유제 19. 국가직 9급 「수도법」에 의하여 지방자치단체인 수도사업자가 그 수돗물의 공급을 받는 자에게 하는 수도료 부과·징수와 이에 따른 수도료 납부관계는 공법상의 권리의무 관계이므로, 이에 관한 분쟁은 행정소송의 대상이다. (O)

② [O] 예산회계법에 따라 체결되는 계약은 사법상의 계약이라고 할 것이고 동법 제70조의5의 입찰보증금은 낙찰자의 계약체결의 무이행의 확보를 목적으로 하여 그 불이행시에 이를 국고에 귀속시켜 국가의 손해를 전보하는 사법상의 손해배상 예정으로서의 성질을 갖는 것이라고 할 것이므로 입찰보증금의 국고귀속조치는 국가가 사법상의 재산권의 주체로서 행위하는 것이지 공권력을 행사하는 것이거나 공권력작용과 일체성을 가진 것이 아니라 할 것이므로 이에 관한 분쟁은 행정소송이 아닌 민사소송의 대상이 될 수 밖에 없다고 할 것이다(대판 1983.12.27. 81누366).

> 유제 19. 국가직 9급 구 「예산회계법」상 입찰보증금의 국고귀속조치는 국가가 공권력을 행사하는 것이라는 점에서, 이를 다투는 소송은 행정소송에 해당한다. (X)

③ [O] 도시 및 주거환경정비법상 행정주체인 주택재건축정비사업조합을 상대로 관리처분계획안에 대한 조합 총회결의의 효력 등을 다투는 소송은 행정처분에 이르는 절차적 요건의 존부나 효력 유무에 관한 소송으로서 그 소송결과에 따라 행정처분의 위법 여부에 직접 영향을 미치는 공법상 법률관계에 관한 것이므로, 이는 행정소송법상의 당사자소송에 해당한다(대판 2009.9.17. 2007다2428 전합).

유제 19. 국가직 9급 「도시 및 주거환경정비법」상 주택재건축정비사업조합을 상대로 관리처분계획안에 대한 조합 총회결의의 효력 등을 다투는 소송은 「행정소송법」상 당사자소송에 해당한다. (O)

④ [O] 공익사업을 위한 토지 등의 취득 및 보상에 관한 법령에 의한 협의취득은 사법상의 법률행위이므로 당사자 사이의 자유로운 의사에 따라 채무불이행책임이나 매매대금 과부족금에 대한 지급의무를 약정할 수 있다(대판 2012.2.23. 2010다91206).

유제 19. 국가직 9급 공익사업을 위한 토지 등의 취득 및 보상에 관한 법령에 의한 협의취득은 사법상의 법률행위이므로, 이에 관한 분쟁은 민사소송의 대상이다. (O)

10 정답 ③

함께 정리하기 행정소송의 한계

예방적 금지소송
▷ 불허
행정소송
▷ 당사자주의·변론주의·보충적 직권심리주의 적용
행정처분에 불가쟁력 발생한 경우
▷ 기판력 발생 ×
부당한 재량행위
▷ 기각

① [O] 국민의 재판청구권 보장을 위해 예방적 금지소송을 인정할 수 있다는 견해가 있으나, 다수설과 판례는 부정적이다.

> 건축건물의 준공처분을 하여서는 아니된다는 내용의 부작위를 구하는 청구는 행정소송에서 허용되지 아니하는 것이므로 부적법하다(대판 1987.3.24. 86누182).

② [O] 「행정소송법」 제26조는 직권심리주의를 규정하고 있으나, 행정소송에서도 당사자주의나 변론주의의 기본구도는 여전히 유지된다.

> 「행정소송법」 제26조 【직권심리】 법원은 필요하다고 인정할 때에는 직권으로 증거조사를 할 수 있고, 당사자가 주장하지 아니한 사실에 대하여도 판단할 수 있다.

> 행정소송법 제26조는 행정소송의 특수성에 연유하는 당사자주의, 변론주의에 대한 일부예외 규정일 뿐 법원이 아무런 제한 없이 당사자가 주장하지 아니한 사실을 판단할 수 있는 것은 아니고, 일건 기록에 현출되어 있는 사항에 관하여서만 직권으로 증거조사를 하고 이를 기초로 하여 판단할 수 있다(대판 1994.10.11. 94누4820).

❸ [X] 행정처분이나 행정심판 재결이 불복기간의 경과로 인하여 확정될 경우 그 확정력은 그 처분으로 인하여 법률상 이익을 침해받은 자가 당해 처분이나 재결의 효력을 더 이상 다툴 수 없다는 의미일 뿐, 더 나아가 판결에서 인정되는 기판력과 같은 효력이 인정되는 것은 아니어서 그 처분의 기초가 된 사실관계나 법률적 판단이 확정되고, 당사자들이나 법원이 이에 기속되어 모순되는 주장이나 판단을 할 수 없게 되는 것은 아니다(대판 1993.8.27. 93누5437).

④ [O] 행정청의 재량행위도 행정소송의 대상이 될 수 있으나, 재량권 행사에 잘못이 있는 경우 곧바로 위법하게 되는 것은 아니고 부당한 정도를 넘어 재량의 일탈·남용에 해당하는 것으로 평가되어야만 법원이 재량행위를 취소할 수 있게 된다.

11 정답 ②, ④

함께 정리하기 취소소송

자연물
▷ 당사자능력 無
처분의 위법성
▷ 소송요건×
항고소송, 형성소송, 주관적 소송
전소 기각시
▷ 후소에서 동일한 처분 위법성 주장 不可

① [O] 도롱뇽은 천성산 일원에 서식하고 있는 도롱뇽목 도롱뇽과에 속하는 양서류로서 자연물인 도롱뇽 또는 그를 포함한 자연 그 자체로서는 소송을 수행할 당사자능력을 인정할 수 없다(대판 2006.6.2. 2004마1148·1149).

❷ [X] 취소소송에 있어 처분의 위법성은 소송요건이 아닌 본안심리의 대상에 해당한다. 따라서 적법한 처분이라도 소송요건을 갖춘 경우에는 각하되지 않고 본안판단의 대상이 된다.

③ [O] 취소소송은 항고소송의 하나이며, 개인의 권리구제를 직접적 목적으로 하는 주관적 소송에 해당한다. 취소소송의 성질에 대해서는 확인소송설, 준형성소송설 등이 있으나, 통설·판례는 취소소송이 법률관계를 변경 또는 소멸시키는 형성적 성질을 가진다는 점에서 형성소송설을 취하고 있다. 즉, 취소소송은 위법한 처분에 의하여 발생한 위법상태를 배제하여 원상으로 회복시키는 형성소송이다.

❹ [X] 취소소송의 소송물을 위법성 일반이라고 보는 통설 및 판례에 따르면 취소소송의 기판력은 인용판결의 경우 당해 처분이 위법하다는 점에 미치고, 기각판결의 경우에는 당해 처분이 적법하다는 점에 미친다. 따라서 전소에서 확정된 청구기각판결의 경우 처분이 적법하다는 점에 대해 기판력이 발생하므로 후소에서 처분의 위법성을 주장할 수 없게 된다.

> 원래 과세처분이란 법률에 규정된 과세요건이 충족됨으로써 객관적, 추상적으로 성립한 조세채권의 내용을 구체적으로 확인하여 확정하는 절차로서, 과세처분 취소소송의 소송물은 그 취소원인이 되는 위법성 일반이고 그 심판의 대상은 과세처분에 의하여 확인된 조세채무인 과세표준 및 세액의 객관적 존부이다(대판 1990.3.23. 89누5386).

12 정답 ④

이원설
▷ 소송법상 처분의 개념 > 강학상 행정행위
국민의 권리·의무에 직접 영향을 미치는 행위
행정청·소속기관·권한수임공공단체 아닌 자의 권리제한 행위
▷ 행정처분×
행정규칙에 근거한 처분
▷ 항고소송 可

① [O] 처분 개념과 강학상 행정행위의 개념에 대하여 두 개념이 동일하다고 보는 실체법적 개념설(일원설)과 두 개념이 동일하지 않다고 보는 쟁송법적 개념설(이원설)의 대립이 존재하는데, 쟁송법적 개념설에 따르면 「행정소송법」의 처분의 개념은 강학상 행정행위와 동일하지 않으며 쟁송법상의 처분 개념이 더 넓다고 본다(통설). 즉, 「행정소송법」의 처분 정의 중 '그 밖에 이에 준하는 행정작용'에는 권력적 사실행위, 처분적 조례 등이 포함되며, 비권력적 사실행위라 할지라도 국민의 권익에 사실상의 지배력을 미치는 행위 등도 포함되는 것으로 본다.

② [O] 항고소송의 대상이 되는 행정처분이라 함은 행정청의 공법상의 행위로서 특정사항에 대하여 법규에 의한 권리의 설정 또는 의무의 부담을 명하거나 기타 법률상 효과를 발생하게 하는 등 국민의 구체적인 권리의무에 직접적 변동을 초래하는 행위를 말하는 것이고, 행정권 내부에서의 행위나 알선, 권유, 사실상의 통지 등과 같이 상대방 또는 기타 관계자들의 법률상 지위에 직접적인 법률적 변동을 일으키지 아니하는 행위 등은 항고소송의 대상이 될 수 없다(대판 2008.9.11. 2006두18362).

> **유제** 13. 국가직 9급 항고소송의 대상이 되는 행정처분이라 함은 원칙적으로 행정청의 공법상 행위로서 특정 사항에 대하여 법규에 의한 권리의 설정 또는 의무의 부담을 명하거나 기타 법률상 효과를 발생하게 하는 등으로 일반 국민의 권리의무에 직접 영향을 미치는 행위를 가리킨다. (O)

③ [O] 행정소송의 대상이 되는 행정처분은, 행정청 또는 그 소속기관이나 법령에 의하여 행정권한의 위임 또는 위탁을 받은 공공기관이 국민의 권리의무에 관계되는 사항에 관하여 공권력을 발동하여 행하는 공법상의 행위를 말하며, 그것이 상대방의 권리를 제한하는 행위라 하더라도 행정청 또는 그 소속기관이나 권한을 위임받은 공공기관의 행위가 아닌 한 이를 행정처분이라고 할 수 없다(대판 2014.12.24. 2010두6700).

❹ [×] 어떠한 처분의 근거가 행정규칙에 규정되어 있다고 하더라도, 그 처분이 상대방에게 권리 설정 또는 의무 부담을 명하거나 기타 법적인 효과를 발생하게 하는 등으로 상대방의 권리의무에 직접 영향을 미치는 행위라면, 이 경우에도 항고소송의 대상이 되는 행정처분에 해당한다고 보아야 한다(대판 2012.9.27. 2010두3541).

> **유제** 08. 지방직 7급 어떠한 처분의 근거가 행정규칙에 규정되어 있다고 하더라도 그 처분이 상대방에게 권리의 설정 또는 의무의 부담을 명하거나 기타 법적인 효과를 발생하게 하는 등 그 상대방의 권리·의무에 직접 영향을 미치는 행위라면 행정처분에 해당한다. (O)

13 정답 ③

국민건강보험공단의 자격상실 및 변동 통보×
말소된 상표권 회복등록 거부○
공정거래위원회의 경고○
국가보훈처장이 기포상자에게 훈격재심사계획이 없다고 한 회신×
불법유출을 이유로 한 주민등록번호 변경신청에 대한 거부○

ㄱ. [×] 국민건강보험 직장가입자 또는 지역가입자 자격 변동은 법령이 정하는 사유가 생기면 별도 처분 등의 개입 없이 사유가 발생한 날부터 변동의 효력이 당연히 발생하므로, 국민건강보험공단이 甲 등에 대하여 가입자 자격이 변동되었다는 취지의 '직장가입자 자격상실 및 자격변동 안내' 통보를 하였거나, 그로 인하여 사업장이 국민건강보험법상의 적용대상사업장에서 제외되었다는 취지의 '사업장 직권탈퇴에 따른 가입자 자격상실 안내' 통보를 하였더라도, 이는 甲 등의 가입자 자격의 변동 여부 및 시기를 확인하는 의미에서 한 사실상 통지행위에 불과할 뿐, 위 각 통보에 의하여 가입자 자격이 변동되는 효력이 발생한다고 볼 수 없고, 또한 위 각 통보로 甲 등에게 지역가입자로서의 건강보험료를 납부하여야 하는 의무가 발생함으로써 甲 등의 권리의무에 직접적 변동을 초래하는 것도 아니라는 이유로, 위 각 통보의 처분성이 인정되지 않는다(대판 2019.2.14. 2016두41729).

ㄴ. [O] 상표법 제39조 제3항의 위임에 따른 특허권 등의 등록령 제27조는 "말소한 등록의 회복을 신청하는 경우에 등록에 대한 이해관계가 있는 제3자가 있을 때에는 신청서에 그 승낙서나 그에 대항할 수 있는 재판의 등본을 첨부하여야 한다."고 규정하고 있는데, 상표권 설정등록이 말소된 경우에도 위 등록령 제27조에 따른 회복등록의 신청이 가능하고, 회복신청이 거부된 경우에는 거부처분에 대한 항고소송이 가능하다(대판 2015.10.29. 2014두2362).

ㄷ. [O] '표시·광고의 공정화에 관한 법률'위반을 이유로 한 공정거래위원회의 경고는 … 향후 표시·광고법 위반행위를 하였을 경우에 공정거래위원회로부터 받게 될 과징금 부과에 있어 표시·광고법 제9조 제3항 제2호에 정한 위반행위의 횟수에 참작되는 점, … 경고를 받은 경우에는 벌점을 부과받게 되고 이후 과징금의 부과 및 가중사유에 반영됨으로써 경고의 침익적 성격이 분명한 점, 이 사건 경고에 대한 취소청구 소송에서 당해 법원 역시 위 경고를 행정소송의 대상이 되는 처분으로 보고 청구기각판결을 선고한 점 등을 종합하여 볼 때, 이 사건 경고는 청구인들의 권리의무에 직접 영향을 미치는 처분으로서 행정소송의 대상이 된다(헌재 2012.6.27. 2010헌마508).

ㄹ. [×] 상훈대상자를 결정할 권한이 없는 국가보훈처장이 기포상자에게 훈격재심사계획이 없다고 한 회신은 단순한 사실행위에 불과하다(대판 1989.1.24. 88누3116).

ㅁ. [O] 甲 등이 인터넷 포털사이트 등의 개인정보 유출사고로 자신들의 주민등록번호 등 개인정보가 불법 유출되자 이를 이유로 관할 구청장에게 주민등록번호를 변경해 줄 것을 신청하였으나 구청장이 '주민등록번호가 불법 유출된 경우 주민등록법상 변경이 허용되지 않는다'는 이유로 주민등록번호 변경을 거부하는 취지의 통지를 한 경우, 피해자의 의사와 무관하게 주민등록번호가 유출된 경우에는 조리상 주민등록번호의 변경을 요구할 신청권을 인정함이 타당하고, 구청장의 주민등록번호 변경신청 거부행위는 항고소송의 대상이 되는 행정처분에 해당한다(대판 2017.6.15. 2013두2945).

---

14   정답 ④

> ☑ **함께 정리하기 처분성 인정여부**
>
> 무허가건물관리대장에서 무허가건물 삭제×
> 신청의 제목 여하에 불구하고 새로운 신청에 대해 다시 거부
> ▷ 새로운 거부처분○
> 교도소장의 접견내용 녹음·녹화, 접견시 교도관참여대상자 지정행위○
> 건축물 착공신고 반려행위○

① [×] 무허가건물관리대장은, 행정관청이 지방자치단체의 조례 등에 근거하여 무허가건물 정비에 관한 행정상 사무처리의 편의와 사실증명의 자료로 삼기 위하여 작성, 비치하는 대장으로서 무허가건물을 무허가건물관리대장에 등재하거나 등재된 내용을 변경 또는 삭제하는 행위로 인하여 당해 무허가 건물에 대한 실체상의 권리관계에 변동을 가져오는 것이 아니고, 무허가건물의 건축시기, 용도, 면적 등이 무허가건물관리대장의 기재에 의해서만 증명되는 것도 아니므로, 관할관청이 무허가건물의 무허가건물관리대장 등재 요건에 관한 오류를 바로잡으면서 당해 무허가건물을 무허가건물관리대장에서 삭제하는 행위는 다른 특별한 사정이 없는 한 항고소송의 대상이 되는 행정처분이 아니다(대판 2009.3.12. 2008두11525).

> 유제 14. 서울시 7급 건물등재대장 소관청이 무허가건물을 무허가건물관리대장에서 삭제하는 행위는 처분성이 부정된다. (○)

② [×] 수익적 행정행위 신청에 대한 거부처분은 당사자의 신청에 대하여 관할 행정청이 거절하는 의사를 대외적으로 명백히 표시함으로써 성립되고, 거부처분이 있은 후 당사자가 다시 신청을 한 경우에는 신청의 제목 여하에 불구하고 그 내용이 새로운 신청을 하는 취지라면 관할 행정청이 이를 다시 거절하는 것은 새로운 거부처분으로 봄이 원칙이다(대판 2019.4.3. 2017두52764).

③ [×] 피고가 위와 같은 지정행위를 함으로써 원고의 접견 시마다 사생활의 비밀 등 권리에 제한을 가하는 교도관의 참여, 접견 내용의 청취·기록·녹음·녹화가 이루어졌으므로 이는 피고가 그 우월적 지위에서 수형자인 원고에게 일방적으로 강제하는 성격을 가진 공권력적 사실행위의 성격을 갖고 있는 점, 위 지정행위는 그 효과가 일회적인 것이 아니라 이 사건 제1심판결이 선고된 이후인 2013.2.13.까지 오랜 기간 동안 지속되어 왔으며, 원고로 하여금 이를 수인할 것을 강제하는 성격도 아울러 가지고 있는 점, 위와 같이 계속성을 갖는 공권력적 사실

행위를 취소할 경우 장래에 이루어질지도 모르는 기본권의 침해로부터 수형자들의 기본적 권리를 구제할 실익이 있는 것으로 보이는 점 등을 종합하면, 위와 같은 지정행위는 수형자의 구체적 권리의무에 직접적 변동을 초래하는 행정청의 공법상 행위로서 항고소송의 대상이 되는 '처분'에 해당한다(대판 2014.2.13. 2013두20899).

> 유제 16. 국가직 9급 교도소장이 특정 수형자를 '접견내용 녹음·녹화 및 접견시 교도관 참여대상자'로 지정한 행위는 수형자의 구체적 권리·의무에 직접적 변동을 가져오는 행위로서 항고소송의 대상이 되는 행정처분에 해당한다. (○)

④ [O] 건축주 등으로서는 착공신고가 반려될 경우, 당해 건축물의 착공을 개시하면 시정명령, 이행강제금, 벌금의 대상이 되거나 당해 건축물을 사용하여 행할 행위의 허가가 거부될 우려가 있어 불안정한 지위에 놓이게 된다. 따라서 착공신고 반려행위가 이루어진 단계에서 당사자로 하여금 반려행위의 적법성을 다투어 법적 불안을 해소한 다음 건축행위에 나아가도록 함으로써 장차 있을지도 모르는 위험에서 미리 벗어날 수 있도록 길을 열어 주고, 위법한 건축물의 양산과 철거를 둘러싼 분쟁을 조기에 근본적으로 해결할 수 있게 하는 것이 법치행정의 원리에 부합한다. 그러므로 행정청의 착공신고 반려행위는 항고소송의 대상이 된다고 보는 것이 옳다(대판 2011.6.10. 2010두7321).

> 유제 17. 국가직 7급 구청장의 건축물 착공신고 반려행위는 처분성이 인정된다. (○)

---

15   정답 ①

> ☑ **함께 정리하기 항고소송 대상여부**
>
> 병역기피자의 인적사항을 인터넷에 게시○
> 감사원의 징계요구·재심의결정×
> 중소기업 정보화지원사업 지원협약해지·환수통보×
> 지자체장의 건축협의취소○

❶ [×] 병무청장이 하는 병역의무 기피자의 인적사항 등 공개는, 특정인을 병역의무 기피자로 판단하여 그 사실을 일반 대중에게 공표함으로써 그의 명예를 훼손하고 그에게 수치심을 느끼게 하여 병역의무 이행을 간접적으로 강제하려는 조치로서 병역법에 근거하여 이루어지는 공권력의 행사에 해당한다. 병무청장이 하는 병역의무 기피자의 인적사항 등 공개조치에는 특정인을 병역의무 기피자로 판단하여 그에게 불이익을 가한다는 행정결정이 전제되어 있고, 공개라는 사실행위는 행정결정의 집행행위라고 보아야 한다. 병무청장이 그러한 행정결정을 공개 대상자에게 미리 통보하지 않은 것이 적절한지는 본안에서 해당 처분이 적법한가를 판단하는 단계에서 고려할 요소이며, 병무청장이 그러한 행정결정을 공개 대상자에게 미리 통보하지 않았다거나 처분서를 작성·교부하지 않았다는 점만으로 항고소송의 대상적격을 부정하여서는 아니 된다(대판 2019. 6.27. 2018두49130).

② [O] 甲 시장이 감사원으로부터 감사원법 제32조에 따라 乙에 대하여 징계의 종류를 정직으로 정한 징계 요구를 받게 되자 감사원법 제36조 제2항에 따라 감사원에 징계 요구에 대한 재심의를 청구하였고, 감사원이 재심의청구를 기각하자 乙이 감사원의 징계 요구와 그에 대한 재심의결정의 취소를 구하고 甲 시장이 감사원의 재심의결정 취소를 구하는 소를 제기한 사안에서, 징계 요구는 징계 요구를 받은 기관의 장이 요구받은 내용대로 처분하지 않더라도 불이익을 받는 규정도 없고, 징계 요구 내용대로 효과가 발생하는 것도 아니며, 징계 요구에 의하여 행정청이 일정한 행정처분을 하였을 때 비로소 이해관계인의 권리관계에 영향을 미칠 뿐, 징계 요구 자체만으로는 징계 요구 대상 공무원의 권리·의무에 직접적인 변동을 초래하지도 아니하므로, 행정청 사이의 내부적인 의사결정의 경로로서 '징계 요구, 징계 절차 회부, 징계'로 이어지는 과정에서의 중간처분에 불과하여, 감사원의 징계 요구와 재심의결정이 항고소송의 대상이 되는 행정처분이라고 할 수 없다(대판 2016.12.27. 2014두5637).

유제 17. 지방직 9급 甲 시장이 감사원으로부터 소속 공무원 乙에 대하여 징계의 종류를 정직으로 정한 징계 요구를 받게 되자 감사원에 징계 요구에 대한 재심의를 청구하였고 감사원이 재심의청구를 기각한 경우, 감사원의 징계 요구와 재심의결정은 항고소송의 대상이 되는 행정처분에 해당하지 않는다. (O)

③ [O] 중소기업기술정보진흥원장이 甲 주식회사와 중소기업 정보화지원사업 지원대상인 사업의 지원에 관한 협약을 체결하였는데, 협약이 甲 회사에 책임이 있는 사업실패로 해지되었다는 이유로 협약에서 정한 대로 지급받은 정부지원금을 반환할 것을 통보한 사안에서, 중소기업 정보화지원사업에 따른 지원금 출연을 위하여 중소기업청장이 체결하는 협약은 공법상 대등한 당사자 사이의 의사표시의 합치로 성립하는 공법상 계약에 해당하는 점, … 지원금 환수에 관한 구체적인 법령상 근거가 없는 점 등을 종합하면, 협약의 해지 및 그에 따른 환수통보는 공법상 계약에 따라 행정청이 대등한 당사자의 지위에서 하는 의사표시로 보아야 하고, 이를 행정청이 우월한 지위에서 행하는 공권력의 행사로서 행정처분에 해당한다고 볼 수는 없다(대판 2015.8.27. 2015두41449).

유제 17. 지방직 9급 중소기업기술정보진흥원장이 甲 주식회사와 체결한 중소기업 정보화지원사업 지원대상인 사업의 지원협약을 甲의 책임 있는 사유로 해지하고 협약에서 정한 대로 지급받은 정부지원금을 반환할 것을 통보한 경우, 협약의 해지 및 그에 따른 환수통보는 행정청이 우월한 지위에서 행하는 공권력의 행사로서 행정처분에 해당한다. (×)

④ [O] 건축협의의 실질은 지방자치단체 등에 대한 건축허가와 다르지 않으므로, 지방자치단체 등이 건축물을 건축하려는 경우 등에는 미리 건축물의 소재지를 관할하는 허가권자인 지방자치단체의 장과 건축협의를 하지 않으면, 지방자치단체라 하더라도 건축물을 건축할 수 없다. 그리고 구 지방자치법 등 관련 법령을 살펴보아도 지방자치단체의 장이 다른 지방자치단체를 상대로 한 건축협의 취소에 관하여 다툼이 있는 경우에 법적 분쟁을 실효적으로 해결할 구제수단을 찾기도 어렵다. 따라서 건축협의 취소는 상대방이 다른 지방자치단체 등 행정주체라 하더라도 '행정청이 행하는 구체적 사실에 관한 법집행으로서의 공권력 행사'(행정소송법 제2조 제1항 제1호)로서 처분에 해당한다고 볼 수 있고, 지방자치단체인 원고가 이를 다툴 실효적 해결 수단이 없는 이상, 원고는 건축물 소재지 관할 허가권자인 지방자치단체의 장을 상대로 항고소송을 통해 건축협의 취소의 취소를 구할 수 있다(대판 2014.2.27. 2012두22980).

16
정답 ④

📋 함께 정리하기 항고소송 대상여부

「병역법」상의 신체등위판정×
국가인권위원회의 성희롱결정·시정조치권고○
한국마사회의 기수면허취소×
지목변경신청 반려행위○
행정재산 사용료부과○
농지개량조합직원 징계처분○

ㄱ. [×] 병역법상 신체등위판정은 행정청이라고 볼 수 없는 군의관이 하도록 되어 있으며, 그 자체만으로 바로 병역법상의 권리의무가 정하여지는 것이 아니라 그에 따라 지방병무청장이 병역처분을 함으로써 비로소 병역의무의 종류가 정하여지는 것이므로 항고소송의 대상이 되는 행정처분이라 보기 어렵다(대판 1993.8.27. 93누3356).

ㄴ. [O] 구 남녀차별금지 및 구제에 관한 법률상 국가인권위원회의 성희롱결정 및 시정조치권고는 행정소송의 대상이 되는 행정처분에 해당한다고 보지 않을 수 없다(대판 2005.7.8. 2005두487).

유제 15. 국회직 8급 「남녀차별금지 및 구제에 관한 법률」에 의한 국가인권위원회의 성희롱결정과 이에 따른 시정조치의 권고는 처분성이 인정되지 않는다. (×)
07. 국가직 7급 국가인권위원회의 성희롱결정 및 시정조치권고는 「행정소송법」상 항고소송의 대상인 처분에 해당하지 않는다. (×)

ㄷ. [×] 한국마사회가 조교사 또는 기수의 면허를 부여하거나 취소하는 것은 경마를 독점적으로 개최할 수 있는 지위에서 우수한 능력을 갖추었다고 인정되는 사람에게 경마에서의 일정한 기능과 역할을 수행할 수 있는 자격을 부여하거나 이를 박탈하는 것에 지나지 아니하므로, 이는 국가 기타 행정기관으로부터 위탁받은 행정권한의 행사가 아니라 일반 사법상의 법률관계에서 이루어지는 단체 내부에서의 징계 내지 제재처분이다(대판 2008.1.31. 2005두8269).

유제 15. 국회직 8급 한국마사회가 조교사 또는 기수의 면허를 부여하거나 취소하는 것은 국가 기타 행정기관으로부터 위탁받은 행정권한의 행사에 해당하므로 처분성이 인정된다. (×)

ㄹ. [O] 지목은 토지소유권을 제대로 행사하기 위한 전제요건으로서 토지소유자의 실체적 권리관계에 밀접하게 관련되어 있으므로 지적공부 소관청의 지목변경신청 반려행위는 국민의 권리관계에 영향을 미치는 것으로서 항고소송의 대상이 되는 행정처분에 해당한다(대판 2004.4.22. 2003두9015 전합).

유제 12. 국가직 9급 지적공부 소관청의 지목변경신청 반려행위는 항고소송의 대상이 되는 행정처분에 해당한다. (O)
09. 국가직 9급 지적법상의 지목은 토지소유권을 제대로 행사하기 위한 전제요건으로서 토지소유자의 실체적 권리관계에 밀접하게 관련되어 있으므로 지적공부 소관청의 지목변경신청 반려행위는 국민의 권리관계에 영향을 미치는 것으로서 항고소송의 대상이 되는 행정처분에 해당한다. (O)
07. 국가직 7급 지적공부 소관청의 지목변경신청 반려행위는 「행정소송법」상 항고소송의 대상인 처분에 해당하지 않는다. (×)

ㅁ. [O] 국유재산의 관리청이 행정재산의 사용·수익을 허가한 다음 그 사용·수익하는 자에 대하여 하는 사용료 부과는 순전히 사경제주체로서 행하는 사법상의 이행청구라 할 수 없고, 이는 관리청이 공권력을 가진 우월적 지위에서 행한 것으로서 항고소송의 대상이 되는 행정처분이라 할 것이다(대판 1996.2.13. 95누11023).

ㅂ. [O] 농지개량조합과 그 직원과의 관계는 사법상의 근로계약관계가 아닌 공법상의 특별권력관계이고, 그 조합의 직원에 대한 징계처분의 취소를 구하는 소송은 행정소송사항에 속한다(대판 1995.6.9. 94누10870).

17 정답 ③

📋 **함께 정리하기 처분**

지방계약직공무원에 대한 보수삭감
▷ 처분성 有
공정거래위원회의 표준약관 사용권장행위
▷ 처분성 有
검사의 공소처분
▷ 행정소송의 방법으로 취소 ✕
종전처분유효전제로 일부변경 & 변경부분이 가분적인 경우 항고소송대상
▷ 종전처분

① [✕] 지방계약직공무원에 대한 보수삭감조치에 대해서는 처분성이 인정된다.

> 지방계약직공무원에 대한 보수의 삭감은 이를 당하는 공무원의 입장에서는 징계처분의 일종인 감봉과 다를 바 없으므로, 채용계약상 특별한 약정이 없는 한 징계절차에 의하지 않고서는 보수를 삭감할 수 없다(대판 2008.6.12. 2006두16328).

유제 17. 국회직 8급 지방계약직공무원의 보수삭감행위는 대등한 당사자간의 계약관계와 관련된 것이므로 처분성은 인정되지 아니하며 공법상 당사자소송의 대상이 된다. (✕)

② [✕] 공정거래위원회의 '표준약관 사용권장행위'는 그 통지를 받은 해당 사업자 등에게 표준약관과 다른 약관을 사용할 경우 표준약관과 다르게 정한 주요내용을 고객이 알기 쉽게 표시하여야 할 의무를 부과하고, 그 불이행에 대해서는 과태료에 처하도록 되어 있으므로, 이는 사업자 등의 권리·의무에 직접 영향을 미치는 행정처분으로서 항고소송의 대상이 된다(대판 2010.10.14. 2008두23184).

유제 17. 국회직 8급 공정거래위원회의 표준약관 사용권장행위는 비록 그 통지를 받은 해당 사업자등에게 표준약관을 사용할 경우 표준약관과 다르게 정한 주요내용을 고객이 알기 쉽게 표시하여야 할 의무를 부과하고 그 불이행에 대해서는 과태료에 처하도록 되어있으나, 이는 어디까지나 구속력이 없는 행정지도에 불과하므로 행정처분에 해당되지 아니한다. (✕)

❸ [O] 형사소송법에 의하면 검사가 공소를 제기한 사건은 기본적으로 법원의 심리대상이 되고 피의자 및 피고인은 수사의 적법성 및 공소사실에 대하여 형사소송절차를 통하여 불복할 수 있는 절차와 방법이 따로 마련되어 있으므로 … 검사의 공소에 대하여는 형사소송절차에 의하여서만 이를 다툴 수 있고 행정소송의 방법으로 공소의 취소를 구할 수는 없다(대판 2000.3.28. 99두11264).

유제 14. 사복 9급 형사사건에 대한 검사의 기소 결정은 처분성이 인정되지 않는다. (O)

④ [✕] 기존의 행정처분을 변경하는 내용의 행정처분이 뒤따르는 경우, ㉠ 후속처분이 종전처분을 완전히 대체하는 것이거나 주요 부분을 실질적으로 변경하는 내용인 경우에는 특별한 사정이 없는 한 종전처분은 효력을 상실하고 후속처분만이 항고소송의 대상이 되지만, ㉡ 후속처분의 내용이 종전처분의 유효를 전제로 내용 중 일부만을 추가·철회·변경하는 것이고 추가·철회·변경된 부분이 내용과 성질상 나머지 부분과 불가분적인 것이 아닌 경우에는, 후속처분에도 불구하고 종전처분이 여전히 항고소송의 대상이 된다(대판 2015.11.19. 2015두295 전합).

18 정답 ①

📋 **함께 정리하기 처분성 인정여부**

「국가유공자법」상 이의신청 받아들이는 결정○(cf. 받아들이지 않는 결정✕)
금융기관 임원에 대한 금융감독원장의 문책경고○
공무원시험승진후보자명부 삭제행위✕
혁신도시 최종입지선정✕

❶ [✕] 국가유공자법 제74조의18 제1항이 정한 이의신청을 받아들이는 것을 내용으로 하는 결정은 당초 국가유공자 등록신청을 받아들이는 새로운 처분으로 볼 수 있으나, 이와 달리 <u>이의신청을 받아들이지 아니하는 내용의 결정은 종전의 결정 내용을 그대로 유지하는 것에 불과한 점 등을 종합하면, … 이의신청인의 권리·의무에 새로운 변동을 가져오는 공권력의 행사나 이에 준하는 행정작용이라고 할 수 없으므로 원결정과 별개로 항고소송의 대상이 되지는 않는다.</u> 국가유공자 비해당결정 등 원결정에 대한 이의신청이 받아들여지지 아니한 경우에도 이의신청인으로서는 원결정을 대상으로 항고소송을 제기하여야 하고, … 이의신청을 받아들이지 아니하는 결과를 통보받은 자는 통보받은 날부터 90일 이내에 행정심판법에 따른 행정심판 또는 행정소송법에 따른 취소소송을 제기할 수 있다(대판 2016.7.27. 2015두45953).

② [O] 금융기관의 임원에 대한 금융감독원장의 문책경고는 그 상대방에 대한 직업선택의 자유를 직접 제한하는 효과를 발생하게 하는 등 상대방의 권리의무에 직접 영향을 미치는 행위로서 항고소송의 대상이 되는 행정처분에 해당한다(대판 2005.2.17. 2003두14765).

유제 15. 경찰 금융기관의 임원에 대한 금융감독원장의 문책경고는 항고소송의 대상이 되는 행정서분에 해당한다. (O)

③ [○] 구 경찰공무원법 제11조 제2항, 제13조 제1항, 제2항, 경찰공무원승진임용규정 제36조 제1항, 제2항에 의하면, 경정 이하 계급에의 승진에 있어서는 승진심사와 함께 승진시험을 병행할 수 있고, 승진시험에 합격한 자는 시험승진후보자명부에 등재하여 그 등재순위에 따라 승진하도록 되어 있으며, 같은 규정 제36조 제3항에 의하면 시험승진후보자명부에 등재된 자가 승진임용되기 전에 감봉 이상의 징계처분을 받은 경우에는 임용권자 또는 임용제청권자가 위 징계처분을 받은 자를 시험승진후보자명부에서 삭제하도록 되어 있는바, 이처럼 시험승진후보자명부에 등재되어 있던 자가 그 명부에서 삭제됨으로써 승진임용의 대상에서 제외되었다하더라도, 그와 같은 시험승진후보자명부에서의 삭제행위는 결국 그 명부에 등재된 자에 대한 승진 여부를 결정하기 위한 행정청 내부의 준비과정에 불과하고, 그 자체가 어떠한 권리나 의무를 설정하거나 법률상 이익에 직접적인 변동을 초래하는 별도의 행정처분이 된다고 할 수 없다(대판 1997.11.14. 97누7325).

④ [○] 정부의 수도권 소재 공공기관의 지방이전시책을 추진하는 과정에서 도지사가 도 내 특정시를 공공기관이 이전할 혁신도시 최종입지로 선정한 행위는 항고소송의 대상이 되는 행정처분이 아니다(대판 2007.11.15. 2007두10198).

유제 12. 국가직 9급 「국가균형발전 특별법」에 따른 혁신도시 최종입지 선정행위는 항고소송의 대상이 되는 행정처분이다. (×)
10. 국회직 8급 정부의 수도권 소재 공공기관의 지방이전시책을 추진하는 과정에서 도지사가 도내 특정시를 공공기관이 이전할 혁신도시 최종입지로 선정한 행위는 「행정소송법」상 항고소송의 대상인 처분에 해당하지 않는다. (○)

19   정답 ①

☑ 함께 정리하기   항고소송 대상적격

민주화운동 보상금 지급대상자 결정
▷ 처분
구청장의 사회복지법인에 대한 시정 지시
▷ 처분
유일한 면접대상자에 대한 교원신규채용 중단 조치
▷ 처분
청소년유해매체물 결정·고시
▷ 처분

❶ [×] '민주화운동관련자 명예회복 및 보상 등에 관한 법률'… 규정들만으로는 바로 법상의 보상금 등의 지급 대상자가 확정된다고 볼 수 없고, '민주화운동관련자 명예회복 및 보상 심의위원회'에서 심의·결정을 받아야만 비로소 보상금 등의 지급 대상자로 확정될 수 있다. 따라서 그와 같은 심의위원회의 결정은 국민의 권리의무에 직접 영향을 미치는 행정처분에 해당하므로, 관련자 등으로서 보상금 등을 지급받고자 하는 신청에 대하여 심의위원회가 관련자 해당 요건의 전부 또는 일부를 인정하지 아니하여 보상금 등의 지급을 기각하는 결정을 한 경우에는 신청인은 심의위원회를 상대로 그 결정의 취소를 구하는 소송을 제기하여 보상금 등의 지급대상자가 될 수 있다(대판 2008.4.17. 2005두16185 전합).

유제 09. 국회직 8급 민주화운동관련자 명예회복 및 보상심의위원회의 보상금 등의 지급대상자에 관한 결정은 국민의 권리·의무에 직접 영향을 미치는 행정처분에 해당하지 않는다. (×)

② [○] 원고로서는 위 보고명령 및 관련서류 제출명령을 이행하기 위하여 위 시정지시에 따른 시정조치의 이행이 사실상 강제되어 있다고 할 것이고, 만일 피고의 위 명령을 이행하지 않는 경우 시정명령을 받거나 법인설립허가가 취소될 수 있고, 자신이 운영하는 사회복지시설에 대한 개선 또는 사업정지 명령을 받거나 그 시설의 장의 교체 또는 시설의 폐쇄와 같은 불이익을 받을 위험이 있으며, 원심이 유지한 제1심의 인정 사실에 의하더라도 피고는, 원고가 위 시정지시를 이행하지 아니하였음을 이유로 서울특별시장에게 원고에 대한 시정명령 등의 조치를 취해달라고 요청한 바 있으므로, 이와 같은 사정에 비추어 보면, 위 시정지시는 단순한 권고적 효력만을 가지는 비권력적 사실행위에 불과하다고 볼 수는 없고, 원고에 대하여 의무의 부담을 명하거나 기타 법률상 효과를 발생하게 하는 것으로서 항고소송의 대상이 되는 행정처분에 해당한다고 해석함이 상당하다고 할 것이다(대판 2008.4.24. 2008두3500).

③ [○] 유일한 면접심사 대상자로 선정된 임용지원자에 대한 교원신규채용업무를 중단하는 조치는 교원신규채용절차의 진행을 유보하였다가 다시 속개하기 위한 중간처분 또는 사무처리절차상 하나의 행위에 불과한 것이라고는 볼 수 없고, 유일한 면접심사 대상자로서 임용에 관한 법률상 이익을 가지는 임용지원자에 대한 신규임용을 사실상 거부하는 종국적인 조치에 해당하는 것이며, 임용지원자에게 직접 고지되지 않았다고 하더라도 임용지원자가 이를 알게 됨으로써 효력이 발생한 것으로 보아야 할 것이므로, 이는 임용지원자의 권리 내지 법률상 이익에 직접 관계되는 것으로서 항고소송의 대상이 되는 처분 등에 해당한다(대판 2004.6.11. 2001두7053).

④ [○] 구 청소년보호법에 따른 청소년유해매체물 결정 및 고시처분은 당해 유해매체물의 소유자 등 특정인만을 대상으로 한 행정처분이 아니라 일반 불특정 다수인을 상대방으로 하여 일률적으로 표시의무, 포장의무, 청소년에 대한 판매·대여 등의 금지의무 등 각종 의무를 발생시키는 행정처분이다(대판 2007.6.14. 2004두619).

유제 09. 지방직 9급 청소년유해매체물 결정 및 고시처분은 행정처분의 종류 중 하나인 일반처분에 해당한다. (○)

20   정답 ③

☑ 함께 정리하기   항고소송의 원고적격

대한의사협회
▷ 요양급여비용청구·지급과 직접적인 법률관계 無(∴원고적격×)
법률상 보호된 이익
▷ 관련법규에 의해 보호되는 이익 포함
절대보전지역 유지로 주민들이 가지는 주거·생활환경
▷ 반사적 이익
한정면허시외버스업자
▷ 일반면허시외버스업자에 대한 사업계획변경인가처분 취소의 원고적격 有

① [O] 사단법인인 대한의사협회는 의료법에 의하여 의사들을 회원으로 하여 설립된 사단법인으로서, 국민건강보험법상 요양급여행위, 요양급여비용의 청구 및 지급과 관련하여 직접적인 법률관계를 갖고 있지 않으므로, 보건복지부 고시인 '건강보험요양행위 및 그 상대가치점수 개정'으로 인하여 자신의 법률상 이익을 침해당하였다고 할 수 없다는 이유로 위 고시의 취소를 구할 원고적격이 없다(대판 2006.5.25. 2003두11988).

② [O] 법률상 보호되는 이익에서 '법률'에는 근거법규와 관련법규가 모두 포함된다는 것이 판례의 입장이다.

> 법률상 보호되는 이익은 당해 처분의 근거 법규 및 관련 법규에 의하여 보호되는 개별적·직접적·구체적 이익을 말한다(대판 2006.7.28. 2004두6716).

유제 13. 세무 판례는 원고적격의 요건으로 당해 처분의 근거법규 및 관련법규에 의하여 보호되는 개별적·직접적·구체적 이익의 침해를 요구하고 있다. (O)
10. 세무 처분의 직접적 근거법규는 물론 관련법규에 의해서도 원고적격의 근거인 법률상 이익이 도출될 수 있다. (O)

❸ [×] 국방부 민·군 복합형 관광미항(제주해군기지) 사업시행을 위한 해군본부의 요청에 따라 제주특별자치도지사가 절대보존지역이던 서귀포시 강정동 해안변지역에 관하여 절대보존지역을 변경(축소)하고 고시한 경우, 절대보존지역의 유지로 지역주민회와 주민들이 가지는 주거 및 생활환경상 이익은 지역의 경관 등이 보호됨으로써 반사적으로 누리는 것일 뿐 근거 법규 또는 관련 법규에 의하여 보호되는 개별적·직접적·구체적 이익이라고 할 수 없다(대판 2012.7.5. 2011두13187).

④ [O] 한정면허를 받은 시외버스운송사업자라고 하더라도 다 같이 운행계통을 정하고 여객을 운송하는 노선여객자동차운송사업을 한다는 점에서 일반면허를 받은 시외버스운송사업자와 본질적인 차이가 없으므로, 일반면허를 받은 시외버스운송사업자에 대한 사업계획변경인가처분으로 인하여 기존에 한정면허를 받은 시외버스운송사업자의 노선 및 운행계통과 일반면허를 받은 시외버스운송사업자의 그것이 일부 중복되게 되고 기존업자의 수익감소가 예상된다면, 기존의 한정면허를 받은 시외버스운송사업자와 일반면허를 받은 시외버스운송사업자는 경업관계에 있는 것으로 보는 것이 타당하고, 따라서 기존의 한정면허를 받은 시외버스운송사업자는 일반면허 시외버스운송사업자에 대한 사업계획변경인가처분의 취소를 구할 법률상의 이익이 있다(대판 2018.4.26. 2015두53824).

▶ 정답

p. 75

01	③	06	③	11	④	16	④
02	①	07	③	12	③	17	①
03	④	08	③	13	①	18	③
04	②	09	③	14	④	19	①
05	②	10	④	15	③	20	③

01
정답 ③

> **☑ 함께 정리하기 항고소송의 원고적격**
>
> 국가
> ▷ 기관위임사무 다툼 원고적격 無
> 국가기관
> ▷ 원고적격 無(원칙) But 시·도 선거관리위원장 → 원고적격 인정
> 다른 행정기관에 대한 제재조치
> ▷ 상대방 행정기관 당사자능력·원고적격 인정 可
> 교육부장관의 이사 및 임시이사선임취소소송
> ▷ 대학교수협의회 & 총학생회 원고적격 有

① [X] 국가는 지방자치단체의 자치사무나 단체위임사무에 대해서는 시정명령 및 취소·정지를 통해서(지방자치법 제169조), 기관위임사무에 대해서는 직무이행명령과 대집행(동법 제170조) 등 감독권을 행사하여 자신의 의사를 관철시킬 수 있으므로 항고소송의 원고적격을 인정할 필요가 없다.

> 건설교통부장관은 지방자치단체의 장이 기관위임사무인 국토이용계획 사무를 처리함에 있어 자신과 의견이 다를 경우 행정협의조정위원회에 협의·조정 신청을 하여 그 협의·조정 결정에 따라 의견불일치를 해소할 수 있고, 법원에 의한 판결을 받지 않고서도 행정권한의 위임 및 위탁에 관한 규정이나 구 지방자치법에서 정하고 있는 지도·감독을 통하여 직접 지방자치단체의 장의 사무처리에 대하여 시정명령을 발하고 그 사무처리를 취소 또는 정지할 수 있으며, 지방자치단체의 장에게 기간을 정하여 직무이행명령을 하고 지방자치단체의 장이 이를 이행하지 아니할 때에는 직접 필요한 조치를 할 수도 있으므로, 국가가 국토이용계획과 관련한 지방자치단체의 장의 기관위임사무의 처리에 관하여 지방자치단체의 장을 상대로 취소소송을 제기하는 것은 허용되지 않는다(대판 2007.9.20. 2005두6935).

② [X] 법률상 이익이 있는 자는 법인격 있는 주체를 의미하므로, 독립된 법인격이 없는 국가기관은 국가의 산하기관에 불과할 뿐 법률관계의 주체가 아니므로 항고소송의 원고적격을 인정받을 수 없는 것이 원칙이다. 그러나 판례는 경기도선거관리위원회 위원장이 국민권익위원회의 조치요구의 취소를 구하는 항고소송을 제기한 사건에서 법령상 국민권익위원회의 조치요구를 다툴 별다른 방법이 없는 관계로 원고적격을 인정하였다.

> 甲(乙시·도 선거관리위원회 소속 직원)이 국민권익위원회에 부패방지 및 국민권익위원회의 설치와 운영에 관한 법률(이하 '국민권익위원회법'이라 한다)에 따른 신고와 신분보장조치를 요구하였고, 국민권익위원회가 甲의 소속기관 장인 乙시·도선거관리위원회 위원장에게 '甲에 대한 중징계요구를 취소하고 향후 신고로 인한 신분상 불이익처분 및 근무조건상의 차별을 하지 말 것을 요구'하는 내용의 조치요구를 한 사안에서, 국가기관 일방의 조치요구에 불응한 상대방 국가기관에 국민권익 위원회법상의 제재규정과 같은 중대한 불이익을 직접적으로 규정한 다른 법령의 사례를 찾아보기 어려운 점, 그럼에도 乙이 국민권익위원회의 조치요구를 다툴 별다른 방법이 없는 점 등에 비추어 보면, 처분성이 인정되는 위 조치요구에 불복하고자 하는 乙로서는 조치요구의 취소를 구하는 항고소송을 제기하는 것이 유효·적절한 수단이므로 비록 乙이 국가기관이더라도 당사자능력 및 원고적격을 가진다(대판 2013.7.25. 2011두1214).

❸ [O]
> [1] 법령이 특정한 행정기관 등으로 하여금 다른 행정기관을 상대로 제재적 조치를 취할 수 있도록 하면서, 그에 따르지 않으면 그 행정기관에 대하여 과태료를 부과하거나 형사처벌을 할 수 있도록 정하는 경우가 있다. 이러한 경우에는 단순히 국가기관이나 행정기관의 내부적 문제라거나 권한 분장에 관한 분쟁으로만 볼 수 없다. 기관소송 법정주의를 취하면서 제한적으로만 이를 인정하고 있는 현행 법령의 체계에 비추어 보면, 이 경우 항고소송을 통한 구제의 길을 열어주는 것이 법치국가 원리에도 부합한다. 따라서 이러한 권리구제나 권리보호의 필요성이 인정된다면 예외적으로 그 제재적 조치의 상대방인 행정기관 등에게 항고소송 원고로서의 당사자능력과 원고적격을 인정할 수 있다.

[2] 국민권익위원회가 소방청장에게 인사와 관련하여 부당한 지시를 한 사실이 인정된다며 이를 취소할 것을 요구하기로 의결하고 그 내용을 통지하자 소방청장이 국민권익위원회 조치요구의 취소를 구하는 소송을 제기한 사안에서, 처분성이 인정되는 국민권익위원회의 조치요구에 불복하고자 하는 소방청장으로서는 조치요구의 취소를 구하는 항고소송을 제기하는 것이 유효·적절한 수단으로 볼 수 있으므로 소방청장은 예외적으로 당사자능력과 원고적격을 가진다(대판 2018.8.1. 2014두35379).

④ [×] 교육부장관이 사학분쟁조정위원회의 심의를 거쳐 甲대학교를 설치·운영하는 乙학교법인의 이사 8인과 임시이사 1인을 선임한 데 대하여 甲 대학교 교수협의회와 총학생회 등이 이사선임처분의 취소를 구하는 소송을 제기한 사안에서, 임시이사제도의 취지, 교직원·학생 등의 학교운영에 참여할 기회를 부여하기 위한 개방이사제도에 관한 법령의 규정 내용과 입법 취지 등을 종합하여 보면, 구 사립학교법과 구 사립학교법 시행령 및 乙법인 정관 규정은 헌법 제31조 제4항에 정한 교육의 자주성과 대학의 자율성에 근거한 甲대학교 교수협의회와 총 학생회의 학교운영참여권을 구체화하여 이를 보호하고 있다고 해석되므로, 甲대학교 교수협의회와 총학생회는 이사선임처분을 다툴 법률상 이익을 가진다(대판 2015.7.23. 2012두19496·19502).

02
정답 ①

함께 정리하기 취소소송 원고적격

대입검정고시에 합격한 자
▷ 퇴학처분취소의 원고적격 有
채석허가 수허가자 지위 양수인
▷ 채석허가 취소의 원고적격 有
사증발급 거부처분 취소소송
▷ 외국인 원고적격×
예탁금회원제 골프장 기존 회원
▷ 시·도지사의 회원모집계획서 검토결과통보취소의 원고적격 有

❶ [×] 고등학교에서 퇴학처분을 당한 후 고등학교졸업학력검정고시에 합격한 경우, … 고등학교졸업이 대학입학자격이나 학력인정으로서의 의미밖에 없다고 할 수 없으므로 고등학교졸업학력검정고시에 합격하였다 하여 고등학교 학생으로서의 신분과 명예가 회복될 수 없는 것이니 퇴학처분을 받은 자로서는 퇴학처분의 위법을 주장하여 그 취소를 구할 소송상의 이익이 있다(대판 1992.7.14. 91누4737).

유제 16. 지방직 7급 고등학교졸업이 대학입학자격이나 학력인정으로서의 의미밖에 없다고 할 수는 없으므로, 퇴학처분을 받은 자가 고등학교졸업학력검정고시에 합격하였다 하여 퇴학처분의 취소를 구할 소송상의 이익이 없다고 볼 수는 없다. (○)

② [○] 산림법 제90조의2 제1항, 제118조 제1항, 같은 법 시행규칙 제95조의2 등 산림법령이 수허가자의 명의변경제도를 두고 있는 취지는, 채석허가가 일반적·상대적 금지를 해제하여 줌으로써 채석행위를 자유롭게 할 수 있는 자유를 회복시켜 주는 것일 뿐 권리를 설정하는 것이 아니어서 관할 행정청과의

관계에서 수허가자의 지위의 승계를 직접 주장할 수는 없다 하더라도, 채석허가가 대물적 허가의 성질을 아울러 가지고 있고 수허가자의 지위가 사실상 양도·양수되는 점을 고려하여 수허가자의 지위를 사실상 양수한 양수인의 이익을 보호하고자 하는 데 있는 것으로 해석되므로, 수허가자의 지위를 양수받아 명의변경신고를 할 수 있는 양수인의 지위는 단순한 반사적 이익이나 사실상의 이익이 아니라 산림법령에 의하여 보호되는 직접적이고 구체적인 이익으로서 법률상 이익이라고 할 것이고, 채석허가가 유효하게 존속하고 있다는 것이 양수인의 명의변경 신고의 전제가 된다는 의미에서 관할 행정청이 양도인에 대하여 채석허가를 취소하는 처분을 하였다면 이는 양수인의 지위에 대한 직접적 침해가 된다고 할 것이므로 양수인은 채석허가를 취소하는 처분의 취소를 구할 법률상 이익을 가진다(대판 2003.7.11. 2001두6289).

③ [○] 사증발급의 법적 성질, 출입국관리법의 입법 목적, 사증발급 신청인의 대한민국과의 실질적 관련성, 상호주의원칙 등을 고려하면, 우리 출입국관리법의 해석상 외국인에게는 사증발급 거부처분의 취소를 구할 법률상 이익이 인정되지 않는다(대판 2018.5.15. 2014두42506).

④ [○] 회사가 정하는 자격기준에 준하는 자로서 입회승인을 받은 회원은 일정한 입회금을 납부하고 회사가 지정한 시설을 이용할 때에는 회사가 정한 요금을 지불하여야 하며 회사는 회원의 입회금을 상환하도록 정해져 있는 이른바 예탁금회원제 골프장에 있어서, 체육시설업자 또는 그 사업계획의 승인을 얻은 자가 회원모집계획서를 제출하면서 허위의 사업시설 설치공정 확인서를 첨부하거나 사업계획의 승인을 받을 때 정한 예정인원을 초과하여 회원을 모집하는 내용의 회원모집계획서를 제출하여 그에 대한 시·도지사 등의 검토결과 통보를 받는다면 이는 기존회원의 골프장에 대한 법률상의 지위에 영향을 미치게 되므로, 이러한 경우 기존회원은 위와 같은 회원모집계획서에 대한 시·도지사의 검토결과 통보의 취소를 구할 법률상의 이익이 있다고 보아야 한다(대판 2009.2.26. 2006두16243).

03
정답 ④

함께 정리하기 소의 이익 인정여부

직위해제 상태에서 새로운 사유로 직위해제처분 받은 경우 이전의 직위해제처분취소×
원자로시설부지 인근 주민의 부지사전승인처분취소○
개발제한구역 해제대상누락토지 소유자의 도시관리계획 변경결정취소×
경원관계에서 거부처분 받은 자의 자신에 대한 거부처분취소○

① [○] 행정청이 공무원에 대하여 새로운 직위해제사유에 기한 직위해제처분을 한 경우 그 이전에 한 직위해제처분은 이를 묵시적으로 철회하였다고 봄이 상당하므로, 그 이전 처분의 취소를 구하는 부분은 존재하지 않는 행정처분을 대상으로 한 것으로서 그 소의 이익이 없어 부적법하다(대판 2003.10.10. 2003두5945).

유제 16. 지방직 7급 행정청이 직위해제 상태에 있는 공무원에 대하여 새로운 직위해제사유에 기한 직위해제처분을 한 경우 그 이전에 한 직위해제처분의 취소를 구할 소의 이익이 없다. (○)

② [O] 원자력법 제12조 제2호의 취지는 … 방사성물질 등에 의한 생명·건강상의 위해를 받지 아니할 이익을 일반적 공익으로서 보호하려는 데 그치는 것이 아니라 방사성물질에 의하여 보다 직접적이고 중대한 피해를 입으리라고 예상되는 지역 내의 주민들의 위와 같은 이익을 직접적·구체적 이익으로서도 보호하려는 데에 있다 할 것이므로, 위와 같은 지역 내의 주민들에게는 방사성물질 등에 의한 생명·신체의 안전침해를 이유로 부지사전승인처분의 취소를 구할 원고적격이 있다(대판 1998.9.4. 97누19588).

유제 18. 변호사 방사성물질 등에 의하여 직접적이고 중대한 피해를 입으리라고 예상되는 지역 내의 주민들에게는 방사성물질 등에 의한 생명·신체의 안전침해를 이유로 한 부지사전승인처분 취소소송의 원고적격이 인정된다. (O)

③ [O] 개발제한구역 중 일부 취락을 개발제한구역에서 해제하는 내용의 도시관리계획변경결정에 대하여, 개발제한구역 해제대상에서 누락된 토지의 소유자는 위 결정의 취소를 구할 법률상 이익이 없다. 즉 이 사건 토지는 이 사건 도시관리계획변경결정 전후를 통하여 개발제한구역으로 지정된 상태에 있으므로 이 사건 도시관리계획변경결정으로 인하여 그 소유자인 원고가 위 토지를 사용·수익·처분하는 데 새로운 공법상의 제한을 받거나 종전과 비교하여 더 불이익한 지위에 있게 되는 것은 아니다. 또한, 원고의 청구취지와 같이 이 사건 도시관리계획변경결정 중 중리취락부분이 취소된다 하더라도 그 결과 이 사건 도시관리계획변경결정으로 개발제한구역에서 해제된 제3자 소유의 토지들이 종전과 같이 개발제한구역으로 남게 되는 결과가 될 뿐, 원고 소유의 이 사건 토지가 개발제한구역에서 해제되는 것도 아니다. 따라서 원고에게 제3자 소유의 토지에 관한 이 사건 도시관리계획변경결정의 취소를 구할 직접적이고 구체적인 이익이 있다고 할 수 없다(대판 2008.7.10. 2007두10242).

❹ [X] 판례는 경원관계에서 경원자에 대한 수익적 처분의 취소를 구하지 않고 자신에 대한 거부처분의 취소를 구하는 것도 허용된다고 본다.

> 인가·허가 등 수익적 행정처분을 신청한 여러 사람이 서로 경원 관계에 있어서 한 사람에 대한 허가 등 처분이 다른 사람에 대한 불허가 등으로 귀결될 수밖에 없을 때 허가 등 처분을 받지 못한 사람은 신청에 대한 거부처분의 직접 상대방으로서 원칙적으로 자신에 대한 거부 처분의 취소를 구할 원고적격이 있고, 취소판결이 확정되는 경우 판결의 직접적인 효과로 경원자에 대한 허가 등 처분이 취소되거나 효력이 소멸되는 것은 아니더라도 행정청은 취소판결의 기속력에 따라 판결에서 확인된 위법사유를 배제한 상태에서 취소판결의 원고와 경원자의 각 신청에 관하여 처분요건의 구비 여부와 우열을 다시 심사하여야 할 의무가 있으며, 재심사 결과 경원자에 대한 수익적 처분이 직권취소되고 취소판결의 원고에게 수익적 처분이 이루어질 가능성을 완전히 배제할 수는 없으므로, 특별한 사정이 없는 한 경원관계에서 허가 등 처분을 받지 못한 사람은 자신에 대한 거부처분의 취소를 구할 소의 이익이 있다(대판 2015.10.29. 2013두27517).

유제 16. 지방직 7급 경원관계에서 허가처분을 받지 못한 사람은 자신에 대한 거부처분이 취소되더라도, 그 판결의 직접적 효과로 경원자에 대한 허가처분이 취소되거나 효력이 소멸하는 것은 아니므로 자신에 대한 거부처분의 취소를 구할 소의 이익이 없다. (X)

04
정답 ②

> 📋 **함께 정리하기** 원고적격 인정여부
>
> 전공이 다른 교수의 임용취소에 있어 해당과목 수강생 ✕
> 약제급여·비급여목록·급여상한금액표 취소에 있어 제약회사 ○
> 신규 담배 구내소매인 지정 취소에 있어 일반소매인인 기존업자 ✕
> 조합설립추진위원회 구성에 부동의한 토지등 소유자 ○

ㄱ. [✕] 대학생들이 입는 불이익은 간접적이거나 사실적인 불이익에 지나지 아니하여 그것만으로는 임용처분의 취소를 구할 소의 이익이 있다고 할 수 없다.

> 대학생들이 전공이 다른 교수를 임용함으로써 학습권을 침해당하였다는 이유를 들어 교수임용처분의 취소를 구할 소의 이익이 없다(대판 1993.7.27. 93누8139).

유제 12. 국회직 8급 전임강사임용처분취소소송에서 그 학과의 학생은 원고적격이 있다. (✕)

ㄴ. [O] 제약회사가 자신이 공급하는 약제에 관하여 국민건강보험법, 같은 법 시행령, 국민건강보험 요양급여의 기준에 관한 규칙 등 약제상한금액고시의 근거 법령에 의하여 보호되는 직접적이고 구체적인 이익을 향유하는데, 보건복지부 고시인 약제급여·비급여목록 및 급여상한금액표(보건복지부 고시 제2002-46호로 개정된 것)로 인하여 자신이 제조·공급하는 약제의 상한금액이 인하됨에 따라 위와 같이 보호되는 법률상 이익이 침해당할 경우, 제약회사는 위 고시의 취소를 구할 원고적격이 있다(대판 2006.9.22. 2005두2506).

유제 12. 국회직 8급 보건복지부장관의 약제의 상한금액 인하처분(고시)에 대한 취소소송에서 관련된 약제를 제조·공급하는 제약회사는 원고적격이 있다. (O)

ㄷ. [✕] 일반소매인으로 지정되어 영업을 하고 있는 기존업자의 신규 구내소매인에 대한 이익은 법률상 보호되는 이익이 아니라 단순한 사실상의 반사적 이익이라고 해석함이 상당하므로, 기존 일반소매인은 신규 구내소매인 지정처분의 취소를 구할 원고적격이 없다(대판 2008.4.10. 2008두402).

유제 14. 서울시 9급 담배 일반소매인으로 지정되어 있는 기존업자가 신규 담배 구내소매인 지정처분을 다투는 경우 원고적격이 인정되지 않는다. (O)

ㄹ. [O] 조합설립추진위원회의 구성에 동의하지 아니한 정비구역 내의 토지 등 소유자도 조합설립추진위원회 설립승인처분에 대하여 같은 법에 의하여 보호되는 직접적이고 구체적인 이익을 향유하므로 그 설립승인처분의 취소소송을 제기할 원고적격이 있다(대판 2007.1.25. 2006두12289).

05 정답 ②

> **함께 정리하기 취소소송 원고적격**
>
> 처분상대방 아닌 자
> ▷ 법률상 이익 인정시 원고적격 有
> 수익처분 상대방
> ▷ 원칙적으로 원고적격 無
> 재단법인 수녀원
> ▷ 공유수면매립목적 변경승인처분무효확인을 구할 원고적격 無
> 검사임용신청자
> ▷ 재량남용의 검사임용거부처분취소의 원고적격 有

① [O] 행정처분의 직접 상대방이 아닌 제3자라 하더라도 당해 행정처분으로 인하여 법률상 보호되는 이익을 침해당한 경우에는 그 처분의 취소나 무효확인을 구하는 행정소송을 제기하여 그 당부의 판단을 받을 자격 즉 원고적격이 있고, 여기에서 말하는 법률상 보호되는 이익은 당해 처분의 근거 법규 및 관련 법규에 의하여 보호되는 개별적·직접적·구체적 이익을 말하며, 원고적격은 소송요건의 하나이므로 사실심 변론종결시는 물론 상고심에서도 존속하여야 하고 이를 흠결하면 부적법한 소가 된다(대판 2007.4.12. 2004두7924).

> 유제 13. 국가직 9급 처분의 직접 상대방이 아닌 경우에는 처분의 근거 법률에 의하여 보호되는 법률상 이익이 있는 경우에도 원고적격이 인정될 수 없다. (×)

❷ [×] 행정처분에 있어서 불이익 처분의 상대방은 직접 개인적 이익의 침해를 받은 자로서 원고적격이 인정되지만 수익처분의 상대방은 그의 권리나 법률상 보호되는 이익이 침해되었다고 볼 수 없으므로 달리 특별한 사정이 없는 한 취소를 구할 이익이 없다(대판 1995.8.22. 94누8129).

> 유제 11. 국가직 9급 행정처분의 취소를 구할 이익은 불이익처분의 상대방뿐만 아니라 수익처분의 상대방에게도 인정 되는 것이 원칙이다. (×)

③ [O] 재단법인 甲 수녀원이, 매립목적을 택지조성에서 조선시설용지로 변경하는 내용의 공유수면매립목적 변경승인처분으로 인하여 법률상 보호되는 환경상 이익을 침해받았다면서 행정청을 상대로 처분의 무효확인을 구하는 소송을 제기한 사안에서, 공유수면매립목적 변경승인처분으로 甲 수녀원에 소속된 수녀 등이 쾌적한 환경에서 생활할 수 있는 환경상 이익을 침해받는다고 하더라도 이를 가리켜 곧바로 甲 수녀원의 법률상 이익이 침해된다고 볼 수 없고, 자연인이 아닌 甲 수녀원은 쾌적한 환경에서 생활할 수 있는 이익을 향수할 수 있는 주체가 아니므로 위 처분으로 위와 같은 생활상의 이익이 직접적으로 침해되는 관계에 있다고 볼 수도 없으며, 위 처분으로 환경에 영향을 주어 甲 수녀원이 운영하는 쨈 공장에 직접적이고 구체적인 재산적 피해가 발생한다거나 甲 수녀원이 폐쇄되고 이전해야 하는 등의 피해를 받거나 받을 우려가 있다는 점 등에 관한 증명도 부족하다는 이유로, 甲 수녀원에 처분의 무효확인을 구할 원고적격이 없다고 하였다(대판 2012.6.28. 2010두2005).

④ [O] 검사의 임용 여부는 임용권자의 자유재량에 속하는 사항이나, 임용권자가 동일한 검사신규임용의 기회에 원고를 비롯한 다수의 검사 지원자들로부터 임용 신청을 받아 전형을 거쳐 자체에서 정한 임용기준에 따라 이들 일부만을 선정하여 검사로 임용하는 경우에 있어서 법령상 검사임용 신청 및 그 처리의 제도에 관한 명문 규정이 없다고 하여도 조리상 임용권자는 임용신청자들에게 전형의 결과인 임용 여부의 응답을 해줄

의무가 있다고 할 것이며, 응답할 것인지 여부조차도 임용권자의 편의재량사항이라고는 할 수 없다. 검사의 임용에 있어서 임용권자가 임용여부에 관하여 어떠한 내용의 응답을 할 것인지는 임용권자의 자유재량에 속하므로 일단 임용거부라는 응답을 한 이상 설사 그 응답내용이 부당하다고 하여도 사법심사의 대상으로 삼을 수 없는 것이 원칙이나, 적어도 재량권의 한계 일탈이나 남용이 없는 위법하지 않은 응답을 할 의무가 임용권자에게 있고 이에 대응하여 임용신청자로서도 재량권의 한계 일탈이나 남용이 없는 적법한 응답을 요구할 권리가 있다(대판 1991.2.12. 90누5825).

06 정답 ③

> **함께 정리하기 제3자의 법률상 이익 인정여부**
>
> 공설화장장 부근 주민
> ▷ 공설화장장 설치금지O
> 한정면허시외버스업자
> ▷ 일반면허시외버스업자에 대한 사업계획변경 인가처분 취소의 원고적격 有
> 한의사
> ▷ 한약조제권을 인정받은 약사들에 대한 합격처분의 무효확인×
> 기존 약종상허가업자
> ▷ 타 약종상에 대한 자신의 영업허가지역으로의 영업소이전허가취소O

① [O] 도시계획법 제12조 제3항의 위임에 따라 제정된 도시계획시설기준에 관한 규칙 제125조 제1항이 화장장의 구조 및 설치에 관하여는 매장 및 묘지 등에 관한 법률이 정하는 바에 의한다고 규정하고 있어, 도시계획의 내용이 화장장의 설치에 관한 것일 때에는 도시계획법 제12조 뿐만 아니라 매장 및 묘지 등에 관한 법률 및 같은 법 시행령 역시 그 근거 법률이 된다고 보아야 할 것이므로, 같은 법 시행령 제4조 제2호가 공설화장장은 20호 이상의 인가가 밀집한 지역, 학교 또는 공중이 수시 집합하는 시설 또는 장소로부터 1,000m 이상 떨어진 곳에 설치하도록 제한을 가하고, 같은 법 시행령 제9조가 국민보건상 위해를 끼칠 우려가 있는 지역, 도시계획법 제17조의 규정에 의한 주거지역, 상업지역, 공업지역 및 녹지지역 안의 풍치지구 등에의 공설화장장 설치를 금지함에 의하여 보호되는 부근 주민들의 이익은 위 도시계획결정처분의 근거 법률에 의하여 보호되는 법률상 이익이다(대판 1995.9.26. 94누14544).

② [O] 한정면허를 받은 시외버스운송사업자라고 하더라도 다 같이 운행계통을 정하고 여객을 운송하는 노선여객자동차운송사업을 한다는 점에서 일반면허를 받은 시외버스운송사업자와 본질적인 차이가 없으므로, 일반면허를 받은 시외버스운송사업자에 대한 사업계획변경인가처분으로 인하여 기존에 한정면허를 받은 시외버스운송사업자의 노선 및 운행계통과 일반면허를 받은 시외버스운송사업자의 그것이 일부 중복되게 되고 기존업자의 수익감소가 예상된다면, 기존의 한정면허를 받은 시외버스운송사업자와 일반면허를 받은 시외버스운송사업자는 경업관계에 있는 것으로 보는 것이 타당하고, 따라서 기존의 한정면허를 받은 시외버스운송사업자는 일반면허 시외버스운송사업자에 대한 사업계획변경인가처분의 취소를 구할 법률상의 이익이 있다(대판 2018.4.26. 2015두53824).

❸ [X] 한의사 면허는 경찰금지를 해제하는 명령적 행위에 해당하고, 한약조제시험을 통하여 약사에게 한약조제권을 인정함으로써 한의사인 원고들의 영업상 이익이 감소되었다고 하더라도 이러한 이익은 사실상의 이익에 불과하고 약사법이나 의료법 등의 법률에 의하여 보호되는 이익이라고는 볼 수 없으므로, 한약조제권을 인정받은 약사들에 대한 합격처분의 무효확인의 소는 원고적격이 없는 자들이 제기한 소로서 부적법하다(대판 1998.3.10. 97누4289).

> 유제 08. 국가직 7급 한의사 면허는 경찰금지를 해제하는 명령적 행위에 해당하고 한약조제시험을 통하여 약사에게 한약조제권을 인정함으로써 한의사들의 영업상 이익이 감소되었다고 하더라도 이는 사실상 이익에 불과하기 때문에 한약조제권을 인정받은 약사들에 대한 합격처분의 무효확인을 구하는 한의사의 소는 부적법하다. (○)

④ [○] 甲이 적법한 약종상허가를 받아 허가지역 내에서 약종상영업을 경영하고 있음에도 불구하고 행정관청이 구 약사법 시행규칙을 위배하여 같은 약종상인 乙에게 乙의 영업허가지역이 아닌 甲의 영업허가지역내로 영업소를 이전하도록 허가하였다면 甲으로서는 이로 인하여 기존업자로서의 법률상 이익을 침해받았음이 분명하므로 甲에게는 행정관청의 영업소이전허가처분의 취소를 구할 법률상 이익이 있다(대판 1988.6.14. 87누873).

07 정답 ③

☑ 함께 정리하기 이해관계 있는 제3자의 지위

「행정심판법」상 직권고지
▷ 처분의 상대방에게만
제3자효 행정행위 인용판결 효력
▷ 제3자에게 미침(참가 불요)
책임없이 참가 못한 제3자
▷ 재심청구 可
행정절차 참여한 제3자
▷ 서면·말·정보통신망 의견제출 可

ㄱ. [X]
> 「행정심판법」제58조【행정심판의 고지】① 행정청이 처분을 할 때에는 처분의 상대방에게 다음 각 호의 사항을 알려야 한다.
> 1. 해당 처분에 대하여 행정심판을 청구할 수 있는지
> 2. 행정심판을 청구하는 경우의 심판청구 절차 및 심판청구 기간

ㄴ. [X] 행정소송 사건에서 참가인이 한 보조참가가 행정소송법 제16조가 규정한 제3자의 소송참가에 해당하지 않는 경우에도, 판결의 효력이 참가인에게까지 미치는 점 등 행정소송의 성질에 비추어 보면 그 참가는 민사소송법 제78조에 규정된 공동소송적 보조참가이다(대판 2013.3.28. 2011두13729).

ㄷ. [○]
> 「행정소송법」제31조【제3자에 의한 재심청구】① 처분등을 취소하는 판결에 의하여 권리 또는 이익의 침해를 받은 제3자는 자기에게 책임없는 사유로 소송에 참가하지 못함으로써 판결의 결과에 영향을 미칠 공격 또는 방어방법을 제출하지 못한 때에는 이를 이유로 확정된 종국판결에 대하여 재심의 청구를 할 수 있다.

ㄹ. [X]
> 「행정절차법」제2조【정의】이 법에서 사용하는 용어의 뜻은 다음과 같다.
> 4. "당사자등"이란 다음 각 목의 자를 말한다.
>   가. 행정청의 처분에 대하여 직접 그 상대가 되는 당사자
>   나. 행정청이 직권으로 또는 신청에 따라 행정절차에 참여하게 한 이해관계인
> 제27조【의견제출】① 당사자등은 처분 전에 그 처분의 관할 행정청에 서면이나 말로 또는 정보통신망을 이용하여 의견제출을 할 수 있다.

08 정답 ③

☑ 함께 정리하기 협의의 소익 인정여부

반복 위험 有
▷ 협의의 소의 이익 有
현역병입영처분취소
▷ 현실 입영한 경우○
당초 반려처분취소
▷ 반려처분 취소소송 중 반려처분 직권취소 & 재반려한 경우×
도시계획변경결정처분등 취소
▷ 공사 완료된 경우○

① [○] 행정처분의 취소를 구하는 소는 그 처분에 의하여 발생한 위법상태를 배제하여 원상으로 회복시키고 그 처분으로 침해되거나 방해받은 권리와 이익을 보호·구제하고자 하는 소송이므로, 비록 처분을 취소하더라도 원상회복이 불가능한 경우에는 처분의 취소를 구할 이익이 없는 것이 원칙이다. 그러나 원상회복이 불가능하게 보이는 경우라 하더라도, 동일한 소송 당사자 사이에서 그 행정처분과 동일한 사유로 위법한 처분이 반복될 위험성이 있어 행정처분의 위법성 확인 내지 불분명한 법률문제에 대한 해명이 필요하다고 판단되는 경우 등에는 행정의 적법성 확보와 그에 대한 사법통제, 국민의 권리구제 확대 등의 측면에서 여전히 그 처분의 취소를 구할 이익이 있다(대판 2019.5.10. 2015두46987).

② [○] 현역병입영통지처분에 따라 현실적으로 입영을 한 경우에는 그 처분의 집행은 종료되지만, 한편, 입영으로 그 처분의 목적이 달성되어 실효되었다는 이유로 다툴 수 없도록 한다면, 병역법상 현역입영대상자로서는 현역병입영통지처분이 위법하다 하더라도 법원에 의하여 그 처분의 집행이 정지되지 아니하는 이상 현실적으로 입영을 할 수밖에 없으므로 현역병입영통지처분에 대하여는 불복을 사실상 원천적으로 봉쇄하는 것이 되고 … 현역입영대상자로서는 현실적으로 입영을 하였다고 하더라도, 입영 이후의 법률관계에 영향을 미치고 있는 현역병입영통지처분 등을 한 관할지방병무청장을 상대로 위법을 주장하여 그 취소를 구할 소송상의 이익이 있다(대판 2003.12.26. 2003두1875).

> 유제 16. 국가직 9급 현역입영대상자가 입영한 후에도 현역입영통지처분이 취소되면 원상회복이 가능하므로 이미 처분이 집행된 후라고 할지라도 현역입영통지처분의 취소를 구할 소의 이익이 있다. (○)

08. 지방직 7급 현역입영대상자로서 현실적으로 입영을 한 자가 입영 이후의 법률관계에 영향을 미치고 있는 현역병입영통지처분 등을 한 관할 지방병무청장을 상대로 위법을 주장하여 그 취소를 구하는 경우, 협의의 소의 이익(권리보호의 필요)이 인정된다. (O)

❸ [X] 행정청이 당초의 분뇨 등 관련영업 허가신청 반려처분의 취소를 구하는 소의 계속 중, 사정변경을 이유로 위 반려처분을 직권취소함과 동시에 위 신청을 재반려하는 내용의 재처분을 한 경우, 당초의 반려처분의 취소를 구하는 소는 더 이상 소의 이익이 없게 되었다(대판 2006.9.28. 2004두5317).

> 유제 08. 지방직 7급 행정청이 영업허가신청 반려처분의 취소를 구하는 소의 계속 중 사정변경을 이유로 위 반려처분을 직권취소함과 동시에 위 신청을 재반려하는 내용의 재처분을 한 경우 당초의 반려처분의 취소를 구하는 경우, 협의의 소의 이익(권리보호의 필요)이 인정된다. (X)

④ [O] 도시개발사업의 시행에 따른 도시계획변경결정처분과 도시개발구역지정처분 및 도시개발사업실시계획인가처분은 도시개발사업의 시행자에게 단순히 도시개발에 관련된 공사의 시공권한을 부여하는 데 그치지 않고 당해 도시개발사업을 시행할 수 있는 권한을 설정하여 주는 처분으로서 위 각 처분 자체로 그 처분의 목적이 종료되는 것이 아니고 위 각 처분이 유효하게 존재하는 것을 전제로 하여 당해 도시개발사업에 따른 일련의 절차 및 처분이 행해지기 때문에 위 각 처분이 취소된다면 그것이 유효하게 존재하는 것을 전제로 하여 이루어진 토지수용이나 환지 등에 따른 각종의 처분이나 공공시설의 귀속 등에 관한 법적 효력은 영향을 받게 되므로, 도시개발사업의 공사 등이 완료되고 원상회복이 사회통념상 불가능하게 되었더라도 위 각 처분의 취소를 구할 법률상 이익은 소멸한다고 할 수 없다(대판 2005.9.9. 2003두5402).

> 유제 08. 지방직 7급 도시개발사업의 공사 등이 완료되고 원상회복이 사회통념상 불가능하게 된 경우 도시개발사업의 시행에 따른 도시계획변경결정처분과 도시개발구역지정처분 및 도시개발사업실시계획인가처분의 취소를 구하는 경우, 협의의 소의 이익(권리보호의 필요)이 인정된다. (O)

ㄴ. [O] 취임승인이 취소된 학교법인의 정식이사들에 대해 기존의 임기가 만료된 경우라 하더라도 취임승인취소처분이 취소되면 긴급처리권을 갖게 되는 등 법률상 이익이 인정된다.

> 비록 취임승인이 취소된 학교법인의 정식이사들에 대하여 원래 정해져 있던 임기가 만료되고 구 사립학교법 제22조 제2호 소정의 임원결격사유기간마저 경과하였다 하더라도, 그 임원취임승인취소처분이 위법하다고 판명되고 나아가 임시이사들의 지위가 부정되어 직무권한이 상실되면, 그 정식이사들은 후임이사 선임시까지 민법 제691조의 유추적용에 의하여 직무수행에 관한 긴급처리권을 가지게 되고 이에 터잡아 후임 정식이사들을 선임할 수 있게 되는바, 이는 감사의 경우에도 마찬가지이다(대판 2007.7.19. 2006두1297 전합).

ㄷ. [O] 수형자의 영치품에 대한 사용신청 불허처분 후 수형자가 다른 교도소로 이송되었다 하더라도 수형자의 권리와 이익의 침해 등이 해소되지 않은 점 등에 비추어, 위 영치품 사용신청 불허처분의 취소를 구할 이익이 있다(대판 2008.2.14. 2007두13203).

> 유제 17. 지방직 9급 수형자의 영치품에 대한 사용신청 불허처분 후 수형자가 다른 교도소로 이송된 경우 원래 교도소로의 재이송 가능성이 소멸되었으므로 그 불허처분의 취소를 구할 소의 이익이 없다. (X)

ㄹ. [X] 건축사법 제28조 제1항이 건축사 업무정지처분을 연 2회 이상 받고 그 정지기간이 통산하여 12월 이상이 될 경우에는 가중된 제재처분인 건축사사무소 등록취소처분을 받게 되도록 규정하여 건축사에 대한 제재적인 행정처분인 업무정지명령을 더 무거운 제재처분인 사무소등록취소처분의 기준요건으로 규정하고 있으므로, ⋯ 업무정지처분을 받은 후 새로운 업무정지처분을 받음이 없이 1년이 경과하여 실제로 가중된 제재처분을 받을 우려가 없어졌다면 위 처분에서 정한 정지기간이 경과한 이상 특별한 사정이 없는 한 그 처분의 취소를 구할 법률상 이익이 없다(대판 2000.4.21. 98두10080).

---

09   정답 ③

> 📋 **함께 정리하기 협의의 소익 인정여부**
>
> 소득금액변동통지취소에 있어 법인세 경정으로 전체로서 소득처분금액이 감소 ✕
> 취임승인취소된 학교법인정식이사의 임기만료 ○
> 수형자의 영치품사용신청 불허처분후 이송 ○
> 실제로 가중제재받을 우려없는 경우 ✕

ㄱ. [X] 법인이 법인세의 과세표준을 신고하면서 배당, 상여 또는 기타소득으로 소득처분한 금액은 당해 법인이 신고기일에 소득처분의 상대방에게 지급한 것으로 의제되어 그때 원천징수하는 소득세의 납세의무가 성립·확정되며, 그 후 과세관청이 직권으로 상대방에 대한 소득처분을 경정하면서 일부 항목에 대한 증액과 다른 항목에 대한 감액을 동시에 한 결과 전체로서 소득처분금액이 감소된 경우에는 그에 따른 소득금액변동통지가 납세자인 당해 법인에 불이익을 미치는 처분이 아니므로 당해 법인은 그 소득금액변동통지의 취소를 구할 이익이 없다(대판 2012.4.13. 2009두5510).

---

10   정답 ④

> 📋 **함께 정리하기 협의의 소익 인정여부**
>
> 소송 중 조합설립인가 처분
> ▷ 조합설립추진위 구성승인처분 취소 법률상 이익 無
> 제재기간 경과한 처분취소에 있어 해당 처분이 가중요건으로서 시행규칙에 규정 ○
> 개발제한구역 내 공장설립승인 쟁송취소
> ▷ 공장건축허가처분 취소소송 소의 이익 ○
> 권리구제의 확실성 不要

① [O] 추진위원회 구성승인처분을 다투는 소송 계속 중에 조합설립인가처분이 이루어진 경우에는, 추진위원회 구성승인처분에 위법이 존재하여 조합설립인가 신청행위가 무효라는 점 등을 들어 직접 조합설립인가처분을 다툼으로써 정비사업의 진행을 저지하여야 하고, 이와는 별도로 추진위원회 구성승인처분에 대하여 취소 또는 무효확인을 구할 법률상의 이익은 없다고 보아야 한다(대판 2013.1.31. 2011두11112).

유제 17. 지방직 9급 구 「도시 및 주거환경정비법」상 조합설립추진위원회 구성승인처분을 다투는 소송 계속 중 조합설립인가처분이 이루어진 경우 조합설립추진위원회 구성승인처분에 대하여 취소 또는 무효확인을 구할 법률상 이익이 없다. (○)

② [○] 제재적 행정처분이 그 처분에서 정한 제재기간의 경과로 인하여 그 효과가 소멸되었으나, 부령인 시행규칙 또는 지방자치단체의 규칙의 형식으로 정한 처분기준에서 제재적 행정처분을 받은 것을 가중사유나 전제요건으로 삼아 장래의 제재적 행정처분을 하도록 정하고 있는 경우, 제재적 행정처분의 가중사유나 전제요건에 관한 규정이 법령이 아니라 규칙의 형식으로 되어 있다고 하더라도, 그러한 규칙이 법령에 근거를 두고 있는 이상 그 법적 성질이 대외적·일반적 구속력을 갖는 법규명령인지 여부와는 상관없이, 관할 행정청이나 담당공무원은 이를 준수할 의무가 있으므로 이들이 그 규칙에 정해진 바에 따라 행정작용을 할 것이 당연히 예견되고, 그 결과 행정작용의 상대방인 국민으로서는 그 규칙의 영향을 받을 수밖에 없다. … <u>규칙이 정한 바에 따라 선행처분을 가중사유 또는 전제요건으로 하는 후행처분을 받을 우려가 현실적으로 존재하는 경우에는, 선행처분을 받은 상대방은 비록 그 처분에서 정한 제재기간이 경과하였다 하더라도 그 처분의 취소소송을 통하여 그러한 불이익을 제거할 권리보호의 필요성이 충분히 인정된다고 할 것이므로, 선행처분의 취소를 구할 법률상 이익이 있다고 보아야 한다</u>(대판 2006.6.22. 2003두1684 전합).

유제 16. 국가직 9급 장래의 제재적 가중처분 기준을 대통령령이 아닌 부령의 형식으로 정한 경우에는 이미 제재기간이 경과한 제재적 처분의 취소를 구할 법률상 이익이 인정되지 않는다. (×)

10. 지방직 9급 제재적 행정처분의 효력이 소멸한 경우에도 행정규칙에 의해 당해 처분의 존재가 가중처분의 전제가 되는 경우 처분의 취소를 구할 이익이 있다. (○)

③ [○]
> [1] 처분이 유효하게 존속하는 경우에는 특별한 사정이 없는 한 그 처분의 존재로 인하여 실제로 침해되고 있거나 침해될 수 있는 현실적인 위험을 제거하기 위해 취소소송을 제기할 권리보호의 필요성이 인정된다고 보아야 한다.
> [2] <u>개발제한구역 안에서의 공장설립을 승인한 처분이 위법하다는 이유로 쟁송취소되었다고 하더라도 그 승인처분에 기초한 공장건축허가처분이 잔존하는 이상, 공장설립 승인처분이 취소되었다는 사정만으로 인근 주민들의 환경상 이익이 침해되는 상태나 침해될 위험이 종료되었거나 이를 시정할 수 있는 단계가 지나버렸다고 단정할 수는 없고, 인근 주민들은 여전히 공장건축허가처분의 취소를 구할 법률상 이익이 있다고 보아야 한다</u>(대판 2018.7.12. 2015두3485).

❹ [×] 위법한 행정처분의 취소를 구하는 소는 위법한 처분에 의하여 발생한 위법상태를 배제하여 원상으로 회복시키고 그 처분으로 침해되거나 방해받은 권리와 이익을 보호·구제하고자 하는 소송이므로, 비록 그 위법한 처분을 취소하더라도 원상회복이나 권리구제가 불가능한 경우에는 그 취소를 구할 이익이 없다고 할 것이지만, <u>취소판결로 인한 권리구제의 가능성이 확실한 경우에만 소의 이익이 인정된다고 볼 것은 아니다</u>(대판 2015.10.29. 2013두27517).

11 　　　　　　　　　　　　　　　　정답 ④

> 📋 **함께 정리하기 소의 이익 인정여부**
>
> 자진신고 등을 이유로 과징금감면처분
> ▷ 선행처분의 취소×
> 지방의료원 폐업결정 후 지방의료원 해산
> ▷ 폐업결정의 취소×
> 진급처분 하지 않은 상태에서 예비역 편입
> ▷ 진급처분부작위를 이유로 예비역편입처분의 취소×
> 지방의회의원 제명의결 후 임기만료
> ▷ 제명의결의 취소 ○

ㄱ. [×] 공정거래위원회가 부당한 공동행위를 행한 사업자로서 구 독점규제 및 공정거래에 관한 법률 제22조의2에서 정한 자진신고자나 조사협조자에 대하여 과징금 부과처분을 한 뒤, 독점규제 및 공정거래에 관한 법률 시행령 제35조 제3항에 따라 다시 자진신고자 등에 대한 사건을 분리하여 자진신고 등을 이유로 한 과징금 감면처분을 하였다면, 후행처분은 자진신고 감면까지 포함하여 처분 상대방이 실제로 납부하여야 할 최종적인 과징금액을 결정하는 종국적 처분이고, 선행처분은 이러한 종국적 처분을 예정하고 있는 일종의 잠정적 처분으로서 후행처분이 있을 경우 선행처분은 후행처분에 흡수되어 소멸한다. <u>따라서 위와 같은 경우에 선행처분의 취소를 구하는 소는 이미 효력을 잃은 처분의 취소를 구하는 것으로 부적법하다</u>(대판 2015.2.12. 2013두987).

ㄴ. [×] 甲 도지사의 폐업결정은 행정청이 행하는 구체적 사실에 관한 법집행으로서의 공권력 행사로서 입원환자들과 소속 직원들의 권리·의무에 직접 영향을 미치는 것이므로 항고소송의 대상에 해당하지만, <u>폐업결정 후 乙 지방의료원을 해산한다는 내용의 조례가 제정·시행되었고 조례가 무효라고 볼 사정도 없어 乙 지방의료원을 폐업 전의 상태로 되돌리는 원상회복은 불가능하므로 법원이 폐업결정을 취소하더라도 단지 폐업결정이 위법함을 확인하는 의미밖에 없고, 폐업결정의 취소로 회복할 수 있는 다른 권리나 이익이 남아있다고 보기도 어려우므로, 甲 도지사의 폐업결정이 법적으로 권한 없는 자에 의하여 이루어진 것으로서 위법하더라도 취소를 구할 소의 이익을 인정하기 어렵다</u>(대판 2016.8.30. 2015두60617).

ㄷ. [×] 예비역편입처분에 앞서 진급권자가 진급처분을 행하지 아니한 위법이 있었다 하더라도 예비역편입처분으로 인하여 어떠한 권리나 법률상 보호되는 이익이 침해당하였다고 볼 수 없고, … 상등병에서 병장으로의 진급처분 여부는 원칙적으로 진급권자의 합리적 판단에 의하여 결정되는 것이므로 그와 같은 진급처분이 행하여지지 않았다는 이유로 위 예비역편입처분의 취소를 구할 이익이 있다고 할 수 없다(대판 2000.5.16. 99두7111).

유제 09. 국가직 9급 상등병에서 병장으로의 진급요건을 갖춘 자에 대하여 그 진급처분을 행하지 아니한 상태에서 예비역으로 편입하는 처분을 한 경우, 진급처분 부작위위법을 이유로 예비역편입처분취소를 구할 소의 이익이 있다고 할 수 없다. (○)

ㄹ. [○] 지방의회 의원에 대한 제명의결 취소소송 계속 중 의원의 임기가 만료된 사안에서, 제명의결의 취소로 의원의 지위를 회복할 수는 없다 하더라도 <u>제명의결시부터 임기만료일까지의 기간에 대한 월정수당의 지급을 구할 수 있는 등 여전히 그 제명의결의 취소를 구할 법률상 이익이 있다</u>(대판 2009.1.30. 2007두13487).

유제 16. 국가직 9급 지방의회의원이 제명의결 취소소송 계속 중 임기가 만료되어 제명의결의 취소로 의원 지위를 회복할 수 없다고 할지라도 제명의결시부터 임기만료일까지의 기간에 대한 월정수당의 지급을 구할 수 있으므로 그 제명의결의 취소를 구할 법률상 이익이 인정된다. (O)

12 　　　　　　　　　　　　　　　　　　정답 ③

⎙ 함께 정리하기 소의 이익

이격거리 미준수 공사완료 건축물
▷ 건축허가 취소×
배출시설 철거·가동 불가
▷ 배출시설설치허가취소처분의 취소×
원자로건설허가처분 후
▷ 원자로부지사전승인처분의 취소×
입주자·입주예정자
▷ 건축물 사용검사처분의 취소×

① [×] 건축허가가 건축법 소정의 이격거리를 두지 아니하고 건축물을 건축하도록 되어 있어 위법하다 하더라도 그 건축허가에 기하여 건축공사가 완료되었다면 그 건축허가를 받은 대지와 접한 대지의 소유자인 원고가 위 건축허가처분의 취소를 받아 이격거리를 확보할 단계는 지났으며 민사소송으로 위 건축물 등의 철거를 구하는 데 있어서도 위 처분의 취소가 필요한 것이 아니므로 원고로서는 위 처분의 취소를 구할 법률상의 이익이 없다(대판 1992.4.24. 91누11131).

유제 16. 국가직 9급 건축허가가 「건축법」에 따른 이격거리를 두지 아니하고 건축물을 건축하도록 되어 있어 위법하다 하더라도 건축이 완료되어 위법한 처분을 취소한다 하더라도 원상회복이 불가능한 경우에는 그 취소를 구할 법률상 이익이 없다. (O)

13. 지방직 7급 건축허가가 「건축법」 소정의 이격거리를 두지 아니하고 건축하도록 되어 있어 위법하다 하더라도 그 건축허가에 기하여 건축공사가 완료되었다면 인접한 대지의 소유자는 그 건축허가처분의 취소를 구할 소의 이익이 없다. (O)

② [×] 소음·진동배출시설에 대한 설치허가가 취소된 후 그 배출시설이 어떠한 경우로든 철거되어 다시 복구 등을 통하여 배출시설을 가동할 수 없는 상태라면 이는 배출시설 설치허가의 대상이 되지 아니하므로 외형상 설치허가취소행위가 잔존하고 있다고 하여도 특단의 사정이 없는 한 이제 와서 굳이 위 처분의 취소를 구할 법률상의 이익이 없다(대판 2002.1.11. 2000두2457).

❸ [O] 원자로 및 관계 시설의 부지사전승인처분은 그 자체로서 건설부지를 확정하고 사전공사를 허용하는 법률효과를 지닌 독립한 행정처분이기는 하지만, 건설허가 전에 신청자의 편의를 위하여 미리 그 건설허가의 일부 요건을 심사하여 행하는 사전적 부분 건설허가처분의 성격을 갖고 있는 것이어서 나중에 건설허가처분이 있게 되면 그 건설허가처분에 흡수되어 독립된 존재가치를 상실함으로써 그 건설허가처분만이 쟁송의 대상이 되는 것이므로, 부지사전승인처분의 취소를 구하는 소는 소의 이익을 잃게 되고, 따라서 부지사전승인처분의 위법성은 나중에 내려진 건설허가처분의 취소를 구하는 소송에서 이를 다투면 된다(대판 1998.9.4. 97누19588).

④ [×] 입주자나 입주예정자들은 사용검사처분의 무효확인을 받거나 그 처분을 취소하지 않고도 민사소송 등을 통하여 분양계약에 따른 법률관계 및 하자 등을 주장·증명함으로써 사업주체 등으로부터 하자의 제거·보완 등에 관한 권리구제를 받을 수 있으므로, 사용검사처분의 무효확인 또는 취소 여부에 의하여 그 법률적인 지위가 달라진다고 할 수 없으며, 구 주택공급에 관한 규칙에서 주택공급계약에 관하여 사용검사와 관련된 규정을 두고 있다고 하더라도 달리 볼 것은 아니다. … 입주자나 입주예정자는 사용검사처분의 무효확인 또는 취소를 구할 법률상 이익이 없다고 할 것이다(대판 2015.1.29. 2013두24976).

13 　　　　　　　　　　　　　　　　　　정답 ①

⎙ 함께 정리하기 피고적격 인정여부

대리관계 밝힘 없이 대리청이 자신명의로 처분
▷ 대리청이 피고
대외적 의사표시하지 못하는 내부기관×
행정권한 위탁받아 자신의 이름으로 처분한 공공단체·사인○
내부위임에 불과해 권한 없이 자신의 이름으로 처분한 하급행정청○

❶ [O] 대리기관이 대리관계를 밝힘이 없이 자신의 명의로 처분을 하였다면 대리기관이 피고가 된다. 다만, 그 상대방이 그 행정처분이 피대리청을 대리하여 한 것임을 알고서 이를 받아들인 예외적인 경우에는 피대리청이 피고가 된다.

> [1] 항고소송은 다른 법률에 특별한 규정이 없는 한 원칙적으로 소송의 대상인 행정처분을 외부적으로 행한 행정청을 피고로 하여야 하는 것이고, 다만 대리기관이 대리관계를 표시하고 피대리행정청을 대리하여 행정처분을 한 때에는 피대리 행정청이 피고로 되어야 할 것이다.
> [2] 따라서 대리권을 수여받은 데 불과하여 그 자신의 명의로는 행정처분을 할 권한이 없는 행정청의 경우 대리관계를 밝힘이 없이 그 자신의 명의로 행정처분을 하였다면 그에 대하여는 처분명의자인 당해 행정청이 항고소송의 피고가 되어야 하는 것이 원칙이다.
> [3] 비록 대리관계를 명시적으로 밝히지는 아니하였다 하더라도 처분명의자가 피대리 행정청 산하의 행정기관으로서 실제로 피대리 행정청으로부터 대리권한을 수여받아 피대리행정청을 대리한다는 의사로 행정처분을 하였고 처분명의자는 물론 그 상대방도 그 행정처분이 피대리행정청을 대리하여 한 것임을 알고서 이를 받아들인 예외적인 경우에는 피대리행정청이 피고가 되어야 한다고 할 것이다(대결 2006.2.23. 2005부4).

② [×] 취소소송은 다른 법률에 특별한 규정이 없는 한 그 처분 등을 행한 행정청을 피고로 한다(행정소송법 제13조 제1항). 여기서 '행정청'이라 함은 국가 또는 공공단체의 기관으로서 국가나 공공단체의 의견을 결정하여 외부에 표시할 수 있는 권한, 즉 처분권한을 가진 기관을 말하고, 대외적으로 의사를 표시할 수 있는 기관이 아닌 내부기관은 실질적인 의사가 그 기관에 의하여 결정되더라도 피고적격을 갖지 못한다(대판 2014.5.16. 2014두274).

유제 17. 국가직 9급 대외적으로 의사를 표시할 수 없는 내부기관이라도 행정처분의 실질적인 의사가 그 기관에 의하여 결정되는 경우에는 그 내부기관에게 항고소송의 피고적격이 있다. (×)

③ [×]
> 「행정소송법」 제13조 【피고적격】 ① 취소소송은 다른 법률에 특별한 규정이 없는 한 그 처분등을 행한 행정청을 피고로 한다. 다만, 처분등이 있은 뒤에 그 처분등에 관계되는 권한이 다른 행정청에 승계된 때에는 이를 승계한 행정청을 피고로 한다.
> 제2조 【정의】 ② 이 법을 적용함에 있어서 행정청에는 법령에 의하여 행정권한의 위임 또는 위탁을 받은 행정기관, 공공단체 및 그 기관 또는 사인이 포함된다.

④ [×] 행정처분의 취소 또는 무효확인을 구하는 행정소송은 다른 법률에 특별한 규정이 없는 한 그 처분을 행한 행정청을 피고로 하여야 하며, 행정처분을 행할 적법한 권한 있는 상급행정청으로부터 내부위임을 받은 데 불과한 하급행정청이 권한 없이 행정처분을 한 경우에도 실제로 그 처분을 행한 하급행정청을 피고로 하여야 할 것이지 그 처분을 행할 적법한 권한 있는 상급행정청을 피고로 할 것은 아니다(대판 1994.8.12. 94누2763).

---

14 정답 ④

📋 **함께 정리하기 항고소송 피고**

중앙노동위원회의 재심판정 취소소송의 피고
▷ 중앙노동위원회 위원장
처분적 조례에 대한 항고소송
▷ 지방자치단체의 장(지방의회×)
독립유공자서훈취소결정에 대한 취소소송의 피고
▷ 대통령
피고 잘못 지정
▷ 피고경정의 석명권 행사 要

① [×] 노동위원회의 처분에 대한 소송시 소의 대상은 중앙노동위원회의 재심판정이며 피고는 중앙노동위원회가 아닌 중앙노동위원장이다.

> 노동위원회법 제19조의2 제1항의 규정은 행정처분의 성질을 가지는 지방노동위원회의 처분에 대하여 중앙노동위원장을 상대로 행정소송을 제기할 경우의 전치요건에 관한 규정이라 할 것이므로 당사자가 지방노동위원회의 처분에 대하여 불복하기 위하여는 처분 송달일로부터 10일 이내에 중앙노동위원회에 재심을 신청하고 중앙노동위원회의 재심판정서 송달일로부터 15일 이내에 중앙노동위원장을 피고로 하여 재심판정취소의 소를 제기하여야 할 것이다(대판 1995.9.15. 95누6724).

유제 15. 세무 중앙노동위원회의 처분에 대한 소송의 피고는 중앙노동위원회이다. (×)
08. 국가직 9급 중앙노동위원회의 처분에 대한 행정소송의 피고는 중앙노동위원회가 된다. (×)

---

② [×] 조례가 집행행위의 개입 없이도 그 자체로서 직접 국민의 구체적인 권리의무나 법적 이익에 영향을 미치는 등의 법률상 효과를 발생하는 경우 그 조례는 항고소송의 대상이 되는 행정처분에 해당하고, 이러한 조례에 대한 무효확인소송을 제기함에 있어서 행정소송법 제38조 제1항, 제13조에 의하여 피고적격이 있는 처분 등을 행한 행정청은, 행정주체인 지방자치단체 또는 지방자치단체의 내부적 의결기관으로서 지방자치단체의 의사를 외부에 표시한 권한이 없는 지방의회가 아니라, 구 지방자치법 제19조 제2항, 제92조에 의하여 지방자치단체의 집행기관으로서 조례로서의 효력을 발생시키는 공포권이 있는 지방자치단체의 장이다. 구 지방교육자치에 관한 법률 제14조 제5항, 제25조에 의하면 시·도의 교육·학예에 관한 사무의 집행기관은 시·도 교육감이고 시·도 교육감에게 지방교육에 관한 조례안의 공포권이 있다고 규정되어 있으므로, 교육에 관한 조례의 무효확인소송을 제기함에 있어서는 그 집행기관인 시·도 교육감을 피고로 하여야 한다(대판 1996.9.20. 95누8003).

유제 15. 세무 교육에 관한 조례가 항고소송의 대상이 되는 경우에는 시·도교육감이 피고가 된다. (○)
08. 국가직 9급 조례가 항고소송의 대상이 되는 경우 조례를 제정한 지방의회가 피고가 된다. (×)
08. 지방직 7급 조례에 대해 항고소송을 제기할 때 피고는 그 조례를 의결한 지방의회가 되어야 한다. (×)

③ [×] 국무회의에서 건국훈장 독립장이 수여된 망인에 대한 서훈취소를 의결하고 대통령이 결재함으로써 서훈취소가 결정된 후 국가보훈처장이 망인의 유족 甲에게 '독립유공자 서훈취소결정 통보'를 한 경우, 甲은 국가보훈처장이 아니라 서훈취소처분을 행한 행정청(대통령)을 상대로 서훈취소결정의 무효확인 등의 소를 제기하여야 한다(대판 2014.9.26. 2013두2518).

❹ [○] 원고가 피고를 잘못 지정하였다면 법원으로서는 당연히 석명권을 행사하여 원고로 하여금 피고를 경정하게 하여 소송을 진행케 하였어야 할 것이고 그렇지 않고 피고의 지정이 잘못되었다는 이유로 소를 각하한 것은 위법하다(대판 2004.7.8. 2002두7852 등).

---

15 정답 ③

📋 **함께 정리하기 피고적격**

당사자소송
▷ 국가·공공단체 그 밖의 권리주체
처분권한 다른 행정청에 승계
▷ 승계행정청
대통령의 공무원에 대한 불이익처분
▷ 소속 장관
합의제 행정청 명의의 처분
▷ 합의제행정청(원칙)

ㄱ. [○]
> 「행정소송법」 제39조 【피고적격】 당사자소송은 국가·공공단체 그 밖의 권리주체를 피고로 한다.

유제 13. 서울시 9급 당사자소송은 국가·공공단체 그 밖의 권리주체를 피고로 한다. (○)

ㄴ. [×]

> 「행정소송법」 제13조【피고적격】① 취소소송은 다른 법률
> 에 특별한 규정이 없는 한 그 처분등을 행한 행정청을 피
> 고로 한다. 다만, 처분등이 있은 뒤에 그 처분등에 관계되
> 는 권한이 다른 행정청에 승계된 때에는 이를 승계한 행정
> 청을 피고로 한다.

ㄷ. [○] 「국가공무원법」에 의한 처분 기타 본인의 의사에 반한 불리한
처분으로 대통령이 행한 처분에 대한 행정소송의 피고는 소속
장관이 된다.

> 「국가공무원법」 제16조【행정소송과의 관계】② 제1항에
> 따른 행정소송을 제기할 때에는 대통령의 처분 또는 부작
> 위의 경우에는 소속 장관(대통령령으로 정하는 기관의 장
> 을 포함한다. 이하 같다)을, 중앙선거관리위원회위원장의
> 처분 또는 부작위의 경우에는 중앙선거관리위원회사무총
> 장을 각각 피고로 한다.

> 검찰청법 제34조에 의하면, 검사의 임명 및 보직은 법무부장
> 관의 제청으로 대통령이 행하고, 국가공무원법 제16조에 의
> 하면 공무원에 대한 징계, 강임, 휴직, 직위해제, 면직 기타
> 본인의 의사에 반한 불리한 처분 중 대통령이 행한 처분에
> 대한 행정소송의 피고는 소속장관으로 하고, 같은 법 제3조
> 제2항 제2호에 의하면 검사는 그 법의 적용을 받는 특정직
> 공무원에 해당하며, 행정심판법 제3조 제2항에 의하면 대통
> 령의 처분 또는 부작위에 대하여는 다른 법률에 특별한 규정
> 이 있는 경우를 제외하고는 행정심판을 제기할 수 없도록 규
> 정하고 있는 바, 위 규정들의 취지를 종합하여 보면, 이 사건
> 에서와 같은 검사임용거부처분에 대한 취소소송의 피고는 법
> 무부장관으로 함이 상당하다(대결 1990.3.14. 90부4).

> 유제 14. 지방직 7급 대통령이 행한 처분의 경우 국무총리가 피고가 된
> 다. (×)

ㄹ. [×] 법령에 의하여 합의제행정기관의 이름으로 처분을 할 수 있는
권한이 주어진 합의제 행정청의 경우, 개별법령에 합의제 행정
청의 장을 피고로 한다는 명문규정이 없는 한 합의제 행정청
이 한 처분에 대하여는 합의제 행정청 자체가 피고가 된다.

> 구 저작권법의 경우 저작권심의조정위원회가 저작권 등록업
> 무의 처분청으로서 그 등록처분에 대한 무효확인소송에서 피
> 고적격을 가진다. 따라서 저작권심의조정위원회 위원장을 피
> 고로 저작권 등록처분의 무효확인을 구하는 소는 피고적격이
> 없는 자를 상대로 한 부적법한 것이어서 각하되어야 한다(대판
> 2009.7.9. 2007두16608).

---

16 정답 ④

☑ **함께 정리하기 피고적격**

원고가 피고를 잘못 지정한 때
▷ 원고의 신청에 의해 피고 경정 허가 결정
피고경정의 시간적 한계
▷ 사실심 변론종결시

근로복지공단의 권한이관
▷ 국민건강보험공단이 피고적격○
7급 지방공무원 불합격결정
▷ 시·도인사위원회위원장이 피고적격○

① [○]

> 「행정소송법」 제14조【피고경정】① 원고가 피고를 잘못
> 지정한 때에는 법원은 원고의 신청에 의하여 결정으로써
> 피고의 경정을 허가할 수 있다.

② [○] 피고경정은 사실심 변론종결시까지 가능하다고 보는 것이 판
례이다.

> 행정소송법 제14조에 의한 피고경정은 사실심 변론종결에
> 이르기까지 허용되는 것으로 해석하여야 할 것이고, 굳이 제
> 1심 단계에서만 허용되는 것으로 해석할 근거는 없다(대결
> 2006.2.23. 2005부4).

> 유제 18. 서울시 9급 대리권을 수여받은 데 불과하여 그 자신의 명의로
> 는 행정처분을 할 권한이 없는 행정청의 경우 대리관계를 밝힘이 없이 그
> 자신의 명의로 행정처분을 하였다면 그에 대하여는 처분명의자인 당해
> 행정청이 항고소송의 피고가 되어야 하는 것이 원칙이다. (○)

③ [○] 근로복지공단이 甲 지방자치단체에 대하여 고용보험료를 부과·
고지하는 처분을 한 후, 국민건강보험공단이 위 법 제4조에
따라 종전 근로복지공단이 수행하던 보험료의 고지 및 수납
등의 업무를 수행하게 되었고, 보험료의 고지에 관한 업무는
국민건강보험공단이 그 명의로 고용노동부장관의 위탁을 받아
서 한 것으로 보아야 하므로, 위 처분의 무효확인 및 취소소송
의 피고는 국민건강보험공단이 되어야 한다(대판 2013.2.28.
2012두22904).

❹ [×] 시·도 인사위원회는 독립된 합의제행정기관으로서 7급 지방
공무원의 신규임용시험의 실시를 관장한다고 할 것이므로, 그
관서장인 시·도 인사위원회 위원장은 그의 명의로 한 7급 지
방공무원의 신규임용시험 불합격결정에 대한 취소소송의 피고
적격을 가진다(대판 1997.3.28. 95누7055).

---

17 정답 ①

☑ **함께 정리하기 피고적격**

피고경정결정
▷ 처음 소를 제기한 때부터 새로운 피고에 대한 소제기로 간주
피고경정신청 각하결정에 대한 불복 可
납세의무부존재확인의 소는 당사자소송
▷ 행정주체 피고
취소소송 피고적격 규정
▷ 부작위위법확인소송에 준용○

❶ [○]

> 「행정소송법」 제14조【피고경정】① 원고가 피고를 잘못
> 지정한 때에는 법원은 원고의 신청에 의하여 결정으로써
> 피고의 경정을 허가할 수 있다.
> ④ 제1항의 규정에 의안 결정이 있은 때에는 새로운 피고에
> 대한 소송은 처음에 소를 제기한 때에 제기된 것으로 본다.

② [×]

> 「행정소송법」 제14조【피고경정】① 원고가 피고를 잘못 지정한 때에는 법원은 원고의 신청에 의하여 결정으로써 피고의 경정을 허가할 수 있다.
> ③ 제1항의 규정에 의한 신청을 각하하는 결정에 대하여는 즉시항고할 수 있다

③ [×] 당사자소송의 경우 국가·공공단체 그 밖의 권리주체가 피고가 된다.

> 납세의무부존재확인의 소는 공법상의 법률관계 그 자체를 다투는 소송으로서 당사자소송이라 할 것이므로 행정소송법 제3조 제2호, 제39조에 의하여 그 법률관계의 한쪽 당사자인 국가·공공단체 그 밖의 권리주체가 피고적격을 가진다(대판 2000.9.8. 99두2765).

④ [×]

> 「행정소송법」 제38조【준용규정】② 제9조, 제10조, 제13조 내지 제19조, 제20조, 제25조 내지 제27조, 제29조 내지 제31조, 제33조 및 제34조의 규정은 부작위위법확인소송의 경우에 준용한다.
> 제13조【피고적격】① 취소소송은 다른 법률에 특별한 규정이 없는 한 그 처분등을 행한 행정청을 피고로 한다. 다만, 처분등이 있은 뒤에 그 처분등에 관계되는 권한이 다른 행정청에 승계된 때에는 이를 승계한 행정청을 피고로 한다.
> ② 제1항의 규정에 의한 행정청이 없게 된 때에는 그 처분등에 관한 사무가 귀속되는 국가 또는 공공단체를 피고로 한다.

18 　　　　정답 ③

> 📋 함께 정리하기 제소기간
> 불변기간
> ▷ 소송행위의 보완 可
> 처분이 있음을 안 날
> ▷ 처분있었음을 현실적으로 안 날(위법여부까지 판단할 필요×)
> 「민사소송법」상 소 변경
> ▷ 변경시 기준으로 제소기간 준수 여부 판단
> 직권조사사항

① [×] 행정소송법 제20조 제1항, 제3항에서 말하는 "취소소송은 처분 등이 있음을 안 날부터 90일 이내에 제기하여야 한다."는 제소기간은 불변기간이고, 다만 당사자가 책임질 수 없는 사유로 인하여 이를 준수할 수 없었던 경우에는 같은 법 제8조에 의하여 준용되는 민사소송법 제160조 제1항에 의하여 그 사유가 없어진 후 2주일 내에 해태된 제소행위를 추완할 수 있다고 할 것이며, 여기서 당사자가 책임질 수 없는 사유란 당사자가 그 소송행위를 하기 위하여 일반적으로 하여야 할 주의를 다하였음에도 불구하고 그 기간을 준수할 수 없었던 사유를 말한다(대판 2001.5.8. 2000두6916).

유제 17. 교행 9급 제소기간은 불변기간이므로 소송행위의 보완은 허용되지 않는다. (×)

18. 국가직 9급 행정심판에서는 행정청이 상대방에게 심판청구기간을 법정심판청구기간보다 긴 기간으로 잘못 알린 경우에 그 잘못 알린 기간 내에 심판청구가 있으면 그 심판청구는 법정심판청구기간 내에 제기된 것으로 보나 행정소송에서는 그렇지 않다. (○)

② [×] 행정소송법 제20조 제2항 소정의 제소기간 기산점인 '처분이 있음을 안 날'이란 통지, 공고 기타의 방법에 의하여 당해 처분이 있었다는 사실을 현실적으로 안 날을 의미하고 구체적으로 그 행정처분의 위법 여부를 판단한 날을 가리키는 것은 아니다(대판 1991.6.28. 90누6521).

❸ [○] 청구취지를 변경하여 구소가 취하되고 새로운 소가 제기된 것으로 변경되었을 때에 새로운 소에 대한 제소기간의 준수 등은 원칙적으로 소의 변경이 있은 때를 기준으로 하여야 한다(대판 2004.11.25. 2004두7023).

유제 12. 서울교행 소의 종류의 변경이 있는 경우 새로운 소에 대한 제소기간은 변경된 처음의 소가 제기된 때를 기준으로 한다. (○)

④ [×] 행정소송의 제소기간 준수 여부는 소송요건으로서, 법원의 직권조사사항이다.

19 　　　　정답 ①

> 📋 함께 정리하기 제소기간
> 불가쟁력 발생후 심판청구기간 잘못 알린 경우
> ▷ 제소 不可
> 행정청이 행정심판청구를 할 수 있다고 잘못 알린 경우의 기산점
> ▷ 재결서 정본 송달받은 날
> 무효선언을 구하는 취소소송
> ▷ 제소기간 준수 要
> 처분 있음을 안 날
> ▷ 처분이 있다는 사실을 현실적으로 안 날

❶ [×] 이미 제소기간이 지남으로써 불가쟁력이 발생하여 불복청구를 할 수 없었던 경우라면 그 이후에 행정청이 행정심판청구를 할 수 있다고 잘못 알렸다고 하더라도 그 때문에 처분 상대방이 적법한 제소기간 내에 취소소송을 제기할 수 있는 기회를 상실하게 된 것은 아니므로 이러한 경우에 잘못된 안내에 따라 청구된 행정심판 재결서 정본을 송달받은 날부터 다시 취소소송의 제소기간이 기산되는 것은 아니다(대판 2012.9.27. 2011두27247).

유제 17. 지방직 9급 처분의 불가쟁력이 발생하였고 그 이후에 행정청이 당해 처분에 대해 행정심판청구를 할 수 있다고 잘못 알렸다면, 그 처분의 취소소송의 제소기간은 행정심판의 재결서를 받은 날부터 기산한다. (×)

② [○]

> 「행정소송법」 제20조【제소기간】① 취소소송은 처분등이 있음을 안 날부터 90일 이내에 제기하여야 한다. 다만, 제18조 제1항 단서에 규정한 경우와 그 밖에 행정심판청구를 할 수 있는 경우 또는 행정청이 행정심판청구를 할 수 있다고 잘못 알린 경우에 행정심판청구가 있은 때의 기간은 재결서의 정본을 송달받은 날부터 기산한다.

③ [O] 행정처분의 당연무효를 선언하는 의미에서 그 취소를 청구하는 행정소송을 제기한 경우에도 전심절차와 제소기간의 준수 등 취소소송의 제소요건을 갖추어야 한다(대판 1990.12.26. 90누6279).

유제 15. 사복 9급 무효인 처분에 대하여 무효선언을 구하는 취소소송을 제기하는 경우 제소기간을 준수하여야 한다. (O)

④ [O] 행정소송법 제20조 제1항이 정한 제소기간의 기산점인 '처분 등이 있음을 안 날'이란 통지, 공고 기타의 방법에 의하여 당해 처분 등이 있었다는 사실을 현실적으로 안 날을 의미하므로, 행정처분이 상대방에게 고지되어 상대방이 이러한 사실을 인식함으로써 행정처분이 있다는 사실을 현실적으로 알았을 때 행정소송법 제20조 제1항이 정한 제소기간이 진행한다고 보아야 하고, 처분서가 처분상대방의 주소지에 송달되는 등 사회통념상 처분이 있음을 처분상대방이 알 수 있는 상태에 놓인 때에는 반증이 없는 한 처분상대방이 처분이 있음을 알았다고 추정할 수 있다. 또한 우편물이 등기취급의 방법으로 발송된 경우 그것이 도중에 유실되었거나 반송되었다는 등의 특별한 사정에 대한 반증이 없는 한 그 무렵 수취인에게 배달되었다고 추정할 수 있다(대판 2017.3.9. 2016두60577).

유제 11. 세무 처분이 있음을 안 날이란 처분을 받은 자가 위법여부에 대한 판단을 한 날을 의미한다는 것이 판례의 입장이다. (×)

20　정답 ③

☑ **함께 정리하기　제소기간**

보험급여징수감액처분
▷ 당초처분 기준으로 제소기간 판단
고시에 의한 처분인 경우 기산점
▷ 고시의 효력발생일
제3자효 행정행위의 제3자
▷ 어떤 경위로든 처분이 있음을 안 날로부터 90일
송달불가로 관보 등에 공고한 경우의 기산점
▷ 처분이 있었다는 사실을 현실적으로 안 날

① [×] 행정청이 산업재해보상보험법에 의한 보험급여 수급자에 대하여 부당이득 징수결정을 한 후 징수결정의 하자를 이유로 징수금 액수를 감액하는 경우에 감액처분은 감액된 징수금 부분에 관해서만 법적 효과가 미치는 것으로서 당초 징수결정과 별개 독립의 징수금 결정처분이 아니라 그 실질은 처음 징수결정의 변경이고, 그에 의하여 징수금의 일부취소라는 징수의무자에게 유리한 결과를 가져오는 처분이므로 징수의무자에게는 그 취소를 구할 소의 이익이 없다. 이에 따라 감액처분으로도 아직 취소되지 않고 남아 있는 부분이 위법하다 하여 다투고자 하는 경우, 감액처분을 항고소송의 대상으로 할 수는 없고, 당초 징수결정 중 감액처분에 의하여 취소되지 않고 남은 부분을 항고소송의 대상으로 할 수 있을 뿐이며, 그 결과 제소기간의 준수 여부도 감액처분이 아닌 당초 처분을 기준으로 판단해야 한다(대판 2012.9.27. 2011두27247).

유제 17. 지방직 9급 「산업재해보상보험법」상 보험급여의 부당이득 징수결정의 하자를 이유로 징수금을 감액하는 경우 감액처분으로도 아직 취소되지 않고 남아 있는 부분이 위법하다 하여 다툴 때에는, 제소기간의 준수 여부는 감액처분을 기준으로 판단해야 한다. (×)

② [×] 통상 고시 또는 공고에 의하여 행정처분을 하는 경우에는 그 처분의 상대방이 불특정 다수인이고, 그 처분의 효력이 불특정 다수인에게 일률적으로 적용되는 것이므로, 그에 대한 행정심판 청구기간도 그 행정처분에 이해관계를 갖는 자가 고시 또는 공고가 있었다는 사실을 현실적으로 알았는지 여부에 관계없이 고시가 효력을 발생하는 날인 고시 또는 공고가 있은 후 5일이 경과한 날에 행정처분이 있음을 알았다고 보아야 한다(대판 2000.9.8. 99두11257).

유제 11. 세무 고시에 의한 행정처분의 경우 판례는 고시가 효력을 발생하는 날 처분이 있음을 알았다고 본다. (O)

❸ [O] 판례는 처분의 제3자는 일반적으로 처분이 있는 것을 바로 알 수 없는 처지에 있으므로 제소기간의 예외사유인 '정당한 사유'가 있는 경우에 해당한다고 보아 처분이 있은 날로부터 1년이 경과한 뒤에도 취소소송을 제기할 수 있다고 보고 있다(대판 1992.7.28. 91누12844). 다만 제3자가 어떠한 경위로든 처분이 있음을 알게 된다면, 처분이 있음을 안 날로부터 90일 이내에 취소소송을 제기하여야 한다.

유제 11. 세무 처분의 상대방이 아닌 제3자가 소송을 제기하는 경우에는 제소기간의 제한이 적용되지 않는다. (×)

12. 서울교행 제3자효 행정행위의 경우 제3자는 처분이 있음을 알지 못하므로 어떤 경위로든 처분이 있음을 알게 되었다고 하더라도 처분이 있는 때로부터 1년 이내에 취소소송을 제기하면 된다. (×)

④ [×] 행정소송법 제20조 제1항 소정의 제소기간 기산점인 '처분이 있음을 안 날'이라 함은 당사자가 통지, 공고 기타의 방법에 의하여 당해 처분이 있었다는 사실을 현실적으로 안 날을 의미하는바, 특정인에 대한 행정처분을 주소불명 등의 이유로 송달할 수 없어 관보·공보·게시판·일간신문 등에 공고한 경우에는, 공고가 효력을 발생하는 날에 상대방이 그 행정처분이 있음을 알았다고 볼 수는 없고, 상대방이 당해 처분이 있었다는 사실을 현실적으로 안 날에 그 처분이 있음을 알았다고 보아야 한다(대판 2006.4.28. 2005두14851).

유제 12. 서울교행 특정인에 대한 행정처분을 주소불명 등의 이유로 송달할 수 없어 관보 등에 공고한 경우, 공고의 효력이 발생하는 날에 상대방이 그 행정처분이 있음을 알았다고 보아야 한다. (×)

▶ 정답

p. 80

01	①, ③	06	①, ②	11	④	16	④
02	③, ④	07	①, ②	12	①, ②	17	②, ④
03	②	08	④	13	②	18	①, ③
04	③	09	①	14	①	19	③
05	③	10	④	15	④	20	①

01

정답 ①, ③

> 📋 **함께 정리하기 행정소송과 행정심판의 관계**
>
> 사실심변론종결 전
> ▷ 전치요건 흠결의 하자 치유 可
> 부적법한 심판제기
> ▷ 전치요건 구비×
> 부당이득금 부과처분 전심절차 거치면 가산금 징수처분도 쟁송제기 可
> 행정심판전치주의 적용
> ▷ 제3자의 소제기시 적용○

❶ [○] 전심절차를 밟지 아니한 채 증여세부과처분취소소송을 제기하였다면 제소당시로 보면 전치요건을 구비하지 못한 위법이 있다 할 것이지만, 소송 계속 중 심사청구 및 심판청구를 하여 각 기각결정을 받았다면 원심변론종결일당시에는 위와 같은 전치요건흠결의 하자는 치유되었다고 볼 것이다(대판 1987. 4.28. 86누29).

> 유제 10. 세무 제소시까지 행정심판전치요건을 구비하지 못한 경우 당해 소송은 부적법한 것으로서 각하된다. (×)

② [×] 행정심판청구가 기간도과로 인해 부적법한 경우 그 부적법을 간과한 채 실질적 재결을 하였더라도 심판전치 요건이 구비된 것으로 볼 수 없어 부적법 각하된다.

> 행정처분의 취소를 구하는 항고소송의 전심절차인 행정심판청구가 기간도과로 인하여 부적법한 경우에는 행정소송 역시 전치의 요건을 충족치 못한 것이 되어 부적법 각하를 면치 못하는 것이고, 이 점은 행정청이 행정심판의 제기기간을 도과한 부적법한 심판에 대하여 그 부적법을 간과한 채 실질적 재결을 하였다 하더라도 달라지는 것이 아니다(대판 1991. 6.25. 90누8091).

> 유제 11. 세무 제기기간을 도과한 부적법한 심판청구이더라도 재결기관이 본안재결을 한 경우에는 행정심판전치요건을 충족한 것으로 본다. (×)

❸ [○] 하천구역의 무단 점용을 이유로 부당이득금 부과처분과 가산금 징수처분을 받은 사람이 가산금 징수처분에 대하여 행정청이 안내한 전심절차를 밟지 않았다 하더라도 부당이득금 부과처분에 대하여 전심절차를 거친 이상 가산금 징수처분에 대하여도 부당이득금 부과처분과 함께 행정소송으로 다툴 수 있다(대판 2006.9.8. 2004두947).

④ [×] 판례는 처분의 상대방이 아닌 제3자의 경우에는 행정심판 제기기간에 대하여만 특례를 인정하고, 행정심판전치주의는 그대로 적용된다는 입장을 취하고 있다.

> 행정처분의 상대방이 아닌 제3자는 행정심판법 제18조 제3항 본문소정의 제척기간 내에 심판청구가 가능하였다는 특별한 사정이 없는 한 그 제척기간에 구애됨이 없이 행정심판을 제기할 수 있으나, 어떠한 경우에도 행정심판을 제기함이 없이 곧바로 행정소송을 제기할 수는 없다고 보아야 할 것이다(대판 1989.5.9. 88누5150).

> 유제 13. 세무 제3자효 행정행위의 경우 처분의 상대방이 아닌 제3자는 행정심판을 거치지 아니하고 취소소송을 제기할 수 있다. (×)

02

정답 ③, ④

> 📋 **함께 정리하기 취소소송의 소송요건, 본안심리**
>
> 해양수산부 장관의 처분
> ▷ 서울행정법원에 제기 可
> 주된 청구, 관련청구
> ▷ 각각 소송요건 충족 要(주된 청구 부적법시 관련청구 각하)
> 직권심리주의 보충적 적용
> ▷ 원고 청구범위 초월 인용 不可
> 위법성 판단자료
> ▷ 사실심변론종결시까지 제출된 모든 자료로 판단

「행정소송법」제9조【재판관할】① 취소소송의 제1심 관할법원은 피고의 소재지를 관할하는 행정법원으로 한다.
② 제1항에도 불구하고 다음 각 호의 어느 하나에 해당하는 피고에 대하여 취소소송을 제기하는 경우에는 대법원소재지를 관할하는 행정법원에 제기할 수 있다.
1. 중앙행정기관, 중앙행정기관의 부속기관과 합의제행정기관 또는 그 장
2. 국가의 사무를 위임 또는 위탁받은 공공단체 또는 그 장
③ 토지의 수용 기타 부동산 또는 특정의 장소에 관계되는 처분등에 대한 취소소송은 그 부동산 또는 장소의 소재지를 관할하는 행정법원에 이를 제기할 수 있다.

① [O] 해양수산부의 장관은 중앙행정기관의 장에 해당하므로 그가 한 처분에 대한 취소소송은 대법원의 소재지를 관할하는 행정법원인 서울행정법원에 제기할 수 있다(「행정소송법」제9조 제2항 제1호).

유제 15. 서울시 7급 중앙행정기관의 부속기관과 합의제행정기관 또는 그 장에 대하여 취소소송을 제기하는 경우에는 대법원소재지를 관할하는 행정법원에 제기할 수 있다. (O)

15. 세무 중앙행정기관의 장이 피고인 경우 취소소송은 대법원 소재지를 관할하는 행정법원에 제기할 수 있다. (O)

② [O] 주된 청구와 관련청구는 각각 소송요건을 모두 갖추어야 하고 그렇지 않으면, 부적법 각하된다.

행정소송법 제38조, 제10조에 의한 관련청구소송의 병합은 본래의 항고소송이 적법할 것을 요건으로 하는 것이어서 본래의 항고소송이 부적법하여 각하되면 그에 병합된 관련청구도 소송요건을 흠결한 부적합한 것으로 각하되어야 한다(대판 2001.11.27. 2000두697).

❸ [X] 행정소송에 있어서도 행정소송법 제14조에 의하여 민사소송법 제188조가 준용되어 법원은 당사자가 신청하지 아니한 사항에 대하여는 판결할 수 없는 것이고, 행정소송법 제26조에서 직권심리주의를 채용하고 있으나 이는 행정소송에 있어서 원고의 청구범위를 초월하여 그 이상의 청구를 인용할 수 있다는 의미가 아니라 원고의 청구범위를 유지하면서 그 범위 내에서 필요에 따라 주장외의 사실에 관하여도 판단할 수 있다는 뜻이다(대판 1987.11.10. 86누491).

유제 10. 세무 취소소송의 심리에는 법원은 원고의 청구범위를 넘어서 인용할 수 없다. (O)

❹ [X] 항고소송에서 행정처분의 위법 여부는 행정처분이 있을 때의 법령과 사실 상태를 기준으로 판단하여야 하며, 법원은 행정처분 당시 행정청이 알고 있었던 자료뿐만 아니라 사실심 변론종결 당시까지 제출된 모든 자료를 종합하여 처분 당시 존재하였던 객관적 사실을 확정하고 그 사실에 기초하여 처분의 위법 여부를 판단할 수 있다(대판 2010.1.14. 2009두11843).

03 정답 ②

📋 함께 정리하기 처분사유 추가·변경

처분시 이미 존재하고 당사자도 알고 있는 추가·변경사유
▷ 동일성 인정×
처분사유의 근거가 되는 기초사실 내지 평가요소
▷ 추가 주장 可
당초 처분의 사유가 실질적 내용 없는 경우
▷ 처분사유 추가 不可
처분사유 추가·변경
▷ 사실심 변론종결시까지

① [X] 추가 또는 변경된 사유가 당초의 처분시 그 사유를 명기하지 않았을 뿐 처분시에 이미 존재하고 있었고 당사자도 그 사실을 알고 있었다 하여 당초의 처분사유와 동일성이 있는 것이라 할 수 없다(대판 1992.2.14. 91누3895).

유제 15. 경찰 추가 또는 변경된 사유가 당초의 처분 시 그 사유를 명기하지 않았을 뿐 처분 시에 이미 존재하고 있었고 당사자도 그 사실을 알고 있었다 하여 당초의 처분사유와 동일성이 있는 것이라 할 수 없다. (O)

❷ [O] 귀화불허가 사유로 '품행 미단정'이라고 판단한 이유에 대하여 제1심 변론절차에서 기소유예전력을 주장한 후 제2심 변론절차에서 불법체류전력의 제반사정을 추가로 주장할 수 있다.

외국인 甲이 법무부장관에게 귀화신청을 하였으나 법무부장관이 심사를 거쳐 '품행 미단정'을 불허사유로 국적법상의 요건을 갖추지 못하였다며 신청을 받아들이지 않는 처분을 하였는데, 법무부장관이 甲을 '품행 미단정'이라고 판단한 이유에 대하여 제1심 변론절차에서 자동차관리법위반죄로 기소유예를 받은 전력 등을 고려하였다고 주장하였다가 원심 변론절차에서 불법 체류한 전력이 있다는 추가적인 사정까지 고려하였다고 주장한 경우, … 법무부장관이 원심에서 추가로 제시한 불법 체류 전력 등의 제반 사정은 불허가처분의 처분사유 자체가 아니라 그 근거가 되는 기초 사실 내지 평가요소에 지나지 않으므로 법무부장관이 이러한 사정을 추가로 주장할 수 있다(대판 2018.12.13. 2016두31616).

③ [X] 별다른 이유제시 없이 이동통신요금 총괄원가액수만 공개한 후 소송에서 비로소 영업상 비밀이라는 비공개 사유를 주장할 수 없다.

피고가 원고의 정보공개청구에 대하여 별다른 이유를 제시하지 않은 채 이동통신요금과 관련한 총괄원가 액수만을 공개한 것은, 이 사건 원가 관련 정보에 대하여 비공개결정을 하면서 비공개이유를 명시하지 않은 경우에 해당하여 위법하다고 판단하면서, 피고가 이 사건 소송에서 비로소 이 사건 원가 관련 정보가 법인의 영업상 비밀에 해당한다는 비공개사유를 주장하는 것은, 그 기본적 사실관계가 동일하다고 볼 수 없는 사유를 추가하는 것이어서 허용될 수 없다(대판 2018.4.12. 2014두5477).

④ [X] 행정청은 기본적 사실관계의 동일성이 있다고 인정되는 한도 내에서만 다른 처분사유를 추가, 변경할 수 있다고 할 것이나 이는 사실심 변론종결시까지만 허용된다(대판 1999.8.20. 98두17043).

유제 15. 경찰 취소소송에서 행정청의 처분사유의 추가·변경은 사실심 변론종결시까지만 허용된다. (O)

04 정답 ③

📋 함께 정리하기 **집행정지**

본안청구 이유없음 명백하지 않을 것
처분의 적법 不要/본안의 적법 要
본안소송 취하
▷ 집행정지결정 당연소멸
판결선고시까지 효력정지
▷ 판결선고에 의해 원처분 효력 당연히 살아남

① [O] 행정처분의 효력정지나 집행정지제도는 신청인이 본안 소송에서 승소판결을 받을 때까지 그 지위를 보호함과 동시에 후에 받을 승소판결을 무의미하게 하는 것을 방지하려는 것이어서 본안 소송에서 처분의 취소가능성이 없음에도 처분의 효력이나 집행의 정지를 인정한다는 것은 제도의 취지에 반하므로 효력정지나 집행정지사건 자체에 의하여도 신청인의 본안 청구가 이유 없음이 명백하지 않아야 한다는 것도 효력정지나 집행정지의 요건에 포함시켜야 한다(대결 2007.7.13. 2005무85).

> 유제 10. 세무 「행정소송법」은 집행정지의 요건으로서 본안에 대한 승소개연성을 명시적으로 요구하지는 않는다. (O)

② [O] 행정처분의 효력정지나 집행정지를 구하는 신청사건에 있어서는 행정처분 자체의 적법 여부는 궁극적으로 본안재판에서 심리를 거쳐 판단할 성질의 것이므로 원칙적으로 판단할 것이 아니고, 그 행정처분의 효력이나 집행을 정지할 것인가에 관한 행정소송법 제23조 제2항 소정의 요건의 존부만이 판단의 대상이 된다고 할 것이지만, 나아가 집행정지는 행정처분의 집행부정지원칙의 예외로서 인정되는 것이고 또 본안에서 원고가 승소할 수 있는 가능성을 전제로 한 권리보호수단이라는 점에 비추어 보면 집행정지사건 자체에 의하여도 신청인의 본안청구가 적법한 것이어야 한다는 것을 집행정지의 요건에 포함시켜야 한다(대결 1999.11.26. 99부3).

> 유제 17. 국회직 9급 행정처분 자체의 적법여부는 집행정지신청의 요건이 아니지만, 신청인의 본안청구 자체는 적법한 것이어야 한다. (O)

❸ [X] 행정처분의 집행정지는 행정처분집행 부정지의 원칙에 대한 예외로서 인정되는 일시적인 응급처분이라 할 것이므로 집행정지결정을 하려면 이에 대한 본안소송이 법원에 제기되어 계속중임을 요건으로 하는 것이므로 집행정지결정을 한 후에라도 본안소송이 취하되어 소송이 계속하지 아니한 것으로 되면 집행정지결정은 당연히 그 효력이 소멸되는 것이고 별도의 취소조치를 필요로 하는 것이 아니다(대판 1975.11.11. 75누97).

> 유제 10. 세무 집행정지결정 후 본안소송이 취하되더라도 집행정지결정이 당연히 소멸되는 것은 아니다. (X)

④ [O] 행정소송법 제23조에 의한 효력정지결정의 효력은 결정주문에서 정한 시기까지 존속하고 그 시기의 도래와 동시에 효력이 당연히 소멸하므로, 보조금 교부결정의 일부를 취소한 행정청의 처분에 대하여 법원이 효력정지결정을 하면서 주문에서 그 법원에 계속 중인 본안소송의 판결선고 시까지 처분의 효력을 정지한다고 선언하였을 경우, 본안소송의 판결 선고에 의하여 정지결정의 효력은 소멸하고 이와 동시에 당초의 보조금 교부결정 취소처분의 효력이 당연히 되살아난다(대판 2017.7.11. 2013두25498).

05 정답 ③

📋 함께 정리하기 **사정판결**

미리 원고가 입게 될 손해정도·배상방법 등 조사 要
식권 미
당연무효인 경우 不可
처분의 위법성
▷ 처분시
사정판결 필요성
▷ 판결시

① [O]

> 「행정소송법」 제28조【사정판결】② 법원이 제1항의 규정에 의한 판결을 함에 있어서는 미리 원고가 그로 인하여 입게 될 손해의 정도와 배상방법 그 밖의 사정을 조사하여야 한다.

② [O] 사정판결은 당사자의 명백한 주장이 없는 경우에도 기록에 나타난 여러 사정을 기초로 직권으로 할 수 있는 것이나, 그 요건인 현저히 공공복리에 적합하지 아니한지 여부는 위법한 행정처분을 취소·변경하여야 할 필요와 그 취소·변경으로 인하여 발생할 수 있는 공공복리에 반하는 사태 등을 비교·교량하여 판단하여야 한다(대판 2006.9.22. 2005두2506).

> 유제 08. 국회직 8급 법원은 당사자의 신청 없이 직권으로 사정판결여부를 결정할 수 있다. (O)

❸ [X] 당연무효의 행정처분을 소송목적물로 하는 행정소송에서는 존치시킬 효력이 있는 행정행위가 없기 때문에 행정소송법 제28조 소정의 사정판결을 할 수 없다(대판 1996.3.22. 95누5509).

> 유제 17. 지방직 7급 원고의 청구가 이유 있다고 인정하는 경우에도 처분의 무효를 확인하는 것이 현저히 공공복리에 적합하지 아니하다고 인정하는 때에는 법원은 청구를 기각할 수 있다. (X)

④ [O] 처분의 위법성은 처분시를 기준으로 판단하고, 사정판결의 필요성 즉 '처분의 취소가 현저히 공공복리에 적합하지 않을 것'은 판결시를 기준으로 판단한다.

06 정답 ①, ②

📋 함께 정리하기 **취소판결의 효력**

취소확정판결에 적시된 위법사유를 보완한 새로운 행정처분
▷ 기판력 저촉×
징계사유 없다고 징계처분취소 확정
▷ 동일한 사유로 다시 징계처분×
기본적 사실관계 동일성×(새로운 사유)
▷ 처분시 존재했어도 동일처분 可
공사중지명령취소소송에서 기각판결 확정
▷ 원인사유 해소 없이 명령의 적법성 다시 다툴 수×

❶ [O] 과세의 절차 내지 형식에 위법이 있어 과세처분을 취소하는 판결이 확정되었을 때는 그 확정판결의 기판력은 거기에 적시된 절차 내지 형식의 위법사유에 한하여 미치는 것이므로 과세관청은 그 위법사유를 보완하여 다시 새로운 과세처분을 할 수 있고, 그 새로운 과세처분은 확정판결에 의하여 취소된 종전의 과세처분과는 별개의 처분이라 할 것이어서 확정판결의 기판력에 저촉되는 것이 아니다(대판 1987.2.10. 86누91).

유제 17. 국회직 8급 취소 확정판결의 기판력은 판결에 적시된 위법사유에 한하여 미치므로 행정청이 그 확정판결에 적시된 위법사유를 보완하여 행한 새로운 행정처분은 확정판결에 의하여 취소된 종전처분과는 별개의 처분으로서 확정판결의 기판력에 저촉되지 않는다. (O)

❷ [O] 징계처분의 취소를 구하는 소에서 징계사유가 될 수 없다고 판결한 사유와 동일한 사유를 내세워 행정청이 다시 징계처분을 한 것은 확정판결에 저촉되는 행정처분을 한 것으로서, 위 취소판결의 기속력이나 확정판결의 기판력에 저촉되어 허용될 수 없다(대판 1992.7.14. 92누2912).

유제 17. 국회직 8급 징계처분의 취소를 구하는 소에서 징계사유가 될 수 없다고 취소 확정판결을 한 사유와 동일한 사유를 내세워 다시 징계처분을 하는 것은 확정판결에 저촉되는 행정처분으로 허용될 수 없다. (O)

③ [×] 행정처분의 적법 여부는 행정처분이 행하여진 때의 법령과 사실을 기준으로 판단하는 것이므로 확정판결의 당사자인 처분 행정청은 종전 처분 후에 발생한 새로운 사유를 내세워 다시 거부처분을 할 수 있고, 그러한 처분도 위 조항에 규정된 재처분에 해당한다. 여기에서 '새로운 사유'인지는 종전 처분에 관하여 위법한 것으로 판결에서 판단된 사유와 기본적 사실관계의 동일성이 인정되는 사유인지에 따라 판단되어야 하고, 기본적 사실관계의 동일성 유무는 처분사유를 법률적으로 평가하기 이전의 구체적인 사실에 착안하여 그 기초인 사회적 사실관계가 기본적인 점에서 동일한지에 따라 결정되며, 추가 또는 변경된 사유가 처분 당시에 그 사유를 명기하지 않았을 뿐 이미 존재하고 있었고 당사자도 그 사실을 알고 있었다고 하여 당초 처분사유와 동일성이 있는 것이라고 할 수는 없다(대판 2011.10.27. 2011두14401).

④ [×] 행정청이 관련 법령에 근거하여 행한 공사중지명령의 상대방이 명령의 취소를 구한 소송에서 패소함으로써 그 명령이 적법한 것으로 이미 확정되었다면, 이후 이러한 공사중지명령의 상대방은 그 명령의 해제신청을 거부한 처분의 취소를 구하는 소송에서 그 명령의 적법성을 다툴 수 없다. 그와 같은 공사중지명령에 대하여 그 명령의 상대방이 해제를 구하기 위해서는 명령의 내용 자체로 또는 성질상으로 명령 이후에 원인사유가 해소되었음이 인정되어야 한다(대판 2014.11.27. 2014두37665).

📋 **함께 정리하기 판결의 효력**

기각판결의 기판력
▷ 다른 위법사유 들어 처분효력 다툴 수 없음
기본적 사실관계 동일성×
▷ 처분시 존재했거나 당사자 알고 있어도 동일처분 可
기속력에 반한 재처분
▷ 간접강제○
간접강제결정상 의무이행기간 경과후 재처분이행
▷ 배상금 추심 不可

❶ [×] 기각판결의 경우 당해 처분이 적법하다는 점에 기판력이 발생하므로, 원고는 다른 위법사유를 들어 다시 처분의 효력을 다툴 수 없다.

❷ [×] 확정판결의 당사자인 처분 행정청은 종전 처분 후에 발생한 새로운 사유를 내세워 다시 거부처분을 할 수 있고, 그러한 처분도 위 조항에 규정된 재처분에 해당한다. 여기에서 '새로운 사유'인지는 종전 처분에 관하여 위법한 것으로 판결에서 판단된 사유와 기본적 사실관계의 동일성이 인정되는 사유인지에 따라 판단되어야 하고, 기본적 사실관계의 동일성 유무는 처분사유를 법률적으로 평가하기 이전의 구체적인 사실에 착안하여 그 기초인 사회적 사실관계가 기본적인 점에서 동일한지에 따라 결정되며, 추가 또는 변경된 사유가 처분 당시에 그 사유를 명기하지 않았을 뿐 이미 존재하고 있었고 당사자도 그 사실을 알고 있었다고 하여 당초 처분사유와 동일성이 있는 것이라고 할 수는 없다(대판 2011.10.27. 2011두14401).

유제 16. 국가직 7급 거부처분의 취소판결이 확정된 경우에 그 처분을 행한 행정청은 종전 처분 후에 발생한 새로운 사유를 내세워 다시 거부처분을 할 수 있다. (O)

③ [O] 거부처분에 대한 취소의 확정판결이 있음에도 행정청이 아무런 재처분을 하지 아니하거나, 재처분을 하였다하더라도 그것이 종전 거부처분에 대한 취소의 확정판결의 기속력에 반하는 등으로 당연무효라면 이는 아무런 재처분을 하지 아니한 때와 마찬가지라 할 것이므로 이러한 경우에는 행정소송법 제30조 제2항, 제34조 제1항 등에 의한 간접강제신청에 필요한 요건을 갖춘 것으로 보아야 한다(대결 2002.12.11. 2002무22).

④ [O] 행정소송법 제34조 소정의 간접강제결정에 기한 배상금은 거부처분취소판결이 확정된 경우 그 처분을 행한 행정청으로 하여금 확정판결의 취지에 따른 재처분의무의 이행을 확실히 담보하기 위한 것으로서, …이는 확정판결의 취지에 따른 재처분의 지연에 대한 제재나 손해배상이 아니고 재처분의 이행에 관한 심리적 강제수단에 불과한 것으로 보아야 하므로, 특별한 사정이 없는 한 간접강제결정에서 정한 의무이행기한이 경과한 후에라도 확정판결의 취지에 따른 재처분의 이행이 있으면 배상금을 추심함으로써 심리적 강제를 꾀할 목적이 상실되어 처분상대방이 더 이상 배상금을 추심하는 것은 허용되지 않는다(대판 2004.1.15. 2002두2444).

08 정답 ④

📋 함께 정리하기 소의 변경

처분변경으로 인한 소 변경
▷ 안 날로부터 60일 내 신청
원고의 신청 要
당사자소송을 항고소송으로 변경하는 경우에도 인정
변경되는 청구가 필요적 행정심판전치대상
▷ 심판거칠 필요✕

ㄱ. [O]

「행정소송법」 제22조【처분변경으로 인한 소의 변경】① 법원은 행정청이 소송의 대상인 처분을 소가 제기된 후 변경한 때에는 원고의 신청에 의하여 결정으로써 청구의 취지 또는 원인의 변경을 허가할 수 있다.
② 제1항의 규정에 의한 신청은 처분의 변경이 있음을 안 날로부터 60일 이내에 하여야 한다.

ㄴ. [✕] 소의 변경은 원고의 신청에 의하여야 한다.

「행정소송법」 제21조【소의 변경】① 법원은 취소소송을 당해 처분등에 관계되는 사무가 귀속하는 국가 또는 공공단체에 대한 당사자소송 또는 취소소송외의 항고소송으로 변경하는 것이 상당하다고 인정할 때에는 청구의 기초에 변경이 없는 한 사실심의 변론종결시까지 원고의 신청에 의하여 결정으로써 소의 변경을 허가할 수 있다.

ㄷ. [O]

「행정소송법」 제42조【소의 변경】 제21조의 규정은 당사자소송을 항고소송으로 변경하는 경우에 준용한다.

ㄹ. [✕]

「행정소송법」 제22조【처분변경으로 인한 소의 변경】① 법원은 행정청이 소송의 대상인 처분을 소가 제기된 후 변경한 때에는 원고의 신청에 의하여 결정으로써 청구의 취지 또는 원인의 변경을 허가할 수 있다.
③ 제1항의 규정에 의하여 변경되는 청구는 제18조 제1항 단서의 규정에 의한 요건을 갖춘 것으로 본다.
제18조【행정심판과의 관계】① 취소소송은 법령의 규정에 의하여 당해 처분에 대한 행정심판을 제기할 수 있는 경우에도 이를 거치지 아니하고 제기할 수 있다. 다만, 다른 법률에 당해 처분에 대한 행정심판의 재결을 거치지 아니하면 취소소송을 제기할 수 없다는 규정이 있는 때에는 그러하지 아니하다.

09 정답 ①

📋 함께 정리하기 무효등확인소송에 있어 취소소송 준용 여부

관련청구소송 이송·병합○
제소기간✕
피고경정○
행정심판전치주의✕
사정판결✕
소송대상○

ㄱ, ㄷ, ㅂ. [O]

「행정소송법」 제38조【준용규정】① 제9조, 제10조, 제13조 내지 제17조, 제19조, 제22조 내지 제26조, 제29조 내지 제31조 및 제33조의 규정은 무효등확인소송의 경우에 준용한다.
제10조【관련청구소송의 이송 및 병합】① 취소소송과 다음 각 호의 1에 해당하는 소송이 각각 다른 법원에 계속되고 있는 경우에 관련청구소송이 계속된 법원이 상당하다고 인정하는 때에는 당사자의 신청 또는 직권에 의하여 이를 취소소송이 계속된 법원으로 이송할 수 있다.
　1. 당해 처분등과 관련되는 손해배상·부당이득반환·원상회복등 청구소송
　2. 당해 처분등과 관련되는 취소소송
② 취소소송에는 사실심의 변론종결시까지 관련청구소송을 병합하거나 피고외의 자를 상대로 한 관련청구소송을 취소소송이 계속된 법원에 병합하여 제기할 수 있다.
제14조【피고경정】① 원고가 피고를 잘못 지정한 때에는 법원은 원고의 신청에 의하여 결정으로써 피고의 경정을 허가할 수 있다.
② 법원은 제1항의 규정에 의한 결정의 정본을 새로운 피고에게 송달하여야 한다.
③ 제1항의 규정에 의한 신청을 각하하는 결정에 대하여는 즉시항고할 수 있다.
④ 제1항의 규정에 의한 결정이 있은 때에는 새로운 피고에 대한 소송은 처음에 소를 제기한 때에 제기된 것으로 본다.
⑤ 제1항의 규정에 의한 결정이 있은 때에는 종전의 피고에 대한 소송은 취하된 것으로 본다.
⑥ 취소소송이 제기된 후에 제13조 제1항 단서 또는 제13조 제2항에 해당하는 사유가 생긴 때에는 법원은 당사자의 신청 또는 직권에 의하여 피고를 경정한다. 이 경우에는 제4항 및 제5항의 규정을 준용한다.
제19조【취소소송의 대상】 취소소송은 처분등을 대상으로 한다. 다만, 재결취소소송의 경우에는 재결 자체에 고유한 위법이 있음을 이유로 하는 경우에 한한다.

ㄴ. [✕] 무효확인소송의 경우에는 제소기간의 제한이 없다. 다만, 무효선언을 구하는 취소소송의 경우에는 취소소송에서와 같이 제소기간의 제한이 있다(대판 1993.3.12. 92누11039).

유제 10. 세무 행정처분이 있은 후 2년이 지난 경우에도 무효확인소송을 제기할 수 있다. (O)
08. 선관위 9급 무효등확인소송은 제소기간이 상대적으로 단기이다. (✕)

ㄹ. [✕] 무효등확인소송에는 행정심판전치주의가 적용되지 않으므로 행정심판을 거치지 아니하고 제기할 수 있다.

ㅁ. [×] 당연무효의 행정처분을 소송목적물로 하는 무효확인소송에서는 존치시킬 효력이 있는 행정행위가 없기 때문에 사정판결을 할 수 없다(대판 1996.3.22. 95누5509).

> **유제** 13. 서울시 9급 무효등확인소송에서는 사정판결이 인정되지 않는다. (○)
> 10. 세무 무효확인소송이 제기된 경우 법원은 사정판결을 할 수 없다. (○)

③ [○] 행정처분 무효확인 청구의 소에는 그 처분의 취소는 구하지 않는다고 주장하고 있지 않는 이상 그 취소를 구하는 취지도 포함되어 있다 할 것이다(대판 1969.7.29. 66누108).

> **유제** 15. 세무 무효확인소송에서는 원고가 그 처분의 취소를 구하지 않는다고 명백히 밝힌 경우에도 그 취소를 구하는 취지가 포함되어 있다고 보아야 한다. (×)

❹ [×] 무효확인청구와 취소청구는 양립할 수 없는 청구로서 주위적·예비적 청구로서만 병합이 가능하고 선택적 병합이나 단순 병합은 인정되지 않는다(대판 1999.8.20. 97누6889). 따라서 원고는 무효확인청구가 기각될 것을 대비하여 취소청구를 예비적으로 병합할 수는 있으나, 선택적 병합은 불가능하다.

---

10   정답 ④

> ☑ **함께 정리하기 무효등확인소송**
>
> 무효확인소송 보충성 不要
> 간접강제×
> 원고의 의사가 명백하지 않은 경우
> ▷ 취소청구취지 포함
> 무효확인 + 취소
> ▷ 주위적·예비적 병합만 可

① [○] 행정소송은 행정청의 위법한 처분 등을 취소·변경하거나 그 효력 유무 또는 존재 여부를 확인함으로써 국민의 권리 또는 이익의 침해를 구제하고 공법상의 권리관계 또는 법 적용에 관한 다툼을 적정하게 해결함을 목적으로 하므로, 대등한 주체 사이의 사법상 생활관계에 관한 분쟁을 심판대상으로 하는 민사소송과는 목적, 취지 및 기능 등을 달리한다. 또한 행정소송법 제4조에서는 무효확인소송을 항고소송의 일종으로 규정하고 있고, 행정소송법 제38조 제1항에서는 처분 등을 취소하는 확정판결의 기속력 및 행정청의 재처분 의무에 관한 행정소송법 제30조를 무효확인소송에도 준용하고 있으므로 무효확인판결 자체만으로도 실효성을 확보할 수 있다. 그리고 무효확인소송의 보충성을 규정하고 있는 외국의 일부 입법례와는 달리 우리나라 행정소송법에는 명문의 규정이 없어 이로 인한 명시적 제한이 존재하지 않는다. 이와 같은 사정을 비롯하여 행정에 대한 사법통제, 권익구제의 확대와 같은 행정소송의 기능 등을 종합하여 보면, 행정처분의 근거 법률에 의하여 보호되는 직접적이고 구체적인 이익이 있는 경우에는 행정소송법 제35조에 규정된 '무효확인을 구할 법률상 이익'이 있다고 보아야 하고, 이와 별도로 무효확인소송의 보충성이 요구되는 것은 아니므로 행정처분의 무효를 전제로 한 이행소송 등과 같은 직접적인 구제수단이 있는지 여부를 따질 필요가 없다고 해석함이 상당하다(대판 2008.3.20. 2007두6342 전합).

> **유제** 23. 국가직 7급 무효확인소송에서 '무효확인을 구할 법률상 이익'을 판단함에 있어 행정처분의 무효를 전제로 한 이행소송 등과 같은 직접적인 구제수단이 있는지 여부를 따질 필요가 없다. (○)

② [○] 제30조 취소판결 등의 기속력은 제38조에 의해 무효등확인소송에 준용되지만, 제34조 간접강제는 무효등확인소송에 준용되지 않는다.

> **「행정소송법」 제38조【준용규정】** ① 제9조, 제10조, 제13조 내지 제17조, 제19조, 제22조 내지 제26조, 제29조 내지 제31조 및 제33조의 규정은 무효등확인소송의 경우에 준용한다.

---

11   정답 ④

> ☑ **함께 정리하기 부작위위법확인소송**
>
> 부작위위법확인소송
> ▷ 행정심판거친 경우 제소기간 적용
> 당사자의 법규상·조리상 신청권에 의한 신청 要
> 원인소멸로 처분철회 신청
> ▷ 부작위는 위법
> 대법원
> ▷ 절차적 심리설
> ▷ 실체요건 심사 不可

① [○] 부작위위법확인의 소는 부작위상태가 계속되는 한 그 위법의 확인을 구할 이익이 있다고 보아야 하므로 원칙적으로 제소기간의 제한을 받지 않는다. 다만 제38조 제2항이 제소기간에 관한 제20조를 준용하고 있어, 행정심판 등 전심절차를 거친 경우에는 재결서의 정본을 송달받은 날부터 90일 이내에 부작위위법확인의 소를 제기하여야 한다(대판 2009.7.23. 2008두10560).

② [○] 부작위가 성립하기 위하여는 당사자의 신청이 있어야 하며, 여기서 신청이란 법규상 또는 조리상 신청권의 행사로서의 신청을 말한다.

> **「행정소송법」 제2조【정의】** ① 이 법에서 사용하는 용어의 정의는 다음과 같다.
> 2. "부작위"라 함은 행정청이 당사자의 신청에 대하여 상당한 기간내에 일정한 처분을 하여야 할 법률상 의무가 있음에도 불구하고 이를 하지 아니하는 것을 말한다.
>
> **유제** 13. 서울시 9급 부작위위법확인소송에서 '부작위'라 함은 행정청이 당사자의 신청에 대하여 상당한 기간 내에 일정한 처분을 하여야 할 법률상 의무가 있음에도 불구하고 처분을 하지 않는다는 의사를 통지하는 것을 말한다. (×)
>
> **제36조【부작위위법확인소송의 원고적격】** 부작위위법확인소송은 처분의 신청을 한 자로서 부작위의 위법의 확인을 구할 법률상 이익이 있는 자만이 제기할 수 있다.
>
> **유제** 10. 국회직 9급 부작위위법확인소송은 처분의 신청을 한 자로서 부작위의 위법의 확인을 구할 법률상 이익이 있는 자만이 제기할 수 있다. (○)

부작위위법확인의 소에 있어 당사자가 행정청에 대하여 어떠한 행정행위를 하여 줄 것을 요구할 수 있는 법규상 또는 조리상 권리를 갖고 있지 아니한 경우에는 <u>원고적격이 없거나 항고소송의 대상인 위법한 부작위가 있다고 볼 수 없어 그 부작위위법확인의 소는 부적법하다</u>(대판 1999.12.7. 97누17568).

[유제] 10. 국회직 9급 행정청에게 일정한 처분을 하여야 할 법률상 의무가 있어야 하는데, 이 때 법률상 의무란 명문 규정에 의해 인정되는 경우만을 뜻한다. (×)

③ [O] <u>행정청이 행한 공사중지명령의 상대방은 그 명령 이후에 그 원인사유가 소멸하였음을 들어 행정청에게 공사중지명령의 철회를 요구할 수 있는 조리상의 신청권이 있다</u> 할 것이고, 상대방으로부터 그 신청을 받은 행정청으로서는 상당한 기간 내에 그 신청을 인용하는 적극적 처분을 하거나 각하 또는 기각하는 등의 소극적 처분을 하여야 할 <u>법률상의 응답의무가 있다</u>고 할 것이며, <u>행정청이 상대방의 신청에 대하여 아무런 적극적 또는 소극적 처분을 하지 않고 있는 이상 행정청의 부작위는 그 자체로 위법하다</u>(대판 2005.4.14. 2003두7590).

❹ [×] 판례는 부작위위법확인소송을 판결시를 기준으로 무응답이라는 소극적 위법상태를 제거하는 것을 목적으로 하는 소송이라는 점에서 절차적 심리설(대판 1992.7.28. 91누7361)의 입장에 있다. 예컨대 甲이 행정청에 도로점용허가를 신청했으나 상당한 기간이 지나도 아무런 응답이 없다면 甲은 부작위위법확인소송을 제기할 수 있고, 이 경우 법원은 행정청이 도로점용허가를 발급해 주어야 하는지의 여부까지는 심리할 수 없다.

<u>부작위위법확인의 소는 행정청이 국민의 법규상 또는 조리상의 권리에 기한 신청에 대하여 상당한 기간 내에 그 신청을 인용하는 적극적 처분을 하거나 또는 각하 내지 기각하는 등의 소극적 처분을 하여야 할 법률상의 응답의무가 있음에도 불구하고 이를 하지 아니하는 경우 판결시를 기준으로 그 부작위의 위법함을 확인함으로써 행정청의 응답을 신속하게 하여 부작위 내지 무응답이라고 하는 소극적인 위법상태를 제거하는 것을 목적으로 하는 것이다</u>(대판 1992.7.28. 91누7361).

[유제] 15. 국가직 7급 절차적 심리설(응답의무설)에 의하면, 부작위위법확인소송의 인용판결의 경우에 행정청이 신청에 대한 가부의 응답만 하여도 「행정소송법」 제2조 제1항 제2호의 '일정한 처분'을 취한 것이 된다. (O)
18. 국회직 8급 법원은 단순히 행정청의 방치행위의 적부에 관한 절차적 심리만 하는 게 아니라, 신청의 실체적 내용이 이유 있는지도 심리하며 그에 대한 적정한 처리방향에 관한 법률적 판단을 해야 한다. (×)

---

12 정답 ①, ②

📋 **함께 정리하기** 당사자소송

주택재개발정비사업조합 조합장 또는 조합임원지위 다투는 소송
▷ 민사소송
공무원연금법령상 급여청구
▷ 공단으로부터 급여결정 등 구체적 권리 인정받아야 함
국가를 상대로 한 재산권청구 인용판결시
▷ 가집행선고 可
집행정지×/가처분○

❶ [×] 구 도시 및 주거환경정비법상 재개발조합이 공법인이라는 사정만으로 재개발조합과 조합장 또는 조합임원 사이의 선임·해임 등을 둘러싼 법률관계가 공법상의 법률관계에 해당한다거나 그 조합장 또는 조합임원의 지위를 다투는 소송이 당연히 공법상 당사자소송에 해당한다고 볼 수는 없고, <u>구 도시 및 주거환경정비법의 규정들이 재개발조합과 조합장 및 조합임원과의 관계를 특별히 공법상의 근무관계로 설정하고 있다고 볼 수도 없으므로, 재개발조합과 조합장 또는 조합임원 사이의 선임·해임 등을 둘러싼 법률관계는 사법상의 법률관계로서 그 조합장 또는 조합임원의 지위를 다투는 소송은 민사소송에 의하여야 할 것이다</u>(대결 2009.9.24. 2009마168·169).

[유제] 13. 지방직 9급 주택재개발정비사업조합의 설립인가신청에 대하여 행정청의 인가처분이 있은 이후에 조합설립결의에 하자가 있음을 이유로 조합설립의 효력을 부정하기 위해서는 항고소송으로 인가처분의 효력을 다투어야 하고, 특별한 사정이 없는 한 이와는 별도로 민사소송으로 조합설립결의에 대하여 무효확인을 구할 확인의 이익은 없다. (O)

❷ [×] <u>공무원연금법령상 급여를 받으려고 하는 자는 우선 관계 법령에 따라 공무원연금공단에 급여지급을 신청하여 공무원연금공단이 이를 거부하거나 일부 금액만 인정하는 급여지급결정을 하는 경우 그 결정을 대상으로 항고소송을 제기하는 등으로 구체적 권리를 인정받아야 하고, 구체적인 권리가 발생하지 않은 상태에서 곧바로 공무원연금공단을 상대로 한 당사자소송으로 권리의 확인이나 급여의 지급을 소구하는 것은 허용되지 아니한다</u>(대판 2017.2.9. 2014두43264).

③ [O] <u>행정소송법 제8조 제2항에 의하면 행정소송에도 민사소송법의 규정이 일반적으로 준용되므로 법원으로서는 공법상 당사자소송에서 재산권의 청구를 인용하는 판결을 하는 경우 가집행선고를 할 수 있다</u>(대판 2000.11.28. 99두3416).

[유제] 20. 지방직 7급 공법상 당사자소송에서 재산권의 청구를 인용하는 판결을 하는 경우 가집행선고를 할 수 있다. (O)
08. 국가직 9급 공법상 당사자소송에서 재산권의 청구를 인용하는 판결을 하는 경우에는 가집행선고를 할 수 없다. (×)

④ [O] 도시 및 주거환경정비법상 행정주체인 주택재건축정비사업조합을 상대로 관리처분계획안에 대한 조합 총회결의의 효력을 다투는 소송은 행정처분에 이르는 절차적 요건의 존부나 효력 유무에 관한 소송으로서 소송결과에 따라 행정처분의 위법 여부에 직접 영향을 미치는 공법상 법률관계에 관한 것이므로, 이는 행정소송법상 당사자소송에 해당한다. 그리고 이러한 <u>당사자소송에 대하여는 행정소송법 제23조 제2항의 집행정지에 관한 규정이 준용되지 아니하므로(행정소송법 제44조 제1항), 이를 본안으로 하는 가처분에 대하여는 행정소송법 제8조 제2항에 따라 민사집행법상 가처분에 관한 규정이 준용되어야 한다</u>(대결 2015.8.21. 2015무26).

유제 16. 국가직 7급 당사자소송을 본안으로 하는 가처분에 대하여는 「행정소송법」상 집행정지에 관한 규정이 준용되지 않고, 「민사집행법」상 가처분에 관한 규정이 준용되어야 한다. (O)

13 　　　　　　　　　　　　　　　　　　　정답 ②

📋 **함께 정리하기 행정심판**

취소심판에서 변경
▷ 소극적 변경 & 적극적 변경
재결에 고유한 위법
▷ 재심판청구×/재결취소소송O
위원회의 조정
▷ 당사자의 동의를 받아 可
▷ 공공복리 부적합 또는 처분의 성질에 반하면 不可
공고 처분 취소
▷ 지체 없이 취소 공고 要

① [O] 행정심판에서의 취소는 전부취소와 일부취소를 불문하고 변경은 취소소송과는 달리 적극적 변경까지 포함한다.

　　유제 12. 서울교행 영업정지처분의 기간을 6개월에서 3개월로 변경하는 일부취소의 재결이 가능하다. (O)

❷ [×] 재결 자체에 고유한 위법이 있는 경우라도 다시 행정심판은 청구할 수 없으나 재결에 대한 행정소송을 통해 구제받을 수 있다.

> 「행정심판법」 제51조【행정심판 재청구의 금지】심판청구에 대한 재결이 있으면 그 재결 및 같은 처분 또는 부작위에 대하여 다시 행정심판을 청구할 수 없다.
> 「행정소송법」 제19조【취소소송의 대상】취소소송은 처분 등을 대상으로 한다. 다만, 재결취소소송의 경우에는 재결 자체에 고유한 위법이 있음을 이유로 하는 경우에 한한다.

③ [O]

> 「행정심판법」 제43조의2【조정】① 위원회는 당사자의 권리 및 권한의 범위에서 당사자의 동의를 받아 심판청구의 신속하고 공정한 해결을 위하여 조정을 할 수 있다. 다만, 그 조정이 공공복리에 적합하지 아니하거나 해당 처분의 성질에 반하는 경우에는 그러하지 아니하다.
> ③ 조정은 당사자가 합의한 사항을 조정서에 기재한 후 당사자가 서명 또는 날인하고 위원회가 이를 확인함으로써 성립한다.

　　유제 18. 국가직 7급 행정심판위원회는 공공복리에 적합하지 아니하거나 해당 처분의 성질에 반하는 경우가 아니라면 당사자의 권리 및 권한의 범위에서 당사자의 동의를 받아 조정을 할 수 있다. (O)
　　20. 지방직 7급 조정은 당사자가 합의한 사항을 조정서에 기재한 후 당사자가 서명 또는 날인함으로써 완성된다. (×)

④ [O]

> 「행정심판법」 제49조【재결의 기속력 등】④ 법령의 규정에 따라 공고하거나 고시한 처분이 재결로써 취소되거나 변경되면 처분을 한 행정청은 지체 없이 그 처분이 취소 또는 변경되었다는 것을 공고하거나 고시하여야 한다.

　　유제 10. 국가직 9급 법령의 규정에 의하여 공고한 처분이 재결로써 취소된 때에는 처분청은 지체 없이 그 처분이 취소되었음을 공고하여야 한다. (O)

14 　　　　　　　　　　　　　　　　　　　정답 ①

📋 **함께 정리하기 행정심판의 재결**

사정재결
▷ 재결주문에서 위법 or 부당 명시 要
처분이행명령재결 불이행
▷ 직접처분 可
직접처분시 행정청에 통보 要
▷ 행정청은 자기가 한 처분으로 보아 필요한 조치
의무이행심판, 취소심판등
▷ 간접강제 可

❶ [×]

> 「행정심판법」 제44조【사정재결】① 위원회는 심판청구가 이유가 있다고 인정하는 경우에도 이를 인용(認容)하는 것이 공공복리에 크게 위배된다고 인정하면 그 심판청구를 기각하는 재결을 할 수 있다. 이 경우 위원회는 재결의 주문에서 그 처분 또는 부작위가 위법하거나 부당하다는 것을 구체적으로 밝혀야 한다.

　　유제 12. 서울교행 사정재결시 처분이 위법하거나 부당하다는 것은 재결의 사유에서 밝히면 충분하다. (×)

②③ [O]

> 「행정심판법」 제50조【위원회의 직접 처분】① 위원회는 피청구인이 제49조 제3항에도 불구하고 처분을 하지 아니하는 경우에는 당사자가 신청하면 기간을 정하여 서면으로 시정을 명하고 그 기간에 이행하지 아니하면 직접 처분을 할 수 있다. 다만, 그 처분의 성질이나 그 밖의 불가피한 사유로 위원회가 직접 처분을 할 수 없는 경우에는 그러하지 아니하다.
> ② 위원회는 제1항 본문에 따라 직접 처분을 하였을 때에는 그 사실을 해당 행정청에 통보하여야 하며, 그 통보를 받은 행정청은 위원회가 한 처분을 자기가 한 처분으로 보아 관계 법령에 따라 관리·감독 등 필요한 조치를 하여야 한다.

　　유제 13. 국회직 9급 행정심판위원회는 처분의 이행을 명하는 재결에도 불구하고 피청구인이 처분을 하지 않는 경우에는 당사자의 신청 또는 직권으로 기간을 정하여 서면으로 시정을 명하고 그 기간에도 이행하지 않으면 직접 처분을 할 수 있다. (×)
　　11. 국가직 7급 처분청이 처분이행명령재결에 따른 처분을 하지 아니한 경우 행정심판위원회는 당사자의 신청이 없더라도 직권으로 직접 처분을 할 수 있다. (×)

④ [O]

> 「행정심판법」 제50조의2【위원회의 간접강제】① 위원회는 피청구인이 제49조 제2항(제49조 제4항에서 준용하는 경우를 포함한다) 또는 제3항에 따른 처분을 하지 아니하면 청구인의 신청에 의하여 결정으로 상당한 기간을 정하고 피청구인이 그 기간 내에 이행하지 아니하는 경우에는 그 지연기간에 따라 일정한 배상을 하도록 명하거나 즉시 배상을 할 것을 명할 수 있다.

　　유제 18. 서울시 7급 행정심판위원회는 재처분의무가 있는 피청구인이 재처분의무를 이행하지 아니하면 지연기간에 따라 일정한 배상을 하도록 명할 수는 있으나 즉시 배상을 할 것을 명할 수는 없다. (×)

제49조【재결의 기속력 등】② 재결에 의하여 취소되거나 무효 또는 부존재로 확인되는 처분이 당사자의 신청을 거부하는 것을 내용으로 하는 경우에는 그 처분을 한 행정청은 재결의 취지에 따라 다시 이전의 신청에 대한 처분을 하여야 한다.
　③ 당사자의 신청을 거부하거나 부작위로 방치한 처분의 이행을 명하는 재결이 있으면 행정청은 지체 없이 이전의 신청에 대하여 재결의 취지에 따라 처분을 하여야 한다.
　④ 신청에 따른 처분이 절차의 위법 또는 부당을 이유로 재결로써 취소된 경우에는 제2항을 준용한다.

❹ [✕]
「행정심판법」제45조【재결 기간】① 재결은 제23조에 따라 피청구인 또는 위원회가 심판청구서를 받은 날부터 60일 이내에 하여야 한다. 다만, 부득이한 사정이 있는 경우에는 위원장이 직권으로 30일을 연장할 수 있다.

유제 08. 지방직 9급 재결은 피청구인인 행정청이 행정심판청구서를 받은 날로부터 90일 이내 하여야 한다. (✕)

15　정답 ④

☑ 함께 정리하기 행정심판법

의무이행심판의 인용재결
▷ 처분재결 & 처분명령재결
거부처분취소 재결
▷ 재처분의무 有
처분의 제3자 심판청구시 재결서 등본
▷ 피청구인 거쳐 처분의 상대방 송달 要
재결 심리기간
▷ 심판청구서 받은 날부터 60일 & 부득이 연장 可

① [O] 처분재결은 형성적 재결, 처분명령재결은 이행적 재결의 성질을 가진다.

「행정심판법」제43조【재결의 구분】⑤ 위원회는 의무이행심판의 청구가 이유가 있다고 인정하면 지체 없이 신청에 따른 처분을 하거나 처분을 할 것을 명한다.

② [O] 개정 「행정심판법」은 행정심판위원회의 재결의 실효성을 높이기 위하여, 재결에 의하여 취소되거나 무효 또는 부존재로 확인되는 처분이 당사자의 신청을 거부하는 것을 내용으로 하는 경우에는 그 처분을 한 행정청은 재결의 취지에 따라 다시 이전의 신청에 대한 처분을 하도록 하였다(재처분의무 인정).

「행정심판법」제49조【재결의 기속력 등】② 재결에 의하여 취소되거나 무효 또는 부존재로 확인되는 처분이 당사자의 신청을 거부하는 것을 내용으로 하는 경우에는 그 처분을 한 행정청은 재결의 취지에 따라 다시 이전의 신청에 대한 처분을 하여야 한다.

유제 18. 국가직 7급 재결에 의하여 취소되는 처분이 당사자의 신청을 거부하는 것을 내용으로 하는 경우에는 그 처분을 한 행정청은 재결의 취지에 따라 다시 이전의 신청에 대한 처분을 하여야 한다. (O)

③ [O]
「행정심판법」제48조【재결의 송달과 효력 발생】④ 처분의 상대방이 아닌 제3자가 심판청구를 한 경우 위원회는 재결서의 등본을 지체 없이 피청구인을 거쳐 처분의 상대방에게 송달하여야 한다.

16　정답 ④

☑ 함께 정리하기 국가배상

구체적 입법의무 있음에도 고의, 과실로 불이행
▷ 불법행위
「부동산등기특별조치법」상 보증인
▷ 「국가배상법」상 공무원✕
교통할아버지
▷ 「국가배상법」상 공무원O
공무원
▷ 전투경찰 & 향토예비군 & 시청소차운전수 & 통장O/의용소방대원✕

① [O] 국회의원의 입법행위는 그 입법 내용이 헌법의 문언에 명백히 위배됨에도 불구하고 국회가 굳이 당해 입법을 한 것과 같은 특수한 경우가 아닌 한 국가배상법 제2조 제1항 소정의 위법행위에 해당한다고 볼 수 없고, 같은 맥락에서 국가가 일정한 사항에 관하여 헌법에 의하여 부과되는 구체적인 입법의무를 부담하고 있음에도 불구하고 그 입법에 필요한 상당한 기간이 경과하도록 고의 또는 과실로 이러한 입법의무를 이행하지 아니하는 등 극히 예외적인 사정이 인정되는 사안에 한정하여 국가배상법 소정의 배상책임이 인정될 수 있으며, 위와 같은 구체적인 입법의무 자체가 인정되지 않는 경우에는 애당초 부작위로 인한 불법행위가 성립할 여지가 없다(대판 2008.5.29. 2004다33469).

② [O] 구 부동산소유권 이전등기 등에 관한 특별조치법 제7조 제1항, 제2항, 제10조 제2항, 제3항, 제11조, 구 부동산소유권 이전등기 등에 관한 특별조치법 시행령 제5조 내지 제9조, 제11조, 제12조 내지 제15조의 규정들을 종합하면, 구 특별조치법상 보증인은 공무를 위탁받아 실질적으로 공무를 수행한다고 보기는 어렵다. 보증인을 위촉하는 관청은 소정 요건을 갖춘 주민을 보증인으로 위촉하는 데 그치고 대장소관청은 보증서의 진위를 확인하기 위한 일련의 절차를 거쳐 확인서를 발급할 뿐 행정관청이 보증인의 직무수행을 지휘·감독할 수 있는 법령상 근거가 없으며, 보증인은 보증서를 작성할 의무를 일방적으로 부과받으면서도 어떠한 경제적 이익도 제공받지 못하는 반면 재량을 가지고 발급신청의 진위를 확인하며 그 내용에 관하여 행정관청으로부터 아무런 간섭을 받지 않기 때문이다(대판 2019.1.31. 2013다14217).

③ [O] 지방자치단체가 '교통할아버지 봉사활동 계획'을 수립한 후 관할 동장으로 하여금 '교통할아버지'를 선정하게 하여 어린이 보호, 교통안내, 거리질서 확립 등의 공무를 위탁하여 집행하게 하던 중 '교통할아버지'로 선정된 노인이 위탁받은 업무 범위를 넘어 교차로 중앙에서 교통정리를 하다가 교통사고를

발생시킨 경우, 지방자치단체가 국가배상법 제2조 소정의 배상책임을 부담한다(대판 2001.1.5. 98다39060).

〔유제〕 12. 국가직 9급 서울특별시 강서구 교통할아버지사건과 같은 경우 공무를 위탁받아 수행하는 일반 사인(私人)은 「국가배상법」 제2조 제1항에 따른 공무원이 될 수 없다. (×)

10. 지방직 9급 교통할아버지 봉사원도 「국가배상법」상 공무원으로 보고 있다. (○)

❹ [×] 의용소방대원은 「국가배상법」상의 공무원에 해당하지 않는다.

> 의용소방대는 국가기관이라 할 수 없음은 물론이고 군에 예속된 기관이라고 할 수도 없으니 의용소방대원이 소방호수를 교환받기 위하여 소방대장의 승인을 받고 위 의용소방대가 보관 사용하는 차량을 운전하고 가다가 운전사고가 발생하였다면 이를 군의 사무집행에 즈음한 행위라고 볼 수 없다(대판 1975.11.25. 73다1896).

「국가배상법」상 공무원 ○	「국가배상법」상 공무원 ×
• 청원경찰(92다47564)	• 의용소방대원(78다584)
• 전투경찰(95다23897)	• 한국토지공사
• 법관과 헌법재판관	(2007다82950)
(2001다47290)	• 순전히 대등한 사경제의 주체
• 통장(91다5570)	(70다1148)
• 교통할아버지 봉사원	
(98다39060)	
• 시 청소차 운전수	
(80다1051)	
• 소집 중인 향토예비군	
(70다471)	
• 주한미군·카투사	
(68다2346)	
• 소방원(70다347)	
• 강제집행하는 집행관	
(66다854)	
• 군무수행을 위하여 채용된 민	
간인(70다2253)	
• 철도차장(76다1988)	
• 집달리(68다326)	

---

17 정답 ②, ④

> ✅ **함께 정리하기 국가배상**
>
> 법령에 따른 직무집행
> ▷ 법령적합성○
> 헌법재판소 재판관의 청구기간을 오인한 위법한 각하결정
> ▷ 국가배상책임○
> 고의·중과실 공무원에 대한 국가의 구상권
> ▷ 「국가배상법」상 명문규정 有
> 공무원의 직무상 의무
> ▷ 조리상 작위의무○

① [×] 공무원의 직무집행이 법령이 정한 요건과 절차에 따라 이루어진 것이라면 특별한 사정이 없는 한 이는 법령에 적합한 것이고 그 과정에서 개인의 권리가 침해되는 일이 생긴다고 하여 그 법령적합성이 곧바로 부정되는 것은 아니다(대판 2000.11.10. 2000다26807).

〔유제〕 18. 서울시 9급 공무원의 직무집행이 법령이 정한 요건과 절차에 따라 이루어진 것이라도, 그 과정에서 개인의 권리가 침해되면 법령위반에 해당한다. (×)

❷ [○] 헌법재판관이 청구기간을 오인하여 각하한 경우에는 국가배상책임이 인정된다.

> 재판에 대하여 따로 불복절차 또는 시정절차가 마련되어 있는 경우에는 재판의 결과로 불이익 내지 손해를 입었다고 여기는 사람은 그 절차에 따라 자신의 권리 내지 이익을 회복하도록 함이 법이 예정하는 바이므로, 불복에 의한 시정을 구할 수 없었던 것 자체가 법관이나 다른 공무원의 귀책사유로 인한 것이라거나 그와 같은 시정을 구할 수 없었던 부득이한 사정이 있었다는 등의 특별한 사정이 없는 한, 스스로 그와 같은 시정을 구하지 아니한 결과 권리 내지 이익을 회복하지 못한 사람은 원칙적으로 국가배상에 의한 권리구제를 받을 수 없다고 봄이 상당하다고 하겠으나, 재판에 대하여 불복절차 내지 시정절차 자체가 없는 경우에는 부당한 재판으로 인하여 불이익 내지 손해를 입은 사람은 국가배상 이외의 방법으로는 자신의 권리 내지 이익을 회복할 방법이 없으므로, 이와 같은 경우에는 배상책임의 요건이 충족되는 한 국가배상책임을 인정하지 않을 수 없다. 헌법소원심판을 청구한 자로서는 헌법재판소 재판관이 일자 계산을 정확하게 하여 본안판단을 할 것으로 기대하는 것이 당연하고, 따라서 헌법재판소 재판관의 위법한 직무집행의 결과 잘못된 각하결정을 함으로써 청구인으로 하여금 본안판단을 받을 기회를 상실하게 한 이상, 설령 본안판단을 하였더라도 어차피 청구가 기각되었을 것이라는 사정이 있다고 하더라도 잘못된 판단으로 인하여 헌법소원심판 청구인의 위와 같은 합리적인 기대를 침해한 것이고 이러한 기대는 인격적 이익으로서 보호할 가치가 있다고 할 것이므로 그 침해로 인한 정신상 고통에 대하여는 위자료를 지급할 의무가 있다(대판 2003.7.11. 99다24218).

〔유제〕 19. 서울시 7급 헌법재판소 재판관이 청구기간 내에 제기된 헌법소원심판청구 사건에서 청구기간을 오인 하여 각하결정을 한 경우, 이에 대한 불복절차 내지 시정절차가 없는 때에는 국가배상책임(위법성)을 인정할 수 있다. (○)

18. 5급 승진 헌법재판소 재판관의 잘못된 각하결정으로 말미암아 본안판단기회를 상실한 경우, 본안판단을 하면 어차피 청구가 기각될 사정이 있더라도 본안판단에 대한 원고의 합리적 기대가 침해된 데 따른 정신상 고통에 대해 위자료를 지급할 의무가 국가에게 인정된다. (○)

③ [×] 공무원의 대외적 책임(피해자의 선택적 청구권)의 문제와는 달리 공무원의 대내적 책임에 대해서는 「국가배상법」에 명문규정이 있다.

> 「국가배상법」 제2조 【배상책임】 ① 국가나 지방자치단체는 공무원 또는 공무를 위탁받은 사인(이하 "공무원"이라 한다)이 직무를 집행하면서 고의 또는 과실로 법령을 위반하여 타인에게 손해를 입히거나, 「자동차손해배상 보장법」에 따라 손해배상의 책임이 있을 때에는 이 법에 따라 그 손해를 배상하여야 한다.
> ② 제1항 본문의 경우에 공무원에게 고의 또는 중대한 과실이 있으면 국가나 지방자치단체는 그 공무원에게 구상할 수 있다.

❹ [○] '법령에 위반하여'라고 하는 것이 엄격하게 형식적 의미의 법령에 명시적으로 공무원의 작위의무가 규정되어 있는데도 이를 위반하는 경우만을 의미하는 것은 아니고, 국민의 생명, 신체, 재산 등에 대하여 절박하고 중대한 위험상태가 발생하였거나 발생할 우려가 있어서 국민의 생명, 신체, 재산 등을 보호하는 것을 본래적 사명으로 하는 국가가 초법규적, 일차적으로 그 위험 배제에 나서지 아니하면 국민의 생명, 신체, 재산 등을 보호할 수 없는 경우에는 형식적 의미의 법령에 근거가 없더라도 국가나 관련 공무원에 대하여 그러한 위험을 배제할 작위의무를 인정할 수 있을 것이다(대판 1998.10.13. 98다18520).

유제 13. 지방직 7급 '법령에 위반하여'라 함은 엄격하게 형식적 의미의 법령에 명시적으로 공무원의 작위의무가 정하여져 있음에도 이를 위반하는 경우만을 의미한다. (×)
13. 지방직 7급 절박하고 중대한 위험상태가 발생하였거나 발생할 우려가 있는 경우가 아닌 한, 원칙적으로 공무원이 관련 법령대로만 직무를 수행하였다면 그와 같은 공무원의 부작위를 가지고 '고의 또는 과실로 법령에 위반'하였다고 할 수는 없다. (○)
12. 국가직 9급 법령에 명시적으로 공무원의 작위의무가 규정되어 있지 않은 경우라 할지라도 공무원의 부작위로 인한 국가배상 책임을 인정할 수 있다. (○)
11. 국회직 9급 부작위에 대해 국가배상책임이 인정되기 위해서는 법령상 명문의 작위의무가 있어야 하며, 조리에 의한 작위의무는 인정되지 않는다. (×)
10. 국가직 9급 공무원의 부작위로 인한 국가배상책임을 인정하기 위해서는 법령에 명시적으로 공무원의 작위의무가 규정되어 있어야 한다. (×)

18   정답 ①, ③

☑ 함께 정리하기 국가배상
직무관련성
▷ 외형설
소멸시효완성주장 권리남용
▷ 국가가 배상책임이행
▷ 국가의 구상권×(공무원의 적극주도 없는 한)
미니컵젤리 먹던 아동의 질식사
▷ 국가배상책임×
「공무원연금법」상 요양비지급
▷ 이중배상금지 규정상의 「국가배상법」상 보상×

❶ [×] 국가배상법 제2조 제1항의 '직무를 집행함에 당하여'라 함은 직접 공무원의 직무집행행위이거나 그와 밀접한 관련이 있는 행위를 포함하고, 이를 판단함에 있어서는 행위 자체의 외관을 객관적으로 관찰하여 공무원의 직무행위로 보여질 때에는 비록 그것이 실질적으로 직무행위가 아니거나 또는 행위자로서는 주관적으로 공무집행의 의사가 없었다고 하더라도 그 행위는 공무원이 '직무를 집행함에 당하여' 한 것으로 보아야 한다(대판 2005.1.14. 2004다26805).

② [○] 공무원의 불법행위로 손해를 입은 피해자의 국가배상청구권의 소멸시효 기간이 지났으나 국가가 소멸시효 완성을 주장하는 것이 신의성실의 원칙에 반하는 권리남용으로 허용될 수 없어 배상책임을 이행한 경우에는, 그 소멸시효 완성 주장이 권리남용에 해당하게 된 원인행위와 관련하여 해당 공무원이 그 원인이 되는 행위를 적극적으로 주도하였다는 등의 특별한 사정이 없는 한, 국가가 해당 공무원에게 구상권을 행사하는 것은 신의칙상 허용되지 않는다(대판 2016.6.9. 2015다200258).

유제 17. 변호사 국가배상청구권의 소멸시효기간이 지났으나, 국가가 소멸시효완성을 주장하는 것이 신의성실의원칙에 반하는 권리남용으로 허용될 수 없어 배상책임을 이행한 경우에는, 그 소멸시효 완성 주장이 권리남용에 해당하게 된 원인행위와 관련하여 해당 공무원이 그 원인이 되는 행위를 적극적으로 주도하였다는 등의 특별한 사정이 없는 한, 국가의 해당 공무원에 대한 구상권 행사는 신의칙상 허용되지 않는다. (○)

❸ [×] 식품의약청장이 미니컵젤리에 대해 강화된 규제조치를 취하지 않았다고 하더라도 국가배상책임이 인정되지 않는다.

1. 어린이가 미니컵젤리를 섭취하던 중 미니컵젤리가 목에 걸려 질식사한 두 건의 사고가 연달아 발생한 뒤 약 8개월 20일 이후 다시 어린이가 미니컵젤리를 먹다가 질식사한 사안에서, 당시의 미니컵젤리에 대한 국제적 규제수준과 식품의약품안전청장 등의 기존의 규제조치의 수준, 이전에 발생한 두 건의 질식사고의 경위와 미니컵젤리로 인한 사고의 빈도, 구 식품위생법이 식품에 대한 규제조치를 식품의약품안전청장 등의 합리적 재량에 맡기고 있는 취지 등에 비추어, 식품의약품안전청장 등이 미니컵젤리의 유통을 금지하거나 물성실험 등을 통하여 미니컵젤리의 위험성을 확인하고 기존의 규제조치보다 강화된 미니컵젤리의 기준 및 규격 등을 마련하지 아니하였다고 하더라도, 그러한 규제권한을 행사하지 아니한 것이 현저하게 합리성을 잃어 사회적 타당성이 없다고 볼 수 있는 정도에 이른 것이라고 보기 어렵다(대판 2010.11.25. 2008다67828).
2. 관련 규정이 식품의약품안전청장 및 관련 공무원에게 합리적인 재량에 따른 직무수행 권한을 부여한 것으로 해석된다고 하더라도, 식품의약품안전청장 등에게 그러한 권한을 부여한 취지와 목적에 비추어 볼 때 구체적인 상황 아래에서 식품의약품안전청장 등이 그 권한을 행사하지 아니한 것이 현저하게 합리성을 잃어 사회적 타당성이 없는 경우에는 직무상 의무를 위반한 것이 되어 위법하게 된다. 그리고 위와 같이 식약청장등이 그 권한을 행사하지 아니한 것이 직무상 의무를 위반하여 위법한 것으로 되는 경우에는 특별한 사정이 없는 한 과실도 인정된다(대판 2010.9.9. 2008다77795).

유제 11. 국가직 7급 판례에 의하면 규제권한을 행사하지 아니한 것이 직무상 의무를 위반하여 위법한 것으로 되는 경우에는 특별한 사정이 없는 한 과실도 인정된다. (○)

④ [○] 구 공무원연금법에 따라 각종 급여를 지급하는 제도는 공무원의 생활안정과 복리향상에 이바지하기 위한 것이라는 점에서 국가배상법 제2조 제1항 단서에 따라 손해배상금을 지급하는 제도와 그 취지 및 목적을 달리하므로, 경찰공무원인 피해자가 구 공무원연금법의 규정에 따라 공무상 요양비를 지급받는 것은 국가배상법 제2조 제1항 단서에서 정한 '다른 법령의 규정'에 따라 보상을 지급받는 것에 해당하지 않는다(대판 2019.5.30. 2017다16174).

19 정답 ③

☑ 함께 정리하기 **국가배상법**

직무관련성
▷ 외형설
직무상 의무
▷ 사익보호성 있어야 함
항고소송에서 처분취소
▷ 공무원의 고의·과실 단정✕
「국가배상법」상 손해배상지급받은 후 구 「국가유공자법」상 보훈급여금 지급청구 可

① [O] 직무행위는 외형을 통해 판단한다(외형이론).

> 국가배상법 제2조 제1항의 '직무를 집행함에 당하여'라 함은 직접 공무원의 직무집행행위이거나 그와 밀접한 관련이 있는 행위를 포함하고, 이를 판단함에 있어서는 행위 자체의 외관을 객관적으로 관찰하여 공무원의 직무행위로 보여질 때에는 비록 그것이 실질적으로 직무행위가 아니거나 또는 행위자로서는 주관적으로 공무집행의 의사가 없었다고 하더라도 그 행위는 공무원이 '직무를 집행함에 당하여' 한 것으로 보아야 한다(대판 2005.1.14. 2004다26805).

> 유제 14. 국가직 7급 행위 자체의 외관이 객관적으로 관찰하여 공무원의 직무행위로 보일 때에는 그것이 실질적으로 직무행위가 아니거나 또는 행위자에게 주관적으로 공무집행의 의사가 없었다고 하더라도 그 행위는 직무행위에 해당한다. (O)

② [O] 공무원에게 직무상 의무를 부과한 법령의 보호목적이 사회 구성원 개인의 이익과 안전을 보호하기 위한 것이 아니고 단순히 공공일반의 이익이나 행정기관 내부의 질서를 규율하기 위한 것이라면 가사 공무원이 그 직무상 의무를 위반한 것을 계기로 하여 제3자가 손해를 입었다 하더라도 공무원이 직무상 의무를 위반한 행위와 제3자가 입은 손해 사이에는 법리상 상당인과관계가 있다고 할 수 없다(대판 1994.6.10. 93다30877).

> 유제 19. 서울시 7급 공무원에게 부과된 직무상 의무의 내용이 순전히 행정기관 내부의 질서를 유지하기 위한 것이거나 전체적으로 공공 일반의 이익을 도모하기 위한 것인 경우, 국가 또는 지방자치단체가 배상책임을 부담하지 아니한다. (O)

❸ [✕] 항고소송에서 처분이 취소되어도 불법행위를 구성한다고 단정할 수는 없다.

> 어떠한 행정처분이 후에 항고소송에서 취소된 사실만으로 당해 행정처분이 곧바로 공무원의 고의 또는 과실로 인한 것으로서 불법행위를 구성한다고 단정할 수는 없다(대판 2007. 5.10. 2005다31828).

> 유제 17. 서울시 7급 어떠한 행정처분이 후에 항고소송에서 취소되었다고 할지라도 그 기판력에 의하여 당해 행정처분이 곧바로 공무원의 고의 또는 과실로 인한 것으로서 불법행위를 구성한다고 볼 수 없다. (O)
> 12. 지방직 7급 행정처분이 뒤에 항고소송에서 취소되었다면 그 자체만으로 그 행정처분이 곧바로 공무원의 고의 또는 과실로 인한 불법행위를 구성한다. (✕)

④ [O] 전투·훈련 등 직무집행과 관련하여 공상을 입은 군인 등이 먼저 국가배상법에 따라 손해배상금을 지급받은 다음 구 국가유공자법이 정한 보상금 등 보훈급여금의 지급을 청구하는 경우 피고로서는 다음과 같은 사정에 비추어 국가배상법에 따라 손해배상을 받았다는 사정을 들어 보상금 등 보훈급여금의 지급을 거부할 수 없다고 보아야 한다. 국가배상법 제2조 제1항 단서가 명시적으로 '다른 법령에 따라 보상을 지급받을 수 있을 때에는 국가배상법 등에 따른 손해배상을 청구할 수 없다'고 정하고 있는 것과 달리, 구 국가유공자법은 국가배상법에 따른 손해배상금을 지급받은 자를 보상금 등 보훈급여금의 지급대상에서 제외하도록 하는 규정을 두고 있지 아니하다. … 대부분의 경우 구 국가유공자법에 따른 보상금 등 보훈급여금의 규모가 국가배상법상 손해배상금을 상회할 것으로 보인다. 이와 같은 국가배상법 제2조 제1항 단서의 입법취지, 구 국가유공자법이 정한 보상과 국가배상법이 정한 손해배상의 목적과 산정방식의 차이 등을 고려하면, 구 국가배상법 제2조 제1항 단서가 구 국가유공자법 등에 의한 보상을 받을 수 있는 경우 추가로 국가배상법에 따른 손해배상청구를 하지 못한다는 것을 넘어 국가배상법상 손해배상금을 받은 경우 일률적으로 구 국가유공자법상 보상금 등 보훈급여금의 지급을 금지하는 취지로까지 해석하기는 어렵다(대판 2017.2.13. 2014두40012).

> 유제 23. 국가직 9급 훈련으로 공상을 입은 군인이 「국가배상법」에 따라 손해배상금을 지급받은 다음 「보훈보상대상자 지원에 관한 법률」이 정한 보훈급여금의 지급을 청구하는 경우, 국가는 「국가배상법」 제2조 제1항 단서에 따라 그 지급을 거부할 수 있다. (✕)
> 19. 서울시 9급 전투·훈련 등 직무집행과 관련하여 공상을 입은 군인 등이 먼저 「국가배상법」에 따라 손해배상금을 지급받은 다음 「보훈보상대상자 지원에 관한 법률」이 정한 보상금 등 보훈급여금의 지급을 청구하는 경우, 보훈지청장은 「국가배상법」에 따라 손해배상을 받았다는 사정을 들어 지급을 거부할 수 있다. (✕)

20 정답 ①

☑ 함께 정리하기 **국가배상책임**

부작위에 대한 국가배상
▷ 결과에 대한 예견가능성 & 회피가능성 要
부작위위법확인소송 인용확정
▷ 불법행위 곧바로 인정✕
행정청의 작위의무
▷ 명문규정 없이도 인정 可
행정청의 부작위
▷ 의무이행심판 可/의무이행소송 不可

❶ [×], ③ [○] '법령을 위반하여'라고 하는 것은 공무원의 작위의무를 명시적으로 규정한 형식적 의미의 법령을 위반한 경우만을 의미하는 것이 아니라, 형식적 의미의 법령에 작위의무가 명시되어 있지 않더라도 국민의 생명·신체·재산 등에 대하여 절박하고 중대한 위험상태가 발생하였거나 발생할 우려가 있어서 국민의 생명 등을 보호하는 것을 본래적 사명으로 하는 국가가 일차적으로 그 위험 배제에 나서지 아니하면 이를 보호할 수 없는 때에 국가나 관련 공무원에 대하여 인정되는 작위의무를 위반한 경우도 포함되어야 할 것이나, … 공무원의 부작위로 인한 국가배상책임을 인정할 것인지 여부가 문제되는 때에 관련 공무원에 대하여 작위의무를 명하는 법령의 규정이 없다면 공무원의 부작위로 인하여 침해된 국민의 법익 또는 국민에게 발생한 손해가 어느 정도 심각하고 절박한 것인지, 관련 공무원이 그와 같은 결과를 예견하여 그 결과를 회피하기 위한 조치를 취할 수 있는 가능성이 있는지 등을 종합적으로 고려하여 판단하여야 한다(대판 2009.9.24. 2006다82649).

② [○] 어떠한 행정처분이 결과적으로 위법한 것으로 평가될 수 있다 하더라도 그 행정처분이 곧바로 공무원의 고의 또는 과실로 인한 것으로서 불법행위를 구성한다고 단정할 수는 없는 것이고, 객관적 주의의무를 위반함으로써 그 행정처분이 객관적 정당성을 상실하였다고 인정될 수 있는 정도에 이르러야 국가배상법 제2조가 정한 국가배상책임의 요건을 충족하였다고 봄이 타당하다(대판 2013.11.14. 2013다206368).

④ [○] 행정심판법 제3조에 의하면 행정청의 위법 또는 부당한 거부처분이나 부작위에 대하여 의무이행 심판청구를 할 수 있으나 행정소송법 제4조에서는 행정심판법상의 의무이행심판청구에 대응하여 부작위위법확인소송만을 규정하고 있으므로 행정청의 부작위에 대한 의무이행소송은 현행법상 허용되지 않는다(대판 1989.9.12. 87누868).

정답
p. 86

01	②	06	③	11	②	16	④
02	③	07	③	12	①	17	③
03	④	08	②	13	④	18	②
04	④	09	②	14	①	19	④
05	③	10	①	15	③	20	③

01
정답 ②

> ☑ **함께 정리하기 사례해결**
>
> 공무원 외부적 배상책임
> ▷ 「국가배상법」 규정 無
> 고의·중과실 공무원
> ▷ 민사상 책임
> 경과실 공무원
> ▷ 구상권○
> 공중보건의
> ▷ 공무원○

① [×] 피해자가 공무원에 대해 직접적으로 손해배상을 청구할 수 있는지 여부에 대한 명문의 규정은 없으며 선택적 청구를 긍정하는 견해와 부정하는 견해, 절충설의 대립이 있다.

❷ [○], ③④ [×]

> [1] 공무원이 직무수행 중 불법행위로 타인에게 손해를 입힌 경우에 국가 등이 국가배상책임을 부담하는 외에 공무원 개인도 고의 또는 중과실이 있는 경우에는 불법행위로 인한 손해배상책임을 지고, 공무원에게 경과실이 있을 뿐인 경우에는 공무원 개인은 손해배상책임을 부담하지 아니한다. 이처럼 경과실이 있는 공무원이 피해자에 대하여 손해배상책임을 부담하지 아니함에도 피해자에게 손해를 배상하였다면 그것은 채무자 아닌 사람이 타인의 채무를 변제한 경우에 해당하고, 이는 민법 제469조의 '제3자의 변제'또는 민법 제744조의 '도의관념에 적합한 비채변제'에 해당하여 피해자는 공무원에 대하여 이를 반환할 의무가 없고, 그에 따라 피해자의 국가에 대한 손해배상청구권이 소멸하여 국가는 자신의 출연 없이 채무를 면하게 되므로, 피해자에게 손해를 직접 배상한 경과실이 있는 공무원은 특별한 사정이 없는 한 국가에 대하여 국가의 피해자에 대한 손해배상책임의 범위 내에서 공무원이 변제한 금액에 관하여 구상권을 취득한다고 봄이 타당하다.

> [2] 공중보건의인 甲에게 치료를 받던 乙이 사망하자 乙의 유족들이 甲 등을 상대로 손해배상청구의 소를 제기하였고, 甲의 의료과실이 인정된다는 이유로 甲 등의 손해배상책임을 인정한 판결이 확정되어 甲이 乙의 유족들에게 판결금 채무를 지급한 사안에서, 甲은 공무원으로서 직무 수행 중 경과실로 타인에게 손해를 입힌 것이어서 乙과 유족들에 대하여 손해배상책임을 부담하지 아니함에도 乙의 유족들에 대한 패소판결에 따라 그들에게 손해를 배상한 것이고, 이는 민법 제744조의 도의관념에 적합한 비채변제에 해당하여 乙과 유족들의 국가에 대한 손해배상청구권은 소멸하고 국가는 자신의 출연 없이 채무를 면하였으므로, 甲은 국가에 대하여 변제금액에 관하여 구상권을 취득한다(대판 2014.8.20. 2012다54478).

유제 15. 서울시 7급 공무원이 직무수행 중 불법행위로 타인에게 손해를 입힌 경우에 국가 등이 국가배상책임을 부담하는 외에 공무원 개인도 고의 또는 중과실이 있는 경우에는 불법행위로 인한 손해배상책임을 진다. (○)

15. 서울시 7급 공무원에게 경과실이 있을 뿐인 경우에는 공무원 개인은 손해배상책임을 부담하지 아니한다. (○)

15. 서울시 7급 경과실이 있는 공무원이 피해자에게 직접 손해를 배상하였다면 그것은 채무자 아닌 사람이 타인의 채무를 변제한 경우에 해당한다. (○)

15. 서울시 7급 피해자에게 손해를 직접 배상한 경과실이 있는 공무원이 국가에 대하여 국가의 손해배상책임의 범위 내에서 자신이 변제한 금액에 관하여 구상권을 행사하는 것은 권리남용으로 허용되지 아니한다. (×)

02
정답 ③

📋 **함께 정리하기** 사례해결

직무상 의무
▷ 사익보호성 要
고의·중과실 공무원
▷ 민사상 책임 & 구상책임
신의칙상 국가의 구상권 제한 可
배상심의회 배상결정
▷ 임의적 전치주의

ㄱ. [O] 선박안전법이나 유선 및 도선업법의 각 규정은 공공의 안전 외에 일반인의 인명과 재화의 안전보장도 그 목적으로 하는 것이라고 할 것이므로 국가 소속 선박검사관이나 시 소속 공무원들이 직무상 의무를 위반하여 시설이 불량한 선박에 대하여 선박중간검사에 합격하였다 하여 선박검사증서를 발급하고, 해당 법규에 규정된 조치를 취함이 없이 계속 운항하게 함으로써 화재사고가 발생한 것이라면, 화재사고와 공무원들의 직무상 의무위반행위와의 사이에는 상당인과관계가 있다(대판 1993.2.12. 91다43466).

유제 09. 선관위 국가가 손해배상책임을 부담하기 위해서는 공무원의 권한행사의 해태로 인하여 침해된 이익이 법률상 보호되는 이익이어야 한다는 것이 대법원의 입장이지만 위 사건에서 선박안전검사는 단지 공공일반의 이익만을 위한 것이어서 국가의 손해배상책임이 인정되기 어렵다는 것이 판례의 입장이다. (×)

ㄴ. [×] 판례는 공무원에게 경과실뿐인 경우에는 공무원 개인은 손해배상책임을 부담하지 않는다고 하지만, 공무원 개인도 고의 또는 중과실이 있는 경우에는 불법행위로 인한 손해배상책임을 진다고 한다. 따라서, 공무원의 중과실이 인정되는 경우, 유가족은 국가와 공무원에 대해서 선택적으로 배상청구를 할 수 있다.

> 국가배상법 제2조 제1항 본문 및 제2항의 입법 취지는 공무원의 직무상 위법행위로 타인에게 손해를 끼친 경우에는 변제자력이 충분한 국가 등에게 선임감독상 과실 여부에 불구하고 손해배상책임을 부담시켜 국민의 재산권을 보장하되, 공무원이 직무를 수행함에 있어 경과실로 타인에게 손해를 입한 경우에는 그 직무수행상 통상 예기할 수 있는 흠이 있는 것에 불과하므로, 이러한 공무원의 행위는 여전히 국가 등의 기관의 행위로 보아 그로 인하여 발생한 손해에 대한 배상책임도 전적으로 국가 등에만 귀속시키고 공무원 개인에게는 그로 인한 책임을 부담시키지 아니하여 공무원의 공무집행의 안정성을 확보하고, 반면에 공무원의 위법행위가 고의·중과실에 기한 경우에는 비록 그 행위가 그의 직무와 관련된 것이라고 하더라도 그와 같은 행위는 그 본질에 있어서 기관행위로서의 품격을 상실하여 국가 등에게 그 책임을 귀속시킬 수 없으므로 공무원 개인에게 불법행위로 인한 손해배상책임을 부담시키되, 다만 이러한 경우에도 그 행위의 외관을 객관적으로 관찰하여 공무원의 직무집행으로 보여질 때에는 피해자인 국민을 두텁게 보호하기 위하여 국가 등이 공무원 개인과 중첩적으로 배상책임을 부담하되 국가 등이 배상책임을 지는 경우에는 공무원 개인에게 구상할 수 있도록 함으로써 궁극적으로 그 책임이 공무원 개인에게 귀속되도록 하려는 것이라고 봄이 합당하다(대판 1996.2.15. 95다38677 전합).

유제 09. 선관위 공무원의 책임과 관련하여 대법원은 공무원의 위법행위가 고의·중과실에 기한 경우에는 공무원의 민사상의 손해배상책임과 구상책임을 모두 인정하는 입장이므로, 이에 따르면 위 사건에서 공무원의 중과실이 인정되는 경우, 유가족은 국가와 공무원에 대해서 선택적으로 배상청구를 할 수 있다. (O)

ㄷ. [O] 국가 또는 지방자치단체의 산하 공무원이 그 직무를 집행함에 당하여 중대한 과실로 인하여 법령에 위반하여 타인에게 손해를 가함으로써 국가 또는 지방자치단체가 손해배상책임을 부담하고, 그 결과로 손해를 입게 된 경우에는 국가 등은 당해 공무원의 직무내용, 당해 불법행위의 상황, 손해발생에 대한 당해 공무원의 기여정도, 당해 공무원의 평소 근무태도, 불법행위의 예방이나 손실분산에 관한 국가 또는 지방자치단체의 배려의 정도 등 제반사정을 참작하여 손해의 공평한 분담이라는 견지에서 신의칙상 상당하다고 인정되는 한도 내에서만 당해 공무원에 대하여 구상권을 행사할 수 있다(대판 1991.5.10. 91다6764).

ㄹ. [O]
> 「국가배상법」 제9조【소송과 배상신청의 관계】이 법에 따른 손해배상의 소송은 배상심의회(이하 "심의회"라 한다)에 배상신청을 하지 아니하고도 제기할 수 있다.

유제 15. 국회직 8급 국가배상청구소송을 제기하기 전에 반드시 국가배상심의회의결정을 거치지 않아도 된다. (O)

03
정답 ④

📋 **함께 정리하기** 영조물책임

하자 입증책임
▷ 원고
예견가능성·회피가능성 입증책임
▷ 관리주체
영조물책임의 손해의 원인 책임자에게 구상 可
흡연하기 위해 난간출입하던 고3학생 실족사
▷ 설치·관리상 하자×
영조물
▷ 강학상 공물 & 사실상 관리○

① [O] 판례에 의할 때 영조물의 설치 또는 관리상의 하자의 증명책임을 원고인 피해자에게 있다. 다만, 관리가능성(손해발생의 예견가능성과 회피가능성)이 없었다는 것은 관리주체에게 입증책임이 있다.

> 편도 2차선 도로의 1차선 상에 교통사고의 원인이 될 수 있는 크기의 돌멩이가 방치되어 있는 경우, 도로의 점유·관리자가 그에 대한 관리 가능성이 없다는 입증을 하지 못하는 한 이는 도로의 관리·보존상의 하자에 해당한다(대판 1998. 2.10. 97다32536).

유제 09. 국회직 8급 고속도로의 관리상 하자가 인정되는 이상 고속도로의 점유관리자는 그 하자가 불가항력에 의한 것이거나 손해의 방지에 필요한 주의를 해태하지 아니하였다는 점을 주장·입증하여야 비로소 그 책임을 면할 수 있다. (O)

② [O]

> 「국가배상법」 제5조 【공공시설 등의 하자로 인한 책임】 ② 제1항을 적용할 때 손해의 원인에 대하여 책임을 질 자가 따로 있으면 국가나 지방자치단체는 그 자에게 구상할 수 있다.

③ [O] 고등학교 3학년 학생이 교사의 단속을 피해 담배를 피우기 위하여 3층 건물 화장실 밖의 난간을 지나다가 실족하여 사망한 사안에서 학교 관리자에게 그와 같은 이례적인 사고가 있을 것을 예상하여 복도나 화장실 창문에 난간으로의 출입을 막기 위하여 출입금지장치나 추락위험을 알리는 경고표지판을 설치할 의무가 있다고 볼 수는 없다는 이유로 학교시설의 설치·관리상의 하자가 없다(대판 1997.5.16. 96다54102).

> 유제 14. 국가직 7급 학생이 담배를 피우기 위하여 3층 건물 화장실 밖의 난간을 지나다가 실족하여 사망한 경우, 학교관리자에게 그와 같은 이례적인 사고가 있을 것을 예상하여 화장실 창문에 난간으로의 출입을 막기 위한 출입금지장치나 추락 위험을 알리는 경고표지판을 설치할 의무는 없으므로 학교시설의 설치·관리상의 하자는 인정되지 아니한다. (O)

❹ [X] 국가배상법 제5조 제1항 소정의 "공공의 영조물"이라 함은 국가 또는 지방자치단체에 의하여 특정 공공의 목적에 공여된 유체물 내지 물적 설비를 말하며, 국가 또는 지방자치단체가 소유권, 임차권 그 밖의 권한에 기하여 관리하고 있는 경우뿐만 아니라 사실상의 관리를 하고 있는 경우도 포함된다(대판 1998.10.23. 98다17381).

> 유제 16. 교행 9급 영조물의 설치·관리상 하자로 인한 국가배상의 기초가 되는 '공공의 영조물'은 공공의 목적에 공여된 유체물 내지 물적 설비를 말한다. (O)
> 14. 사복 9급 동법 제5조의 영조물책임은 국가 또는 지방자치단체가 소유권, 임차권, 그 밖의 권한에 기하여 관리하고 있는 영조물에 대해서만 인정되며, 사실상 관리하고 있을 뿐인 경우에는 인정되지 않는다. (X)
> 14. 서울시 7급 영조물은 국가 또는 지방자치단체가 소유권, 임차권 그 밖의 권한에 기하여 관리하고 있는 경우에는 포함되지만 사실상 관리하고 있는 경우에는 해당되지 않는다. (X)
> 07. 국가직 9급 공공의 영조물에는 국가 또는 지방자치단체가 임차권에 의해 관리하고 있는 경우도 포함된다. (O)

04 정답 ④

> 📋 함께 정리하기 영조물 책임
> 하자의 판단기준
> ▷ 상대적인 안정성(고도의 안전성×)
> 빙판길 위험 경고·위험표지판 미설치만으로 도로관리상 하자×
> 차량용 방호울타리 미설치만으로 도로관리상 하자×
> 제3자의 행위가 경합하여 손해
> ▷ 영조물 관리상 하자책임○

① [X] 국가배상법 제5조 제1항에 정하여진 '영조물의 설치·관리상의 하자'라 함은 공공의 목적에 공여된 영조물이 그 용도에 따라 통상 갖추어야 할 안전성을 갖추지 못한 상태에 있음을 말하는바, 영조물의 설치 및 관리에 있어서 항상 완전무결한 상태를 유지할 정도의 고도의 안전성을 갖추지 아니하였다고 하여 영조물의 설치 또는 관리에 하자가 있다고 단징할 수 없는 것이고, 영조물의 설치자 또는 관리자에게 부과되는 방호조치의무는 영조물의 위험성에 비례하여 사회통념상 일반적으로

요구되는 정도의 것을 의미하므로 영조물인 도로의 경우도 다른 생활필수시설과의 관계나 그것을 설치하고 관리하는 주체의 재정적, 인적, 물적 제약 등을 고려하여 그것을 이용하는 자의 상식적이고 질서 있는 이용방법을 기대한 상대적인 안전성을 갖추는 것으로 족하다(대판 2002.8.23. 2002다9158).

②③ [X] 위와 같은 사정만으로는 도로관리상의 하자를 인정하지 않는다.

> 강설의 특성, 기상적 요인과 지리적 요인, 이에 따른 도로의 상대적 안전성을 고려하면 겨울철 산간지역에 위치한 도로에 강설로 생긴 빙판을 그대로 방치하고 도로상황에 대한 경고나 위험표지판을 설치하지 않았다는 사정만으로 도로관리상의 하자가 있다고 볼 수 없다고 할 것이다(대판 2000.4.25. 99다54998).

❹ [O] 영조물의 설치 또는 관리상의 하자로 인한 사고라 함은 영조물의 설치 또는 관리상의 하자만이 손해발생의 원인이 되는 경우만을 말하는 것이 아니고, 다른 자연적 사실이나 제3자의 행위 또는 피해자의 행위와 경합하여 손해가 발생하더라도 영조물의 설치 또는 관리상의 하자가 공동원인의 하나가 되는 이상 그 손해는 영조물의 설치 또는 관리상의 하자에 의하여 발생한 것이라고 해석함이 상당하다(대판 1994.11.22. 94다32924).

> 유제 08. 국가직 9급 다른 자연적 사실이나 제3자의 행위 또는 피해자의 행위와 경합하여 손해가 발생하였더라도 영조물의 설치·관리상의 하자가 공동원인의 하나가 된 이상 그 손해는 영조물의 설치·관리상의 하자에 의하여 발생한 것이라고 보아야 한다. (O)

05 정답 ③

> 📋 함께 정리하기 영조물책임
> 도로 관리·보존상 하자
> ▷ 관리가능성 있어야 하자○
> 객관설(하자)
> ▷ 피해자구제유리
> 기관위임
> ▷ 위임주체 = 사무귀속주체
> 영조물
> ▷ 「민법」상 공작물책임의 공작물보다 넓은 개념

① [O]

> [1] 도로의 설치 또는 관리·보존상의 하자는 도로의 위치 등 장소적인 조건, 도로의 구조, 교통량, 사고시에 있어서의 교통사정 등 도로의 이용상황과 그 본래의 이용 목적 등 제반사정과 물적 결함의 위치, 형상 등을 종합적으로 고려하여 사회통념에 따라 구체적으로 판단하여야 하는바, 도로의 설치 후 제3자의 행위에 의하여 그 본래의 목적인 통행상의 안전에 결함이 발생한 경우에는 도로에 그와 같은 결함이 있다는 것만으로 성급하게 도로의 보존상 하자를 인정하여서는 안 되고, 당해 도로의 구조, 장소적 환경과 이용 상황 등 제반 사정을 종합하여 그와 같은 결함을 제거하여 원상으로 복구할 수 있는데도 이를 방치한 것인지 여부를 개별적·구체적으로 심리하여 하자의 유무를 판단하여야 한다.

[2] 편도 2차선 도로의 1차선 상에 교통사고의 원인이 될 수 있는 크기의 돌멩이가 방치되어 있는 경우, 도로의 점유·관리자가 그에 대한 관리 가능성이 없다는 입증을 하지 못하는 한 이는 도로의 관리·보존상의 하자에 해당한다(대판 1998.2.10. 97다32536).

유제 17. 지방직 9급 고속도로의 관리상 하자가 인정되더라도 고속도로의 관리상 하자를 판단할 때 고속도로의 점유관리자가 손해의 방지에 필요한 주의의무를 해태하였다는 주장·입증책임은 피해자에게 있다. (×)

② [O] 주관설에 의하면 「국가배상법」 제5조의 책임의 성립에 어떤 의미든 관리자의 주관적 귀책사유가 있어야 하는바, 「국가배상법」 제5조의 책임을 무과실책임 또는 위험책임으로 보아 영조물이 통상적으로 갖추어야 할 안전성의 결여만 있으면 국가배상책임을 인정하는 객관설에 비해 피해자의 구제에 불리하다.

❸ [×] 권한을 위임받은 기관 소속의 공무원이 위임사무처리에 있어 고의 또는 과실로 타인에게 손해를 가하였거나 위임사무로 설치·관리하는 영조물의 하자로 타인에게 손해를 발생하게 한 경우에는 권한을 위임한 관청이 소속된 지방자치단체가 국가배상법 제2조 또는 제5조에 의한 배상책임을 부담한다(대판 1999.6.25. 99다11120).

유제 11. 국가직 7급 판례는 지방자치단체장 간의 기관위임이 있을 때 위임받은 하위 지방자치단체 소속 공무원이 위임사무를 처리하면서 고의로 타인에게 손해를 가한 경우에는 상위 지방자치단체는 손해배상책임을 지지 않는다고 본다. (×)

④ [O] 「민법」 제758조는 공작물을 대상으로 하지만 「국가배상법」 제5조는 영조물에 해당하기만 하면 그 대상을 공작물에 한정하고 있지 않은 점에서 「국가배상법」의 영조물이 「민법」의 공작물보다 그 범위가 넓다.

---

06 정답 ③

📋 **함께 정리하기 사례해결(부작위 국가배상)**

부작위에 의한 국가배상책임 문제
권한불행사 위법성○
▷ 과실
생명신체 중대 위험발생 우려
▷ 조리상 작위의무○

①④ [×], ❸ [O] 안전관리 조치를 취하여야 한다는 명시적인 법령규정은 존재하지 않는 경우에도, 일정한 작위의무가 발생할 수 있고, 이러한 경우 A시가 아무런 조치를 취하지 않은 부작위에 의한 국가배상책임이 문제될 수 있다. 또한 판례는 법령에서 공무원의 작위의무를 명문으로 규정하고 있지 않은 경우, 조리에 의해 작위의무를 인정할 수 있다고 한다. 이 경우, 지역주민의 신청이 없더라도 A시의 배상책임 인정될 수 있다.

'법령에 위반하여'라고 하는 것이 엄격하게 형식적 의미의 법령에 명시적으로 공무원의 작위의무가 규정되어 있는데도 이를 위반하는 경우만을 의미하는 것은 아니고, 국민의 생명, 신체, 재산 등에 대하여 절박하고 중대한 위험상태가 발생하였거나 발생할 우려가 있어서 국민의 생명, 신체, 재산 등을

보호하는 것을 본래적 사명으로 하는 국가가 초법규적, 일차적으로 그 위험 배제에 나서지 아니하면 국민의 생명, 신체, 재산 등을 보호할 수 없는 경우에는 형식적 의미의 법령에 근거가 없더라도 국가나 관련 공무원에 대하여 그러한 위험을 배제할 작위의무를 인정할 수 있을 것이다(대판 1998. 10.13. 98다18520).

유제 18. 행정사 부작위에 의한 국가배상책임의 성립요건인 직무상 작위의무는 조리에 의해서도 성립할 수 있다. (O)

② [×] 권한의 불행사가 위법한 경우, 특별한 사정이 없는 한 과실을 인정하는 것이 판례이다.

관련 규정이 식품의약품안전청장 및 관련 공무원에게 합리적인 재량에 따른 직무수행 권한을 부여한 것으로 해석된다고 하더라도, 식품의약품안전청장 등에게 그러한 권한을 부여한 취지와 목적에 비추어 볼 때 구체적인 상황 아래에서 식품의약품안전청장 등이 그 권한을 행사하지 아니한 것이 현저하게 합리성을 잃어 사회적 타당성이 없는 경우에는 직무상 의무를 위반한 것이 되어 위법하게 된다. 그리고 위와 같이 식약청장등이 그 권한을 행사하지 아니한 것이 직무상 의무를 위반하여 위법한 것으로 되는 경우에는 특별한 사정이 없는 한 과실도 인정된다(대판 2010.9.9. 2008다77795).

유제 11. 국가직 7급 판례에 의하면 규제권한을 행사하지 아니한 것이 직무상 의무를 위반하여 위법한 것으로 되는 경우에는 특별한 사정이 없는 한 과실도 인정된다. (O)

---

07 정답 ③

📋 **함께 정리하기 국가배상**

민간인의 국가에 대한 구상권 인정(헌재, 한정위헌)
민간인은 귀책범위에서만 배상의무부담
▷ 국가에 대한 구상권행사불가(대법원)
50년빈도 최대강우량 집중호우
▷ 불가항력×
중과실
▷ 고의에 가까운 현저한 주의의무 결여

① [O] 국가배상법 제2조 제1항 단서 중 군인에 관련되는 부분을, 일반국민이 직무집행 중인 군인과의 공동불법행위로 직무집행 중인 다른 군인에게 공상을 입혀 그 피해자에게 공동의 불법행위로 인한 손해를 배상한 다음 공동불법행위자인 군인의 부담부분에 관하여 국가에 대하여 구상권을 행사하는 것을 허용하지 않는다고 해석한다면, 이는 위 단서 규정의 헌법상 근거규정인 헌법 제29조가 구상권의 행사를 배제하지 아니하는데도 이를 배제하는 것으로 해석하는 것으로서 합리적인 이유 없이 일반국민을 국가에 대하여 지나치게 차별하는 경우에 해당하므로 헌법 제11조, 제29조에 위반되며, 또한 국가에 대한 구상권은 헌법 제23조 제1항에 의하여 보장되는 재산권이고 위와 같은 해석은 그러한 재산권의 제한에 해당하며 재산권의 제한은 헌법 제37조 제2항에 의한 기본권제한의 한계 내에서만 가능한데, 위와 같은 해석은 헌법 제37조 제2항에 의하여

기본권을 제한할 때 요구되는 비례의 원칙에 위배하여 일반국민의 재산권을 과잉제한하는 경우에 해당하여 헌법 제23조 제1항 및 제37조 제2항에도 위반된다(헌재 1994.12.29. 93헌바21).

유제 11. 지방직 7급 헌법재판소는 일반국민이 직무집행 중인 군인과의 공동불법행위로 다른 군인에게 공상을 입혀 그 피해자에게 손해 전부를 배상했을지라도, 공동불법행위자인 군인의 부담부분에 관하여 국가에 대한 구상권은 허용되지 않는다고 본다. (×)

② [O] 민간인이 군인 등의 불법행위로 국가와 함께 공동불법행위책임, 사용자책임 또는 자동차운행자책임을 지는 경우에 공동불법행위자 등이 부진정연대채무자로서 각자 피해자의 손해 전부를 배상할 의무를 부담하는 공동불법행위의 일반적인 경우와 달리 예외적으로 민간인은 피해 군인 등에 대하여 그 손해 중 국가 등이 민간인에 대한 구상의무를 부담한다면 그 내부적인 관계에서 부담하여야 할 부분을 제외한 나머지 자신의 부담부분에 한하여 손해배상의무를 부담하고, 한편 <u>자신의 귀책부분을 넘어서 배상한 경우에도 국가 등에 대하여는 그 귀책부분의 구상을 청구할 수 없다고 해석함이 상당하다</u>(대판 2001.2.15. 96다42420 전합).

❸ [×] 집중호우로 제방도로가 유실되면서 그 곳을 걸어가던 보행자가 강물에 휩쓸려 익사한 경우, 사고 당일의 집중호우가 50년 빈도의 최대강우량에 해당한다는 사실만으로 불가항력에 기인한 것으로 볼 수 없다는 이유로 제방도로의 설치·관리상의 하자를 인정하였다(대판 2000.5.26. 99다53247).

유제 15. 사복 9급 집중호우로 제방도로가 유실되면서 그곳을 걸어가던 보행자가 강물에 휩쓸려 익사한 경우, 사고당일의 집중호우가 50년 빈도의 최대강우량에 해당한다는 사실만으로도 「국가배상법」 제5조상의 영조물의 설치 또는 관리의 하자로 인한 손해배상책임에서의 면책사유인 불가항력에 해당한다. (×)

④ [O] 국가배상법 제2조 제2항에 의하면, 공무원의 직무상의 위법행위로 인하여 국가 또는 지방자치단체의 손해배상책임이 인정된 경우 그 위법행위가 고의 또는 중대한 과실에 기한 경우에는 국가 또는 지방자치단체는 당해 공무원에 대하여 구상할 수 있다 할 것이나, 이 경우 공무원의 중과실이라 함은 공무원<u>에게 통상 요구되는 정도의 상당한 주의를 하지 않더라도 약간의 주의를 한다면 손쉽게 위법, 유해한 결과를 예견할 수 있는 경우임에도 만연히 이를 간과함과 같은 거의 고의에 가까운 현저한 주의를 결여한 상태를 의미한다</u>(대판 2003.2.11. 2002다65929).

① [O] 가변차로에 설치된 두 개의 신호등에서 서로 모순되는 신호가 들어오는 오작동이 발생하였고 그 고장이 현재의 기술수준상 부득이한 것이라고 가정하더라도 그와 같은 사정만으로 손해 발생의 예견가능성이나 회피가능성이 없어 영조물의 하자를 인정할 수 없는 경우라고 단정할 수 없다(대판 2001.7.27. 2000다56822).

유제 10. 지방직 9급 가변차로에 설치된 2개의 신호등에서 서로 모순된 신호가 들어오는 오작동이 발생하였고 그 고장이 현재의 기술수준상 부득이 하다는 사정만으로 영조물의 하자가 면책되는 것은 아니다. (O)

❷ [×] 국가배상법 제5조 제1항의 영조물의 설치·관리상의 하자로 인한 손해가 발생한 경우 같은 법 제3조 제1항 내지 제5항의 해석상 피해자의 위자료 청구권이 반드시 배제되지 아니한다(대판 1990.11.13. 90다카25604).

③ [O] 광역시와 국가 모두가 도로의 점유자 및 관리자, 비용부담자로서의 책임을 중첩적으로 지는 경우에는, 광역시와 국가 모두가 국가배상법 제6조 제2항 소정의 궁극적으로 손해를 배상할 책임이 있는 자라고 할 것이고, 결국 광역시와 국가의 내부적인 부담 부분은, 그 도로의 인계·인수경위, 사고의 발생 경위, 광역시와 국가의 그 도로에 관한 분담비용 등 제반 사정을 종합하여 결정함이 상당하다(대판 1998.7.10. 96다42819).

④ [O] 지방자치단체장이 교통신호기를 설치하여 그 관리권한이 도로교통법 제71조의2 제1항의 규정에 의하여 관할 지방경찰청장에게 위임되어 지방자치단체 소속 공무원과 지방경찰청 소속 공무원이 합동근무하는 교통종합관제센터에서 그 관리업무를 담당하던 중 위 신호기가 고장난 채 방치되어 교통사고가 발생한 경우, 국가배상법 제2조 또는 제5조에 의한 배상책임을 부담하는 것은 지방경찰청장이 소속된 국가가 아니라, 그 권한을 위임한 지방자치단체장이 소속된 지방자치단체라고 할 것이나, 한편 국가배상법 제6조 제1항은 같은 법 제2조, 제3조 및 제5조의 규정에 의하여 국가 또는 지방자치단체가 손해를 배상할 책임이 있는 경우에 공무원의 선임·감독 또는 영조물의 설치·관리를 맡은 자와 공무원의 봉급·급여 기타의 비용 또는 영조물의 설치·관리의 비용을 부담하는 자가 동일하지 아니한 경우에는 그 비용을 부담하는 자도 손해를 배상하여야 한다고 규정하고 있으므로 교통신호기를 관리하는 지방경찰청장 산하 경찰관들에 대한 봉급을 부담하는 국가도 국가배상법 제6조 제1항에 의한 배상책임을 부담한다(대판 1999.6.25. 99다11120).

유제 10. 지방직 9급 지방자치단체장이 설치하여 관할 지방경찰청장에게 관리권한이 위임된 교통신호기의 고장으로교통사고가 발생한 경우에는 국가는 배상책임을 지지 않는다. (×)

08　　　　　　　　　　정답 ②

📋 함께 정리하기　영조물책임

가변차로 신호기 고장 현재기술 부득이
▷ 하자○
위자료청구 可
광역시·국가 중첩적 책임지는 경우
▷ 모두 손해배상책임 有
낙뢰고장신호기 수리업체 수리지체
▷ 배상책임○

09

정답 ②

☑ 함께 정리하기 **배상책임자**

기관위임사무
▷ 사무귀속주체/비용부담자

①③④ [×], ❷ [○] 지방자치단체장이 교통신호기를 설치하여 그 관리권한이 도로교통법 제71조의2 제1항의 규정에 의하여 관할 지방경찰청장에게 위임되어 지방자치단체 소속 공무원과 지방경찰청 소속 공무원이 합동근무하는 교통종합관제센터에서 그 관리업무를 담당하던 중 위 신호기가 고장난 채 방치되어 교통사고가 발생한 경우, 국가배상법 제2조 또는 제5조에 의한 배상책임을 부담하는 것은 지방경찰청장이 소속된 국가가 아니라, 그 권한을 위임한 지방자치단체장이 소속된 지방자치단체라고 할 것이나, 한편 국가배상법 제6조 제1항은 같은 법 제2조, 제3조 및 제5조의 규정에 의하여 국가 또는 지방자치단체가 손해를 배상할 책임이 있는 경우에 공무원의 선임·감독 또는 영조물의 설치·관리를 맡은 자와 공무원의 봉급·급여 기타의 비용 또는 영조물의 설치·관리의 비용을 부담하는 자가 동일하지 아니한 경우에는 그 비용을 부담하는 자도 손해를 배상하여야 한다고 규정하고 있으므로 교통신호기를 관리하는 지방경찰청장 산하 경찰관들에 대한 봉급을 부담하는 국가도 국가배상법 제6조 제1항에 의한 배상책임을 부담한다(대판 1999.6.25. 99다11120).

유제 15. 경찰 지방자치단체의 장인 시장이 국도의 관리청이 되었다 하더라도 국가는 도로관리상 하자로 인한 손해배상책임을 면할 수 없다. (○)

10

정답 ①

☑ 함께 정리하기 **이중배상금지**

경비교도×/전투경찰순경○/공익근무요원×
보상청구권 시효완성
▷ 국가배상청구 不可
군복무 중 사망한 군인의 유족이 국가배상금 지급받은 경우
▷ 「군인연금법」상 사망보상금(일실손해) 지급×
별도 보상 불가 → 배상청구 可

❶ [×] 경비교도대원(대판 1998.2.10. 97다45914)과 공익근무요원(대판 1997.3.28. 97다4036)은 이중배상청구가 금지되는 군인 등에 해당하지 않지만, 전투경찰순경(헌재 1996.6.13. 94헌마11)은 이중배상청구가 금지되는 경찰공무원에 해당한다.

현역병으로 입영하여 소정의 군사교육을 마치고 병역법 제25조의 규정에 의하여 전임되어 구 교정시설경비교도대설치법 제3조에 의하여 경비교도로 임용된 자는, 군인의 신분을 상실하고 군인과는 다른 경비교도로서의 신분을 취득하게 되었다고 할 것이어서 국가배상법 제2조 제1항 단서가 정하는 군인 등에 해당하지 아니한다(대판 1998.2.10. 97다45914).

유제 15. 경찰, 09. 국회직 8급 현역병으로 입영한 후 군사교육을 마치고 경비교도로 전임되어 근무하는 자는 「국가배상법」 제2조 제1항 단서 소정의 군인 등에 해당하므로 국가배상청구권 행사에 제한을 받는다. (×)

② [○] 국가배상법 제2조 제1항 단서 규정은 다른 법령에 보상제도가 규정되어 있고, 그 법령에 규정된 상이등급 또는 장애등급 등의 요건에 해당되어 그 권리가 발생한 이상, 실제로 그 권리를 행사하였는지 또는 그 권리를 행사하고 있는지 여부에 관계없이 적용된다고 보아야 하고, 그 각 법률에 의한 보상금청구권이 시효로 소멸되었다 하여 적용되지 않는다고 할 수는 없다. … 공상을 입은 군인이 국가배상법에 의한 손해배상청구 소송 도중에 국가유공자 등 예우 및 지원에 관한 법률에 의한 국가유공자 등록신청을 하였다가 인과관계가 없어 공상군경 요건에 해당되지 않는다는 이유로 비해당결정 통보를 받고 이에 불복하지 아니한 후 위 법률에 의한 보상금청구권과 군인연금법에 의한 재해보상금청구권이 모두 시효완성된 경우, 국가배상법 제2조 제1항 단서 소정의 '다른 법령에 의하여 보상을 받을 수 있는 경우'에 해당하므로 국가배상청구를 할 수 없다(대판 2002.5.10. 2000다39735).

③ [○] 「국가배상법」에 따라 지급받은 일실손해 보전을 위한 손해배상금액에 대해서는 「군인연금법」상 사망보상금을 지급받을 수 없다.

다른 법령에 따라 지급받은 급여와의 조정에 관한 조항을 두고 있지 아니한 보훈보상대상자 지원에 관한 법률과 달리, 군인연금법 제41조 제1항은 "다른 법령에 따라 국가나 지방자치단체의 부담으로 이 법에 따른 급여와 같은 종류의 급여를 받은 사람에게는 그 급여금에 상당하는 금액에 대하여는 이 법에 따른 급여를 지급하지 아니한다."라고 명시적으로 규정하고 있다. 나아가 군인연금법이 정하고 있는 급여 중 사망보상금(군인연금법 제31조)은 일실손해의 보전을 위한 것으로 불법행위로 인한 소극적 손해배상과 같은 종류의 급여라고 봄이 타당하다(대판 1998.11.19. 97다36873 전합 참조). 따라서 피고에게 군인연금법 제41조 제1항에 따라 원고가 받은 손해배상금 상당 금액에 대하여는 사망보상금을 지급할 의무가 존재하지 아니한다(대판 2018.7.20. 2018두36691).

④ [○] 보상을 받을 수 없는 경우에는 배상을 청구할 수 있다.

군인·군무원 등 국가배상법 제2조 제1항에 열거된 자가 전투, 훈련 기타 직무집행과 관련하는 등으로 공상을 입은 경우라고 하더라도 군인연금법 또는 국가 유공자예우 등에 관한 법률에 의하여 재해보상금, 유족연금, 상이연금 등 별도의 보상을 받을 수 없는 경우에는 국가배상법 제2조 제1항 단서의 적용대상에서 제외하여야 한다(대판 1997.2.14. 96다28066).

유제 23. 국가직 9급 군인이 교육훈련으로 공상을 입은 경우라도 「군인연금법」 또는 「국가유공자 예우 등에 관한 법률」에 의하여 재해보상금·유족연금·상이연금 등 별도의 보상을 받을 수 없는 경우에는 「국가배상법」 제2조 제1항 단서의 적용 대상에서 제외하여야 한다. (○)

11   정답 ②

📋 **함께 정리하기 국가배상책임**

시효기간의 진행
▷ 불법행위 직무집행사실 인식 필요
공무원의 직무
▷ 권력적·비권력적 작용 포함
▷ 사경제활동 제외
영조물이 공공의 목적에 이용됨에 있어 제3자에게 수인한도 넘는 피해 입히는 경우
▷ 영조물 설치·관리 하자 인정 可
외국인이 피해자인 경우 상호보증
▷ 당사국과 조약 체결 不要
▷ 실제 인정될 것이라고 기대할 수 있는 상태면 충분

① [O] 국가배상법 제2조 제1항 본문 전단 규정에 따른 배상책임을 묻는 사건에 대하여는 같은 법 제8조의 규정에 의하여 민법 제766조 제1항 소정의 단기소멸시효제도가 적용되는 것인바, 여기서 가해자를 안다는 것은 피해자나 그 법정대리인이 가해 공무원이 국가 또는 지방자치단체와 공법상 근무관계가 있다는 사실을 알고, 또한 일반인이 당해 공무원의 불법행위가 국가 또는 지방자치단체의 직무를 집행함에 있어서 행해진 것이라고 판단하기에 족한 사실까지 인식하는 것을 의미한다(대판 2008.5.29. 2004다33469).

❷ [X] 공무원의 직무행위에는 권력적 작용만이 아니라 비권력적 작용도 포함되며 사경제주체로의 행위는 제외된다.

> 국가배상청구의 요건인 '공무원의 직무'에는 권력적 작용만이 아니라 비권력적 작용도 포함되며 단지 행정주체가 사경제주체로서 하는 활동만 제외된다(대판 2001.1.5. 98다39060).

③ [O] 영조물의 하자에는 영조물이 이용됨에 있어 수인한도를 초과하는 피해가 발생하는 기능적 하자도 포함한다.

> 국가배상법 제5조 제1항에 정하여진 '영조물의 설치 또는 관리의 하자'라 함은 공공의 목적에 공여된 영조물이 그 용도에 따라 갖추어야 할 안전성을 갖추지 못한 상태에 있음을 말하고, 안전성을 갖추지 못한 상태, 즉 타인에게 위해를 끼칠 위험성이 있는 상태라 함은 당해 영조물을 구성하는 물적 시설 그 자체에 있는 물리적·외형적 흠결이나 불비로 인하여 그 이용자에게 위해를 끼칠 위험성이 있는 경우뿐만 아니라, 그 영조물이 공공의 목적에 이용됨에 있어 그 이용상태 및 정도가 일정한 한도를 초과하여 제3자에게 사회통념상 수인할 것이 기대되는 한도를 넘는 피해를 입히는 경우까지 포함된다고 보아야 한다(대판 2005.1.27. 2003다49566).

④ [O] 외국인이 피해자인 경우 상호보증을 위해 반드시 당사국과의 조약이 체결되어 있을 필요는 없다.

> 국가배상법 제7조는 우리나라만이 입을 수 있는 불이익을 방지하고 국제관계에서 형평을 도모하기 위하여 외국인의 국가배상청구권의 발생요건으로 '외국인이 피해자인 경우에는 해당 국가와 상호보증이 있을 것'을 요구하고 있는데, 해당 국가에서 외국인에 대한 국가배상청구권의 발생요건이 우리나라의 그것과 동일하거나 오히려 관대할 것을 요구하는 것은 지나치게 외국인의 국가배상청구권을 제한하는 결과가 되어 국제적인 교류가 빈번한 오늘날의 현실에 맞지 아니할 뿐만

아니라 외국에서 우리나라 국민에 대한 보호를 거부하게 하는 불합리한 결과를 가져올 수 있는 점을 고려할 때, 우리나라와 외국 사이에 국가배상청구권의 발생요건이 현저히 균형을 상실하지 아니하고 외국에서 정한 요건이 우리나라에서 정한 그것보다 전체로서 과중하지 아니하여 중요한 점에서 실질적으로 거의 차이가 없는 정도라면 국가배상법 제7조가 정하는 상호보증의 요건을 구비하였다고 봄이 타당하다. 그리고 상호보증은 외국의 법령, 판례 및 관례 등에 의하여 발생요건을 비교하여 인정되면 충분하고 반드시 당사국과의 조약이 체결되어 있을 필요는 없으며, 당해 외국에서 구체적으로 우리나라 국민에게 국가배상청구를 인정한 사례가 없더라도 실제로 인정될 것이라고 기대할 수 있는 상태이면 충분하다(대판 2015.6.11. 2013다208388).

12   정답 ①

📋 **함께 정리하기 손실보상**

「하천법」상 손실보상
▷ 공법상 권리 & 당사자소송 대상
헌법 제23조 제1항
▷ 존속보장
헌법 제23조 제3항의 수용
▷ 가치보장
헌법 제23조 제3항을 불가분조항으로 볼 경우
▷ 보상규정 無 → 수용법률 위헌
공공용물의 적법한 개발행위로 일반 사용제한
▷ 특별한 손실×

❶ [X] 개정 하천법 등이 하천구역으로 편입된 토지에 대하여 손실보상청구권을 규정한 것은 헌법 제23조 제3항이 선언하고 있는 손실보상 청구권을 하천법에서 구체화한 것으로서, 하천법 그 자체에 의하여 직접 사유지를 국유로 하는 이른바 입법적 수용이라는 국가의 공권력 행사로 인한 토지소유자의 손실을 보상하기 위한 것이므로 하천구역 편입 토지에 대한 손실보상청구권은 공법상의 권리임이 분명하고, 따라서 그 손실보상을 둘러싼 쟁송은 사인 간 분쟁을 대상으로 하는 민사소송이 아니라 공법상의 법률관계를 대상으로 하는 당사자소송 절차에 의하여야 할 것이다(대판 2006.5.18. 2004다6207 전합).

유제 15. 변호사 대법원은 「하천법」 부칙(1984.12.31.) 제2조 제1항과 법률 제3782호 「하천법」 중 개정법률 부칙 제2조의 규정에 의한 보상청구권의 소멸시효가 만료된 「하천구역편입토지 보상에 관한 특별조치법」 제2조 제1항의 규정에 의한 손실보상청구권의 확인을 구하는 소송을 당사자소송으로 보았다. (O)
14. 서울시 7급 판례는 구 「하천법」상 하천구역 편입토지에 대한 손실보상청구를 공법상의 권리라고 보아 항고소송에 의하여야 한다고 보고 있다. (X)
12. 국가직 7급 하천구역 편입토지에 대한 손실보상청구권은 사법상의 권리라는 것이 판례의 입장이다. (X)
11. 지방직 9급 대법원은 구 「하천법」상 하천구역 편입토지에 대한 손실보상청구를 공법상의 권리라고 보아 당사자소송에 의하여야 한다고 보고 있다. (O)

② [O] 재산권의 존속보장은 재산적 가치가 있는 구체적 권리의 존속을 보장하는데 일차적인 의의를 두는 것을 말한다. 헌법 제23조에 의해 보장되는 재산권은 일차적으로 존속보장이 우선하여야 할 것이지만, 공공필요에 의해 재산권에 대한 공용침해가 행하여지고 정당한 보상이 지급되는 경우에는 재산권의 존속보장은 가치보장으로 변하게 된다고 할 것이다.

> 헌법 제23조 ① 모든 국민의 재산권은 보장된다. 그 내용과 한계는 법률로 정한다.
> ② 재산권의 행사는 공공복리에 적합하도록 하여야 한다.
> ③ 공공필요에 의한 재산권의 수용·사용 또는 제한 및 그에 대한 보상은 법률로써 하되, 정당한 보상을 지급하여야 한다.

③ [O] 불가분조항이란 동일한 법률 중에 재산권의 제한과 보상의 방법이 함께 규정되어 있어야 한다는 것을 말하는데, 헌법 제23조 제3항을 불가분조항으로 인정하게 되면 보상규정은 공용제한 등의 효력요건·전제요건을 의미하게 되고 보상규정이 없는 재산권 제한 법률은 위헌·무효가 된다.

④ [O] 공공용물의 적법한 개발로 일반사용이 제한되어도 특별한 손실에 해당하지 않는다.

> 공공용물에 관하여 적법한 개발행위 등이 이루어짐으로 말미암아 이에 대한 일정범위의 사람들의 일반사용이 종전에 비하여 제한받게 되었다 하더라도 특별한 사정이 없는 한 그로 인한 불이익은 손실보상의 대상이 되는 특별한 손실에 해당한다고 할 수 없다(대판 2002.2.26. 99다35300).

의무가 있고, 행정청은 보상입법이 마련되기 전에는 새로 개발제한구역을 지정하여서는 아니되며, 토지소유자는 보상입법을 기다려 그에 따른 권리행사를 할 수 있을 뿐 개발제한구역의 지정이나 그에 따른 토지재산권의 제한 그 자체의 효력을 다투거나 위 조항에 위반하여 행한 자신들의 행위의 정당성을 주장할 수는 없다(헌재 1998.12.24. 89헌마214).

18. 국회직 8급 우리 헌법재판소는 손실보상규정이 없어 손실보상을 할 수 없으나 수인한도를 넘는 침해가 있는 경우에는 침해를 야기한 행위가 위법하므로 그에 대한 항고소송을 제기할 수 있다고 한다. (×)

③ [O] 개발제한구역의 지정으로 인한 개발가능성의 소멸과 그에 따른 지가의 하락이나 지가상승률의 상대적 감소는 토지소유자가 감수해야 하는 사회적 제약의 범주에 속하는 것으로 … 구 도시계획법 제21조에 규정된 개발제한구역제도 그 자체는 원칙적으로 합헌적인 규정인데, 다만 개발제한구역의 지정으로 말미암아 일부 토지소유자에게 사회적 제약의 범위를 넘는 가혹한 부담이 발생하는 예외적인 경우에 대하여 보상규정을 두지 않은 것에 위헌성이 있는 것이고, 보상의 구체적 기준과 방법은 헌법재판소가 결정할 성질의 것이 아니라 광범위한 입법형성권을 가진 입법자가 입법정책적으로 정할 사항이므로, 입법자는 되도록 빠른 시일 내에 보상입법을 하여 위헌적 상태를 제거할 의무가 있고, 입법자가 보상입법을 마련함으로써 위헌적인 상태를 제거할 때까지 위 조항을 형식적으로 존속케 하기 위하여 헌법불합치결정을 하는 것이다(헌재 1998.12.24. 89헌마214).

12. 국가직 7급 개발제한구역의 지정으로 인한 지가의 하락은 토지소유자가 수인해야 하는 사회적 제약의 한계를 넘는 것으로, 아무런 보상 없이 이를 감수하도록 하고 있는 한, 헌법에 위반된다. (×)

---

13   정답 ④

> ☑ 함께 정리하기 개발제한구역지정
>
> 개발제한구역 → 토지 실질적 사용·수익×
> ▷ 사회적 제약 한계 일탈○
> 헌재
> ▷ 보상규정 無 → 위헌(보상입법 후 보상 可)
> ▷ 보상규정흠결위헌시, 헌법불합치결정
> ▷ 개발제한구역 지정 취소소송제기·손배청구 不可

① [O] 개발제한구역 지정으로 인하여 토지를 종래의 목적으로도 사용할 수 없거나 또는 더 이상 법적으로 허용된 토지이용의 방법이 없기 때문에 실질적으로 토지의 사용·수익의 길이 없는 경우에는 토지소유자가 수인해야 하는 사회적 제약의 한계를 넘는 것으로 보아야 한다(헌재 1998.12.24. 89헌마214 등).

15. 경찰 개발제한구역지정으로 인하여 토지를 종래의 목적으로 사용할 수 없거나 또는 더 이상 법적으로허용된 토지 이용의 방법이 없기 때문에 실질적으로 토지의 사용·수익의 길이 없는 경우에도 토지소유자가 수인해야 하는 사회적 제약의 한계를 넘는 것으로 볼 수 없다. (×)

② [O], ④ [×] 보상의 구체적 기준과 방법은 헌법재판소가 결정할 성질의 것이 아니라 광범위한 입법형성권을 가진 입법자가 입법정책적으로 정할 사항이므로, 입법자가 보상입법을 마련함으로써 위헌적인 상태를 제거할 때까지 위 조항을 형식적으로 존속케 하기 위하여 헌법불합치결정을 하는 것인바, 입법자는 되도록 빠른 시일 내에 보상입법을 하여 위헌적 상태를 제거할

---

14   정답 ①

> ☑ 함께 정리하기 손실보상
>
> 사회적 제약에 해당하는 공용제한
> ▷ 보상 不要
> 토지보상법
> ▷ 현금보상(원칙)
> 환매권존부 확인, 환매금액 증감
> ▷ 민사소송
> 개발이익 배제

❶ [O] 손실보상은 재산권에 특별한 희생이 발생하여야 인정되는 것인바, 특별희생이란 재산권의 사회적 기속을 넘어서는 손실을 의미하므로 사회적 제약에 해당하는 공용제한에 대하여는 보상규정을 두지 않아도 된다.

② [×] 현금보상을 원칙으로 한다.

> 「공익사업을 위한 토지 등의 취득 및 보상에 관한 법률」 제63조【현금보상 등】① 손실보상은 다른 법률에 특별한 규정이 있는 경우를 제외하고는 현금으로 지급하여야 한다. 다만, 토지소유자가 원하는 경우로서 사업시행자가 해당 공익사업의 합리적인 토지이용계획과 사업계획 등을 고려하여 토지로 보상이 가능한 경우에는 토지소유자가 받을 보상금 중 본문에 따른 현금 또는 제7항 및 제8항에 따른

채권으로 보상받는 금액을 제외한 부분에 대하여 다음 각 호에서 정하는 기준과 절차에 따라 그 공익사업의 시행으로 조성한 토지로 보상할 수 있다.

유제 07. 국가직 9급 현물보상의 원칙은 「공익사업을 위한 토지 등의 취득 및 보상에 관한 법률」에 의할 때 보상금 지급의 원칙에 해당한다. (✕)

③ [✕] 민사소송으로 행정소송이 아니다.

구 공익사업을 위한 토지 등의 취득 및 보상에 관한 법률 제91조에 규정된 환매권의 존부에 관한 확인을 구하는 소송 및 구 토지보상법 제91조 제4항에 따라 환매금액의 증감을 구하는 소송 역시 민사소송에 해당한다(대판 2013.2.28. 2010두22368).

유제 16. 국가직 7급 환매권자와 사업시행자가 환매금액에 대하여 협의가 성립되지 않아 환매금액의 증감을 구하는 소송은 형식적 당사자소송에 해당한다. (✕)

④ [✕] 헌법 제23조 제3항의 '정당한 보상'의 의미에 '완전보상'이라고 보는 견해가 판례와 다수설의 입장이다. 다만 개발이익은 완전한 보상에 포함되지 않는다.

공익사업의 시행으로 지가가 상승하여 발생하는 개발이익은 사업시행자의 투자에 의한 것으로서 피수용자인 토지소유자의 노력이나 자본에 의하여 발생하는 것이 아니어서 피수용 토지가 수용 당시 갖는 객관적 가치에 포함된다고 볼 수 없고, 따라서 그 성질상 완전보상의 범위에 포함되는 피수용자의 손실이라고 볼 수 없으므로, 이 사건 개발이익배제조항이 이러한 개발이익을 배제하고 손실보상액을 산정한다 하여 헌법이 규정한 정당보상의 원칙에 어긋나는 것이라고 할 수 없다(헌재 2010.12.28. 2008헌바57).

유제 17. 국가직 9급 당해 공익사업으로 인한 개발이익을 손실보상액 산정에서 배제하는 것은 헌법상 정당보상의 원칙에 위배되지 아니한다. (○)

15 정답 ③

☑️ **함께 정리하기 손실보상**

잔여지수용청구 기각재결에 불복
▷ 보상금증감청구소송
잔여건축물가격 손실보상청구
▷ 재결절차 후 보상금증감청구소송
이주대책수립·실시 및 내용
▷ 합의 배제✕
보상규정 無
▷ 손실보상 인정 可

① [○] 구 공익사업을 위한 토지 등의 취득 및 보상에 관한 법률 제74조 제1항에 규정되어 있는 잔여지 수용청구권은 손실보상의 일환으로 토지소유자에게 부여되는 권리로서 그 요건을 구비한 때에는 잔여지를 수용하는 토지수용위원회의 재결이 없더라도 그 청구에 의하여 수용의 효과가 발생하는 형성권적 성질을 가지므로, 잔여지 수용청구를 받아들이지 않은 토지수용위원회의 재결에 대하여 토지소유자가 불복하여 제기하는

소송은 위 법 제85조 제2항에 규정되어 있는 '보상금의 증감에 관한 소송'에 해당하여 사업시행자를 피고로 하여야 한다(대판 2010.8.19. 2007다63089·2008두822).

유제 16. 국회직 8급 공익사업을 위한 토지 등의 취득 및 보상에 관한 법령에 의한 잔여지수용청구권은 토지수용위원회의 재결이 없더라도 그 청구에 의하여 수용의 효과가 발생하는 청구권적 성질을 가진다. (✕)

08. 지방직 7급 잔여지수용청구권은 그 요건을 구비한 때에 형성권의 성질을 갖는다. (○)

② [○] 잔여 건축물 가격감소 등으로 인한 손실보상을 받기 위해서는 토지보상법 제34조, 제50조 등에 규정된 재결절차를 거친 다음 재결에 대하여 불복이 있는 때에 비로소 토지보상법 제83조 내지 제85조에 따라 권리구제를 받을 수 있을 뿐, 재결절차를 거치지 않은 채 곧바로 사업시행자를 상대로 손실보상을 청구하는 것은 허용되지 않고, 이는 수용대상 건축물에 대하여 재결절차를 거친 경우에도 마찬가지이다(대판 2015.11.12. 2015두2963).

유제 17. 국가직 7급 동일한 소유자에게 속하는 일단의 건축물의 일부가 수용됨으로써 발생한 잔여 건축물 가격감소 등으로 인한 손실보상에 관한 소송은 행정소송으로 청구하여야 한다. (○)

❸ [✕] 사업시행자의 이주대책 수립·실시의무를 정하고 있는 구 공익사업법 제78조 제1항은 물론 그 이주대책의 내용에 관하여 규정하고 있는 같은 법 제78조 제4항 본문 역시 당사자의 합의 또는 사업시행자의 재량에 의하여 그 적용을 배제할 수 없는 강행법규이다(대판 2013.6.28. 2011다40465).

④ [○] 보상규정이 없는 경우 대법원은 개별법령상의 관련 보상규정을 유추적용하여 보상하거나 불법행위에 기한 손해배상을 인정한다. 따라서 보상규정이 없는 경우에도 손실보상이 인정될 수 있다.

16 정답 ④

☑️ **함께 정리하기 개발제한구역지정**

대법원
▷ 보상규정 無 → 관련규정 유추해 보상 可
손실보상규정 없는 수인한도 초과 손해
▷ 헌법소원 可
헌재
▷ 보상규정 없는 침해조항 → 위헌/기준과 방법은 입법정책적
▷ 재산권 내용·한계 문제

ㄱ. [○] 대법원은 제외지(堤外地)에 대하여 하천법의 보상규정을 유추적용하거나(대판 1987.7.21. 84누126), 공공사업의 시행으로 발생한 간접손실의 경우에 구 공공용지의 취득 및 손실보상에 관한 특례법 시행규칙을 유추적용한 바 있어(대판 2004.9.23. 2004다25581), 원칙적으로 개별 법령상의 관련 보상규정을 유추적용하여 보상하는 입장이다.

ㄴ. [○] 헌법재판소는 소유자에게 사회적 제약의 범위를 넘는 가혹한 부담이 발생하는 경우에 대하여 보상규정을 두지 않은 것은 위헌이라는 입장이므로, 그 당연한 전제로 헌법소원으로 다툴 수 있다고 할 것이다.

ㄷ. [O] 개발제한구역의 지정으로 인한 개발가능성의 소멸과 그에 따른 지가의 하락이나 지가상승률의 상대적 감소는 토지소유자가 감수해야 하는 사회적 제약의 범주에 속하는 것으로 … 구 도시계획법 제21조에 규정된 개발제한구역제도 그 자체는 원칙적으로 합헌적인 규정인데, 다만 개발제한구역의 지정으로 말미암아 일부 토지소유자에게 사회적 제약의 범위를 넘는 가혹한 부담이 발생하는 예외적인 경우에 대하여 보상규정을 두지 않은 것에 위헌성이 있는 것이고, 보상의 구체적 기준과 방법은 헌법재판소가 결정할 성질의 것이 아니라 광범위한 입법형성권을 가진 입법자가 입법정책적으로 정할 사항이므로, 입법자는 되도록 빠른 시일 내에 보상입법을 하여 위헌적 상태를 제거할 의무가 있고, 입법자가 보상입법을 마련함으로써 위헌적인 상태를 제거할 때까지 위 조항을 형식적으로 존속케 하기 위하여 헌법불합치결정을 하는 것이다(헌재 1998.12. 24. 89헌마214).

유제 14. 지방직 9급 헌법재판소는 구 「도시계획법」상 개발제한구역의 지정으로 일부 토지소유자에게 사회적 제약의 범위를 넘는 가혹한 부담이 발생하는 경우에 보상규정을 두지 않은 것은 위헌성이 있는 것이고, 보상의 구체적 기준과 방법은 입법자가 입법정책적으로 정할 사항이라고 결정하였다. (O)

ㄹ. [O] 헌법재판소는 분리이론에 따라 개발제한구역제도를 공용침해가 아니라 재산권의 내용과 한계에 관한 문제로 본다.

개발제한구역을 지정하여 그 안에서는 건축물의 건축 등을 할 수 없도록 하고 있는 도시계획법 제21조는 헌법 제23조 제1항, 제2항에 따라 토지재산권에 관한 권리와 의무를 일반·추상적으로 확정하는 규정으로서 재산권을 형성하는 규정인 동시에 공익적 요청에 따른 재산권의 사회적 제약을 구체화하는 규정인바, 토지재산권은 강한 사회성, 공공성을 지니고 있어 이에 대하여는 다른 재산권에 비하여 보다 강한 제한과 의무를 부과할 수 있으나, 그렇다고 하더라도 다른 기본권을 제한하는 입법과 마찬가지로 비례성원칙을 준수하여야 하고, 재산권의 본질적 내용인 사용·수익권과 처분권을 부인하여서는 아니된다(헌재 1998.12.24. 89헌마214).

유제 13. 서울시 7급 헌법재판소는 개발제한구역제도를 공용침해가 아니라 재산권의 내용과 한계에 관한 문제로 본다. (O)

17 정답 ③

📋 함께 정리하기 **손실보상**

잘못된 보상재결에 대한 불복
▷ 사업시행자 피고 & 보상금증감청구소송
수용재결 불복기간
▷ 재결서 받은 날부터 90일/이의신청에 대한 재결서 받은 날부터 60일
토지소유자나 관계인이 입은 손실
▷ 사업시행자가 보상
일괄보상
▷ 동일한 사업지역+동일인 소유 토지

① [X] 토지수용위원회의 잘못된 보상재결이 있는 경우 사업시행자를 상대로 보상금증감청구소송을 제기해야 한다.

어떤 보상항목이 공익사업을 위한 토지 등의 취득 및 보상에 관한 법령상 손실보상 대상에 해당함에도 관할 토지수용위원회가 사실을 오인하거나 법리를 오해함으로써 손실보상 대상에 해당하지 않는다고 잘못된 내용의 재결을 한 경우에는, 피보상자는 관할 토지수용위원회를 상대로 그 재결에 대한 취소소송을 제기할 것이 아니라, 사업시행자를 상대로 구 공익사업을 위한 토지 등의 취득 및 보상에 관한 법률 제85조 제2항에 따른 보상금증감소송을 제기하여야 한다(대판 2018. 7.20. 2015두4044).

유제 22. 소방 어떤 보상항목이 공익사업을 위한 토지 등의 취득 및 보상에 관한 법령상 손실보상 대상에 해당함에도 관할 토지수용위원회가 법리를 오해함으로써 손실보상 대상에 해당하지 않는다고 잘못된 내용의 재결을 한 경우에는, 피보상자는 관할 토지수용위원회를 상대로 그 재결에 대한 취소소송을 제기하여야 한다. (X)

② [X]

「공익사업을 위한 토지 등의 취득 및 보상에 관한 법률」 제85조【행정소송의 제기】① 사업시행자, 토지소유자 또는 관계인은 제34조에 따른 재결에 불복할 때에는 재결서를 받은 날부터 90일 이내에, 이의신청을 거쳤을 때에는 이의신청에 대한 재결서를 받은 날부터 60일 이내에 각각 행정소송을 제기할 수 있다. 이 경우 사업시행자는 행정소송을 제기하기 전에 제84조에 따라 늘어난 보상금을 공탁하여야 하며, 보상금을 받을 자는 공탁된 보상금을 소송이 종결될 때까지 수령할 수 없다.

❸ [O]

「공익사업을 위한 토지 등의 취득 및 보상에 관한 법률」 제61조【사업시행자 보상】공익사업에 필요한 토지등의 취득 또는 사용으로 인하여 토지소유자나 관계인이 입은 손실은 사업시행자가 보상하여야 한다.

유제 14. 행정사 공익사업에 필요한 토지등의 취득 또는 사용으로 인하여 토지소유자나 관계인이 입은 손실은 사업시행자가 보상하여야 한다. (O)

④ [X]

「공익사업을 위한 토지 등의 취득 및 보상에 관한 법률」 제65조【일괄보상】사업시행자는 동일한 사업지역에 보상시기를 달리하는 동일인 소유의 토지등이 여러 개 있는 경우 토지소유자나 관계인이 요구할 때에는 한꺼번에 보상금을 지급하도록 하여야 한다.

유제 14. 행정사 사업시행자는 동일한 사업지역에 보상시기를 달리하는 동일인 소유의 토지등이 여러 개 있는 경우 토지소유자나 관계인이 요구할 때에는 한꺼번에 보상금을 지급하도록 하여야 한다. (O)

18   정답 ②

☑ 함께 정리하기 **손실보상**

문화적·학술적 가치
▷ 손실보상의 대상×
표준지공시지가결정의 위법
▷ 수용보상금증액 소송에서 주장 可
하천수 사용권
▷ 손실보상 대상인 '물의 사용에 관한 권리'
주거 이전·동산운반에 필요한 비용 보상○

① [○] 문화적, 학술적 가치는 특별한 사정이 없는 한 그 토지의 부동산으로서의 경제적, 재산적 가치를 높여주는 것이 아니므로 토지수용법 제51조 소정의 손실보상의 대상이 될 수 없으니, 이 사건 토지가 철새 도래지로서 자연 문화적인 학술가치를 지녔다 하더라도 손실보상의 대상이 될 수 없다(대판 1989.9.12. 88누11216).

❷ [×] 표준지공시지가결정이 위법한 경우에는 그 자체를 행정소송의 대상이 되는 행정처분으로 보아 그 위법 여부를 다툴 수 있음은 물론, 수용보상금의 증액을 구하는 소송에서도 선행처분으로서 그 수용대상 토지 가격 산정의 기초가 된 비교표준지공시지가결정의 위법을 독립한 사유로 주장할 수 있다(대판 2008.8.21. 2007두13845).

> [유제] 14. 국가직 7급 표준지공시지가 결정에 위법이 있는 경우 수용보상금의 증액을 구하는 소송에서 수용대상 토지 가격 산정의 기초가 된 비교 표준지 공시지가 결정의 위법을 독립된 사유로 주장할 수 있다. (○)

③ [○] 하천수 사용권은 토지보상법상 손실보상의 대상으로 규정하고 있는 '물의 사용에 관한 권리'에 해당한다.

> 하천법 제50조에 의한 하천수 사용권(2007.4.6. 하천법 개정 이전에 종전의 규정에 따라 유수의 점용·사용을 위한 관리청의 허가를 받음으로써 2007.4.6. 개정 하천법 부칙 제9조에 따라 현행 하천법 제50조에 의한 하천수 사용허가를 받은 것으로 보는 경우를 포함한다. 이하 같다)은 하천법 제33조에 의한 하천의 점용허가에 따라 해당 하천을 점용할 수 있는 권리와 마찬가지로 특허에 의한 공물사용권의 일종으로서, 양도가 가능하고 이에 대한 민사집행법상의 집행 역시 가능한 독립된 재산적 가치가 있는 구체적인 권리라고 보아야 한다. 따라서 <u>하천법 제50조에 의한 하천수 사용권은 공익사업을 위한 토지 등의 취득 및 보상에 관한 법률 제76조 제1항이 손실보상의 대상으로 규정하고 있는 '물의 사용에 관한 권리'에 해당한다</u>(대판 2018.12.27. 2014두11601).

④ [○]
> 「공익사업을 위한 토지 등의 취득 및 보상에 관한 법률」 제78조【이주대책의 수립 등】⑤ 주거용 건물의 거주자에 대하여는 주거 이전에 필요한 비용과 가재도구 등 동산의 운반에 필요한 비용을 산정하여 보상하여야 한다.

19   정답 ④

☑ 함께 정리하기 **손실보상**

손실보상액
▷ 수용재결당시 기준/공익사업으로 인한 가격변동 고려×
수용재결에 대해 이의재결을 거친 경우 항고소송대상
▷ 수용재결(원처분주의)
사업폐지 등에 대한 보상청구권에 관한 쟁송
▷ 행정소송절차
영업손실보상
▷ 재결 거친 후 행정소송
▷ 곧바로 손실보상청구×

① [×]
> 「공익사업을 위한 토지 등의 취득 및 보상에 관한 법률」 제67조【보상액의 가격시점 등】① 보상액의 산정은 협의에 의한 경우에는 협의 성립 당시의 가격을, 재결에 의한 경우에는 수용 또는 사용의 재결 당시의 가격을 기준으로 한다.
> ② 보상액을 산정할 경우에 해당 공익사업으로 인하여 토지등의 가격이 변동되었을 때에는 이를 고려하지 아니한다.

② [×] 원처분주의에 따라 원처분인 수용재결이 대상이 됨이 원칙이다(「행정소송법」 제19조).

> 이의신청을 거친 경우에도 수용재결을 한 중앙토지수용위원회 또는 지방토지수용위원회를 피고로 하여 수용재결의 취소를 구하여야 하고, 다만 이의신청에 대한 재결 자체에 고유한 위법이 있음을 이유로 하는 경우에는 그 이의재결을 한 중앙토지수용위원회를 피고로 하여 이의재결의 취소를 구할 수 있다고 보아야 한다(대판 2010.1.28. 2008두1504).

> [유제] 23. 군무원 9급 수용재결에 불복하여 취소소송을 제기하는 때에는 이의신청을 거친 경우에도 수용재결을 한 중앙토지수용위원회 또는 지방토지수용위원회를 피고로 하여 수용재결의 취소를 구하여야 한다. (○)
> 14. 국회직 8급 수용재결에 불복하여 이의신청을 거친 후 취소소송을 제기하는 경우 취소소송의 대상은 수용재결이 아니라 이의재결이다. (×)
> 13. 국회직 8급 중앙토지수용위원회의 이의재결을 거쳐 취소소송을 제기하는 경우에는 수용재결이 아닌 이의재결을 소의 대상으로 하여야 한다. (×)

③ [×] 공익사업을 위한 토지 등의 취득 및 보상에 관한 법률 시행규칙 제57조에 따른 사업폐지 등에 대한 보상청구권은 공익사업의 시행 등 적법한 공권력의 행사에 의한 재산상 특별한 희생에 대하여 전체적인 공평부담의 견지에서 공익사업의 주체가 손해를 보상하여 주는 손실보상의 일종으로 공법상 권리임이 분명하므로 그에 관한 쟁송은 민사소송이 아닌 행정소송절차에 의하여야 한다(대판 2012.10.11. 2010다23210).

> [유제] 17. 사복 9급 사업폐지에 대한 손실보상청구권은 사법상 권리로서 민사소송 절차에 의하여야 한다. (×)

❹ [○] 영업손실의 보상은 토지보상법상 재결절차를 거친 후 행정소송을 해야 하며 곧바로 사업시행자를 상대로 손실보상 청구는 허용되지 않는다.

공익사업으로 인하여 영업을 폐지하거나 휴업하는 자가 사업시행자로부터 구 공익사업을 위한 토지 등의 취득 및 보상에 관한 법률 제77조 제1항에 따라 영업손실에 대한 보상을 받기 위해서는 재결절차를 거치지 않은 채 곧바로 사업시행자를 상대로 손실보상을 청구하는 것은 허용되지 않는다고 봄이 타당하다(대판 2011.9.29. 2009두10963).

20

정답 ③

☑ 함께 정리하기 **손실보상**

중앙토지수용위원회에 이의신청
▷ 임의전치주의
보상합의(=협의취득)
▷ 사법상 매매(계약)의 실질
사업지구 밖 손실
▷ 예상가능·손실 범위 특정 → 간접보상 규정 유추적용
헌법 제23조 제3항
▷ 보상청구권의 근거·보상기준·방법 → 법률유보

ㄱ. [×] 현행법은 이의재결을 임의적 절차로 규정하고 있다. 따라서 이의신청을 거치지 아니하고 바로 행정소송을 제기할 수도 있다.

> 「공익사업을 위한 토지 등의 취득 및 보상에 관한 법률」 제83조 【이의의 신청】 ① 중앙토지수용위원회의 제34조에 따른 재결에 이의가 있는 자는 중앙토지수용위원회에 이의를 신청할 수 있다.
> ② 지방토지수용위원회의 제34조에 따른 재결에 이의가 있는 자는 해당 지방토지수용위원회를 거쳐 중앙토지수용위원회에 이의를 신청할 수 있다.
> ③ 제1항 및 제2항에 따른 이의의 신청은 재결서의 정본을 받은 날부터 30일 이내에 하여야 한다.

유제 13. 국회직 8급 수용재결에 대해 취소소송으로 다투기 위해서는 중앙토지수용위원회의 이의재결을 거쳐야 한다. (×)

ㄴ. [×] 공공용지의 취득 및 손실보상에 관한 특례법에 의한 협의취득 또는 보상합의는 공공기관이 사경제주체로서 행하는 사법상 매매 내지 사법상 계약의 실질을 가지는 것으로서, 당사자 간의 합의로 같은 법 소정의 손실보상의 기준에 의하지 아니한 매매대금을 정할 수도 있으며, 또한 같은 법이 정하는 기준에 따르지 아니하고 손실보상액에 관한 합의를 하였다고 하더라도 그 합의가 착오 등을 이유로 취소되지 않는 한 유효하다(대판 1998.5.22. 98다2242).

ㄷ. [○] 구 공공용지의 취득 및 손실보상에 관한 특례법 제3조 제1항이 "공공사업을 위한 토지 등의 취득 또는 사용으로 인하여 토지 등의 소유자가 입은 손실은 사업시행자가 이를 보상하여야 한다."고 규정하고 같은 법 시행규칙 제23조의5에서 공공사업 시행지구 밖에 위치한 영업에 대한 간접손실에 대하여도 일정한 요건을 갖춘 경우 이를 보상하도록 규정하고 있는 점에 비추어, 공공사업의 시행으로 인하여 사업지구 밖에서 수산제조업에 대한 간접손실이 발생하리라는 것을 쉽게 예견할 수 있고 그 손실의 범위도 구체적으로 특정할 수 있는 경우라면, 그 손실의 보상에 관하여 같은 법 시행규칙의 간접보상규정을 유추적용할 수 있다(대판 1999.12.24. 98다57419).

유제 15. 변호사 대법원 판례에 의하면 공공사업의 시행으로 사업시행지 밖에서 발생한 간접손실은 손실 발생을 쉽게 예견할 수 있고 손실 범위도 구체적으로 특정할 수 있더라도, 사업시행자와 협의가 이루어지지 아니하고 그 보상에 관한 명문의 근거 법령이 없는 경우에는 보상의 대상이 아니다. (×)

ㄹ. [○] 헌법 제23조 제3항의 "공공필요에 의한 재산권의 수용·사용 또는 제한 및 그에 대한 보상은 법률로써 하되, 정당한 보상을 지급하여야 한다."는 규정은 보상청구권의 근거에 관하여서뿐만 아니라 보상의 기준과 방법에 관하여서도 법률의 규정에 유보하고 있는 것으로 보아야 한다(대판 2004.10.27. 2003두1349).

유제 12. 국가직 7급 헌법은 보상청구권의 근거뿐만 아니라 보상의 기준과 방법에 관해서도 법률에 유보하고 있다. (○)

공무원 교육 1위* 해커스공무원
모바일 자동 채점 + 성적 분석 서비스

한눈에 보는 서비스 사용법

Step 1.

교재 구입 후 시간 내 문제 풀어보고
교재 내 수록되어 있는 QR코드 인식!

2021년 공개경쟁채용 필기시험 대비
해커스공무원 최종점검 기출모의고사

Step 2.

모바일로 접속 후 '지금 채점하기'
버튼 클릭!

1위
2021 해커스공무원 실전동형모의고사 한국사 1

지금 채점하기

내 성적 분석하기

Step 3.

OMR 카드에 적어놓은 답안과 똑같이
모바일 채점 페이지에 입력하기!

2021 해커스공무원 실전동형모의고사 한국사 1 _ 9회

Step 4.

채점 후 내 석차, 문제별 점수, 회차별
성적 추이 확인해보기!

나의 점수
90점

**실시간 성적 분석
결과 확인**

**문제별 정답률 및
틀린 문제 난이도 체크**

**회차별 나의 성적
변화 확인**

해커스공무원 gosi.Hackers.com

해커스공무원 **단기 합격생**이 말하는

공무원 합격의 비밀!

해커스공무원과 함께라면
다음 합격의 주인공은 바로 여러분입니다.

대학교 재학 중,
7개월 만에 국가직 합격!

김*석 합격생

영어 단어 암기를 하프모의고사로!

—

하프모의고사의 도움을 많이 얻었습니다. **모의고사의
5일 치 단어를 일주일에 한 번씩 외웠고**, 영어 단어
100개씩은 하루에 외우려고 노력했습니다.

가산점 없이
6개월 만에 지방직 합격!

김*영 합격생

국어 고득점 비법은 기출과 오답노트!

—

이론 강의를 두 달간 들으면서 **이론을 제대로 잡고 바로
기출문제로 들어갔습니다.** 문제를 풀어보고 기출강의를
들으며 **틀렸던 부분을 필기하며 머리에 새겼습니다.**

직렬 관련학과 전공,
6개월 만에 서울시 합격!

최*숙 합격생

한국사 공부법은 기출문제 통한 복습!

—

한국사는 휘발성이 큰 과목이기 때문에 **반복 복습이
중요하다고 생각**했습니다. 선생님의 강의를 듣고 나서
바로 **내용에 해당되는 기출문제를 풀면서 복습**
했습니다.

해커스공무원 gosi.Hackers.com

더 많은 합격수기가 궁금하다면? ▶

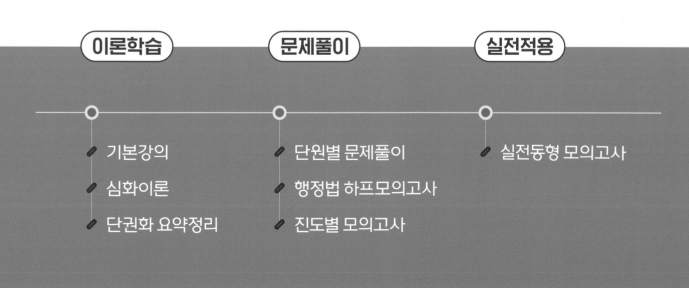

해커스공무원
함수민
행정법총론
진도별 모의고사

공무원 합격의 확실한 해답!

해커스공무원 함수민 행정법 교재

기본	문제풀이	마무리

해커스공무원
함수민 행정법총론
기본서 (세트)

해커스공무원
함수민 행정법총론
단원별 기출문제집(세트)

해커스공무원
함수민 행정법총론
진도별 모의고사

해커스공무원
함수민 행정법총론
실전동형모의고사

정가 **20,000**원

13360

9 791172 446475
ISBN 979-11-7244-647-5